공직선거법 해설

법학박사 김 동 근

 법률출판사

머리말

　선거범죄(「공직선거법」, 「정치자금법」 및 「국민투표법」을 위반한 범죄)로 인하여 당선인이 100만원 이상의 벌금형의 선고를 받아 그 형이 확정된 경우에는 그 당선은 무효로 됩니다. 이뿐만 아니라 선거사무장이나 선거사무소의 회계책임자에 대하여 300만원 이상의 벌금형이 확정되기만 하여도 후보자의 당선은 무효가 되며, 후보자의 직계존·비속과 배우자가 그러한 형의 선고를 받아 확정된 경우에도 마찬가지입니다. 이들과 당선인에게는 연대책임을 묻기 때문입니다. 선거범죄를 범하여 100만원 이상의 벌금형만 확정되더라도 최소한 5년 이상의 기간 동안 공무담임권의 행사에 제한을 받기도 합니다.

　「공직선거법」과 「정치자금법」의 규정을 위반한 사람을 신고한 공익신고자에게는 중앙선거관리위원회에서 최고 5억원까지의 포상금을 지급하고, 해당 신고로 인하여 당선무효가 확정되면 포상금을 추가로 지급하기도 합니다. 각종 선거의 선거관계자들과 자원봉사자들이 관련 법령의 이해 및 숙지에 관심을 기울여야 하는 또 하나의 이유가 여기에 있습니다.

　선거범죄를 저질러 형벌 또는 과태료의 제재를 받는 사례 중 상당수는 관련 법령의 규정을 제대로 이해 내지 숙지하지 못하기 때문이라고 합니다. 관련 법령의 규정들이 방대하기도 하거니와 수년 동안 시행되는 과정에서 법령의 조문들이 빈번한 신설, 개정 및 폐지의 길을 걸어온 결과 매우 복잡한 구조를 이루고 있기 때문이다.

　이 책은 이처럼 복잡한 구조를 이루고 있어 어렵게만 느껴지는 「공직선거법」과 「공직선거관리규칙」 및 관련 법령들의 조문을 입체적으로 분석함으로써 누구든지 쉽게 이해할 수 있는 길을 열어드리고자 노력하였습니다. 따라서 이 책자의 목차는 「공직선거법」의 법조문을 그 순서에 따라 구성하였다는 점도 밝혀둡니다.

　아직은 미흡하지만 이 책자가 대통령선거, 국회의원선거, 지방자치단체의 장의 선거 및 지방의회의원의 선거에 관여하는 당내경선후보자, 예비후보자, 후보자는 물론 그의 가족과 직계존·비속 및 선거사무장, 선거연락소장, 회계책임자 등 각종 공직선거의 선거관계자와 자원봉사자 여러분께 유익한 자료로 쓰이길 바랍니다.

2018. 3.

저자

차 례

법조문 순에 따른 입체적 분석

제17장 보칙 ·········· 453

공직선거법 해설

제1장 총칙

제1조 목적

> **제1조(목적)** 이 법은 「대한민국헌법」과 「지방자치법」에 의한 선거가 국민의 자유로운 의사와 민주적인 절차에 의하여 공정히 행하여지도록 하고, 선거와 관련한 부정을 방지함으로써 민주정치의 발전에 기여함을 목적으로 한다.

제2조 적용범위

> **제2조(적용범위)** 이 법은 대통령선거 · 국회의원선거 · 지방의회의원 및 지방자치단체의 장의 선거에 적용한다.

「공공단체 등 위탁선거에 관한 법률」의 적용을 받는 「농업협동조합법」, 「수산업협동조합법」에 따른 조합과 중앙회 및 「산림조합법」에 따른 조합의 조합장선거에 관한 투표 및 개표의 관리에 관하여는 위 법률들에 규정된 것을 제외하고는 그 성질에 반하지 아니하는 범위에서 「공직선거법」(이하 "법"이라 한다) 제10장(투표) 및 제11장(개표)을 준용한다(「공공단체 등 위탁선거에 관한 법률」 제51조제1항).

제3조 선거인의 정의

> **제3조(선거인의 정의)** 이 법에서 "선거인"이란 선거권이 있는 사람으로서 선거인명부 또는 재외선거인명부에 올라 있는 사람을 말한다.

제4조 인구의 기준

> **제4조(인구의 기준)** 이 법에서 선거사무관리의 기준이 되는 인구는 「주민등록법」에 따른 주민등록표
> 에 따라 조사한 국민의 최근 인구통계에 의한다. 이 경우 지방자치단체의 의회의원 및 장의 선거에
> 서는 제15조제2항제3호에 따라 선거권이 있는 외국인의 수를 포함한다.

법 제4조가 규정하는 "제15조제2항제3호에 따라 선거권이 있는 외국인"이란 "19세 이상
으로서 법 제37조제1항에 따른 선거인명부작성기준일 현재 「출입국관리법」 제10조에 따
른 영주의 체류자격 취득일 후 3년이 경과한 외국인으로서 같은 법 제34조에 따라 해당
지방자치단체의 외국인등록대장에 올라 있는 사람"을 말한다.

제5조 선거사무협조

> **제5조(선거사무협조)** 관공서 기타 공공기관은 선거사무에 관하여 선거관리위원회의 협조요구를
> 받은 때에는 우선적으로 이에 따라야 한다.

제6조 선거권행사의 보장

> **제6조(선거권행사의 보장)** ① 국가는 선거권자가 선거권을 행사할 수 있도록 필요한 조치를 취하여야
> 한다.
> ② 각급 선거관리위원회(읍·면·동선거관리위원회는 제외한다)는 선거인의 투표참여를 촉진
> 하기 위하여 교통이 불편한 지역에 거주하는 선거인 또는 노약자·장애인 등 거동이 불편한
> 선거인에게 교통편의를 제공하거나, 투표를 마친 선거인에게 국공립 유료시설의 이용요금을
> 면제·할인하는 등의 필요한 대책을 수립·시행할 수 있다. 이 경우 공정한 실시 방법 등을 정당·
> 후보자와 미리 협의하여야 한다. 〈신설 2008.2.29.〉
> ③ 공무원·학생 또는 다른 사람에게 고용된 자가 선거인명부를 열람하거나 투표하기 위하여
> 필요한 시간은 보장되어야 하며, 이를 휴무 또는 휴업으로 보지 아니한다. 〈개정 2008.2.29.〉
> ④ 선거권자는 성실하게 선거에 참여하여 선거권을 행사하여야 한다. 〈개정 2008.2.29.〉
> ⑤ 선거의 중요성과 의미를 되새기고 주권의식을 높이기 위하여 매년 5월 10일을 유권자의 날로,
> 유권자의 날부터 1주간을 유권자 주간으로 하고, 각급 선거관리위원회(읍·면·동선거관리위원
> 회는 제외한다)는 공명선거 추진활동을 하는 기관 또는 단체 등과 함께 유권자의 날 의식과 그에

부수되는 행사를 개최할 수 있다.

제6조의2 다른 자에게 고용된 사람의 투표시간 보장

제6조의2(다른 자에게 고용된 사람의 투표시간 보장) ① 다른 자에게 고용된 사람이 사전 투표기간 및 선거일에 모두 근무를 하는 경우에는 투표하기 위하여 필요한 시간을 고용주에게 청구할 수 있다.

② 고용주는 제1항에 따른 청구가 있으면 고용된 사람이 투표하기 위하여 필요한 시간을 보장하여 주어야 한다.

③ 고용주는 고용된 사람이 투표하기 위하여 필요한 시간을 청구할 수 있다는 사실을 선거일 전 7일부터 선거일 전 3일까지 인터넷 홈페이지, 사보, 사내게시판 등을 통하여 알려야 한다.
[본조신설 2014.2.13.]

법 제6조의2제2항을 위반한 자에게는 1천만원 이하의 과태료를 부과한다(제261조제3항 제1호).

제7조 정당 · 후보자 등의 공정경쟁의무

제7조(정당 · 후보자 등의 공정경쟁의무) ① 선거에 참여하는 정당 · 후보자(후보자가 되고자 하는 자를 포함한다. 이하 이 조에서 같다) 및 후보자를 위하여 선거운동을 하는 자는 선거운동을 함에 있어 이 법을 준수하고 공정하게 경쟁하여야 하며, 정당의 정강 · 정책이나 후보자의 정견을 지지 · 선전하거나 이를 비판 · 반대함에 있어 선량한 풍속 기타 사회질서를 해하는 행위를 하여서는 아니된다. 〈개정 2004.3.12., 2008.2.29.〉

② 각급 선거관리위원회(읍 · 면 · 동선거관리위원회는 제외한다)는 정책선거의 촉진을 위하여 필요한 사항을 적극적으로 홍보하여야 하며, 중립적으로 정책선거 촉진활동을 추진하는 단체에 그 활동에 필요한 경비를 지원할 수 있다. 〈신설 2008.2.29., 2010.1.25.〉

제8조 언론기관의 공정보도의무

제8조(언론기관의 공정보도의무) 방송 · 신문 · 통신 · 잡지 기타의 간행물을 경영 · 관리하거나 편집 · 취재 · 집필 · 보도하는 자와 제8조의5(인터넷선거보도심의위원회)제1항의 규정에 따른 인터넷언론사가 정당의 정강 · 정책이나 후보자(候補者가 되고자 하는 者를 포함한다. 이하 이 條에서 같다)의 정견 기타사항에 관하여 보도 · 논평을 하는 경우와 정당의 대표자나 후보자 또는 그의 대리인을 참여하게 하여 대담을 하거나 토론을 행하고 이를 방송 · 보도하는 경우에는 공정하게 하여야 한다. 〈개정 1997.11.14., 2005.8.4.〉

법 제8조의5제1항의 규정에 따른 인터넷언론사란 "「신문 등의 진흥에 관한 법률」 제2조 제4호에 따른 인터넷신문사업자와 그 밖에 정치 · 경제 · 사회 · 문화 · 시사 등에 관한 보도 · 논평 · 여론 및 정보 등을 전파할 목적으로 취재 · 편집 · 집필한 기사를 인터넷을 통하여 보도 · 제공하거나 매개하는 인터넷 홈페이지를 경영 · 관리하는 자와 이와 유사한 언론의 기능을 행하는 인터넷 홈페이지를 경영 · 관리하는 자"를 말한다.

「신문 등의 진흥에 관한 법률」 제2조제4호는 "인터넷신문을 전자적으로 발행하는 자"를 '인터넷신문'이라고 정의하고 있다.

제8조의2 선거방송심의위원회

제8조의2(선거방송심의위원회) ① 「방송통신위원회의 설치 및 운영에 관한 법률」 제18조제1항에 따른 방송통신심의위원회(이하 "방송통신심의위원회"라 한다)는 선거방송의 공정성을 유지하기 위하여 다음 각 호의 구분에 따른 기간 동안 선거방송심의위원회를 설치 · 운영하여야 한다. 〈개정 2010.1.25., 2012.1.17.〉
   1. 임기만료에 의한 선거
      제60조의2제1항에 따른 예비후보자등록신청개시일 전일부터 선거일 후 30일까지
   2. 보궐선거등
      선거일 전 60일(선거일 전 60일 후에 실시사유가 확정된 보궐선거등의 경우에는 그 선거의 실시사유가 확정된 후 10일)부터 선거일 후 30일까지
② 선거방송심의위원회는 국회에 교섭단체를 구성한 정당과 중앙선거관리위원회가 추천 하는 각 1명, 방송사(제70조제1항에 따른 방송시설을 경영 또는 관리하는 자를 말한다. 이하 이 조 및 제8조의4에서 같다) · 방송학계 · 대한변호사협회 · 언론인단체 및 시민단체 등이 추천하는

사람을 포함하여 9명 이내의 위원으로 구성한다. 이 경우 선거방송심의위원회를 구성한 후에 국회에 교섭단체를 구성한 정당의 수가 증가하여 위원정수를 초과하게 되는 경우에는 현원을 위원정수로 본다. 〈개정 2010.1.25.〉

③ 선거방송심의위원회의 위원은 정당에 가입할 수 없다.

④ 선거방송심의위원회는 선거방송의 정치적 중립성·형평성·객관성 및 제작기술상의 균형 유지와 권리구제 기타 선거방송의 공정을 보장하기 위하여 필요한 사항을 정하여 이를 공표하여야 한다.

⑤ 선거방송심의위원회는 선거방송의 공정여부를 조사하여야 하고, 조사결과 선거방송의 내용이 공정하지 아니하다고 인정되는 경우에는 「방송법」 제100조제1항 각 호에 따른 제재조치 등을 정하여 이를 「방송통신위원회의 설치 및 운영에 관한 법률」 제3조제1항에 따른 방송통신위원회에 통보하여야 하며, 방송통신위원회는 불공정한 선거방송을 한 방송사에 대하여 통보받은 제재조치 등을 지체 없이 명하여야 한다. 〈개정 2000.2.16., 2005.8.4., 2008.2.29., 2010.1.25.〉

⑥ 후보자 및 후보자가 되려는 사람은 제1항에 따라 선거방송심의위원회가 설치된 때부터 선거방송의 내용이 불공정하다고 인정되는 경우에는 선거방송심의위원회에 그 시정을 요구할 수 있고, 선거방송심의위원회는 지체 없이 이를 심의·의결하여야 한다. 〈개정 2010.1.25.〉

⑦ 선거방송심의위원회의 구성과 운영 그 밖에 필요한 사항은 방송통신심의위원회규칙으로 정한다. 〈개정 2010.1.25.〉

[본조신설 1997.11.14.]

「방송법」

제100조(제재조치등) ① 방송통신위원회는 방송사업자·중계유선방송사업자·전광판방송사업자 또는 외주제작사가 제33조의 심의규정 및 제74조제2항에 의한 협찬고지규칙을 위반한 경우에는 5천만원 이하의 과징금을 부과하거나 위반의 사유, 정도 및 횟수 등을 고려하여 다음 각 호의 제재조치를 명할 수 있다. 제35조에 따른 시청자불만처리의 결과에 따라 제재를 할 필요가 있다고 인정되는 경우에도 또한 같다. 다만, 방송통신심의위원회는 심의규정 등의 위반정도가 경미하여 제재조치를 명할 정도에 이르지 아니한 경우에는 해당 사업자·해당 방송프로그램 또는 해당 방송광고의 책임자나 관계자에 대하여 권고를 하거나 의견을 제시할 수 있다. 〈개정 2006.10.27., 2008.2.29., 2009.7.31., 2015.12.22., 2016.1.27.〉

  1. 삭제 〈2013.3.23.〉

  2. 해당 방송프로그램 또는 해당 방송광고의 정정·수정 또는 중지

3. 방송편성책임자 · 해당 방송프로그램 또는 해당 방송광고의 관계자에 대한 징계

4. 주의 또는 경고

법 제100조제1항에서 말하는 "방송사업자"라 함은 지상파방송사업을 하기 위하여 「방송법」 제9조제1항의 규정에 의하여 허가를 받은 자(지상파방송사업자), 종합유선방송사업을 하기 위하여 같은 법 제9조제2항의 규정에 의하여 허가를 받은 자(종합유선방송사업자), 위성방송사업을 하기 위하여 같은 법 제9조제2항에 따라 허가를 받은 자(위성방송사업자), 방송채널사용사업을 하기 위하여 같은 법 제9조제5항의 규정에 의하여 등록을 하거나 승인을 얻은 자(방송채널사용사업자) 및 안테나공급전력 10와트 이하로 공익목적으로 라디오방송을 하기 위하여 같은 법 제9조제11항의 규정에 의하여 허가를 받은 자(공동체라디오방송사업자)를 말한다(「방송법」 제2항제3호).

"중계유선방송사업자"란 중계유선방송사업을 하기 위하여 「방송법」 제9조제2항의 규정에 의하여 허가를 받은 자를 말하며, "중계유선방송"이란 지상파방송(방송을 목적으로 하는 지상의 무선국을 이용하여 하는 방송을 말한다) 등을 수신하여 중계송신(방송편성을 변경하지 아니하는 녹음 · 녹화를 포함한다)하는 것을 말한다.

"전광판방송사업자"라 함은 전광판방송사업을 하기 위하여 「방송법」 제9조제5항의 규정에 의하여 등록을 한 자를 말하고, "전광판방송"이란 상시 또는 일정기간 계속하여 전광판에 보도를 포함하는 방송프로그램을 표출하는 것을 말한다.

"외주제작사"란 「문화산업진흥 기본법」 제2조제20호에 따른 방송영상독립제작사, 같은 조제21호에 따른 문화산업전문회사 등 방송사업자에게 제공할 목적으로 방송프로그램을 제작하는 자를 말한다.

법 제8조의2제5항 및 제6항에 따른 제재조치 등을 지체 없이 이행하지 아니한 자는 2년 이하의 징역 또는 1천500만원 이하의 벌금에 처한다(제256조제2항).

제8조의3(선거기사심의위원회) ① 「언론중재 및 피해구제 등에 관한 법률」제7조에 따른 언론중재위원회(이하 "言論仲裁委員會"라 한다)는 선거기사(社說·論評·廣告 그 밖에 選擧에 관한 내용을 포함한다. 이하 이 條에서 같다)의 공정성을 유지하기 위하여 제8조의2제1항 각 호의 구분에 따른 기간 동안 선거기사심의위원회를 설치·운영하여야 한다. 〈개정 2005.8.4., 2010.1.25.〉

② 선거기사심의위원회는 국회에 교섭단체를 구성한 정당과 중앙선거관리위원회가 추천하는 각 1명, 언론학계·대한변호사협회·언론인단체 및 시민단체 등이 추천하는 사람을 포함하여 9명 이내의 위원으로 구성한다. 이 경우 위원정수에 관하여는 제8조의2제2항후단을 준용한다. 〈개정 2010.1.25.〉

③ 선거기사심의위원회는 「신문 등의 진흥에 관한 법률」제2조제1호에 따른 신문, 「잡지 등 정기간행물의 진흥에 관한 법률」제2조제1호에 따른 잡지·정보간행물·전자간행물·기타간행물 및 「뉴스통신진흥에 관한 법률」제2조제1호에 따른 뉴스통신(이하 이 조 및 제8조의4에서 "정기간행물등"이라 한다)에 게재된 선거기사의 공정 여부를 조사하여야 하고, 조사결과 선거기사의 내용이 공정하지 아니하다고 인정되는 경우에는 해당 기사의 내용에 대하여 다음 각 호의 어느 하나에 해당하는 제재조치를 결정하여 이를 언론중재위원회에 통보하여야 하며, 언론중재위원회는 불공정한 선거기사를 게재한 정기간행물등을 발행한 자(이하 이 조 및 제8조의4에서 "언론사"라 한다)에 대하여 통보받은 제재조치를 지체 없이 명하여야 한다. 〈개정 2008.2.29., 2009.7.31., 2017.2.8.〉

　　1. 정정보도문 또는 반론보도문 게재

　　2. 경고결정문 게재

　　3. 주의사실 게재

　　4. 경고, 주의 또는 권고

④ 정기간행물등을 발행하는 자가 제1항에 규정된 선거기사심의위원회의 운영기간중에 「신문 등의 진흥에 관한 법률」제2조제1호가목 또는 다목의 규정에 따른 일반일간신문 또는 일반주간신문을 발행하는 때에는 그 정기간행물등 1부를, 그 외의 정기간행물등을 발행하는 때에는 선거기사심의위원회의 요청이 있는 경우 1부를 지체 없이 선거기사심의위원회에 제출하여야 한다. 〈신설 2002.3.7., 2005.8.4., 2008.2.29., 2009.7.31.〉

⑤ 제4항의 규정에 의하여 정기간행물등을 제출한 자의 요구가 있는 때에는 선거기사심의위원회는 정당한 보상을 하여야 한다. 〈신설 2002.3.7., 2008.2.29.〉

⑥ 제8조의2(選擧放送審議委員會)제3항·제4항 및 제6항의 규정은 선거기사심의위원회에 관하여 이를 준용한다.

⑦ 선거기사심의위원회의 구성과 운영에 관하여 필요한 사항은 언론중재위원회가 정한다.

[전문개정 2000.2.16.]

[2017.2.8. 법률 제14556호에 의하여 2015.7.30. 헌법재판소에서 위헌결정된 이 조제3항을 개정함.]

「신문 등의 진흥에 관한 법률」제2조제1호에 따른 "신문"이란 정치·경제·사회·문화·산업·과학·종교·교육·체육 등 전체 분야 또는 특정 분야에 관한 보도·논평·여론 및 정보 등을 전파하기 위하여 같은 명칭으로 월 2회 이상 발행하는 간행물로서 ① 정치·경제·사회·문화 등에 관한 보도·논평 및 여론 등을 전파하기 위하여 매일 발행하는 간행물(일간신문), ② 산업·과학·종교·교육 또는 체육 등 특정 분야(정치를 제외한다)에 국한된 사항의 보도·논평 및 여론 등을 전파하기 위하여 매일 발행하는 간행물(특수일간신문), ③ 정치·경제·사회·문화 등에 관한 보도·논평 및 여론 등을 전파하기 위하여 매주 1회 발행하는 간행물(주 2회 또는 월 2회 이상 발행하는 것을 포함한다. '일반주간신문'이라 한다) 및 ④ 산업·과학·종교·교육 또는 체육 등 특정 분야(정치를 제외한다)에 국한된 사항의 보도·논평 및 여론 등을 전파하기 위하여 매주 1회 발행하는 간행물(주 2회 또는 월 2회 이상 발행하는 것을 포함한다. '특수주간신문'이라 한다)을 말한다.

「잡지 등 정기간행물의 진흥에 관한 법률」제2조제1호에 따른 "잡지"란 정치·경제·사회·문화·시사·산업·과학·종교·교육·체육 등 전체분야 또는 특정분야에 관한 보도·논평·여론 및 정보 등을 전파하기 위하여 동일한 제호로 월 1회 이하 정기적으로 발행하는 책자 형태의 간행물을 말하고, "정보간행물"은 보도·논평 또는 여론 형성의 목적 없이 일상생활 또는 특정사항에 대한 안내·고지 등 정보전달의 목적으로 발행되는 간행물을 말하며, "전자간행물"이란 통신망을 이용하지 아니하고 컴퓨터 등의 정보처리장치를 이용하여 읽거나 보고 들을 수 있도록 전자적으로 발행한 간행물을 말한다. 그리고 "기타 간행물"은 월 1회 이하 발행되는 간행물 중 책자 형태가 아닌 간행물을 말한다.

「뉴스통신진흥에 관한 법률」제2조제1호에 따른 "뉴스통신"이란 「전파법」에 따라 무선국(無線局)의 허가를 받거나 그 밖의 정보통신기술을 이용하여 외국의 뉴스통신사와 뉴스통신계약을 체결하고 국내외의 정치·경제·사회·문화·시사 등에 관한 보도·논평 및 여론 등을 전파하는 것을 목적으로 하는 유무선을 포괄한 송수신 또는 이를 목적으로 발행하는 간행물을 말한다.

법 제8조의3제3항제1호부터 제3호까지의 규정에 따른 제재조치를 지체없이 이행하지 아니한 자는 2년 이하의 징역 또는 1천500만원 이하의 벌금에 처한다(제256조제2항).

법 제8조의3제4항의 규정에 위반하여 정당한 사유 없이 정기간행물등을 제출하지 아니한 자에게는 100만원 이하의 과태료를 부과한다(제261조제8항제5호).

제8조의4 선거보도에 대한 반론보도청구

> **제8조의4(선거보도에 대한 반론보도청구)** ① 선거방송심의위원회 또는 선거기사심의위원회가 설치된 때부터 선거일까지 방송 또는 정기간행물등에 공표된 인신공격, 정책의 왜곡 선전 등으로 피해를 받은 정당(中央黨에 한한다. 이하 이 조에서 같다) 또는 후보자(候補者가 되고자 하는 者를 포함한다. 이하 이 條에서 같다)는 그 방송 또는 기사 게재가 있음을 안 날부터 10일 이내에 서면으로 당해 방송을 한 방송사에 반론보도의 방송을, 당해 기사를 게재한 언론사에 반론보도문의 게재를 각각 청구할 수 있다. 다만, 그 방송 또는 기사 게재가 있은 날부터 30일이 경과한 때에는 그러하지 아니하다. 〈개정 2002.3.7., 2008.2.29., 2010.1.25.〉
> ② 방송사 또는 언론사는 제1항의 청구를 받은 때에는 지체 없이 당해 정당, 후보자 또는 그 대리인과 반론보도의 내용·크기·횟수 등에 관하여 협의한 후, 방송에 있어서는 이를 청구받은 때부터 48시간 이내에 무료로 반론보도의 방송을 하여야 하며, 정기간행물등에 있어서는 편집이 완료되지 아니한 같은 정기간행물등의 다음 발행호에 무료로 반론보도문의 게재를 하여야 한다. 이 경우 정기간행물등에 있어서 다음 발행호가 선거일 후에 발행·배부되는 경우에는 반론보도의 청구를 받은 때부터 48시간 이내에 당해 정기간행물 등이 배부된 지역에 배부되는 「신문 등의 진흥에 관한 법률」 제2조(정의)제1호가목에 따른 일반일간신문에 이를 게재하여야 하며, 그 비용은 당해 언론사의 부담으로 한다. 〈개정 2002.3.7., 2005.8.4., 2008.2.29., 2009.7.31.〉
> ③ 제2항의 규정에 의한 협의가 이루어지지 아니한 때에는 당해 정당, 후보자, 방송사 또는 언론사는 선거방송심의위원회 또는 선거기사심의위원회에 지체 없이 이를 회부하고, 선거방송심의위원회 또는 선거기사심의위원회는 회부받은 때부터 48시간 이내에 심의하여 각하·기각 또는 인용결정을 한 후 지체 없이 이를 당해 정당 또는 후보자와 방송사 또는 언론사에 통지하여야 한다. 이 경우 반론보도의 인용결정을 하는 때에는 반론방송 또는 반론보도문의 내용·크기·횟수 기타 반론보도에 필요한 사항을 함께 결정하여야 한다. 〈개정 2002.3.7.〉
> ④ 「언론중재 및 피해구제 등에 관한 법률」 제15조(정정보도청구권의 행사)제1항·제4항 내지 제7항의 규정은 반론보도청구에 이를 준용한다. 이 경우 "정정보도청구"는 "반론보도청구"로, "정정"은 "반론"으로, "정정보도청구권"은 "반론보도청구권"으로, "정정보도"는 "반론보도"로,

"정정보도문"은 "반론보도문"으로 본다. 〈개정 2005.8.4.〉

[전문개정 2000.2.16.]

「언론중재 및 피해구제 등에 관한 법률」

제15조(정정보도청구권의 행사) ① 정정보도청구는 언론사등의 대표자에게 서면으로 하여야 하며, 청구서에는 피해자의 성명·주소·전화번호 등의 연락처를 적고, 정정의 대상인 언론보도등의 내용 및 정정을 청구하는 이유와 청구하는 정정보도문을 명시하여야 한다. 다만, 인터넷신문 및 인터넷뉴스서비스의 언론보도등의 내용이 해당 인터넷 홈페이지를 통하여 계속 보도 중이거나 매개 중인 경우에는 그 내용의 정정을 함께 청구할 수 있다.

④ 다음 각 호의 어느 하나에 해당하는 사유가 있는 경우에는 언론사등은 정정보도청구를 거부할 수 있다.

    1. 피해자가 정정보도청구권을 행사할 정당한 이익이 없는 경우

    2. 청구된 정정보도의 내용이 명백히 사실과 다른 경우

    3. 청구된 정정보도의 내용이 명백히 위법한 내용인 경우

    4. 정정보도의 청구가 상업적인 광고만을 목적으로 하는 경우

    5. 청구된 정정보도의 내용이 국가·지방자치단체 또는 공공단체의 공개회의와 법원의 공개 재판절차의 사실보도에 관한 것인 경우

⑤ 언론사등이 하는 정정보도에는 원래의 보도 내용을 정정하는 사실적 진술, 그 진술의 내용을 대표할 수 있는 제목과 이를 충분히 전달하는 데에 필요한 설명 또는 해명을 포함하되, 위법한 내용은 제외한다.

⑥ 언론사등이 하는 정정보도는 공정한 여론형성이 이루어지도록 그 사실공표 또는 보도가 이루어진 같은 채널, 지면(紙面) 또는 장소에서 같은 효과를 발생시킬 수 있는 방법으로 하여야 하며, 방송의 정정보도문은 자막(라디오방송은 제외한다)과 함께 통상적인 속도로 읽을 수 있게 하여야 한다.

⑦ 방송사업자, 신문사업자, 잡지 등 정기간행물사업자 및 뉴스통신사업자는 공표된 방송보도(재송신은 제외한다) 및 방송프로그램, 신문, 잡지 등 정기간행물, 뉴스통신 보도의 원본 또는 사본을 공표 후 6개월간 보관하여야 한다.

법 제8조의4제3항의 규정을 위반하여 지체 없이 반론보도의 결정을 하지 아니한 자는 2년 이하의 징역 또는 1천500만원 이하의 벌금에 처한다(제256조제2항제3호).

제8조의5 인터넷선거보도심의위원회

제8조의5(인터넷선거보도심의위원회) ① 중앙선거관리위원회는 인터넷언론사[「신문 등의 진흥에 관한 법률」 제2조(정의)제4호에 따른 인터넷신문사업자 그 밖에 정치·경제·사회·문화·시사 등에 관한 보도·논평·여론 및 정보 등을 전파할 목적으로 취재·편집·집필한 기사를 인터넷을 통하여 보도·제공하거나 매개하는 인터넷홈페이지를 경영·관리하는 자와 이와 유사한 언론의 기능을 행하는 인터넷홈페이지를 경영·관리하는 자를 말한다. 이하 같다]의 인터넷홈페이지에 게재된 선거보도[사설·논평·사진·방송·동영상 기타 선거에 관한 내용을 포함한다. 이하 이 조 및 제8조의6(인터넷언론사의 정정보도 등)에서 같다]의 공정성을 유지하기 위하여 인터넷선거보도심의위원회를 설치·운영하여야 한다. 〈개정 2005.8.4., 2009.7.31.〉

② 인터넷선거보도심의위원회는 국회에 교섭단체를 구성한 정당이 추천하는 각 1인과 방송통신심의위원회, 언론중재위원회, 학계, 법조계, 인터넷 언론단체 및 시민단체 등이 추천하는 자를 포함하여 중앙선거관리위원회가 위촉하는 11인 이내의 위원으로 구성하며, 위원의 임기는 3년으로 한다. 이 경우 위원정수에 관하여는 제8조의2제2항후단을 준용한다. 〈개정 2010.1.25.〉

③ 인터넷선거보도심의위원회에 위원장 1인을 두되, 위원장은 위원중에서 호선(互選)한다.

④ 인터넷선거보도심의위원회에 상임위원 1인을 두되, 중앙선거관리위원회가 인터넷선거보도심의위원회의 위원중에서 지명한다.

⑤ 정당의 당원은 인터넷선거보도심의위원회의 위원이 될 수 없다.

⑥ 인터넷선거보도심의위원회는 인터넷 선거보도의 정치적 중립성·형평성·객관성 및 권리구제 기타 선거보도의 공정을 보장하기 위하여 필요한 사항을 정하여 이를 공표하여야 한다.

⑦ 인터넷선거보도심의위원회는 업무수행을 위하여 필요하다고 인정하는 때에는 관계 공무원 또는 전문가를 초청하여 의견을 듣거나 관련 기관·단체 등에 자료 및 의견제출 등 협조를 요청할 수 있다.

⑧ 인터넷선거보도심의위원회의 사무를 처리하기 위하여 선거관리위원회 소속 공무원으로 구성하는 사무국을 둔다.

⑨ 인터넷선거보도심의위원회의 구성·운영, 위원 및 상임위원의 대우, 사무국의 조직·직무범위 기타 필요한 사항은 중앙선거관리위원회규칙으로 정한다.

[본조신설 2004.3.12.]

제8조의6 인터넷언론사의 정정보도 등

제8조의6(인터넷언론사의 정정보도 등) ① 인터넷선거보도심의위원회는 인터넷언론사의 인터넷 홈페이지에 게재된 선거보도의 공정 여부를 조사하여야 하며, 조사결과 선거보도의 내용이 공정하지 아니하다고 인정되는 때에는 당해 인터넷언론사에 대하여 해당 선거보도의 내용에 관한 정정보도문의 게재 등 필요한 조치를 명하여야 한다. 〈신설 2005.8.4.〉

② 정당 또는 후보자(후보자가 되고자 하는 자를 포함한다. 이하 이 조에서 같다)는 인터넷언론사의 선거보도가 불공정하다고 인정되는 때에는 그 보도가 있음을 안 날부터 10일 이내에 인터넷선거보도심의위원회에 서면으로 이의신청을 할 수 있다.

③ 인터넷선거보도심의위원회는 제2항의 규정에 의한 이의신청을 받은 때에는 지체 없이 이 이의신청 대상이 된 선거보도의 공정여부를 심의하여야 하며, 심의결과 선거보도가 공정하지 아니하다고 인정되는 때에는 당해 인터넷언론사에 대하여 해당 선거보도의 내용에 관한 정정보도문의 게재 등 필요한 조치를 명하여야 한다. 〈개정 2005.8.4.〉

④ 인터넷언론사의 왜곡된 선거보도로 인하여 피해를 받은 정당 또는 후보자는 그 보도의 공표가 있음을 안 날부터 10일 이내에 서면으로 당해 인터넷언론사에 반론보도의 방송 또는 반론보도문의 게재(이하 이 조에서 "반론보도"라 한다)를 청구할 수 있다. 이 경우 그 보도의 공표가 있은 날부터 30일이 경과한 때에는 반론보도를 청구할 수 없다.

⑤ 인터넷언론사는 제4항의 청구를 받은 때에는 지체 없이 당해 정당이나 후보자 또는 그 대리인과 반론보도의 형식·내용·크기 및 횟수 등에 관하여 협의한 후, 이를 청구받은 때부터 12시간 이내에 당해 인터넷언론사의 부담으로 반론보도를 하여야 한다. 〈개정 2005.8.4.〉

⑥ 제5항의 규정에 의한 반론보도 협의가 이루어지지 아니하는 경우에 당해 정당 또는 후보자는 인터넷선거보도심의위원회에 즉시 반론보도청구를 할 수 있으며, 인터넷선거보도심의위원회는 이를 심의하여 각하·기각 또는 인용결정을 한 후 당해 정당·후보자 및 인터넷언론사에 그 결정내용을 통지하여야 한다. 이 경우 반론보도의 인용결정을 하는 때에는 그 형식·내용·크기·횟수 기타 필요한 사항을 함께 결정하여 통지하여야 하며, 통지를 받은 인터넷언론사는 지체 없이 이를 이행하여야 한다. 〈개정 2005.8.4.〉

⑦ 「언론중재 및 피해구제 등에 관한 법률」 제15조(정정보도청구권의 행사)제1항·제4항부터 제6항까지 및 제8항은 그 성질에 반하지 아니하는 한 인터넷언론사의 선거보도에 관한 반론보도 청구에 이를 준용한다. 이 경우 "정정보도청구"는 "반론보도청구"로, "정정"은 "반론"으로, "정정보도청구권"은 "반론보도청구권"으로, "정정보도"는 "반론보도"로, "정정보도문"은 "반론보도문"으로 본다. 〈개정 2005.8.4., 2012.1.17.〉

[본조신설 2004.3.12.]

「언론중재 및 피해구제 등에 관한 법률」

제15조(정정보도청구권의 행사) ① 정정보도청구는 언론사등의 대표자에게 서면으로 하여야 하며, 청구서에는 피해자의 성명·주소·전화번호 등의 연락처를 적고, 정정의 대상인 언론보도등의 내용 및 정정을 청구하는 이유와 청구하는 정정보도문을 명시하여야 한다. 다만, 인터넷신문 및 인터넷뉴스서비스의 언론보도등의 내용이 해당 인터넷 홈페이지를 통하여 계속 보도 중이거나 매개 중인 경우에는 그 내용의 정정을 함께 청구할 수 있다.

④ 다음 각 호의 어느 하나에 해당하는 사유가 있는 경우에는 언론사등은 정정보도청구를 거부할 수 있다.

1. 피해자가 정정보도청구권을 행사할 정당한 이익이 없는 경우
2. 청구된 정정보도의 내용이 명백히 사실과 다른 경우
3. 청구된 정정보도의 내용이 명백히 위법한 내용인 경우
4. 정정보도의 청구가 상업적인 광고만을 목적으로 하는 경우
5. 청구된 정정보도의 내용이 국가·지방자치단체 또는 공공단체의 공개회의와 법원의 공개 재판절차의 사실보도에 관한 것인 경우

⑤ 언론사등이 하는 정정보도에는 원래의 보도 내용을 정정하는 사실적 진술, 그 진술의 내용을 대표할 수 있는 제목과 이를 충분히 전달하는 데에 필요한 설명 또는 해명을 포함하되, 위법한 내용은 제외한다.

⑥ 언론사등이 하는 정정보도는 공정한 여론형성이 이루어지도록 그 사실공표 또는 보도가 이루어진 같은 채널, 지면(紙面) 또는 장소에서 같은 효과를 발생시킬 수 있는 방법으로 하여야 하며, 방송의 정정보도문은 자막(라디오방송은 제외한다)과 함께 통상적인 속도로 읽을 수 있게 하여야 한다.

⑧ 인터넷신문사업자 및 인터넷뉴스서비스사업자는 대통령령으로 정하는 바에 따라 인터넷신문 및 인터넷뉴스서비스 보도의 원본이나 사본 및 그 보도의 배열에 관한 전자기록을 6개월간 보관하여야 한다.

[전문개정 2011.4.14.]

법 제8조의6제1항·제3항 및 제6항에 따른 조치 또는 반론보도결정을 지체 없이 이행하지 아니한 자는 2년 이하의 징역 또는 1천500만원 이하의 벌금에 처한다(제256조제2항제4호).

제8조의7 선거방송토론위원회

제8조의7(선거방송토론위원회) ① 각급선거관리위원회(읍·면·동선거관리위원회를 제외한다. 이하 이 조에서 같다)는 제82조의2(선거방송토론위원회 주관 대담·토론회)의 규정에 의한 대담·토론회와 제82조의3(선거방송토론위원회 주관 정책토론회)의 규정에 의한 정책 토론회(이하 이 조에서 "대담·토론회등"이라 한다)를 공정하게 주관·진행하기 위하여 각각 선거방송토론위원회(이하 이 조에서 "각급선거방송토론위원회"라 한다)를 설치·운영하여야 한다. 다만, 구·시·군선거관리위원회에 설치하는 구·시·군선거방송토론위원회(이하 "구·시·군선거방송토론위원회"라 한다)는 지역구국회의원선거구단위 또는 「방송법」에 의한 종합유선방송사업자의 방송권역단위로 설치·운영할 수 있다. 〈개정 2005.8.4.〉

② 각급 선거방송토론위원회는 다음 각 호에 따라 구성하며, 위원의 임기는 제2호후단의 경우를 제외하고는 3년으로 한다. 이 경우 위원정수에 관하여는 제8조의2제2항후단을 준용한다. 〈개정 2010.1.25., 2015.8.13.〉

   1. 중앙선거관리위원회에 설치하는 중앙선거방송토론위원회(이하 "중앙선거방송토론위원회"라 한다) 및 특별시·광역시·특별자치시·도·특별자치도(이하 "시·도"라 한다)선거관리위원회에 설치하는 시·도선거방송토론위원회(이하 "시·도선거방송토론위원회"라 한다)

   국회에 교섭단체를 구성한 정당과 공영방송사(한국방송공사와 「방송문화진흥회법」에 따른 방송문화진흥회가 최다출자자인 방송사업자를 말한다. 이하 같다)가 추천하는 각 1명, 방송통신심의위원회·학계·법조계·시민단체가 추천하는 사람 등 학식과 덕망이 있는 사람 중에서 중앙선거관리위원회 또는 시·도선거관리위원회가 각각 위촉하는 사람을 포함하여 중앙선거방송토론위원회는 11명 이내, 시·도선거방송토론위원회는 9명 이내의 위원

   2. 구·시·군선거방송토론위원회

   해당 구·시·군선거관리위원회의 위원장 및 정당추천위원을 포함한 위원 3명(정당추천위원의 수가 3명 이상인 경우에는 그 위원을 모두 포함한 수를 말한다), 학계·법조계·시민단체·전문언론인 중에서 해당 구·시·군선거관리위원회가 위촉하는 사람을 포함하여 9명 이내의 위원. 이 경우 구·시·군선거관리위원회 위원을 겸하는 위원의 임기는 「선거관리위원회법」 제8조에 따른 재임기간으로 한다.

③ 각급 선거방송토론위원회에 위원장 1인을 두되, 위원장은 위원중에서 호선(互選)한다. 다만, 구·시·군선거방송토론위원회 위원장은 해당 구·시·군선거관리위원회 위원장이 겸한다. 〈개정 2010.1.25.〉

④ 중앙선거방송토론위원회에 상임위원 1인을 두되, 중앙선거관리위원회가 중앙선거방송토론위원회의 위원중에서 지명한다.

⑤ 정당의 당원은 선거방송토론위원회의 위원이 될 수 없다.

⑥ 중앙선거방송토론위원회는 대담·토론회등의 주관·진행 기타 공정성을 보장하기 위하여 필요한 사항을 정하여 공표하여야 한다.

⑦ 각급 선거방송토론위원회는 대담·토론회등의 업무수행을 위하여 필요한 때에는 공영방송사 또는 관련 기관·단체 등에 대하여 협조요구를 할 수 있으며, 그 협조요구를 받은 공영방송사는 우선적으로 이에 응하여야 한다.

⑧ 중앙선거방송토론위원회 또는 시·도선거방송토론위원회에 그 사무를 처리하게 하기 위하여 선거관리위원회 소속 공무원으로 구성하는 사무국을 둔다. 〈개정 2005.8.4., 2010.1.25.〉

⑨ 선거방송토론위원회는 업무수행을 위하여 필요하다고 인정하는 때에는 관계 행정기관 또는 관련 기관·단체 등의 장과 협의하여 그 소속 공무원 또는 임·직원을 파견받거나 관계 행정기관 소속 공무원으로 하여금 제8항의 규정에 의한 사무국의 소속 공무원의 직을 겸임하게 할 수 있다.

⑩ 각급 선거방송토론위원회의 구성·운영, 위원 및 상임위원의 대우, 사무국의 조직·직무범위 기타 필요한 사항은 중앙선거관리위원회규칙으로 정한다.

[본조신설 2004.3.12.]

제8조의8 선거여론조사심의위원회

제8조의8(선거여론조사심의위원회) ① 중앙선거관리위원회와 시·도선거관리위원회는 선거에 관한 여론조사의 객관성·신뢰성을 확보하기 위하여 선거여론조사심의위원회를 각각 설치·운영하여야 한다. 〈개정 2015.12.24., 2017.2.8.〉

② 중앙선거관리위원회에 설치하는 선거여론조사심의위원회(이하 "중앙선거여론조사심의 위원회"라 한다) 및 시·도선거관리위원회에 설치하는 선거여론조사심의위원회(이하 "시·도선거여론조사심의위원회"라 한다)는 국회에 교섭단체를 구성한 정당이 추천하는 각 1명과 학계, 법조계, 여론조사 관련 기관·단체의 전문가 등을 포함하여 중립적이고 공정한 사람 중에서 중앙선거관리위원회 또는 시·도선거관리위원회가 위촉하는 사람으로 총 9명 이내의 위원으로 각각 구성하며, 위원의 임기는 3년으로 한다. 이 경우 위원정수에 관하여는 제8조의2제2항후단을 준용한다. 〈개정 2017.2.8.〉

③ 선거여론조사심의위원회에 위원장 1명을 두되, 위원장은 위원중에서 호선한다. 〈개정 2017.2.8.〉

④ 중앙선거여론조사심의위원회에 상임위원 1명을 두되, 중앙선거관리위원회가 중앙선거여론조사심의위원회의 위원중에서 지명한다. 〈개정 2017.2.8.〉

⑤ 정당의 당원은 선거여론조사심의위원회의 위원이 될 수 없다. 〈개정 2017.2.8.〉

⑥ 중앙선거여론조사심의위원회는 공표 또는 보도를 목적으로 하는 선거에 관한 여론조사의 객관성 · 신뢰성을 확보하기 위하여 필요한 사항(이하 "선거여론조사기준"이라 한다)을 정하여 공표하여야 한다. 〈개정 2015.12.24., 2017.2.8.〉

⑦ 선거여론조사심의위원회의 직무는 다음 각 호와 같다. 〈개정 2015.12.24., 2017.2.8.〉

1. 제108조제4항에 따른 이의신청에 대한 심의 및 같은 조제7항에 따른 등록 처리

2. 선거에 관한 여론조사가 이 법 또는 선거여론조사기준을 위반하였는지 여부에 대한 심의 및 조치

3. 제8조의9에 따른 선거여론조사기관 등록 등 처리

⑧ 다음 각 호의 어느 하나에 해당하는 여론조사는 이 법에 따른 선거에 관한 여론조사로 보지 아니한다. 〈신설 2017.2.8.〉

1. 정당이 그 대표자 등 당직자를 선출하기 위하여 실시하는 여론조사

2. 후보자(후보자가 되려는 사람을 포함한다)의 성명이나 정당(창당준비위원회를 포함한다)의 명칭을 나타내지 아니하고 정책 · 공약 개발을 위하여 실시하는 여론조사

3. 국회의원 및 지방의회의원이 의정활동과 관련하여 실시하는 여론조사. 다만, 제60조의2제1항에 따른 해당 선거의 예비후보자등록신청개시일부터 선거일까지 실시하는 여론조사는 제외한다.

4. 정치, 선거 등 분야에서 순수한 학술 · 연구 목적으로 실시하는 여론조사

5. 단체 등이 의사결정을 위하여 그 구성원만을 대상으로 실시하는 여론조사

⑨ 선거여론조사심의위원회가 심의하는 관할 여론조사는 다음 각 호와 같다. 〈개정 2017.2.8.〉

1. 중앙선거여론조사심의위원회 : 전국 또는 2 이상 시 · 도의 선거구민을 대상으로 하는 여론조사

2. 시 · 도선거여론조사심의위원회 : 해당 시 · 도의 선거구민을 대상으로 하는 여론조사

⑩ 선거여론조사심의위원회는 선거에 관한 여론조사가 이 법 또는 선거여론조사기준을 위반하였다고 인정되는 때에는 그 위반행위를 한 자에게 시정명령 · 경고 · 정정보도문의 게재명령 등 필요한 조치를 하되, 그 위반행위가 선거의 공정성을 현저하게 해치는 것으로 인정되거나 시정명령 · 정정보도문의 게재명령을 불이행한 때에는 고발 등 필요한 조치를 하여야 하고 이를 관할선거구 선거관리위원회에 통보하여야 한다. 〈개정 2015.12.24., 2017.2.8.〉

⑪ 선거여론조사심의위원회가 이 법 또는 선거여론조사기준을 위반한 여론조사에 대하여 조사

등을 하는 경우에는 제272조의2를 준용한다. 이 경우 "각급 선거관리위원회" 또는 "선거관리위원회"는 "선거여론조사심의위원회"로, "각급선거관리위원회 위원·직원" 또는 "선거관리위원회 위원·직원"은 "선거여론조사심의위원회 위원·직원"으로, "선거범죄" 또는 "범죄"는 "선거에 관한 여론조사에 있어서 이 법 또는 선거여론조사기준 위반 행위"로 본다. 〈신설 2017.2.8.〉

⑫ 선거여론조사심의위원회는 업무수행을 위하여 필요하다고 인정하는 때에는 관계공무원 또는 전문가를 초청하여 의견을 듣거나 관련 기관·단체 등에 자료 및 의견 제출 등 협조를 요청할 수 있다. 〈개정 2017.2.8.〉

⑬ 선거여론조사심의위원회에 그 사무를 처리하기 위하여 선거관리위원회 소속 공무원으로 구성하는 사무국을 둘 수 있다. 〈개정 2017.2.8.〉

⑭ 선거여론조사심의위원회의 구성·운영, 위원 및 상임위원의 대우, 사무국의 조직·직무 범위, 선거여론조사기준의 공표방법, 그 밖에 필요한 사항은 중앙선거관리위원회규칙으로 정한다. 〈개정 2017.2.8.〉

[본조신설 2014.2.13.]

[제목개정 2017.2.8.]

제108조(여론조사의 결과공표금지 등) ③ 다음 각 호의 어느 하나에 해당하는 자를 제외하고는 누구든지 선거에 관한 여론조사를 실시하려면 여론조사의 목적, 표본의 크기, 조사 지역·일시·방법, 전체 설문내용 등 중앙선거관리위원회규칙으로 정하는 사항을 여론조사 개시일 전 2일까지 관할 선거여론조사심의위원회에 서면으로 신고하여야 한다.
〈신설 2010.1.25., 2014.2.13., 2015.12.24., 2017.2.8.〉

1. 제3자로부터 여론조사를 의뢰받은 여론조사 기관·단체(제3자의 의뢰 없이 직접 하는 경우는 제외한다)

2. 정당[창당준비위원회와 「정당법」 제38조(정책연구소의 설치·운영)에 따른 정책연구소를 포함한다]

3. 「방송법」 제2조(용어의 정의)에 따른 방송사업자

4. 전국 또는 시·도를 보급지역으로 하는 「신문 등의 진흥에 관한 법률」 제2조(정의)에 따른 신문사업자 및 「잡지 등 정기간행물의 진흥에 관한 법률」 제2조(정의)에 따른 정기간행물사업자

5. 「뉴스통신 진흥에 관한 법률」 제2조(정의)에 따른 뉴스통신사업자

6. 제3호부터 제5호까지의 사업자가 관리·운영하는 인터넷언론사

7. 전년도 말 기준 직전 3개월간의 일일 평균 이용자 수 10만명 이상인 인터넷언론사

④ 관할 선거여론조사심의위원회는 제3항에 따른 신고 내용이 이 법 또는 선거여론조사기준을 충족하지 못한다고 판단되는 때에는 여론조사실시 전까지 보완할 것을 요구할 수 있다. 이 경우 보완요구에 이의가 있는 때에는 관할 선거여론조사심의위원회에 서면으로 이의신청을 할 수 있다. 〈신설 2014.2.13., 2017.2.8.〉

⑦ 선거에 관한 여론조사 결과를 공표·보도하려는 때에는 그 결과의 공표·보도 전에 해당 여론조사를 실시한 선거여론조사기관이 선거여론조사기준으로 정한 사항을 중앙선거여론조사심의위원회 홈페이지에 등록하여야 한다. 이 경우 선거여론조사기관이 제3자로부터 의뢰를 받아 여론조사를 실시한 때에는 해당 여론조사를 의뢰한 자는 선거여론조사기관에 해당 여론조사 결과의 공표·보도 예정일시를 통보하여야 하며, 선거여론조사기관은 통보받은 공표·보도 예정일시 전에 해당 사항을 등록하여야 한다. 〈개정 2015.12.24., 2017.2.8.〉

제8조의9(여론조사 기관·단체의 등록 등) ① 여론조사 기관·단체가 공표 또는 보도를 목적으로 선거에 관한 여론조사를 실시하려는 때에는 조사시스템, 분석전문인력, 그 밖에 중앙선거관리위원회규칙으로 정하는 요건을 갖추어 관할 선거여론조사심의위원회에 서면으로 그 등록을 신청하여야 한다.

② 제1항에 따른 등록신청을 받은 관할 선거여론조사심의위원회는 그 신청을 접수한 날부터 7일 이내에 등록을 수리하고 등록증을 교부하여야 한다.

③ 선거여론조사심의위원회는 제2항에 따라 등록증을 교부한 여론조사 기관·단체(이하 "선거여론조사기관"이라 한다)에 관한 정보로서 중앙선거관리위원회규칙으로 정하는 정보를 지체 없이 중앙선거여론조사심의위원회 홈페이지에 공개하여야 한다.

④ 제1항에 따른 등록신청 사항 중 변경이 생긴 때에는 선거여론조사기관은 14일 이내에 관할 선거여론조사심의위원회에 변경등록을 신청하여야 한다.

⑤ 선거여론조사기관(그 대표자 및 구성원을 포함한다)이 다음 각 호의 어느 하나에 해당하는 경우 관할 선거여론조사심의위원회는 해당 선거여론조사기관의 등록을 취소한다. 이 경우 제3호에 해당하여 등록이 취소된 선거여론조사기관은 그 등록이 취소된 날부터 1년 이내에는 등록을 신청할 수 없다.

    1. 거짓이나 그 밖의 부정한 방법으로 등록한 경우

    2. 제1항에 따른 등록 요건을 갖추지 못하게 된 경우

    3. 선거에 관한 여론조사와 관련된 죄를 범하여 징역형 또는 100만원 이상의 벌금형의 선고를 받은 경우

⑥ 등록신청서 및 등록증의 서식, 제3항에 따른 정보공개의 절차, 등록변경·등록취소 절차,

그 밖에 필요한 사항은 중앙선거관리위원회규칙[1]으로 정한다.

[본조신설 2017.2.8.]

제272조의2(선거범죄의 조사등) ① 각급선거관리위원회(읍 · 면 · 동선거관리위원회를 제외한다. 이하 이 條에서 같다) 위원 · 직원은 선거범죄에 관하여 그 범죄의 혐의가 있다고 인정되거나, 후보자(경선후보자를 포함한다) · 예비후보자 · 선거사무장 · 선거연락소장 또는 선거사무원이 제기한 그 범죄의 혐의가 있다는 소명이 이유 있다고 인정되는 경우 또는 현행범의 신고를 받은 경우에는 그 장소에 출입하여 관계인에 대하여 질문 · 조사를 하거나 관련서류 기타 조사에 필요한 자료의 제출을 요구할 수 있다. 〈개정 2004.3.12., 2005.8.4.〉

② 각급선거관리위원회 위원 · 직원은 선거범죄 현장에서 선거범죄에 사용된 증거물품으로서 증거인멸의 우려가 있다고 인정되는 때에는 조사에 필요한 범위 안에서 현장에서 이를 수거할 수 있다. 이 경우 당해 선거관리위원회 위원 · 직원은 수거한 증거물품을 그 관련된 선거범죄에 대하여 고발 또는 수사의뢰한 때에는 관계수사기관에 송부하고, 그러하지 아니한 때에는 그 소유 · 점유 · 관리하는 자에게 지체 없이 반환하여야 한다. 〈신설 2000.2.16., 2004.3.12.〉

③ 누구든지 제1항의 규정에 의한 장소의 출입을 방해하여서는 아니 되며 질문 · 조사를 받거나 자료의 제출을 요구받은 자는 이에 응하여야 한다.

④ 각급선거관리위원회 위원 · 직원은 선거범죄 조사와 관련하여 관계자에게 질문 · 조사하기 위하여 필요하다고 인정되는 때에는 선거관리위원회에 동행 또는 출석할 것을 요구할 수 있다. 다만, 선거기간중 후보자에 대하여는 동행 또는 출석을 요구할 수 없다.

〈신설 2000.2.16., 2004.3.12.〉

⑤ 각급선거관리위원회 위원 · 직원은 선거의 자유와 공정을 현저히 해할 우려가 있는 이 법에 위반되는 행위가 눈앞에 행하여지고 있거나, 행하여질 것이 명백하다고 인정되는 경우에는 그 현장에서 행위의 중단 또는 예방에 필요한 조치를 할 수 있다. 〈신설 2002.3.7.〉

⑥ 각급선거관리위원회 위원 · 직원이 제1항의 규정에 의한 장소에 출입하거나 질문 · 조사 · 자료의 제출을 요구하는 경우에는 관계인에게 그 신분을 표시하는 증표를 제시하고 소속과 성명을 밝히고 그 목적과 이유를 설명하여야 한다.

⑦ 각급선거관리위원회 위원 · 직원이 제1항에 따라 피조사자에 대하여 질문 · 조사를 하는 경우 질문 · 조사를 하기 전에 피조사자에게 진술을 거부할 수 있는 권리 및 변호인의 조력을 받을 권리가 있음을 알리고, 문답서에 이에 대한 답변을 기재하여야 한다. 〈신설 2013.8.13.〉

⑧ 각급선거관리위원회 위원 · 직원은 피조사자가 변호인의 조력을 받으려는 의사를 밝힌 경우 지체 없이 변호인(변호인이 되려는 자를 포함한다)으로 하여금 조사에 참여하게 하거나 의견을

진술하게 하여야 한다. 〈신설 2013.8.13.〉

⑨ 제1항부터 제8항까지의 규정에 따른 소명절차·방법, 증거자료의 수거, 증표의 규격 기타 필요한 사항은 중앙선거관리위원회규칙으로 정한다. 〈개정 2000.2.16., 2002.3.7., 2013.8.13.〉

[본조신설 1997.11.14.]

법 제8조의8제6항의 규정에 따른 "선거여론조사기준"은 중앙선거여론조사심의위원회가 정하여 관보에 게재하는 방법으로 공표한다(「선거여론조사심의위원회의 구성 및 운영에 관한 규칙」 제18조).

법 제8조의8제8항제3호단서에서 말하는 "제60조의2제1항에 따른 해당 선거"라 함은 대통령선거, 지역구국회의원선거, 시·도지사선거, 지역구시·도의회의원선거, 자치구·시의 지역구·시의회의원선거, 자치구·시의 자치단체의 장선거 및 군의 지역구군의회의원 및 장의 선거를 말한다.

법 제8조의8제10항에 따른 시정명령·정정보도문의 게재명령을 통보받고도 이를 이행하지 아니한 자에게는 3천만원 이하의 과태료를 부과한다(제261조제2항제1호).

제8조의9 여론조사 기관·단체의 등록 등

제8조의9(여론조사 기관·단체의 등록 등) ① 여론조사 기관·단체가 공표 또는 보도를 목적으로 선거에 관한 여론조사를 실시하려는 때에는 조사시스템, 분석전문인력, 그 밖에 중앙선거관리위원회규칙으로 정하는 요건을 갖추어 관할 선거여론조사심의위원회에 서면으로 그 등록을 신청하여야 한다.

② 제1항에 따른 등록신청을 받은 관할 선거여론조사심의위원회는 그 신청을 접수한 날부터 7일 이내에 등록을 수리하고 등록증을 교부하여야 한다.

③ 선거여론조사심의위원회는 제2항에 따라 등록증을 교부한 여론조사 기관·단체(이하 "선거여론조사기관"이라 한다)에 관한 정보로서 중앙선거관리위원회규칙으로 정하는 정보를 지체 없이 중앙선거여론조사심의위원회 홈페이지에 공개하여야 한다.

④ 제1항에 따른 등록신청 사항 중 변경이 생긴 때에는 선거여론조사기관은 14일 이내에 관할

---

1) 중앙선거관리위원회규칙 : 「선거여론조사심의위원회의 구성 및 운영에 관한 규칙」을 말한다.

선거여론조사심의위원회에 변경등록을 신청하여야 한다.

⑤ 선거여론조사기관(그 대표자 및 구성원을 포함한다)이 다음 각 호의 어느 하나에 해당하는 경우 관할 선거여론조사심의위원회는 해당 선거여론조사기관의 등록을 취소한다. 이 경우 제3호에 해당하여 등록이 취소된 선거여론조사기관은 그 등록이 취소된 날부터 1년 이내에는 등록을 신청할 수 없다.

    1. 거짓이나 그 밖의 부정한 방법으로 등록한 경우

    2. 제1항에 따른 등록 요건을 갖추지 못하게 된 경우

    3. 선거에 관한 여론조사와 관련된 죄를 범하여 징역형 또는 100만원 이상의 벌금형의 선고를 받은 경우

⑥ 등록신청서 및 등록증의 서식, 제3항에 따른 정보공개의 절차, 등록변경·등록취소 절차, 그 밖에 필요한 사항은 중앙선거관리위원회규칙으로 정한다.

[본조신설 2017.2.8.]

법 제8조의9제4항을 위반하여 변경등록신청을 제때 하지 아니한 자에게는 100만원 이하의 과태료를 부과한다(제261조제8항제1의2호).

제9조 공무원의 중립의무 등

제9조(공무원의 중립의무 등) ① 공무원 기타 정치적 중립을 지켜야 하는 자(機關·團體를 포함한다)는 선거에 대한 부당한 영향력의 행사 기타 선거결과에 영향을 미치는 행위를 하여서는 아니된다.

② 검사(군검사를 포함한다) 또는 국가경찰공무원(檢察搜査官 및 軍司法警察官吏를 포함한다)은 이 법의 규정에 위반한 행위가 있다고 인정되는 때에는 신속·공정하게 단속·수사를 하여야 한다. 〈개정 2006.2.21., 2016.1.6.〉

제10조 사회단체 등의 공명선거추진활동

제10조(사회단체 등의 공명선거추진활동) ① 사회단체 등은 선거부정을 감시하는 등 공명선거추진활동을 할 수 있다. 다만, 다음 각 호의 어느 하나에 해당하는 단체는 그 명의 또는 그 대표의 명의로 공명선거추진활동을 할 수 없다. 〈개정 2000.2.16., 2002.3.7., 2004.3.12., 2005.8.4.〉

1. 특별법에 의하여 설립된 국민운동단체로서 국가 또는 지방자치단체의 출연 또는 보조를 받는 단체(바르게살기運動協議會·새마을運動協議會·韓國自由總聯盟을 말한다)
2. 법령에 의하여 정치활동이나 공직선거에의 관여가 금지된 단체
3. 후보자(후보자가 되고자 하는 자를 포함한다. 이하 이 조에서 같다), 후보자의 배우자와 후보자 또는 그 배우자의 직계존·비속과 형제자매나 후보자의 직계비속 및 형제자매의 배우자(이하 "候補者의 家族"이라 한다)가 설립하거나 운영하고 있는 단체
4. 특정 정당(創黨準備委員會를 포함한다. 이하 이 條에서 같다) 또는 후보자를 지원하기 위하여 설립된 단체
5. 삭제 〈2005.8.4.〉
6. 선거운동을 하거나 할 것을 표방한 노동조합 또는 단체

② 사회단체 등이 공명선거추진활동을 함에 있어서는 항상 공정한 자세를 견지하여야 하며, 특정 정당이나 후보자의 선거운동에 이르지 아니하도록 유의하여야 한다.

③ 각급 선거관리위원회(읍·면·동선거관리위원회를 제외한다)는 사회단체 등이 불공정한 활동을 하는 때에는 경고·중지 또는 시정명령을 하여야 하며, 그 행위가 선거운동에 이르거나 선거관리위원회의 중지 또는 시정명령을 이행하지 아니하는 때에는 고발 등 필요한 조치를 하여야 한다. 〈개정 2005.8.4.〉

제10조의2 선거부정감시단

제10조의2(선거부정감시단) ① 각급 선거관리위원회(읍·면·동선거관리위원회는 제외한다)는 선거부정을 감시하기 위하여 선거부정감시단을 둔다. 〈개정 2008.2.29.〉

② 선거부정감시단은 선거운동을 할 수 있는 자로서 정당의 당원이 아닌 중립적이고 공정한 자 중에서 중앙선거관리위원회규칙으로 정하는 바에 따라 10명 이내로 구성한다. 다만, 선거일 전 60일(선거일 전 60일 후에 실시사유가 확정된 보궐선거등의 경우 그 선거의 실시사유가 확정된 때)부터 선거일 후 10일까지는 중앙선거관리위원회 및 시·도 선거관리위원회는 10인 이내의, 구·시·군선거관리위원회는 20인 이내의 인원을 추가하여 구성할 수 있다. 〈개정 2008.2.29., 2010.1.25.〉

③ 삭제 〈2008.2.29.〉

④ 삭제 〈2008.2.29.〉

⑤ 삭제 〈2008.2.29.〉

⑥ 선거부정감시단은 관할 선거관리위원회의 지휘를 받아 이 법에 위반되는 행위에 대하여 증거자료를 수집하거나 조사활동을 할 수 있다. 〈개정 2008.2.29.〉

⑦ 선거부정감시단의 소속원에 대하여는 예산의 범위 안에서 수당 또는 실비를 지급할 수 있다.

⑧ 선거부정감시단의 구성·활동방법 및 수당·실비의 지급 기타 필요한 사항은 중앙선거관리위원회규칙으로 정한다.

[본조신설 2000.2.16.]

제10조의3 사이버선거부정감시단

제10조의3(사이버선거부정감시단) ① 중앙선거관리위원회는 인터넷을 이용한 선거부정을 감시하기 위하여 중앙선거관리위원회규칙으로 정하는 바에 따라 5인 이상 10인 이하로 구성된 사이버선거부정감시단을 설치·운영하여야 한다. 다만, 선거일 전 60일(선거일 전 60일 후에 실시사유가 확정된 보궐선거등의 경우 그 선거의 실시사유가 확정된 때)부터 선거일 후 10일까지는 10인 이내의 인원을 추가하여 구성할 수 있다. 〈신설 2008.2.29.〉

② 시·도선거관리위원회는 인터넷을 이용한 선거부정을 감시하기 위하여 선거일 전 120일(선거일 전 120일 후에 실시사유가 확정된 보궐선거등에 있어서는 그 선거의 실시사유가 확정된 후 5일)부터 선거일까지 30인 이내로 구성된 사이버선거부정감시단을 설치·운영하여야 한다. 〈개정 2008.2.29.〉

③ 사이버선거부정감시단은 정당의 당원이 아닌 중립적이고 공정한 자로 구성한다. 〈개정 2008.2.29.〉

④ 제10조의2제6항부터 제8항까지의 규정은 사이버선거부정감시단에 준용한다. 이 경우 "선거부정감시단"은 "사이버선거부정감시단"으로 본다. 〈개정 2008.2.29.〉

[본조신설 2004.3.12.]

제11조 후보자 등의 신분보장

> **제11조(후보자 등의 신분보장)** ① 대통령선거의 후보자는 후보자의 등록이 끝난 때부터 개표종료시까지 사형·무기 또는 장기 7년 이상의 징역이나 금고에 해당하는 죄를 범한 경우를 제외하고는 현행범인이 아니면 체포 또는 구속되지 아니하며, 병역소집의 유예를 받는다. 〈개정 1995.5.10.〉
>
> ② 국회의원선거, 지방의회의원 및 지방자치단체의 장의 선거의 후보자는 후보자의 등록이 끝난 때부터 개표종료시까지 사형·무기 또는 장기 5년 이상의 징역이나 금고에 해당하는 죄를 범하였거나 제16장 벌칙에 규정된 죄를 범한 경우를 제외하고는 현행범인이 아니면 체포 또는 구속되지 아니하며, 병역소집의 유예를 받는다. 〈신설 1995.5.10.〉
>
> ③ 선거사무장·선거연락소장·선거사무원·회계책임자·투표참관인·사전투표참관인과 개표참관인(예비후보자가 선임한 선거사무장·선거사무원 및 회계책임자는 제외한다)은 해당 신분을 취득한 때부터 개표종료시까지 사형·무기 또는 장기 3년 이상의 징역이나 금고에 해당하는 죄를 범하였거나 제230조부터 제235조까지 및 제237조부터 제259조까지의 죄를 범한 경우를 제외하고는 현행범인이 아니면 체포 또는 구속되지 아니하며, 병역소집의 유예를 받는다. 〈개정 2011.7.28., 2014.1.17.〉
>
> [제목개정 2011.7.28.]

법 제11조제3항이 규정하고 있는 "제230조부터 제235조까지 및 제237조부터 제259조까지의 죄"는 제230조(매수 및 이해유도죄), 제231조(재산상의 이익목적의 매수 및 이해유도죄), 제232조(후보자에 대한 매수 및 이해유도죄), 제233조(당선인에 대한 매수 및 이해유도죄), 제234조(당선무효유도죄), 제235조(방송·신문 등의 불법이용을 위한 매수죄), 제237조(선거의 자유방해죄), 제238조(군인에 의한 선거자유방해죄), 제239조(직권남용에 의한 선거의 자유방해죄), 제239조의2(선장등에 의한 선거의 자유방해죄 등), 제240조(벽보, 그 밖의 선전시설 등에 대한 방해죄), 제241조(투표의 비밀침해죄), 제242조(투표·개표의 간섭 및 방해죄), 제242조의2(공무원의 재외선거사무 간섭죄), 제243조(투표함 등에 관한 죄), 제244조(선거사무관리관계자나 시설 등에 대한 폭행교란죄), 제245조(투표소 등에서의 무기휴대죄), 제246조(다수인의 선거방해죄), 제247조(사위등재·허위날인죄), 제248조(사위투표죄), 제249조(투표위조 또는 증감죄), 제250조(허위사실공표죄), 제251조(후보자비방죄), 제252조(방송·신문 등 부정이용죄), 제253조(성명 등의 허위표시죄), 제254조(선거운동기간위반죄), 제255조(부정선거운동죄), 제256조(각종

제한규정위반죄), 제257조(기부행위의 금지제한 등 위반죄), 제258조(선거비용 부정지출 등 죄) 및 제259조(선거범죄선동죄)를 말한다.

제12조 선거관리

제12조(선거관리) ① 중앙선거관리위원회는 이 법에 특별한 규정이 있는 경우를 제외하고는 선거사무를 통할·관리하며, 하급선거관리위원회(투표관리관 및 사전투표관리관을 포함한다. 이하 이 조에서 같다) 및 제218조에 따른 재외선거관리위원회와 제218조의2에 따른 재외투표관리관의 위법·부당한 처분에 대하여 이를 취소하거나 변경할 수 있다.

〈개정 2005.8.4., 2009.2.12., 2014.1.17.〉

② 시·도선거관리위원회는 지방의회의원 및 지방자치단체의 장의 선거에 관한 하급선거관리위원회의 위법·부당한 처분에 대하여 이를 취소하거나 변경할 수 있다.

〈개정 1995.4.1., 2005.8.4.〉

③ 구·시·군선거관리위원회는 당해 선거에 관한 하급선거관리위원회의 위법·부당한 처분에 대하여 이를 취소하거나 변경할 수 있다.

④ 이 법에 규정된 구·시·군선거관리위원회에는 그 성질에 반하지 아니하는 범위에서 세종특별자치시선거관리위원회가 포함된 것으로 본다. 〈신설 2015.8.13.〉

[제목개정 2015.8.13.]

제13조 선거구선거관리

제13조(선거구선거관리) ① 선거구선거사무를 행할 선거관리위원회(이하 "選擧區選擧管理委員會"라 한다)는 다음 각 호와 같다. 〈개정 2000.2.16., 2005.8.4., 2015.8.13.〉

    1. 대통령선거 및 비례대표전국선거구국회의원(이하 "比例代表國會議員"이라 한다)선거의 선거구선거사무는 중앙선거관리위원회

    2. 특별시장·광역시장·특별자치시장·도지사(이하 "市·道知事"라 한다)선거와 비례대표선거구시·도의회의원(이하 "比例代表市·道議員"이라 한다)선거의 선거구선거사무는 시·도선거관리위원회

    3. 지역선거구국회의원(이하 "地域區國會議員"이라 한다)선거, 지역선거구시·도의회의원(이하 "지역구시·도의원"이라 한다)선거, 지역선거구자치구·시·군의회의원(이하 "지역구자치구·시·군의원"이라 한다)선거, 비례대표선거구자치구·시·군의회의원(이

하 "비례대표자치구 · 시 · 군의원"이라 한다)선거 및 자치구의 구청장 · 시장 · 군수(이하 "自治區 · 市 · 郡의 長"이라 한다)선거의 선거구선거사무는 그 선거구역을 관할하는 구 · 시 · 군선거관리위원회[제29조(地方議會議員의 增員選擧)제3항 또는 「선거관리위원회법」 제2조(設置)제6항의 규정에 의하여 선거구선거사무를 행할 구 · 시 · 군선거관리위원회가 지정된 경우에는 그 지정을 받은 구 · 시 · 군선거관리위원회를 말한다]

② 제1항에서 "선거구선거사무"라 함은 선거에 관한 사무중 후보자등록 및 당선인결정 등과 같이 당해 선거구를 단위로 행하여야 하는 선거사무를 말한다.

③ 선거구선거관리위원회 또는 직근 상급선거관리위원회는 선거관리를 위하여 특히 필요하다고 인정하는 때에는 중앙선거관리위원회가 정하는 바에 따라 당해 선거에 관하여 관할선거구 안의 선거관리위원회가 행할 선거사무의 범위를 조정하거나 하급선거관리위원회 또는 그 위원으로 하여금 선거구선거관리위원회의 직무를 행하게 할 수 있다.

④ 제3항의 규정에 의하여 선거구선거사무를 행하는 하급선거관리위원회의 위원은 선거구선거관리위원회위원의 정수에 산입하지 아니하며, 선거구선거관리위원회의 의결에 참가할 수 없다.

⑤ 구 · 시 · 군선거관리위원회 또는 읍 · 면 · 동선거관리위원회가 천재 · 지변 기타 부득이한 사유로 그 기능을 수행할 수 없는 때에는 직근 상급선거관리위원회는 직접 또는 다른 선거관리위원회로 하여금 당해 선거관리위원회의 기능이 회복될 때까지 그 선거사무를 대행하거나 대행하게 할 수 있다. 다른 선거관리위원회로 하여금 대행하게 하는 경우에는 대행할 업무의 범위도 함께 정하여야 한다. 〈개정 2005.8.4.〉

⑥ 제5항의 규정에 의하여 선거사무를 대행하거나 대행하게 한 때에는 대행할 선거관리위원회와 그 업무의 범위를 지체 없이 공고하고, 상급선거관리위원회에 보고하여야 한다.

[제목개정 2015.8.13.]

제14조 임기개시

제14조(임기개시) ① 대통령의 임기는 전임대통령의 임기만료일의 다음날 0시부터 개시된 다. 다만, 전임자의 임기가 만료된 후에 실시하는 선거와 궐위로 인한 선거에 의한 대통령의 임기는 당선이 결정된 때부터 개시된다. 〈개정 2003.2.4.〉

② 국회의원과 지방의회의원(이하 이 項에서 "議員"이라 한다)의 임기는 총선거에 의한 전임의원의 임기만료일의 다음날부터 개시된다. 다만, 의원의 임기가 개시된 후에 실시하는 선거와 지방의회의원의 증원선거에 의한 의원의 임기는 당선이 결정된 때부터 개시되며 전임자 또는 같은 종류의 의원의 잔임기간으로 한다.

③ 지방자치단체의 장의 임기는 전임지방자치단체의 장의 임기만료일의 다음날부터 개시된다. 다만, 전임지방자치단체의 장의 임기가 만료된 후에 실시하는 선거와 제30조(地方自治團體의 廢置 · 分合시의 選擧 등)제1항제1호 내지 제3호에 의하여 새로 선거를 실시하는 지방자치단체의 장의 임기는 당선이 결정된 때부터 개시되며 전임자 또는 같은 종류의 지방자치단체의 장의 잔임기간으로 한다.

제2장 선거권과 피선거권

제15조 선거권

제15조(선거권) ① 19세 이상의 국민은 대통령 및 국회의원의 선거권이 있다. 다만, 지역구국회의원의 선거권은 19세 이상의 국민으로서 제37조제1항에 따른 선거인명부작성기준일 현재 다음 각 호의 어느 하나에 해당하는 사람에 한하여 인정된다. 〈개정 2011.11.7., 2014.1.17., 2015.8.13.〉

   1. 「주민등록법」 제6조제1항제1호 또는 제2호에 해당하는 사람으로서 해당 국회의원지역선거구 안에 주민등록이 되어 있는 사람

   2. 「주민등록법」 제6조제1항제3호에 해당하는 사람으로서 주민등록표에 3개월 이상 계속하여 올라 있고 해당 국회의원지역선거구 안에 주민등록이 되어 있는 사람

② 19세 이상으로서 제37조제1항에 따른 선거인명부작성기준일 현재 다음 각 호의 어느 하나에 해당하는 사람은 그 구역에서 선거하는 지방자치단체의 의회의원 및 장의 선거권이 있다. 〈개정 2009.2.12., 2011.11.7., 2014.1.17., 2015.8.13.〉

   1. 「주민등록법」 제6조제1항제1호 또는 제2호에 해당하는 사람으로서 해당 지방자치단체의 관할 구역에 주민등록이 되어 있는 사람

   2. 「주민등록법」 제6조제1항제3호에 해당하는 사람으로서 주민등록표에 3개월 이상 계속하여 올라 있고 해당 지방자치단체의 관할구역에 주민등록이 되어 있는 사람

   3. 「출입국관리법」 제10조에 따른 영주의 체류자격 취득일 후 3년이 경과한 외국인으로서 같은 법 제34조에 따라 해당 지방자치단체의 외국인등록대장에 올라 있는 사람

[2009.2.12. 법률 제9466호에 의하여 2007.6.28. 헌법재판소에서 헌법불합치결정된 이 조제2항제1호를 개정함.]

[제목개정 2011.11.7.]

「주민등록법」

제6조(대상자) ① 시장·군수 또는 구청장은 30일 이상 거주할 목적으로 그 관할구역에 주소나 거소(이하 "거주지"라 한다)를 가진 다음 각 호의 사람(이하 "주민"이라 한다)을 이 법의 규정에 따라 등록하여야 한다. 다만, 외국인은 예외로 한다. 〈개정 2014.1.21.〉

   1. 거주자 : 거주지가 분명한 사람(제3호의 재외국민은 제외한다)

2. 거주불명자 : 제20조제6항에 따라 거주불명으로 등록된 사람

3. 재외국민 : 「재외동포의 출입국과 법적 지위에 관한 법률」 제2조제1호에 따른 국민으로서 「해외이주법」 제12조에 따른 영주귀국의 신고를 하지 아니한 사람 중 다음 각 목의 어느 하나의 경우

　가. 주민등록이 말소되었던 사람이 귀국 후 재등록신고를 하는 경우

　나. 주민등록이 없었던 사람이 귀국 후 최초로 주민등록신고를 하는 경우

「출입국관리법」

제10조(체류자격) ① 입국하려는 외국인은 대통령령으로 정하는 체류자격을 가져야 한다.

　② 1회에 부여할 수 있는 체류자격별 체류기간의 상한은 법무부령으로 정한다.

[전문개정 2010.5.14.]

「출입국관리법」 제10조제1항의 "대통령령으로 정하는 체류자격"은 다음 표와 같다(「출입국관리법 시행령」 제12조 별표 1).

[별표 1] 〈개정 2016. 7. 5.〉

외국인의 체류자격(제12조관련)

체류자격 (기호)	체류자격에 해당하는 사람 또는 활동범위
1. 외 교(A-1)	대한민국정부가 접수한 외국정부의 외교사절단이나 영사기관의 구성원, 조약 또는 국제관행에 따라 외교사절과 동등한 특권과 면제를 받는 사람과 그 가족
2. 공 무(A-2)	대한민국정부가 승인한 외국정부 또는 국제기구의 공무를 수행하는 사람과 그 가족
3. 협 정(A-3)	대한민국정부와의 협정에 따라 외국인등록이 면제되거나 면제할 필요가 있다고 인정되는 사람과 그 가족
4. 사증면제(B-1)	대한민국과 사증면제협정을 체결한 국가의 국민으로서 그 협정에 따른 활동을 하려는 사람
5. 관광·통과(B-2)	관광·통과 등의 목적으로 대한민국에 사증 없이 입국하려는 사람
6. 일시취재(C-1)	일시적인 취재 또는 보도활동을 하려는 사람

7. 삭제 〈2011.11.1〉	
8. 단기방문(C-3)	시장조사, 업무 연락, 상담, 계약 등의 상용활동과 관광, 통과, 요양, 친지 방문, 친선경기, 각종 행사나 회의 참가 또는 참관, 문화예술, 일반연수, 강습, 종교의식 참석, 학술자료 수집, 그 밖에 이와 유사한 목적으로 90일을 넘지 않는 기간 동안 체류하려는 사람(영리를 목적으로 하는 사람은 제외한다)
9. 단기취업(C-4)	일시 흥행, 광고·패션모델, 강의·강연, 연구, 기술지도 등 수익을 목적으로 단기간 취업활동을 하려는 사람
10. 문화예술(D-1)	수익을 목적으로 하지 않는 학술 또는 예술 관련 활동을 하려는 사람(대한민국의 고유문화 또는 예술에 대하여 전문적인 연구를 하거나 전문가의 지도를 받으려는 사람을 포함한다)
11. 유 학(D-2)	전문대학 이상의 교육기관 또는 학술연구기관에서 정규과정의 교육을 받거나 특정 연구를 하려는 사람
12. 기술연수(D-3)	법무부장관이 정하는 연수조건을 갖춘 사람으로서 국내의 산업체에서 연수를 받으려는 사람
13. 일반연수(D-4)	법무부장관이 정하는 요건을 갖춘 교육기관이나 기업체, 단체 등에서 교육 또는 연수를 받거나 연구활동에 종사하려는 사람[연수기관으로부터 체재비를 초과하는 보수(報酬)를 받거나 유학(D-2)·기술연수(D-3) 체류자격에 해당하는 사람은 제외한다]
14. 취재(D-5)	외국의 신문, 방송, 잡지, 그 밖의 보도기관으로부터 파견 또는 외국 보도기관과의 계약에 따라 국내에 주재하면서 취재 또는 보도활동을 하려는 사람
15. 종교(D-6)	외국의 종교단체 또는 사회복지단체로부터 파견되어 대한민국에 있는 지부 또는 유관 종교단체에서 종교활동을 하려는 사람과 대한민국 내의 종교단체 또는 사회복지단체의 초청을 받아 사회복지활동을 하려는 사람 및 그 밖에 법무부장관이 인정하는 특정 종교활동 또는 사회복지활동에 종사하려는 사람
16. 주재(D-7)	가. 외국의 공공기관·단체 또는 회사의 본사, 지사, 그 밖의 사업소 등에서 1년 이상 근무한 사람으로서 대한민국에 있는 그 계열회사, 자회사, 지점 또는 사무소 등에 필수 전문인력으로 파견되어 근무하려는 사람[다만, 기업투자(D-8) 체류자격에 해당하는 사람은 제외하며, 국가기간산업 또는 국책사업에 종사하려는 경우나 그 밖에 법무부장관이 필요하다고 인정하는 경우에는 1년 이상의 근무요건을 적용하지 않는다] 나. 「자본시장과 금융투자업에 관한 법률」 제9조제15항제1호에 따른 상장법인 또는 「공공기관의 운영에 관한 법률」 제4조에 따른 공공기관이 설립한 해외 현지법인이나 해외지점에서 1년 이상 근무한 사람으로서 대한민국에 있는 그 본사나 본점에 파견되어 전문적인 지식·기술 또는 기능을 제공하거나 전수받으려는 사람(다만, 상장법인의 해외 현지법인이나 해외지점 중 본사의 투자금액이 미화 50만달러 미만인 경우는 제외한다)
17. 기업투자(D-8)	가. 「외국인투자 촉진법」에 따른 외국인투자기업의 경영·관리 또는 생산·기술 분야에 종사하려는 필수 전문인력(국내에서 채용하는 사람은 제외한다) 나. 지식재산권을 보유하는 등 우수한 기술력으로 「벤처기업육성에 관한 특별조치법」 제2조의2제1항제2호다목에 따른 벤처기업을 설립한 사람 중

	같은 법 제25조에 따라 벤처기업 확인을 받거나 이에 준하는 사람으로서 법무부장관이 인정하는 사람 다. 다음의 어느 하나에 해당하는 사람으로서 지식재산권을 보유하거나 이에 준하는 기술력 등을 가진 사람 중 법무부장관이 인정한 법인 창업자 　1) 국내에서 전문학사 이상의 학위를 취득한 사람 　2) 외국에서 학사 이상의 학위를 취득한 사람
18. 무역경영(D-9)	대한민국에 회사를 설립하여 경영하거나 무역, 그 밖의 영리사업을 위한 활동을 하려는 사람으로서 필수 전문인력에 해당하는 사람[수입기계 등의 설치, 보수, 조선 및 산업설비 제작·감독 등을 위하여 대한민국 내의 공·사 기관에 파견되어 근무하려는 사람을 포함하되, 국내에서 채용하는 사람과 기업투자(D-8) 체류자격에 해당하는 사람은 제외한다]
18의2. 구직(D-10)	가. 교수(E-1)부터 특정활동(E-7)까지의 체류자격[예술흥행(E-6) 체류자격 중 법무부장관이 정하는 공연업소의 종사자는 제외한다]에 해당하는 분야에 취업하기 위하여 연수나 구직활동 등을 하려는 사람으로서 법무부장관이 인정하는 사람 나. 기업투자(D-8)다목에 해당하는 창업 준비 등을 하려는 사람으로서 법무부장관이 인정하는 사람
19. 교수(E-1)	「고등교육법」에 따른 자격요건을 갖춘 외국인으로서 전문대학 이상의 교육기관이나 이에 준하는 기관에서 전문 분야의 교육 또는 연구·지도 활동에 종사하려는 사람
20. 회화지도(E-2)	법무부장관이 정하는 자격요건을 갖춘 외국인으로서 외국어전문학원, 초등학교 이상의 교육기관 및 부설어학연구소, 방송사 및 기업체 부설 어학연수원, 그 밖에 이에 준하는 기관 또는 단체에서 외국어 회화지도에 종사하려는 사람
21. 연구(E-3)	대한민국 내 공·사 기관으로부터 초청을 받아 각종 연구소에서 자연과학 분야의 연구 또는 산업상 고도기술의 연구·개발에 종사하려는 사람[교수(E-1) 체류자격에 해당하는 사람은 제외한다]
22. 기술지도(E-4)	자연과학 분야의 전문지식 또는 산업상 특수한 분야에 속하는 기술을 제공하기 위하여 대한민국 내 공·사 기관으로부터 초청을 받아 종사하려는 사람
23. 전문직업(E-5)	대한민국 법률에 따라 자격이 인정된 외국의 변호사, 공인회계사, 의사, 그 밖에 국가공인 자격이 있는 사람으로서 대한민국 법률에 따라 할 수 있도록 되어 있는 법률, 회계, 의료 등의 전문업무에 종사하려는 사람[교수(E-1) 체류자격에 해당하는 사람은 제외한다]
24. 예술흥행(E-6)	수익이 따르는 음악, 미술, 문학 등의 예술활동과 수익을 목적으로 하는 연예, 연주, 연극, 운동경기, 광고·패션모델, 그 밖에 이에 준하는 활동을 하려는 사람
25. 특정활동(E-7)	대한민국 내의 공·사 기관 등과의 계약에 따라 법무부장관이 특별히 지정하는 활동에 종사하려는 사람
25의2. 삭제 〈2007.6.1〉	
25의3. 비전문취업 (E-9)	「외국인근로자의 고용 등에 관한 법률」에 따른 국내 취업요건을 갖춘 사람(일정 자격이나 경력 등이 필요한 전문직종에 종사하려는 사람은 제외한다)
25의4. 선원취업 (E-10)	다음 각목에 해당하는 사람과 그 사업체에서 6개월 이상 노무를 제공할 것을 조건으로 선원근로계약을 체결한 외국인으로서 「선원법」 제2조제6호에 따

	른 부원(部員)에 해당하는 사람 　가. 「해운법」 제3조제1호·제2호·제5호 또는 제23조제1호에 따른 사업을 경영하는 사람 　나. 「수산업법」 제8조제1항제1호, 제41조제1항 또는 제57조제1항에 따른 사업을 경영하는 사람 　다. 「크루즈산업의 육성 및 지원에 관한 법률」 제2조제7호에 따른 국적 크루즈사업자로서 같은 조제4호에 따른 국제순항 크루즈선을 이용하여 사업을 경영하는 사람
26. 방문동거(F-1)	가. 친척 방문, 가족 동거, 피부양(被扶養), 가사정리, 그 밖에 이와 유사한 목적으로 체류하려는 사람으로서 법무부장관이 인정하는 사람 　나. 다음 어느 하나에 해당하는 사람의 가사보조인 　1) 외교(A-1), 공무(A-2) 체류자격에 해당하는 사람 　2) 미화 50만달러 이상을 투자한 외국투자가(법인인 경우 그 임직원을 포함한다)로서 기업투자(D-8), 거주(F-2), 영주(F-5), 결혼이민(F-6) 체류자격에 해당하는 사람 　3) 정보기술(IT), 전자상거래 등 기업정보화(e-business), 생물산업(BT), 나노기술(NT) 분야 등 법무부장관이 정하는 첨단·정보기술 업체에 투자한 외국투자가(법인인 경우 그 임직원을 포함한다)로서 기업투자(D-8), 거주(F-2), 영주(F-5), 결혼이민(F-6) 체류자격에 해당하는 사람 　4) 취재(D-5), 주재(D-7), 무역경영(D-9), 교수(E-1)부터 특정활동(E-7)까지의 체류자격에 해당하거나 그 체류자격에서 거주(F-2)바목 또는 영주(F-5)가목의 체류자격으로 변경한 전문인력으로서 법무부장관이 인정하는 사람 　다. 외교(A-1)부터 협정(A-3)까지의 체류자격에 해당하는 사람과 외국인등록을 마친 사람의 동거인으로서 그 세대에 속하지 않는 사람 　라. 그 밖에 부득이한 사유로 직업활동에 종사하지 않고 대한민국에 장기간 체류하여야 할 사정이 있다고 인정되는 사람
27. 거주(F-2)	가. 국민의 미성년 외국인 자녀 또는 영주(F-5) 체류자격을 가지고 있는 사람의 배우자 및 그의 미성년 자녀 　나. 국민과 혼인관계(사실상의 혼인관계를 포함한다)에서 출생한 사람으로서 법무부장관이 인정하는 사람 　다. 난민의 인정을 받은 사람 　라. 「외국인투자 촉진법」에 따른 외국투자가 등으로 다음 어느 하나에 해당하는 사람 　1) 미화 50만달러 이상을 투자한 외국인으로서 기업투자(D-8) 체류자격으로 3년 이상 계속 체류하고 있는 사람 　2) 미화 50만달러 이상을 투자한 외국법인이 「외국인투자 촉진법」에 따른 국내 외국인 투자기업에 파견한 임직원으로서 3년 이상 계속 체류하고 있는 사람 　3) 미화 30만달러 이상을 투자한 외국인으로서 2명 이상의 국민을 고용하고 있는 사람 　마. 영주(F-5) 체류자격을 상실한 사람 중 국내 생활관계의 권익보호 등을 고려하여 법무부장관이 국내에서 계속 체류하여야 할 필요가 있다고 인정하는 사람(강제퇴거된 사람은 제외한다)

	바. 외교(A-1)부터 협정(A-3)까지의 체류자격 외의 체류자격으로 대한민국에 7년 이상 계속 체류하여 생활 근거지가 국내에 있는 사람으로서 법무부장관이 인정하는 사람 [다만, 교수(E-1)부터 전문직업(E-5)까지 또는 특정활동(E-7) 체류자격을 가진 사람에 대해서는 최소 체류기간을 5년으로 한다] 사. 비전문취업(E-9), 선원취업(E-10) 또는 방문취업(H-2) 체류자격으로 취업활동을 하고 있는 사람으로서 과거 10년 이내에 법무부장관이 정하는 체류자격으로 4년 이상의 기간 동안 취업활동을 한 사실이 있는 사람 중 다음 요건을 모두 갖춘 사람 1) 법무부장관이 정하는 기술·기능 자격증을 가지고 있거나 일정 금액 이상의 임금을 국내에서 받고 있을 것(기술·기능 자격증의 종류 및 임금의 기준에 관하여는 법무부장관이 관계 중앙행정기관의 장과 협의하여 고시한다) 2) 법무부장관이 정하는 금액 이상의 자산을 가지고 있을 것 3) 대한민국 「민법」에 따른 성년으로서 품행이 단정하고 대한민국에서 거주하는 데에 필요한 기본 소양을 갖추고 있을 것 아. 「국가공무원법」 또는 「지방공무원법」에 따라 공무원으로 임용된 사람으로서 법무부장관이 인정하는 사람 자. 나이, 학력, 소득 등이 법무부장관이 정하여 고시하는 기준에 해당하는 사람 차. 투자지역, 투자대상, 투자금액 등 법무부장관이 정하여 고시하는 기준에 따라 부동산 등 자산에 투자한 사람 또는 법인의 임원, 주주 등으로서 법무부장관이 인정하는 외국인. 이 경우 법인에 대해서는 법무부장관이 투자금액 등을 고려하여 체류자격 부여인원을 정한다. 카. 자목이나 차목에 해당하는 사람의 배우자 및 자녀(법무부장관이 정하는 요건을 갖춘 자녀만 해당한다)
28. 동반(F-3)	문화예술(D-1)부터 특정활동(E-7)까지의 체류자격에 해당하는 사람의 배우자 및 미성년 자녀로서 배우자가 없는 사람[기술연수(D-3) 체류자격에 해당하는 사람은 제외한다]
28의2. 재외동포 (F-4)	「재외동포의 출입국과 법적 지위에 관한 법률」 제2조제2호에 해당하는 사람(단순 노무행위 등 이 영 제23조제3항 각 호에서 규정한 취업활동에 종사하려는 사람은 제외한다)
28의3. 영주(F-5)	법 제46조제1항 각 호의 강제퇴거 대상이 아닌 사람으로서 다음 각 목의 어느 하나에 해당하는 사람 가. 대한민국 「민법」에 따른 성년이고, 본인 또는 동반가족이 생계를 유지할 능력이 있으며, 품행이 단정하고 대한민국에 계속 거주하는 데에 필요한 기본 소양을 갖추는 등 법무부장관이 정하는 조건을 갖춘 사람으로서, 주재(D-7)부터 특정활동(E-7)까지의 체류자격이나 거주(F-2) 체류자격으로 5년 이상 대한민국에 체류하고 있는 사람 나. 국민 또는 영주(F-5) 체류자격을 가진 사람의 배우자 또는 미성년 자녀로서 대한민국에 2년 이상 체류하고 있는 사람 및 대한민국에서 출생한 것을 이유로 법 제23조에 따라 체류자격 부여신청을 한 사람으로서 출생 당시 그의 부 또는 모가 영주 (F-5) 체류자격으로 대한민국에 체류하고 있는 사람 중 생계유지 능력, 품행, 기본적 소양 등을 고려한 결과 대한민국에

계속 거주할 필요가 있다고 법무부장관이 인정하는 사람

다. 「외국인투자 촉진법」에 따라 미화 50만달러 이상을 투자한 외국투자가로 서 5명 이상의 국민을 고용하고 있는 사람

라. 재외동포(F-4) 체류자격으로 대한민국에 2년 이상 계속 체류하고 있는 사람으로서 생계유지 능력, 품행, 기본적 소양 등을 고려하여 대한민국에 계속 거주할 필요가 있다고 법무부장관이 인정하는 사람

마. 「재외동포의 출입국과 법적 지위에 관한 법률」 제2조제2호의 외국국적 동포로서 「국적법」에 따른 국적 취득 요건을 갖춘 사람

바. 종전 「출입국관리법 시행령」(대통령령 제17579호로 일부개정되어 200 2. 4. 18. 공포·시행되기 이전의 것을 말한다) 별표 1 제27호란의 거주(F -2) 체류자격(이에 해당되는 종전의 체류자격을 가진 적이 있는 사람을 포함한다)이 있었던 사람으로서 생계유지 능력, 품행, 기본적 소양 등을 고려하여 대한민국에 계속 거주할 필요가 있다고 법무부장관이 인정하는 사람

사. 다음 각 호의 어느 하나에 해당하는 사람으로서 법무부장관이 인정하는 사람

 1) 국외에서 일정 분야의 박사학위를 취득한 사람으로서 영주(F-5) 체류자 격 신청 시 국내 기업 등에 고용된 사람

 2) 국내 대학원에서 정규과정을 마치고 박사학위를 취득한 사람

아. 법무부장관이 정하는 분야의 학사학위 이상의 학위증 또는 법무부장관이 정하는 기술자격증이 있는 사람으로서 국내 체류기간이 3년 이상이고, 영주(F-5) 체류자격 신청 시 국내기업에 고용되어 법무부장관이 정하는 금액 이상의 임금을 받는 사람

자. 과학·경영·교육·문화예술·체육 등 특정 분야에서 탁월한 능력이 있는 사람 중 법무부장관이 인정하는 사람

차. 대한민국에 특별한 공로가 있다고 법무부장관이 인정하는 사람

카. 60세 이상으로서 법무부장관이 정하는 금액 이상의 연금을 해외로부터 받고 있는 사람

타. 방문취업(H-2) 체류자격으로 취업활동을 하고 있는 사람으로서 이 표 제27호 거주 (F-2)란의 사목 1)부터 3)까지의 요건을 모두 갖추고 있는 사람 중 근속기간이나 취업지역, 산업 분야의 특성, 인력 부족 상황 및 국민의 취업 선호도 등을 고려하여 법무부장관이 인정하는 사람

파. 거주(F-2)자목에 해당하는 체류자격으로 대한민국에서 3년 이상 체류하 고 있는 사람으로서 생계유지 능력, 품행, 기본적 소양 등을 고려하여 대한민국에 계속 거주 할 필요가 있다고 법무부장관이 인정하는 사람

하. 거주(F-2)차목의 체류자격을 받은 후 5년 이상 계속 투자상태를 유지한 사람으로서 생계유지 능력, 품행, 기본 소양 등을 고려하여 대한민국에 계속 거주할 필요가 있다고 법무부장관이 인정하는 사람과 그 배우자 및 자녀(법무부장관이 정하는 요건을 갖춘 자녀만 해당한다)

거. 기업투자(D-8)다목에 해당하는 체류자격으로 대한민국에 3년 이상 계속 체류하고 있는 사람으로서 투자자로부터 3억원 이상의 투자금을 유치하 고 2명 이상의 국민을 고용하는 등 법무부장관이 정하는 요건을 갖춘 사람

너. 5년 이상 투자 상태를 유지할 것을 조건으로 법무부장관이 정하여 고시하 는 금액 이상을 투자한 사람으로서 품행 등 법무부장관이 정하는 요건을

	갖춘 사람
	더. 기업투자(D-8)가목에 해당하는 체류자격을 가지고 「외국인투자촉진법 시행령」 제25조제1항제4호에 따른 연구개발시설의 필수전문인력으로 대한민국에 3년 이상 계속 체류하고 있는 사람으로서 법무부장관이 인정 하는 사람
28의4. 결혼이민(F-6)	가. 국민의 배우자 나. 국민과 혼인관계(사실상의 혼인관계를 포함한다)에서 출생한 자녀를 양 육하고 있는 부 또는 모로서 법무부장관이 인정하는 사람 다. 국민인 배우자와 혼인한 상태로 국내에 체류하던 중 그 배우자의 사망이나 실종, 그 밖에 자신에게 책임이 없는 사유로 정상적인 혼인관계를 유지할 수 없는 사람으로서 법무부장관이 인정하는 사람
29. 기타(G-1)	외교(A-1)부터 결혼이민(F-6)까지, 관광취업(H-1) 또는 방문취업(H-2) 체류자격에 해당하지 않는 사람으로서 법무부장관이 인정하는 사람
30. 관광취업(H-1)	대한민국과 "관광취업"에 관한 협정이나 양해각서 등을 체결한 국가의 국민으 로서 협정 등의 내용에 따라 관광과 취업활동을 하려는 사람(협정 등의 취지에 반하는 업종이나 국내법에 따라 일정한 자격요건을 갖추어야 하는 직종에 취업하려는 사람은 제외한다)
31. 방문취업(H-2)	가. 체류자격에 해당하는 사람 : 「재외동포의 출입국과 법적 지위에 관한 법률」 제2조제2호에 따른 외국국적동포(이하 "외국국적동포"라 한다)에 해당하고, 다음의 어느 하나에 해당하는 만 25세 이상인 사람 중에서 나목의 활동범위 내에서 체류하려는 사람으로서 법무부장관이 인정하는 사람[다만, 재외동포(F-4) 체류자격에 해당하는 사람은 제외한다] 1) 출생 당시에 대한민국 국민이었던 사람으로서 가족관계등록부, 폐쇄등록 부 또는 제적부에 등재되어 있는 사람 및 그 직계비속 2) 국내에 주소를 둔 대한민국 국민 또는 영주(F-5) 체류자격 마목에 해당하 는 사람인 8촌 이내의 혈족 또는 4촌 이내의 인척으로부터 초청을 받은 사람 3) 「국가유공자 등 예우 및 지원에 관한 법률」 제4조에 따른 국가유공자와 그 유족 등에 해당하거나 「독립유공자예우에 관한 법률」 제4조에 따른 독립유공자와 그 유족 또는 그 가족에 해당하는 사람 4) 대한민국에 특별한 공로가 있거나 대한민국의 국익 증진에 기여한 사람 5) 유학(D-2) 체류자격으로 1학기 이상 재학 중인 사람의 부모 및 배우자 6) 국내 외국인의 체류질서 유지를 위하여 법무부장관이 정하는 기준 및 절차에 따라 자진하여 출국한 사람 7) 1)부터 6)까지의 규정에 해당하지 않는 사람으로서 법무부장관이 정하여 고시하는 한국말 시험, 추첨 등의 절차에 따라 선정된 사람 나. 활동범위 1) 방문, 친척과의 일시 동거, 관광, 요양, 견학, 친선경기, 비영리 문화예술활 동, 회의 참석, 학술자료 수집, 시장조사 · 업무연락 · 계약 등 상업적 용 무, 그 밖에 이와 유사한 목적의 활동 2) 한국표준산업분류표에 따른 다음의 산업 분야에서의 활동 가) 작물 재배업(011) 나) 축산업(012)

다) 작물재배 및 축산 관련 서비스업(014)

라) 연근해 어업(03112)

마) 양식 어업(0321)

바) 소금채취업(07220)

사) 제조업(10~33). 다만, 상시 사용하는 근로자 수가 300명 미만이거나 자본금이 80억원 이하인 경우에만 해당한다.

아) 하수, 폐수 및 분뇨 처리업(37)

자) 폐기물 수집운반, 처리 및 원료재생업(38)

차) 건설업(41~42). 다만, 발전소·제철소·석유화학 건설현장의 건설업체 중 건설면허가 산업환경설비인 경우는 제외한다.

카) 산동물 도매업(46205)

타) 기타 산업용 농산물 및 산동물 도매업(46209)

파) 가정용품 도매업(464)

하) 기계장비 및 관련 물품 도매업(465)

거) 재생용 재료 수집 및 판매업(46791)

너) 기타 가정용품 소매업(475)

더) 기타 상품 전문 소매업(478)

러) 무점포 소매업(479)

머) 육상 여객운송업(492)

버) 냉장 및 냉동 창고업(52102). 다만, 내륙에 위치한 업체에 한정한다.

서) 호텔업(55111). 다만, 「관광진흥법」에 따른 호텔업은 1등급·2등급 및 3등급의 호텔업으로 한정한다.

어) 여관업(55112)

저) 일반 음식점업(5611)

처) 기타 음식점업(5619)

커) 서적, 잡지 및 기타 인쇄물 출판업(581)

터) 음악 및 기타 오디오물 출판업(59201)

퍼) 사업시설 유지관리 서비스업(741)

허) 건축물 일반 청소업(74211)

고) 사업시설 및 산업용품 청소업(74212)

노) 여행사 및 기타 여행보조 서비스업(752)

도) 사회복지 서비스업(87)

로) 자동차 종합 수리업(95211)

모) 자동차 전문 수리업(95212)

보) 모터사이클 수리업(9522)

소) 욕탕업(96121)

오) 산업용 세탁업(96911)

조) 개인 간병인 및 유사 서비스업(96993)

초) 가구 내 고용활동(97)

법 제10조제2항의 규정에 의하여 1회에 부여할 수 있는 체류자격별 체류기간의 상한은 별표 1과 같다. 다만, 법무부장관은 국제관례나 상호주의 원칙 또는 국가이익에 비추어 필요하다고 인정하는 때에는 그 상한을 달리 정할 수 있다(「출입국관리법 시행규칙」 제18조의2).

[별표 1] 〈개정 2015.6.15.〉

1회에 부여하는 체류자격별 체류기간의 상한(제18조의2관련)

체류자격(기호)	1회에 부여하는 체류기간의 상한	체류자격(기호)	1회에 부여하는 체류기간의 상한
1. 외교(A-1)	재임기간	18. 무역경영(D-9)	2년
2. 공무(A-2)	공무수행기간	18의2. 구직(D-10)	6개월
3. 협정(A-3)	신분존속기간 또는 협정상의 체류기간	19. 교수(E-1)	5년
		20. 회화지도(E-2)	2년
4. 사증면제(B-1)	협정상의 체류기간	21. 연구(E-3)	5년
5. 관광통과(B-2)	법무부장관이 따로 정하는 기간	22. 기술지도(E-4)	5년
6. 일시취재(C-1)	90일	23. 전문직업(E-5)	5년
7. 삭제 〈2011.12.23〉		24. 예술흥행(E-6)	2년
8. 단기방문(C-3)		25. 특정활동(E-7)	3년
9. 단기취업(C-4)		25의2. 삭제 〈2007.6.1〉	
10. 문화예술(D-1)	2년	25의3. 비전문취업(E-9)	3년
11. 유학(D-2)	2년	25의4. 선원취업(E-10)	1년
12. 기술연수(D-3)	2년	26. 방문동거(F-1)	2년
		27. 거주(F-2)	5년
		28. 동반(F-3)	동반하는 본인에 정하여진 기간
		28의2. 재외동포(F-4)	3년
13. 일반연수(D-4)	2년	28의3. 영주(F-5)	상한 없음
		28의4. 결혼이민(F-6)	3년
14. 취재(D-5)	2년	29. 기타(G-1)	1년
15. 종교(D-6)	2년	30. 관광취업(H-1)	협정상의 체류기간
16. 주재(D-7)	3년	31. 방문취업(H-2)	3년
17. 기업투자(D-8)	영 별표 1의 17. 기업투자(D-8)의 가목에 해당하는 사람 :		

5년		
영 별표 1의 17. 기업 투자(D-8)의 나 목 · 다목에 해당하 는 사람 : 2년		

제16조 피선거권

> **제16조(피선거권)** ① 선거일 현재 5년 이상 국내에 거주하고 있는 40세 이상의 국민은 대통령의
> 피선거권이 있다. 이 경우 공무로 외국에 파견된 기간과 국내에 주소를 두고 일정기간 외국에
> 체류한 기간은 국내거주기간으로 본다. 〈개정 1997.1.13.〉
>
> ② 25세 이상의 국민은 국회의원의 피선거권이 있다.
>
> ③ 선거일 현재 계속하여 60일 이상(公務로 外國에 派遣되어 選擧日 전 60日 후에 귀국한 者는
> 選擧人名簿作成基準日부터 계속하여 選擧日까지) 해당 지방자치단체의 관할구역에 주민등록이
> 되어 있는 주민으로서 25세 이상의 국민은 그 지방의회의원 및 지방자치단체의 장의 피선거권이
> 있다. 이 경우 60일의 기간은 그 지방자치단체의 설치 · 폐지 · 분할 · 합병 또는 구역변경(제28조
> 각 호의 어느 하나에 따른 구역변경을 포함한다)에 의하여 중단되지 아니한다.
> 〈개정 1998.4.30., 2009.2.12., 2015.8.13.〉
>
> ④ 제3항전단의 경우에 지방자치단체의 사무소 소재지가 다른 지방자치단체의 관할구역에 있어
> 해당 지방자치단체의 장의 주민등록이 다른 지방자치단체의 관할구역에 있게 된 때에는 해당
> 지방자치단체의 관할구역에 주민등록이 되어 있는 것으로 본다. 〈개정 2009.2.12.〉
>
> [제목개정 2015.8.13.]
>
> [2009.2.12. 법률 제9466호에 의하여 2007.6.28. 헌법재판소에서 헌법불합치결정된 이 조제3
> 항을 개정함.]

제17조 연령산정기준

> **제17조(연령산정기준)** 선거권자와 피선거권자의 연령은 선거일 현재로 산정한다.

제18조(선거권이 없는 자) ① 선거일 현재 다음 각 호의 어느 하나에 해당하는 사람은 선거권이 없다. 〈개정 2004.3.12., 2005.8.4., 2015.8.13.〉

1. 금치산선고를 받은 자[2]

2. 1년 이상의 징역 또는 금고의 형의 선고를 받고 그 집행이 종료되지 아니하거나 그 집행을 받지 아니하기로 확정되지 아니한 사람. 다만, 그 형의 집행유예를 선고받고 유예기간 중에 있는 사람은 제외한다.

3. 선거범, 「정치자금법」 제45조(정치자금부정수수죄) 및 제49조(선거비용관련 위반행위에 관한 벌칙)에 규정된 죄를 범한 자 또는 대통령·국회의원·지방의회의원·지방자치단체의 장으로서 그 재임중의 직무와 관련하여 「형법」(「특정범죄가중처벌 등에 관한 법률」 제2조에 의하여 가중처벌되는 경우를 포함한다) 제129조(수뢰, 사전수뢰) 내지 제132조(알선수뢰)·「특정범죄가중처벌 등에 관한 법률」 제3조(알선수재)에 규정된 죄를 범한 자로서, 100만원 이상의 벌금형의 선고를 받고 그 형이 확정된 후 5년 또는 형의 집행유예의 선고를 받고 그 형이 확정된 후 10년을 경과하지 아니하거나 징역형의 선고를 받고 그 집행을 받지 아니하기로 확정된 후 또는 그 형의 집행이 종료되거나 면제된 후 10년을 경과하지 아니한 자(刑이 失效된 者도 포함한다)

4. 법원의 판결 또는 다른 법률에 의하여 선거권이 정지 또는 상실된 자

② 제1항제3호에서 "선거범"이라 함은 제16장 벌칙에 규정된 죄와 「국민투표법」 위반의 죄를 범한 자를 말한다. 〈개정 2005.8.4.〉

③ 「형법」 제38조[3]에도 불구하고 제1항제3호에 규정된 죄와 다른 죄의 경합범[4]에 대하여는 이를 분리 선고하고, 선거사무장·선거사무소의 회계책임자(선거사무소의 회계책임자로 선임·신고되지 아니한 사람으로서 후보자와 통모(通謀)하여 해당 후보자의 선거비용으로 지출한 금액이 선거비용제한액의 3분의 1 이상에 해당하는 사람을 포함한다) 또는 후보자(후보자가 되려는 사람을 포함한다)의 직계존비속 및 배우자에게 제263조 및 제265조에 규정된 죄와 이 조제1항제3호에 규정된 죄의 경합범으로 징역형 또는 300만원 이상의 벌금형을 선고하는 때(선거사무장, 선거사무소의 회계책임자에 대하여는 선임·신고되기 전의 행위로 인한 경우를 포함한다)에는 이를 분리 선고하여야 한다. 〈개정 2010.1.25.〉

[제목개정 2015.8.13.]

[2015.8.13. 법률 제13497호에 의하여 2014.1.28. 헌법재판소에서 위헌 및 헌법불합치결정된 이 조제1항제2호를 개정함]

제263조(선거비용의 초과지출로 인한 당선무효) ① 제122조(선거비용제한액의 공고)의 규정에 의하여 공고된 선거비용제한액의 200분의 1 이상을 초과지출한 이유로 선거사무장, 선거사무소의 회계책임자가 징역형 또는 300만원 이상의 벌금형의 선고를 받은 때에는 그 후보자의 당선은 무효로 한다. 다만, 다른 사람의 유도 또는 도발에 의하여 당해 후보자의 당선을 무효로 되게 하기 위하여 지출한 때에는 그러하지 아니하다. 〈개정 2004.3.12., 2005.8.4.〉

② 「정치자금법」 제49조(선거비용관련 위반행위에 관한 벌칙)제1항 또는 제2항제6호의 죄를 범함으로 인하여 선거사무소의 회계책임자가 징역형 또는 300만원 이상의 벌금형의 선고를 받은 때에는 그 후보자(대통령후보자, 비례대표국회의원후보 및 비례대표지방의회의원후보자를 제외한다)의 당선은 무효로 한다. 이 경우 제1항단서의 규정을 준용한다.

〈신설 2004.3.12., 2005.8.4.〉

제265조(선거사무장등의 선거범죄로 인한 당선무효) 선거사무장 · 선거사무소의 회계책임자(선거사무소의 회계책임자로 선임 · 신고되지 아니한 자로서 후보자와 통모하여 당해 후보자의 선거비용으로 지출한 금액이 선거비용제한액의 3분의 1 이상에 해당되는 자를 포함한다) 또는 후보자(후보자가 되려는 사람을 포함한다)의 직계존비속 및 배우자가 해당 선거에 있어서 제230조부터 제234조까지, 제257조제1항 중 기부행위를 한 죄 또는 「정치자금법」 제45조제1항의 정치자금 부정수수죄를 범함으로 인하여 징역형 또는 300만원 이상의 벌금형의 선고를 받은 때(선거사무장, 선거사무소의 회계책임자에 대하여는 선임 · 신고되기 전의 행위로 인한 경우를 포함한다)에는 그 선거구 후보자(大統領候補者, 比例代表國會議員候補者 및 비례대표지방의회의원후보자를 제외한다)의 당선은 무효로 한다. 다만, 다른 사람의 유도 또는 도발에 의하여 당해 후보자의 당선을 무효로 되게 하기 위하여 죄를 범한 때에는 그러하지 아니하다.

〈개정 1995.5.10., 2000.2.16., 2004.3.12., 2005.8.4., 2010.1.25.〉

「특정범죄가중처벌 등에 관한 법률」

제3조(알선수재) 공무원의 직무에 속한 사항의 알선에 관하여 금품이나 이익을 수수 · 요구 또는 약속한 사람은 5년 이하의 징역 또는 1천만원 이하의 벌금에 처한다.

---

2) 금치산선고를 받은 자 : 질병, 장애, 노령, 그 밖의 사유로 인한 정신적 제약으로 사무를 처리할 능력이 지속적으로 결여된 사람에 대하여 본인, 배우자, 4촌 이내의 친족, 미성년후견인, 미성년후견감독인, 한정후견인, 한정후견감독인, 특정후견인, 특정후견감독인, 검사 또는 지방자치단체의 장의 청구에 의하여 가정법원이 성년후견개시의 심판을 한 사람을 말한다(「민법」 제9조). 과거에는 "금치산자"라고 하였다.
3) 「형법」 제38조(경합범과 처벌례) ① 경합범을 동시에 판결할 때에는 다음의 구별에 의하여 처벌한다.
　1. 가장 중한 죄에 정한 형이 사형 또는 무기징역이나 무기금고인 때에는 가장 중한 죄에 정한 형으로 처벌한다.

제19조 피선거권이 없는 자

제19조(피선거권이 없는 자) 선거일 현재 다음 각 호의 어느 하나에 해당하는 자는 피선거권이 없다. 〈개정 2013.12.30., 2014.2.13.〉

1. 제18조(選擧權이 없는 者)제1항제1호·제3호 또는 제4호에 해당하는 자

2. 금고 이상의 형의 선고를 받고 그 형이 실효(失效)되지 아니한 자

3. 법원의 판결 또는 다른 법률에 의하여 피선거권이 정지되거나 상실된 자

4. 「국회법」 제166조(국회 회의 방해죄)의 죄를 범한 자로서 다음 각 목의 어느 하나에 해당하는 자(형이 실효된 자를 포함한다)

    가. 500만원 이상의 벌금형의 선고를 받고 그 형이 확정된 후 5년이 경과되지 아니한 자

    나. 형의 집행유예의 선고를 받고 그 형이 확정된 후 10년이 경과되지 아니한 자

    다. 징역형의 선고를 받고 그 집행을 받지 아니하기로 확정된 후 또는 그 형의 집행이 종료되거나 면제된 후 10년이 경과되지 아니한 자

5. 제230조제6항의 죄를 범한 자로서 벌금형의 선고를 받고 그 형이 확정된 후 10년을 경과하지 아니한 자(형이 실효된 자도 포함한다)

제230조(매수 및 이해유도죄) ⑥ 제47조의2제1항 또는 제2항을 위반한 자는 5년 이하의 징역 또는 500만원 이상 3천만원 이하의 벌금에 처한다.

〈신설 2008.2.29., 2014.2.13.〉

제47조의2(정당의 후보자추천 관련 금품수수금지) ① 누구든지 정당이 특정인을 후보자로 추천하는 일과 관련하여 금품이나 그 밖의 재산상의 이익 또는 공사의 직을 제공하거나 그 제공의 의사를 표시하거나 그 제공을 약속하는 행위를 하거나, 그 제공을 받거나 그 제공의 의사표시를 승낙할 수 없다. 이 경우 후보자(후보자가 되려는 사람을 포함한다)와 그 배우자(이하 이 항에서 "후보자등"이라 한다), 후보자등의 직계존비속과 형제자매가 선거일 전 150일부터 선거일 후 60일까지 「정치자금법」에 따라 후원금을 기부하거나 당비를 납부하는 외에 정당 또는 국회의원[「정당법」 제37조(활동의 자유)제3항에 따른 국회의원지역구 또는 자치구·시·군의 당원협의회 대표자를 포함하며, 이하 이 항에서 "국회의원등"이라 한다], 국회의원등의 배우자, 국회의원등 또는 그

---

2. 각 죄에 정한 형이 사형 또는 무기징역이나 무기금고 이외의 동종의 형인 때에는 가장 중한 죄에 정한 장기 또는 다액에 그 2분의 1까지 가중하되 각 죄에 정한 형의 장기 또는 다액을 합산한 형기 또는 액수를 초과할 수 없다. 단 과료와 과료, 몰수와 몰수는 병과(並科)할 수 있다.

3. 각 죄에 정한 형이 무기징역이나 무기금고 이외의 이종의 형인 때에는 병과한다.

② 전항 각 호의 경우에 있어서 징역과 금고는 동종의 형으로 간주하여 징역형으로 처벌한다.

4) 경합범(競合犯) : 판결이 확정되지 않은 복수(複數)의 죄 또는 판결이 확정된 죄와 그 판결확정 이전에 범한 죄

배우자의 직계존비속과 형제자매에게 채무의 변제, 대여 등 명목 여하를 불문하고 금품이나 그 밖의 재산상의 이익을 제공한 때에는 정당이 특정인을 후보자로 추천하는 일과 관련하여 제공한 것으로 본다. 〈개정 2014.2.13.〉

② 누구든지 제1항에 규정된 행위에 관하여 지시·권유 또는 요구하거나 알선하여서는 아니 된다.

[본조신설 2008.2.29.]

제3장 선거구역과 의원정수

제20조 선거구

제20조(선거구) ① 대통령 및 비례대표국회의원은 전국을 단위로 하여 선거한다. 〈개정 2000.2.16., 2005.8.4.〉

② 비례대표시·도의원은 당해 시·도를 단위로 선거하며, 비례대표자치구·시·군의원은 당해 자치구·시·군을 단위로 선거한다. 〈신설 2005.8.4.〉

③ 지역구국회의원, 지역구지방의회의원(지역구시·도의원 및 지역구자치구·시·군의원을 말한다. 이하 같다)은 당해 의원의 선거구를 단위로 하여 선거한다. 〈개정 2000.2.16., 2005.8.4.〉

④ 지방자치단체의 장은 당해 지방자치단체의 관할구역을 단위로 하여 선거한다.

제21조 국회의 의원정수

제21조(국회의 의원정수) ① 국회의 의원정수는 지역구국회의원과 비례대표국회의원을 합하여 300명으로 한다. 〈개정 2016.3.3.〉

② 하나의 국회의원지역선거구(이하 "국회의원지역구"라 한다)에서 선출할 국회의원의 정수는 1인으로 한다. 〈개정 2016.3.3.〉

[제목개정 2016.3.3.]

제22조 시·도의회의 의원정수

제22조(시·도의회의 의원정수) ① 시·도별 지역구시·도의원의 총 정수는 그 관할구역 안의 자치구·시·군(하나의 자치구·시·군이 2 이상의 국회의원지역구로 된 경우에는 국회의원지역구를 말하며, 행정구역의 변경으로 국회의원지역구와 행정구역이 합치되지 아니하게 된 때에는 행정구역을 말한다) 수의 2배수로 하되, 인구·행정구역·지세·교통, 그 밖의 조건을 고려하여 100분의 14의 범위에서 조정할 수 있다. 다만, 자치구·시·군의 지역구시·도의원정수는 최소 1명으로 한다. 〈개정 2014.2.13., 2016.3.3.〉

② 제1항에도 불구하고 「지방자치법」 제7조제2항에 따라 시와 군을 통합하여 도농복합 형태의 시로 한 경우에는 시·군통합 후 최초로 실시하는 임기만료에 의한 시·도의회의원 선거에 한하여 해당 시를 관할하는 도의회의원의 정수 및 해당 시의 도의회의원의 정수는 통합 전의 수를 고려하여 이를 정한다. 〈개정 1998.4.30., 2005.8.4., 2010.1.25.〉

③ 제1항 및 제2항의 기준에 의하여 산정된 의원정수가 19명 미만이 되는 광역시 및 도는 그 정수를 19명으로 한다. 〈개정 1998.4.30., 2002.3.7., 2010.1.25.〉

④ 비례대표시·도의원정수는 제1항 내지 제3항의 규정에 의하여 산정된 지역구시·도의원 정수의 100분의 10으로 한다. 이 경우 단수는 1로 본다. 다만, 산정된 비례대표시·도의원정수가 3인 미만인 때에는 3인으로 한다. 〈신설 1995.4.1.〉

[제목개정 2014.2.13.]

[2010.1.25. 법률 제9974호에 의하여 2007. 3. 29. 헌법재판소에서 헌법불합치결정된 이 조를 개정함]

제23조 자치구·시·군의회의 의원정수

제23조(자치구·시·군의회의 의원정수) ① 시·도별 자치구·시·군의회의원의 총 정수는 별표 3과 같이 하며, 자치구·시·군의회의 의원정수는 당해 시·도의 총 정수 범위 내에서 제24조의3의 규정에 따른 당해 시·도의 자치구·시·군의원선거구획정위원회가 자치구·시·군의 인구와 지역대표성을 고려하여 중앙선거관리위원회규칙이 정하는 기준에 따라 정한다. 〈개정 2015.6.19.〉

② 자치구·시·군의회의 최소정수는 7인으로 한다.

③ 비례대표자치구·시·군의원정수는 자치구·시·군의원 정수의 100분의 10으로 한다. 이 경우 단수는 1로 본다.

[전문개정 2005.8.4.]

[별표 3] 〈개정 2014.2.13.〉

시·도별 자치구·시·군의회의원 총 정수표(2,898명)

시·도	총 정 수
서울특별시	419
부산광역시	182
대구광역시	116
인천광역시	116
광주광역시	68

대전광역시	63
울산광역시	50
경기도	431
강원도	169
충청북도	131
충청남도	169
전라북도	197
전라남도	243
경상북도	284
경상남도	260

제24조 국회의원선거구획정위원회

제24조(국회의원선거구획정위원회) ① 국회의원지역구의 공정한 획정을 위하여 임기만료에 따른 국회의원선거의 선거일 전 18개월부터 해당 국회의원선거에 적용되는 국회의원지역구의 명칭과 그 구역이 확정되어 효력을 발생하는 날까지 국회의원선거구획정위원회를 설치·운영한다. 〈개정 2016.3.3.〉

② 국회의원선거구획정위원회는 중앙선거관리위원회에 두되, 직무에 관하여 독립의 지위를 가진다.

③ 국회의원선거구획정위원회는 중앙선거관리위원회위원장이 위촉하는 9명의 위원으로 구성하되, 위원장은 위원중에서 호선한다.

④ 국회의 소관 상임위원회 또는 선거구획정에 관한 사항을 심사하는 특별위원회(이하 이 조 및 제24조의2에서 "위원회"라 한다)는 중앙선거관리위원회 위원장이 지명하는 1명과 학계·법조계·언론계·시민단체·정당등으로부터 추천받은 사람 중 8명을 의결로 선정하여 국회의원선거구획정위원회 설치일 전 10일까지 중앙선거관리위원회 위원장에게 통보하여야 한다.

⑤ 중앙선거관리위원회 위원장은 국회의원선거구획정위원회 위원의 결원이 발생하는 때에는 위원회에 위원을 선정하여 통보하여 줄 것을 요청하여야 한다. 이 경우 위원의 선정 등에 관하여는 제4항을 준용한다.

⑥ 국회의원선거구획정위원회 위원의 임기는 국회의원선거구획정위원회의 존속기간으로 한다.

⑦ 국회의원 및 정당의 당원(제1항에 따른 국회의원선거구획정위원회의 설치일부터 과거 1년 동안 정당의 당원이었던 사람을 포함한다)은 위원이 될 수 없다.

⑧ 위원은 명예직으로 하되, 위원에게 일비·여비 그 밖의 실비를 지급할 수 있다.

⑨ 국회의원선거구획정위원회로부터 선거구획정업무에 필요한 자료의 요청을 받은 국가 기관 및 지방자치단체는 지체 없이 이에 따라야 한다.

⑩ 국회의원선거구획정위원회는 국회의원지역구를 획정함에 있어서 국회에 의석을 가진 정당에게 선거구획정에 대한 의견진술의 기회를 부여하여야 한다. 〈개정 2016.3.3.〉

⑪ 국회의원선거구획정위원회는 제25조제1항에 규정된 기준에 따라 작성되고 재적위원 3분의 2 이상의 찬성으로 의결한 선거구획정안과 그 이유 및 그 밖에 필요한 사항을 기재한 보고서를 임기만료에 따른 국회의원선거의 선거일 전 13개월까지 국회의장에게 제출하여야 한다.

⑫ 국회의원선거구획정위원회에 그 사무를 지원하기 위한 조직(이하 "지원 조직"이라 한다)을 국회의원선거구획정위원회 설치일 전 30일부터 둘 수 있다. 이 경우 지원 조직은 중앙선거관리위원회 소속 공무원으로 구성하되, 국회의원선거구획정위원회가 설치된 후 필요하다고 판단되면 국회의원선거구획정위원회 위원장은 관계 국가기관에 그 소속 공무원의 파견을 요청할 수 있다.

⑬ 국회의원선거구획정위원회 위원 또는 위원이었던 사람은 그 직무상 알게 된 비밀을 누설하여서는 아니 된다. 국회의원선거구획정위원회 지원조직의 직원 또한 같다.

⑭ 그 밖에 국회의원선거구획정위원회 및 지원조직의 운영 등에 필요한 사항은 중앙선거관리위원회규칙으로 정한다.

[전문개정 2015.6.19.]

제24조의2 국회의원지역구 확정

제24조의2(국회의원지역구 확정) ① 국회는 국회의원지역구를 선거일 전 1년까지 확정하여야 한다. 〈개정 2016.3.3.〉

② 국회의장은 제24조제11항에 따라 제출된 선거구획정안을 위원회에 회부하여야 한다.

③ 제2항에 따라 선거구획정안을 회부받은 위원회는 이를 지체 없이 심사하여 국회의원지역구의 명칭과 그 구역에 관한 규정을 개정하는 법률안(이하 "선거구법률안"이라 한다)을 제안하여야 한다. 이 경우 위원회는 국회의원선거구획정위원회가 제출한 선거구획정안을 그대로 반영하되, 선거구획정안이 제25조제1항의 기준에 명백하게 위반된다고 판단하는 경우에는 그 이유를 붙여 재적위원 3분의 2 이상의 찬성으로 국회의원선거구획정위원회에 선거구획정안을 다시 제출하여 줄 것을 한 차례만 요구할 수 있다. 〈개정 2016.3.3.〉

④ 제3항에 따른 요구를 받은 국회의원선거구획정위원회는 그 요구를 받은 날부터 10일 이내에 새로이 선거구획정안을 마련하여 국회의장에게 제출하여야 한다. 이 경우 선거구획정안의 위원회 회부에 관하여는 제2항을 준용한다.

⑤ 선거구법률안 중 국회의원지역구의 명칭과 그 구역에 한해서는 「국회법」 제86조에 따른 법제사법위원회의 체계와 자구에 대한 심사 대상에서 제외한다. 〈개정 2016.3.3.〉

⑥ 국회의장은 선거구법률안 또는 선거구법률안이 포함된 법률안이 제안된 후 처음 개의하는 본회의에 이를 부의하여야 한다. 이 경우 본회의는「국회법」제95조제1항 및 제96조에도 불구하고 선거구법률안 또는 선거구법률안이 포함된 법률안을 수정 없이 바로 표결한다.

[본조신설 2015.6.19.]

[제목개정 2016.3.3.]

제24조의3 자치구 · 시 · 군의원선거구획정위원회

제24조의3(자치구 · 시 · 군의원선거구획정위원회) ① 자치구 · 시 · 군의원지역선거구(이하 "자치 구 · 시 · 군의원지역구"라 한다)의 공정한 획정을 위하여 시 · 도에 자치구 · 시 · 군의원선거구획정위원회를 둔다.

② 자치구 · 시 · 군의원선거구획정위원회는 11명 이내의 위원으로 구성하되, 학계 · 법조계 · 언론계 · 시민단체와 시 · 도의회 및 시 · 도선거관리위원회가 추천하는 사람 중에서 시 · 도지사가 위촉하여야 한다.

③ 지방의회의원 및 정당의 당원은 자치구 · 시 · 군의원선거구획정위원회의 위원이 될 수 없다.

④ 자치구 · 시 · 군의원선거구획정위원회는 선거구획정안을 마련함에 있어서 국회에 의석을 가진 정당과 해당 자치구 · 시 · 군의 의회 및 장에 대하여 의견진술의 기회를 부여하여야 한다.

⑤ 자치구 · 시 · 군의원선거구획정위원회는 제26조제2항에 규정된 기준에 따라 선거구획정안을 마련하고, 그 이유나 그 밖의 필요한 사항을 기재한 보고서를 첨부하여 임기만료에 따른 자치구 · 시 · 군의원선거의 선거일 전 6개월까지 시 · 도지사에게 제출하여야 한다.

⑥ 시 · 도의회가 자치구 · 시 · 군의원지역구에 관한 조례를 개정하는 때에는 자치구 · 시 · 군의원선거구획정위원회의 선거구획정안을 존중하여야 한다.

⑦ 제24조제8항 및 제9항은 자치구 · 시 · 군의원선거구획정위원회에 관하여 이를 준용한다.

⑧ 자치구 · 시 · 군의원선거구획정위원회의 구성 및 운영, 그 밖에 필요한 사항은 중앙선거관리위원회규칙으로 정한다. 〈개정 2015.12.24.〉

[본조신설 2015.6.19.]

제25조 국회의원지역구의 획정

제25조(국회의원지역구의 획정) ① 국회의원지역구는 시 · 도의 관할구역 안에서 인구 · 행정구역 · 지리적 여건 · 교통 · 생활문화권 등을 고려하여 다음 각 호의 기준에 따라 획정한다.

〈개정 2016.3.3.〉

1. 국회의원지역구 획정의 기준이 되는 인구는 선거일 전 15개월이 속하는 달의 말일 현재 「주민등록법」 제7조제1항에 따른 주민등록표에 따라 조사한 인구로 한다.
2. 하나의 자치구·시·군의 일부를 분할하여 다른 국회의원지역구에 속하게 할 수 없다. 다만, 인구범위(인구비례 2:1의 범위를 말한다. 이하 이 조에서 같다)에 미달하는 자치구·시·군으로서 인접한 하나 이상의 자치구·시·군의 관할구역 전부를 합하는 방법으로는 그 인구범위를 충족하는 하나의 국회의원지역구를 구성할 수 없는 경우에는 그 인접한 자치구·시·군의 일부를 분할하여 구성할 수 있다.

② 국회의원지역구의 획정에 있어서는 제1항제2호의 인구범위를 벗어나지 아니하는 범위에서 농산어촌의 지역대표성이 반영될 수 있도록 노력하여야 한다. 〈신설 2016.3.3.〉
③ 국회의원지역구의 명칭과 그 구역은 별표 1과 같이 한다. 〈개정 2016.3.3.〉

[제목개정 2016.3.3.]

[2004.3.12. 법률 제7189호에 의하여 2001.10.25. 헌법재판소에서 헌법불합치결정된 별표 1을 개정함.]

[2016.3.3. 법률 제14073호에 의하여 2014.10.30. 헌법재판소에서 헌법불합치결정된 이 조제3항 별표 1을 개정함.]

[별표 1] 〈개정 2016.3.3.〉

국회의원지역선거구구역표 (지역구 : 253)

선거구 명	선거구역
서울특별시(지역구 : 49)	
종로구선거구	종로구 일원
중구성동구갑선거구	성동구 왕십리제2동, 왕십리도선동, 마장동, 사근동, 행당제1동, 행당제2동, 응봉동, 성수1가제1동, 성수1가제2동, 성수2가제1동, 성수2가제3동, 송정동, 용답동
중구성동구을선거구	성동구 금호1가동, 금호2·3가동, 금호4가동, 옥수동, 중구 일원
용산구선거구	용산구 일원
광진구갑선거구	중곡제1동, 중곡제2동, 중곡제3동, 중곡제4동, 능동, 구의제2동, 광장동, 군자동
광진구을선거구	구의제1동, 구의제3동, 자양제1동, 자양제2동, 자양제3동, 자양제4동, 화양동
동대문구갑선거구	용신동, 제기동, 청량리동, 회기동, 휘경제1동, 휘경제2동, 이문제1동, 이문제2동

동대문구을선거구	전농제1동, 전농제2동, 답십리제1동, 답십리제2동, 장안제1동, 장안제2동
중랑구갑선거구	면목본동, 면목제2동, 면목제3 · 8동, 면목제4동, 면목제5동, 면목제7동, 상봉제2동, 망우제3동
중랑구을선거구	상봉제1동, 중화제1동, 중화제2동, 묵제1동, 묵제2동, 망우본동, 신내제1동, 신내제2동
성북구갑선거구	성북동, 삼선동, 동선동, 돈암제2동, 안암동, 보문동, 정릉제1동, 정릉제2동, 정릉제3동, 정릉제4동, 길음제1동
성북구을선거구	돈암제1동, 길음제2동, 종암동, 월곡제1동, 월곡제2동, 장위제1동, 장위제2동, 장위제3동, 석관동
강북구갑선거구	번제1동, 번제2동, 수유제1동, 수유제2동, 수유제3동, 우이동, 인수동
강북구을선거구	삼양동, 미아동, 송중동, 송천동, 삼각산동, 번제3동
도봉구갑선거구	쌍문1동, 쌍문3동, 창1동, 창2동, 창3동, 창4동, 창5동
도봉구을선거구	쌍문2동, 쌍문4동, 방학1동, 방학2동, 방학3동, 도봉1동, 도봉2동
노원구갑선거구	월계1동, 월계2동, 월계3동, 공릉1동, 공릉2동
노원구을선거구	하계1동, 하계2동, 중계본동, 중계1동, 중계2 · 3동, 중계4동, 상계6 · 7동
노원구병선거구	상계1동, 상계2동, 상계3 · 4동, 상계5동, 상계8동, 상계9동, 상계10동
은평구갑선거구	녹번동, 응암제1동, 응암제2동, 응암제3동, 역촌동, 신사제1동, 신사제2동, 증산동, 수색동
은평구을선거구	불광제1동, 불광제2동, 갈현제1동, 갈현제2동, 구산동, 대조동, 진관동
서대문구갑선거구	충현동, 천연동, 북아현동, 신촌동, 연희동, 홍제제1동, 홍제제2동
서대문구을선거구	홍제제3동, 홍은제1동, 홍은제2동, 남가좌제1동, 남가좌제2동, 북가좌제1동, 북가좌제2동
마포구갑선거구	공덕동, 아현동, 도화동, 용강동, 대흥동, 염리동, 신수동
마포구을선거구	서강동, 서교동, 합정동, 망원1동, 망원2동, 연남동, 성산1동, 성산2동, 상암동
양천구갑선거구	목1동, 목2동, 목3동, 목4동, 목5동, 신정1동, 신정2동, 신정6동, 신정7동
양천구을선거구	신월1동, 신월2동, 신월3동, 신월4동, 신월5동, 신월6동, 신월7동, 신정3동, 신정4동
강서구갑선거구	화곡제1동, 화곡제2동, 화곡제3동, 화곡제8동, 발산제1동, 우장산동
강서구을선거구	등촌제3동, 가양제1동, 가양제2동, 공항동, 방화제1동, 방화제2동, 방화제3동
강서구병선거구	염창동, 등촌제1동, 등촌제2동, 화곡제4동, 화곡본동, 화곡제6동, 가양제3동
구로구갑선거구	고척제1동, 고척제2동, 개봉제1동, 개봉제2동, 개봉제3동, 오류제1동, 오류제2동, 수궁동
구로구을선거구	신도림동, 구로제1동, 구로제2동, 구로제3동, 구로제4동, 구로제5동, 가리봉동
금천구선거구	금천구 일원
영등포구갑선거구	영등포본동, 영등포동, 당산제1동, 당산제2동, 도림동, 문래동, 양평제1동, 양평제2동, 신길제3동
영등포구을선거구	여의동, 신길제1동, 신길제4동, 신길제5동, 신길제6동, 신길제7동, 대림제1동, 대림제2동, 대림제3동

동작구갑선거구	노량진제1동, 노량진제2동, 상도제2동, 상도제3동, 상도제4동, 대방동, 신대방제1동, 신대방제2동
동작구을선거구	상도제1동, 흑석동, 사당제1동, 사당제2동, 사당제3동, 사당제4동, 사당제5동
관악구갑선거구	보라매동, 은천동, 성현동, 중앙동, 청림동, 행운동, 청룡동, 낙성대동, 인헌동, 남현동, 신림동
관악구을선거구	신사동, 조원동, 미성동, 난곡동, 난향동, 서원동, 신원동, 서림동, 삼성동, 대학동
서초구갑선거구	잠원동, 반포본동, 반포1동, 반포2동, 반포3동, 반포4동, 방배본동, 방배1동, 방배4동
서초구을선거구	서초1동, 서초2동, 서초3동, 서초4동, 방배2동, 방배3동, 양재1동, 양재2동, 내곡동
강남구갑선거구	신사동, 논현1동, 논현2동, 압구정동, 청담동, 역삼1동, 역삼2동
강남구을선거구	개포1동, 개포2동, 개포4동, 세곡동, 일원본동, 일원1동, 일원2동, 수서동
강남구병선거구	삼성1동, 삼성2동, 대치1동, 대치2동, 대치4동, 도곡1동, 도곡2동
송파구갑선거구	풍납1동, 풍납2동, 방이1동, 방이2동, 오륜동, 송파1동, 송파2동, 잠실4동, 잠실6동
송파구을선거구	석촌동, 삼전동, 가락1동, 문정2동, 잠실본동, 잠실2동, 잠실3동, 잠실7동
송파구병선거구	거여1동, 거여2동, 마천1동, 마천2동, 오금동, 가락본동, 가락2동, 문정1동, 장지동, 위례동
강동구갑선거구	강일동, 상일동, 명일제1동, 명일제2동, 고덕제1동, 고덕제2동, 암사제1동, 암사제2동, 암사제3동, 길동
강동구을선거구	천호제1동, 천호제2동, 천호제3동, 성내제1동, 성내제2동, 성내제3동, 둔촌제1동, 둔촌제2동
부산광역시(지역구 : 18)	
중구영도구선거구	중구 일원, 영도구 일원
서구동구선거구	서구 일원, 동구 일원
부산진구갑선거구	부전제1동, 연지동, 초읍동, 양정제1동, 양정제2동, 부암제1동, 부암제3동, 당감제1동, 당감제2동, 당감제4동
부산진구을선거구	부전제2동, 전포제1동, 전포제2동, 가야제1동, 가야제2동, 개금제1동, 개금제2동, 개금제3동, 범천제1동, 범천제2동
동래구선거구	동래구 일원
남구갑선거구	대연제1동, 대연제3동, 대연제4동, 대연제5동, 대연제6동, 문현제1동, 문현제2동, 문현제3동, 문현제4동
남구을선거구	용호제1동, 용호제2동, 용호제3동, 용호제4동, 용당동, 감만제1동, 감만제2동, 우암동
북구강서구갑선거구	북구 구포제1동, 구포제2동, 구포제3동, 덕천제1동, 덕천제2동, 덕천제3동, 만덕제1동, 만덕제2동, 만덕제3동
북구강서구을선거구	북구 금곡동, 화명제1동, 화명제2동, 화명제3동, 강서구 일원
해운대구갑선거구	우제1동, 우제2동, 우제3동, 중제1동, 중제2동, 좌제1동, 좌제2동, 좌제3동, 좌제4동, 송정동
해운대구을선거구	반여제1동, 반여제2동, 반여제3동, 반여제4동, 반송제1동, 반송제2동, 재송제1동, 재송제2동

사하구갑선거구	괴정제1동, 괴정제2동, 괴정제3동, 괴정제4동, 당리동, 하단제1동, 하단제2동
사하구을선거구	신평제1동, 신평제2동, 장림제1동, 장림제2동, 다대제1동, 다대제2동, 구평동, 감천제1동, 감천제2동
금정구선거구	금정구 일원
연제구선거구	연제구 일원
수영구선거구	수영구 일원
사상구선거구	사상구 일원
기장군선거구	기장군 일원
대구광역시(지역구 : 12)	
중구남구선거구	중구 일원, 남구 일원
동구갑선거구	신암1동, 신암2동, 신암3동, 신암4동, 신암5동, 신천1·2동, 신천3동, 신천4동, 효목1동, 효목2동, 지저동, 동촌동
동구을선거구	도평동, 불로·봉무동, 방촌동, 해안동, 안심1동, 안심2동, 안심3·4동, 공산동
서구선거구	서구 일원
북구갑선거구	고성동, 칠성동, 침산1동, 침산2동, 침산3동, 산격1동, 산격2동, 산격3동, 산격4동, 대현동, 복현1동, 복현2동, 검단동, 노원동
북구을선거구	무태조야동, 관문동, 태전1동, 태전2동, 구암동, 관음동, 읍내동, 동천동, 국우동
수성구갑선거구	범어1동, 범어2동, 범어3동, 범어4동, 만촌1동, 만촌2동, 만촌3동, 황금1동, 황금2동, 고산1동, 고산2동, 고산3동
수성구을선거구	수성1가동, 수성2·3가동, 수성4가동, 중동, 상동, 파동, 두산동, 지산1동, 지산2동, 범물1동, 범물2동
달서구갑선거구	죽전동, 장기동, 용산1동, 용산2동, 이곡1동, 이곡2동, 신당동
달서구을선거구	월성1동, 월성2동, 진천동, 상인1동, 상인2동, 상인3동, 도원동
달서구병선거구	성당동, 두류1·2동, 두류3동, 본리동, 감삼동, 송현1동, 송현2동, 본동
달성군선거구	달성군 일원
인천광역시(지역구 : 13)	
중구동구강화군옹진군선거구	중구 일원, 동구 일원, 강화군 일원, 옹진군 일원
남구갑선거구	도화1동, 도화2·3동, 주안1동, 주안2동, 주안3동, 주안4동, 주안5동, 주안6동, 주안7동, 주안8동
남구을선거구	숭의1·3동, 숭의2동, 숭의4동, 용현1·4동, 용현2동, 용현3동, 용현5동, 학익1동, 학익2동, 관교동, 문학동
연수구갑선거구	옥련2동, 선학동, 연수1동, 연수2동, 연수3동, 청학동, 동춘3동
연수구을선거구	옥련1동, 동춘1동, 동춘2동, 송도1동, 송도2동, 송도3동
남동구갑선거구	구월1동, 구월3동, 구월4동, 간석1동, 간석4동, 남촌도림동, 논현1동, 논현2동, 논현고잔동
남동구을선거구	구월2동, 간석2동, 간석3동, 만수1동, 만수2동, 만수3동, 만수4동, 만수5동, 만수6동, 장수서창동
부평구갑선거구	부평1동, 부평2동, 부평3동, 부평4동, 부평5동, 부평6동, 산곡3동, 산곡4동, 부개1동, 일신동, 십정1동, 십정2동
부평구을선거구	산곡1동, 산곡2동, 청천1동, 청천2동, 갈산1동, 갈산2동, 삼산1동, 삼산2

	동, 부개2동, 부개3동
계양구갑선거구	효성1동, 효성2동, 작전1동, 작전2동, 작전서운동
계양구을선거구	계산1동, 계산2동, 계산3동, 계산4동, 계양1동, 계양2동, 계양3동
서구갑선거구	청라1동, 청라2동, 가정1동, 가정2동, 가정3동, 석남1동, 석남2동, 석남3동, 신현원창동, 가좌1동, 가좌2동, 가좌3동, 가좌4동
서구을선거구	검암경서동, 연희동, 검단1동, 검단2동, 검단3동, 검단4동, 검단5동
광주광역시(지역구 : 8)	
동구남구갑선거구	남구 봉선1동, 봉선2동, 월산동, 월산4동, 월산5동, 주월1동, 주월2동, 효덕동, 송암동, 대촌동
동구남구을선거구	남구 양림동, 방림1동, 방림2동, 사직동, 백운1동, 백운2동, 동구 일원
서구갑선거구	양동, 양3동, 농성1동, 농성2동, 광천동, 유덕동, 치평동, 상무1동, 화정1동, 화정2동, 동천동
서구을선거구	화정3동, 화정4동, 서창동, 금호1동, 금호2동, 풍암동, 상무2동
북구갑선거구	중흥1동, 중흥2동, 중흥3동, 중앙동, 임동, 신안동, 우산동, 풍향동, 문화동, 문흥1동, 문흥2동, 두암1동, 두암2동, 두암3동, 오치1동, 오치2동, 석곡동
북구을선거구	용봉동, 운암1동, 운암2동, 운암3동, 동림동, 삼각동, 일곡동, 매곡동, 건국동, 양산동
광산구갑선거구	송정1동, 송정2동, 도산동, 신흥동, 어룡동, 우산동, 월곡1동, 월곡2동, 운남동, 동곡동, 평동, 삼도동, 본량동
광산구을선거구	비아동, 첨단1동, 첨단2동, 신가동, 신창동, 수완동, 하남동, 임곡동
대전광역시(지역구 : 7)	
동구선거구	동구 일원
중구선거구	중구 일원
서구갑선거구	복수동, 도마1동, 도마2동, 정림동, 변동, 괴정동, 가장동, 내동, 가수원동, 관저1동, 관저2동, 기성동
서구을선거구	용문동, 탄방동, 둔산1동, 둔산2동, 둔산3동, 갈마1동, 갈마2동, 월평1동, 월평2동, 월평3동, 만년동
유성구갑선거구	진잠동, 온천1동, 온천2동, 노은1동, 원신흥동
유성구을선거구	노은2동, 노은3동, 신성동, 전민동, 구즉동, 관평동
대덕구선거구	대덕구 일원
울산광역시(지역구 : 6)	
중구선거구	중구 일원
남구갑선거구	신정1동, 신정2동, 신정3동, 신정4동, 신정5동, 삼호동, 무거동, 옥동
남구을선거구	달동, 삼산동, 야음장생포동, 대현동, 수암동, 선암동
동구선거구	동구 일원
북구선거구	북구 일원
울주군선거구	울주군 일원
세종특별자치시(지역구 : 1)	
세종특별자치시 선거구	세종특별자치시 일원
경기도(지역구 : 60)	
수원시갑선거구	파장동, 정자1동, 정자2동, 정자3동, 영화동, 송죽동, 조원1동, 조원2동, 연무동

수원시을선거구	율천동, 평동, 서둔동, 구운동, 금곡동, 호매실동, 입북동
수원시병선거구	수원시 팔달구 일원
수원시정선거구	매탄1동, 매탄2동, 매탄3동, 매탄4동, 원천동, 영통1동, 광교1동, 광교2동
수원시무선거구	세류1동, 세류2동, 세류3동, 권선1동, 권선2동, 곡선동, 영통2동, 태장동
성남시수정구선거구	성남시 수정구 일원
성남시중원구선거구	성남시 중원구 일원
성남시분당구갑 선거구	서현1동, 서현2동, 이매1동, 이매2동, 야탑1동, 야탑2동, 야탑3동, 판교동, 삼평동, 백현동, 운중동
성남시분당구을 선거구	분당동, 수내1동, 수내2동, 수내3동, 정자동, 정자1동, 정자2동, 정자3동, 금곡동, 구미1동, 구미동
의정부시갑선거구	의정부1동, 의정부2동, 의정부3동, 호원1동, 호원2동, 가능1동, 가능2동, 가능3동, 녹양동
의정부시을선거구	장암동, 신곡1동, 신곡2동, 송산1동, 송산2동, 자금동
안양시만안구선거구	안양시 만안구 일원
안양시동안구갑 선거구	비산1동, 비산2동, 비산3동, 부흥동, 달안동, 관양1동, 관양2동, 부림동
안양시동안구을 선거구	평촌동, 평안동, 귀인동, 호계1동, 호계2동, 호계3동, 범계동, 신촌동, 갈산동
부천시원미구갑 선거구	심곡1동, 심곡2동, 심곡3동, 원미1동, 원미2동, 소사동, 역곡1동, 역곡2동, 춘의동, 도당동
부천시원미구을 선거구	약대동, 중동, 중1동, 중2동, 중3동, 중4동, 상동, 상1동, 상2동, 상3동
부천시소사구선거구	부천시 소사구 일원
부천시오정구선거구	부천시 오정구 일원
광명시갑선거구	광명1동, 광명2동, 광명3동, 광명4동, 광명5동, 광명6동, 광명7동, 철산1동, 철산2동, 철산4동
광명시을선거구	철산3동, 하안1동, 하안2동, 하안3동, 하안4동, 소하1동, 소하2동, 학온동
평택시갑선거구	진위면, 서탄면, 중앙동, 서정동, 송탄동, 지산동, 송북동, 신장1동, 신장2동, 통복동, 세교동
평택시을선거구	팽성읍, 안중읍, 고덕면, 오성면, 청북면, 포승읍, 현덕면, 신평동, 원평동, 비전1동, 비전2동
동두천시연천군 선거구	동두천시 일원, 연천군 일원
안산시상록구갑 선거구	사1동, 사2동, 사3동, 본오1동, 본오2동, 본오3동, 반월동
안산시상록구을 선거구	일동, 이동, 부곡동, 월피동, 성포동, 안산동
안산시단원구갑 선거구	와동, 원곡본동, 원곡1동, 원곡2동, 선부1동, 선부2동, 선부3동
안산시단원구을 선거구	고잔1동, 고잔2동, 호수동, 초지동, 대부동
고양시갑선거구	주교동, 원신동, 홍도동, 성사1동, 성사2동, 고양동, 관산동, 화정1동, 화정2동, 식사동

고양시을선거구	효자동, 신도동, 창릉동, 능곡동, 행주동, 행신1동, 행신2동, 행신3동, 화전동, 대덕동
고양시병선거구	중산동, 정발산동, 풍산동, 백석1동, 백석2동, 마두1동, 마두2동, 장항1동, 장항2동, 고봉동, 일산2동
고양시정선거구	일산1동, 일산3동, 탄현동, 주엽1동, 주엽2동, 대화동, 송포동, 송산동
의왕시과천시선거구	의왕시 일원, 과천시 일원
구리시선거구	구리시 일원
남양주시갑선거구	화도읍, 수동면, 호평동, 평내동
남양주시을선거구	진접읍, 오남읍, 별내면, 별내동
남양주시병선거구	와부읍, 진건읍, 조안면, 퇴계원면, 금곡동, 양정동, 지금동, 도농동
오산시선거구	오산시 일원
시흥시갑선거구	대야동, 신천동, 신현동, 은행동, 매화동, 목감동, 과림동, 연성동, 장곡동, 능곡동
시흥시을선거구	군자동, 월곶동, 정왕본동, 정왕1동, 정왕2동, 정왕3동, 정왕4동
군포시갑선거구	군포1동, 군포2동, 산본1동, 금정동, 대야동
군포시을선거구	산본2동, 재궁동, 오금동, 수리동, 궁내동, 광정동
하남시선거구	하남시 일원
용인시갑선거구	포곡읍, 모현면, 남사면, 이동면, 원삼면, 백암면, 양지면, 중앙동, 역삼동, 유림동, 동부동
용인시을선거구	신갈동, 영덕동, 구갈동, 상갈동, 기흥동, 서농동, 상하동
용인시병선거구	풍덕천1동, 풍덕천2동, 신봉동, 동천동, 상현1동, 상현2동, 성복동
용인시정선거구	구성동, 마북동, 동백동, 보정동, 죽전1동, 죽전2동
파주시갑선거구	조리읍, 광탄면, 탄현면, 교하동, 운정1동, 운정2동, 운정3동
파주시을선거구	문산읍, 법원읍, 파주읍, 월롱면, 적성면, 파평면, 군내면, 진동면, 금촌1동, 금촌2동, 금촌3동
이천시선거구	이천시 일원
안성시선거구	안성시 일원
김포시갑선거구	고촌읍, 김포1동, 사우동, 풍무동, 장기동
김포시을선거구	통진읍, 양촌읍, 대곶면, 월곶면, 하성면, 김포2동, 구래동, 운양동
화성시갑선거구	우정읍, 향남읍, 남양읍, 매송면, 비봉면, 마도면, 송산면, 서신면, 팔탄면, 장안면, 양감면, 정남면
화성시을선거구	동탄면, 동탄1동, 동탄2동, 동탄3동, 동탄4동
화성시병선거구	봉담읍, 진안동, 병점1동, 병점2동, 반월동, 기배동, 화산동
광주시갑선거구	퇴촌면, 남종면, 남한산성면, 경안동, 송정동, 광남동
광주시을선거구	오포읍, 초월읍, 곤지암읍, 도척면
양주시선거구	양주시 일원
포천시가평군선거구	포천시 일원, 가평군 일원
여주시양평군선거구	여주시 일원, 양평군 일원
강원도(지역구 : 8)	
춘천시선거구	춘천시 일원
원주시갑선거구	문막읍, 호저면, 지정면, 부론면, 귀래면, 중앙동, 원인동, 일산동, 학성동, 단계동, 우산동, 태장1동, 태장2동, 무실동
원주시을선거구	소초면, 흥업면, 판부면, 신림면, 개운동, 명륜1동, 명륜2동, 단구동, 봉산동, 행구동, 반곡관설동

강릉시선거구	강릉시 일원
동해시삼척시 선거구	동해시 일원, 삼척시 일원
태백시횡성군영월군 평창군정선군선거구	태백시 일원, 횡성군 일원, 영월군 일원, 평창군 일원, 정선군 일원
속초시고성군양양군 선거구	속초시 일원, 고성군 일원, 양양군 일원
홍천군철원군화천군 양구군인제군선거구	홍천군 일원, 철원군 일원, 화천군 일원, 양구군 일원, 인제군 일원
충청북도(지역구 : 8)	
청주시상당구선거구	청주시 상당구 일원
청주시서원구선거구	청주시 서원구 일원
청주시흥덕구선거구	청주시 흥덕구 일원
청주시청원구선거구	청주시 청원구 일원
충주시선거구	충주시 일원
제천시단양군선거구	제천시 일원, 단양군 일원
보은군옥천군영동군 괴산군선거구	보은군 일원, 옥천군 일원, 영동군 일원, 괴산군 일원
증평군진천군음성군 선거구	증평군 일원, 진천군 일원, 음성군 일원
충청남도(지역구 : 11)	
천안시갑선거구	목천읍, 북면, 성남면, 수신면, 병천면, 동면, 중앙동, 문성동, 원성1동, 원성2동, 봉명동, 일봉동, 신안동, 성정1동, 성정2동
천안시을선거구	성환읍, 성거읍, 직산읍, 입장면, 백석동, 불당동, 부성1동, 부성2동
천안시병선거구	풍세면, 광덕면, 신방동, 청룡동, 쌍용1동, 쌍용2동, 쌍용3동
공주시부여군청양군 선거구	공주시 일원, 부여군 일원, 청양군 일원
보령시서천군선거구	보령시 일원, 서천군 일원
아산시갑선거구	선장면, 도고면, 신창면, 온양1동, 온양2동, 온양3동, 온양4동, 온양5동, 온양6동
아산시을선거구	염치읍, 배방읍, 송악면, 탕정면, 음봉면, 둔포면, 영인면, 인주면
서산시태안군선거구	서산시 일원, 태안군 일원
논산시계룡시금산군 선거구	논산시 일원, 계룡시 일원, 금산군 일원
당진시선거구	당진시 일원
홍성군예산군선거구	홍성군 일원, 예산군 일원
전라북도(지역구 : 10)	
전주시갑선거구	중앙동, 풍남동, 노송동, 완산동, 동서학동, 서서학동, 중화산1동, 중화산 2동, 평화1동, 평화2동, 인후3동
전주시을선거구	서신동, 삼천1동, 삼천2동, 삼천3동, 효자1동, 효자2동, 효자3동, 효자4 동
전주시병선거구	진북동, 인후1동, 인후2동, 덕진동, 금암1동, 금암2동, 팔복동, 우아1동, 우아2동, 호성동, 송천1동, 송천2동, 조촌동, 동산동
군산시선거구	군산시 일원

익산시갑선거구	함열읍, 오산면, 황등면, 함라면, 웅포면, 성당면, 용안면, 용동면, 중앙동, 평화동, 남중동, 모현동, 송학동, 신동, 인화동, 마동
익산시을선거구	낭산면, 망성면, 여산면, 금마면, 왕궁면, 춘포면, 삼기면, 동산동, 영등1동, 영등2동, 어양동, 팔봉동, 삼성동
정읍시고창군선거구	정읍시 일원, 고창군 일원
남원시임실군순창군선거구	남원시 일원, 임실군 일원, 순창군 일원
김제시부안군선거구	김제시 일원, 부안군 일원
완주군진안군무주군장수군선거구	완주군 일원, 진안군 일원, 무주군 일원, 장수군 일원
전라남도(지역구 : 10)	
목포시선거구	목포시 일원
여수시갑선거구	돌산읍, 남면, 삼산면, 동문동, 한려동, 중앙동, 충무동, 광림동, 서강동, 대교동, 국동, 월호동, 여서동, 문수동, 미평동, 만덕동
여수시을선거구	소라면, 율촌면, 화양면, 화정면, 둔덕동, 쌍봉동, 시전동, 여천동, 주삼동, 삼일동, 묘도동
순천시선거구	순천시 일원
나주시화순군선거구	나주시 일원, 화순군 일원
광양시곡성군구례군선거구	광양시 일원, 곡성군 일원, 구례군 일원
담양군함평군영광군장성군선거구	담양군 일원, 함평군 일원, 영광군 일원, 장성군 일원
고흥군보성군장흥군강진군선거구	고흥군 일원, 보성군 일원, 장흥군 일원, 강진군 일원
해남군완도군진도군선거구	해남군 일원, 완도군 일원, 진도군 일원
영암군무안군신안군선거구	영암군 일원, 무안군 일원, 신안군 일원
경상북도(지역구 : 13)	
포항시북구선거구	포항시 북구 일원
포항시남구울릉군선거구	포항시 남구 일원, 울릉군 일원
경주시선거구	경주시 일원
김천시선거구	김천시 일원
안동시선거구	안동시 일원
구미시갑선거구	송정동, 원평1동, 원평2동, 지산동, 도량동, 선주원남동, 형곡1동, 형곡2동, 공단1동, 공단2동, 광평동, 상모사곡동, 임오동, 신평1동, 신평2동, 비산동
구미시을선거구	선산읍, 고아읍, 무을면, 옥성면, 도개면, 해평면, 산동면, 장천면, 인동동, 진미동, 양포동
영주시문경시예천군선거구	영주시 일원, 문경시 일원, 예천군 일원
영천시청도군선거구	영천시 일원, 청도군 일원
상주시군위군의성군	상주시 일원, 군위군 일원, 의성군 일원, 청송군 일원

청송군선거구	
경산시선거구	경산시 일원
영양군영덕군봉화군 울진군선거구	영양군 일원, 영덕군 일원, 봉화군 일원, 울진군 일원
고령군성주군칠곡군 선거구	고령군 일원, 성주군 일원, 칠곡군 일원
경상남도(지역구 : 16)	
창원시의창구선거구	창원시 의창구 일원
창원시성산구선거구	창원시 성산구 일원
창원시마산합포구 선거구	창원시 마산합포구 일원
창원시마산회원구 선거구	창원시 마산회원구 일원
창원시진해구선거구	창원시 진해구 일원
진주시갑선거구	문산읍, 내동면, 정촌면, 금곡면, 명석면, 대평면, 수곡면, 천전동, 성북동, 평거동, 신안동, 이현동, 판문동, 가호동, 충무공동
진주시을선거구	진성면, 일반성면, 이반성면, 사봉면, 지수면, 대곡면, 금산면, 집현면, 미천면, 중앙동, 상봉동, 상대1동, 상대2동, 하대1동, 하대2동, 상평동, 초장동
통영시고성군선거구	통영시 일원, 고성군 일원
사천시남해군하동군 선거구	사천시 일원, 남해군 일원, 하동군 일원
김해시갑선거구	진영읍, 한림면, 생림면, 상동면, 대동면, 동상동, 회현동, 부원동, 북부동, 활천동, 삼안동, 불암동
김해시을선거구	주촌면, 진례면, 내외동, 칠산서부동, 장유1동, 장유2동, 장유3동
밀양시의령군함안군 창녕군선거구	밀양시 일원, 의령군 일원, 함안군 일원, 창녕군 일원
거제시선거구	거제시 일원
양산시갑선거구	물금읍, 원동면, 상북면, 하북면, 중앙동, 삼성동, 강서동
양산시을선거구	동면, 양주동, 서창동, 소주동, 평산동, 덕계동
산청군함양군거창군 합천군선거구	산청군 일원, 함양군 일원, 거창군 일원, 합천군 일원
제주특별자치도(지역구 : 3)	
제주시갑선거구	한림읍, 애월읍, 한경면, 추자면, 삼도1동, 삼도2동, 용담1동, 용담2동, 오라동, 연동, 노형동, 외도동, 이호동, 도두동
제주시을선거구	구좌읍, 조천읍, 우도면, 일도1동, 일도2동, 이도1동, 이도2동, 건입동, 화북동, 삼양동, 봉개동, 아라동
서귀포시선거구	서귀포시 일원

제26조 지방의회의원선거구의 획정

제26조(지방의회의원선거구의 획정) ① 시ㆍ도의회의원지역선거구(이하 "市ㆍ道議員地域區"라 한다)는 인구ㆍ행정구역ㆍ지세ㆍ교통 그 밖의 조건을 고려하여 자치구ㆍ시ㆍ군(하나의 自治區ㆍ市ㆍ郡이 2 이상의 國會議員地域區로 된 경우에는 國會議員地域區를 말하며, 行政區域의 변경으로 國會議員地域區와 行政區域이 合致되지 아니하게 된 때에는 行政區域을 말한다)을 구역으로 하거나 분할하여 이를 획정하되, 하나의 시ㆍ도의원지역구에서 선출할 지역구시ㆍ도의원정수는 1명으로 하며, 그 시ㆍ도의원지역구의 명칭과 관할구역은 별표 2와 같이 한다. 〈개정 1995.4.1., 2010.1.25.〉

② 자치구ㆍ시ㆍ군의원지역구는 인구ㆍ행정구역ㆍ지세ㆍ교통 그 밖의 조건을 고려하여 획정하되, 하나의 자치구ㆍ시ㆍ군의원지역구에서 선출할 지역구자치구ㆍ시ㆍ군의원정수는 2인 이상 4인 이하로 하며, 그 자치구ㆍ시ㆍ군의원지역구의 명칭ㆍ구역 및 의원정수는 시ㆍ도조례로 정한다. 〈개정 2005.8.4.〉

③ 제1항 또는 제2항의 규정에 따라 시ㆍ도의원지역구 또는 자치구ㆍ시ㆍ군의원지역구를 획정하는 경우 하나의 읍ㆍ면(「지방자치법」 제4조의2제3항에 따라 행정면을 둔 경우에는 행정면을 말한다. 이하 같다)ㆍ동(「지방자치법」 제4조의2제4항에 따라 행정동을 둔 경우에는 행정동을 말한다. 이하 같다)의 일부를 분할하여 다른 시ㆍ도의원지역구 또는 자치구ㆍ시ㆍ군의원지역구에 속하게 하지 못한다. 〈개정 1995.4.1., 2005.8.4., 2010.1.25.〉

④ 자치구ㆍ시ㆍ군의원지역구는 하나의 시ㆍ도의원지역구 내에서 획정하여야 하며, 하나의 시ㆍ도의원지역구에서 지역구자치구ㆍ시ㆍ군의원을 4인 이상 선출하는 때에는 2개 이상의 지역선거구로 분할할 수 있다. 〈신설 2005.8.4.〉

[별표 2] 〈개정 2014.2.13〉

시ㆍ도의회의원지역선거구구역표(지역구 : 663명)

선거구명	선거구역
서울특별시의회의원(지역구 : 96)	
종로구 제1선거구	청운효자동, 사직동, 삼청동, 부암동, 평창동, 무악동, 교남동, 가회동
종로구 제2선거구	종로1ㆍ2ㆍ3ㆍ4가동, 종로5ㆍ6가동, 이화동, 혜화동, 창신제1동, 창신제2동, 창신제3동, 숭인제1동, 숭인제2동
중구 제1선거구	소공동, 명동, 광희동, 을지로동, 신당동, 신당제5동, 동화동, 황학동, 중림동

중구 제2선거구	회현동, 필동, 장충동, 다산동, 약수동, 청구동
용산구 제1선거구	남영동, 청파동, 원효로제1동, 원효로제2동, 효창동, 용문동, 한강로동, 이촌제1동, 이촌제2동
용산구 제2선거구	후암동, 용산2가동, 이태원제1동, 이태원제2동, 한남동, 서빙고동, 보광동
성동구 제1선거구	금호1가동, 금호2 · 3가동, 금호4가동, 옥수동
성동구 제2선거구	응봉동, 성수1가제1동, 성수1가제2동, 성수2가제1동, 성수2가제3동
성동구 제3선거구	왕십리도선동, 왕십리제2동, 행당제1동, 행당제2동
성동구 제4선거구	마장동, 사근동, 송정동, 용답동
광진구 제1선거구	중곡제1동, 중곡제2동, 중곡제3동, 중곡제4동
광진구 제2선거구	능동, 구의제2동, 광장동, 군자동
광진구 제3선거구	구의제1동, 구의제3동, 자양제1동, 자양제2동
광진구 제4선거구	자양제3동, 자양제4동, 화양동
동대문구 제1선거구	용신동, 제기동, 청량리동
동대문구 제2선거구	회기동, 휘경제1동, 휘경제2동, 이문제1동, 이문제2동
동대문구 제3선거구	전농제1동, 전농제2동, 답십리제1동
동대문구 제4선거구	답십리제2동, 장안제1동, 장안제2동
중랑구 제1선거구	면목제3 · 8동, 면목제4동, 면목제7동, 망우제3동
중랑구 제2선거구	면목본동, 면목제2동, 면목제5동, 상봉제2동
중랑구 제3선거구	중화제1동, 중화제2동, 묵제1동, 묵제2동
중랑구 제4선거구	상봉제1동, 망우본동, 신내제1동, 신내제2동

성북구 제1선거구	성북동, 삼선동, 동선동, 안암동, 보문동, 돈암제2동
성북구 제2선거구	정릉제1동, 정릉제2동, 정릉제3동, 정릉제4동, 길음제1동
성북구 제3선거구	돈암제1동, 길음제2동, 종암동, 월곡제1동, 월곡제2동
성북구 제4선거구	장위제1동, 장위제2동, 장위제3동, 석관동
강북구 제1선거구	번제1동, 번제2동, 수유제2동, 수유제3동
강북구 제2선거구	수유제1동, 우이동, 인수동
강북구 제3선거구	삼양동, 송천동, 삼각산동
강북구 제4선거구	미아동, 송중동, 번제3동
도봉구 제1선거구	창1동, 창4동, 창5동
도봉구 제2선거구	쌍문1동, 쌍문3동, 창2동, 창3동
도봉구 제3선거구	쌍문2동, 쌍문4동, 방학3동
도봉구 제4선거구	방학1동, 방학2동, 도봉1동, 도봉2동
노원구 제1선거구	월계1동, 월계2동, 월계3동
노원구 제2선거구	공릉1동, 공릉2동
노원구 제3선거구	하계1동, 중계본동, 중계1동, 중계4동
노원구 제4선거구	하계2동, 중계2·3동, 상계6·7동
노원구 제5선거구	상계2동, 상계3·4동, 상계5동
노원구 제6선거구	상계1동, 상계8동, 상계9동, 상계10동
은평구 제1선거구	녹번동, 응암제1동, 응암제2동, 응암제3동

은평구 제2선거구	신사제1동, 신사제2동, 증산동, 수색동
은평구 제3선거구	갈현제1동, 갈현제2동, 구산동, 진관동
은평구 제4선거구	불광제1동, 불광제2동, 대조동, 역촌동
서대문구 제1선거구	충현동, 천연동, 북아현동, 신촌동
서대문구 제2선거구	연희동, 홍제제1동, 홍제제2동
서대문구 제3선거구	홍제제3동, 홍은제1동, 홍은제2동
서대문구 제4선거구	남가좌제1동, 남가좌제2동, 북가좌제1동, 북가좌제2동
마포구 제1선거구	용강동, 대흥동, 염리동, 신수동
마포구 제2선거구	공덕동, 아현동, 도화동
마포구 제3선거구	서강동, 서교동, 합정동, 망원1동
마포구 제4선거구	망원2동, 연남동, 성산1동, 성산2동, 상암동
양천구 제1선거구	목2동, 목3동, 목4동, 목5동
양천구 제2선거구	목1동, 신정1동, 신정2동, 신정6동, 신정7동
양천구 제3선거구	신월1동, 신월3동, 신월4동, 신월5동, 신월7동
양천구 제4선거구	신월2동, 신월6동, 신정3동, 신정4동
강서구 제1선거구	화곡제1동, 화곡제2동, 화곡제3동, 화곡제8동, 발산제1동
강서구 제2선거구	등촌제2동, 화곡제4동, 화곡본동, 화곡제6동, 우장산동
강서구 제3선거구	가양제1동, 공항동, 방화제1동, 방화제2동, 방화제3동
강서구 제4선거구	염창동, 등촌제1동, 등촌제3동, 가양제2동, 가양제3동

구로구 제1선거구	구로제3동, 구로제4동, 가리봉동
구로구 제2선거구	신도림동, 구로제1동, 구로제2동, 구로제5동
구로구 제3선거구	고척제1동, 고척제2동, 개봉제1동, 개봉제2동, 개봉제3동
구로구 제4선거구	오류제1동, 오류제2동, 수궁동
금천구 제1선거구	가산동, 독산제1동, 독산제2동, 독산제3동, 독산제4동
금천구 제2선거구	시흥제1동, 시흥제2동, 시흥제3동, 시흥제4동, 시흥제5동
영등포구 제1선거구	영등포본동, 도림동, 문래동, 신길제3동
영등포구 제2선거구	영등포동, 당산제1동, 당산제2동, 양평제1동, 양평제2동
영등포구 제3선거구	여의동, 신길제1동, 신길제4동, 신길제5동, 신길제7동
영등포구 제4선거구	신길제6동, 대림제1동, 대림제2동, 대림제3동
동작구 제1선거구	노량진제1동, 노량진제2동, 상도제2동, 상도제4동
동작구 제2선거구	상도제3동, 대방동, 신대방제1동, 신대방제2동
동작구 제3선거구	상도제1동, 사당제3동, 사당제4동, 사당제5동
동작구 제4선거구	흑석동, 사당제1동, 사당제2동
관악구 제1선거구	보라매동, 은천동, 중앙동, 청룡동, 신림동
관악구 제2선거구	성현동, 청림동, 행운동, 낙성대동, 인헌동, 남현동
관악구 제3선거구	신사동, 조원동, 미성동, 난곡동, 난향동
관악구 제4선거구	서원동, 신원동, 서림동, 삼성동, 대학동
서초구 제1선거구	잠원동, 반포1동, 반포3동, 반포4동

서초구 제2선거구	반포본동, 반포2동, 방배본동, 방배1동, 방배4동
서초구 제3선거구	서초2동, 서초4동, 양재1동, 양재2동, 내곡동
서초구 제4선거구	서초1동, 서초3동, 방배2동, 방배3동
강남구 제1선거구	신사동, 논현1동, 논현2동, 압구정동, 청담동, 삼성1동
강남구 제2선거구	삼성2동, 역삼1동, 역삼2동, 도곡1동, 도곡2동
강남구 제3선거구	대치1동, 대치2동, 대치4동, 일원2동
강남구 제4선거구	개포1동, 개포2동, 개포4동, 일원본동, 일원1동, 수서동, 세곡동
송파구 제1선거구	풍납1동, 풍납2동, 잠실4동, 잠실6동
송파구 제2선거구	방이1동, 방이2동, 오륜동, 송파1동, 송파2동
송파구 제3선거구	삼전동, 잠실본동, 잠실2동, 잠실3동, 잠실7동
송파구 제4선거구	석촌동, 가락1동, 문정2동
송파구 제5선거구	오금동, 가락본동, 가락2동, 문정1동
송파구 제6선거구	거여1동, 거여2동, 마천1동, 마천2동, 장지동
강동구 제1선거구	강일동, 고덕제1동, 고덕제2동, 암사제1동, 암사제2동, 암사제3동
강동구 제2선거구	상일동, 명일제1동, 명일제2동, 길동
강동구 제3선거구	천호제1동, 천호제2동, 천호제3동
강동구 제4선거구	성내제1동, 성내제2동, 성내제3동, 둔촌제1동, 둔촌제2동
부산광역시의회의원(지역구 : 42)	
중구 선거구	중구 일원

서구 제1선거구	동대신제1동, 동대신제2동, 동대신제3동, 서대신제1동, 서대신제3동, 서대신제4동, 부민동
서구 제2선거구	아미동, 초장동, 충무동, 남부민제1동, 남부민제2동, 암남동
동구 제1선거구	초량제1동, 초량제2동, 초량제3동, 초량제6동, 수정제1동, 수정제2동, 수정제4동
동구 제2선거구	수정제5동, 좌천제1동, 좌천제4동, 범일제1동, 범일제2동, 범일제4동, 범일제5동
영도구 제1선거구	남항동, 영선제1동, 영선제2동, 신선동, 봉래제1동, 봉래제2동, 청학제1동
영도구 제2선거구	청학제2동, 동삼제1동, 동삼제2동, 동삼제3동
부산진구 제1선거구	부전제1동, 범전동, 연지동, 초읍동, 양정제1동, 양정제2동
부산진구 제2선거구	부암제1동, 부암제3동, 당감제1동, 당감제2동, 당감제4동
부산진구 제3선거구	부전제2동, 전포제1동, 전포제2동, 전포제3동, 가야제1동, 범천제1동, 범천제2동, 범천제4동
부산진구 제4선거구	가야제2동, 개금제1동, 개금제2동, 개금제3동
동래구 제1선거구	수민동, 복산동, 명륜동
동래구 제2선거구	온천제1동, 온천제2동, 온천제3동, 사직제1동, 사직제2동, 사직제3동
동래구 제3선거구	안락제1동, 안락제2동, 명장제1동, 명장제2동
남구 제1선거구	대연제1동, 대연제3동, 대연제4동, 대연제5동, 대연제6동
남구 제2선거구	용호제1동, 용호제2동, 용호제3동, 용호제4동
남구 제3선거구	용당동, 감만제1동, 감만제2동, 우암동
남구 제4선거구	문현제1동, 문현제2동, 문현제3동, 문현제4동
북구 제1선거구	구포제1동, 구포제2동, 구포제3동
북구 제2선거구	만덕제1동, 만덕제2동, 만덕제3동, 덕천제1동, 덕천제3동

북구 제3선거구	금곡동, 화명제2동
북구 제4선거구	화명제1동, 화명제3동, 덕천제2동
해운대구 제1선거구	우제1동, 우제2동, 중제1동
해운대구 제2선거구	좌제1동, 좌제2동, 좌제3동, 좌제4동, 송정동, 중제2동
해운대구 제3선거구	반여제2동, 반여제3동, 재송제1동, 재송제2동
해운대구 제4선거구	반여제1동, 반여제4동, 반송제1동, 반송제2동, 반송제3동
사하구 제1선거구	괴정제1동, 괴정제2동, 괴정제3동, 괴정제4동
사하구 제2선거구	당리동, 하단제1동, 하단제2동
사하구 제3선거구	신평제1동, 신평제2동, 구평동, 감천제1동, 감천제2동
사하구 제4선거구	장림제1동, 장림제2동, 다대제1동, 다대제2동
금정구 제1선거구	서제1동, 서제2동, 서제3동, 금사동, 부곡제1동, 부곡제2동, 부곡제3동, 부곡제4동, 선두구동, 청룡노포동
금정구 제2선거구	장전제1동, 장전제2동, 장전제3동, 남산동, 구서제1동, 구서제2동, 금성동
강서구 제1선거구	대저1동, 대저2동, 강동동, 가락동, 명지동(1통~15통, 18통~20통)
강서구 제2선거구	명지동(16통, 17통, 21통~33통), 녹산동, 천가동
연제구 제1선거구	거제제1동, 거제제2동, 거제제3동, 거제제4동, 연산제2동, 연산제4동, 연산제5동
연제구 제2선거구	연산제1동, 연산제3동, 연산제6동, 연산제8동, 연산제9동
수영구 제1선거구	남천제1동, 남천제2동, 광안제1동, 광안제2동, 광안제3동, 광안제4동
수영구 제2선거구	수영동, 망미제1동, 망미제2동, 민락동
사상구 제1선거구	삼락동, 모라제1동, 모라제3동, 덕포제1동, 덕포제2동, 괘법동, 감전동

사상구 제2선거구	주례제1동, 주례제2동, 주례제3동, 학장동, 엄궁동
기장군 제1선거구	기장읍
기장군 제2선거구	장안읍, 일광면, 정관면, 철마면
대구광역시의회의원(지역구 : 27)	
중구 제1선거구	동인동, 삼덕동, 성내1동, 남산1동, 대봉1동, 대봉2동
중구 제2선거구	성내2동, 성내3동, 대신동, 남산2동, 남산3동, 남산4동
동구 제1선거구	신암1동, 신암2동, 신암3동, 신암4동, 신암5동
동구 제2선거구	신천1 · 2동, 신천3동, 신천4동, 효목1동, 효목2동
동구 제3선거구	도평동, 불로 · 봉무동, 지저동, 동촌동, 방촌동, 공산동
동구 제4선거구	해안동, 안심1동, 안심2동, 안심3 · 4동
서구 제1선거구	내당1동, 내당2 · 3동, 내당4동, 평리2동, 평리4동, 평리5동, 평리6동, 상중이동
서구 제2선거구	비산1동, 비산2 · 3동, 비산4동, 비산5동, 비산6동, 비산7동, 원대동, 평리1동, 평리3동
남구 제1선거구	이천동, 봉덕1동, 봉덕2동, 봉덕3동, 대명2동, 대명5동
남구 제2선거구	대명1동, 대명3동, 대명4동, 대명6동, 대명9동, 대명10동, 대명11동
북구 제1선거구	고성동, 칠성동, 침산1동, 침산2동, 침산3동, 노원동
북구 제2선거구	산격1동, 산격2동, 산격3동, 산격4동, 대현동
북구 제3선거구	복현1동, 복현2동, 검단동, 무태조야동
북구 제4선거구	읍내동, 동천동, 국우동, 관음동
북구 제5선거구	관문동, 태전1동, 태전2동, 구암동

수성구 제1선거구	범어1동, 범어2동, 범어3동, 범어4동, 만촌1동, 황금1동, 황금2동
수성구 제2선거구	만촌2동, 만촌3동, 고산1동, 고산2동, 고산3동
수성구 제3선거구	수성1가동, 수성2·3가동, 수성4가동, 중동, 상동, 두산동
수성구 제4선거구	파동, 지산1동, 지산2동, 범물1동, 범물2동
달서구 제1선거구	죽전동, 장기동, 용산1동, 용산2동
달서구 제2선거구	이곡1동, 이곡2동, 신당동
달서구 제3선거구	월성1동, 월성2동, 진천동
달서구 제4선거구	상인1동, 상인2동, 상인3동, 도원동
달서구 제5선거구	성당동, 감삼동, 두류1·2동, 두류3동
달서구 제6선거구	본리동, 본동, 송현1동, 송현2동
달성군 제1선거구	화원읍, 다사읍, 가창면, 하빈면
달성군 제2선거구	논공읍, 옥포면, 현풍면, 유가면, 구지면
인천광역시의회의원(지역구 : 31)	
중구 제1선거구	연안동, 신흥동, 도원동, 율목동, 동인천동
중구 제2선거구	신포동, 북성동, 송월동, 영종동, 운서동, 용유동
동구 제1선거구	만석동, 화수1·화평동, 화수2동, 송현3동, 송림1동, 송림4동
동구 제2선거구	송림2동, 송림3·5동, 송림6동, 금창동, 송현1·2동
남구 제1선거구	도화1동, 도화2·3동, 주안1동, 주안5동, 주안6동
남구 제2선거구	주안2동, 주안3동, 주안4동, 주안7동, 주안8동

남구 제3선거구	숭의1·3동, 숭의2동, 숭의4동, 용현1·4동, 용현2동, 용현3동
남구 제4선거구	용현5동, 학익1동, 학익2동, 관교동, 문학동
연수구 제1선거구	송도1동, 송도2동
연수구 제2선거구	옥련1동, 옥련2동, 동춘1동, 동춘2동, 동춘3동
연수구 제3선거구	선학동, 연수1동, 연수2동, 연수3동, 청학동
남동구 제1선거구	논현고잔동, 논현1동, 논현2동
남동구 제2선거구	구월1동, 구월4동, 남촌도림동
남동구 제3선거구	구월2동, 간석1동, 간석2동, 간석4동, 구월3동
남동구 제4선거구	간석3동, 만수2동, 만수3동, 만수5동
남동구 제5선거구	만수1동, 만수4동, 만수6동, 장수서창동
부평구 제1선거구	부평1동, 부평4동, 부평5동, 부개1동, 부개2동
부평구 제2선거구	부평2동, 부평3동, 부평6동, 산곡3동, 십정1동, 십정2동, 일신동
부평구 제3선거구	갈산1동, 갈산2동, 청천2동
부평구 제4선거구	삼산1동, 삼산2동, 부개3동
부평구 제5선거구	청천1동, 산곡1동, 산곡2동, 산곡4동
계양구 제1선거구	효성1동, 효성2동
계양구 제2선거구	작전1동, 작전2동, 작전서운동
계양구 제3선거구	계산1동, 계산2동, 계산3동
계양구 제4선거구	계산4동, 계양1동, 계양2동

서구 제1선거구	검단1동, 검단2동, 검단3동, 검단4동, 검단5동
서구 제2선거구	검암경서동, 청라1동, 청라2동
서구 제3선거구	신현원창동, 연희동, 가정1동, 가정2동, 가정3동
서구 제4선거구	가좌1동, 가좌2동, 가좌3동, 가좌4동, 석남1동, 석남2동, 석남3동
강화군 선거구	강화군 일원
옹진군 선거구	옹진군 일원
광주광역시의회의원(지역구 : 19)	
동구 제1선거구	충장동, 동명동, 계림1동, 계림2동, 산수1동, 산수2동
동구 제2선거구	지산1동, 지산2동, 서남동, 학동, 학운동, 지원1동, 지원2동
서구 제1선거구	양동, 양3동, 농성1동, 농성2동, 화정1동, 화정2동
서구 제2선거구	광천동, 유덕동, 치평동, 상무1동, 동천동
서구 제3선거구	화정3동, 화정4동, 풍암동
서구 제4선거구	상무2동, 서창동, 금호1동, 금호2동
남구 제1선거구	월산동, 월산4동, 월산5동, 주월1동, 주월2동
남구 제2선거구	사직동, 백운1동, 백운2동, 양림동, 방림1동, 방림2동, 봉선1동
남구 제3선거구	봉선2동, 효덕동, 송암동, 대촌동
북구 제1선거구	중흥1동, 중흥2동, 중흥3동, 중앙동, 신안동
북구 제2선거구	우산동, 문흥1동, 문흥2동
북구 제3선거구	풍향동, 문화동, 두암1동, 두암2동, 두암3동, 석곡동

북구 제4선거구	임동, 용봉동, 오치1동, 오치2동, 매곡동
북구 제5선거구	운암1동, 운암2동, 운암3동, 동림동
북구 제6선거구	삼각동, 일곡동, 양산동, 건국동
광산구 제1선거구	송정1동, 송정2동, 도산동, 어룡동, 평동, 본량동, 삼도동, 동곡동
광산구 제2선거구	월곡1동, 월곡2동, 운남동, 우산동, 신흥동
광산구 제3선거구	신가동, 수완동, 하남동, 임곡동
광산구 제4선거구	비아동, 첨단1동, 첨단2동, 신창동
대전광역시의회의원(지역구 : 19)	
동구 제1선거구	중앙동, 신인동, 효동, 홍도동, 삼성동, 산내동
동구 제2선거구	대동, 자양동, 판암1동, 판암2동, 용운동, 대청동
동구 제3선거구	가양1동, 가양2동, 용전동, 성남동
중구 제1선거구	은행선화동, 대흥동, 문창동, 석교동, 대사동, 부사동
중구 제2선거구	목동, 중촌동, 용두동, 오류동, 태평1동, 태평2동
중구 제3선거구	유천1동, 유천2동, 문화1동, 문화2동, 산성동
서구 제1선거구	괴정동, 내동, 가장동, 변동
서구 제2선거구	도마1동, 도마2동, 복수동, 정림동
서구 제3선거구	가수원동, 관저1동, 관저2동, 기성동
서구 제4선거구	용문동, 탄방동, 갈마1동, 갈마2동
서구 제5선거구	둔산1동, 둔산2동, 둔산3동

서구 제6선거구	월평1동, 월평2동, 월평3동, 만년동
유성구 제1선거구	원신흥동, 온천1동, 온천2동, 진잠동
유성구 제2선거구	노은1동, 노은2동
유성구 제3선거구	신성동, 전민동
유성구 제4선거구	구즉동, 관평동
대덕구 제1선거구	오정동, 대화동, 법1동, 법2동
대덕구 제2선거구	비래동, 송촌동, 중리동
대덕구 제3선거구	회덕동, 신탄진동, 석봉동, 덕암동, 목상동
울산광역시의회의원(지역구 : 19)	
중구 제1선거구	북정동, 중앙동, 복산1동, 복산2동, 학성동
중구 제2선거구	병영1동, 병영2동
중구 제3선거구	다운동, 태화동, 우정동
중구 제4선거구	반구1동, 반구2동, 약사동
남구 제1선거구	신정1동, 신정2동, 신정3동, 신정5동
남구 제2선거구	옥동, 신정4동
남구 제3선거구	삼호동, 무거동
남구 제4선거구	삼산동, 야음장생포동
남구 제5선거구	달동, 수암동
남구 제6선거구	대현동, 선암동
동구 제1선거구	방어동, 화정동, 대송동

동구 제2선거구	일산동, 전하1동, 전하2동
동구 제3선거구	남목1동, 남목2동, 남목3동
북구 제1선거구	농소1동, 송정동, 강동동
북구 제2선거구	농소2동, 농소3동
북구 제3선거구	효문동, 양정동, 염포동
울주군 제1선거구	온산읍, 온양읍, 서생면
울주군 제2선거구	범서읍, 청량면, 웅촌면
울주군 제3선거구	언양읍, 두동면, 두서면, 상북면, 삼남면, 삼동면
경기도의회의원(지역구 : 116)	
수원시 제1선거구	영화동, 연무동, 조원1동, 조원2동, 송죽동, 파장동
수원시 제2선거구	율천동, 정자1동, 정자2동, 정자3동
수원시 제3선거구	세류1동, 세류2동, 세류3동, 권선1동, 권선2동, 곡선동
수원시 제4선거구	평동, 구운동, 금호동, 입북동
수원시 제5선거구	행궁동, 지동, 우만1동, 우만2동, 인계동
수원시 제6선거구	매교동, 매산동, 고등동, 화서1동, 화서2동, 서둔동
수원시 제7선거구	매탄1동, 매탄2동, 매탄3동, 매탄4동
수원시 제8선거구	영통1동, 영통2동, 태장동
수원시 제9선거구	원천동, 광교동
성남시 제1선거구	신흥1동, 신흥2동, 신흥3동, 수진1동, 수진2동, 단대동

성남시 제2선거구	태평1동, 태평2동, 태평3동, 태평4동, 산성동, 양지동, 복정동, 신촌동, 고등동, 시흥동
성남시 제3선거구	성남동, 상대원1동, 상대원2동, 상대원3동, 하대원동, 도촌동
성남시 제4선거구	중앙동, 금광1동, 금광2동, 은행1동, 은행2동
성남시 제5선거구	이매1동, 이매2동, 야탑1동, 야탑2동, 야탑3동, 삼평동
성남시 제6선거구	수내1동, 수내2동, 서현1동, 서현2동, 판교동, 백현동, 운중동
성남시 제7선거구	정자1동, 정자2동, 금곡동, 구미1동
성남시 제8선거구	분당동, 수내3동, 정자3동, 구미동
고양시 제1선거구	원신동, 흥도동, 고양동, 관산동, 화정2동
고양시 제2선거구	화정1동, 주교동, 성사1동, 성사2동
고양시 제3선거구	효자동, 신도동, 창릉동, 행신1동, 행신3동, 화전동, 대덕동
고양시 제4선거구	능곡동, 행주동, 행신2동
고양시 제5선거구	식사동, 중산동, 정발산동, 풍산동, 고봉동
고양시 제6선거구	백석1동, 백석2동, 마두1동, 마두2동, 장항1동, 장항2동
고양시 제7선거구	일산1동, 일산2동, 일산3동, 탄현동
고양시 제8선거구	주엽1동, 주엽2동, 대화동, 송포동, 송산동
부천시 제1선거구	원미1동, 역곡1동, 역곡2동, 춘의동, 도당동
부천시 제2선거구	심곡1동, 심곡2동, 심곡3동, 원미2동, 소사동
부천시 제3선거구	약대동, 중1동, 중2동, 중3동, 중4동
부천시 제4선거구	중동, 상동, 상1동, 상2동, 상3동

부천시 제5선거구	심곡본1동, 심곡본동, 송내1동, 송내2동
부천시 제6선거구	소사본동, 소사본3동, 범박동, 괴안동, 역곡3동
부천시 제7선거구	성곡동, 고강본동, 고강1동
부천시 제8선거구	원종1동, 원종2동, 오정동, 신흥동
안양시 제1선거구	안양1동, 안양3동, 안양4동, 안양5동, 안양6동, 안양7동, 안양8동, 안양9동
안양시 제2선거구	안양2동, 석수1동, 석수2동, 석수3동, 박달1동, 박달2동
안양시 제3선거구	비산1동, 비산2동, 비산3동, 부흥동
안양시 제4선거구	달안동, 관양1동, 관양2동, 부림동
안양시 제5선거구	평촌동, 평안동, 귀인동, 범계동, 갈산동
안양시 제6선거구	호계1동, 호계2동, 호계3동, 신촌동
안산시 제1선거구	사1동, 사2동, 사3동, 본오3동
안산시 제2선거구	본오1동, 본오2동, 반월동
안산시 제3선거구	일동, 이동, 성포동
안산시 제4선거구	부곡동, 월피동, 안산동
안산시 제5선거구	원곡본동, 원곡1동, 원곡2동, 선부1동, 선부2동
안산시 제6선거구	와동, 선부3동
안산시 제7선거구	고잔1동, 초지동
안산시 제8선거구	고잔2동, 호수동, 대부동
용인시 제1선거구	모현면, 포곡읍, 유림동, 역삼동

용인시 제2선거구	중앙동, 양지면, 동부동, 이동면, 남사면, 원삼면, 백암면
용인시 제3선거구	마북동, 동백동
용인시 제4선거구	보정동, 구성동, 상현2동
용인시 제5선거구	신갈동, 영덕동, 기흥동, 서농동
용인시 제6선거구	구갈동, 상하동, 상갈동
용인시 제7선거구	죽전1동, 죽전2동, 풍덕천1동, 풍덕천2동
용인시 제8선거구	동천동, 신봉동, 성복동, 상현1동
의정부시 제1선거구	의정부1동, 의정부3동, 가능1동, 가능2동, 가능3동, 녹양동
의정부시 제2선거구	의정부2동, 호원1동, 호원2동
의정부시 제3선거구	장암동, 신곡1동, 신곡2동
의정부시 제4선거구	송산1동, 송산2동, 자금동
남양주시 제1선거구	와부읍, 조안면, 금곡동, 양정동, 평내동
남양주시 제2선거구	화도읍, 수동면, 호평동
남양주시 제3선거구	진접읍, 별내면, 별내동
남양주시 제4선거구	진건읍, 퇴계원면, 지금동, 도농동,
남양주시 제5선거구	오남읍
평택시 제1선거구	진위면, 서탄면, 지산동, 송북동, 신장1동, 신장2동
평택시 제2선거구	중앙동, 서정동, 송탄동, 통복동, 세교동
평택시 제3선거구	팽성읍, 안중읍, 고덕면, 오성면, 청북면, 포승읍, 현덕면

평택시 제4선거구	신평동, 원평동, 비전1동, 비전2동
광명시 제1선거구	광명1동, 광명2동, 광명3동, 철산1동, 철산2동
광명시 제2선거구	광명4동, 광명5동, 광명6동, 광명7동, 철산4동
광명시 제3선거구	철산3동, 하안1동, 하안2동, 학온동
광명시 제4선거구	하안3동, 하안4동, 소하1동, 소하2동
시흥시 제1선거구	대야동, 신천동, 은행동, 과림동
시흥시 제2선거구	신현동, 매화동, 목감동, 연성동, 능곡동
시흥시 제3선거구	군자동, 정왕본동, 정왕1동
시흥시 제4선거구	정왕2동, 정왕3동, 정왕4동
군포시 제1선거구	군포1동, 군포2동, 산본1동, 금정동, 대야동
군포시 제2선거구	산본2동, 재궁동, 오금동, 수리동, 궁내동, 광정동
화성시 제1선거구	봉담읍, 향남읍, 정남면, 양감면
화성시 제2선거구	우정읍, 비봉면, 팔탄면, 장안면, 마도면, 송산면, 서신면, 남양동, 매송면
화성시 제3선거구	진안동, 반월동, 기배동, 화산동, 병점1동, 병점2동
화성시 제4선거구	동탄1동, 동탄2동, 동탄3동, 동탄면
파주시 제1선거구	탄현면, 교하동, 운정3동
파주시 제2선거구	조리읍, 광탄면, 운정1동, 운정2동
파주시 제3선거구	파주읍, 월롱면, 금촌1동, 금촌2동, 금촌3동
파주시 제4선거구	문산읍, 법원읍, 파평면, 적성면, 군내면, 진동면

이천시 제1선거구	신둔면, 백사면, 호법면, 마장면, 창전동, 증포동, 중리동, 관고동
이천시 제2선거구	장호원읍, 부발읍, 대월면, 모가면, 설성면, 율면
구리시 제1선거구	갈매동, 동구동, 인창동, 교문1동
구리시 제2선거구	교문2동, 수택1동, 수택2동, 수택3동
김포시 제1선거구	사우동, 풍무동, 고촌읍
김포시 제2선거구	김포1동, 김포2동, 장기동, 구래동
김포시 제3선거구	통진읍, 양촌읍, 대곶면, 월곶면, 하성면
포천시 제1선거구	포천동, 선단동, 군내면, 신북면, 창수면, 영중면, 영북면, 관인면
포천시 제2선거구	소흘읍, 내촌면, 가산면, 일동면, 이동면, 화현면
광주시 제1선거구	퇴촌면, 남종면, 중부면, 경안동, 송정동, 광남동
광주시 제2선거구	오포읍, 초월읍, 곤지암읍, 도척면
안성시 제1선거구	공도읍, 미양면, 대덕면, 양성면, 원곡면, 고삼면, 안성3동
안성시 제2선거구	보개면, 금광면, 서운면, 일죽면, 죽산면, 삼죽면, 안성1동, 안성2동
하남시 제1선거구	천현동, 신장1동, 신장2동, 춘궁동, 감북동
하남시 제2선거구	덕풍1동, 덕풍2동, 덕풍3동, 풍산동, 초이동
의왕시 제1선거구	고천동, 부곡동, 오전동
의왕시 제2선거구	내손1동, 내손2동, 청계동
양주시 제1선거구	은현면, 남면, 회천1동, 회천2동, 회천3동, 회천4동
양주시 제2선거구	백석읍, 광적면, 장흥면, 양주1동, 양주2동

오산시 제1선거구	중앙동, 신장동, 세마동
오산시 제2선거구	대원동, 남촌동, 초평동
여주시 제1선거구	여흥동, 중앙동, 오학동, 북내면, 강천면
여주시 제2선거구	점동면, 가남읍, 능서면, 흥천면, 금사면, 산북면, 대신면
양평군 제1선거구	양평읍, 양서면, 옥천면, 서종면
양평군 제2선거구	단월면, 청운면, 양동면, 지평면, 용문면, 개군면, 강상면, 강하면
동두천시 제1선거구	생연2동, 송내동, 상패동
동두천시 제2선거구	생연1동, 중앙동, 보산동, 소요동, 불현동
과천시 선거구	과천시 일원
가평군 선거구	가평군 일원
연천군 선거구	연천군 일원
강원도의회의원(지역구 : 40)	
춘천시 제1선거구	강남동, 남면, 남산면, 신동면, 동면, 동내면, 동산면
춘천시 제2선거구	석사동, 효자1동, 효자2동
춘천시 제3선거구	후평1동, 후평2동, 후평3동, 효자3동, 교동
춘천시 제4선거구	근화동, 북산면, 사북면, 서면, 소양동, 신북읍, 신사우동, 약사명동, 조운동
춘천시 제5선거구	퇴계동
원주시 제1선거구	지정면, 우산동, 문막읍, 부론면, 귀래면, 호저면
원주시 제2선거구	태장1동, 태장2동, 중앙동, 일산동, 원인동

원주시 제3선거구	무실동, 단계동, 학성동
원주시 제4선거구	단구동
원주시 제5선거구	소초면, 행구동, 반곡관설동, 신림면, 판부면, 흥업면
원주시 제6선거구	명륜1동, 명륜2동, 봉산동, 개운동
강릉시 제1선거구	성산면, 내곡동, 강남동, 구정면, 강동면, 왕산면, 옥계면
강릉시 제2선거구	교1동, 교2동, 옥천동, 중앙동, 홍제동
강릉시 제3선거구	포남1동, 포남2동, 성덕동
강릉시 제4선거구	주문진읍, 연곡면, 사천면, 경포동, 초당동, 송정동
동해시 제1선거구	송정동, 북삼동, 북평동, 삼화동
동해시 제2선거구	부곡동, 동호동, 발한동, 묵호동, 망상동, 천곡동
태백시 제1선거구	황지동, 황연동, 삼수동
태백시 제2선거구	문곡소도동, 장성동, 구문소동, 철암동, 상장동
속초시 제1선거구	영랑동, 동명동, 금호동, 교동, 청호동
속초시 제2선거구	노학동, 조양동, 대포동
삼척시 제1선거구	도계읍, 하장면, 미로면, 신기면, 남양동, 성내동
삼척시 제2선거구	원덕읍, 근덕면, 노곡면, 가곡면, 교동, 정라동
홍천군 제1선거구	홍천읍, 북방면
홍천군 제2선거구	화촌면, 두촌면, 내촌면, 서석면, 동면, 남면, 서면, 내면
횡성군 제1선거구	횡성읍, 공근면, 서원면

횡성군 제2선거구	우천면, 안흥면, 둔내면, 갑천면, 청일면, 강림면
영월군 제1선거구	영월읍(영흥리, 하송리, 방절리, 문산리, 거운리, 삼옥리, 연하리), 상동읍, 중동면, 김삿갓면
영월군 제2선거구	북면, 남면, 한반도면, 주천면, 수주면, 영월읍(흥월리, 팔괴리, 정양리, 덕포리)
평창군 제1선거구	평창읍, 미탄면, 방림면, 대화면
평창군 제2선거구	봉평면, 용평면, 진부면, 대관령면
정선군 제1선거구	정선읍, 화암면, 여량면, 북평면, 임계면
정선군 제2선거구	고한읍, 사북읍, 신동읍, 남면
철원군 제1선거구	철원읍, 동송읍
철원군 제2선거구	김화읍, 갈말읍, 서면, 근남면, 근북면
화천군 선거구	화천군 일원
양구군 선거구	양구군 일원
인제군 선거구	인제군 일원
고성군 선거구	고성군 일원
양양군 선거구	양양군 일원
충청북도의회의원(지역구 : 28)	
청주시 제1선거구	내덕제1동, 내덕제2동, 율량·사천동, 오근장동
청주시 제2선거구	중앙동, 성안동, 탑·대성동, 금천동, 용담·명암·산성동, 우암동
청주시 제3선거구	용암제1동, 용암제2동, 영운동
청주시 제4선거구	모충동, 사직제1동, 사직제2동, 수곡제1동, 수곡제2동

청주시 제5선거구	분평동, 산남동
청주시 제6선거구	사창동, 성화 · 개신 · 죽림동
청주시 제7선거구	복대제1동, 복대제2동
청주시 제8선거구	가경동, 강서제1동
청주시 제9선거구	강서제2동, 봉명제1동, 봉명제2 · 송정동, 운천 · 신봉동
충주시 제1선거구	앙성면, 노은면, 가금면, 신니면, 주덕읍, 대소원면, 달천동, 호암 · 직동, 살미면, 수안보면, 지현동, 용산동
충주시 제2선거구	엄정면, 산척면, 동량면, 금가면, 소태면, 목행 · 용탄동, 칠금 · 금릉동, 봉방동, 문화동, 성내 · 충인동
충주시 제3선거구	연수동, 교현 · 안림동, 교현2동
제천시 제1선거구	봉양읍, 백운면, 송학면, 의암동, 인성동, 용두동, 청전동, 영서동
제천시 제2선거구	금성면, 청풍면, 수산면, 덕산면, 한수면, 교동, 남현동, 신백동, 화산동
청원군 제1선거구	낭성면, 미원면, 가덕면, 남일면, 남이면, 문의면, 현도면, 강내면, 오송읍
청원군 제2선거구	내수읍, 오창읍, 옥산면, 북이면
보은군 선거구	보은군 일원
옥천군 제1선거구	옥천읍
옥천군 제2선거구	동이면, 안남면, 안내면, 청성면, 청산면, 이원면, 군서면, 군북면
영동군 제1선거구	영동읍, 양강면
영동군 제2선거구	용산면, 황간면, 추풍령면, 매곡면, 상촌면, 심천면, 용화면, 양산면, 학산면
진천군 제1선거구	진천읍, 문백면, 백곡면
진천군 제2선거구	덕산면, 초평면, 이월면, 광혜원면

괴산군 선거구	괴산군 일원
증평군 선거구	증평군 일원
음성군 제1선거구	음성읍, 소이면, 원남면, 맹동면
음성군 제2선거구	금왕읍, 대소면, 삼성면, 생극면, 감곡면
단양군 선거구	단양군 일원
충청남도의회의원(지역구 : 36)	
천안시 제1선거구	목천읍, 성남면, 수신면, 동면, 병천면, 북면, 풍세면, 광덕면
천안시 제2선거구	일봉동, 봉명동, 중앙동, 문성동, 신안동
천안시 제3선거구	원성1동, 원성2동, 청룡동
천안시 제4선거구	쌍용2동, 신방동
천안시 제5선거구	성환읍, 성거읍, 입장면
천안시 제6선거구	직산읍, 부성1동, 부성2동
천안시 제7선거구	백석동, 성정1동, 성정2동
천안시 제8선거구	쌍용1동, 쌍용3동, 불당동
공주시 제1선거구	이인면, 탄천면, 계룡면, 반포면, 중학동, 웅진동, 금학동, 옥룡동
공주시 제2선거구	유구읍, 의당면, 정안면, 우성면, 사곡면, 신풍면, 신관동, 월송동
보령시 제1선거구	주포면, 주교면, 오천면, 천북면, 청소면, 청라면, 대천1동, 대천2동
보령시 제2선거구	웅천읍, 남포면, 주산면, 미산면, 성주면, 대천3동, 대천4동, 대천5동
아산시 제1선거구	염치읍, 둔포면, 영인면, 인주면, 신창면, 음봉면

아산시 제2선거구	온양1동, 온양2동, 온양3동, 온양4동
아산시 제3선거구	선장면, 송악면, 도고면, 온양5동, 온양6동
아산시 제4선거구	배방읍, 탕정면
서산시 제1선거구	대산읍, 인지면, 부석면, 팔봉면, 지곡면, 성연면, 부춘동, 석남동
서산시 제2선거구	음암면, 운산면, 해미면, 고북면, 동문1동, 동문2동, 수석동
논산시 제1선거구	성동면, 광석면, 노성면, 상월면, 부적면, 취암동, 부창동
논산시 제2선거구	강경읍, 연무읍, 연산면, 채운면, 벌곡면, 양촌면, 가야곡면, 은진면
계룡시 선거구	계룡시 일원
당진시 제1선거구	당진1동, 당진2동, 당진3동, 고대면, 석문면, 대호지면, 정미면, 송산면
당진시 제2선거구	합덕읍, 면천면, 순성면, 우강면, 신평면, 송악읍
금산군 제1선거구	금산읍, 부리면, 남일면, 남이면
금산군 제2선거구	금성면, 제원면, 군북면, 진산면, 복수면, 추부면
부여군 제1선거구	부여읍, 규암면, 은산면, 석성면, 초촌면
부여군 제2선거구	외산면, 내산면, 구룡면, 홍산면, 옥산면, 남면, 충화면, 양화면, 임천면, 장암면, 세도면
서천군 제1선거구	장항읍, 마서면, 화양면, 기산면, 한산면, 마산면
서천군 제2선거구	서천읍, 시초면, 문산면, 판교면, 종천면, 비인면, 서면
청양군 선거구	청양군 일원
홍성군 제1선거구	홍성읍, 홍북면, 금마면, 갈산면, 구항면
홍성군 제2선거구	광천읍, 홍동면, 장곡면, 은하면, 결성면, 서부면

예산군 제1선거구	예산읍, 대술면, 신양면, 광시면
예산군 제2선거구	삽교읍, 대흥면, 응봉면, 덕산면, 봉산면, 고덕면, 신암면, 오가면
태안군 제1선거구	태안읍, 원북면, 이원면
태안군 제2선거구	안면읍, 고남면, 남면, 근흥면, 소원면
전라북도의회의원(지역구 : 34)	
전주시 제1선거구	중앙동, 풍남동, 노송동, 완산동, 중화산1동, 중화산2동
전주시 제2선거구	동서학동, 서서학동, 평화1동, 평화2동
전주시 제3선거구	삼천1동, 삼천2동, 삼천3동, 효자1동, 효자2동
전주시 제4선거구	서신동
전주시 제5선거구	효자3동, 효자4동
전주시 제6선거구	진북동, 금암1동, 금암2동, 인후1동, 인후2동
전주시 제7선거구	인후3동, 우아1동, 우아2동
전주시 제8선거구	송천1동, 덕진동, 호성동
전주시 제9선거구	팔복동, 동산동, 조촌동, 송천2동
군산시 제1선거구	옥구읍, 옥산면, 회현면, 옥서면, 옥도면, 소룡동, 미성동, 해신농
군산시 제2선거구	성산면, 개정면, 나포면, 서수면, 임피면, 대야면, 구암동, 조촌동, 개정동, 경암동
군산시 제3선거구	중앙동, 흥남동, 월명동, 삼학동, 신풍동, 수송동
군산시 제4선거구	나운1동, 나운2동, 나운3동
익산시 제1선거구	오산면, 모현동, 송학동, 중앙동, 인화동, 평화동, 마동
익산시 제2선거구	남중동, 신동, 함열읍, 황등면, 용안면, 용동면, 함라면, 웅포면, 성당면

익산시 제3선거구	낭산면, 망성면, 여산면, 삼기면, 영등2동, 삼성동, 금마면, 왕궁면, 춘포면
익산시 제4선거구	동산동, 영등1동, 어양동, 팔봉동
정읍시 제1선거구	신태인읍, 북면, 입암면, 소성면, 고부면, 영원면, 덕천면, 이평면, 정우면, 감곡면, 연지동, 농소동
정읍시 제2선거구	태인면, 옹동면, 칠보면, 산내면, 산외면, 수성동, 장명동, 내장상동, 시기동, 초산동, 상교동
남원시 제1선거구	운봉읍, 주천면, 산동면, 이백면, 인월면, 아영면, 산내면, 향교동, 도통동
남원시 제2선거구	수지면, 송동면, 주생면, 금지면, 대강면, 대산면, 사매면, 덕과면, 보절면, 동충동, 죽항동, 노암동, 금동, 왕정동
김제시 제1선거구	용지면, 백구면, 금구면, 봉남면, 황산면, 금산면, 신풍동, 검산동
김제시 제2선거구	만경읍, 죽산면, 백산면, 부량면, 공덕면, 청하면, 성덕면, 진봉면, 광활면, 요촌동, 교월동
완주군 제1선거구	삼례읍, 상관면, 이서면, 소양면, 구이면
완주군 제2선거구	봉동읍, 용진면, 고산면, 비봉면, 운주면, 화산면, 동상면, 경천면
진안군 선거구	진안군 일원
무주군 선거구	무주군 일원
장수군 선거구	장수군 일원
임실군 선거구	임실군 일원
순창군 선거구	순창군 일원
고창군 제1선거구	고창읍, 심원면, 흥덕면, 성내면, 신림면, 부안면
고창군 제2선거구	고수면, 무장면, 공음면, 상하면, 해리면, 성송면, 대산면, 아산면
부안군 제1선거구	부안읍, 주산면, 동진면, 행안면, 백산면
부안군 제2선거구	계화면, 보안면, 변산면, 진서면, 상서면, 하서면, 줄포면, 위도면

전라남도의회의원(지역구 : 52)	
목포시 제1선거구	원산동, 연산동, 용해동, 상동
목포시 제2선거구	북항동, 죽교동, 산정동, 대성동, 목원동, 유달동, 동명동, 만호동
목포시 제3선거구	용당1동, 용당2동, 연동, 삼학동, 이로동, 하당동
목포시 제4선거구	삼향동, 옥암동, 부주동
목포시 제5선거구	부흥동, 신흥동
여수시 제1선거구	돌산읍, 남면, 삼산면, 국동, 대교동, 월호동
여수시 제2선거구	여서동, 문수동
여수시 제3선거구	한려동, 동문동, 중앙동, 충무동, 서강동, 광림동
여수시 제4선거구	여천동, 소라면, 율촌면, 화양면, 화정면
여수시 제5선거구	쌍봉동, 주삼동, 삼일동, 묘도동
여수시 제6선거구	시전동, 둔덕동, 미평동, 만덕동
순천시 제1선거구	도사동, 별량면, 상사면, 낙안면, 외서면, 송광면, 저전동, 장천동, 남제동, 풍덕동
순천시 제2선거구	해룡면, 왕조2동
순천시 제3선거구	덕연동, 조곡동
순천시 제4선거구	왕조1동, 서면
순천시 제5선거구	삼산동, 승주읍, 주암면, 황전면, 월등면, 향동, 중앙동, 매곡동
나주시 제1선거구	남평읍, 다시면, 문평면, 노안면, 금천면, 산포면, 송월동, 금남동, 성북동

나주시 제2선거구	세지면, 왕곡면, 반남면, 공산면, 동강면, 다도면, 봉황면, 영강동, 영산동, 이창동
광양시 제1선거구	광양읍, 봉강면, 옥룡면
광양시 제2선거구	중마동, 골약동
광양시 제3선거구	다압면, 진상면, 옥곡면, 진월면, 광영동, 태인동, 금호동
담양군 제1선거구	담양읍, 무정면, 금성면, 용면, 월산면
담양군 제2선거구	봉산면, 고서면, 남면, 창평면, 대덕면, 수북면, 대전면
곡성군 선거구	곡성군 일원
구례군 선거구	구례군 일원
고흥군 제1선거구	고흥읍, 점암면, 영남면, 과역면, 남양면, 동강면, 대서면, 두원면
고흥군 제2선거구	도양읍, 풍양면, 도덕면, 금산면, 도화면, 포두면, 봉래면, 동일면
보성군 제1선거구	보성읍, 노동면, 미력면, 득량면, 회천면, 웅치면
보성군 제2선거구	벌교읍, 겸백면, 율어면, 복내면, 문덕면, 조성면
화순군 제1선거구	화순읍, 도곡면, 도암면, 이서면, 북면
화순군 제2선거구	한천면, 춘양면, 청풍면, 이양면, 능주면, 동복면, 남면, 동면
장흥군 제1선거구	장흥읍, 장동면, 장평면, 유치면, 부산면
장흥군 제2선거구	관산읍, 대덕읍, 용산면, 안양면, 회진면
강진군 제1선거구	강진읍, 도암면, 신전면, 성전면
강진군 제2선거구	군동면, 칠량면, 대구면, 마량면, 작천면, 병영면, 옴천면
해남군 제1선거구	해남읍, 마산면, 황산면, 산이면, 문내면, 화원면

해남군 제2선거구	삼산면, 화산면, 현산면, 송지면, 북평면, 북일면, 옥천면, 계곡면
영암군 제1선거구	영암읍, 덕진면, 금정면, 신북면, 시종면, 도포면
영암군 제2선거구	삼호읍, 군서면, 서호면, 학산면, 미암면
무안군 제1선거구	무안읍, 현경면, 망운면, 해제면, 운남면
무안군 제2선거구	일로읍, 삼향읍, 몽탄면, 청계면
함평군 제1선거구	함평읍, 손불면, 신광면, 엄다면
함평군 제2선거구	학교면, 대동면, 나산면, 해보면, 월야면
영광군 제1선거구	영광읍, 대마면, 묘량면, 불갑면, 군서면, 군남면
영광군 제2선거구	백수읍, 홍농읍, 염산면, 법성면, 낙월면
장성군 제1선거구	장성읍, 서삼면, 북일면, 북이면, 북하면
장성군 제2선거구	진원면, 남면, 동화면, 삼서면, 삼계면, 황룡면
완도군 제1선거구	완도읍, 노화읍, 소안면, 보길면
완도군 제2선거구	금일읍, 군외면, 신지면, 고금면, 약산면, 청산면, 금당면, 생일면
진도군 선거구	진도군 일원
신안군 제1선거구	지도읍, 증도면, 임자면, 자은면, 암태면, 압해읍
신안군 제2선거구	비금면, 도초면, 흑산면, 하의면, 신의면, 장산면, 안좌면, 팔금면
경상북도의회의원(지역구 : 54)	
포항시 제1선거구	흥해읍, 송라면, 청하면, 죽장면, 기북면, 신광면, 기계면
포항시 제2선거구	용흥동, 양학동, 우창동

포항시 제3선거구	두호동, 중앙동, 죽도동
포항시 제4선거구	장량동, 환여동
포항시 제5선거구	송도동, 해도동, 상대동, 제철동, 청림동
포항시 제6선거구	연일읍, 대송면
포항시 제7선거구	동해면, 호미곶면, 구룡포읍, 오천읍, 장기면
포항시 제8선거구	대이동, 효곡동
경주시 제1선거구	황성동, 성건동, 중부동, 현곡면
경주시 제2선거구	동천동, 불국동, 양남면, 양북면, 감포읍, 황오동, 보덕동
경주시 제3선거구	안강읍, 강동면, 천북면, 용강동
경주시 제4선거구	서면, 건천읍, 산내면, 내남면, 선도동, 황남동, 월성동, 외동읍
김천시 제1선거구	아포읍, 농소면, 남면, 율곡동, 개령면, 감문면, 어모면, 감천면, 조마면, 자산동, 대신동, 지좌동
김천시 제2선거구	봉산면, 대항면, 구성면, 지례면, 부항면, 대덕면, 증산면, 평화남산동, 양금동, 대곡동
안동시 제1선거구	풍산읍, 북후면, 서후면, 풍천면, 일직면, 남후면, 옥동, 송하동
안동시 제2선거구	와룡면, 남선면, 임하면, 길안면, 임동면, 예안면, 도산면, 녹전면, 용상동, 강남동
안동시 제3선거구	태화동, 평화동, 안기동, 중구동, 명륜동, 서구동
구미시 제1선거구	도량동, 선주원남동
구미시 제2선거구	송정동, 원평1동, 원평2동, 지산동, 형곡1동, 형곡2동
구미시 제3선거구	신평1동, 신평2동, 비산동, 공단1동, 공단2동, 상모사곡동, 임오동, 광평동
구미시 제4선거구	진미동, 인동동

구미시 제5선거구	도개면, 해평면, 산동면, 장천면, 양포동
구미시 제6선거구	옥성면, 무을면, 선산읍, 고아읍
영주시 제1선거구	순흥면, 단산면, 부석면, 상망동, 하망동, 영주1동, 영주2동, 가흥1동, 가흥2동
영주시 제2선거구	이산면, 평은면, 문수면, 장수면, 안정면, 봉현면, 휴천1동, 휴천2동, 휴천3동, 풍기읍
영천시 제1선거구	금호읍, 청통면, 신녕면, 화산면, 북안면, 대창면, 서부동, 완산동, 남부동
영천시 제2선거구	화북면, 화남면, 자양면, 임고면, 고경면, 동부동, 중앙동
상주시 제1선거구	함창읍, 사벌면, 중동면, 낙동면, 외서면, 은척면, 공검면, 이안면, 북문동, 계림동, 동문동
상주시 제2선거구	청리면, 공성면, 외남면, 내서면, 모동면, 모서면, 화동면, 화서면, 화북면, 화남면, 남원동, 동성동, 신흥동
문경시 제1선거구	문경읍, 가은읍, 마성면, 농암면, 점촌2동, 점촌4동, 점촌5동
문경시 제2선거구	영순면, 산양면, 호계면, 산북면, 동로면, 점촌1동, 점촌3동
경산시 제1선거구	서부1동, 남부동, 남천면
경산시 제2선거구	와촌면, 진량읍, 하양읍
경산시 제3선거구	서부2동, 북부동, 압량면, 중방동
경산시 제4선거구	남산면, 동부동, 용성면, 자인면, 중앙동
군위군 선거구	군위군 일원
의성군 제1선거구	의성읍, 단촌면, 점곡면, 옥산면, 사곡면, 춘산면, 가음면, 금성면
의성군 제2선거구	봉양면, 비안면, 구천면, 단밀면, 단북면, 안계면, 다인면, 신평면, 안평면, 안사면
청송군 선거구	청송군 일원
영양군 선거구	영양군 일원

영덕군 선거구	영덕군 일원
청도군 제1선거구	청도읍, 운문면, 금천면, 매전면
청도군 제2선거구	화양읍, 각남면, 풍각면, 각북면, 이서면
고령군 선거구	고령군 일원
성주군 제1선거구	성주읍, 선남면, 월항면
성주군 제2선거구	수륜면, 가천면, 금수면, 대가면, 벽진면, 초전면, 용암면
칠곡군 제1선거구	왜관읍, 지천면, 동명면, 가산면
칠곡군 제2선거구	북삼읍, 석적읍, 약목면, 기산면
예천군 제1선거구	예천읍, 상리면, 하리면, 감천면, 보문면
예천군 제2선거구	호명면, 유천면, 용궁면, 개포면, 지보면, 풍양면, 용문면
봉화군 선거구	봉화군 일원
울진군 제1선거구	울진읍, 북면, 서면, 죽변면
울진군 제2선거구	평해읍, 원남면, 기성면, 온정면, 후포면, 근남면
울릉군 선거구	울릉군 일원
경상남도의회의원(지역구 : 50)	
창원시 제1선거구	동읍, 대산면, 북면, 의창동
창원시 제2선거구	팔룡동, 명곡동
창원시 제3선거구	봉림동, 용지동
창원시 제4선거구	웅남동, 중앙동, 반송동

창원시 제5선거구	사파동, 상남동
창원시 제6선거구	가음정동, 성주동
창원시 제7선거구	구산면, 진동면, 진북면, 진전면, 현동, 가포동, 월영동, 문화동, 반월동, 중앙동(마산합포구)
창원시 제8선거구	완월동, 자산동, 동서동, 성호동, 교방동, 노산동, 오동동, 합포동, 산호동
창원시 제9선거구	내서읍
창원시 제10선거구	회성동, 회원1동, 회원2동, 석전1동, 석전2동, 합성1동
창원시 제11선거구	구암1동, 구암2동, 양덕1동, 양덕2동, 봉암동, 합성2동
창원시 제12선거구	중앙동(진해구), 태평동, 충무동, 여좌동, 태백동, 경화동, 병암동, 석동
창원시 제13선거구	이동, 자은동, 덕산동, 풍호동, 웅천동, 웅동1동, 웅동2동
진주시 제1선거구	문산읍, 내동면, 정촌면, 금곡면, 천전동, 성북동, 가호동, 충무공동
진주시 제2선거구	명석면, 대평면, 수곡면, 평거동, 신안동, 이현동, 판문동
진주시 제3선거구	진성면, 일반성면, 이반성면, 사봉면, 지수면, 상대1동, 상대2동, 하대1동, 하대2동, 상평동
진주시 제4선거구	대곡면, 금산면, 집현면, 미천면, 중앙동, 상봉동, 초장동
통영시 제1선거구	산양읍, 용남면, 도산면, 광도면, 욕지면, 한산면, 사량면, 미수동, 봉평동
통영시 제2선거구	도천동, 명정동, 중앙동, 정량동, 북신동, 무전동
사천시 제1선거구	사천읍, 정동면, 사남면, 용현면, 축동면, 곤양면, 곤명면, 서포면
사천시 제2선거구	동서동, 선구동, 동서금동, 벌용동, 향촌동, 남양동
김해시 제1선거구	생림면, 상동면, 북부동
김해시 제2선거구	대동면, 삼안동, 불암동

김해시 제3선거구	활천동, 동상동, 부원동
김해시 제4선거구	진영읍, 진례면, 한림면, 주촌면
김해시 제5선거구	장유1동, 장유2동
김해시 제6선거구	장유3동, 칠산서부동, 회현동
김해시 제7선거구	내외동
밀양시 제1선거구	부북면, 상동면, 산외면, 산내면, 단장면, 내일동, 내이동, 교동, 삼문동
밀양시 제2선거구	삼랑진읍, 하남읍, 상남면, 초동면, 무안면, 청도면, 가곡동
거제시 제1선거구	장평동, 고현동, 상문동
거제시 제2선거구	장목면, 하청면, 연초면, 옥포1동, 옥포2동, 수양동
거제시 제3선거구	거제면, 사등면, 둔덕면, 동부면, 남부면, 일운면, 아주동, 능포동, 장승포동, 마전동
양산시 제1선거구	물금읍, 원동면, 상북면, 하북면, 강서동
양산시 제2선거구	동면, 중앙동, 양주동, 삼성동
양산시 제3선거구	서창동, 소주동, 평산동, 덕계동
의령군 선거구	의령군 일원
함안군 제1선거구	가야읍, 함안면, 군북면, 법수면, 여항면
함안군 제2선거구	대산면, 칠서면, 칠북면, 칠원면, 산인면
창녕군 제1선거구	창녕읍, 고암면, 성산면, 대합면, 이방면, 유어면, 대지면
창녕군 제2선거구	남지읍, 계성면, 영산면, 장마면, 도천면, 길곡면, 부곡면
고성군 제1선거구	고성읍, 삼산면

고성군 제2선거구	대가면, 영현면, 영오면, 개천면, 구만면, 회화면, 마암면, 동해면, 거류면, 하이면, 상리면, 하일면
남해군 선거구	남해군 일원
하동군 선거구	하동군 일원
산청군 선거구	산청군 일원
함양군 선거구	함양군 일원
거창군 제1선거구	거창읍(중앙리, 대동리, 대평리, 김천리, 송정리, 정장리, 장팔리, 서변리, 동변리, 학리, 양평리, 가지리, 상림리 원상동)
거창군 제2선거구	주상면, 웅양면, 고제면, 남상면, 남하면, 신원면, 가조면, 가북면, 북상면, 위천면, 마리면, 거창읍(상림리 상동)
합천군 선거구	합천군 일원

제27조 임기중 국회의원지역구를 변경한 때의 선거유예

> **제27조(임기중 국회의원지역구를 변경한 때의 선거유예)** 인구의 증감 또는 행정구역의 변경에 따라 별표 1의 개정에 의한 국회의원지역구의 변경이 있더라도 임기만료에 의한 총선거를 실시할 때까지는 그 증감된 국회의원지역구의 선거는 이를 실시하지 아니한다.

제28조 임기중 지방의회의 의원정수의 조정 등

> **제28조(임기중 지방의회의 의원정수의 조정 등)** 인구의 증감 또는 행정구역의 변경에 따라 지방의회의 의원정수 · 선거구 또는 그 구역의 변경이 있더라도 임기만료에 의한 총선거를 실시할 때까지는 그 증감된 선거구의 선거는 이를 실시하지 아니한다. 다만, 지방자치단체의 구역변경이나 설치 · 폐지 · 분할 또는 합병이 있는 때에는 다음 각 호에 의하여 당해 지방의회의 의원정수를 조정하고, 제3호단서 · 제5호 또는 제6호의 경우에는 증원선거를 실시한다. 〈개정 1995.4.1., 2005.8.4.〉
>
> 1. 지방자치단체의 구역변경으로 선거구에 해당하는 구역의 전부가 다른 지방자치단체에 편입된 때에는 그 편입된 선거구에서 선출된 지방의회의원은 종전의 지방의회의원의 자격을 상실하고 새로운 지방의회의원의 자격을, 선거구에 해당하는 구역의 일부가 다른 지방자치단체에 편입된 때에는 그 편입된 구역이 속하게 된 선거구에서 선출된 지방의회의원은

그 구역이 변경된 날부터 14일 이내에 자신이 속할 지방의회를 선택하여 당해 지방의회에
서면으로 신고하여야 하며 그 선택한 지방의회가 종전의 지방의회가 아닌 때에는 종전의
지방의회의원의 자격을 상실하고 새로운 지방의회의원의 자격을 취득하되, 그 임기는 종전
의 지방의회의원의 잔임기간으로 하며, 그 재임기간에는 제22조(市·道議會의 議員定數)
또는 제23조(自治區·市·郡議會의 議員定數)의 규정에 불구하고 그 재직의원수를 각각
의원정수로 한다. 이 경우 새로운 지방의회의원의 자격을 취득한 지방의회의원의 주민등록
이 종전의 지방자치단체의 관할구역 안에 되어 있는 때에는 그 구역이 변경된 날부터 14일
이내에 새로운 지방자치단체의 관할구역으로 주민등록을 이전하여야 하며, 그 구역이 변경
된 날부터 14일 이내에 자신이 속할 지방의회를 신고하지 아니한 때에는 그 구역이 변경된
날부터 14일이 되는 날 현재 당해 지방의회의원의 주민등록지를 관할하는 지방자치단체의
지방의회에 신고한 것으로 본다.

2. 2 이상의 지방자치단체가 합하여 새로운 지방자치단체가 설치된 때에는 종전의 지방의회의
원은 같은 종류의 새로운 지방자치단체의 지방의회의원으로 되어 잔임기간 재임하며, 그
잔임기간에는 제22조 또는 제23조의 규정에 불구하고 그 재직의원수를 각각 의원정수로
한다.

3. 하나의 지방자치단체가 분할되어 2이상의 지방자치단체가 설치된 때에는 종전의 지방의회
의원은 후보자등록 당시의 선거구를 관할하게 되는 지방자치단체의 지방의회의원으로
되어 잔임기간 재임하며, 그 잔임기간에는 제22조 또는 제23조의 규정에 불구하고 그
재직의원수를 각각 의원정수로 한다. 이 경우 비례대표시·도의원은 당해 시·도가 분할·
설치된 날부터 14일 이내에 자신이 속할 시·도의회를 선택하여 당해 시·도의회에 서면으
로 신고하여야 하고, 비례대표자치구·시·군의원은 당해 자치 구·시·군이 분할·설치
된 날부터 14일 이내에 자신이 속할 자치구·시·군의회를 선택하여 당해 자치구·시·군
의회에 서면으로 신고하여야 한다. 다만, 재직의원수가 제22조 또는 제23조의 규정에
의한 새로운 의원정수의 3분의 2에 미달하는 때에는 의원정수에 미달하는 수만큼의 증원선
거를 실시한다.

4. 시가 광역시로 된 때에는 종전의 시의회의원과 당해 지역에서 선출된 도의회의원은 종전의
지방의회의원의 자격을 각각 상실하고 광역시의회의원의 자격을 취득하되, 그 임기는 종전
의 도의회의원의 잔임기간으로 하며, 그 잔임기간에는 제22조의 규정에 불구하고 그 재직의
원수를 의원정수로 한다.

5. 읍 또는 면이 시로 된 때에는 시의회를 새로 구성하되, 최초로 선거하는 의원의 수는 당해
시·도의 자치구·시·군의원선거구획정위원회가 새로 정한 의원정수로부터 당해 지역
에서 이미 선출된 군의회의원정수를 뺀 수로 하고, 종전의 당해 지역에서 선출된 군의회의원

은 시의회의원이 된다. 이 경우 새로 선출된 의원정수를 합한 수를 제23조의 규정에 따른 시·도별 자치구·시·군의회의원의 총 정수로 한다.

6. 제4호의 경우 자치구가 아닌 구가 자치구로 된 때에는 자치구의회를 새로 구성하며, 그 의원정수는 당해 시·도의 자치구·시·군의원선거구획정위원회가 새로 정한다. 이 경우 새로 정한 의원 정수를 합한 수를 제23조의 규정에 따른 시·도별자치구·시·군의회의원의 총 정수로 한다.

제29조 지방의회의원의 증원선거

제29조(지방의회의원의 증원선거) ① 제28조(任期중 地方議會의 議員定數의 調整 등)제3호단서·제5호 또는 제6호의 규정에 의한 증원선거는 제22조(市·道議會의 議員定數)·제23조(自治區·市·郡議會의 議員定數) 또는 제26조(地方議會議員選擧區의 劃定)의 규정에 의하여 새로 획정한 선거구에 의하되, 종전 지방의회의원이 없거나 종전 지방의회의원의 수가 그 선거구의 의원정수에 미달되는 선거구에 대하여 실시한다.

② 제1항의 선거구획정에 있어서 종전 지방의회의원의 선거구는 그 의원의 후보자등록 당시의 주소지를 관할하는 선거구로 하며, 새로 획정한 하나의 선거구 안에 종전 지방의회의원의 수가 그 선거구의 새로 정한 의원정수를 넘는 때에는 임기만료에 의한 총선거를 실시할 때까지 제22조 또는 제23조의 규정에 불구하고 그 넘는 의원수를 합한 수를 당해 선거구의 의원정수로 한다.

③ 제1항의 증원선거에 관한 사무는 당해 구·시·군선거관리위원회가 설치되지 아니한 경우에는 시·도선거관리위원회가 지정하거나 그 구역을 관할하던 종전의 구·시·군선거관리위원회로 하여금 그 선거사무를 행하게 할 수 있다.

제30조 지방자치단체의 폐치·분합시의 선거 등

제30조(지방자치단체의 폐치·분합시의 선거 등) ① 지방자치단체의 설치·폐지·분할 또는 합병이 있는 때에는 다음 각 호에 의하여 당해 지방자치단체의 장을 선거한다. 〈개정 1995.4.1.〉

1. 시·자치구 또는 광역시가 새로 설치된 때에는 당해 지방자치단체의 장은 새로 선거를 실시한다.

2. 하나의 지방자치단체가 분할되어 2 이상의 같은 종류의 지방자치단체로 된 때에는 종전의 지방자치단체의 장은 새로 설치된 지방자치단체 중 종전의 지방자치단체의 사무소가 위치한 지역을 관할하는 지방자치단체의 장으로 되며, 그 다른 지방자치단체의 장은 새로 선거를

실시한다. 이 경우 종전의 지방자치단체의 사무소가 다른 지방자치단체의 관할구역 안에 있는 때에는 지방자치단체의 분할에 관한 법률제정시 새로 선거를 실시할 지방자치단체를 정하여야 한다.

　3. 2 이상의 같은 종류의 지방자치단체가 합하여 새로운 지방자치단체가 설치된 때에는 종전의 지방자치단체의 장은 그 직을 상실하고, 새로운 지방자치단체의 장에 대해서는 새로 선거를 실시한다.

　4. 지방자치단체가 다른 지방자치단체에 편입됨으로 인하여 폐지된 때에는 그 폐지된 지방자치단체의 장은 그 직을 상실한다.

② 지방자치단체의 명칭만 변경된 경우에는 종전의 지방자치단체의 장은 변경된 지방자치단체의 장이 되며, 변경 당시의 잔임기간 재임한다.

③ 이 법에서 "같은 종류의 지방자치단체"라 함은 「지방자치법」 제2조(地方自治團體의 종류)제1항에 의한 같은 종류의 지방자치단체를 말한다. 〈개정 2005.8.4.〉

「지방자치법」 제2조제1항은 지방자치단체를 구분함에 있어 "특별시, 광역시, 특별자치시, 도, 특별자치도" 및 "시, 군, 구"으로 나누고 있다.

제31조 투표구

제31조(투표구) ① 읍 · 면 · 동에 투표구를 둔다.

② 구 · 시 · 군선거관리위원회는 하나의 읍 · 면 · 동에 2 이상의 투표구를 둘 수 있다. 이 경우 읍 · 면의 리(「지방자치법」 제4조의2제4항에 따라 행정리를 둔 경우에는 행정리를 말한다. 이하 같다)의 일부를 분할하여 다른 투표구에 속하게 할 수 없다. 〈개정 2005.8.4., 2010.1.25.〉

③ 투표구를 설치 또는 변경하거나 선거를 실시하는 때에는 구 · 시 · 군선거관리위원회는 중앙선거관리위원회규칙이 정하는 바에 따라 투표구의 명칭과 그 구역을 공고하여야 한다.

법 제31조제2항에서 말하는 '행정리'란 행정 능률과 주민의 편의를 위하여 그 지방자치단체의 조례로 정하는 바에 따라 하나의 리를 2개 이상의 리로 운영하거나 2개 이상의 리를 하나의 리로 운영하는 등 행정 운영상 따로 둔 리를 말한다(「지방자치법」 제4조의2제4항).

제32조 구역의 변경 등

제32조(구역의 변경 등) ① 제37조(名簿作成)제1항의 선거인명부작성기준일부터 선거일까지의 사이에 선거구의 구역·행정구역 또는 투표구의 구역이 변경된 경우에도 당해 선거에 관한 한 그 구역은 변경되지 아니한 것으로 본다. 〈개정 2005.8.4.〉

② 지방자치단체나 그 행정구역의 관할구역의 변경 없이 그 명칭만 변경된 경우에는 별표 1·별표 2·별표 3 및 제26조(地方議會議員選舉區의 劃定)제2항의 규정에 의한 시·도조례 중 국회의원 지역구명·선거구명 및 그 구역의 행정구역명은 변경된 지방자치단체명이나 행정구역명으로 변경된 것으로 본다. 〈개정 2005.8.4.〉

제4장 선거기간과 선거일

제33조 선거기간

> **제33조(선거기간)** ① 선거별 선거기간은 다음 각 호와 같다. 〈개정 2002.3.7., 2004.3.12.〉
>
> 1. 대통령선거는 23일
> 2. 국회의원선거와 지방자치단체의 의회의원 및 장의 선거는 14일
> 3. 삭제 〈2002.3.7.〉
>
> ② 삭제 〈2004.3.12.〉
>
> ③ "선거기간"이란 다음 각 호의 기간을 말한다. 〈개정 2011.7.28.〉
>
> 1. 대통령선거 : 후보자등록마감일의 다음날부터 선거일까지
> 2. 국회의원선거와 지방자치단체의 의회의원 및 장의 선거 : 후보자등록마감일 후 6일부터 선거일까지
>
> [제목개정 2011.7.28.]

제34조 선거일

> **제34조(선거일)** ① 임기만료에 의한 선거의 선거일은 다음 각 호와 같다.
> 〈개정 1998.2.6., 2004.3.12.〉
>
> 1. 대통령선거는 그 임기만료일 전 70일 이후 첫번째 수요일
> 2. 국회의원선거는 그 임기만료일 전 50일 이후 첫번째 수요일
> 3. 지방의회의원 및 지방자치단체의 장의 선거는 그 임기만료일 전 30일 이후 첫번째 수요일
>
> ② 제1항의 규정에 의한 선거일이 국민생활과 밀접한 관련이 있는 민속절 또는 공휴일인 때와 선거일 전일이나 그 다음날이 공휴일인 때에는 그 다음주의 수요일로 한다. 〈개정 2004.3.12.〉

제35조 보궐선거 등의 선거일

제35조(보궐선거 등의 선거일) ① 대통령의 궐위로 인한 선거 또는 재선거(第3項의 規定에 의한 再選擧를 제외한다. 이하 第2項에서 같다)는 그 선거의 실시사유가 확정된 때부터 60일 이내에 실시하되, 선거일은 늦어도 선거일 전 50일까지 대통령 또는 대통령권한대행자가 공고하여야 한다. 〈개정 2009.2.12.〉

② 보궐선거ㆍ재선거ㆍ증원선거와 지방자치단체의 설치ㆍ폐지ㆍ분할 또는 합병에 의한 지방자치단체의 장선거의 선거일은 다음 각 호와 같다.
〈개정 2000.2.16., 2004.3.12., 2005.8.4., 2011.7.28., 2015.8.13.〉

1. 국회의원ㆍ지방의회의원 및 지방자치단체의 장의 보궐선거ㆍ재선거, 지방의회의원의 증원선거는 4월 중 첫 번째 수요일. 이 경우 선거일에 관하여는 제34조제2항을 준용하고, 선거일 전 30일 후에 실시사유가 확정된 선거는 그 다음 보궐선거등의 선거일에 실시한다.

2. 지방자치단체의 설치ㆍ폐지ㆍ분할 또는 합병에 따른 지방자치단체의 장선거는 그 선거의 실시사유가 확정된 때부터 60일 이내의 기간 중 관할선거구 선거관리위원회 위원장이 해당 지방자치단체의 장(직무대행자를 포함한다)과 협의하여 정하는 날. 이 경우 관할선거구 선거관리위원회 위원장은 선거일 전 30일까지 그 선거일을 공고하여야 한다.

③ 제197조(選擧의 一部無效로 인한 再選擧)의 규정에 의한 재선거는 확정판결 또는 결정의 통지를 받은 날부터 30일 이내에 실시하되, 관할선거구 선거관리위원회가 그 재선거일을 정하여 공고하여야 한다.

④ 이 법에서 "보궐선거 등"이라 함은 제1항 내지 제3항 및 제36조(延期된 選擧 등의 選擧日)의 규정에 의한 선거를 말한다.

⑤ 이 법에서 "선거의 실시사유가 확정된 때"라 함은 다음 각 호에 해당하는 날을 말한다.
〈개정 2000.2.16., 2004.3.12.〉

1. 대통령의 궐위로 인한 선거는 그 사유가 발생한 날

2. 지역구국회의원의 보궐선거는 중앙선거관리위원회가, 지방의회의원 및 지방자치단체의 장의 보궐선거는 관할선거구 선거관리위원회가 그 사유의 통지를 받은 날

3. 재선거는 그 사유가 확정된 날(법원의 판결 또는 결정에 의하여 확정된 경우에는 관할선거구 선거관리위원회가 그 판결이나 결정의 통지를 받은 날). 이 경우 제195조(재선거)제2항의 규정에 의한 재선거에 있어서는 보궐선거의 실시사유가 확정된 때를 재선거의 실시사유가 확정된 때로 본다.

4. 지방의회의원의 증원선거는 새로 정한 선거구에 관한 별표 2 또는 시ㆍ도조례의 효력이 발생한 날

5. 지방자치단체의 설치·폐지·분할 또는 합병에 의한 지방자치단체의 장선거는 당해 지방자치단체의 설치·폐지·분할 또는 합병에 관한 법률의 효력이 발생한 날

6. 연기된 선거는 제196조(選擧의 延期)제3항의 규정에 의하여 그 선거의 연기를 공고한 날

7. 재투표는 제36조의 규정에 의하여 그 재투표일을 공고한 날

[제목개정 2011.7.28.]

제36조 연기된 건거 등의 선거일

제36조(연기된 선거 등의 선거일) 제196조(選擧의 延期)의 규정에 의한 연기된 선거를 실시하는 때에는 대통령선거 및 국회의원선거에 있어서는 대통령이, 지방의회의원 및 지방자치단체의 장의 선거에 있어서는 관할선거구 선거관리위원회 위원장이 각각 그 선거일을 정하여 공고하여야 하며, 제198조(天災·地變 등으로 인한 再投票)의 규정에 의한 재투표를 실시하는 때에는 관할선거구 선거관리위원회 위원장이 재투표일을 정하여 공고 하여야 한다. 〈개정 2000.2.16.〉

제5장 선거인명부

제37조 명부작성

제37조(명부작성) ① 선거를 실시하는 때마다 구(자치구가 아닌 구를 포함한다)·시(구가 설치되지 아니한 시를 말한다)·군(이하 "구·시·군"이라 한다)의 장은 대통령선거에서는 선거일 전 28일, 국회의원선거와 지방자치단체의 의회의원 및 장의 선거에서는 선거일 전 22일(이하 "선거인명부작성기준일"이라 한다) 현재 제15조에 따라 그 관할구역에 주민등록이 되어 있는 선거권자(지방자치단체의 의회의원 및 장의 선거의 경우 제15조제2항제3호에 따른 외국인을 포함하고, 제218조의13에 따라 확정된 재외선거인명부 또는 다른 구·시·군의 국외부재자신고인명부에 올라 있는 사람은 제외한다)를 투표구별로 조사하여 선거인명부작성기준일부터 5일 이내(이하 "선거인명부작성기간"이라 한다)에 선거인명부를 작성하여야 한다. 이 경우 제218조의13에 따라 확정된 국외부재자신고인명부에 올라 있는 사람은 선거인명부의 비고란에 그 사실을 표시하여야 한다. 〈개정 2009.2.12., 2011.7.28., 2012.2.29., 2014.1.17., 2015.8.13.〉

② 선거인명부에는 선거권자의 성명·주소·성별 및 생년월일 기타 필요한 사항을 기재하여야 한다.

③ 누구든지 같은 선거에 있어 2 이상의 선거인명부에 오를 수 없다.

④ 구·시·군의 장은 선거인명부를 작성한 때에는 즉시 그 등본(選擧人名簿作成 電算資料 複寫本을 포함한다) 1통을 관할 구·시·군선거관리위원회에 송부하여야 한다. 〈개정 2009.2.12.〉

⑤ 하나의 투표구의 선거권자의 수가 1천인을 넘는 때에는 그 선거인명부를 선거인수가 서로 엇비슷하게 분철할 수 있다.

⑥ 제1항의 규정에 의한 선거인명부의 작성은 전산조직에 의할 수 있다. 〈개정 2005.8.4.〉

⑦ 선거인명부의 서식 기타 필요한 사항은 중앙선거관리위원회규칙으로 정한다.

[제목개정 2011.7.28.]

[2009.2.12. 법률 제9466호에 의하여 2007.6.28. 헌법재판소에서 헌법불합치결정된 이 조제1항을 개정함.]

제15조(선거권) ① 19세 이상의 국민은 대통령 및 국회의원의 선거권이 있다. 다만, 지역구국회의원의 선거권은 19세 이상의 국민으로서 제37조제1항에 따른 선거인명부작성기준일 현재 다음 각 호의 어느 하나에 해당하는 사람에 한하여 인정된다. 〈개정 2011.11.7., 2014.1.17., 2015.8.13.〉

1. 「주민등록법」제6조제1항제1호 또는 제2호에 해당하는 사람으로서 해당 국회의원지역선 거구 안에 주민등록이 되어 있는 사람

2. 「주민등록법」제6조제1항제3호에 해당하는 사람으로서 주민등록표에 3개월 이상 계속하 여 올라 있고 해당 국회의원지역선거구 안에 주민등록이 되어 있는 사람

② 19세 이상으로서 제37조제1항에 따른 선거인명부작성기준일 현재 다음 각 호의 어느 하나에 해당하는 사람은 그 구역에서 선거하는 지방자치단체의 의회의원 및 장의 선거권이 있다. 〈개정 2009.2.12., 2011.11.7., 2014.1.17., 2015.8.13.〉

1. 「주민등록법」제6조제1항제1호 또는 제2호에 해당하는 사람으로서 해당 지방자치단체의 관할구역에 주민등록이 되어 있는 사람

2. 「주민등록법」제6조제1항제3호에 해당하는 사람으로서 주민등록표에 3개월 이상 계속하 여 올라 있고 해당 지방자치단체의 관할구역에 주민등록이 되어 있는 사람

3. 「출입국관리법」제10조에 따른 영주의 체류자격 취득일 후 3년이 경과한 외국인으로서 같은 법 제34조에 따라 해당 지방자치단체의 외국인등록대장에 올라 있는 사람

[2009.2.12. 법률 제9466호에 의하여 2007.6.28. 헌법재판소에서 헌법불합치결정된 이 조제2 항제1호를 개정함.]

[제목개정 2011.11.7.]

제218조의13(재외선거인명부등의 확정과 송부) ① 재외선거인명부등은 선거일 전 30일에 확정되 며, 국외부재자신고인명부는 해당 선거에 한정하여 효력을 가진다. 〈개정 2015.12.24.〉

② 명부작성권자는 재외선거인명부등이 확정되면 즉시 그 명부 사본 1부(전산자료 복사본을 포함한다)를 관할 구·시·군선거관리위원회에 보내야 한다. 이 경우 구·시·군의 장은 국외부 재자신고서(제218조의7제3항에 따라 전산정보자료로 전송받은 경우에는 그 전산정보자료 복사 본을 포함한다)를 함께 보내야 한다. 〈개정 2011.7.28.〉

③ 중앙선거관리위원회는 제1항에 따라 확정된 재외선거인명부등을 하나로 합하여 재외선거관 리위원회에 송부하여야 하며, 그 절차와 방법, 그 밖에 필요한 사항은 중앙선거관리위원회규칙으 로 정한다. 〈신설 2011.7.28., 2015.8.13.〉

④ 누구든지 재외선거인등이 투표한 후에는 그 재외선거인등의 해당 선거의 선거권 유무에 대하여 대한민국 국민이 아니라는 이유로 법적·행정적 이의를 제기할 수 없다. 〈신설 2011.7.28.〉

[본조신설 2009.2.12.]

「주민등록법」

제6조(대상자) ① 시장·군수 또는 구청장은 30일 이상 거주할 목적으로 그 관할구역에 주소나 거소(이하 "거주지"라 한다)를 가진 다음 각 호의 사람(이하 "주민"이라 한다)을 이 법의 규정에 따라 등록하여야 한다. 다만, 외국인은 예외로 한다. 〈개정 2014.1.21.〉

  1. 거주자 : 거주지가 분명한 사람(제3호의 재외국민은 제외한다)

  2. 거주불명자 : 제20조제6항에 따라 거주불명으로 등록된 사람

  3. 재외국민 :「재외동포의 출입국과 법적 지위에 관한 법률」제2조제1호에 따른 국민으로서 「해외이주법」제12조에 따른 영주귀국의 신고를 하지 아니한 사람 중 다음 각 목의 어느 하나의 경우

    가. 주민등록이 말소되었던 사람이 귀국 후 재등록신고를 하는 경우

    나. 주민등록이 없었던 사람이 귀국 후 최초로 주민등록신고를 하는 경우

제20조(사실조사와 직권조치) ① 시장·군수 또는 구청장은 신고의무자가 다음 각 호의 어느 하나에 해당하면 그 사실을 조사할 수 있다. 〈개정 2014.1.21.〉

  1. 제10조 및 제10조의2에 규정된 사항을 이 법에 규정된 기간 내에 신고하지 아니한 때

  2. 제10조 및 제10조의2에 규정된 사항을 부실하게 신고한 때

  3. 제10조 및 제10조의2에 규정된 사항의 신고된 내용이 사실과 다르다고 인정할 만한 상당한 이유가 있는 때

② 시장·군수 또는 구청장은 제1항에 따른 사실조사 등을 통하여 신고의무자가 신고할 사항을 신고하지 아니하였거나 신고된 내용이 사실과 다른 것을 확인하면 일정한 기간을 정하여 신고의무자에게 사실대로 신고할 것을 최고(催告)하여야 한다. 제15조제2항에 따라 통보를 받은 때에도 또한 같다.

③ 시장·군수 또는 구청장은 신고의무자에게 최고할 수 없으면 대통령령으로 정하는 바에 따라 일정한 기간을 정하여 신고할 것을 공고하여야 한다.

⑤ 시장·군수 또는 구청장은 신고의무자가 제2항 또는 제3항에 따라 정하여진 기간에 신고하지 아니하면 제1항에 따른 사실조사, 공부상의 근거 또는 통장·이장의 확인에 따라 주민등록을 하거나 등록사항의 정정, 말소 또는 제6항에 따른 거주불명등록을 하여야 한다. 〈개정 2009.4.1.〉

⑥ 시장·군수 또는 구청장은 신고의무자가 제5항에 따른 확인 결과, 거주사실이 불분명하다고 인정되는 경우에는 그 신고의무자가 마지막으로 신고한 주소를 행정상 관리주소로 하여 거주불명등록을 하여야 한다. 다만, 시장·군수 또는 구청장은 거주불명등록 후 1년이 지나고 제3항에 따른 공고를 2회 이상 하여도 신고의무자가 정당한 거주지에 재등록하지 아니한 경우에는 읍·면

사무소 또는 동주민센터의 주소를 행정상 관리주소로 하여 거주불명등록을 할 수 있다.
〈신설 2009.4.1.〉

제38조 거소 · 선상투표신고

제38조(거소 · 선상투표신고) ① 선거인명부에 오를 자격이 있는 국내에 거주하는 사람으로서 제4항제1호부터 제5호까지에 해당하는 사람(제15조제2항제3호에 따른 외국인은 제외한다)은 선거인명부작성기간 중 구 · 시 · 군의 장에게 서면으로 신고(이하 "거소투표신고"라 한다)를 할 수 있다. 이 경우 우편에 의한 거소투표신고는 등기우편으로 처리하되, 그 우편요금은 국가 또는 해당 지방자치단체가 부담한다. 〈개정 2009.2.12., 2014.1.17.〉

② 대통령선거와 임기만료에 따른 국회의원선거에서 선거인명부에 오를 자격이 있는 사람으로서 다음 각 호의 어느 하나에 해당하는 선박에 승선할 예정이거나 승선하고 있는 선원이 사전투표소 및 투표소에서 투표할 수 없는 경우 선거인명부작성기간 중 구 · 시 · 군의 장에게 서면(승선하고 있는 선원이 해당 선박에 설치된 팩시밀리로 신고하는 경우를 포함한다)으로 신고(이하 "선상투표신고"라 한다)를 할 수 있다. 이 경우 우편에 의한 방법으로 선상투표신고를 하는 경우에는 제1항후단을 준용한다. 〈신설 2012.2.29., 2013.3.23., 2014.1.17., 2015.8.13.〉

    1. 다음 각 목의 어느 하나에 해당하는 선박으로서 대한민국 국민이 선장을 맡고 있는 「선박법」 제2조에 따른 대한민국 선박[대한민국국적취득조건부 나용선(裸傭船)5)을 포함한다]

        가. 「원양산업발전법」 제6조제1항에 따라 해양수산부장관의 허가를 받아 원양어업에 사용되는 선박

        나. 「해운법」 제4조제1항에 따라 해양수산부장관의 면허를 받아 외항여객운송사업에 사용되는 선박

        다. 「해운법」 제24조제2항에 따라 해양수산부장관에게 등록하여 외항화물운송사업에 사용되는 선박

    2. 「해운법」 제33조제1항에 따라 해양수산부장관에게 등록하여 선박관리업을 경영하는 자가 관리하는 외국국적 선박 중 대한민국 국민이 선장을 맡고 있는 선박

③ 거소투표신고 또는 선상투표신고를 하려는 사람은 해당 신고서에 다음 각 호의 사항을 적어야 하고, 제4항제1호 및 제2호에 해당하는 사람은 소속기관이나 시설의 장의, 제4항제3호에 해당하는 사람(「장애인복지법」 제32조에 따라 등록된 장애인은 제외한다)은 통 · 리 또는 반의 장의, 제4항제6호에 해당하는 선원은 해당 선박 소유자(제2항제2호에 따른 선박의 경우에는 선박관리업을 경영하는 자를 말한다) 또는 해당 선박 선장의 확인을 받아야 한다. 이 경우 구 · 시 · 군의

장은 선거인명부작성기준일 전 10일까지 제4항제3호에 해당하는 사람 중에서 「장애인복지법」 제32조에 따라 등록된 장애인에게 거소투표신고에 관한 안내문과 거소투표신고서를 발송하여야 한다.

〈개정 2004.3.12., 2005.8.4., 2008.2.29., 2009.2.12., 2012.2.29., 2014.1.17., 2015.8.13.〉

1. 거소투표 또는 선상투표 사유

2. 성명, 성별, 생년월일

3. 주소, 거소(제4항제6호에 해당하는 선원의 경우 해당 선박의 명칭과 팩시밀리번호를 말한다)

④ 다음 각 호의 어느 하나에 해당하는 사람은 거소(제6호에 해당하는 선원의 경우 선상을 말한다)에서 투표할 수 있다.

〈개정 2004.3.12., 2005.8.4., 2012.2.29., 2014.1.17.〉

1. 법령에 따라 영내 또는 함정에 장기기거하는 군인이나 경찰공무원 중 사전투표소 및 투표소에 가서 투표할 수 없을 정도로 멀리 떨어진 영내(營內) 또는 함정에 근무하는 자

2. 병원·요양소·수용소·교도소 또는 구치소에 기거하는 사람

3. 신체에 중대한 장애가 있어 거동할 수 없는 자

4. 사전투표소 및 투표소에 가기 어려운 멀리 떨어진 외딴 섬 중 중앙선거관리위원회규칙으로 정하는 섬에 거주하는 자

5. 사전투표소 및 투표소를 설치할 수 없는 지역에 장기기거하는 자로서 중앙선거관리위원회규칙으로 정하는 자

6. 제2항에 해당하는 선원

⑤ 거소투표신고 또는 선상투표신고가 있는 때에는 구·시·군의 장은 해당 신고서의 신고 사항을 확인한 후 정당한 거소투표신고 또는 선상투표신고인 때에는 선거인명부에 이를 표시하고, 거소투표신고인명부와 선상투표신고인명부(이하 "거소·선상투표신고인명부"라 한다)를 각각 따로 작성하여야 한다. 〈개정 2014.1.17.〉

⑥ 구·시·군의 장은 거소·선상투표신고인명부를 작성한 때에는 즉시 그 등본(전산자료 복사본을 포함한다) 각 1통을 관할 구·시·군선거관리위원회에 송부하여야 한다.

〈개정 2009.2.12., 2012.2.29., 2014.1.17.〉

⑦ 제37조(名簿作成)제6항의 규정은 거소·선상투표신고인명부의 작성에 이를 준용한다.

〈개정 2012.2.29., 2014.1.14.〉

⑧ 거소투표신고서·선상투표신고서의 서식, 거소·선상투표신고인명부의 서식, 거소투표·선상투표 사유의 확인절차, 그 밖에 필요한 사항은 중앙선거관리위원회규칙으로 정한다.

〈개정 2014.1.17.〉

[제목개정 2014.1.17.]

[2009.2.12. 법률 제9466호에 의하여 2007.6.28. 헌법재판소에서 헌법불합치결정된 이 조제1항을 개정함.]

[2012.2.29. 법률 제11374호에 의하여 2007.6.28. 헌법재판소에서 헌법불합치결정된 이 조제4항을 개정함.]

법 제38조제1항에 따라 거소투표신고(이하 "거소투표신고"라 한다)를 할 수 있는 사람 중 같은 조제4항제4호에 따른 거소투표신고를 할 수 있는 사람이 거주하는 섬은 별표 1과 같다(「공직선거관리규칙」 제11조제1항).

[별표 1] 〈개정 2015.12.24.〉

거소투표신고를 할 수 있는 섬

(「공직선거법」 제38조제4항제4호에 따라 그 거주자가 거소투표신고를 할 수 있는 섬)

시·도명	관할 선거관리위원회명	섬의 명칭	소재지
인천광역시	중구선거관리위원회	팔미도(八尾島)	중구 무의동
	옹진군선거관리위원회	굴업도(堀業島)	옹진군 덕적면 굴업리
		지도(池島)	옹진군 덕적면 백이리
경기도	안산시단원구선거관리위원회	풍도(豊島)	안산시 대부동
	화성시선거관리위원회	국화도(菊花島)	화성시우정읍 국화리
충청남도	서천군선거관리위원회	유부도(有父島)	서천군 장항읍 송림리
전라북도	부안군선거관리위원회	상왕등도(上旺嶝島)	부안군 위도면 상왕등리
		하왕등도(下旺嶝島)	부안군 위도면 하왕등리
전라남도	완도군선거관리위원회	황제도(皇帝島)	완도군 금일읍 동백리
		장도(長島)	완도군 금일읍 장원리
		원도(圓島)	완도군 금일읍 장원리
		서화도(西花島)	완도군 군외면 당인리
		허우도(許牛島)	완도군 금당면 차우리
		덕우도(德牛島)	완도군 생일면 봉선리
		충도(忠島)	완도군 금일읍 충동리
		신도(身島)	완도군 금일읍 척치리
		백일도(白日島)	완도군 군외면 당인리
		흑일도(黑日島)	완도군 군외면 당인리
		동화도(東花島)	완도군 군외면 당인리
		여서도(麗瑞島)	완도군 청산면 여서리

---

5) 나용선(裸傭船) : 선주(船主)가 선박을 대여함에 있어 선원 없이 오직 선박만을 대여하는 용선

		당사도(唐寺島)	완도군 소안면 당사리
		횡간도(橫看島)	완도군 소안면 횡간리
		구도(鳩島)	완도군 소안면 횡간리
		다랑도(多浪島)	완도군 금일읍 사동리
		우도(牛島)	완도군 금일읍 사동리
		섭도(檋島)	완도군 금일읍 사동리
전라남도	진도군선거관리위원회	슬도(瑟島)	진도군 조도면 독거도리
		탄항도(灘項島)	진도군 조도면 독거도리
		혈도(穴島)	진도군 조도면 독거도리
		독거도(獨巨島)	진도군 조도면 독거도리
		맹골도(孟骨島)	진도군 조도면 맹골도리
		죽도(竹島)	진도군 조도면 맹골도리
		곽도(藿島)	진도군 조도면 맹골도리
		진목도(進木島)	진도군 조도면 진목도리
		갈목도(乫木島)	진도군 조도면 진목도리
		눌옥도(訥玉島)	진도군 조도면 눌옥도리
		내병도(內芮島)	진도군 조도면 내병도리
		성남도(城南島)	진도군 조도면 성남도리
		소성남도(小城南島)	진도군 조도면 성남도리
	신안군선거관리위원회	기도(箕島)	신안군 신의면 상태서리
		고사도(高沙島)	신안군 신의면 고평사도리
		평사도(平沙島)	신안군 신의면 고평사도리
		율도(栗島)	신안군 장산면 마진도리
경상북도	울릉군선거관리위원회	독도(獨島)	울릉군 울릉읍 독도리
경상남도	통영시선거관리위원회	국도(國島)	통영시 욕지면 동향리
		갈도(葛島)	통영시 욕지면 서산리
		가왕도(加王島)	통영시 한산면 매죽리
제주특별자치도	제주시선거관리위원회	횡간도(橫干島)	제주시 추자면 대서리
		추포도(秋浦島)	제주시 추자면 예초리

중앙위원회는 법 제38조제4항제5호에 따라 사전투표소 및 투표소를 설치할 수 없는 지역에 장기기거하는 자로서 거소투표를 할 수 있는 자를 선거인명부작성기준일 전 10일까지 지정·공고하여야 한다(「공직선거관리규칙」 제11조제6항).

제39조 명부작성의 감독 등

> **제39조(명부작성의 감독 등)** ① 선거인명부(거소·선상투표신고인명부를 포함한다. 이하 이 條에서 같다)의 작성에 관하여는 관할 구·시·군선거관리위원회 및 읍·면·동선거관리위원회가 이를 감독한다. 〈개정 2005.8.4., 2014.1.17.〉
>
> ② 선거인명부작성에 종사하는 공무원이 임면된 때에는 당해 구·시·군의 장은 지체 없이 관할 구·시·군선거관리위원회에 그 사실을 통보하여야 한다. 〈개정 2009.2.12.〉
>
> ③ 선거인명부작성기간중에 선거인명부작성에 종사하는 공무원을 해임하고자 하는 때에는 그 임면권자는 관할 구·시·군선거관리위원회 또는 직근 상급선거관리위원회와 협의하여야 한다.
>
> ④ 선거인명부작성에 종사하는 공무원이 정당한 사유 없이 선거인명부작성에 관하여 관할 구·시·군선거관리위원회 또는 읍·면·동선거관리위원회의 지시·명령 또는 시정요구에 불응하거나 그 직무를 태만히 한 때 또는 위법·부당한 행위를 한 때에는 관할 구·시·군선거관리위원회 또는 직근 상급선거관리위원회는 임면권자에게 그 교체를 요구할 수 있다. 〈개정 2005.8.4.〉
>
> ⑤ 제4항의 교체요구가 있는 때에는 임면권자는 정당한 사유가 없는 한 이에 따라야 한다.
>
> ⑥ 삭제 〈1998.4.30.〉
>
> ⑦ 삭제 〈1998.4.30.〉
>
> ⑧ 누구든지 선거인명부작성사무를 방해하거나 기타 어떠한 방법으로든지 선거인명부작성에 영향을 주는 행위를 하여서는 아니된다. 〈개정 1998.4.30.〉
>
> ⑨ 선거인명부작성에 종사하는 공무원의 임면사항 통보 등 기타 필요한 사항은 중앙선거관리위원회규칙으로 정한다. 〈개정 1998.4.30.〉

법 제39조제8항의 규정에 위반하여 선거인명부작성사무를 방해하거나 영향을 주는 행위를 한 자는 2년 이하의 징역 또는 400만원 이하의 벌금에 처한다(제256조제3항제2호가목).

제40조 명부열람

> **제40조(명부열람)** ① 구·시·군의 장은 선거인명부작성기간 만료일의 다음날부터 3일간 장소를 정하여 선거인명부를 열람할 수 있도록 하여야 한다. 이 경우 구·시·군의 장은 해당 구·시·군이 개설·운영하는 인터넷 홈페이지에서 선거권자가 선거인명부를 열람할 수 있도록 기술적 조치를 하여야 한다. 〈개정 2009.2.12.〉
>
> ② 선거권자는 누구든지 선거인명부를 자유로이 열람할 수 있다. 다만, 제1항의 규정에 따른

인터넷 홈페이지에서의 열람은 선거권자 자신의 정보에 한한다. 〈개정 2005.8.4.〉

③ 구·시·군의 장은 열람개시일 전 3일까지 제1항의 장소, 기간, 인터넷 홈페이지 주소 및 열람방법을 공고하여야 한다. 〈개정 2005.8.4., 2009.2.12.〉

제41조 이의신청과 결정

제41조(이의신청과 결정) ① 선거권자는 누구든지 선거인명부에 누락 또는 오기(誤記)가 있거나 자격이 없는 선거인이 올라 있다고 인정되는 때에는 열람기간 내에 구술(口述) 또는 서면으로 당해 구·시·군의 장에게 이의를 신청할 수 있다. 〈개정 2009.2.12.〉

② 제1항의 신청이 있는 때에는 구·시·군의 장은 그 신청이 있는 날의 다음날까지 심사·결정하되, 그 신청이 이유 있다고 결정한 때에는 즉시 선거인명부를 정정하고 신청인·관계인과 관할 구·시·군선거관리위원회에 통지하여야 하며, 이유 없다고 결정한 때에는 그 뜻을 신청인과 관할 구·시·군선거관리위원회에 통지하여야 한다.

〈개정 2009.2.12.〉

제42조 불복신청과 결정

제42조(불복신청과 결정) ① 제41조(異議申請과 決定)제2항의 결정에 대하여 불복이 있는 이의신청인이나 관계인은 그 통지를 받은 날의 다음날까지 관할 구·시·군선거관리위원회에 서면으로 불복을 신청할 수 있다.

② 제1항의 신청이 있는 때에는 관할 구·시·군선거관리위원회는 그 신청이 있는 날의 다음날까지 심사·결정하되, 그 신청이 이유 있다고 결정한 때에는 즉시 관계 구·시·군의 장에게 통지하여 선거인명부를 정정하게 하고 신청인과 관계인에게 통지하여야 하며, 이유없다고 결정한 때에는 그 뜻을 신청인과 관계 구·시·군의 장에게 통지하여야 한다. 〈개정 2009.2.12.〉

제43조 명부누락자의 구제

제43조(명부누락자의 구제) ① 제41조제1항의 이의신청기간만료일의 다음날부터 제44조제1항의 선거인명부확정일 전일까지 구·시·군의 장의 착오 등의 사유로 인하여 정당한 선거권자가 선거인명부에 누락된 것이 발견된 때에는 해당 선거권자 또는 구·시·군의 장은 주민등록표등본

등 소명자료를 첨부하여 관할 구·시·군선거관리위원회에 서면으로 선거인명부등재신청을 할 수 있다. 〈개정 2009.2.12., 2011.7.28.〉

② 제1항의 신청이 있는 때에는 관할 구·시·군선거관리위원회는 그 신청이 있는 날의 다음날까지 심사·결정하되, 그 신청이 이유 있다고 결정한 때에는 즉시 관계 구·시·군의 장에게 통지하여 선거인명부를 정정하게 하고 신청인에게 통지하여야 하며, 이유 없다고 결정한 때에는 그 뜻을 신청인과 관계 구·시·군의 장에게 통지하여야 한다.

〈개정 2009.2.12.〉

[제목개정 2011.7.28.]

제44조 명부의 확정과 효력

제44조(명부의 확정과 효력) ① 선거인명부는 선거일 전 12일에, 거소·선상투표신고인명부는 선거인명부작성기간만료일의 다음날에 각각 확정되며 해당 선거에 한하여 효력을 가진다. 〈개정 2012.1.17., 2014.1.17.〉

② 구·시·군의 장은 선거권자가 선거인명부확정일의 다음날부터 선거일의 투표마감시각까지 해당 구·시·군이 개설·운영하는 인터넷 홈페이지에서 자신이 선거인명부에 올라 있는지 여부, 선거인명부 등재번호 및 투표소의 위치를 확인할 수 있도록 기술적 조치를 하여야 한다.

③ 구·시·군의 장은 제40조제3항에 따른 공고를 할 때 제2항에 따른 확인에 필요한 인터넷 홈페이지 주소, 확인기간 및 확인방법을 함께 공고하여야 한다.

[전문개정 2011.7.28.]

제44조의2 통합선거인명부의 작성

제44조의2(통합선거인명부의 작성) ① 중앙선거관리위원회는 사전투표소에서 사용하기 위하여 확정된 선거인명부의 전산자료 복사본을 이용하여 하나의 선거인명부(이하 "통합선거인명부"라 한다)를 작성한다.

② 중앙선거관리위원회는 통합선거인명부를 작성하는 경우 같은 사람이 2회 이상 투표할 수 없도록 필요한 기술적 조치를 하여야 한다.

③ 통합선거인명부는 전산조직을 이용하여 작성한다.

④ 읍·면·동선거관리위원회는 선거일에 투표소에서 사용하기 위하여 제148조제1항에 따른 사전투표기간 종료 후 중앙선거관리위원회가 제2항에 따라 기술적 조치를 한 선거인명부를 출력

한 다음 해당 읍·면·동선거관리위원회 위원장이 이를 봉함·봉인하여 보관하여야 하며, 그 보관 과정에 정당추천위원이 참여하여 지켜볼 수 있도록 하여야 한다. 이 경우 정당추천위원이 그 시각까지 참여하지 아니한 때에는 참여를 포기한 것으로 본다.

⑤ 누구든지 제4항에 따라 출력한 선거인명부를 이 법에서 정하지 아니한 방법으로 열람·사용 또는 유출하여서는 아니 된다.

⑥ 통합선거인명부의 작성, 선거일 투표소에서 사용하기 위하여 출력한 선거인명부의 보관방법, 그 밖에 필요한 사항은 중앙선거관리위원회규칙으로 정한다.

[본조신설 2014.1.17.]

법 제44조의2제5항을 위반하여 선거인명부를 열람·사용 또는 유출한 자는 2년 이하의 징역 또는 400만원 이하의 벌금에 처한다(제256조제3항제2호나목).

제45조 명부의 재작성

제45조(명부의 재작성) ① 천재지변, 그 밖의 사고로 인하여 선거인명부(거소·선상투표신고인명부를 포함한다. 이하 이 條에서 같다)가 멸실·훼손된 경우 선거의 실시를 위하여 필요한 때에는 구·시·군의 장은 다시 선거인명부를 작성하여야 한다. 다만, 제37조제4항 및 제38조제6항에 따라 송부한 선거인명부등본이 있는 때에는 선거인명부를 다시 작성하지 아니할 수 있다. 〈개정 2009.2.12., 2012.2.29., 2014.1.17.〉

② 제1항본문의 규정에 의한 선거인명부의 재작성·열람·확정 및 유효기간 기타 필요한 사항은 중앙선거관리위원회규칙으로 정한다.

제37조(명부작성) ④ 구·시·군의 장은 선거인명부를 작성한 때에는 즉시 그 등본(選擧人名 簿作成 電算資料 複寫本을 포함한다) 1통을 관할 구·시·군선거관리위원회에 송부하여야 한다. 〈개정 2009.2.12.〉

제38조(거소·선상투표신고) ⑥ 구·시·군의 장은 거소·선상투표신고인명부를 작성한 때에는 즉시 그 등본(전산자료 복사본을 포함한다) 각 1통을 관할 구·시·군선거관리위원회에 송부하여야 한다. 〈개정 2009.2.12., 2012.2.29., 2014.1.17.〉

제46조 명부사본의 교부

> **제46조(명부사본의 교부)** ① 구·시·군의 장은 후보자[비례대표국회의원후보자 및 비례대표지방
> 의회의원(비례대표시·도의원 및 비례대표자치구·시·군의원을 말한다. 이하 같다)후보자를
> 제외한다]·선거사무장(비례대표국회의원선거 및 비례대표지방의회의원선거의 선거사무장을
> 제외한다) 또는 선거연락소장의 신청이 있는 때에는 작성된 선거인명부 또는 거소·선상투표신고
> 인명부의 사본이나 전산자료 복사본을 후보자별로 1통씩 24시간 이내에 신청인에게 교부하여야
> 한다.
> 〈개정 1995.4.1., 2000.2.16., 2002.3.7., 2005.8.4., 2009.2.12., 2014.1.17.〉
> ② 제1항에 따른 명부의 사본이나 전산자료 복사본의 교부신청은 선거기간개시일까지 해당 구·
> 시·군의 장에게 서면으로 하여야 한다. 〈개정 2011.7.28., 2014.1.17.〉
> ③ 제2항에 따라 명부의 사본이나 전산자료 복사본의 교부신청을 하는 자는 그 사본작성비용을
> 교부신청과 함께 납부하여야 한다. 〈개정 2000.2.16., 2014.1.17.〉
> ④ 누구든지 제1항에 따라 교부된 명부의 사본 또는 전산자료 복사본을 다른 사람에게 양도 또는
> 대여할 수 없으며 재산상의 이익 기타 영리를 목적으로 사용할 수 없다.
> 〈개정 2000.2.16., 2014.1.17.〉
> ⑤ 제2항 및 제3항에 따른 교부신청과 비용납부 기타 필요한 사항은 중앙선거관리위원회규칙으
> 로 정한다. 〈개정 2000.2.16., 2014.1.14.〉
> [제목개정 2011.7.28.]

법 제46조(명부사본의 교부)제4항의 규정을 위반하여 선거인명부 및 거소·선상투표신
고인명부(전산자료 복사본을 포함한다)의 사본이나 세대주명단을 다른 사람에게 양도·
대여 또는 재산상의 이익 기타 영리를 목적으로 사용하거나 하게 한 자는 2년 이하의 징
역 또는 400만원 이하의 벌금에 처한다(제256조제3항제2호다목).

제6장 후보자

제47조 정당의 후보자추천

제47조(정당의 후보자추천) ① 정당은 선거에 있어 선거구별로 선거할 정수범위 안에서 그 소속당원을 후보(이하 "政黨推薦候補者"라 한다)로 추천할 수 있다. 다만, 비례대표자치구·시·군의원의 경우에는 그 정수범위를 초과하여 추천할 수 있다. 〈개정 1995.4.1., 2000.2.16., 2005.8.4.〉

② 정당이 제1항의 규정에 따라 후보자를 추천하는 때에는 민주적인 절차에 따라야 한다. 〈개정 2005.8.4.〉

③ 정당이 비례대표국회의원선거 및 비례대표지방의회의원선거에 후보자를 추천하는 때에는 그 후보자 중 100분의 50 이상을 여성으로 추천하되, 그 후보자명부의 순위의 매 홀수에는 여성을 추천하여야 한다. 〈개정 2005.8.4.〉

④ 정당이 임기만료에 따른 지역구국회의원선거 및 지역구지방의회의원선거에 후보자를 추천하는 때에는 각각 전국지역구총수의 100분의 30 이상을 여성으로 추천하도록 노력하여야 한다. 〈신설 2005.8.4.〉

⑤ 정당이 임기만료에 따른 지역구지방의회의원선거에 후보자를 추천하는 때에는 지역구시·도의원선거 또는 지역구자치구·시·군의원선거 중 어느 하나의 선거에 국회의원지역구(군지역을 제외하며, 자치구의 일부지역이 다른 자치구 또는 군지역과 합하여 하나의 국회의원지역구로 된 경우에는 그 자치구의 일부지역도 제외한다)마다 1명 이상을 여성으로 추천하여야 한다. 〈신설 2010.1.25., 2010.3.12.〉

제47조의2 정당의 후보자추천 관련 금품수수금지

제47조의2(정당의 후보자추천 관련 금품수수금지) ① 누구든지 정당이 특정인을 후보자로 추천하는 일과 관련하여 금품이나 그 밖의 재산상의 이익 또는 공사의 직을 제공하거나 그 제공의 의사를 표시하거나 그 제공을 약속하는 행위를 하거나, 그 제공을 받거나 그 제공의 의사표시를 승낙할 수 없다. 이 경우 후보자(후보자가 되려는 사람을 포함한다)와 그 배우자(이하 이 항에서 "후보자 등"이라 한다), 후보자등의 직계존비속과 형제자매 가 선거일 전 150일부터 선거일 후 60일까지 「정치자금법」에 따라 후원금을 기부하거나 당비를 납부하는 외에 정당 또는 국회의원[「정당법」

제37조(활동의 자유)제3항에 따른 국회의원지역구 또는 자치구·시·군의 당원협의회 대표자를 포함하며, 이하 이 항에서 "국회의원등"이라 한다], 국회의원등의 배우자, 국회의원등 또는 그 배우자의 직계존비속과 형제자매에게 채무의 변제, 대여 등 명목여하를 불문하고 금품이나 그 밖의 재산상의 이익을 제공한 때에는 정당이 특정인을 후보자로 추천하는 일과 관련하여 제공한 것으로 본다. 〈개정 2014.2.13.〉

② 누구든지 제1항에 규정된 행위에 관하여 지시·권유 또는 요구하거나 알선하여서는 아니 된다.

[본조신설 2008.2.29.]

법 제47조의2제1항 또는 제2항을 위반한 자는 5년 이하의 징역 또는 500만원 이상 3천만원 이하의 벌금에 처한다(제230조제6항).

관련 판례

공직선거법 제47조의2제1항은 '정당이 특정인을 후보자로 추천하는 일과 관련하여' 금품 등을 제공하거나 받는 등의 행위를 금지하고 있는데, 위 법률에서 규정한 '후보자로 추천하는 일과 관련하여'란 금품의 제공이 후보자추천의 대가 또는 사례에 해당하거나, 그렇지 않다 하더라도 후보자추천에 있어서 그러한 금품의 제공이 어떠한 형태로든 영향을 미칠 수 있는 경우에 해당하여야 함을 의미하는 것이라고 보아야 한다(대법원 2007. 9. 6. 선고 2006도6307 판결 참조).

공직선거법에서의 기부행위는 일방이 상대방에게 무상의 이익을 제공하거나 약속하는 것으로서, 이를 제한하는 것은 그것이 후보자 등의 지지기반을 조성하는 데에 기여하거나 매수행위와 결부될 가능성이 높아 이를 허용할 경우 선거 자체가 후보자의 인물·식견 및 정책 등을 평가받는 기회가 되기보다는 후보자의 자금력을 겨루는 과정으로 타락할 위험성이 있어 이를 방지하기 위하여 마련된 것이고, 공천과 관련한 금품수수행위는 정당이 특정인을 후보자로 추천하는 일과 관련하여 재산상 이익이나 공사의 직을 제공하는 등의 행위를 하는 것으로서, 이를 제한하는 것은 정당의 후보자추천의 공정성과 정당 운영의 투명성·도덕성을 제고하고 나아가 공직선거에 있어서 후보자추천 단계에서부터 금권의 영향력을 원천적으로 봉쇄함으로써 궁극적으로 공명정대한 선거를 보장하기 위한 것으로서, 양자는 범죄구성요건과 입법 취지를 달리하고 있다. 한편, 지역구국회의원이 공천과 관련하여 자신의 선거구 밖에서 연고가 없는 상대방에게 금품 등을 교부한 경우나, 혹은 공천과 관련하여 제공된 금품이 적절한 대가관계에 있는 등 무상성이 인정되지 아니하는 경우에는 공천관련 금품수수죄가 성립하는데도 기부행위제한위반죄에는 해당하지 않을 경우를 상정할 수도 있다.

이러한 점들을 종합하여 보면 공천관련 금품수수죄가 기부행위제한위반죄에 대하여 특별관계에 있다고는 볼 수 없다(대법원 2009. 4. 23. 선고 2009도834 판결).

공직선거법 제113조제1항은 "국회의원·지방의회의원·지방자치단체의 장·정당의 대표자·후보자(후보자가 되고자 하는 자를 포함한다)와 그 배우자는 당해 선거구 안에 있는 자나 기관·단체·시설 또는 당해 선거구의 밖에 있더라도 그 선거구민과 연고가 있는 자나 기관·단체·시설에 기부행위를 할 수 없다"고 규정하고 있는데, 이는 그러한 기부행위가 후보자 등의 지지기반을 조성하는 데에 기여하거나 매수행위와 결부될 가능성이 높아 이를 허용할 경우 선거 자체가 후보자의 인물, 식견 및 정책 등을 평가받는 기회가 되기보다는 후보자의 자금력을 겨루는 과정으로 타락할 위험성이 있어 이를 방지하기 위하여 마련된 것이다. 한편, 공직선거법 제47조의2제1항은 "누구든지 정당이 특정인을 후보자로 추천하는 일과 관련하여 금품이나 그 밖의 재산상의 이익 또는 공사의 직을 제공하거나 그 제공의 의사를 표시하거나 그 제공을 약속하는 행위를 하거나, 그 제공을 받거나 그 제공의 의사표시를 승낙할 수 없다"고 규정하고 있는데, 이는 정당의 후보자추천의 공정성과 정당 운영의 투명성, 도덕성을 제고하고 나아가 공직선거에 있어서 후보자추천 단계에서부터 금권의 영향력을 원천적으로 봉쇄함으로써 궁극적으로 공명정대한 선거를 보장하기 위하여 마련된 것이다. 이와 같이 공직선거법 제47조의2제1항과 공직선거법 제113조제1항은 각기 범죄구성요건이나 입법취지를 달리하고 있으므로, 정당의 후보자추천관련 금품수수금지위반죄가 성립한다고 하여 후보자 등의 기부행위금지위반죄의 성립이 배제되는 것은 아니며, 이들은 각기 독립된 별개의 구성요건으로서 1개의 행위가 각 구성요건을 충족하는 경우에는 상상적 경합의 관계에 있다고 보아야 한다(서울고등법원 2009. 1. 9. 선고 2008노2864 판결).

제48조 선거권자의 후보자추천

제48조(선거권자의 후보자추천) ① 관할선거구 안에 주민등록이 된 선거권자는 각 선거(비례대표국회의원선거 및 비례대표지방의회의원선거를 제외한다)별로 정당의 당원이 아닌 자를 당해 선거구의 후보자(이하 "무소속후보자"라 한다)로 추천할 수 있다. 〈개정 2005.8.4.〉

② 무소속후보자가 되고자 하는 자는 관할선거구 선거관리위원회가 후보자등록신청개시일 전 5일(大統領의 任期滿了에 의한 選擧에 있어서는 候補者登錄申請開始日 전 30日, 大統領의 闕位로 인한 選擧 등에 있어서는 그 사유가 확정된 후 3日)부터 검인하여 교부하는 추천장을 사용하여 다음 각 호에 의하여 선거권자의 추천을 받아야 한다.

〈개정 1995.4.1., 2000.2.16., 2005.8.4., 2012.1.17.〉

1. 대통령선거

    5 이상의 시·도에 나누어 하나의 시·도에 주민등록이 되어 있는 선거권자의 수를 700인

    이상으로 한 3천500인 이상 6천인 이하

2. 지역구국회의원선거 및 자치구·시·군의 장선거

    300인 이상 500인 이하

3. 지역구시·도의원선거

    100인 이상 200인 이하

4. 시·도지사선거

    당해 시·도 안의 3분의 1 이상의 자치구·시·군에 나누어 하나의 자치구·시·군에

    주민등록이 되어 있는 선거권자의 수를 50인 이상으로 한 1천인 이상 2천인 이하

5. 지역구자치구·시·군의원선거

    50인 이상 100인 이하. 다만, 인구 1천인 미만의 선거구에 있어서는 30인 이상 50 인

    이하

③ 제2항의 경우 검인되지 아니한 추천장에 의하여 추천을 받거나 추천선거권자 수의 상한수를

넘어 추천을 받아서는 아니된다.

④ 제2항에 따른 추천장 검인·교부신청은 공휴일에도 불구하고 매일 오전 9시부터 오후 6시까지

할 수 있다. 〈신설 2011.7.28.〉

⑤ 선거권자의 추천장의 서식·교부신청 및 교부 기타 필요한 사항은 중앙선거관리위원회규칙으

로 정한다. 〈개정 2011.7.28.〉

[제목개정 2011.7.28.]

법 제48조(選擧權者의 候補者推薦)제3항의 규정에 위반하여 검인받지 아니한 추천장에

의하여 선거권자의 추천을 받거나 받게 한 자 또는 선거운동을 위하여 추천선거권자 수의

상한수를 넘어 선거권자의 추천을 받거나 받게 한 자는 1년 이하의 징역 또는 200만원 이

하의 벌금에 처한다(제256조제5항제1호).

제49조 후보자등록 등

제49조(후보자등록 등) ① 후보자의 등록은 대통령선거에서는 선거일 전 24일, 국회의원선거와

지방자치단체의 의회의원 및 장의 선거에서는 선거일 전 20일(이하 "후보자등록신청개시일"이라

한다)부터 2일간(이하 "후보자등록기간"이라 한다) 관할선거구 선거관리위원회에 서면으로 신청하여야 한다. 〈개정 2011.7.28.〉

② 정당추천후보자의 등록은 대통령선거와 비례대표국회의원선거 및 비례대표지방의회의원선거에 있어서는 그 추천정당이, 지역구국회의원선거와 지역구지방의회의원 및 지방자치단체의 장의 선거에 있어서는 정당추천후보자가 되고자 하는 자가 신청하되, 추천정당의 당인(黨印) 및 그 대표자의 직인이 날인된 추천서와 본인승낙서(대통령선거와 비례대표국회의원선거 및 비례대표지방의회의원선거에 한한다)를 등록신청서에 첨부하여야 한다. 이 경우 비례대표국회의원후보자와 비례대표지방의회의원후보자의 등록은 추천정당이 그 순위를 정한 후보자명부를 함께 첨부하여야 한다. 〈개정 2011.7.28.〉

③ 무소속후보자가 되고자 하는 자는 제48조에 따라 선거권자가 기명하고 날인(무인을 허용하지 아니한다)하거나 서명한 추천장[단기(單記) 또는 연기(連記)로 하며 간인(間印)을 요하지 아니한다]을 등록신청서에 첨부하여야 한다. 〈개정 2011.7.28., 2015.12.24.〉

④ 제1항부터 제3항까지의 규정에 따라 후보자등록을 신청하는 자는 다음 각 호의 서류를 제출하여야 하며, 제56조제1항에 따른 기탁금을 납부하여야 한다.
〈개정 2000.2.16., 2002.3.7., 2004.3.12., 2005.8.4., 2006.3.2., 2008.2.29., 2010.1.25., 2011.7.28., 2014.1.17., 2014.2.13.〉

1. 중앙선거관리위원회규칙이 정하는 피선거권에 관한 증명서류

2. 「공직자윤리법」 제10조의2(公職選擧候補者 등의 財産公開)제1항의 규정에 의한 등록대상재산에 관한 신고서

3. 「공직자 등의 병역사항신고 및 공개에 관한 법률」 제9조(公職選擧候補者의 兵役事項申告 및 公開)제1항의 규정에 의한 병역사항에 관한 신고서

4. 최근 5년간의 후보자, 그의 배우자와 직계존비속(혼인한 딸과 외조부모 및 외손자녀를 제외한다)의 소득세(「소득세법」 제127조제1항에 따라 원천징수하는 소득세는 제출하려는 경우에 한정한다)·재산세·종합부동산세의 납부 및 체납(10만원 이하 또는 3월 이내의 체납은 제외한다)에 관한 신고서. 이 경우 후보자의 직계존속은 자신의 세금납부 및 체납에 관한 신고를 거부할 수 있다.

5. 벌금 100만원 이상의 형의 범죄경력(실효된 형을 포함하며, 이하 "전과기록"이라 한다)에 관한 증명서류

6. 「초·중등교육법」 및 「고등교육법」에서 인정하는 정규학력(이하 "정규학력"이라 한다)에 관한 최종학력증명서와 국내 정규학력에 준하는 외국의 교육기관에서 이수한 학력에 관한 각 증명서(한글번역문을 첨부한다). 이 경우 증명서의 제출이 요구되는 학력은 제60조의3제1항제4호의 예비후보자홍보물, 제60조의4의 예비후보자공약집, 제64조의 선거벽보, 제6

5조의 선거공보(같은 조제9항의 후보자정보공개자료를 포함한다), 제66조의 선거공약서 및 후보자가 운영하는 인터넷 홈페이지에 게재하였거나 게재하고자 하는 학력에 한한다.

7. 대통령선거 · 국회의원선거 · 지방의회의원 및 지방자치단체의 장의 선거와 교육의원선거 및 교육감선거에 후보자로 등록한 경력[선거가 실시된 연도, 선거명, 선거구명, 소속 정당명(정당의 후보자추천이 허용된 선거에 한정한다), 당선 또는 낙선 여부를 말한다]에 관한 신고서

⑤ 후보자등록을 신청하는 자는 제60조의2제2항에 따라 예비후보등록을 신청하는 때에 제출한 서류는 제4항에도 불구하고 제출하지 아니할 수 있다. 다만, 그 서류 중 변경 사항이 있는 경우에는 후보자등록을 신청하는 때까지 추가하거나 보완하여야 한다. 〈개정 2010.1.25.〉

⑥ 정당의 당원인 자는 무소속후보자로 등록할 수 없으며, 후보자등록기간중(候補者登錄 申請時를 포함한다) 당적을 이탈 · 변경하거나 2 이상의 당적을 가지고 있는 때에는 당해 선거에 후보자로 등록될 수 없다. 소속정당의 해산이나 그 등록의 취소 또는 중앙당의 시 · 도당창당승인취소로 인하여 당원자격이 상실된 경우에도 또한 같다. 〈개정 2004.3.12.〉

⑦ 후보자등록신청서의 접수는 공휴일에 불구하고 매일 오전 9시부터 오후 6시까지로 한다. 〈개정 2011.7.28.〉

⑧ 관할선거구 선거관리위원회는 후보자등록신청이 있는 때에는 즉시 이를 수리하여야 하되, 등록신청서 · 정당의 추천서와 본인승낙서 · 선거권자의 추천장 · 기탁금 및 제4항제2호 내지 제5호의 규정에 의한 서류를 갖추지 아니하거나 제47조제3항의 규정에 따른 여성후보자추천의 비율과 순위(비례대표지방의회의원선거에 한한다)를 위반한 등록신청은 이를 수리할 수 없다. 다만, 후보자의 피선거권에 관한 증명서류가 첨부되지 아니한 경우에는 이를 수리하되, 당해 선거구선거관리위원회가 그 사항을 조사하여야 하며, 그 조사를 의뢰받은 기관 또는 단체는 지체 없이 그 사실을 확인하여 당해 선거구선거관리위원회에 회보하여야 한다. 〈개정 2000.2.16., 2002.3.7., 2004.3.12., 2005.8.4., 2006.10.4.〉

⑨ 관할선거구 선거관리위원회는 「공직자윤리법」 제9조에 따른 해당 공직자윤리위원회의 요청이 있는 경우 당선인결정 후 15일 이내에 해당 당선인이 제4항제2호에 따라 제출한 등록대상재산에 관한 신고서의 사본을 송부하여야 한다. 〈개정 2015.12.24.〉

⑩ 후보자가 되고자 하는 자 또는 정당은 선거기간개시일 전 150일부터 본인 또는 후보자가 되고자 하는 소속 당원의 전과기록을 국가경찰관서의 장에게 조회할 수 있으며, 그 요청을 받은 국가경찰관서의 장은 지체 없이 그 전과기록을 회보(回報)하여야 한다. 이 경우 회보받은 전과기록은 후보자등록시 함께 제출하여야 하며 관할선거구 선거관리위원회는 그 확인이 필요하다고 인정되는 후보자에 대하여는 후보자등록마감 후 지체 없이 해당 선거구를 관할하는 검찰청의 장에게 그 후보자의 전과기록을 조회할 수 있고, 당해 검찰청의 장은 그 전과기록의 진위여부를

지체 없이 회보하여야 한다.

〈개정 2002.3.7., 2004.3.12., 2005.8.4., 2006.2.21., 2011.7.28.〉

⑪ 누구든지 선거기간중 관할선거구 선거관리위원회가 제10항의 규정에 의하여 회보받은 전과기록을 열람할 수 있다. 〈신설 2000.2.16.〉

⑫ 관할선거구 선거관리위원회는 제4항제2호부터 제7호까지와 제10항의 규정에 의하여 제출받거나 회보받은 서류를 선거구민이 알 수 있도록 공개하여야 한다. 다만, 선거일 후에는 이를 공개하여서는 아니 된다. 〈신설 2002.3.7., 2004.3.12., 2014.2.13.〉

⑬ 삭제 〈2005.8.4.〉

⑭ 삭제 〈2005.8.4.〉

⑮ 후보자의 등록신청서와 추천서의 서식, 세금납부 및 체납에 관한 선고서의 서식, 제출·회보받은 서류의 공개방법 그 밖에 필요한 사항은 중앙선거관리위원회규칙으로 정한다.

〈개정 2004.3.12., 2005.8.4., 2010.1.25.〉

[제목개정 2011.7.28.]

제56조(기탁금) ① 후보자등록을 신청하는 자는 등록신청 시에 후보자 1명마다 다음 각 호의 기탁금을 중앙선거관리위원회규칙으로 정하는 바에 따라 관할선거구 선거관리위원회에 납부하여야 한다. 이 경우 예비후보자가 해당 선거의 같은 선거구에 후보자등록을 신청하는 때에는 제60조의2 제2항에 따라 납부한 기탁금을 제외한 나머지 금액을 납부하여야 한다.

〈개정 1997.11.14., 2000.2.16., 2001.10.8., 2002.3.7., 2010.1.25., 2012.1.17.〉

    1. 대통령선거는 3억원

    2. 국회의원선거는 1천500만원

    3. 시·도의회의원선거는 300만원

    4. 시·도지사선거는 5천만원

    5. 자치구·시·군의 장선거는 1천만원

    6. 자치구·시·군의원선거는 200만원

「공직선거관리규칙」

제20조(후보자등록) ① 후보자등록을 신청하는 때에는 법 제49조제2항부터 제4항까지의 규정에 따른 등록신청관계서류 외에 피선거권에 관한 증명서류로서 후보자가 되려는 사람의 주민등록표 초본, 「가족관계의 등록 등에 관한 법률」 제15조제1항제1호에 따른 가족관계증명서(이하 「가족관

계증명서」라 하며, 손자 또는 외손자 중 병역사항 신고대상자가 있는 때에는 그 손자 또는 외손자가 기록된 가족관계증명서를 포함한다) 및 재직증명서(법 제16조제4항의 경우에 해당되는 지방자치단체의 장6)에 한한다)를 첨부하여야 한다. 이 경우 주민등록표초본의 제출은 대통령선거, 지방의회의원선거 및 지방자치단체의 장선거에 한한다.

〈개정 2000.2.16., 2007.11.22., 2009.2.19., 2015.8.13.〉

「공직자윤리법」

제10조의2(공직선거후보자 등의 재산공개) ① 대통령, 국회의원, 지방자치단체의 장, 지방의회의원 선거의 후보자가 되려는 사람이 후보자등록을 할 때에는 전년도 12월 31일 현재의 제4조에 따른 등록대상재산에 관한 신고서를 관할 선거관리위원회에 제출하고, 관할 선거관리위원회는 후보자 등록공고 시에 후보자의 재산신고사항을 공개하여야 한다.

제4조(등록대상재산) ① 등록의무자가 등록할 재산은 다음 각 호의 어느 하나에 해당하는 사람의 재산(소유 명의와 관계없이 사실상 소유하는 재산, 비영리법인에 출연한 재산과 외국에 있는 재산을 포함한다. 이하 같다)으로 한다. 〈개정 2011.7.29.〉

　　1. 본인
　　2. 배우자(사실상의 혼인관계에 있는 사람을 포함한다. 이하 같다)
　　3. 본인의 직계존속·직계비속. 다만, 혼인한 직계비속인 여성과 외증조부모, 외조부모, 외손 자녀 및 외증손자녀는 제외한다.
② 등록의무자가 등록할 재산은 다음 각 호와 같다.

　　1. 부동산에 관한 소유권·지상권 및 전세권
　　2. 광업권·어업권, 그 밖에 부동산에 관한 규정이 준용되는 권리
　　3. 다음 각 목의 동산·증권·채권·채무 및 지식재산권(知識財産權)
　　　가. 소유자별 합계액 1천만원 이상의 현금(수표를 포함한다)
　　　나. 소유자별 합계액 1천만원 이상의 예금
　　　다. 소유자별 합계액 1천만원 이상의 주식·국채·공채·회사채 등 증권
　　　라. 소유자별 합계액 1천만원 이상의 채권
　　　마. 소유자별 합계액 1천만원 이상의 채무
　　　바. 소유자별 합계액 500만원 이상의 금 및 백금(금제품 및 백금제품을 포함한다)
　　　사. 품목당 500만원 이상의 보석류

아. 품목당 500만원 이상의 골동품 및 예술품

자. 권당 500만원 이상의 회원권

차. 소유자별 연간 1천만원 이상의 소득이 있는 지식재산권

카. 자동차 · 건설기계 · 선박 및 항공기

4. 합명회사 · 합자회사 및 유한회사의 출자지분

5. 주식매수선택권

③ 제1항에 따라 등록할 재산의 종류별 가액(價額)의 산정방법 또는 표시방법은 다음과 같다. 〈개정 2013.5.28., 2016.1.19.〉

1. 토지는 「부동산 가격공시에 관한 법률」에 따른 개별공시지가(해당 토지의 개별공시지가가 없는 경우에는 같은 법 제8조에 따라 공시지가를 기준으로 산정한 금액을 말한다) 또는 실거래가격

2. 주택은 「부동산 가격공시에 관한 법률」 제16조, 제17조 및 제18조에 따른 공시가격 또는 실거래가격

3. 상가 · 빌딩 · 오피스텔, 그 밖의 부동산은 대지를 「부동산 가격공시에 관한 법률」에 따른 개별공시지가(해당 토지의 개별공시지가가 없는 경우에는 같은 법 제8조에 따라 공시지가를 기준으로 산정한 금액을 말한다)로 산정한 가액과 건물을 국가 또는 지방자치단체가 고시하는 공정가액 중 최고가액(취득가액이 있는 경우에는 취득가액을 함께 쓴다)으로 산정한 가액의 합계액 또는 실거래가격

4. 부동산에 관한 규정이 준용되는 권리는 실거래가격이나 전문가 등의 평가액 그리고 종류 · 수량 · 내용 등 명세

5. 현금 · 예금 · 채권 및 채무는 해당 금액

6. 국채 · 공채 · 회사채 등 유가증권은 액면가

7. 주식 중 「자본시장과 금융투자업에 관한 법률」에 따라 거래소허가를 받은 거래소에 상장된 주권과 「자본시장과 금융투자업에 관한 법률」 제166조에 따라 장외거래되는 주식 중 증권 시장과 유사한 방법으로 거래되는 주식은 재산등록 기준일의 최종거래가격(거래가 재산등록 기준일 전에 마감된 경우에는 마감일의 최종거래가격. 다만, 「자본시장과 금융투자업에 관한 법률」 제166조에 따라 장외거래되는 주식 중 증권시장과 유사한 방법으로 거래되는 주식의 경우에는 대통령령으로 정하는 거래가격을 말한다), 그 외의 주식은 액면가

8. 합명회사 · 합자회사 및 유한회사의 출자지분은 출자가액과 지분비율 및 최근 사업연도의 회사 연간매출액

9. 금 및 백금(금제품 및 백금제품을 포함한다)은 실거래가격이나 신고일 현재의 시장가격 그리고 종류 · 함량과 중량

10. 보석류는 실거래가격이나 전문가 등의 평가액 그리고 종류 · 크기 · 색상 등 명세

11. 골동품 및 예술품은 실거래가격이나 작가 · 크기를 고려한 전문가 등의 평가액 그리고 종류 · 크기 · 작가 및 제작연대 등 작품의 명세

12. 회원권은 취득가액. 다만, 골프회원권은 「소득세법」에 따른 기준시가 또는 실거래가격

13. 자동차 · 건설기계 · 선박 및 항공기는 실거래가격이나 감가상각 등을 고려한 전문가 등의 평가액 그리고 종류 · 제작연도 · 제작회사 · 등록번호 등 명세

14. 주식매수선택권은 받을 주식의 종류 및 수량, 행사가격 · 행사기간 등 행사조건, 받을 주식의 현재시가 등 명세

④ 제3항에서 규정한 것 외에 등록할 재산의 가액 산정방법과 표시방법, 그 밖에 등록에 필요한 사항은 대통령령으로 정한다.

⑤ 제2항에 따른 재산에 대하여 소유자별로 재산의 취득일자 · 취득경위 · 소득원 등을 기재하거나 소명자료를 첨부할 수 있다.

⑥ 제1항에 따른 등록대상재산 중 다음 각 호의 어느 하나에 해당하는 재산은 다른 등록대상재산과 구분하여 표시하여야 한다. 〈개정 2014.12.30.〉

1. 비영리법인에 출연한 재산. 이 경우 그 법인에서의 등록의무자의 직위를 밝혀야 한다.

2. 「정치자금법」 제3조제1호에 따른 정치자금의 수입 및 지출을 위한 예금계좌의 예금

[전문개정 2009.2.3.]

「공직자윤리법 시행령」

제4조(등록대상재산의 표시방법 등) ① 삭제 〈1994.12.31.〉

② 법 제4조제2항제3호차목에 따라 등록할 지식재산권(知識財産權)은 종류, 내용, 존속 기간, 그 밖에 권리의 명세와 지식재산권으로 인한 연간 소득금액 및 소득원인행위를 기재하여 표시한다. 〈개정 2009.2.3.〉

③ 법 제4조제1항 및 제6항에 따라 등록할 비영리법인에 출연한 재산은 출연재산의 명세, 비영리법인의 명칭, 주된 사무소의 소재지, 대표자, 목적사업, 그 밖에 비영리법인의 명세와 그 법인에서 등록의무자의 직위를 기재하여 표시한다. 〈개정 2009.2.3.〉

④ 법 제4조제3항제1호부터 제4호까지 및 제9호부터 제13호까지의 규정에서 "실거래가격"이란 매매 등에 의한 경우에는 실제 매입액 또는 매도액을 말하며, 수용 등의 원인에 의한 경우에는 보상액을 말한다. 〈개정 2009.2.3.〉

⑤ 법 제4조제3항제7호단서에서 "대통령령으로 정하는 거래가격"이란 재산등록기준일의 기준

가(거래량가중평균가를 말한다. 이하 같다)를 말한다. 다만, 거래가 재산등록기준일 전에 마감된 경우에는 그 마감일의 기준가로 한다. 〈개정 2009.2.3.〉

[제목개정 2009.2.3.]

제4조의2(재산등록 시 가액산정방법) 재산등록의무자는 법 제5조제1항 또는 제10조제2항에 따라 재산을 등록하는 경우 법 제4조제2항제1호·제2호 및 제3호바목부터 자목까지(같은 호자목의 재산은 골프회원권만 해당한다) 및 카목의 재산 가액은 재산등록기준일의 평가액(법 제4조제3항 제1호부터 제4호까지, 제9호부터 제11호까지, 제12호단서 및 제13호의 가액산정방법 중 실거래가 격을 제외한 가액산정방법을 말한다. 이하 같다)에 따라 산정한다. 다만, 평가액이 없거나 사실상 확인이 불가능한 경우에는 실거래가격으로 산정한다.

[전문개정 2009.2.3.]

「공직자 등의 병역사항 신고 및 공개에 관한 법률」

제9조(공직선거후보자의 병역사항 신고 및 공개) ① 「공직선거법」 제2조에 따른 선거의 후보자가 되려는 자(비례대표의원의 경우는 추천정당을 말한다. 이하 "공직선거후보자"라 한다)는 그 선거 의 후보자등록을 하려면 등록일 전 1개월 현재의 제3조에 따른 병역사항을 서면으로 관할선거구 선거관리위원회에 신고하여야 한다.

제3조(신고대상자와 신고할 병역사항) 신고의무자는 본인과 본인의 18세 이상인 직계비속 (이하 "신고대상자"라 한다)에 대한 다음 각 호의 병역사항을 신고하여야 한다. 〈개정 2016.5.29.〉
  1. 18세인 신고대상자는 병역준비역 편입사항
  2. 병역판정검사 또는 징집·수집의 대상인 신고대상자는 병역판정검사 연도 및 병역처분 내용
  3. 징집 또는 소집 복무를 마쳤거나 마친 것으로 보는 신고대상자의 경우에는 다음 각 목의 사항
  가. 복무 분야
  나. 계급
  다. 삭제 〈2017.11.28.〉
  라. 입영 연월일
  마. 전역·소집해제 연월일

바. 전역·소집해제 사유

4. 현역·보충역·전환복무 등 복무 중인 신고대상자의 경우에는 다음 각 목의 사항

　　가. 복무 분야

　　나. 복무부대 또는 복무기관

　　다. 계급

　　라. 입영 또는 편입 연월일

5. 다음 각 목의 어느 하나에 해당하는 신고대상자의 경우에는 「병역법」 제11조에 따른 병역판정검사를 할 때부터 같은 법 제72조에 따른 병역의무기간을 마칠 때까지의 병역사항(최종병역처분을 할 때의 질병명·심신장애내용 또는 처분사유를 포함한다)

　　가. 전시근로역에 편입(전시근로역에 편입된 것으로 보는 경우를 포함한다. 이하 제8 조제3
　　　　항에서 같다)된 자

　　나. 병역이 면제되거나 병적(兵籍)에서 제적된 자

　　다. 현역 또는 보충역의 복무나 의무복무를 마치지 아니하고 병역의무가 종료된 자

[전문개정 2007.12.14.]

제50조 후보자추천의 취소와 변경의 금지

제50조(후보자추천의 취소와 변경의 금지) ① 정당은 후보자등록 후에는 등록된 후보자에 대한 추천을 취소 또는 변경할 수 없으며, 비례대표국회의원후보자명부(비례대표지방의회의원후보자명부를 포함한다. 이하 이 항에서 같다)에 후보자를 추가하거나 그 순위를 변경할 수 없다. 다만, 후보자등록기간중 정당추천후보자가 사퇴·사망하거나, 소속정당의 제명이나 중앙당의 시·도당창당승인취소 외의 사유로 인하여 등록이 무효로 된 때에는 예외로 하되, 비례대표국회의원후보자명부에 후보자를 추가할 경우에는 그 순위는 이미 등록된 자의 다음으로 한다. 〈개정 1995.4.1., 2000.2.16., 2004.3.12., 2005.8.4.〉

② 선거권자는 후보자에 대한 추천을 취소 또는 변경할 수 없다. 〈개정 1995.4.1., 2005.8.4.〉

---

6) 법 제16조제4항의 경우에 해당되는 지방자치단체의 장 : 선거일 현재 계속하여 60일 이상(公務로 外國에 派遣되어 選擧日 전 60日 후에 귀국한 者는 選擧人名簿作成基準 日부터 계속하여 選擧日까지) 해당 지방자치단체의 관할구역에 주민등록이 되어 있는 주민으로서 25세 이상의 국민은 그 지방자치단체의 장의 피선거권이 있다. 이 경우에 지방자치단체의 사무소 소재지가 다른 지방자치단체의 관할구역에 있어 해당 지방자치단체의 장의 주민등록이 다른 지방자치단체의 관할구역에 있게 된 때에는 해당 지방자치단체의 관할구역에 주민등록이 되어 있는 것으로 본다.

제51조 추가등록

제51조(추가등록) 대통령선거에 있어서 정당추천후보자가 후보자등록기간중 또는 후보자등록기간이 지난 후에 사망한 때에는 후보자등록마감일 후 5일까지 제47조(政黨의 候補者 推薦) 및 제49조(候補者登錄 등)의 규정에 의하여 후보자등록을 신청할 수 있다.

〈개정 2000.2.16.〉

제52조 등록무효

제52조(등록무효) ① 후보자등록 후에 다음 각 호의 어느 하나에 해당하는 사유가 있는 때에는 그 후보자의 등록은 무효로 한다.

〈개정 1998.4.30., 2000.2.16., 2002.3.7., 2004.3.12., 2005.8.4., 2006.10.4., 2010.1.25., 2014.1.17., 2015.8.13.〉

1. 후보자의 피선거권이 없는 것이 발견된 때
2. 제47조(政黨의 候補者推薦)제1항본문의 규정에 위반하여 선거구별로 선거할 정수 범위를 넘어 추천하거나, 비례대표지방의회의원선거에 있어 같은 조제3항의 규정에 의한 여성후보자추천의 비율과 순위를 위반하거나, 제48조(選擧權者의 候補者推薦) 제2항의 규정에 의한 추천인 수에 미달한 것이 발견된 때
3. 제49조제4항제2호부터 제5호까지의 규정에 따른 서류를 제출하지 아니한 것이 발견된 때
4. 제49조제6항의 규정에 위반하여 등록된 것이 발견된 때
5. 제53조제1항부터 제3항까지 또는 제5항을 위반하여 등록된 것이 발견된 때
6. 정당추천후보자가 당적을 이탈·변경하거나 2 이상의 당적을 가지고 있는 때(候補者 登錄 申請時에 2 이상의 黨籍을 가진 경우를 포함한다), 소속정당의 해산이나 그 등록의 취소 또는 중앙당의 시·도당창당승인취소가 있는 때
7. 무소속후보자가 정당의 당원이 된 때
8. 제57조의2제2항 또는 제266조제2항·제3항을 위반하여 등록된 것이 발견된 때
9. 정당이 그 소속 당원이 아닌 사람이나 「정당법」 제22조에 따라 당원이 될 수 없는 사람을 추천한 것이 발견된 때
10. 다른 법률에 따라 공무담임이 제한되는 사람이나 후보자가 될 수 없는 사람에 해당하는 것이 발견된 때
11. 정당 또는 후보자가 정당한 사유 없이 제65조제9항을 위반하여 후보자정보공개자료를 제출하지 아니한 것이 발견된 때

② 제47조제5항을 위반하여 등록된 것이 발견된 때에는 그 정당이 추천한 해당 국회의원지역구의 지역구시·도의원후보자 및 지역구자치구·시·군의원후보자의 등록은 모두 무효로 한다. 다만, 제47조제5항에 따라 여성후보자를 추천하여야 하는 지역에서 해당 정당이 추천한 지역구시·도의원후보자의 수와 지역구자치구·시·군의원후보자의 수를 합한 수가 그 지역구시·도의원 정수와 지역구자치구·시·군의원 정수를 합한 수의 100분의 50에 해당하는 수(1 미만의 단수는 1로 본다)에 미달하는 경우와 그 여성후보자의 등록이 무효로 된 경우에는 그러하지 아니하다. 〈신설 2010.3.12.〉

③ 후보자가 같은 선거의 다른 선거구나 다른 선거의 후보자로 등록된 때에는 그 등록은 모두 무효로 한다. 〈개정 2000.2.16., 2010.3.12.〉

④ 후보자의 등록이 무효로 된 때에는 관할선거구 선거관리위원회는 지체 없이 그 후보자와 그를 추천한 정당에 등록무효의 사유를 명시하여 이를 통지하여야 한다. 〈개정 2010.3.12.〉

[제목개정 2015.8.13.]

법 제52조제1항 각 호의 후보자등록이 무효로 되는 사유를 정리하면 다음과 같다.

위 같은 항제3호에서 말하는 "제49조제4항제2호부터 제5호까지의 규정에 따른 서류를 제출하지 아니한 것이 발견된 때"란 모든 후보자등록을 신청할 때 반드시 제출하여야 하는 서류인 ①「공직자윤리법」제10조의2(公職選擧候補者 등의 財産公開)제1항의 규정에 의한 등록대상재산에 관한 신고서, ②「공직자 등의 병역사항신고 및 공개에 관한 법률」제9조(公職選擧候補者의 兵役事項申告 및 公開)제1항의 규정에 의한 병역사항에 관한 신고서, ③ 최근 5년간의 후보자, 그의 배우자와 직계존비속(혼인한 딸과 외조부모 및 외손자녀를 제외한다)의 소득세(「소득세법」제127조제1항에 따라 원천징수하는 소득세는 제출하려는 경우에 한정한다)·재산세·종합부동산세의 납부 및 체납(10만원 이하 또는 3월 이내의 체납은 제외한다)에 관한 신고서(이 경우 후보자의 직계존속은 자신의 세금납부 및 체납에 관한 신고를 거부할 수 있다.) 및 ④ 벌금 100만원 이상의 형의 범죄경력(실효된 형을 포함하며, 이하 "전과기록"이라 한다)에 관한 증명서류 중 어느 하나를 제출하지 아니한 경우이다.

위 같은 항제4호에서 "제49조제6항의 규정에 위반하여 등록된 것이 발견된 때"란 ① 정당의 당원인 자가 무소속후보자로 등록하거나, ② 후보자등록기간중(候補者登錄申請時를 포함한다) 당적을 이탈·변경하거나, ③ 2 이상의 당적을 가지고 있었거나, ④ 소속정당의 해산이나 그 등록의 취소 또는 중앙당의 시·도당창당승인취소로 인하여 당원자격이 상실된 사실 중 어느 하나가 발견된 경우를 말한다.

위 같은 항제5호에서 "제53조제1항부터 제3항까지 또는 제5항을 위반하여 등록된 것이 발견된 때"라고 함은 다음에 해당하는 경우를 말한다.

제53조(공무원 등의 입후보) ① 다음 각 호의 어느 하나에 해당하는 사람으로서 후보자가 되려는 사람은 선거일 전 90일까지 그 직을 그만두어야 한다. 다만, 대통령선거와 국회의원선거에 있어서 국회의원이 그 직을 가지고 입후보하는 경우와 지방의회의원선거와 지방자치단체의 장의 선거에 있어서 당해 지방자치단체의 의회의원이나 장이 그 직을 가지고 입후보하는 경우에는 그러하지 아니하다.

  1. 「국가공무원법」 제2조(公務員의 구분)에 규정된 국가공무원과 「지방공무원법」 제2조(公務員의 區分)에 규정된 지방공무원. 다만, 「정당법」 제22조(발기인 및 당원의 자격)제1항제1호단서의 규정에 의하여 정당의 당원이 될 수 있는 공무원(政務職公務員을 제외한다)은 그러하지 아니하다.

  2. 각급 선거관리위원회 위원 또는 교육위원회의 교육위원

  3. 다른 법령의 규정에 의하여 공무원의 신분을 가진 자

  4. 「공공기관의 운영에 관한 법률」 제4조제1항제3호에 해당하는 기관 중 정부가 100분의 50 이상의 지분을 가지고 있는 기관(한국은행을 포함한다)의 상근임원

  5. 「농업협동조합법」·「수산업협동조합법」·「산림조합법」·「엽연초생산협동조합법」에 의하여 설립된 조합의 상근임원과 이들 조합의 중앙회장

  6. 「지방공기업법」 제2조(適用範圍)에 규정된 지방공사와 지방공단의 상근임원

  7. 「정당법」 제22조제1항제2호의 규정에 의하여 정당의 당원이 될 수 없는 사립학교교원

  8. 중앙선거관리위원회규칙으로 정하는 언론인

  9. 특별법에 의하여 설립된 국민운동단체로서 국가 또는 지방자치단체의 출연 또는 보조를 받는 단체(바르게살기운동협의회·새마을운동협의회·한국자유총연맹을 말하며, 시·도조직 및 구·시·군조직을 포함한다)의 대표자

② 제1항본문에도 불구하고 다음 각 호의 어느 하나에 해당하는 경우에는 선거일 전 30일까지 그 직을 그만두어야 한다.

  1. 비례대표국회의원선거나 비례대표지방의회의원선거에 입후보하는 경우

  2. 보궐선거등에 입후보하는 경우

  3. 국회의원이 지방자치단체의 장의 선거에 입후보하는 경우

  4. 지방의회의원이 다른 지방자치단체의 의회의원이나 장의 선거에 입후보하는 경우

③ 제1항단서에도 불구하고 비례대표국회의원이 지역구국회의원 보궐선거등에 입후보하는 경우 및 비례대표지방의회의원이 해당 지방자치단체의 지역구지방의회의원 보궐선거등에 입후보하는 경우에는 후보자등록신청 전까지 그 직을 그만두어야 한다.

⑤ 제1항 및 제2항에도 불구하고 지방자치단체의 장은 선거구역이 당해 지방자치단체의 관할구역과 같거나 겹치는 지역구국회의원선거에 입후보하고자 하는 때에는 당해 선거의 선거일 전 120일까지 그 직을 그만두어야 한다. 다만, 그 지방자치단체의 장이 임기가 만료된 후에 그 임기만료일부터 90일 후에 실시되는 지역구국회의원선거에 입후보하려는 경우에는 그러하지 아니하다. [2003.10.30. 법률 제6988호에 의하여 2003.9.25. 헌법재판소에서 위헌결정된 이 조제5항을 개정함.]

위 같은 항제8호에서 "제57조의2제2항 또는 제266조제2항·제3항을 위반하여 등록된 것이 발견된 때"라고 함은 다음에 해당하는 경우를 말한다.

제57조의2(당내경선의 실시) ② 정당이 당내경선[당내경선의 후보자로 등재된 자(이하 "경선후보자"라 한다)를 대상으로 정당의 당헌·당규 또는 경선후보자간의 서면합의에 따라 실시한 당내경선을 대체하는 여론조사를 포함한다]을 실시하는 경우 경선후보자로서 당해 정당의 후보자로 선출되지 아니한 자는 당해 선거의 같은 선거구에서는 후보자로 등록될 수 없다. 다만, 후보자로 선출된 자가 사퇴·사망·피선거권 상실 또는 당적의 이탈·변경 등으로 그 자격을 상실한 때에는 그러하지 아니하다.

제266조(선거범죄로 인한 공무담임 등의 제한) ② 다음 각 호의 어느 하나에 해당하는 사람은 당선인의 당선무효로 실시사유가 확정된 재선거(당선인이 그 기소 후 확정판결 전에 사직함으로 인하여 실시사유가 확정된 보궐선거를 포함한다)의 후보자가 될 수 없다. 〈개정 2010.1.25.〉

    1. 제263조 또는 제265조에 따라 당선이 무효로 된 사람(그 기소 후 확정판결 전에 사직한 사람을 포함한다)

    2. 당선되지 아니한 사람(후보자가 되려던 사람을 포함한다)으로서 제263조 또는 제265조에 규정된 선거사무장 등의 죄로 당선무효에 해당하는 형이 확정된 사람

③ 다른 공직선거(교육의원선거 및 교육감선거를 포함한다)에 입후보하기 위하여 임기 중 그 직을 그만 둔 국회의원·지방의회의원 및 지방자치단체의 장은 그 사직으로 인하여 실시사유가 확정된 보궐선거의 후보자가 될 수 없다. 〈신설 2010.1.25.〉

위 같은 항제11호에서 "정당 또는 후보자가 정당한 사유 없이 제65조제9항을 위반하여 후보자정보공개자료를 제출하지 아니한 것이 발견된 때"라 함은 후보자가 책자형 선거공보 제출수량의 전부 또는 일부를 제출하지 아니하는 때에는 후보자정보공개자료를 별도로 작성하여 책자형 선거공보의 제출마감일까지 제출하여야 하며, 이 경우 별도로 작성한 후보자정보공개자료를 그 제출마감까지 제출하지 못한 정당한 사유가 있는 때에는 책자형 선거공보의 발송 전까지 이를 제출할 수 있는데, 이마저 준수하지 못한 경우를 말한다.

법 제53조제1항제8호에서 "중앙선거관리위원회규칙으로 정하는 언론인"이란 다음 각 호의 어느 하나에 해당하는 언론인을 말한다(「공직선거관리규칙」 제22조의2).

---

1. 「신문 등의 진흥에 관한 법률」 제9조에 따라 등록한 신문 및 인터넷신문과 「잡지 등 정기간행물의 진흥에 관한 법률」 제15조에 따라 등록하거나 같은 법 제16조에 따라 신고한 정기간행물(분기별 1회 이상 발행하는 것으로 등록된 것만 해당한다) 중 다음 각 목의 어느 하나에 해당하는 것을 제외한 신문, 인터넷신문 및 정기간행물을 발행 · 경영하는 자와 이에 상시고용되어 편집 · 취재 또는 집필의 업무에 종사하는 자
    가. 정당의 기관지와 「고등교육법」 제2조에 따른 대학, 산업대학, 교육대학, 전문대학, 원격대학, 기술대학 및 각종학교의 학보
    나. 산업 · 경제 · 사회 · 과학 · 종교 · 교육 · 문화 · 체육 등 전문분야에 관한 순수한 학술 및 정보의 제공 · 교환을 목적으로 발행하는 것
    다. 기업체가 소속원에게 그 동정 또는 공지사항을 알리거나 기업의 홍보 또는 제품의 소개를 위하여 발행하는 것
    라. 법인 · 단체 등이 소속원에게 그 동정이나 공지사항을 알릴 목적으로 발행하는 것
    마. 성지에 관한 보도 · 논평의 목적 없이 발행하는 것
    바. 그 밖에 여론형성의 목적 없이 발행하는 것
2. 「방송법」에 따른 방송사업(방송채널사용사업은 보도에 관한 전문편성을 행하는 방송채널사용사업에 한정한다)을 경영하는 자와 이에 상시고용되어 편집 · 제작 · 취재 · 집필 또는 보도의 업무에 종사하는 자

제53조(공무원 등의 입후보) ① 다음 각 호의 어느 하나에 해당하는 사람으로서 후보자가 되려는 사람은 선거일 전 90일까지 그 직을 그만두어야 한다. 다만, 대통령선거와 국회의원선거에 있어서 국회의원이 그 직을 가지고 입후보하는 경우와 지방의회의원선거와 지방자치단체의 장의 선거에 있어서 당해 지방자치단체의 의회의원이나 장이 그 직을 가지고 입후보하는 경우에는 그러하지 아니하다.
〈개정 1995.4.1., 1995.12.30., 1997.11.14., 1998.4.30., 2000.2.16., 2002.3.7., 2005.8.4., 2010.1.25., 2015.12.24.〉

1. 「국가공무원법」 제2조(公務員의 구분)에 규정된 국가공무원과 「지방공무원법」 제2조(公務員의 區分)에 규정된 지방공무원. 다만, 「정당법」 제22조(발기인 및 당원의 자격)제1항제1호단서의 규정에 의하여 정당의 당원이 될 수 있는 공무원(政務職公務員[7]을 제외한다)은 그러하지 아니하다.

2. 각급 선거관리위원회 위원 또는 교육위원회의 교육위원

3. 다른 법령의 규정에 의하여 공무원의 신분을 가진 자

4. 「공공기관의 운영에 관한 법률」 제4조제1항제3호에 해당하는 기관 중 정부가 100분의 50 이상의 지분을 가지고 있는 기관(한국은행을 포함한다)의 상근임원

5. 「농업협동조합법」·「수산업협동조합법」·「산림조합법」·「엽연초생산협동조합법」에 의하여 설립된 조합의 상근임원과 이들 조합의 중앙회장

6. 「지방공기업법」 제2조(適用範圍)에 규정된 지방공사와 지방공단의 상근임원

7. 「정당법」 제22조제1항제2호의 규정에 의하여 정당의 당원이 될 수 없는 사립학교교원

8. 중앙선거관리위원회규칙으로 정하는 언론인

9. 특별법에 의하여 설립된 국민운동단체로서 국가 또는 지방자치단체의 출연 또는 보조를 받는 단체(바르게살기운동협의회·새마을운동협의회·한국자유총연맹을 말하며, 시·도조직 및 구·시·군조직을 포함한다)의 대표자

② 제1항본문에도 불구하고 다음 각 호의 어느 하나에 해당하는 경우에는 선거일 전 30일까지 그 직을 그만두어야 한다. 〈신설 2010.1.25., 2015.8.13.〉

1. 비례대표국회의원선거나 비례대표지방의회의원선거에 입후보하는 경우

2. 보궐선거등에 입후보하는 경우

3. 국회의원이 지방자치단체의 장의 선거에 입후보하는 경우

4. 지방의회의원이 다른 지방자치단체의 의회의원이나 장의 선거에 입후보하는 경우

③ 제1항단서에도 불구하고 비례대표국회의원이 지역구국회의원 보궐선거등에 입후보하는 경

우 및 비례대표지방의회의원이 해당 지방자치단체의 지역구지방의회의원 보궐선거등에 입후보하는 경우에는 후보자등록신청 전까지 그 직을 그만두어야 한다. 〈신설 2010.1.25.〉

④ 제1항부터 제3항까지의 규정을 적용하는 경우 그 소속기관의 장 또는 소속위원회에 사직원이 접수된 때에 그 직을 그만 둔 것으로 본다. 〈개정 2010.1.25.〉

⑤ 제1항 및 제2항에도 불구하고, 지방자치단체의 장은 선거구역이 당해 지방자치단체의 관할구역과 같거나 겹치는 지역구국회의원선거에 입후보하고자 하는 때에는 당해 선거의 선거일 전 120일까지 그 직을 그만두어야 한다. 다만, 그 지방자치단체의 장이 임기가 만료된 후에 그 임기만료일부터 90일 후에 실시되는 지역구국회의원선거에 입후보하려는 경우에는 그러하지 아니하다. 〈개정 2000.2.16., 2003.10.30., 2010.1.25.〉

[제목개정 2015.8.13.]

[2003.10.30. 법률 제6988호에 의하여 2003.9.25. 헌법재판소에서 위헌결정된 이 조제5항을 개정함.]

제54조 후보자사퇴의 신고

제54조(후보자사퇴의 신고) 후보자가 사퇴하고자 하는 때에는 자신이 직접 당해 선거구선거관리위원회에 가서 서면으로 신고하되, 정당추천후보자가 사퇴하고자 하는 때에는 추천정당의 사퇴승인서를 첨부하여야 한다.

제55조 후보자등록 등에 관한 공고

제55조(후보자등록 등에 관한 공고) 후보자가 등록·사퇴·사망하거나 등록이 무효로 된 때에는 당해 선거구선거관리위원회는 지체 없이 이를 공고하고, 상급선거관리위원회에 보고하여야 하며, 하급선거관리위원회에 통지하여야 한다.

---

7) 정무직공무원(政務職公務員) : 선거로 취임하거나 임명할 때 국회의 동의가 필요한 공무원 및 고도의 정책결정 업무를 담당하거나 이러한 업무를 보조하는 공무원으로서 법률이나 대통령령(대통령비서실 및 국가안보실의 조직에 관한 대통령령만 해당한다)에서 정무직으로 지정하는 공무원을 말한다.

제56조 기탁금

> **제56조(기탁금)** ① 후보자등록을 신청하는 자는 등록신청 시에 후보자 1명마다 다음 각 호의 기탁금
> 을 중앙선거관리위원회규칙으로 정하는 바에 따라 관할선거구 선거관리위원회에 납부하여야
> 한다. 이 경우 예비후보자가 해당 선거의 같은 선거구에 후보자등록을 신청하는 때에는 제60조의2
> 제2항에 따라 납부한 기탁금을 제외한 나머지 금액을 납부하여야 한다.
> 〈개정 1997.11.14., 2000.2.16., 2001.10.8., 2002.3.7., 2010.1.25., 2012.1.17.〉
>
>   1. 대통령선거는 3억원
>
>   2. 국회의원선거는 1천500만원
>
>   3. 시·도의회의원선거는 300만원
>
>   4. 시·도지사선거는 5천만원
>
>   5. 자치구·시·군의 장선거는 1천만원
>
>   6. 자치구·시·군의원선거는 200만원
>
> ② 제1항의 기탁금은 체납처분8)이나 강제집행9)의 대상이 되지 아니한다.
>
> ③ 제261조에 따른 과태료 및 제271조에 따른 불법시설물 등에 대한 대집행비용은 제1항의 기탁금
> (제60조의2제2항의 기탁금을 포함한다)에서 부담한다. 〈개정 2010.1.25.〉
>
> [헌법불합치, 2015헌마509, 2016. 12. 29. 공직선거법(2010. 1. 25. 법률 제9974호로 개정된
> 것) 제56조제1항제2호 중 '비례대표국회의원선거'에 관한 부분은 헌법에 합치 되지 아니한다.
> 위 법률조항은 입법자가 2018. 6. 30.까지 개정하지 아니하면 2018. 7. 1.부터 그 효력을 상실한
> 다. 법원 기타 국가기관 및 지방자치단체는 입법자가 개정할 때까지 위 법률조항의 적용을 중지하
> 여야 한다.]

제57조 기탁금의 반환 등

> **제57조(기탁금의 반환 등)** ① 관할선거구 선거관리위원회는 다음 각 호의 구분에 따른 금 액을
> 선거일 후 30일 이내에 기탁자에게 반환한다. 이 경우 반환하지 아니하는 기탁금은 국가 또는
> 지방자치단체에 귀속한다. 〈개정 2004.3.12., 2005.8.4., 2010.1.25.〉
>
>   1. 대통령선거, 지역구국회의원선거, 지역구지방의회의원선거 및 지방자치단체의 장선거
>
>   가. 후보자가 당선되거나 사망한 경우와 유효투표총수의 100분의 15 이상을 득표한 경우에

---

8) 체납처분(滯納處分) : 국세를 납부할 기한에 납부하지 않는 경우에 있어서 국가에 의한 행정상의 강제징수처분
9) 강제집행(强制執行) : 사법상 또는 행정법상의 의무를 이행하지 않는 자에 대하여 국가의 강제권력으로 그 의
   무의 이행을 실현하는 작용이나 절차(가압류, 가처분, 압류 등)

는 기탁금 전액

나. 후보자가 유효투표총수의 100분의 10 이상 100분의 15 미만을 득표한 경우에는 기탁금

의 100분의 50에 해당하는 금액

다. 예비후보자가 사망하거나 제57조의2제2항본문에 따라 후보자로 등록될 수 없는 경우

에는 제60조의2제2항에 따라 납부한 기탁금 전액

2. 비례대표국회의원선거 및 비례대표지방의회의원선거

당해 후보자명부에 올라 있는 후보자중 당선인이 있는 때에는 기탁금 전액. 다만, 제189조

및 제190조의2에 따른 당선인의 결정 전에 사퇴하거나 등록이 무효로 된 후보자의 기탁금은

제외한다.

② 제56조제3항에 따라 기탁금에서 부담하여야 할 비용은 제1항에 따라 기탁금을 반환하는 때에

공제하되, 그 부담비용이 반환할 기탁금을 넘는 사람은 그 차액을, 기탁금 전액이 국가 또는

지방자치단체에 귀속되는 사람은 그 부담비용 전액을 해당 선거구선거관리위원회의 고지에 따라

그 고지를 받은 날부터 10일 이내에 납부하여야 한다. 〈개정 2010.1.25.〉

③ 관할선거구 선거관리위원회는 제2항의 납부기한까지 해당자가 그 금액을 납부하지 아니한

때에는 관할세무서장에게 징수를 위탁하고, 관할세무서장은 국세체납처분의 예에 따라 이를

징수하여 국가 또는 해당 지방자치단체에 납입하여야 한다. 이 경우 제271조에 따른 불법시설물

등에 대한 대집행비용은 우선 해당 선거관리위원회가 지출한 후 관할 세무서장에게 그 징수를

위탁할 수 있다. 〈신설 2010.1.25.〉

④ 삭제 〈2000.2.16.〉

⑤ 기탁금의 반환 및 귀속 기타 필요한 사항은 중앙선거관리위원회규칙으로 정한다.

〈개정 2000.2.16.〉

제189조(비례대표국회의원의석의 배분과 당선인의 결정·공고·통지) ① 중앙선거관리위원회는

비례대표국회의원선거에서 유효투표총수의 100분의 3 이상을 득표하였거나 지역구국회의원총

선거에서 5석 이상의 의석을 차지한 각 정당(이하 이 조에서 "의석할당정당"이라 한다)에 대하여

당해 의석할당정당이 비례대표국회의원선거에서 얻은 득표비율에 따라 비례대표국회의원의석

을 배분한다.

② 제1항의 득표비율은 각 의석할당정당의 득표수를 모든 의석할당정당의 득표수의 합계로 나누

어 산출한다.

③ 비례대표국회의원의석은 각 의석할당정당의 득표비율에 비례대표국회의원 의석정수(이하

이 조에서 "의석정수"라 한다)를 곱하여 산출된 수의 정수(整數)의 의석을 당해 정당에 먼저 배분하

고 잔여의석은 소수점 이하 수가 큰 순으로 각 정당에 1석씩 배분하되, 그 수가 같은 때에는 당해

정당 사이의 추첨에 의한다.

④ 중앙선거관리위원회는 제출된 정당별 비례대표국회의원후보자명부에 기재된 당선인으로 될 순위에 따라 정당에 배분된 비례대표국회의원의 당선인을 결정한다.

⑤ 정당에 배분된 비례대표국회의원의석수가 그 정당이 추천한 비례대표국회의원후보자 수를 넘는 때에는 그 넘는 의석은 공석으로 한다.

⑥ 중앙선거관리위원회는 비례대표국회의원선거에 있어서 제198조(천재 · 지변 등으로 인한 재투표)의 규정에 의한 재투표 사유가 발생한 경우에는 그 투표구의 선거인수를 전국 선거인수로 나눈 수에 의석정수를 곱하여 얻은 수의 정수(1 미만의 단수는 1로 본다)를 의석정수에서 뺀 다음 제1항 내지 제4항의 규정에 따라 비례대표국회의원의석을 배분하고 당선인을 결정한다. 다만, 재투표결과에 따라 의석할당정당이 추가될 것으로 예상되는 경우에는 추가가 예상되는 정당마다 의석정수의 100분의 3에 해당하는 정수(1미만의 단수는 1로 본다)의 의석을 별도로 빼야 한다.

⑦ 비례대표국회의원의 당선인이 결정된 때에는 중앙선거관리위원회 위원장은 그 명단을 공고하고 지체 없이 각 정당에 통지하며, 당선인에게 당선증을 교부하여야 한다.

⑧ 제187조(대통령당선인의 결정 · 공고 · 통지)제4항의 규정은 비례대표국회의원당선인의 결정에 이를 준용한다.

[전문개정 2004.3.12.]

[2004.3.12. 법률 제7189호에 의하여 2001.7.19. 헌법재판소에서 위헌결정된 이 조를 개정함.]

제190조의2(비례대표지방의회의원당선인의 결정 · 공고 · 통지) ① 비례대표지방의회의원선거에 있어서는 당해 선거구선거관리위원회가 유효투표총수의 100분의 5 이상을 득표한 각 정당(이하 이 조에서 "의석할당정당"이라 한다)에 대하여 당해 선거에서 얻은 득표비율에 비례대표지방의회 의원정수를 곱하여 산출된 수의 정수의 의석을 그 정당에 먼저 배분하고 잔여의석은 단수가 큰 순으로 각 의석할당정당에 1석씩 배분하되, 같은 단수가 있는 때에는 그 득표수가 많은 정당에 배분하고 그 득표수가 같은 때에는 당해 정당 사이의 추첨에 의한다. 이 경우 득표비율은 각 의석할 당정당의 득표수를 모든 의석할당정당의 득표수의 합계로 나누고 소수점 이하 제5위를 반올림하여 산출한다.

② 비례대표시 · 도의원선거에 있어서 하나의 정당에 의석정수의 3분의 2 이상의 의석이 배분될 때에는 그 정당에 3분의 2에 해당하는 수의 정수(整數)의 의석을 먼저 배분하고, 잔여의석은 나머지 의석할당정당간의 득표비율에 잔여의석을 곱하여 산출된 수의 정수 (整數)의 의석을 각 나머지 의석할당정당에 배분한 다음 잔여의석이 있는 때에는 그 단수가 큰 순위에 따라 각 나머지 의석할당정당에 1석씩 배분한다. 다만, 의석정수의 3분의 2에 해당하는 수의 정수(整數)에

해당하는 의석을 배분받는 정당 외에 의석할당정당이 없는 경우에는 의석할당정당이 아닌 정당간의 득표비율에 잔여의석을 곱하여 산출된 수의 정수(整數)의 의석을 먼저 그 정당에 배분하고 잔여의석이 있을 경우 단수가 큰 순으로 각 정당에 1석씩 배분한다. 이 경우 득표비율의 산출 및 같은 단수가 있는 경우의 의석배분은 제1항의 규정을 준용한다.

③ 관할선거구 선거관리위원회는 비례대표지방의회의원선거에 있어서 제198조(천재·지변 등으로 인한 재투표)의 규정에 의한 재투표 사유가 발생한 때에는 그 투표구의 선거인수를 당해 선거구의 선거인수로 나눈 수에 비례대표지방의회의원의석정수를 곱하여 얻은 수의 정수(1 미만의 단수는 1로 본다)를 비례대표지방의회의원의석정수에서 뺀 다음 제1항 및 제2항의 규정에 따라 비례대표지방의회의원의석을 배분하고 당선인을 결정한다. 다만, 비례대표지방의회의원 의석배분이 배제된 정당중 재투표결과에 따라 의석할당정당이 추가될 것으로 예상되는 때에는 추가가 예상되는 정당마다 비례대표지방의회의원정수의 100분의 5에 해당하는 정수(1 미만의 단수는 1로 본다)의 의석을 별도로 빼야 한다.

④ 제187조(대통령당선인의 결정·공고·통지)제4항, 제189조(비례대표국회의원의석의 배분과 당선인의 결정·공고·통지)제4항·제5항 및 제7항의 규정은 비례대표지방의회의원 당선인의 결정에 이를 준용한다. 이 경우 "중앙선거관리위원회"는 "관할선거구 선거관리위원회"로, "비례대표국회의원"은 "비례대표지방의회의원"으로 본다.

[본조신설 2005.8.4.]

법 제57조제2항에서 말하는 "제56조제3항에 따라 기탁금에서 부담하여야 할 비용"이란 제261조에 따른 과태료 및 제271조에 따른 불법시설물 등에 대한 대집행비용을 뜻한다.

제6장의2 정당의 후보자추천을 위한 당내경선

제57조의2 당내경선의 실시

제57조의2(당내경선의 실시) ① 정당은 공직선거후보자를 추천하기 위하여 경선(이하 "당내경선"이라 한다)을 실시할 수 있다.

② 정당이 당내경선[당내경선의 후보자로 등재된 자(이하 "경선후보자"라 한다)를 대상으로 정당의 당헌·당규 또는 경선후보자간의 서면합의에 따라 실시한 당내경선을 대체하는 여론조사를 포함한다]을 실시하는 경우 경선후보자로서 당해 정당의 후보자로 선출되지 아니한 자는 당해 선거의 같은 선거구에서는 후보자로 등록될 수 없다. 다만, 후보자로 선출된 자가 사퇴·사망·피선거권 상실 또는 당적의 이탈·변경 등으로 그 자격을 상실한 때에는 그러하지 아니하다.

③ 「정당법」 제22조(발기인 및 당원의 자격)의 규정에 따라 당원이 될 수 없는 자는 당내경선의 선거인이 될 수 없다.

[본조신설 2005.8.4.]

제57조의3 당내경선운동

제57조의3(당내경선운동) ① 정당이 당원과 당원이 아닌 자에게 투표권을 부여하여 실시하는 당내경선에서는 다음 각 호의 어느 하나에 해당하는 방법 외의 방법으로 경선운동을 할 수 없다. 〈개정 2008.2.29., 2012.2.29.〉

1. 제60조의3제1항제1호·제2호에 따른 방법
2. 정당의 경선후보자가 작성한 1종의 홍보물(이하 이 조에서 "경선홍보물"이라 한다)을 1회에 한하여 발송하는 방법
3. 정당이 합동연설회 또는 합동토론회를 옥내에서 개최하는 방법(경선후보자가 중앙선거관리위원회규칙으로 정하는 바에 따라 그 개최장소에 경선후보자의 홍보에 필요한 현수막 등 시설물을 설치·게시하는 방법을 포함한다)

② 정당이 제1항제2호 또는 제3호의 규정에 따른 방법으로 경선홍보물을 발송하거나 합동연설회 또는 합동토론회를 개최하는 때에는 당해 선거의 관할선거구 선거관리위원회에 신고하여야 한다.

③ 제1항의 규정에 위반되는 경선운동에 소요되는 비용은 제119조(선거비용등의 정의)의 규정에 따른 선거비용으로 본다.

④ 제1항제2호의 경선홍보물의 작성 및 제2항의 신고 그 밖에 필요한 사항은 중앙선거관리위원회 규칙으로 정한다.

[본조신설 2005.8.4.]

제60조의3(예비후보자 등의 선거운동) ① 예비후보자는 다음 각 호의 어느 하나에 해당하는 방법으로 선거운동을 할 수 있다.

〈개정 2005.8.4., 2008.2.29., 2010.1.25., 2011.7.28., 2012.1.17., 2017.2.8.〉

1. 제61조(선거운동기구의 설치)제1항 및 제6항단서의 규정에 의하여 선거사무소를 설치하거나 그 선거사무소에 간판·현판 또는 현수막을 설치·게시하는 행위

2. 자신의 성명·사진·전화번호·학력(정규학력과 이에 준하는 외국의 교육과정을 이수한 학력을 말한다. 이하 제4호에서 같다)·경력, 그 밖에 홍보에 필요한 사항을 게재한 길이 9센티미터 너비 5센티미터 이내의 명함을 직접 주거나 지지를 호소하는 행위. 다만, 선박·정기여객자동차·열차·전동차·항공기의 안과 그 터미널·역·공항의 개찰구 안, 병원·종교시설·극장의 안에서 주거나 지지를 호소하는 행위는 그러하지 아니하다.

제61조(선거운동기구의 설치) ① 선거운동 및 그 밖의 선거에 관한 사무를 처리하기 위하여 정당 또는 후보자는 다음 각 호에 따라 선거사무소와 선거연락소를, 예비후보자는 선거사무소를, 정당은 중앙당 및 시·도당의 사무소에 선거대책기구 각 1개씩을 설치할 수 있다.

〈개정 1995.4.1., 1995.5.10., 2000.2.16., 2004.3.12., 2005.8.4., 2014.1.17.〉

1. 대통령선거

   정당 또는 후보자가 설치하되, 선거사무소 1개소와 시·도 및 구·시·군(하나의 區·市·郡이 2 이상의 國會議員地域區로 된 경우에는 國會議員地域區를 말한다. 이하 이 條에서 같다)마다 선거연락소 1개소

2. 지역구국회의원선거

   후보자가 설치하되, 당해 국회의원지역구 안에 선거사무소 1개소. 다만, 하나의 국회의원지역구가 2 이상의 구·시·군으로 된 경우에는 선거사무소를 두지 아니하는 구·시·군마다 선거연락소 1개소

3. 비례대표국회의원선거 및 비례대표지방의회의원선거

   정당이 설치하되, 선거사무소 1개소(比例代表市·道議員選擧의 경우에는 比例代表市·道議員候補者名簿를 제출한 시·도마다, 비례대표자치구·시·군의원선거의 경우에는 비

례대표자치구 · 시 · 군의원후보자명부를 제출한 자치구 · 시 · 군마다 選擧事務所 1個所)

4. 지역구지방의회의원선거

후보자가 설치하되, 당해 선거구 안에 선거사무소 1개소

5. 시 · 도지사선거

후보자가 설치하되, 당해 시 · 도 안에 선거사무소 1개소와 당해 시 · 도 안의 구 · 시 · 군 마다 선거연락소 1개소

6. 자치구 · 시 · 군의 장선거

후보자가 설치하되, 당해 자치구 · 시 · 군 안에 선거사무소 1개소. 다만, 자치구가 아닌 구가 설치된 시에 있어서는 선거사무소를 두지 아니하는 구마다 선거연락소 1개소를 둘 수 있으며, 하나의 구 · 시 · 군이 2 이상의 국회의원지역구로 된 경우에는 선거사무소를 두지 아니하는 국회의원지역구마다 선거연락소 1개소를 둘 수 있다.

⑥ 선거사무소, 선거연락소 및 선거대책기구에는 중앙선거관리위원회규칙으로 정하는 바에 따라 선거운동을 위한 간판 · 현판 및 현수막, 제64조의 선거벽보, 제65조의 선거공보, 제66조의 선거공약서 및 후보자의 사진을 첨부할 수 있다. 다만, 예비후보자의 선거사무소에는 간판 · 현판 및 현수막에 한하여 설치 · 게시할 수 있다. 〈개정 2010.1.25., 2014.1.17.〉

「공직선거관리규칙」

제25조의2(당내경선운동) ② 법 제57조의3제1항제2호의 규정에 따른 경선홍보물의 작성 및 발송은 다음 각 호에서 정하는 바에 따른다.

1. 경선홍보물은 해당 정당이 정한 경선선거인수에 그 100분의 3에 상당하는 수를 더한 수 이내의 수량으로 작성하여야 한다. 이 경우 작성할 수 있는 총수량의 단수가 100 미만인 때에는 100매로 한다.

2. 경선홍보물은 길이 27센티미터 너비 19센티미터 이내에서 4면(대통령 및 시 · 도지사 선거 의 당내경선의 경우에는 8면) 이내의 규격으로 작성하여야 한다.

3. 경선홍보물에는 작성근거, 인쇄소의 명칭 · 주소 · 전화번호를 표시하여야 하며, 앞면에는 "경선후보자 홍보물"이라 표시하여야 한다.

4. 정당이 경선홍보물을 발송하고자 하는 경우에는 별지 제15호의2서식의 (가)에 의한 발송용 봉투를 사용하여야 하며, 「우편법 시행령」 제25조(우편요금등의 별납)의 규정에 따라 우편 요금등을 따로 납부하는 방법으로 하여야 한다.

5. 정당이 경선홍보물을 발송하고자 하는 때에는 발송일 전 2일까지 경선후보자별 홍보물

> 4부씩을 첨부하여 별지 제15호의2서식의 (나)에 의하여 관할선거구위원회에 신고하여야
> 한다.

법 제57조의3제1항의 규정을 위반하여 경선운동을 한 자는 2년 이하의 징역 또는 400만
원 이하의 벌금에 처한다(제255조제2항제3호).

제57조의4 당내경선사무의 위탁

> **제57조의4(당내경선사무의 위탁)** ① 「정치자금법」 제27조(보조금의 배분)의 규정에 따라 보조금의
> 배분대상이 되는 정당은 당내경선사무 중 경선운동, 투표 및 개표에 관한 사무의 관리를 당해 선거의
> 관할선거구 선거관리위원회에 위탁할 수 있다.
> ② 관할선거구 선거관리위원회가 제1항에 따라 당내경선의 투표 및 개표에 관한 사무를 수탁관리하
> 는 경우에는 그 비용은 국가가 부담한다. 다만, 투표 및 개표참관인의 수당은 당해 정당이 부담한다.
> 〈개정 2008.2.29.〉
> ③ 제1항의 규정에 따라 정당이 당내경선사무를 위탁하는 경우 그 구체적인 절차 및 필요한 사항은
> 중앙선거관리위원회규칙10)으로 정한다.
> [본조신설 2005.8.4.]
>
>
>
> ## 「정치자금법」
>
>
>
> **제27조(보조금의 배분)** ① 경상보조금과 선거보조금은 지급 당시 「국회법」 제33조(교섭단체)제1항
> 본문의 규정에 의하여 동일 정당의 소속의원으로 교섭단체를 구성한 정당11)에 대하여 그 100분의
> 50을 정당별로 균등하게 분할하여 배분·지급한다.
> ② 보조금 지급 당시 제1항의 규정에 의한 배분·지급대상이 아닌 정당으로서 5석 이상의 의석을
> 가진 정당에 대하여는 100분의 5씩을, 의석이 없거나 5석 미만의 의석을 가진 정당 중 다음
> 각 호의 어느 하나에 해당하는 정당에 대하여는 보조금의 100분의 2씩을 배분·지급한다.
> 1. 최근에 실시된 임기만료에 의한 국회의원선거에 참여한 정당의 경우에는 국회의원선거의
>   득표수 비율이 100분의 2 이상인 정당
> 2. 최근에 실시된 임기만료에 의한 국회의원선거에 참여한 정당 중 제1호에 해당하지 아니하는
>   정당으로서 의석을 가진 정당의 경우에는 최근에 전국적으로 실시된 후보 추천이 허용되는

비례대표시·도의회의원선거, 지역구시·도의회의원선거, 시·도지사선거 또는 자치구·시·군의 장선거에서 당해 정당이 득표한 득표수 비율이 100분의 0.5 이상인 정당

　3. 최근에 실시된 임기만료에 의한 국회의원선거에 참여하지 아니한 정당의 경우에는 최근에 전국적으로 실시된 후보추천이 허용되는 비례대표시·도의회의원선거, 지역구 시·도의회의원선거, 시·도지사선거 또는 자치구·시·군의 장선거에서 당해 정당이 득표한 득표수 비율이 100분의 2 이상인 정당

③ 제1항 및 제2항의 규정에 의한 배분·지급액을 제외한 잔여분 중 100분의 50은 지급 당시 국회의석을 가진 정당에 그 의석수의 비율에 따라 배분·지급하고, 그 잔여분은 국회의원선거의 득표수 비율에 따라 배분·지급한다.

④ 선거보조금은 당해 선거의 후보자등록마감일 현재 후보자를 추천하지 아니한 정당에 대하여는 이를 배분·지급하지 아니한다.

⑤ 보조금의 지급시기 및 절차 그 밖에 필요한 사항은 중앙선거관리위원회규칙으로 정한다.

법 제57조의4(당내경선사무의 위탁)의 규정에 따라 위탁한 당내경선에 있어 선거관리위원회의 위원·직원, 선거부정감시단원·사이버선거부정감시단원, 투표사무원·사전투표사무원·개표사무원, 참관인 기타 선거사무에 종사하는 자를 폭행·협박·유인 또는 불법으로 체포·감금하거나, 폭행이나 협박을 가하여 투표소·개표소 또는 선거관리위원회사무소(재외선거사무를 수행하는 공관과 그 분관 및 출장소의 사무소를 포함한다.)를 소요·교란하거나, 투표용지·투표지·투표보조용구·전산조직 등 선거관리 및 단속사무와 관련한 시설·설비·장비·서류·인장 또는 선거인명부(거소·선상투표신고인명부를 포함한다)를 은닉·손괴·훼손 또는 탈취한 자는 10년 이하의 징역 또는 2천만원 이하의 벌금에 처한다(제244조제2항).

제57조의5 당원 등 매수금지

제57조의5(당원 등 매수금지) ① 누구든지 당내경선에 있어 후보자로 선출되거나 되게 하거나 되지 못하게 할 목적으로 경선선거인(당내경선의 선거인명부에 등재된 자를 말한다) 또는 그의 배우자나 직계존·비속에게 명목여하를 불문하고 금품 그 밖의 재산상의 이익 또는 공사의 직을

---

10) 중앙선거관리위원회규칙 : 「당내경선 위탁사무 관리규칙」을 말함
11) 교섭단체를 구성한 정당 : 같은 정당 소속 국회의원의석 20석 이상을 가진 정당

제공하거나 그 제공의 의사를 표시하거나 그 제공을 약속하는 행위를 할 수 없다. 다만, 중앙선거관리위원회규칙이 정하는 의례적인 행위는 그러하지 아니하다.

② 누구든지 당내경선에 있어 후보자가 되지 아니하게 하거나 후보자가 된 것을 사퇴하게 할 목적으로 후보자(후보자가 되고자 하는 자를 포함한다. 이하 이 항에서 같다)에게 제1항의 규정에 따른 이익제공행위 등을 하여서는 아니 되며, 후보자는 그 이익이나 직의 제공을 받거나 제공의 의사표시를 승낙하여서는 아니 된다.

③ 누구든지 제1항 및 제2항에 규정된 행위에 관하여 지시·권유 또는 요구를 하여서는 아니된다.

[본조신설 2005.8.4.]

「공직선거관리규칙」

제25조의3(당원 등 매수금지의 예외) ① 법 제57조의5(당원 등 매수금지)제1항단서에서 "의례적인 행위"라 함은 다음 각 호의 어느 하나에 해당하는 행위를 말한다. 〈개정 2009.2.19.〉

　1. 경선후보자의 경선운동기구를 방문하는 자나 경선운동기구의 개소식에 참석한 자에게 통상적인 범위 안에서 다과류의 음식물(주류를 제외한다)을 제공하는 행위

　2. 경선후보자와 함께 다니는 자와 경선운동기구에서 경선사무에 종사하는 자를 합하여 다음 각 목에 해당하는 수{법 제10조(사회단체등의 공명선거추진활동)제1항제3호의 규정에 따른 가족은 그 수에 산입하지 아니한다} 이내에서 통상적인 범위 안의 식사류의 음식물을 제공하는 행위

　　가. 대통령선거의 당내경선에 있어서는 30인

　　나. 시·도지사선거의 당내경선에 있어서는 15인

　　다. 국회의원선거, 자치구의 구청장 및 시장·군수(이하 "자치구·시·군의 장"이라 한다) 선거의 당내경선에 있어서는 10인

　　라. 지방의회의원선거의 당내경선에 있어서는 5인

　3. 그 밖에 위 각 호의 어느 하나에 준하는 것으로서 중앙위원회가 정하는 행위

② 제1항의 규정에 따라 통상적인 범위 안에서 1인에게 제공할 수 있는 음식물의 가액 범위는 제50조(기부행위로 보지 아니하는 행위 등)제6항의 규정을 준용한다.

[본조신설 2005.8.4.]

「공직선거관리규칙」 제25조의3제2항이 규정하는 "통상적인 범위에서 1명에게 제공할 수 있는 음식물 또는 음료의 금액범위"는 식사류는 1만원 이하로, 다과류는 3천원 이하로,

음료는 1천원 이하로 한다(「공직선거관리규칙」 제50조제6항).

　당내경선과 관련하여 법 제57조의5(당원 등 매수금지)제1항 또는 제2항의 규정을 위반한 자 또는 같은 조제1항 또는 제2항에 규정된 이익이나 직의 제공을 받거나 그 제공의 의사 표시를 승낙한 자는 3년 이하의 징역 또는 1천만원 이하의 벌금에 처한다(제230조제7항 제1호 · 제3호).

　당내경선과 관련하여 후보자로 선출되거나 되게 하거나 되지 못하게 하거나, 경선선거인 (당내경선의 선거인명부에 등재된 자를 말한다. 이하 이 조에서 같다)으로 하여금 투표를 하게 하거나 하지 아니하게 할 목적으로 경선후보자 · 경선운동관계자 · 경선선거인 또는 참관인에게 금품 · 향응 그 밖의 재산상의 이익이나 공사의 직을 제공하거나 그 제공의 의 사를 표시하거나 그 제공을 약속한 자, 법 제57조의5제1항 또는 제2항에 규정된 이익이나 직의 제공을 받거나 그 제공의 의사표시를 승낙한 자, 법 제57조의5제7항제2호 · 제3호에 규정된 행위에 관하여 지시 · 권유 · 요구하거나 알선한 자 또는 제57조의5제3항의 규정을 위반한 자는 5년 이하의 징역 또는 3천만원 이하의 벌금에 처한다(제230조제8항).

제57조의6 공무원등의 당내경선운동 금지

> **제57조의6(공무원등의 당내경선운동 금지)** ① 제60조제1항에 따라 선거운동을 할 수 없는 사람은 당내경선에서 경선운동을 할 수 없다. 다만, 소속 당원만을 대상으로 하는 당내경선에서 당원이 될 수 있는 사람이 경선운동을 하는 경우에는 그러하지 아니하다.
>
> ② 공무원은 그 지위를 이용하여 당내경선에서 경선운동을 할 수 없다.
>
> [본조신설 2010.1.25.]
>
> [종전 제57조의6은 제57조의7로 이동 〈2010.1.25.〉]
>
> **제60조(선거운동을 할 수 없는 자)** ① 다음 각 호의 어느 하나에 해당하는 사람은 선거운동을 할 수 없다. 다만, 제1호에 해당하는 사람이 예비후보자 · 후보자의 배우자인 경우와 제4호부터 제8호까지의 규정에 해당하는 사람이 예비후보자 · 후보자의 배우자이거나 후보자의 직계존비속 인 경우에는 그러하지 아니하다.
>
> 〈개정 1995.12.30., 1997.1.13., 2000.2.16., 2002.3.7., 2004.3.12., 2005.8.4., 2010.1.2 5., 2012.1.17., 2012.2.29., 2014.1.17., 2016.5.29.〉

1. 대한민국 국민이 아닌 자. 다만, 제15조제2항제3호에 따른 외국인이 해당 선거에서 선거운동을 하는 경우에는 그러하지 아니하다.

2. 미성년자(19세 미만의 자를 말한다. 이하 같다)

3. 제18조(選擧權이 없는 者)제1항의 규정에 의하여 선거권이 없는 자

4. 「국가공무원법」제2조(公務員의 구분)에 규정된 국가공무원과 「지방공무원법」제2조(公務員의 구분)에 규정된 지방공무원. 다만, 「정당법」제22조(발기인 및 당원의 자격)제1항제1호단서의 규정에 의하여 정당의 당원이 될 수 있는 공무원(國會議員과 地方議會議員 외의 政務職公務員을 제외한다)은 그러하지 아니하다.

5. 제53조(公務員 등의 立候補)제1항제2호 내지 제8호에 해당하는 자(第4號 내지 第6號의 경우에는 그 常勤職員을 포함한다)

6. 예비군 중대장급 이상의 간부

7. 통·리·반의 장 및 읍·면·동주민자치센터(그 명칭에 관계없이 읍·면·동사무소 기능전환의 일환으로 조례에 의하여 설치된 각종 문화·복지·편익시설을 총칭한다. 이하 같다)에 설치된 주민자치위원회(주민자치센터의 운영을 위하여 조례에 의하여 읍·면·동사무소의 관할구역별로 두는 위원회를 말한다. 이하 같다) 위원

8. 특별법에 의하여 설립된 국민운동단체로서 국가 또는 지방자치단체의 출연 또는 보조를 받는 단체(바르게살기運動協議會·새마을運動協議會·韓國自由總聯盟을 말한다)의 상근임·직원 및 이들 단체 등(市·道組織 및 區·市·郡組織을 포함한다)의 대표자

9. 선상투표신고를 한 선원이 승선하고 있는 선박의 선장

법 제57조의6제1항을 위반하여 당내경선에서 경선운동을 한 사람은 3년 이하의 징역 또는 600만원 이하의 벌금에 처한다(제255조제1항제1호).

제57조의7 위탁하는 당내경선에 있어서의 이의제기

제57조의7(위탁하는 당내경선에 있어서의 이의제기) 정당이 제57조의4에 따라 당내경선을 위탁하여 실시하는 경우에는 그 경선 및 선출의 효력에 대한 이의제기는 당해 정당에 하여야 한다. 〈개정 2010.1.25.〉

[본조신설 2005.8.4.]

[제57조의6에서 이동 〈2010.1.25.〉]

제57조의8 당내경선 등을 위한 휴대전화 가상번호의 제공

제57조의8(당내경선 등을 위한 휴대전화 가상번호의 제공) ① 국회에 의석을 가진 정당은 다음 각 호의 어느 하나에 해당하는 경우에는 관할 선거관리위원회를 경유하여 이동통신사업자에게 이용자의 이동전화번호가 노출되지 아니하도록 생성한 번호(이하 "휴대전화 가상번호"라 한다)를 제공하여 줄 것을 서면(이하 "휴대전화 가상번호 제공요청서" 라 한다)으로 요청할 수 있다. 〈개정 2017.2.8.〉

1. 제57조의2제1항에 따른 당내경선의 경선선거인이 되려는 사람을 모집하거나 당내경선을 위한 여론조사를 실시하는 경우

2. 그 밖에 정당활동을 위하여 여론수렴이 필요한 경우

② 정당은 다음 각 호의 기간까지 관할 선거관리위원회에 휴대전화 가상번호 제공요청서를 제출하여야 하고, 관할 선거관리위원회는 해당 요청서의 기재사항을 심사한 후 제출받은 날부터 3일 이내에 해당 요청서를 이동통신사업자에게 송부하여야 한다. 〈개정 2017.2.8.〉

1. 제1항제1호에 따른 당내경선 : 해당 당내경선 선거일 전 23일까지

2. 제1항제2호에 따른 여론수렴 : 해당 여론수렴 기간 개시일 전 10일까지

③ 정당이 제1항에 따른 요청을 하는 경우에는 휴대전화 가상번호 제공요청서에 다음 각 호에 따른 사항을 적어야 한다. 〈개정 2017.2.8.〉

1. 제1항제1호에 따른 당내경선

   가. 당내경선의 선거명 · 선거구명

   나. 당내경선의 선거일

   다. 당내경선 실시 지역 및 경선선거인(당내경선을 위한 여론조사를 실시하는 경우에는 표본을 말한다. 이하 이 항에서 같다) 수

   라. 이동통신사업자별로 제공하여야 하는 성별 · 연령별 · 지역별 휴대전화 가상번호 수. 이 경우 제공을 요청할 수 있는 휴대전화 가상번호의 총수는 다목에 따른 경선선거인 수의 30배수를 초과할 수 없다.

   마. 그 밖에 중앙선거관리위원회규칙으로 정하는 사항

2. 제1항제2호에 따른 여론수렴

   가. 여론수렴의 목적 · 내용 및 기간

   나. 여론수렴 대상 지역 및 대상자 수

   다. 이동통신사업자별로 제공하여야 하는 성별 · 연령별 · 지역별 휴대전화 가상번호 수. 이 경우 제공을 요청할 수 있는 휴대전화 가상번호의 총수는 나목에 따른 대상자 수의 30배수를 초과할 수 없다.

라. 그 밖에 중앙선거관리위원회규칙으로 정하는 사항

④ 관할 선거관리위원회는 제출된 휴대전화 가상번호 제공요청서에 제3항에 따른 기재 사항이 누락되었거나 심사를 위하여 추가로 자료가 필요하다고 판단되는 때에는 해당 정당에 휴대전화 가상번호 제공요청서의 보완 또는 자료의 제출을 요구할 수 있으며, 그 요구를 받은 정당은 지체 없이 이에 따라야 한다. 〈개정 2017.2.8.〉

⑤ 이동통신사업자가 제1항에 따른 요청을 받은 때에는 그 요청을 받은 날부터 7일 이내에 휴대전화 가상번호 제공요청서에 따라 휴대전화 가상번호를 생성하여 유효기간을 설정한 다음 관할 선거관리위원회를 경유하여 해당 정당에 제공하여야 한다. 다만, 이동통신사업자는 이용자 수의 부족 등으로 제공할 수 있는 휴대전화 가상번호 수가 제공하여야 하는 휴대전화 가상번호 수보다 적은 때에는 지체 없이 관할 선거관리위원회에 통보하여야 하고, 관할 선거관리위원회는 중앙선 거관리위원회규칙으로 정하는 바에 따라 해당 정당과 협의하여 제공하여야 하는 휴대전화 가상번호 수를 조정할 수 있다. 〈개정 2017.2.8.〉

⑥ 이동통신사업자는 중앙선거관리위원회규칙으로 정하는 바에 따라 이용자에게 정당의 당내경선이나 여론수렴 등을 위하여 본인의 이동전화번호가 정당에 휴대전화 가상번호로 제공된다는 사실과 그 제공을 거부할 수 있다는 사실을 알려야 한다. 〈개정 2017.2.8.〉

⑦ 이동통신사업자(그 대표자 및 구성원을 포함한다)가 제5항에 따라 휴대전화 가상번호를 제공할 때에는 다음 각 호의 어느 하나에 해당하는 행위를 하여서는 아니 된다. 〈개정 2017.2.8.〉

  1. 휴대전화 가상번호에 유효기간을 설정하지 아니하고 제공하거나 휴대전화 가상번호를 제공하는 날부터 당내경선의 선거일까지의 기간(당내경선을 위한 여론조사를 실시하는 경우에는 그 여론조사기간을 말한다)이나 여론수렴 기간을 초과하는 유효기간을 설정하여 제공하는 행위

  2. 요청받은 휴대전화 가상번호 수를 초과하여 휴대전화 가상번호를 제공하는 행위

  3. 휴대전화 가상번호, 이용자의 성(性)·연령·거주지역 정보 외의 정보를 제공하는 행위. 이 경우 연령과 거주지역 정보의 범위에 대하여는 중앙선거관리위원회규칙으로 정한다.

  4. 휴대전화 가상번호의 제공을 요청한 정당 외의 자에게 휴대전화 가상번호를 제공하는 행위

  5. 제6항에 따른 고지를 받고 명시적으로 거부의사를 밝힌 이용자의 휴대전화 가상번호를 제공하는 행위

  6. 여론조사의 결과에 영향을 미치게 하기 위하여 특정 정당 또는 후보자가 되려는 사람에게 유리 또는 불리하도록 휴대전화 가상번호를 생성하여 제공하는 행위

⑧ 정당은 제5항에 따라 제공받은 휴대전화 가상번호를 제1항에 따른 여론조사를 실시하거나 여론수렴을 하기 위하여 여론조사 기관·단체에 제공할 수 있다. 〈개정 2017.2.8.〉

⑨ 제5항본문 또는 제8항에 따라 휴대전화 가상번호를 제공받은 정당(그 대표자 및 구성원을 포함한다) 또는 여론조사 기관·단체(그 대표자 및 구성원을 포함한다)는 다음 각 호의 어느 하나에 해당하는 행위를 하여서는 아니 된다. 〈개정 2017.2.8.〉

    1. 제공받은 휴대전화 가상번호를 제1항에 따른 여론조사를 실시하거나 여론수렴을 하기 위한 목적 외의 다른 목적으로 사용하는 행위

    2. 제공받은 휴대전화 가상번호를 다른 자에게 제공하는 행위

⑩ 휴대전화 가상번호를 제공받은 자(그 대표자 및 구성원을 포함한다)는 유효기간이 지난 휴대전화 가상번호를 즉시 폐기하여야 한다. 〈개정 2017.2.8.〉

⑪ 이동통신사업자가 제5항에 따라 휴대전화 가상번호를 생성하여 제공하는 데 소요되는 비용은 휴대전화 가상번호의 제공을 요청한 해당 정당이 부담한다. 이 경우 이동통신사업자는 휴대전화 가상번호 생성·제공에 소요되는 최소한의 비용을 청구하여야 한다. 〈개정 2017.2.8.〉

⑫ 누구든지 휴대전화 가상번호를 제공한 이동통신사업자에게 당내경선의 결과·효력이나 여론수렴의 결과에 대하여 이의를 제기할 수 없다. 〈개정 2017.2.8.〉

⑬ 휴대전화 가상번호 제공요청 방법과 절차, 휴대전화 가상번호의 유효기간 설정, 휴대전화 가상번호 제공요청서 서식, 관할 선거관리위원회, 그 밖에 필요한 사항은 중앙 선거관리위원회규칙으로 정한다. 〈개정 2017.2.8.〉

[본조신설 2016.1.15.]

[제목개정 2017.2.8.]

법 제57조의8제7항제3호를 위반하여 이용자의 정보를 제공한 자, 같은 항제4호를 위반하여 해당 정당 또는 선거여론조사기관 외의 자에게 휴대전화 가상번호를 제공한 자, 같은 항제5호를 위반하여 명시적으로 거부의사를 밝힌 이용자의 휴대전화 가상번호를 제공한 자 또는 같은 항제6호를 위반하여 휴대전화 가상번호를 생성하여 제공한 자, 같은 조 제9항제1호를 위반하여 휴대전화 가상번호를 제57조의8제1항에 따른 여론조사·여론수렴 또는 제108조의2제1항에 따른 여론조사가 아닌 목적으로 사용하거나 제57조의8제9항제2호를 위반하여 다른 자에게 제공한 자, 제57조의8제10항을 위반하여 유효기간이 지난 휴대전화 가상번호를 즉시 폐기하지 아니한 자는 3년 이하의 징역 또는 600만원 이하의 벌금에 처한다(제256조제1항제1호·제2호·제3호).

법 제57조의8제7항제1호를 위반하여 휴대전화 가상번호에 유효기간을 설정하지 아니하고 제공하거나 휴대전화 가상번호를 제공하는 날부터 당내경선의 선거일까지의 기간, 여

론수렴 기간 또는 여론조사 기간을 초과하는 유효기간을 설정하여 제공한 자 또는 같은 항 제2호를 위반하여 요청받은 휴대전화 가상번호 수를 초과하여 휴대전화 가상번호를 제공한 자는 2년 이하의 징역 또는 400만원 이하의 벌금에 처한다(제256조제3항제1호하목).

제7장 선거운동

제58조 정의 등

> **제58조(정의 등)** ① 이 법에서 "선거운동"이라 함은 당선되거나 되게 하거나 되지 못하게 하기
> 위한 행위를 말한다. 다만, 다음 각 호의 어느 하나에 해당하는 행위는 선거운동으로 보지 아니한
> 다. 〈개정 2000.2.16., 2012.2.29., 2013.8.13.〉
>
> 1. 선거에 관한 단순한 의견개진 및 의사표시
> 2. 입후보와 선거운동을 위한 준비행위
> 3. 정당의 후보자추천에 관한 단순한 지지·반대의 의견개진 및 의사표시
> 4. 통상적인 정당활동
> 5. 삭제 〈2014.5.14.〉
> 6. 설날·추석 등 명절 및 석가탄신일·기독탄신일 등에 하는 의례적인 인사말을 문자메시지
>   로 전송하는 행위
>
> ② 누구든지 자유롭게 선거운동을 할 수 있다. 그러나 이 법 또는 다른 법률의 규정에 의하여
> 금지 또는 제한되는 경우에는 그러하지 아니하다.

관련 판례

선거운동의 자유와 공정 및 기회균등을 꾀하고, 정치인의 통상적인 정치활동을 보장할 필요성,
죄형법정주의 원칙에서 파생되는 형벌법규의 엄격해석의 원칙, 구 공직선거법(2014. 1. 17. 법률
제12267호로 개정되기 전의 것, 이하 '공직선거법'이라고 한다)의 전체적인 체계에서 선거운동이
차지하는 위치 및 다른 개별적 금지규정의 내용 등에 비추어 볼 때 공직선거법상 선거운동의 의미와
금지되는 선거운동의 범위는 다음과 같은 구체적인 기준에 따라 판단하는 것이 타당하다.
'선거운동'은 특정 선거에서 특정 후보자의 당선 또는 낙선을 도모한다는 목적의사가 객관적으로
인정될 수 있는 행위를 말하는데, 이에 해당하는지는 행위를 하는 주체 내부의 의사가 아니라 외부에
표시된 행위를 대상으로 객관적으로 판단하여야 한다. 따라서 행위가 당시의 상황에서 객관적으로

보아 그와 같은 목적의사를 실현하려는 행위로 인정되지 않음에도 행위자가 주관적으로 선거를 염두에 두고 있었다거나, 결과적으로 행위가 단순히 선거에 영향을 미친다거나 또는 당선이나 낙선을 도모하는 데 필요하거나 유리하다고 하여 선거운동에 해당한다고 할 수 없다. 또 선거 관련 국가기관이나 법률전문가의 관점에서 사후적·회고적인 방법이 아니라 일반인, 특히 선거인의 관점에서 행위 당시의 구체적인 상황에 기초하여 판단하여야 하므로, 개별적 행위들의 유기적 관계를 치밀하게 분석하거나 법률적 의미와 효과에 치중하기보다는 문제된 행위를 경험한 선거인이 행위 당시의 상황에서 그러한 목적의사가 있음을 알 수 있는지를 살펴보아야 한다.

위와 같은 목적의사는 특정한 선거에 출마할 의사를 밝히면서 그에 대한 지지를 부탁하는 등의 명시적인 방법뿐만 아니라 당시의 객관적 사정에 비추어 선거인의 관점에서 특정 선거에서 당선이나 낙선을 도모하려는 목적의사를 쉽게 추단할 수 있을 정도에 이른 경우에도 인정할 수 있다. 위와 같은 목적의사가 있었다고 추단하려면, 단순히 선거와의 관련성을 추측할 수 있다거나 선거에 관한 사항을 동기로 하였다는 사정만으로는 부족하고 특정 선거에서의 당락을 도모하는 행위임을 선거인이 명백히 인식할 만한 객관적인 사정에 근거하여야 한다. 그러한 목적의사를 가지고 하는 행위인지는 단순히 행위의 명목뿐만 아니라 행위의 태양, 즉 행위가 행하여지는 시기·장소·방법 등을 종합적으로 관찰하여 판단하여야 한다. 특히, 공직선거법이 선거일과의 시간적 간격에 따라 특정한 행위에 대한 규율을 달리하고 있는 점과 문제가 된 행위가 이루어진 시기에 따라 동일한 행위라도 선거인의 관점에서는 선거와의 관련성이 달리 인식될 수 있는 점 등에 비추어, 행위를 한 시기가 선거일에 가까우면 가까울수록 명시적인 표현 없이도 다른 객관적 사정을 통하여 당해 선거에서의 당선 또는 낙선을 도모하는 의사가 있다고 인정할 수 있으나, 선거가 실시되기 오래전에 행해져서 시간적으로 멀리 떨어진 행위라면 단순히 선거와의 관련성을 추측할 수 있다는 것만으로 당해 선거에서의 당락을 도모하는 의사가 표시된 것으로 인정될 수는 없다.

선거운동은 대상인 선거가 특정되는 것이 중요한 개념표지이므로 문제된 행위가 특정 선거를 위한 것임이 인정되어야만 선거운동에 해당하는데, 행위 당시의 상황에서 특정 선거의 실시에 대한 예측이나 확정 여부, 행위의 시기와 특정 선거일 간의 시간적 간격, 행위의 내용과 당시의 상황, 행위자와 후보자의 관계 등 여러 객관적 사정을 종합하여 선거인의 관점에서 문제된 행위가 특정 선거를 대상으로 하였는지를 합리적으로 판단하여야 한다. 한편 정치인은 누구나 기회가 오면 장래의 적절한 선거에 출마하여 당선될 것을 목표로 삼고 있는 사람이고, 선거운동은 특정한 선거에서 당락을 목표로 하는 행위이므로, 문제된 행위가 특정 선거를 위한 것이라고 인정하려면, 단순히 어떤 사람이 향후 언젠가 어떤 선거에 나설 것이라는 예측을 할 수 있는 정도로는 부족하고, 특정 선거를 전제로 선거에서 당락을 도모하는 행위임을 선거인이 명백히 인식할 수 있는 객관적 사정이 있어야 한다.

정치인이 일상적인 사회활동과 통상적인 정치활동의 일환으로 선거인과 접촉하여 자신의 인격에 대한 공감과 정치적 식견에 대한 찬성과 동의를 구하는 한편, 그들의 의견을 청취 · 수용하여 지지를 받을 수 있는 정책을 구상 · 수립하는 과정을 통하여 이른바 인지도와 긍정적 이미지를 제고하여 정치적 기반을 다지는 행위에도 위와 같은 판단 기준이 그대로 적용되어야 한다. 따라서 그와 같은 일상적인 사회활동과 통상적인 정치활동에 인지도와 긍정적 이미지를 높이려는 목적이 있다 하여도 행위가 특정한 선거를 목표로 하여 선거에서 특정인의 당선 또는 낙선을 도모하는 목적의사가 표시된 것으로 인정되지 않는 한 선거운동이라고 볼 것은 아니다.

문제된 행위가 단체 등을 통한 활동의 모습으로 나타나는 경우에는 단체 등의 설립 목적과 경위, 인적 구성, 활동의 시기, 방법, 내용과 규모 등을 추가적으로 고려하여 활동이 특정 선거에서 특정인의 당선 또는 낙선을 도모하는 목적의사에 따라 행해진 것이라는 점이 당해 선거인의 관점에서 객관적으로 인정되는지를 살펴보아야 한다. 단체 등의 목적 범위 내에서 통상적으로 행해지는 한도에서는 특별한 사정이 없는 한 그러한 활동이 특정인의 당선 또는 낙선을 목적으로 한 선거운동이라고 보아서는 아니 되고, 단체의 목적이나 활동 내용이 정치 이외의 다른 전형적인 사회활동을 하는 단체가 갖는 특성에 딱 들어맞지 않는다는 이유만으로 단체의 활동을 선거운동에 해당한다고 단정하여서도 아니 된다(대법원 2016. 8. 26. 선고 2015도11812 전원합의체 판결).

공직선거법(이하 '법'이라고만 한다)은 제58조제1항본문에서 "이 법에서 '선거운동'이라 함은 당선 되거나 되게 하거나 되지 못하게 하기 위한 행위를 말한다."고 규정하고, 제2조에서 "이 법은 대통령 선거 · 국회의원선거 · 지방의회의원 및 지방자치단체의 장의 선거(이하 '공직선거'라 한다)에 적용 한다."고 규정하면서도, 이와는 별도로 제57조의2제1항에서 "정당은 공직선거후보자를 추천하기 위하여 경선(이하 '당내경선'이라 한다)을 실시할 수 있다."고 규정하고, 제57조의3제1항본문에서 "정당이 당원과 당원이 아닌 자에게 투표권을 부여하여 실시하는 당내경선에서는 다음 각 호의 어느 하나에 해당하는 방법 외의 방법으로 경선운동을 할 수 없다."고 규정함으로써 '공직선거'와 '당내경선'을 명백히 구분하고 있다.

위와 같은 관련 규정의 내용, 체제, 입법 취지 등을 종합하면, '선거운동'은 공직선거에서의 당선 또는 낙선을 위한 행위를 말하고, 공직선거에 출마할 정당추천 후보자를 선출하기 위한 당내경선에 서의 당선 또는 낙선을 위한 행위는 '선거운동'에 해당하지 아니하며, 다만 당내경선에서의 당선 또는 낙선을 위한 행위라는 구실로 실질적으로는 공직선거에서의 당선 또는 낙선을 위한 행위를 하는 것으로 평가할 수 있는 예외적인 경우에 한하여 그 범위 내에서 선거운동으로 볼 수 있다(대법원 2003. 7. 8. 선고 2003도305 판결, 대법원 2012. 4. 13. 선고 2011도17437 판결 등 참조). 나아가 법 제57조의3제1항은 "정당이 당원과 당원이 아닌 자에게 투표권을 부여하여 실시하는 당내경선에 서는 다음 각 호의 어느 하나에 해당하는 방법 외의 방법으로 경선운동을 할 수 없다."고 규정함으로써 제한적으로나마 당내경선 과정에서 당원뿐만 아니라 경선선거인단으로 등록될 가능성이 있는 당원 아닌 일반 유권자를 상대로 한 경선운동을 허용하고 있는 점을 고려하면, 당내경선에서의 당선 또는 낙선을 위한 행위에 부수적으로 공직선거에서의 당선 또는 낙선을 도모하고자 하는 의사가 포함되어 있다는 사정만으로 그와 같은 행위가 '선거운동'에 해당하는 것으로 섣불리 단정하여서는 아니 된다(대법원 2013. 5. 9. 선고 2012도12172 판결).

제58조의2 투표참여 권유활동

제58조의2(투표참여 권유활동) 누구든지 투표참여를 권유하는 행위를 할 수 있다. 다만, 다음 각 호의 어느 하나에 해당하는 행위의 경우에는 그러하지 아니하다.

    1. 호별로 방문하여 하는 경우

    2. 사전투표소 또는 투표소로부터 100미터 안에서 하는 경우

    3. 특정 정당 또는 후보자(후보자가 되려는 사람을 포함한다. 이하 이 조에서 같다)를 지지·추천하거나 반대하는 내용을 포함하여 하는 경우

    4. 현수막 등 시설물, 인쇄물, 확성장치·녹음기·녹화기(비디오 및 오디오기기를 포함한다), 어깨띠, 표찰, 그 밖의 표시물을 사용하여 하는 경우(정당의 명칭이나 후보자의 성명·사진 또는 그 명칭·성명을 유추할 수 있는 내용을 나타내어 하는 경우에 한정한다)

[본조신설 2014.5.14.]

이 법에 규정되지 아니한 방법으로 제58조의2단서를 위반하여 투표참여를 권유하는 행위를 한 자는 2년 이하의 징역 또는 400만원 이하의 벌금에 처한다(제256조제3항제3호).

제59조 선거운동기간

제59조(선거운동기간) 선거운동은 선거기간개시일부터 선거일 전일까지에 한하여 할 수 있다. 다만, 다음 각 호의 어느 하나에 해당하는 경우에는 그러하지 아니하다.
〈개정 2004.3.12., 2005.8.4., 2011.7.28., 2012.2.29., 2017.2.8.〉

    1. 제60조의3(예비후보자 등의 선거운동)제1항 및 제2항의 규정에 따라 예비후보자 등이 선거운동을 하는 경우

    2. 문자메시지를 전송하는 방법으로 선거운동을 하는 경우. 이 경우 자동 동보통신의 방법(동시 수신대상자가 20명을 초과하거나 그 대상자가 20명 이하인 경우에도 프로그램을 이용하여

수신자를 자동으로 선택하여 전송하는 방식을 말한다. 이하 같다)으로 전송할 수 있는
자는 후보자와 예비후보자에 한하되, 그 횟수는 8회(후보자의 경우 예비후보자로서 전송한
횟수를 포함한다)를 넘을 수 없으며, 중앙선거관리위원회규칙에 따라 신고한 1개의 전화번
호만을 사용하여야 한다.

3. 인터넷 홈페이지 또는 그 게시판·대화방 등에 글이나 동영상 등을 게시하거나 전자우편(컴
퓨터 이용자끼리 네트워크를 통하여 문자·음성·화상 또는 동영상 등의 정보를 주고받는
통신시스템을 말한다. 이하 같다)을 전송하는 방법으로 선거운동을 하는 경우. 이 경우
전자우편 전송대행업체에 위탁하여 전자우편을 전송할 수 있는 사람은 후보자와 예비후보
자에 한한다.

[제목개정 2011.7.28.]

제60조의3(예비후보자 등의 선거운동) ① 예비후보자는 다음 각 호의 어느 하나에 해당하는 방법으
로 선거운동을 할 수 있다.

〈개정 2005.8.4., 2008.2.29., 2010.1.25., 2011.7.28., 2012.1.17., 2017.2.8.〉

1. 제61조(선거운동기구의 설치)제1항 및 제6항단서의 규정에 의하여 선거사무소를 설치하거
나 그 선거사무소에 간판·현판 또는 현수막을 설치·게시하는 행위

2. 자신의 성명·사진·전화번호·학력(정규학력과 이에 준하는 외국의 교육과정을 이수한
학력을 말한다. 이하 제4호에서 같다)·경력, 그 밖에 홍보에 필요한 사항을 게재한 길이
9센티미터 너비 5센티미터 이내의 명함을 직접 주거나 지지를 호소하는 행위. 다만, 선박·
정기여객자동차·열차·전동차·항공기의 안과 그 터미널·역·공항의 개찰구 안, 병
원·종교시설·극장의 안에서 주거나 지지를 호소하는 행위는 그러하지 아니하다.

3. 삭제 〈2012.2.29.〉

4. 선거구 안에 있는 세대수의 100분의 10에 해당하는 수 이내에서 자신의 사진·성명·
전화번호·학력·경력, 그 밖에 홍보에 필요한 사항을 게재한 인쇄물(이하 "예비후보자
홍보물"이라 한다)을 작성하여 관할 선거관리위원회로부터 발송대상·매수 등을 확인 받
은 후 선거기간개시일 전 3일까지 중앙선거관리위원회규칙이 정하는 바에 따라 우편발송하
는 행위. 이 경우 대통령선거 및 지방자치단체의 장선거의 예비후보자는 표지를 포함한
전체면수의 100분의 50 이상의 면수에 선거공약 및 이에 대한 추진 계획으로 각 사업의
목표·우선순위·이행절차·이행기한·재원조달방안을 게재하여야 하며, 이를 게재한
면에는 다른 정당이나 후보자가 되려는 자에 관한 사항을 게재할 수 없다.

5. 선거운동을 위하여 어깨띠 또는 예비후보자임을 나타내는 표지물을 착용하는 행위

6. 전화를 이용하여 송·수화자 간 직접 통화하는 방식으로 지지를 호소하는 행위

7. 삭제 〈2012.2.29.〉

② 다음 각 호의 어느 하나에 해당하는 사람은 예비후보자의 선거운동을 위하여 제1항제2호에 따른 예비후보자의 명함을 직접 주거나 예비후보자에 대한 지지를 호소할 수 있다. 〈개정 2010.1.25., 2017.2.8.〉

1. 예비후보자의 배우자와 직계존비속

2. 예비후보자와 함께 다니는 선거사무장·선거사무원 및 제62조제4항에 따른 활동보조인

3. 예비후보자가 그와 함께 다니는 사람 중에서 지정한 1명

법 제59조제2호후단을 위반하여 후보자 또는 예비후보자가 아닌 자로서 자동 동보통신의 방법으로 문자메시지를 전송한 자, 같은 조 같은 호후단을 위반하여 8회를 초과하여 자동 동보통신의 방법으로 문자메시지를 전송한 자, 같은 조제3호후단을 위반하여 후보자 또는 예비후보자가 아닌 자로서 전송대행업체에 위탁하여 전자우편을 전송한 자는 2년 이하의 징역 또는 400만원 이하의 벌금에 처한다(제256조제3항제1호나목).

법 제59조제2호후단을 위반하여 신고한 전화번호가 아닌 전화번호를 정당한 이유 없이 사용하여 자동 동보통신의 방법으로 문자메시지를 전송한 사람에게는 1천만원 이하의 과태료를 부과한다(제261조제3항제2호).

제60조 선거운동을 할 수 없는 자

제60조(선거운동을 할 수 없는 자) ① 다음 각 호의 어느 하나에 해당하는 사람은 선거운동을 할 수 없다. 다만, 제1호에 해당하는 사람이 예비후보자·후보자의 배우자인 경우와 제4호부터 세8호까지의 규정에 해당하는 사람이 예비후보자·후보자의 배우자이거나 후보자의 직계존비속인 경우에는 그러하지 아니하다. 〈개정 1995.12.30., 1997.1.13., 2000.2.16., 2002.3.7., 2004.3.12., 2005.8.4., 2010.1.25., 2012.1.17., 2012.2.29., 2014.1.17., 2016.5.29.〉

1. 대한민국 국민이 아닌 자. 다만, 제15조제2항제3호에 따른 외국인[12]이 해당 선거에서 선거운동을 하는 경우에는 그러하지 아니하다.

2. 미성년자(19세 미만의 자를 말한다. 이하 같다)

3. 제18조(選擧權이 없는 者)제1항의 규정에 의하여 선거권이 없는 자

4. 「국가공무원법」 제2조(公務員의 구분)에 규정된 국가공무원과 「지방공무원법」 제2조(公

務員의 구분)에 규정된 지방공무원. 다만, 「정당법」 제22조(발기인 및 당원의 자격)제1항제1호단서의 규정에 의하여 정당의 당원이 될 수 있는 공무원(國會議員과 地方議會議員 외의 政務職公務員을 제외한다)은 그러하지 아니하다.

5. 제53조(公務員 등의 立候補)제1항제2호 내지 제8호에 해당하는 자(第4號 내지 第6號의 경우에는 그 常勤職員을 포함한다)

6. 예비군 중대장급 이상의 간부

7. 통·리·반의 장 및 읍·면·동주민자치센터(그 명칭에 관계없이 읍·면·동사무소 기능 전환의 일환으로 조례에 의하여 설치된 각종 문화·복지·편익시설을 총칭한다. 이하 같다)에 설치된 주민자치위원회(주민자치센터의 운영을 위하여 조례에 의하여 읍·면·동사무소의 관할구역별로 두는 위원회를 말한다. 이하 같다) 위원

8. 특별법에 의하여 설립된 국민운동단체로서 국가 또는 지방자치단체의 출연 또는 보조를 받는 단체(바르게살기運動協議會·새마을運動協議會·韓國自由總聯盟을 말한다)의 상근임·직원 및 이들 단체 등(市·道組織 및 區·市·郡組織을 포함한다)의 대표자

9. 선상투표신고를 한 선원이 승선하고 있는 선박의 선장

② 각급 선거관리위원회 위원·예비군 중대장급 이상의 간부·주민자치위원회 위원 또는 통·리·반의 장이 선거사무장, 선거연락소장, 선거사무원, 제62조제4항에 따른 활동보조인, 회계책임자, 연설원, 대담·토론자 또는 투표참관인이나 사전투표참관인이 되고자 하는 때에는 선거일 전 90일(선거일 전 90일 후에 실시사유가 확정된 보궐선거등에서는 그 선거의 실시사유가 확정된 때부터 5일 이내)까지 그 직을 그만두어야 하며, 선거일 후 6월 이내(주민자치위원회 위원은 선거일까지)에는 종전의 직에 복직될 수 없다. 이 경우 그만둔 것으로 보는 시기에 관하여는 제53조제4항을 준용한다.

〈개정 2002.3.7., 2008.2.29., 2010.1.25., 2011.7.28., 2012.1.17., 2014.1.17., 2016.5.29.〉

[제목개정 2011.7.28.]

제18조(선거권이 없는 자) ① 선거일 현재 다음 각 호의 어느 하나에 해당하는 사람은 선거권이 없다. 〈개정 2004.3.12., 2005.8.4., 2015.8.13.〉

1. 금치산선고를 받은 자

2. 1년 이상의 징역 또는 금고의 형의 선고를 받고 그 집행이 종료되지 아니하거나 그 집행을 받지 아니하기로 확정되지 아니한 사람. 다만, 그 형의 집행유예를 선고받고 유예기간 중에 있는 사람은 제외한다.

3. 선거범, 「정치자금법」 제45조(정치자금부정수수죄) 및 제49조(선거비용 관련 위반행위에 관한 벌칙)에 규정된 죄를 범한 자 또는 대통령·국회의원·지방의회의원·지방자치단체

의 장으로서 그 재임중의 직무와 관련하여 「형법」(「특정범죄가중처벌 등에 관한 법률」 제2조에 의하여 가중처벌되는 경우를 포함한다) 제129조(수뢰, 사전수뢰) 내지 제132조 (알선수뢰)·「특정범죄가중처벌 등에 관한 법률」 제3조(알선수재)에 규정된 죄를 범한 자로서, 100만원 이상의 벌금형의 선고를 받고 그 형이 확정된 후 5년 또는 형의 집행유예의 선고를 받고 그 형이 확정된 후 10년을 경과하지 아니하거나 징역형의 선고를 받고 그 집행을 받지 아니하기로 확정된 후 또는 그 형의 집행이 종료되거나 면제된 후 10년을 경과하지 아니한 자(刑이 失效된 者도 포함한다)

4. 법원의 판결 또는 다른 법률에 의하여 선거권이 정지 또는 상실된 자

법 제60조(選擧運動을 할 수 없는 者)제1항의 규정에 위반하여 선거운동을 하거나 하게 한 자 또는 같은 조제2항의 규정에 위반하여 선거사무장 등으로 되거나 되게 한 자는 3년 이하의 징역 또는 600만원 이하의 벌금에 처한다(제255조제1항제2호).

관련 판례

언론인의 선거운동을 금지한 구 공직선거법(2010. 1. 25. 법률 제9974호로 개정되고, 2015. 12. 24. 법률 제13617호로 개정되기 전의 것. 이하 '구 공직선거법'이라 한다) 제60조제1항제5호 중 '제53조제1항제8호에 해당하는 자' 부분(이하 '금지조항'이라 한다)은 '대통령령으로 정하는 언론인' 이라고만 하여 '언론인'이라는 단어 외에 대통령령에서 정할 내용의 한계를 설정하지 않았다. 관련조 항들을 종합하여 보아도 방송, 신문, 뉴스통신 등과 같이 다양한 언론매체 중에서 어느 범위로 한정될지, 어떤 업무에 어느 정도 관여하는 자까지 언론인에 포함될 것인지 등을 예측하기 어렵다. 그러므로 금지조항은 포괄위임금지원칙을 위반한다.

심판대상조항들은 언론이 공직선거에 미치는 영향력과 언론인이 가져야 할 고도의 공익성과 사회 적 책임성에 근거하여 언론인의 선거 개입 내지 편향된 영향력 행사를 금지하여, 궁극적으로 선거의 공정성·형평성을 확보하기 위한 것으로 목적의 정당성을 인정할 수 있다. 그리고 일정 범위의 언론인에 대하여 일괄적으로 선거운동을 금지하는 것은 위와 같은 목적 달성에 적합한 수단이다. 그러나 언론인의 선거개입으로 인한 문제는 언론매체를 통한 활동의 측면에서 즉, 언론인으로서의 지위를 이용하거나 그 지위에 기초한 활동으로 인해 발생 가능한 것이므로, 언론매체를 이용하지

---

12) 제15조제2항제3호에 따른 외국인 : 「출입국관리법」 제10조에 따른 영주의 체류자격 취득일 후 3년이 경과한 외국인으로서 같은 법 제34조에 따라 해당 지방자치단체의 외국인등록대장에 올라 있는 사람을 말한다.

아니한 언론인 개인의 선거운동까지 전면적으로 금지할 필요는 없다. 심판대상조항들의 입법목적
은, 일정 범위의 언론인을 대상으로 언론매체를 통한 활동의 측면에서 발생 가능한 문제점을 규제하
는 것으로 충분히 달성될 수 있다. 그런데 인터넷신문을 포함한 언론매체가 대폭 증가하고, 시민이
언론에 적극 참여하는 것이 보편화된 오늘날 심판대상조항들에 해당하는 언론인의 범위는 지나치게
광범위하다. 또한, 구 공직선거법은 언론기관에 대하여 공정보도의무를 부과하고, 언론매체를 통한
활동의 측면에서 선거의 공정성을 해할 수 있는 행위에 대하여는 언론매체를 이용한 보도·논평,
언론 내부 구성원에 대한 행위, 외부의 특정후보자에 대한 행위 등 다양한 관점에서 이미 충분히
규제하고 있다. 따라서 심판대상조항들은 선거운동의 자유를 침해한다(헌법재판소 2016. 6. 30.
2013헌가1 결정).

제60조의2 예비후보자등록

제60조의2(예비후보자등록) ① 예비후보자가 되려는 사람(비례대표국회의원선거 및 비례대표지
방의회의원선거는 제외한다)은 다음 각 호에서 정하는 날(그 날 후에 실시사유가 확정된 보궐선거
등에 있어서는 그 선거의 실시사유가 확정된 때)부터 관할선거구 선거관리위원회에 예비후보자등
록을 서면으로 신청하여야 한다. 〈개정 2005.8.4., 2010.1.25.〉

    1. 대통령선거

       선거일 전 240일

    2. 지역구국회의원선거 및 시·도지사선거

       선거일 전 120일

    3. 지역구시·도의회의원선거, 자치구·시의 지역구의회의원 및 장의 선거

       선거기간개시일 전 90일

    4. 군의 지역구의회의원 및 장의 선거

       선거기간개시일 전 60일

② 제1항에 따라 예비후보자등록을 신청하는 사람은 다음 각 호의 서류를 제출하여야 하며, 제56조
제1항 각 호에 따른 해당 선거 기탁금의 100분의 20에 해당하는 금액을 중앙선거관리위원회규칙으
로 정하는 바에 따라 관할선거구 선거관리위원회에 기탁금으로 납부하여야 한다.
〈신설 2010.1.25.〉

    1. 중앙선거관리위원회규칙으로 정하는 피선거권에 관한 증명서류

    2. 전과기록에 관한 증명서류

    3. 제49조제4항제6호에 따른 학력에 관한 증명서(한글번역문을 첨부한다)

③ 제1항의 등록신청을 받은 선거관리위원회는 지체 없이 이를 수리하되, 제2항에 따른 기탁금과 전과기록에 관한 증명서류를 갖추지 아니한 등록신청은 수리할 수 없다. 이 경우 피선거권에 관한 증명서류가 첨부되지 아니한 경우에는 이를 수리하되, 피선거권에 관하여 확인이 필요하다고 인정되는 예비후보자에 대하여는 관계기관의 장에게 필요한 사항을 조회할 수 있으며, 그 조회를 받은 관계기관의 장은 지체 없이 해당 사항을 조사하여 회보하여야 한다.
〈개정 2010.1.25.〉

④ 예비후보자등록 후에 다음 각 호의 어느 하나에 해당하는 사유가 있는 때에는 그 예비후보자의 등록은 무효로 한다. 〈개정 2005.8.4., 2010.1.25.〉

  1. 피선거권이 없는 것이 발견된 때

  1의2. 제2항제2호에 따른 전과기록에 관한 증명서류를 제출하지 아니한 것이 발견된 때

  2. 제53조제1항부터 제3항까지 또는 제5항에 따라 그 직을 가지고 입후보할 수 없는 자에 해당하는 것이 발견된 때

  3. 제57조의2제2항 본문 또는 제266조제2항·제3항에 따라 후보자가 될 수 없는 자에 해당하는 것이 발견된 때

  4. 다른 법률에 따라 공무담임이 제한되는 사람이나 후보자가 될 수 없는 사람에 해당하는 것이 발견된 때

⑤ 제52조제3항의 규정은 예비후보자등록에 준용한다. 이 경우 "후보자"는 "예비후보자"로 본다.
〈개정 2010.3.12.〉

⑥ 예비후보자가 사퇴하고자 하는 때에는 직접 당해 선거구 선거관리위원회에 서면으로 신고하여야 한다. 〈개정 2010.1.25.〉

⑦ 제49조에 따라 후보자로 등록한 자[3]는 선거기간개시일 전일까지 예비후보자를 겸하는 것으로 본다. 이 경우 선거운동은 예비후보자의 예에 따른다.
〈신설 2005.8.4., 2010.1.25., 2011.7.28.〉

⑧ 예비후보자의 전과기록조회 및 회보에 관하여는 제49조제10항을 준용한다. 이 경우 "선거기간개시일 전 150일"은 "선거기간개시일 전 150일(대통령선거의 경우 예비후보자등록신청개시일 전 60일을 말한다)"로 본다. 〈신설 2010.1.25.〉

⑨ 제1항의 등록신청을 받은 선거관리위원회는 중앙선거관리위원회규칙으로 정하는 바에 따라 해당 예비후보자의 당적보유 여부를 정당에 요청하여 조회할 수 있으며, 그 요청을 받은 정당은 이를 확인하여 지체 없이 해당 선거관리위원회에 회보하여야 한다. 〈신설 2015.8.13.〉

⑩ 관할선거구 선거관리위원회는 제2항제2호 및 제3호와 제8항에 따라 제출받거나 회보받은 서류를 선거구민이 알 수 있도록 공개하여야 한다. 다만, 후보자등록신청 개시일 이후에는 이를 공개하지 아니한다(제49조제12항에 따라 공개하는 경우는 제외한다). 〈신설 2015.8.13.〉

⑪ 예비후보자가 제49조에 따라 후보자로 등록하지 않은 때에는 후보자등록마감일의 등록마감시 각 후부터 예비후보자의 지위를 상실한다. 〈신설 2017.3.9.〉

⑫ 예비후보자등록신청서의 서식, 피선거권에 관한 증명서류, 제출·회보받은 서류의 공개방법, 그 밖에 필요한 사항은 중앙선거관리위원회규칙으로 정한다.

〈개정 2010.1.25., 2015.8.13., 2017.3.9.〉

[본조신설 2004.3.12.]

제49조(후보자등록 등) ⑩ 후보자가 되고자 하는 자 또는 정당은 선거기간개시일 전 150일부터 본인 또는 후보자가 되고자 하는 소속 당원의 전과기록을 국가경찰관서의 장에게 조회할 수 있으며, 그 요청을 받은 국가경찰관서의 장은 지체 없이 그 전과기록을 회보(回報)하여야 한다. 이 경우 회보받은 전과기록은 후보자등록시 함께 제출하여야 하며 관할선거구 선거관리위원회는 그 확인이 필요하다고 인정되는 후보자에 대하여는 후보자등록마감 후 지체 없이 해당 선거구를 관할하는 검찰청의 장에게 그 후보자의 전과기록을 조회할 수 있고, 당해 검찰청의 장은 그 전과기록의 진위여부를 지체 없이 회보하여야 한다.

〈개정 2002.3.7., 2004.3.12., 2005.8.4., 2006.2.21., 2011.7.28.〉

⑫ 관할선거구 선거관리위원회는 제4항제2호부터 제7호까지와 제10항의 규정에 의하여 제출받거나 회보받은 서류를 선거구민이 알 수 있도록 공개하여야 한다. 다만, 선거일 후에는 이를 공개하여서는 아니된다. 〈신설 2002.3.7., 2004.3.12., 2014.2.13.〉

법 제60조의2제2항에서 말하는 "제56조제1항 각 호에 따른 해당 선거 기탁금"이란 대통령선거는 3억원, 국회의원선거는 1천500만원, 시·도의회의원선거는 300만원, 시·도지사선거는 5천만원, 자치구·시·군의 장선거는 1천만원, 자치구·시·군의원선거는 200만원을 각각 말한다.

제60조의3 예비후보자 등의 선거운동

제60조의3(예비후보자 등의 선거운동) ① 예비후보자는 다음 각 호의 어느 하나에 해당하는 방법으로 선거운동을 할 수 있다.

---

13) 제49조에 따라 후보자로 등록한 자 : 대통령선거, 국회의원선거, 지방자치단체의 의회의원선거 및 지방자치단체의 장의 선거에 등록한 자를 말한다.

<개정 2005.8.4., 2008.2.29., 2010.1.25., 2011.7.28., 2012.1.17., 2017.2.8.>

1. 제61조(선거운동기구의 설치)제1항 및 제6항단서의 규정에 의하여 선거사무소를 설치하거나 그 선거사무소에 간판·현판 또는 현수막을 설치·게시하는 행위

2. 자신의 성명·사진·전화번호·학력(정규학력과 이에 준하는 외국의 교육과정을 이수한 학력을 말한다. 이하 제4호에서 같다)·경력, 그 밖에 홍보에 필요한 사항을 게재한 길이 9센티미터 너비 5센티미터 이내의 명함을 직접 주거나 지지를 호소하는 행위. 다만, 선박·정기여객자동차·열차·전동차·항공기의 안과 그 터미널·역·공항의 개찰구 안, 병원·종교시설·극장의 안에서 주거나 지지를 호소하는 행위는 그러하지 아니하다.

3. 삭제 <2012.2.29.>

4. 선거구 안에 있는 세대수의 100분의 10에 해당하는 수 이내에서 자신의 사진·성명·전화번호·학력·경력, 그 밖에 홍보에 필요한 사항을 게재한 인쇄물(이하 "예비후보자홍보물"이라 한다)을 작성하여 관할 선거관리위원회로부터 발송대상·매수 등을 확인 받은 후 선거기간개시일 전 3일까지 중앙선거관리위원회규칙이 정하는 바에 따라 우편발송하는 행위. 이 경우 대통령선거 및 지방자치단체의 장선거의 예비후보자는 표지를 포함한 전체면수의 100분의 50 이상의 면수에 선거공약 및 이에 대한 추진 계획으로 각 사업의 목표·우선순위·이행절차·이행기한·재원조달방안을 게재하여야 하며, 이를 게재한 면에는 다른 정당이나 후보자가 되려는 자에 관한 사항을 게재할 수 없다.

5. 선거운동을 위하여 어깨띠 또는 예비후보자임을 나타내는 표지물을 착용하는 행위

6. 전화를 이용하여 송·수화자 간 직접 통화하는 방식으로 지지를 호소하는 행위

7. 삭제 <2012.2.29.>

② 다음 각 호의 어느 하나에 해당하는 사람은 예비후보자의 선거운동을 위하여 제1항제2호에 따른 예비후보자의 명함을 직접 주거나 예비후보자에 대한 지지를 호소할 수 있다.
<개정 2010.1.25., 2017.2.8.>

1. 예비후보자의 배우자와 직계존비속

2. 예비후보자와 함께 다니는 선거사무장·선거사무원 및 제62조제4항에 따른 활동보조인

3. 예비후보자가 그와 함께 다니는 사람 중에서 지정한 1명

③ 제1항제4호에 따라 예비후보자홍보물을 우편발송하고자 하는 예비후보자는 그 발송 통수 이내의 범위 안에서 선거권자인 세대주의 성명·주소(이하 이 조에서 "세대주명단"이라 한다)의 교부를 구·시·군의 장에게 신청할 수 있으며, 신청을 받은 구·시·군의 장은 다른 법률의 규정에 불구하고 지체 없이 그 세대주명단을 작성·교부하여야 한다.
<신설 2005.8.4., 2008.2.29.>

④ 제3항의 규정에 따른 세대주명단의 교부신청은 후보자등록기간개시일 전 5일까지 서면으로

신청하여야 하며, 그 작성비용을 함께 납부하여야 한다. 〈신설 2005.8.4.〉

⑤ 제3항의 규정에 따라 교부된 세대주명단의 양도·대여 및 사용의 금지에 관하여는 제46조(명부사본의 교부)제4항의 규정을 준용한다. 이 경우 "명부"는 "세대주명단"으로 본다.
〈신설 2005.8.4., 2014.1.17.〉

⑥ 예비후보자홍보물의 규격·면수와 작성근거 등의 표시, 어깨띠·표지물의 규격, 세대주 명단의 교부신청과 비용납부 그 밖에 필요한 사항은 중앙선거관리위원회규칙으로 정한다.
〈신설 2005.8.4., 2008.2.29., 2010.1.25.〉

[본조신설 2004.3.12.]

[제목개정 2005.8.4.]

[2017.2.8. 법률 제14556호에 의하여 2013.11.28. 헌법재판소에서 위헌결정된 이 조제2항제3호를 개정함.]

제61조(선거운동기구의 설치) ① 선거운동 및 그 밖의 선거에 관한 사무를 처리하기 위하여 정당 또는 후보자는 다음 각 호에 따라 선거사무소와 선거연락소를, 예비후보자는 선거사무소를, 정당은 중앙당 및 시·도당의 사무소에 선거대책기구 각 1개씩을 설치할 수 있다.
〈개정 1995.4.1., 1995.5.10., 2000.2.16., 2004.3.12., 2005.8.4., 2014.1.17.〉

1. 대통령선거

정당 또는 후보자가 설치하되, 선거사무소 1개소와 시·도 및 구·시·군(하나의 區·市·郡이 2 이상의 國會議員地域區로 된 경우에는 國會議員地域區를 말한다. 이하 이 條에서 같다)마다 선거연락소 1개소

2. 지역구국회의원선거

후보자가 설치하되, 당해 국회의원지역구 안에 선거사무소 1개소. 다만, 하나의 국회의원지역구가 2 이상의 구·시·군으로 된 경우에는 선거사무소를 두지 아니하는 구·시·군마다 선거연락소 1개소

3. 비례대표국회의원선거 및 비례대표지방의회의원선거

정당이 설치하되, 선거사무소 1개소(比例代表市·道議員選擧의 경우에는 比例代表市·道議員候補者名簿를 제출한 시·도마다, 비례대표자치구·시·군의원선거의 경우에는 비례대표자치구·시·군의원후보자명부를 제출한 자치구·시·군마다 選擧事務所 1個所)

4. 지역구지방의회의원선거

후보자가 설치하되, 당해 선거구 안에 선거사무소 1개소

5. 시·도지사선거

후보자가 설치하되, 당해 시·도 안에 선거사무소 1개소와 당해 시·도 안의 구·시·군마

다 선거연락소 1개소

6. 자치구·시·군의 장선거

후보자가 설치하되, 당해 자치구·시·군 안에 선거사무소 1개소. 다만, 자치구가 아닌 구가 설치된 시에 있어서는 선거사무소를 두지 아니하는 구마다 선거연락소 1개소를 둘 수 있으며, 하나의 구·시·군이 2 이상의 국회의원지역구로 된 경우에는 선거사무소를 두지 아니하는 국회의원지역구마다 선거연락소 1개소를 둘 수 있다.

⑥ 선거사무소, 선거연락소 및 선거대책기구에는 중앙선거관리위원회규칙으로 정하는 바에 따라 선거운동을 위한 간판·현판 및 현수막, 제64조의 선거벽보, 제65조의 선거공보, 제66조의 선거공약서 및 후보자의 사진을 첩부할 수 있다. 다만, 예비후보자의 선거사무소에는 간판·현판 및 현수막에 한하여 설치·게시할 수 있다.

〈개정 2010.1.25., 2014.1.17.〉

법 제60조의3제2항제2호에서 말하는 "활동보조인"이란 「공직선거관리규칙」이 정하는 장애인 예비후보자 또는 장애인 후보자가 그의 활동을 보조하게 하기 위하여 선거운동을 할 수 있는 사람 중에서 선정한 1인의 활동보조인을 말한다(제62조제4항).

법 제60조의3제1항제4호후단을 위반하여 예비후보자홍보물을 작성한 자는 2년 이하의 징역 또는 400만원 이하의 벌금에 처한다(제255조제2항제1호).

제60조의4 예비후보자공약집

제60조의4(예비후보자공약집) ① 대통령선거 및 지방자치단체의 장선거의 예비후보자는 선거공약 및 이에 대한 추진계획으로 각 사업의 목표·우선순위·이행절차·이행기한·재원조달 방안을 게재한 공약집(도서의 형태로 발간된 것을 말하며, 이하 "예비후보자공약집"이라 한다) 1종을 발간·배부할 수 있으며, 이를 배부하려는 때에는 통상적인 방법으로 판매하여야 한다. 다만, 방문판매의 방법으로 판매할 수 없다.

② 제1항의 예비후보자가 선거공약 및 그 추진계획에 관한 사항 외에 자신의 사진·성명·학력(정규학력과 이에 준하는 외국의 교육과정을 이수한 학력을 말한다)·경력, 그 밖에 홍보에 필요한 사항을 예비후보자공약집에 게재하는 경우 그 게재면수는 표지를 포함한 전체면수의 100분의 10을 넘을 수 없으며, 다른 정당이나 후보자가 되려는 자에 관한 사항은 예비후보자공약집에 게재할 수 없다.

③ 예비후보자가 제1항에 따라 예비후보자공약집을 발간하여 판매하려는 때에는 발간 즉시 관할 선거구 선거관리위원회에 2권을 제출하여야 한다.

④ 예비후보자공약집의 작성근거 등의 표시와 제출, 그 밖에 필요한 사항은 중앙선거관리위원회 규칙으로 정한다.

[본조신설 2008.2.29.]

대통령선거 및 지방자치단체의 장선거의 예비후보자가 아닌 자로서 제60조의4제1항의 예비후보자공약집을 발간·배부한 자, 같은 항을 위반하여 1종을 넘어 예비후보자공약집을 발간·배부한 자, 같은 항을 위반하여 예비후보자공약집을 통상적인 방법으로 판매하지 아니하거나 방문판매의 방법으로 판매한 자, 같은 조제2항을 위반하여 예비후보자공약집을 발간·배부한 자는 2년 이하의 징역 또는 400만원 이하의 벌금에 처한다(제255조제2항제1의2호).

법 제60조의4제3항을 위반하여 예비후보자공약집을 제출하지 아니한 자에게는 100만원 이하의 과태료를 부과한다(제261조제8항제2의2호가목).

제61조 선거운동기구의 설치

제61조(선거운동기구의 설치) ① 선거운동 및 그 밖의 선거에 관한 사무를 처리하기 위하여 정당 또는 후보자는 다음 각 호에 따라 선거사무소와 선거연락소를, 예비후보자는 선거사무소를, 정당은 중앙당 및 시·도당의 사무소에 선거대책기구 각 1개씩을 설치할 수 있다. 〈개정 1995.4.1., 1995.5.10., 2000.2.16., 2004.3.12., 2005.8.4., 2014.1.17.〉

    1. 대통령선거

        정당 또는 후보자가 설치하되, 선거사무소 1개소와 시·도 및 구·시·군(하나의 區·市·郡이 2 이상의 國會議員地域區로 된 경우에는 國會議員地域區를 말한다. 이하 이 條에서 같다)마다 선거연락소 1개소

    2. 지역구국회의원선거

        후보자가 설치하되, 당해 국회의원지역구 안에 선거사무소 1개소. 다만, 하나의 국회의원지역구가 2 이상의 구·시·군으로 된 경우에는 선거사무소를 두지 아니하는 구·시·군마다 선거연락소 1개소

    3. 비례대표국회의원선거 및 비례대표지방의회의원선거

정당이 설치하되, 선거사무소 1개소(比例代表市·道議員選擧의 경우에는 比例代表市·道議員候補者名簿를 제출한 시·도마다, 비례대표자치구·시·군의원선거의 경우에는 비례대표자치구·시·군의원후보자명부를 제출한 자치구·시·군마다 選擧事務所 1個所)

4. 지역구지방의회의원선거

후보자가 설치하되, 당해 선거구 안에 선거사무소 1개소

5. 시·도지사선거

후보자가 설치하되, 당해 시·도 안에 선거사무소 1개소와 당해 시·도 안의 구·시·군마다 선거연락소 1개소

6. 자치구·시·군의 장선거

후보자가 설치하되, 당해 자치구·시·군 안에 선거사무소 1개소. 다만, 자치구가 아닌 구가 설치된 시에 있어서는 선거사무소를 두지 아니하는 구마다 선거연락소 1개소를 둘 수 있으며, 하나의 구·시·군이 2 이상의 국회의원지역구로 된 경우에는 선거사무소를 두지 아니하는 국회의원지역구마다 선거연락소 1개소를 둘 수 있다.

② 선거사무소 또는 선거연락소는 시·도 또는 구·시·군의 사무소 소재지가 다른 시·도 또는 구·시·군의 구역 안에 있는 때에는 제1항의 규정에 불구하고 그 시·도 또는 구·시·군의 사무소 소재지를 관할하는 시·도 또는 구·시·군의 구역 안에 설치할 수 있다.

③ 정당·정당추천후보자 또는 정당소속 예비후보자의 선거사무소와 선거연락소는 그에 대응하는 정당[제61조의2(정당선거사무소의 설치)의 규정에 의한 정당선거사무소를 포함한다]의 사무소가 있는 때에는 그 사무소에 둘 수 있다. 〈개정 2004.3.12.〉

④ 예비후보자가 제49조(후보자등록 등)의 규정에 의하여 후보자등록을 마친 때에는 당해 예비후보자의 선거사무소는 후보자의 선거사무소로 본다. 〈신설 2004.3.12.〉

⑤ 선거사무소와 선거연락소는 고정된 장소 또는 시설에 두어야 하며, 「식품위생법」에 의한 식품접객영업소 또는 「공중위생관리법」에 의한 공중위생영업소 안에 둘 수 없다.
〈개정 2000.2.16., 2005.8.4.〉

⑥ 선거사무소, 선거연락소 및 선거대책기구에는 중앙선거관리위원회규칙으로 정하는 바에 따라 선거운동을 위한 간판·현판 및 현수막, 제64조의 선거벽보, 제65조의 선거공보, 제66조의 선거공약서 및 후보자의 사진을 첨부할 수 있다. 다만, 예비후보자의 선거사무소에는 간판·현판 및 현수막에 한하여 설치·게시할 수 있다. 〈개정 2010.1.25., 2014.1.17.〉

⑦ 예비후보자가 그 신분을 상실한 때에는 제1항의 규정에 의하여 설치한 선거사무소를 폐쇄하여야 하며, 이를 폐쇄하지 아니한 경우 선거구 선거관리위원회는 당해 예비후보자에게 즉시 선거사무소의 폐쇄를 명하여야 한다. 〈신설 2004.3.12.〉

법 제61조(選擧運動機構의 設置)제1항의 규정에 위반하여 선거운동기구를 설치하거나 이를 설치하여 선거운동을 한 자는 3년 이하의 징역 또는 600만원 이하의 벌금에 처한다(제255조제1항제3호).

법 제61조(選擧運動機構의 設置)제5항의 규정에 위반하여 선거사무소나 선거연락소를 설치한 자, 같은 조제7항의 규정에 의하여 선거사무소의 폐쇄명령을 받고도 이를 이행하지 아니한 자는 1년 이하의 징역 또는 200만원 이하의 벌금에 처한다(제256조제5항제2호 · 제2의2호).

법 제61조제6항을 위반하여 선거사무소, 선거연락소 또는 선거대책기구에 간판 · 현판 · 현수막을 설치 · 게시하거나 하게 한 자에게는 100만원 이하의 과태료를 부과한다(제261조제8항제2호가목).

관련 판례

공직선거및선거부정방지법(이하 '공선법'이라 한다) 제61조제1항제2호에서 말하는 <u>선거사무소 또는 선거연락소라 함은 그 명칭여하를 불문하고 선거운동 기타 선거에 관한 사무를 처리하는 일체의 고정된 장소적 설비를 가리킨다</u>고 할 것이고, 이러한 선거사무소 또는 선거연락소의 수를 제한하는 취지가 재력 · 위력 또는 권력 등에 의하여 좌우되지 아니하는 공정한 선거를 도모하고자 함에 있는 점을 감안할 때, 선거사무소 · 선거연락사무소가 정당법 제3조단서 소정의 정당연락소와 구별되는 차이점은 결국 그 장소에서 취급하는 사무의 내용이 특정의 선거에 관하여 특정 후보자의 당선을 목적으로 표를 얻거나 얻게 하기 위하여 직접 또는 간접으로 필요하고도 유익한 선거운동 기타 선거에 관한 것인지 여부에 달려 있다고 할 것이고, 어떠한 구체적인 행위가 선거운동 기타 선거에 관련된 것인지 여부를 판단함에 있어서는 단지 그 행위의 명목에 의하여 형식적으로 결정하여서는 아니되고, 그 행위가 행하여진 시기 · 장소 · 방법 · 대상 등을 종합적으로 파악하여 그것이 특정 후보를 위한 투표획득에 직접 또는 간접으로 필요하고도 유리한 행위인지 여부를 실질적으로 판단하여야 한다(대법원 1999. 3. 9. 선고 98도3169 판결).

공직선거법 제89조제1항본문의 입법 취지는 후보자 간 선거운동기구의 형평성을 유지하고 각종 형태의 선거운동기구가 난립함으로 말미암은 과열경쟁 및 낭비를 방지하기 위한 것인 점, 구 공직선거법 제89조제1항단서가 '정당의 중앙당 및 시 · 도당의 사무소에 설치되는 각 1개의 선거대책기구'

의 설치를 허용하였던 것은 정당의 선거대책기구가 공직선거에 후보자를 추천 또는 지지함으로써 국민의 정치적 의사형성에 참여함을 그 기본목적으로 하는 정당의 내부기구적 성격이 강하다는 점을 고려한 결과이므로, 정당의 이러한 기구도 그 기구의 명의로 특정 후보자를 지지·추천·반대하는 선거운동행위를 하는 때에는 구 공직선거법 제89조제1항본문에 위반되는 점(대법원 1997. 12. 26. 선고 97도2249 판결 참조) 등에 비추어 보면, 개정 공직선거법 제89조제1항단서에서 말하는 '후보자 또는 예비후보자의 선거사무소에 설치되는 1개의 선거대책기구'라 함은 후보자 또는 예비후보자의 선거사무소에 설치되어 내부적 선거준비행위를 하는 기구만을 말하고 이를 넘어 선거인에게 영향을 미칠 목적으로 설치된 것은 포함되지 아니한다고 해석함이 상당하다(대법원 2013. 2. 28. 선고 2012도15689 판결).

제61조의2 정당선거사무소의 설치

제61조의2(정당선거사무소의 설치) ① 정당은 선거에 있어서 당해 선거에 관한 정당의 사무를 처리하기 위하여 다음 각 호에서 정하는 날(그 날 후에 실시사유가 확정된 보궐선거등에 있어서는 그 선거의 실시사유가 확정된 때)부터 선거일 후 30일까지 선거구 안에 있는 구·시·군(하나의 구·시·군이 2 이상의 국회의원지역구로 된 경우에는 국회의원지역구)마다 1개소의 정당선거사무소를 설치할 수 있다. 〈개정 2005.8.4.〉

  1. 대통령선거
     선거일 전 240일
  2. 국회의원선거 및 시·도지사선거
     선거일 전 120일
  3. 지방의회의원선거 및 자치구·시·군의 장선거
     선거기간개시일 전 60일

② 정당선거사무소에는 당원중에서 소장 1인을 두어야 하며, 2인 이내의 유급사무직원을 둘 수 있다.

③ 중앙당 또는 시·도당의 대표자는 정당선거사무소를 설치하는 때에는 지체 없이 관할 선거관리위원회에 다음 각 호의 사항을 서면으로 신고하여야 한다. 이 경우 신고사항의 변경이 있는 때에는 지체 없이 그 변경사항을 신고하여야 한다. 〈개정 2005.8.4.〉

  1. 설치연월일
  2. 사무소의 소재지와 명칭
  3. 소장의 성명·주소·주민등록번호

4. 사무소인(印)

④ 정당선거사무소에는 중앙선거관리위원회규칙으로 정하는 바에 따라 정당의 홍보에 필요한 사항을 게재한 간판 · 현판 · 현수막을 설치 · 게시할 수 있다. 〈개정 2010.1.25.〉

⑤ 정당선거사무소의 소장은 이 법 또는 다른 법률의 규정에 의한 신고 · 신청 · 제출 · 보고 · 추천 등에 관하여 당해 정당을 대표한다.

⑥ 정당은 선거일 후 30일이 지난 때에는 제1항의 규정에 의한 정당선거사무소를 즉시 폐쇄하여야 한다.

⑦ 제61조(선거운동기구의 설치)제2항 및 제5항의 규정은 정당선거사무소에 이를 준용한다. 이 경우 "선거사무소 또는 선거연락소"와 "선거사무소와 선거연락소"는 "정당선거사무소"로 본다.

[본조신설 2004.3.12.]

정당이 법 제61조의2(정당선거사무소의 설치)제1항의 규정을 위반하여 정당선거사무소를 설치하거나 같은 조제2항의 규정을 위반하여 소장 또는 유급사무직원을 둔 때에는 정당에 대하여는 1천만원 이하의 벌금에 처하고, 해당 정당의 대표자 · 간부 또는 소속 당원으로서 위반행위를 하거나 하게 한 자는 2년 이하의 징역 또는 400만원 이하의 벌금에 처한다(제256조제4항제10호).

법 제61조의2(정당선거사무소의 설치)제4항의 규정을 위반하여 정당선거사무소에 간판 · 현판 · 현수막을 설치 또는 게시하거나 하게 한 자에게는 100만원 이하의 과태료를 부과한다(제261조제8항제2호나목).

제62조 선거사무관계자의 선임

제62조(선거사무관계자의 선임) ① 제61조(選擧運動機構의 設置)의 선거사무소와 선거연락소를 설치한 자는 선거운동을 할 수 있는 자 중에서 선거사무소에 선거사무장 1인을, 선거연락소에 선거연락소장 1인을 두어야 한다.

② 선거사무장 또는 선거연락소장은 선거에 관한 사무를 처리하기 위하여 선거운동을 할 수 있는 자 중에서 다음 각 호에 의하여 선거사무원(제135조제1항본문에 따른 수당과 실비를 지급받는 선거사무원을 말한다. 이하 같다)을 둘 수 있다.

〈개정 1995.4.1., 1995.12.30., 1997.1.13., 1998.4.30., 2000.2.16., 2005.8.4., 2010.1.25.〉

1. 대통령선거

   선거사무소에 시·도 수의 6배수 이내와 시·도선거연락소에 당해 시·도 안의 구·시·
   군(하나의 區·市·郡이 2 이상의 國會議員地域區로 된 경우에는 國會議員地域區를 말한
   다. 이하 이 項에서 같다) 수(그 區·市·郡 數가 10 미만인 때에는 10人) 이내 및 구·시·군
   선거연락소에 당해 구·시·군 안의 읍·면·동 수 이내

2. 지역구국회의원선거 및 자치구·시·군의 장선거

   선거사무소와 선거연락소를 두는 구·시·군 안의 읍·면·동 수의 3배수에 5를 더한
   수 이내(선거연락소를 두지 아니하는 경우에는 선거연락소에 둘 수 있는 선거사무원의
   수만큼 선거사무소에 더 둘 수 있다)

3. 비례대표국회의원선거

   선거사무소에 시·도 수의 2배수 이내

4. 지역구시·도의원선거

   선거사무소에 10인 이내

5. 비례대표시·도의원선거

   선거사무소에 당해 시·도 안의 구·시·군의 수(算定한 數가 20 미만인 때에는 20人)
   이내

6. 시·도지사선거

   선거사무소에 당해 시·도 안의 구·시·군의 수(그 區·市·郡 數가 10 미만인 때에는
   10人) 이내와 선거연락소에 당해 구·시·군 안의 읍·면·동 수 이내

7. 지역구자치구·시·군의원선거

   선거사무소에 8명 이내

8. 비례대표자치구·시·군의원선거

   선거사무소에 당해 자치구·시·군 안의 읍·면·동 수 이내

③ 예비후보자는 선거운동을 할 수 있는 자 중에서 제1항에 따른 선거사무장을 포함하여 다음
각 호에 따른 수의 선거사무원을 둘 수 있다.
〈신설 2004.3.12., 2005.8.4., 2010.1.25.〉

1. 대통령선거

   10인 이내

2. 시·도지사선거

   5인 이내

3. 지역구국회의원선거 및 자치구·시·군의 장선거

   3인 이내

4. 지역구지방의회의원선거

2인 이내

④ 중앙선거관리위원회규칙으로 정하는 장애인 예비후보자 · 후보자는 그의 활동을 보조하기 위하여 선거운동을 할 수 있는 사람 중에서 1명의 활동보조인(이하 "활동보조인"이라 한다)을 둘 수 있다. 이 경우 활동보조인은 제2항 및 제3항에 따른 선거사무원수에 산입하지 아니한다. 〈신설 2010.1.25.〉

⑤ 제135조제1항단서의 규정에 의하여 수당을 지급받을 수 없는 정당의 유급사무직원, 국회의원과 그 보좌관 · 비서관 · 비서 또는 지방의회의원은 선거사무원이 된 경우에도 제2항의 선거사무원수에는 산입하지 아니한다. 〈개정 2000.2.16., 2010.1.25.〉

⑥ 선거사무장을 두지 아니한 경우에는 후보자(제2항제1호 · 제3호 · 제5호 및 제8호의 경우에는 정당의 회계책임자) 또는 예비후보자가 선거사무장을 겸한 것으로 본다. 〈개정 2004.3.12., 2005.8.4., 2010.1.25.〉

⑦ 같은 선거에 있어서는 2 이상의 정당 · 예비후보자 또는 후보자가 동일인을 함께 선거사무장 · 선거연락소장 또는 선거사무원으로 선임할 수 없다. 〈개정 1995.4.1., 2004.3.12., 2010.1.25.〉

⑧ 누구든지 이 법에 규정되지 아니한 방법으로 인쇄물 · 시설물, 그 밖의 광고물을 이용하여 선거운동을 하는 사람을 모집할 수 없다. 〈개정 2010.1.25.〉

법 제62조제1항부터 제4항까지의 규정을 위반하여 선거사무장 · 선거연락소장 · 선거사무원 또는 활동보조인을 선임한 자는 3년 이하의 징역 또는 600만원 이하의 벌금에 처한다(제255조제1항제4호).

법 제62조제7항을 위반하여 선거사무장 · 선거연락소장 또는 선거사무원을 선임한 자 또는 같은 조제8항을 위반하여 선거운동을 하는 자를 모집한 자는 1년 이하의 징역 또는 200만원 이하의 벌금에 처한다(제256조제5항제3호).

제63조 선거운동기구 및 선거사무관계자의 신고

제63조(선거운동기구 및 선거사무관계자의 신고) ① 정당·후보자 또는 예비후보자가 선거사무소와 선거연락소를 설치·변경한 때와 정당·후보자·예비후보자·선거사무장 또는 선거연락소장이 선거사무장·선거연락소장·선거사무원 또는 활동보조인(이하 이 조에서 "선거사무장등"이라 한다)을 선임하거나 해임한 때에는 지체 없이 관할선거관리위원회에 서면으로 신고하여야 한다. 이 경우 교체선임할 수 있는 선거사무원 수는 최초의 선임을 포함하여 제62조제2항 또는 제3항에 따른 선거사무원 수의 2배수를 넘을 수 없다.
〈개정 2004.3.12., 2010.1.25.〉
② 선거사무장등(회계책임자를 포함한다)은 해당 선거관리위원회가 교부하는 표지를 패용하고 선거운동을 하여야 한다. 〈개정 2010.1.25.〉
③ 선거관리위원회는 제2항에 따른 표지의 교부신청을 받은 때에는 즉시 이를 교부하여야 한다. 〈개정 2010.1.25.〉
④ 선거사무소와 선거연락소의 설치신고서, 선거사무장등의 선임신고서, 선거사무장등(회계책임자를 포함한다)의 표지 및 그 표지 분실 시 처리절차, 그 밖에 필요한 사항은 중앙선거관리위원회규칙으로 정한다. 〈개정 2010.1.25.〉

법 제63조(選擧運動機構 및 選擧事務關係者의 申告)제1항후단의 규정에 위반하여 선거사무원 수의 2배수를 넘어 두거나 두게 한 자는 1년 이하의 징역 또는 200만원 이하의 벌금에 처한다(제256조제5항제4호).

법 제63조제2항을 위반하여 표지를 패용하지 아니하고 선거운동을 하거나 하게 한 자에게는 100만원 이하의 과태료를 부과한다(제261조제8항제2호다목).

제64조 선거벽보

제64조(선거벽보) ① 선거운동에 사용하는 선거벽보에는 후보자의 사진(候補者만의 寫眞을 말한다)·성명·기호(제150조에 따라 투표용지에 인쇄할 정당 또는 후보자의 게재순위를 말한다. 이하 같다)·정당추천후보자의 소속정당명(無所屬候補者는 "無所屬"이라 표시한다)·경력[학력을 게재하는 경우에는 정규학력과 이에 준하는 외국의 교육과정을 이수한 학력 외에는 게재할 수 없다. 이 경우 정규학력을 게재하는 경우에는 졸업 또는 수료 당시의 학교명(중퇴한 경우에는 수학기간을 함께 기재하여야 한다)을 기재하고, 정규학력에 준하는 외국의 교육과정을 이수한

학력을 게재하는 때에는 그 교육과정명과 수학기간 및 학위를 취득한 때의 취득 학위명을 기재하여야 하며, 정규학력의 최종학력과 외국의 교육과정을 이수한 학력은 제49조제4항제6호에 따라학력증명서를 제출한 학력에 한하여 게재할 수 있다. 이하 같다]·정견 및 소속정당의 정강·정책그 밖의 홍보에 필요한 사항(地域區國會議員選擧에 있어서는 比例代表國會議員候補者名單을,地域區市·道議員選擧에 있어서는 비례대표시·도의원후보자명단을, 지역구자치구·시·군의원선거에 있어서는 비례대표자치구·시·군의원후보자명단을 포함하며, 候補者 외의 者의人物寫眞을 제외한다)을 게재하여 동에 있어서는 인구 500명에 1매, 읍에 있어서는 인구 250명에1매, 면에 있어서는 인구 100명에 1매의 비율을 한도로 작성·첨부한다. 다만, 인구밀집상태및 첨부장소 등을 감안하여 중앙선거관리위원회규칙으로 정하는 바에 따라 인구 1천명에 1매의비율까지 조정할 수 있다.
〈개정 1995.4.1., 1995.12.30., 1997.1.13., 1997.11.14., 1998.4.30., 2000.2.16., 2002.3.7., 2004.3.12., 2005.8.4., 2010.1.25.〉

② 제1항에 따른 선거벽보는 후보자(비례대표국회의원후보자와 비례대표지방의회의원후보자를 제외하며, 대통령선거에 있어서 정당추천후보자의 경우에는 그 추천정당을 말한다. 이하이 조에서 같다)가 작성하여 대통령선거는 후보자등록마감일 후 3일(제51조에 따른 추가등록의경우에는 추가등록마감일 후 2일 이내를 말한다)까지, 국회의원선거와 지방자치단체의 의회의원및 장의 선거는 후보자등록마감일 후 5일까지 첨부할 지역을 관할하는 구·시·군선거관리위원회에 제출하고, 해당 구·시·군선거관리위원회가 이를 확인하여 선거벽보 제출마감일 후 2일(대통령선거와 섬 및 산간오지지역의 경우는 3일)까지 첨부한다. 이 경우 선거벽보의 일부를제출하지 아니할 때에는 선거벽보를 첨부하지 아니할 지역(투표구를 단위로 한다)을 지정하여선거벽보의 제출시에 서면으로 신고하여야 하고, 선거벽보를 첨부하지 아니할 지역을 신고하지아니한 때에는 해당 구·시·군선거관리위원회가 그 지역을 지정한다.
〈개정 1995.4.1., 2000.2.16., 2005.8.4., 2010.1.25., 2011.7.28., 2012.1.17.〉

③ 관할선거구 선거관리위원회는 제2항에 따라 후보자가 작성하여 보관 또는 제출할 선거벽보의수량을 선거기간개시일 전 10일까지 공고하여야 한다. 이 경우 중앙선거관리위원회규칙으로정하는 바에 따라 일정한 수량을 가산할 수 있다.
〈개정 1995.12.30., 2004.3.12., 2010.1.25.〉

④ 후보자가 제2항에 따른 제출마감일까지 선거벽보를 제출하지 아니한 때와 규격을 넘거나미달하는 선거벽보를 제출한 때에는 그 선거벽보는 첨부하지 아니한다. 〈개정 2010.1.25.〉

⑤ 제2항에 따라 제출된 선거벽보는 정정 또는 철회할 수 없다. 다만, 후보자는 선거벽보에 게재된후보자의 성명·기호·소속 정당명과 경력·학력·학위·상벌(이하 "경력등"이라 한다)이 거짓으로 게재되어 있거나 이 법에 위반되는 내용이 게재되어 있음을 이유로 해당 선거구 선거관리위

원회에 서면으로 정정 또는 삭제를 요청할 수 있으며, 그 요청을 받은 선거구 선거관리위원회는 제2항에 따른 선거벽보 제출마감일까지 그 내용을 정정 또는 삭제하게 할 수 있다. 이 경우 해당 내용을 정정 또는 삭제하는 외에 새로운 내용을 추가하거나 종전의 배열방법 · 색상 · 규격 등을 변경할 수 없다. 〈개정 2010.1.25.〉

⑥ 누구든지 선거벽보의 내용 중 경력등에 관한 거짓 사실의 게재를 이유로 이의제기를 하는 때에는 해당 선거구 선거관리위원회를 거쳐 직근 상급선거관리위원회에 서면으로 하여야 하고, 이의제기를 받은 상급선거관리위원회는 후보자와 이의제기자에게 그 증명서류의 제출을 요구할 수 있으며, 그 증명서류의 제출이 없거나 거짓 사실임이 판명된 때에는 그 사실을 공고하여야 한다. 〈신설 2010.1.25.〉

⑦ 관할선거구 선거관리위원회는 제1항의 선거벽보에 다른 후보자, 그의 배우자 또는 직계존 · 비속이나 형제자매의 사생활에 대한 사실을 적시하여 비방하는 내용이 이 법에 위반된다고 인정하는 때에는 이를 고발하고 공고하여야 한다. 〈개정 2010.1.25.〉

⑧ 선거벽보를 인쇄하는 인쇄업자는 제3항의 선거벽보의 수량 외에는 이를 인쇄하여 누구에게도 제공할 수 없다. 〈개정 2010.1.25.〉

⑨ 후보자는 관할 구 · 시 · 군선거관리위원회가 첩부한 선거벽보가 오손되거나 훼손되어 보완첩부하고자 하는 때에는 제3항에 따라 공고된 수량의 범위에서 그 선거벽보 위에 덧붙여야 한다. 〈신설 1995.12.30., 2010.1.25.〉

⑩ 제1항에 따라 선거벽보를 첩부하는 경우에 첩부장소가 있는 토지 · 건물 그 밖의 시설물의 소유자 또는 관리자는 특별한 사유가 없는 한 선거벽보의 첩부에 협조하여야 한다. 〈개정 2010.1.25.〉

⑪ 선거벽보 내용의 정정 · 삭제 신청, 수량공고 · 규격 · 작성 · 제출 · 확인 · 첩부 · 경력 등에 관한 허위사실이나 사생활비방으로 인한 고발사실의 공고 그 밖에 필요한 사항은 중앙선거관리위원회규칙으로 정한다. 〈개정 2000.2.16., 2010.1.25.〉

[제목개정 2010.1.25.]

선거관리위원회의 위원 · 직원 또는 선거사무에 종사하는 자가 제64조의 선거벽보를 부정하게 작성 · 첩부 · 발송하거나 정당한 사유 없이 이에 관한 직무를 행하지 아니한 때에는 3년 이하의 징역 또는 600만원 이하의 벌금에 처한다(제240조제3항).

법 제64조제1항 · 제9항을 위반하여 선거벽보를 선거운동을 위하여 작성 · 사용하거나 하게 한 자는 2년 이하의 징역 또는 400만원 이하의 벌금에 처한다(제255조제2항제1의3호).

법 제64조제8항을 위반하여 선거벽보의 수량을 넘게 인쇄하여 제공한 자는 1년 이하의 징역 또는 200만원 이하의 벌금에 처한다(제256조제5항제5호).

제65조 선거공보

제65조(선거공보) ① 후보자(대통령선거에 있어서 정당추천후보자와 비례대표국회의원선거 및 비례대표지방의회의원선거의 경우에는 그 추천정당을 말한다. 이하 이 조에서 같다)는 선거운동을 위하여 책자형 선거공보 1종(대통령선거에서는 전단형 선거공보 1종을 포함한다)을 작성할 수 있다. 이 경우 비례대표국회의원선거 및 비례대표지방의회의원선거에서는 중앙선거관리위원회규칙으로 정하는 바에 따라 해당 정당이 추천한 후보자 모두의 사진·성명·학력·경력을 게재하여야 한다. 〈개정 2010.1.25., 2012.1.17.〉

② 제1항의 규정에 따른 책자형 선거공보는 대통령선거에 있어서는 16면 이내로, 국회의원선거 및 지방자치단체의 장선거에 있어서는 12면 이내로, 지방의회의원선거에 있어서는 8면 이내로 작성하고, 전단형 선거공보는 1매(양면에 게재할 수 있다)로 작성한다.

③ 제1항의 규정에 따른 책자형 선거공보의 수량은 당해 선거구 안의 세대수와 예상 거소투표신고인 수 및 제5항에 따른 예상 신청자수를 합한 수에 상당하는 수 이내로, 전단형 선거공보의 수량은 당해 선거구 안의 세대수에 상당하는 수 이내로 한다. 〈개정 2012.2.29., 2014.1.17.〉

④ 후보자는 제1항의 규정에 따른 선거공보 외에 시각장애선거인(선거인으로서 「장애인복지법」 제32조에 따라 등록된 시각장애인을 말한다. 이하 이 조에서 같다)을 위한 선거공보(이하 "점자형 선거공보"라 한다) 1종을 제2항에 따른 책자형 선거공보의 면수 이내에서 작성할 수 있다. 다만, 대통령선거·지역구국회의원선거 및 지방자치단체의 장선거의 후보자는 점자형 선거공보를 작성·제출하여야 하되, 책자형 선거공보에 그 내용이 음성으로 출력되는 전자적 표시를 하는 것으로 갈음할 수 있다. 〈개정 2008.2.29., 2010.1.25., 2015.8.13.〉

⑤ 사전투표소에서 투표할 수 있는 선거인 중 법령에 따라 영내 또는 함정에 장기기거하는 군인이나 경찰공무원은 선거인명부작성기간중 관할 구·시·군선거관리위원회에 자신의 거주지로 책자형 선거공보를 발송해 줄 것을 서면이나 중앙선거관리위원회 홈페이지를 통하여 신청할 수 있다. 이 경우 부대장·경찰관서의 장은 선거인명부작성기간 개시일 전일까지 소속 군인·경찰공무원에게 선거공보의 발송신청을 할 수 있다는 사실을 알려야 한다.
〈신설 2014.1.17., 2015.8.13.〉

⑥ 선거공보의 제출과 발송은 다음 각 호에 따른다.
〈개정 2010.1.25., 2011.7.28., 2012.1.17., 2014.1.17.〉

  1. 대통령선거

    가. 책자형 선거공보(점자형 선거공보를 포함한다)

후보자가 후보자등록마감일 후 6일(제51조에 따른 추가등록의 경우에는 추가등록 마감일 후 2일)까지 배부할 지역을 관할하는 구·시·군선거관리위원회에 제출하고 당해 선거관리위원회가 이를 확인하여 관할구역 안의 매세대에는 제출마감일 후 3일까지, 제5항에 따른 발송신청자에게는 선거일 전 10일까지 각각 우편으로 발송하고, 거소투표신고인명부에 올라 있는 선거인에게는 제154조에 따라 거소투표용지를 발송하는 때에 동봉하여 발송한다.

나. 전단형 선거공보

후보자가 후보자등록마감일 후 10일까지 배부할 지역을 관할하는 구·시·군선거관리위원회에 제출하고 당해 선거관리위원회가 이를 확인하여 제153조(투표안내문의 발송)의 규정에 따른 투표안내문을 발송하는 때에 이를 동봉하여 발송한다. 이 경우 선거인명부 확정결과 책자형 선거공보를 발송하지 아니한 세대가 있는 때에는 그 세대에 이를 전단형 선거공보와 함께 추가로 발송하여야 한다.

2. 국회의원선거, 지방자치단체의 의회의원 및 장의 선거

후보자가 후보자등록마감일 후 7일까지 배부할 지역을 관할하는 구·시·군선거관리위원회에 제출하고 해당 선거관리위원회가 이를 확인하여 제5항에 따른 발송신청자에게는 선거일 전 10일까지 우편으로 발송하고, 매세대에는 제153조에 따라 투표안내문을 발송하는 때에, 거소투표신고인명부에 올라 있는 선거인에게는 제154조에 따라 거소투표용지를 발송하는 때에 각각 동봉하여 발송한다.

⑦ 구·시·군의 장은 제4항의 규정에 따른 시각장애선거인과 그 세대주의 성명·주소를 조사하여 선거기간개시일 전 20일까지 관할 구·시·군선거관리위원회에 통보하여야 한다. 〈개정 2014.1.17.〉

⑧ 대통령선거, 지역구국회의원선거, 지역구지방의회의원선거 및 지방자치단체의 장선거에서 책자형 선거공보(점자형 선거공보를 포함한다)를 제출하는 경우에는 중앙선거관리위원회규칙으로 정하는 바에 따라 다음 각 호에 따른 내용(이하 이 조에서 "후보자정보공개자료"라 한다)을 그 둘째 면에 게재하여야 하며, 후보자정보공개자료에 대하여 소명이 필요한 사항은 그 소명자료를 함께 게재할 수 있다. 이 경우 그 둘째 면에는 후보자정보공개자료와 그 소명자료만을 게재하여야 하며, 점자형 선거공보에 게재하는 후보자정보공개자료의 내용은 책자형 선거공보에 게재하는 내용과 똑같아야 한다. 〈개정 2006.3.2., 2010.1.25., 2011.7.28., 2014.1.17.〉

1. 재산상황

후보자, 후보자의 배우자 및 직계존·비속(혼인한 딸과 외조부모 및 외손자녀를 제외한다. 이하 제3호에서 같다)의 각 재산총액

2. 병역사항

후보자 및 후보자의 직계비속의 군별 · 계급 · 복무기간 · 복무분야 · 병역처분사항 및 병역처분사유[「공직자 등의 병역사항 신고 및 공개에 관한 법률」 제8조(신고사항의 공개)제3항의 규정에 따라 질병명 또는 심신장애내용의 비공개를 요구하는 경우에는 이를 제외한다]

3. 최근 5년간 소득세 · 재산세 · 종합부동산세 납부 및 체납실적

후보자, 후보자의 배우자 및 직계존 · 비속의 연도별 납부액, 연도별 체납액(10만원 이하 또는 3월 이내의 체납은 제외한다) 및 완납시기[제49조(후보자등록 등)제4항제4호의 규정에 따라 제출한 원천징수소득세를 포함하되, 증명서의 제출을 거부한 후보자의 직계존속의 납부 및 체납실적은 제외한다]

4. 전과기록

죄명과 그 형 및 확정일자

5. 직업 · 학력 · 경력 등 인적 사항

후보자등록신청서에 기재된 사항

⑨ 후보자가 제12항에 따라 공고한 책자형 선거공보 제출수량의 전부 또는 일부를 제출하지 아니하는 때에는 후보자정보공개자료를 별도로 작성하여 제6항에 따라 책자형 선거공보의 제출마감일까지 제출하여야 하며, 제출받은 후보자정보공개자료는 제6항에 따라 책자형 선거공보를 발송하는 때에 함께 발송한다. 이 경우 별도로 작성한 후보자정보공개자료를 그 제출마감일까지 제출하지 못한 정당한 사유가 있는 때에는 책자형 선거공보의 발송 전까지 이를 제출할 수 있다. 〈개정 2010.1.25., 2014.1.17., 2015.8.13.〉

⑩ 제1항의 규정에 불구하고 관할 선거구선거관리위원회는 후보자로 하여금 책자형 선거공보 원고를 제49조의 규정에 따라 후보자등록을 신청하는 때에 당해 선거관리위원회가 제공하는 서식에 따라 컴퓨터의 자기디스크 그 밖에 이와 유사한 매체에 기록하여 제출하게 하거나 당해 선거관리위원회가 지정하는 인터넷홈페이지에 입력하는 방법으로 제출하게 한 후 제150조(투표용지의 정당 · 후보자의 게재순위등)의 규정에 따라 투표용지에 게재할 후보자의 기호순에 따라 선거공보를 1책으로 작성하여 발송할 수 있다. 이 경우 선거공보의 인쇄비용은 후보자가 부담하여야 한다. 〈개정 2008.2.29., 2014.1.17.〉

⑪ 구 · 시 · 군선거관리위원회는 제8항을 위반하여 책자형 선거공보(점자형 선거공보는 제외한다. 이하 이 항에서 같다)에 후보자정보공개자료를 게재하지 아니하거나, 책자형 선거공보의 둘째 면이 아닌 다른 면(둘째 면이 부족하여 셋째 면에 연이어 게재한 경우는 제외한다)에 후보자정보공개자료를 게재하거나, 그 둘째 면에 후보자정보공개자료와 그 소명자료 외의 다른 내용을 게재하거나, 선거공보의 규격 · 제출기한을 위반한 때에는 이를 접수하지 아니한다. 〈신설 2010.1.25., 2014.1.17.〉

⑫ 제64조제2항후단부터 제8항까지의 규정은 선거공보에 이를 준용한다. 이 경우 "선거벽보"는

"선거공보"로, "첨부하지 아니할 지역"은 "발송하지 아니할 대상 및 지역"으로, "첨부"는 "발송"으로, "규격을 넘거나 미달하는"은 "규격을 넘는"으로, "경력 · 학력 · 학위 · 상벌(이하 '경력등'이라 한다)"은 "경력등이나 후보자정보공개자료"로 본다. 〈개정 2008.2.29., 2010.1.25., 2014.1.17.〉

⑬ 선거공보의 규격 · 작성 · 제출 · 확인 · 발송 및 공고, 책자형 선거공보의 발송신청 양식, 후보자정보공개자료의 게재방법과 선거공보의 원고 및 인쇄비용의 산정 · 납부 그 밖에 필요한 사항은 중앙선거관리위원회규칙으로 정한다. 〈개정 2008.2.29., 2010.1.25., 2014.1.17.〉

[전문개정 2005.8.4.]

선거관리위원회의 위원 · 직원 또는 선거사무에 종사하는 자가 제65조의 선거공보(같은 조제9항의 후보자정보공개자료를 포함한다)을 부정하게 작성 · 첨부 · 발송하거나 정당한 사유 없이 이에 관한 직무를 행하지 아니한 때에는 3년 이하의 징역 또는 600만원 이하의 벌금에 처한다(제240조제3항).

법 제65조제1항 · 제2항을 위반하여 선거공보를 선거운동을 위하여 작성 · 사용하거나 하게 한 자는 2년 이하의 징역 또는 400만원 이하의 벌금에 처한다(제255조제2항제1의3호).

법 제65조제4항단서를 위반하여 점자형 선거공보의 전부 또는 일부를 제출하지 아니한 사람에게는 1천만원 이하의 과태료를 부과한다(제261조제3항제3호).

제66조 선거공약서

제66조(선거공약서) ① 대통령선거 및 지방자치단체의 장선거의 후보자(대통령선거에 있어서 정당추천후보지의 경우에는 그 추천징당을 말한나. 이하 제2항 및 제5항을 제외하고 이 조에서 같다)는 선거운동을 위하여 선거공약 및 그 추진계획을 게재한 인쇄물(이하 "선거공약서"라 한다) 1종을 작성할 수 있다. 〈개정 2008.2.29.〉

② 선거공약서에는 선거공약 및 이에 대한 추진계획으로 각 사업의 목표 · 우선순위 · 이행 절차 · 이행기한 · 재원조달방안을 게재하여야 하며, 다른 정당이나 후보자에 관한 사항을 게재할 수 없다. 이 경우 후보자의 성명 · 기호와 선거공약 및 그 추진계획에 관한 사항 외의 후보자의 사진 · 학력 · 경력, 그 밖에 홍보에 필요한 사항은 제3항에 따른 면수 중 1 면 이내에서 게재할 수 있다. 〈개정 2008.2.29., 2012.1.17.〉

③ 선거공약서는 대통령선거에 있어서는 32면 이내로, 시 · 도지사선거에 있어서는 16면 이내로,

자치구·시·군의 장선거에 있어서는 12면 이내로 작성한다. 〈개정 2008.2.29.〉

④ 선거공약서의 수량은 해당 선거구 안에 있는 세대수의 100분의 10에 해당하는 수 이내로 한다. 〈개정 2008.2.29.〉

⑤ 후보자와 그 가족, 선거사무장, 선거연락소장, 선거사무원, 회계책임자 및 후보자와 함께 다니는 활동보조인은 선거공약서를 배부할 수 있다. 다만, 우편발송(점자형 선거공약서는 제외한다)·호별방문이나 살포(특정 장소에 비치하는 방법을 포함한다)의 방법으로 선거공약서를 배부할 수 없다. 〈개정 2008.2.29., 2010.1.25.〉

⑥ 후보자가 선거공약서를 배부하고자 하는 때에는 배부일 전일까지 2부를 첨부하여 작성수량·작성비용 및 배부방법 등을 관할선거구 선거관리위원회에 서면으로 신고하여야 하며, 배부 전까지 배부할 지역을 관할하는 구·시·군선거관리위원회에 각 2부를 제출하여야 한다. 〈개정 2008.2.29.〉

⑦ 관할선거구 선거관리위원회는 선거공약서를 선거관리위원회의 인터넷홈페이지에 게시하는 등 선거구민이 알 수 있도록 이를 공개할 수 있으며, 당선인 결정 후에는 당선인의 선거공약서를 그 임기만료일까지 선거관리위원회의 인터넷홈페이지 또는 중앙선거관리위원회가 지정하는 인터넷홈페이지에 게시할 수 있다. 이 경우 후보자로 하여금 그 전산자료 복사본을 제출하게 하거나 그 내용을 요약하여 제출하게 할 수 있다. 〈개정 2008.2.29.〉

⑧ 제64조제3항·제8항 및 제65조제4항(단서는 제외한다)은 선거공약서에 관하여 각각 이를 준용한다. 이 경우 "선거벽보" 또는 "책자형 선거공보"는 "선거공약서"로, "작성하여 보관 또는 제출할"은 "작성할"로, "점자형 선거공보"는 "점자형 선거공약서"로 보며, 점자형 선거공약서는 선거공약서와 같은 종류로 본다. 〈개정 2010.1.25., 2015.8.13.〉

⑨ 선거공약서의 규격, 작성근거 등의 표시, 신고 및 제출 그 밖의 필요한 사항은 중앙 선거관리위원회규칙으로 정한다.

[본조신설 2007.1.3.]

법 제66조제1항부터 제5항까지를 위반하여 선거공약서를 선거운동을 위하여 작성·사용하거나 하게 한 자는 2년 이하의 징역 또는 400만원 이하의 벌금에 처한다(제255조제2항제1의3호).

법 제66조제6항을 위반하여 선거공약서를 제출하지 아니한 자에게는 100만원 이하의 과태료를 부과한다(제261조제8항제2의2호나목).

제67조 현수막

> **제67조(현수막)** ① 후보자(비례대표국회의원후보자 및 비례대표지방의회의원후보자를 제외하며, 대통령선거에 있어서 정당추천후보자의 경우에는 그 추천정당을 말한다)는 선거운동을 위하여 당해 선거구 안의 읍·면·동마다 1매의 현수막을 게시할 수 있다. 〈개정 2005.8.4.〉
> ② 삭제 〈2005.8.4.〉
> ③ 제1항의 현수막의 규격 및 게시방법 등에 관하여 필요한 사항은 중앙선거관리위원회규칙으로 정한다.
> [본조신설 2002.3.7.]
>
> ## 「공직선거관리규칙」
>
> **제32조(현수막)** ① 법 제67조제1항에 따른 현수막(이하 이 조에서 "현수막"이라 한다)은 천으로 제작하되, 그 규격은 10제곱미터 이내로 한다.
> ② 후보자(대통령선거의 정당추천후보자는 그 추천정당을 말한다. 이하 이 조에서 같다)는 현수막을 내걸기 전에 관할 구·시·군위원회에 별지 제18호서식에 따라 그 표지를 신청하여야 하며, 현수막을 내거는 때에는 관할 구·시·군위원회가 내어준 별지 제19호의3 양식의 표지를 붙여야 한다. 이 경우 내건 현수막을 바꿀 때에는 종전의 현수막에 붙였던 표지를 새로운 현수막에 붙여야 한다.
> ③ 후보자가 제2항에 따른 표지를 잃어버린 때에는 관할 구·시·군위원회에 별지 제18호의2서식에 따라 표지를 다시 신청할 수 있다.
> ④ 제1항의 현수막은 일정한 장소·시설에 고정하여 내걸어야 하며, 다음 각 호의 어느 하나에 해당하는 방법으로는 내걸 수 없다.
>   1. 애드벌룬·네온사인·형광 그 밖에 전광으로 표시하는 방법
>   2. 다른 후보자의 현수막이나 「도로교통법」 제2조에 따른 신호기 또는 안전표지를 가리는 방법
>   3. 「도로교통법」 제2조에 따른 도로를 가로지르는 방법
>   4. 선거일에 투표소가 설치된 시설의 담장이나 입구 또는 그 안에 내걸리게 하는 방법
> [전문개정 2008.2.29.]

법 제67조의 규정에 위반하여 현수막을 게시한 자는 2년 이하의 징역 또는 400만원 이하의 벌금에 처한다(제256조제3항제1호가목).

제68조(어깨띠 등 소품) ① 후보자와 그 배우자(배우자 대신 후보자가 그의 직계존비속 중에서 신고한 1인을 포함한다), 선거사무장, 선거연락소장, 선거사무원, 후보자와 함께 다니는 활동보조인 및 회계책임자는 선거운동기간 중 후보자의 사진·성명·기호 및 소속 정당명, 그 밖의 홍보에 필요한 사항을 게재한 어깨띠나 중앙선거관리위원회규칙으로 정하는 규격 또는 금액 범위의 윗옷(上衣)·표찰(標札)·수기(手旗)·마스코트, 그 밖의 소품을 붙이거나 입거나 지니고 선거운동을 할 수 있다.

② 누구든지 제1항의 경우를 제외하고는 선거운동기간 중 어깨띠, 모양과 색상이 동일한 모자나 옷, 표찰·수기·마스코트·소품, 그 밖의 표시물을 사용하여 선거운동을 할 수 없다.

③ 제1항에 따른 어깨띠의 규격 또는 그 밖에 필요한 사항은 중앙선거관리위원회규칙으로 정한다.

[전문개정 2010.1.25.]

「공직선거관리규칙」

제33조(어깨띠 등 소품) 법 제68조제1항에 따른 어깨띠 등 소품의 규격 또는 금액은 다음 각 호에 따른다.

　　1. 어깨띠

　　　제26조의2제8항제1호의 규격14)

　　2. 윗옷

　　　제59조제1항제5호에 따른 선거사무원 수당의 기준금액 이내

　　3. 마스코트, 표찰·수기 그 밖의 소품

　　　옷에 붙이거나 사람이 입거나 한 손으로 지닐 수 있는 정도의 크기

[전문개정 2010.1.25.]

제59조(선거사무관계자에 대한 수당과 실비보상) ① 법 제135조제2항에 따른 선거사무장·선거연락소장 및 선거사무원·활동보조인(이하 이 조에서 "선거사무장등"이라 한다)의 수당과 실비의 종류와 금액은 다음 각 호와 같이 하되, 회계책임자의 수당과 실비는 해당 회계책임자가 소속된 선거사무소 또는 선거연락소의 선거사무장 또는 선거연락소장의 수당·실비와 같은 금액으로 하고, 같은 사람이 회계책임자·선거사무장·선거연락소장 또는 선거사무원·활동보조인을 함께 맡은 때에는 다음 각 호의 금액 중 많은 금액으로 한다.

〈개정 1995.4.14., 1998.4.30., 2000.2.16., 2002.3.21., 2004.3.12., 2005.8.4., 2008.2.2

> 9., 2010.1.25.〉
> 　5. 선거사무원·활동보조인은 3만원 이내의 수당과 「공무원여비규정」 별표 2의 제2호에
> 　　해당하는 실비

법 제68조제2항 또는 제3항(어깨띠의 규격을 말한다)을 위반하여 어깨띠, 모자나 옷, 표찰·수기·마스코트·소품, 그 밖의 표시물을 사용하여 선거운동을 한 사람은 3년 이하의 징역 또는 600만원 이하의 벌금에 처한다(제255조제1항제5호).

제69조 신문광고

> **제69조(신문광고)** ① 선거운동을 위한 신문광고는 후보자(大統領選擧에 있어서 정당추천후보자와 비례대표국회의원선거의 경우에는 후보자를 추천한 정당을 말한다. 이하 이 條에서 같다)가 다음 각 호에 의하여 선거기간개시일부터 선거일 전 2일까지 소속정당의 정강·정책이나 후보자의 정견, 정치자금모금(大統領選擧에 한한다) 기타 홍보에 필요한 사항을 「신문 등의 진흥에 관한 법률」 제2조(정의)제1호가목 및 나목에 따른 일간신문에 게재할 수 있다. 이 경우 일간신문에의 광고횟수의 계산에 있어서는 하나의 일간신문에 1회 광고하는 것을 1회로 본다.
> 〈개정 1997.11.14., 2004.3.12., 2005.8.4., 2009.7.31.〉
> 　1. 대통령선거
> 　　총 70회 이내
> 　2. 비례대표국회의원선거
> 　　총 20회 이내
> 　3. 시·도지사선거
> 　　총 5회 이내. 다만, 인구 300만을 넘는 시·도에 있어서는 300만을 넘는 매 100만까지마다 1회를 더한다.
> ② 제1항의 광고에는 광고근거와 광고주명을 표시하여야 한다. 〈개정 2010.1.25.〉
> ③ 시·도지사선거에 있어서 같은 정당의 추천을 받은 2인 이상의 후보자는 합동으로 광고를 할 수 있다. 이 경우 광고횟수는 해당 후보자가 각각 1회의 광고를 한 것으로 보며, 그 비용은 해당 후보자 간의 약정에 의하여 분담하되, 그 분담내역을 광고계약서에 명시하여야 한다. 〈개정 2010.1.25.〉

---

14) 제26조의2제8항제1호의 규격 : 길이 240센티미터 너비 20센티미터 이내

④ 삭제 〈2010.1.25.〉

⑤ 후보자가 광고를 하고자 하는 때에는 광고 전에 이 법에 의한 광고임을 인정하는 관할선거구선거관리위원회의 인증서를 교부받아 광고를 하여야 하며, 일간신문을 경영·관리하는 자 또는 광고업무를 담당하는 자는 인증서가 첨부되지 아니한 후보자의 광고를 게재하여서는 아니된다.

⑥ 삭제 〈2010.1.25.〉

⑦ 삭제 〈2000.2.16.〉

⑧ 제1항의 규정에 의한 신문광고를 게재하는 일간신문을 경영·관리하는 자는 그 광고비용을 산정함에 있어 선거기간중에 같은 지면에 같은 규격으로 게재하는 상업·문화 기타 각종 광고의 요금중 최저요금을 초과하여 후보자에게 청구하거나 받을 수 없다. 〈신설 1998.4.30.〉

⑨ 인증서의 서식, 광고근거의 표시, 그 밖에 필요한 사항은 중앙선거관리위원회규칙으로 정한다. 〈개정 2010.1.25.〉

「신문 등의 진흥에 관한 법률」

제2조(정의) 이 법에서 사용하는 용어의 정의는 다음과 같다.

　1. "신문"이란 정치·경제·사회·문화·산업·과학·종교·교육·체육 등 전체 분야 또는 특정 분야에 관한 보도·논평·여론 및 정보 등을 전파하기 위하여 같은 명칭으로 월 2회 이상 발행하는 간행물로서 다음 각 목의 것을 말한다.

　　가. 일반일간신문 : 정치·경제·사회·문화 등에 관한 보도·논평 및 여론 등을 전파하기 위하여 매일 발행하는 간행물

　　나. 특수일간신문 : 산업·과학·종교·교육 또는 체육 등 특정 분야(정치를 제외한다)에 국한된 사항의 보도·논평 및 여론 등을 전파하기 위하여 매일 발행하는 간행물

법 제69조제1항의 횟수에 관한 규정을 위반하지 아니하였으나 같은 조제5항을 위반하여 광고한 사람은 1년 이하의 징역 또는 200만원 이하의 벌금에 처한다(제256조제5항제6호).

법 제69조(新聞廣告)제3항후단의 규정에 위반하여 그 분담내역을 광고계약서에 명시하지 아니한 자에게는 이 법에 다른 규정이 있는 경우가 아니면 200만원 이하의 과태료를 부과한다(제261조제7항제2호마목).

제70조(방송광고) ① 선거운동을 위한 방송광고는 후보자(대통령선거에 있어서 정당추천후보자와 비례대표국회의원선거의 경우에는 후보자를 추천한 정당을 말한다. 이하 이 조에서 같다)가 다음 각 호에 따라 선거운동기간중 소속정당의 정강·정책이나 후보자의 정견 그 밖의 홍보에 필요한 사항을 텔레비전 및 라디오 방송시설[「방송법」에 의한 방송사업자가 관리·운영하는 무선국 및 종합유선방송국(報道專門編成의 放送채널사용事業者의 채널을 포함한다)을 말한다. 이하 이 조에서 같다]을 이용하여 실시할 수 있되, 광고시간은 1회 1분을 초과할 수 없다. 이 경우 광고횟수의 계산에 있어서는 재방송을 포함하되, 하나의 텔레비전 또는 라디오 방송시설을 선정하여 당해 방송망을 동시에 이용하는 것은 1회로 본다. 〈개정 1997.1.13., 1997.11.14., 1998.4.30., 2000.2.16., 2004.3.12., 2005.8.4., 2010.1.25.〉

   1. 대통령선거

     텔레비전 및 라디오 방송별로 각 30회 이내

   2. 비례대표국회의원선거

     텔레비전 및 라디오 방송별로 각 15회 이내

   3. 시·도지사선거

     지역방송시설을 이용하여 텔레비전 및 라디오 방송별로 각 5회 이내

② 삭제 〈2000.2.16.〉

③ 제1항의 규정에 의한 광고를 실시하는 방송시설의 경영자는 방송광고의 일시와 광고 내용 등을 중앙선거관리위원회규칙이 정하는 바에 따라 관할선거구 선거관리위원회에 통보하여야 한다.

④ 제1항의 방송광고는 「방송법」 제73조(放送廣告 등)제2항 및 「방송광고판매대행 등에 관한 법률」 제5조의 규정을 적용하지 아니한다. 〈개정 2000.2.16., 2005.8.4., 2012.2.22.〉

⑤ 방송시설을 경영 또는 관리하는 자는 제1항의 방송광고를 함에 있어서 방송시간내와 방송권역 등을 고려하여 모든 후보자에게 공평하게 하여야 하며, 후보자가 신청한 방송 시설의 이용일시가 서로 중첩되는 경우에 방송일시의 조정은 중앙선거관리위원회규칙이 정하는 바에 의한다. 〈개정 1997.11.14.〉

⑥ 후보자는 제1항의 규정에 의한 방송광고에 있어서 청각장애선거인을 위한 수화 또는 자막을 방영할 수 있다. 〈신설 2000.2.16.〉

⑦ 삭제 〈2000.2.16.〉

⑧ 제1항의 규정에 의한 방송광고를 행하는 방송시설을 경영·관리하는 자는 그 광고비용을 산정함에 있어 선거기간중 같은 방송시간대에 광고하는 상업·문화 기타 각종 광고의 요금중

최저요금을 초과하여 후보자에게 청구하거나 받을 수 없다. 〈신설 1998.4.30.〉

「방송법」

제73조(방송광고등) ② 방송광고의 종류는 다음 각 호와 같고, 방송광고의 허용범위 · 시간 · 횟수 또는 방법 등에 관하여 필요한 사항은 대통령령으로 정한다.
〈개정 2005.5.18., 2009.7.31., 2016.1.27.〉

1. 방송프로그램광고 : 방송프로그램의 전후(방송프로그램 시작타이틀 고지 후부터 본방송프로그램 시작 전까지 및 본방송프로그램 종료 후부터 방송프로그램 종료타이틀 고지 전까지를 말한다)에 편성되는 광고

2. 중간광고 : 1개의 동일한 방송프로그램이 시작한 후부터 종료되기 전까지 사이에 그 방송프로그램을 중단하고 편성되는 광고

3. 토막광고 : 방송프로그램과 방송프로그램 사이에 편성되는 광고

4. 자막광고 : 방송프로그램과 관계없이 문자 또는 그림으로 나타내는 광고

5. 시보광고 : 현재시간 고지 시 함께 방송되는 광고

6. 가상광고 : 방송프로그램에 컴퓨터그래픽을 이용하여 만든 가상의 이미지를 삽입하는 형태의 광고

7. 간접광고 : 방송프로그램 안에서 상품, 상표, 회사나 서비스의 명칭이나 로고 등을 노출시키는 형태의 광고

「방송광고판매대행 등에 관한 법률」

제5조(방송광고의 판매대행) ① 지상파방송사업자, 지상파방송채널사용사업자 또는 종합편성방송채널사용사업자(이하 "방송사업자"라 한다)는 광고판매대행자가 위탁하는 방송광고 외에는 방송광고를 할 수 없다. 다만, 대통령령으로 정하는 방송광고에 대하여는 그러하지 아니하다.
② 제1항본문에도 불구하고 「방송법」에 따른 한국방송공사, 「방송문화진흥회법」에 따라 설립된 방송문화진흥회가 최다출자자인 방송사업자 및 「한국교육방송공사법」에 따른 한국교육방송공사는 제24조에 따른 한국방송광고진흥공사가 위탁하는 방송광고에 한정하여 방송광고를 할 수 있다.

법 제70조제3항의 규정을 위반한 자에게는 300만원 이하의 과태료를 부과한다(제261조제6항제1호).

제71조 후보자 등의 방송연설

제71조(후보자 등의 방송연설) ① 후보자와 후보자가 지명하는 연설원은 소속정당의 정강ㆍ정책이나 후보자의 정견 기타 홍보에 필요한 사항을 발표하기 위하여 다음 각 호에 의하여 선거운동기간중 텔레비전 및 라디오 방송시설[제70조(放送廣告)제1항의 규정에 의한 방송시설을 말한다. 이하 이 조에서 같다]을 이용한 연설을 할 수 있다.
〈개정 1995.4.1., 1997.1.13., 1997.11.14., 1998.4.30., 2000.2.16., 2004.3.12.〉

  1. 대통령선거

    후보자와 후보자가 지명한 연설원이 각각 1회 20분 이내에서 텔레비전 및 라디오 방송별 각 11회 이내

  2. 비례대표국회의원선거

    정당별로 비례대표국회의원후보자 중에서 선임된 대표 2인이 각각 1회 10분 이내에서 텔레비전 및 라디오 방송별 각 1회

  3. 지역구국회의원선거 및 자치구ㆍ시ㆍ군의 장선거

    후보자가 1회 10분 이내에서 지역방송시설을 이용하여 텔레비전 및 라디오 방송별 각 2회 이내

  4. 비례대표시ㆍ도의원선거

    정당별로 비례대표시ㆍ도의원선거구마다 당해 선거의 후보자중에서 선임된 대표 1인이 1회 10분 이내에서 지역방송시설을 이용하여 텔레비전 및 라디오 방송별 각 1회

  5. 시ㆍ도지사선거

    후보자가 1회 10분 이내에서 지역방송시설을 이용하여 텔레비전 및 라디오 방송별 각 5회 이내

② 이 법에서 "지역방송시설"이란 해당 시ㆍ도의 관할구역 안에 있는 방송시설(도의 경우 해당 도의 구역을 방송권역으로 하는 인접한 특별시 또는 광역시 안에 있는 방송시설을 포함한다)을 말하며, 해당 시ㆍ도의 관할구역 안에 지역방송시설이 없는 시ㆍ도로서 서울특별시에 인접한 시ㆍ도의 경우 서울특별시 안에 있는 방송시설을 말한다.
〈신설 2000.2.16., 2004.3.12., 2007.1.3., 2011.7.28.〉

③ 제70조(放送廣告)제1항후단ㆍ제6항 및 제8항의 규정은 후보자 등의 방송연설에 이를 준용한다. 〈개정 1998.4.30., 2000.2.16.〉

④ 제1항에 따라 텔레비전 방송시설을 이용한 방송연설을 하는 경우에는 후보자 또는 연설원이 연설하는 모습, 후보자의 성명ㆍ기호ㆍ소속정당명(해당 정당을 상징하는 마크나 심벌의 표시를 포함한다)ㆍ경력, 연설요지 및 통계자료 외의 다른 내용이 방영되게 하여서는 아니 되며, 후보자

또는 연설원이 방송연설을 녹화하여 방송하고자 하는 때에는 당해 방송시설을 이용하여야 한다. 〈신설 1998.4.30., 2000.2.16., 2010.1.25.〉

⑤ 방송시설을 경영 또는 관리하는 자는 제1항의 규정에 의한 후보자 또는 연설원의 연설을 위한 방송시설명·이용일시·시간대 등을 선거일 전 30일(補闕選擧등에 있어서는 후보자등록신청 개시일 전 3일)까지 관할선거구 선거관리위원회에 통보하여야 한다. 〈개정 2000.2.16., 2004.3.12., 2012.1.17.〉

⑥ 선거구선거관리위원회는 후보자등록신청개시일 전 3일(보궐선거등에 있어서는 후보자등록 신청개시일 전일)까지 제1항의 규정에 의한 연설에 이용할 수 있는 방송시설과 일정을 선거구단위 로 미리 지정·공고하고 후보자등록신청시 후보자에게 통지하여야 한다. 〈개정 2000.2.16., 2004.3.12., 2012.1.17.〉

⑦ 대통령선거에 있어서 후보자가 제1항의 규정에 의하여 방송시설을 이용한 연설을 하고자 하는 때에는 이용할 방송시설명·이용일시·연설을 할 사람의 성명·소요시간·이용방법 등을 기재한 신청서를 후보자등록마감일 후 3일(追加登錄의 경우에는 追加登錄마감일)까지 중앙선거 관리위원회에 서면으로 제출하여야 한다.

⑧ 제7항의 규정에 의하여 후보자(政黨推薦候補者는 그 推薦政黨을 말한다)가 신청한 방송시설 의 이용일시가 서로 중첩되는 경우에는 중앙선거관리위원회가 그 일시를 정하되, 그 일시는 모든 후보자에게 공평하여야 한다. 이 경우 후보자가 그 지정된 일시의 24시간 전까지 방송시설이 용계약을 하지 아니한 때에는 당해 방송시설을 경영·관리하는 자는 그 시간대에 다른 방송을 할 수 있다. 〈개정 1998.4.30., 2000.2.16.〉

⑨ 중앙선거관리위원회가 제8항의 규정에 의하여 방송일시를 결정한 때에는 이를 공고하고, 정당 또는 후보자에게 통지하여야 한다. 〈개정 1998.4.30., 2000.2.16.〉

⑩ 국회의원선거, 비례대표시·도의원선거, 지방자치단체의 장선거에 있어서 후보자가 제1항제 2호 내지 제5호의 규정에 의하여 방송시설을 이용한 연설을 하고자 하는 때에는 당해 방송시설을 경영 또는 관리하는 자와 체결한 방송시설이용계약서 사본을 첨부하여 이용할 방송시설명·이용 일시·소요시간·이용방법 등을 방송일 전 3일까지 당해 선거구선거관리위원회에 서면으로 신고하여야 한다. 〈개정 1995.4.1., 1997.1.13., 1998.4.30.〉

⑪ 방송시설을 경영 또는 관리하는 자는 제1항의 방송시설을 이용한 연설에 협조하여야 하며, 방송시 간대와 방송권역 등을 고려하여 모든 후보자에게 공평하게 하여야 한다. 〈개정 1997.11.14.〉

⑫「방송법」에 따른 종합유선방송사업자(보도전문편성의 방송채널사용사업자를 포함한다)· 중계유선방송사업자 및 인터넷언론사는 후보자 등의 방송연설을 중계방송할 수 있다. 이 경우 방송연설을 행한 모든 후보자에게 공평하게 하여야 한다. 〈개정 2000.2.16., 2005.8.4., 2008.2.29.〉

⑬ 방송시설을 이용한 연설신청서의 서식·중첩된 방송일시의 조정방법 기타 필요한 사항은 중앙선거관리위원회규칙으로 정한다. 〈개정 2000.2.16.〉

[제목개정 2011.7.28.]

법 제71조(候補者등의 放送演說)제12항의 규정에 위반한 자는 2년 이하의 징역 또는 400만원 이하의 벌금에 처한다(제252조제4항).

제72조 방송시설 주관 후보자연설의 방송

제72조(방송시설주관 후보자연설의 방송) ① 텔레비전 및 라디오 방송시설[제70조(放送廣告)제1항의 규정에 의한 방송시설을 말한다. 이하 이 조에서 같다]이 그의 부담으로 제71조(候補者 등의 放送演說)의 규정에 의한 후보자 등의 방송연설 외에 선거운동기간중 정당 또는 후보자를 선거인에게 알리기 위하여 후보자(비례대표국회의원선거 및 비례대표지방의회의원선거에 있어서는 그 推薦政黨이 당해 選擧의 候補者 중에서 선임한 자를 말한다. 이하 제3항에서 같다)의 연설을 방송하고자 하는 때에는 내용을 편집하지 아니한 상태에서 방송하여야 하며, 선거구단위로 모든 정당 또는 후보자에게 공평하게 하여야 한다. 다만, 정당 또는 후보자가 그 연설을 포기한 때에는 그러하지 아니하다.
〈개정 1995.4.1., 1997.11.14., 2000.2.16., 2002.3.7., 2004.3.12., 2005.8.4.〉
② 제1항의 규정에 의한 후보자 연설의 방송에 있어서는 청각장애선거인을 위하여 수화 또는 자막을 방영할 수 있다. 〈신설 2000.2.16.〉
③ 방송시설을 경영 또는 관리하는 자가 제1항의 규정에 의하여 후보자의 연설을 방송하고자 하는 때에는 그 방송일 전 2일까지 방송시설명·방송일시·소요시간 등을 중앙선거관리위원회규칙이 정하는 바에 따라 관할선거구 선거관리위원회에 통보하여야 한다.
④ 제71조제12항의 규정은 방송시설주관 후보자연설의 방송에 이를 준용한다.
〈개정 1998.4.30.〉

법 제71조제12항을 준용하는 법 제72조(放送施設主管 候補者演說의 放送)제4항의 규정에 위반한 자는 2년 이하의 징역 또는 400만원 이하의 벌금에 처한다(제252조제4항).

제73조 경력방송

제73조(경력방송) ① 한국방송공사는 대통령선거·국회의원선거 및 지방자치단체의 장선거에 있어서 선거운동기간중 텔레비전과 라디오 방송시설을 이용하여 후보자마다 매회 2 분 이내의 범위 안에서 관할선거구 선거관리위원회가 제공하는 후보자의 사진·성명·기호·연령·소속 정당명(無所屬候補者는 "無所屬"이라 한다) 및 직업 기타 주요한 경력을 선거인에게 알리기 위하여 방송하여야 한다. 이 경우 대통령선거가 아닌 선거에 있어서는 그 지역방송시설을 이용하여 실시할 수 있다. 〈개정 1997.1.13., 2000.2.16.〉
② 제1항의 경력방송 횟수는 텔레비전 및 라디오 방송별로 다음 각 호의 1에 의한다.
〈개정 2000.2.16.〉
   1. 대통령선거
     각 8회 이상
   2. 국회의원선거 및 자치구·시·군의 장선거
     각 2회 이상
   3. 시·도지사선거
     각 3회 이상
③ 경력방송을 하는 때에는 그 횟수와 내용이 선거구단위로 모든 후보자에게 공평하게 하여야 하며, 그 비용은 한국방송공사가 부담한다.
④ 제71조(候補者 등의 放送演說)제12항 및 제72조(放送施設主管 候補者演說의 放送)제2항의 규정은 경력방송에 이를 준용한다. 〈개정 2000.2.16.〉
⑤ 경력방송원고의 관할선거구 선거관리위원회에의 제출 및 경력방송실시의 통보 기타 필요한 사항은 중앙선거관리위원회규칙으로 정한다.

법 제71조제12항을 준용하는 법 제73조(經歷放送)제4항의 규정에 위반한 자는 2년 이하의 징역 또는 400만원 이하의 벌금에 처한다(제252조제4항).

제74조 방송시설주관 경력방송

제74조(방송시설주관 경력방송) ① 한국방송공사 외의 텔레비전 및 라디오 방송시설[제70 조(放送廣告)제1항의 규정에 의한 방송시설을 말한다. 이하 이 조에서 같다]이 그의 부담으로 후보자의 경력을 방송하고자 하는 때에는 관할선거구 선거관리위원회가 제공하는 내용에 의하되, 선거구단

위로 모든 후보자에게 공평하게 하여야 한다. 〈개정 1997.11.14., 2000.2.16.〉

② 제71조(候補者 등의 放送演說)제12항 및 제72조(放送施設主管候補者演說의 放送)제2항 및 제3항의 규정은 방송시설주관 경력방송에 이를 준용한다. 〈개정 1998.4.30., 2000.2.16.〉

법 제71조제12항을 준용하는 법 제74조(放送施設主管 經歷放送)제2항의 규정에 위반한 자는 2년 이하의 징역 또는 400만원 이하의 벌금에 처한다(제252조제4항).

제79조 공개장소에서의 연설·대담

제79조(공개장소에서의 연설·대담) ① 후보자(비례대표국회의원후보자 및 비례대표지방의회의 원후보자는 제외한다. 이하 이 조에서 같다)는 선거운동기간중에 소속 정당의 정강·정책이나 후보자의 정견, 그 밖에 필요한 사항을 홍보하기 위하여 공개장소에서의 연설·대담을 할 수 있다. 〈개정 2010.1.25.〉

② 제1항에서 "공개장소에서의 연설·대담"이라 함은 후보자·선거사무장·선거연락소장·선 거사무원(이하 이 조에서 "후보자등"이라 한다)과 후보자등이 선거운동을 할 수 있는 사람 중에서 지정한 사람이 도로변·광장·공터·주민회관·시장 또는 점포, 그 밖에 중앙선거관리위원회규 칙으로 정하는 다수인이 왕래하는 공개장소15)를 방문하여 정당이나 후보자에 대한 지지를 호소하 는 연설을 하거나 청중의 질문에 대답하는 방식으로 대담하는 것을 말한다. 〈개정 2010.1.25.〉

③ 공개장소에서의 연설·대담을 위하여 다음 각 호의 구분에 따라 자동차와 이에 부착된 확성장치 및 휴대용 확성장치를 각각 사용할 수 있다. 〈개정 1995.4.1., 1995.12.30., 1997.11.14., 1998.4.30., 2000.2.16., 2005.8.4., 2010.1.25.〉

1. 대통령선거

   후보자와 시·도 및 구·시·군선거연락소마다 각 1대·각 1조

2. 지역구국회의원선거 및 시·도지사선거

   후보자와 구·시·군선거연락소마다 각 1대·각 1조

3. 지역구지방의회의원선거 및 자치구·시·군의 장선거

   후보자마다 1대·1조

④ 제3항의 확성장치는 연설·대담을 하는 경우에만 사용할 수 있으며, 휴대용 확성장치는 연설· 대담용 차량이 정차한 외의 다른 지역에서 사용할 수 없다. 이 경우 차량 부착용 확성장치와 동시에 사용할 수 없다. 〈개정 1995.12.30., 2005.8.4., 2010.1.25.〉

⑤ 자동차에 부착된 확성장치를 사용함에 있어 확성나발의 수는 1개를 넘을 수 없다. 〈개정 2004.3.12.〉

⑥ 자동차와 확성장치에는 중앙선거관리위원회규칙으로 정하는 바에 따라 표지를 부착하여야 하고, 제64조의 선거벽보, 제65조의 선거공보, 제66조의 선거공약서 및 후보자 사진을 붙일 수 있다. 〈개정 2010.1.25.〉

⑦ 후보자등은 다른 사람이 개최한 옥내모임에 일시적으로 참석하여 연설·대담을 할 수 있으며, 이 경우 그 장소에 설치된 확성장치를 사용하거나 휴대용 확성장치를 사용할 수 있다. 〈개정 2010.1.25.〉

⑧ 삭제 〈2010.1.25.〉

⑨ 삭제 〈2010.1.25.〉

⑩ 후보자 등이 공개장소에서의 연설·대담을 하는 때(후보자등이 연설·대담을 하기 위하여 제3항에 따른 자동차를 타고 이동하거나 해당 자동차 주위에서 준비 또는 대기하고 있는 경우를 포함한다)에는 후보자와 선거연락소(대통령선거, 지역구국회의원선거, 시·도지사선거의 선거연락소에 한정한다)마다 각 1대의 녹음기 또는 녹화기(비디오 및 오디오기기를 포함한다. 이하 이 조에서 같다)를 사용하여 선거운동을 위한 음악 또는 선거운동에 관한 내용을 방송할 수 있다. 이 경우 녹음기 및 녹화기에는 중앙선거관리위원회규칙으로 정하는 바에 따라 표지를 부착하여야 한다. 〈개정 1997.11.14., 2010.1.25., 2012.1.17., 2015.8.13.〉

⑪ 삭제 〈2010.1.25.〉

⑫ 녹화기의 규격 기타 필요한 사항은 중앙선거관리위원회규칙으로 정한다. 〈개정 1997.11.14., 2004.3.12.〉

[제목개정 2015.8.13.]

법 제79조제10항에 따른 녹음기 또는 녹화기의 사용대수를 초과하여 사용한 사람은 2년 이하의 징역 또는 400만원 이하의 벌금에 처한다(제256조제3항제1호다목).

법 제79조제1항·제3항부터 제5항까지·제6항(표지를 부착하지 아니한 경우는 제외한다)·제7항을 위반하여 공개장소에서의 연설·대담을 한 자는 1년 이하의 징역 또는 200만원 이하의 벌금에 처한다(제256조제5항제8호).

법 제79조제6항 또는 제10항후단을 위반하여 자동차, 확성장치, 녹음기 또는 녹화기에

---

15) 중앙선거관리위원회규칙으로 정하는 다수인이 왕래하는 공개장소 : 공원·운동장·주차장·선착장·방파제·대합실(검표원에게 개표하기 전의 대기장소를 말한다) 또는 경로당 등 누구나 오갈 수 있는 공개된 장소를 말한다.

표지를 부착하지 아니하고 연설·대담을 한 사람에게는 100만원 이하의 과태료를 부과한다(제261조제8항제2호라목).

제80조 연설금지장소

제80조(연설금지장소) 다음 각 호의 1에 해당하는 시설이나 장소에서는 제79조(公開場所에서의 演說·對談)의 연설·대담을 할 수 없다. 〈개정 2004.3.12., 2012.1.17.〉

　　1. 국가 또는 지방자치단체가 소유하거나 관리하는 건물·시설. 다만, 공원·문화원·시장·운동장·주민회관·체육관·도로변·광장 또는 학교 기타 다수인이 왕래하는 공개된 장소는 그러하지 아니하다.

　　2. 선박·정기여객자동차·열차·전동차·항공기의 안과 그 터미널구내 및 지하철역구내

　　3. 병원·진료소·도서관·연구소 또는 시험소 기타 의료·연구시설

법 제80조(演說禁止場所)의 규정에 위반하여 선거운동을 위한 연설·대담을 한 자는 3년 이하의 징역 또는 600만원 이하의 벌금에 처한다(제255조제1항제6호).

제81조 단체의 후보자등 초청 대담·토론회

제81조(단체의 후보자등 초청 대담·토론회) ① 제87조(단체의 선거운동금지)제1항제1호 내지 제6호의 규정에 해당하지 아니하는 단체는 후보자 또는 대담·토론자(大統領選擧 및 市·道知事選擧의 경우에 한하며, 政黨 또는 候補者가 選擧運動을 할 수 있는 者 중에서 選擧事務所 또는 選擧連絡所마다 지명한 1人을 말한다. 이하 이 條에서 같다) 1인 또는 수인을 초청하여 소속정당의 정강·정책이나 후보자의 정견 기타사항을 알아보기 위한 대담·토론회를 이 법이 정하는 바에 따라 옥내에서 개최할 수 있다. 다만, 제10조제1항제6호의 노동조합과 단체[16]는 그러하지 아니하다. 〈개정 1995.4.1., 1997.11.14., 2000.2.16., 2002.3.7., 2004.3.12., 2005.8.4.〉

　　1. 삭제 〈2004.3.12.〉

　　2. 삭제 〈2004.3.12.〉

　　3. 삭제 〈2004.3.12.〉

② 제1항에서 "대담"이라 함은 1인의 후보자 또는 대담자가 소속정당의 정강·정책이나 후보자의 정견 기타사항에 관하여 사회자 또는 질문자의 질문에 대하여 답변하는 것을 말하고, "토론"이라 함은 2인 이상의 후보자 또는 토론자가 사회자의 주관하에 소속정당의 정강·정책이나 후보자의

정견 기타사항에 관한 주제에 대하여 사회자를 통하여 질문 · 답변하는 것을 말한다. 〈개정 1997.11.14.〉

③ 제1항의 규정에 의하여 대담 · 토론회를 개최하고자 하는 단체는 중앙선거관리위원회규칙이 정하는 바에 따라 주최단체명 · 대표자성명 · 사무소 소재지 · 회원수 · 설립근거 등 단체에 관한 사항과 초청할 후보자 또는 대담 · 토론자의 성명, 대담 또는 토론의 주제, 사회자의 성명, 진행방법, 개최일시와 장소 및 참석예정자수 등을 개최일 전 2일까지 관할선거구 선거관리위원회 또는 그 개최장소의 소재지를 관할하는 구 · 시 · 군선거관리위원회에 서면으로 신고하여야 한다. 이 경우 초청할 후보자 또는 대담 · 토론자의 참석승낙서를 첨부하여야 한다.

④ 제1항의 규정에 의한 대담 · 토론회를 개최하는 때에는 중앙선거관리위원회규칙이 정하는 바에 따라 제1항에 의한 대담 · 토론회임을 표시하는 표지를 게시 또는 첨부하여야 한다.

⑤ 제1항의 대담 · 토론은 모든 후보자에게 공평하게 실시하여야 하되, 후보자가 초청을 수락하지 아니한 경우에는 그러하지 아니하며, 대담 · 토론회를 개최하는 단체는 대담 · 토론이 공정하게 진행되도록 하여야 한다.

⑥ 정당, 후보자, 대담 · 토론자, 선거사무장, 선거연락소장, 선거사무원, 회계책임자 또는 제114조(政黨 및 候補者의 家族 등의 寄附行爲制限)제2항의 후보자 또는 그 가족과 관계 있는 회사 등은 제1항의 규정에 의한 대담 · 토론회와 관련하여 대담 · 토론회를 주최하는 단체 또는 사회자에게 금품 · 향응 기타의 이익을 제공하거나 제공할 의사의 표시 또는 그 제공의 약속을 할 수 없다.

⑦ 제1항의 대담 · 토론회를 개최하는 단체는 그 비용을 후보자에게 부담시킬 수 없다.

⑧ 제71조(候補者 등의 放送演說)제12항의 규정은 후보자등 초청 대담 · 토론회에 이를 준용한다. 〈신설 1998.4.30.〉

⑨ 대담 · 토론회의 개최신고서와 표지의 서식 기타 필요한 사항은 중앙선거관리위원회규칙으로 정한다. 〈개정 1997.11.14.〉

[제목개정 2000.2.16.]

제87조(단체의 선거운동금지) ① 다음 각 호의 어느 하나에 해당하는 기관 · 단체(그 대표자와 임직원 또는 구성원을 포함한다)는 그 기관 · 단체의 명의 또는 그 대표의 명의로 선거운동을 할 수 없다. 〈개정 2005.8.4., 2010.1.25.〉

　　1. 국가 · 지방자치단체

　　2. 제53조(공무원등의 입후보)제1항제4호 내지 제6호에 규정된 기관 · 단체

　　3. 향우회 · 종친회 · 동창회, 산악회 등 동호인회, 계모임 등 개인간의 사적모임

　　4. 특별법에 의하여 설립된 국민운동단체로서 국가 또는 지방자치단체의 출연 또는 보조를

받는 단체(바르게살기운동협의회 · 새마을운동협의회 · 한국자유총연맹을 말한다)

5. 법령에 의하여 정치활동이나 공직선거에의 관여가 금지된 단체

6. 후보자 또는 후보자의 가족(이하 이 항에서 "후보자등"이라 한다)이 임원으로 있거나, 후보자등의 재산을 출연하여 설립하거나, 후보자등이 운영경비를 부담하거나 관계법규나 규약에 의하여 의사결정에 실질적으로 영향력을 행사하는 기관 · 단체

제114조(정당 및 후보자의 가족 등의 기부행위제한) ① 정당[「정당법」제37조제3항에 따른 당원협의회(이하 "당원협의회"라 한다)와 창당준비위원회를 포함한다. 이하 이 조에서 같다], 정당선거사무소의 소장, 후보자(候補者가 되고자 하는 者를 포함한다. 이하 이 條에서 같다)나 그 배우자의 직계존 · 비속과 형제자매, 후보자의 직계비속 및 형제자매의 배우자, 선거사무장, 선거연락소장, 선거사무원, 회계책임자, 연설원, 대담 · 토론자나 후보자 또는 그 가족(家族의 범위는 第10條第1項第3號에 規定된 "候補者의 家族"[17]을 準用한다)과 관계있는 회사 그 밖의 법인 · 단체(이하 "會社 등"이라 한다) 또는 그 임 · 직원은 선거기간 전에는 당해 선거에 관하여, 선거기간에는 당해 선거에 관한 여부를 불문하고 후보자 또는 그 소속정당을 위하여 일체의 기부행위를 할 수 없다. 이 경우 후보자 또는 그 소속정당의 명의를 밝혀 기부행위를 하거나 후보자 또는 그 소속정당이 기부하는 것으로 추정할 수 있는 방법으로 기부행위를 하는 것은 당해 선거에 관하여 후보자 또는 정당을 위한 기부행위로 본다. 〈개정 2004.3.12., 2010.1.25.〉

② 제1항에서 "후보자 또는 그 가족과 관계있는 회사 등"이라 함은 다음 각 호의 어느 하나에 해당하는 회사 등을 말한다. 〈개정 2005.8.4.〉

1. 후보자가 임 · 직원 또는 구성원으로 있거나 기금을 출연하여 설립하고 운영에 참여하고 있거나 관계법규나 규약에 의하여 의사결정에 실질적으로 영향력을 행사할 수 있는 회사 기타 법인 · 단체

2. 후보자의 가족이 임원 또는 구성원으로 있거나 기금을 출연하여 설립하고 운영에 참여하고 있거나 관계법규 또는 규약에 의하여 의사결정에 실질적으로 영향력을 행사할 수 있는 회사 기타 법인 · 단체

3. 후보자가 소속한 정당이나 후보자를 위하여 설립한 「정치자금법」에 의한 후원회

제53조(공무원등의 입후보) ① 다음 각 호의 어느 하나에 해당하는 사람으로서 후보자가 되려는 사람은 선거일 전 90일까지 그 직을 그만두어야 한다. 다만, 대통령선거와 국회의원선거에 있어서 국회의원이 그 직을 가지고 입후보하는 경우와 지방의회의원선거와 지방자치단체의 장의 선거에 있어서 당해 지방자치단체의 의회의원이나 장이 그 직을 가지고 입후보하는 경우에는 그러하지 아니하다.

<개정 1995.4.1., 1995.12.30., 1997.11.14., 1998.4.30., 2000.2.16., 2002.3.7., 2005.8.
4., 2010.1.25., 2015.12.24.>
4. 「공공기관의 운영에 관한 법률」 제4조제1항제3호에 해당하는 기관 중 정부가 100분의
   50 이상의 지분을 가지고 있는 기관(한국은행을 포함한다)의 상근임원
5. 「농업협동조합법」·「수산업협동조합법」·「산림조합법」·「엽연초생산협동조합법」에
   의하여 설립된 조합의 상근임원과 이들 조합의 중앙회장
6. 「지방공기업법」 제2조(適用範圍)에 규정된 지방공사와 지방공단의 상근임원

법 제71조제12항을 준용하는 법 제81조(團體의 候補者등 초청 對談·討論會)제8항의 규정
에 위반한 자는 2년 이하의 징역 또는 400만원 이하의 벌금에 처한다(제252조제4항).

법 제81조(團體의 候補者등 초청 對談·討論會)제1항의 규정에 위반하여 후보자등 초청 대
담·토론회를 개최한 자는 3년 이하의 징역 또는 600만원 이하의 벌금에 처한다(제255조
제1항제7호).

법 제81조(團體의 候補者등 초청 對談·討論會)제3항 또는 제4항의 규정에 위반하여 대
담·토론회의 개최신고를 하지 아니하거나 표지를 게시 또는 첩부하지 아니한 자는 1년
이하의 징역 또는 200만원 이하의 벌금에 처한다(제256조제5항제9호).

법 제81조(團體의 候補者등 초청 對談·討論會)제6항의 규정을 위반한 자는 5년 이하의
징역 또는 1천만원 이하의 벌금에 처한다(제257조제1항제2호).

법 제81조제6항에서 규정하고 있는 정당(創黨準備委員會를 포함한다)·정당의 대표자·정당
선거사무소의 소장, 국회의원·지방의회의원·지방자치단체의 장, 후보자(候補者가 되고자
하는 者를 포함한다), 후보자의 배우자, 후보자나 그 배우자의 직계존비속과 형제자매, 후보
자의 직계비속 및 형제자매의 배우자, 선거사무장, 선거연락소장, 선거사무원, 회계책임자,
연설원, 대담·토론자, 후보자 또는 그 가족과 관계있는 회사 등이나 그 임·직원과 제삼자
[제116조(寄附의 勸誘·요구 등의 금지)에 규정된 행위의 상대방을 말한다]에게 기부를 지
시·권유·알선·요구하거나 그로부터 기부를 받은 자(제261조제9항제1호·제6호에 해당하
는 사람은 제외한다)는 3년 이하의 징역 또는 500만원 이하의 벌금에 처한다(제257조제2항).

---

16) 제10조제1항제6호의 노동조합과 단체 : 선거운동을 하거나 할 것을 표방한 노동조합 또는 단체를 말한다.
17) 제10조제1항제3호에 규정된 후보자의 가족 : 후보자(후보자가 되고자 하는 자를 포함한다)의 배우자와 후보
    자 또는 그 배우자의 직계존·비속과 형제자매나 후보자의 직계비속 및 형제자매의 배우자를 말한다.

제82조 언론기관의 후보자등 초청 대담 · 토론회

제82조(언론기관의 후보자등 초청 대담 · 토론회) ① 텔레비전 및 라디오 방송시설(제70조제1항에 따른 방송시설을 말한다. 이하 이 조에서 같다) · 「신문 등의 진흥에 관한 법률」 제2조제3호에 따른 신문사업자 · 「잡지 등 정기간행물의 진흥에 관한 법률」 제2조제2호에 따른 정기간행물사업자(정보간행물 · 전자간행물 · 기타간행물을 발행하는 자를 제외한다) · 「뉴스통신진흥에 관한 법률」 제2조제3호에 따른 뉴스통신사업자 및 인터넷언론사(이하 이 조에서 "언론기관"이라 한다)는 선거운동기간중 후보자 또는 대담 · 토론자(候補者가 選擧運動을 할 수 있는 者 중에서 지정하는 者를 말한다)에 대하여 후보자의 승낙을 받아 1명 또는 여러 명을 초청하여 소속정당의 정강 · 정책이나 후보자의 정견, 그 밖의 사항을 알아보기 위한 대담 · 토론회를 개최하고 이를 보도할 수 있다. 다만, 제59조에도 불구하고 대통령선거에서는 선거일 전 1년부터, 국회의원선거 또는 지방자치단체의 장선거에 있어서는 선거일 전 60일부터 선거기간개시일 전일까지 후보자가 되고자 하는 자를 초청하여 대담 · 토론회를 개최하고 이를 보도할 수 있다. 이 경우 방송시설이 대담 · 토론회를 개최하고 이를 방송하고자 하는 때에는 내용을 편집하지 않은 상태에서 방송하여야 하며, 대담 · 토론회의 방송일시와 진행방법 등을 중앙선거관리위원회규칙이 정하는 바에 따라 관할선거구 선거관리위원회에 통보하여야 한다.
〈개정 1997.11.14., 1998.4.30., 2000.2.16., 2005.8.4., 2007.1.3., 2008.2.29., 2009.7.31., 2010.1.25.〉
② 제1항의 대담 · 토론회는 언론기관이 방송시간 · 신문의 지면 등을 고려하여 자율적으로 개최한다.
③ 제1항의 대담 · 토론의 진행은 공정하여야 하며, 이에 관하여 필요한 사항은 중앙선거관리위원회규칙으로 정한다.
④ 제71조(候補者 등의 放送演說)제12항, 제72조(放送施設主管 候補者 演說의 放送)제2항 및 제81조(團體의 候補者 등 초청 對談 · 討論會)제2항 · 제6항 · 제7항의 규정은 언론기관의 후보자등 초청 대담 · 토론회에 이를 준용한다. 〈개정 2000.2.16.〉
[제목개정 2000.2.16.]

법 제71조제12항을 준용하는 법 제82조(言論機關의 候補者등 초청 對談 · 討論會)제4항의 규정에 위반한 자는 2년 이하의 징역 또는 400만원 이하의 벌금에 처한다(제252조제4항).

법 제81조제6항[제82조(言論機關의 候補者 등 초청 對談 · 討論會)제4항에서 준용하는 경우를 포함한다]을 준용하는 법 제82조(言論機關의 候補者등 초청 對談 · 討論會)제4항의 규정을 위반한 자는 5년 이하의 징역 또는 1천만원 이하의 벌금에 처한다(제257조제1항제2호).

법 제82조제4항에서 규정하고 있는 정당(創黨準備委員會를 포함한다)·정당의 대표자·정당선거사무소의 소장, 국회의원·지방의회의원·지방자치단체의 장, 후보자(候補者가 되고자 하는 者를 포함한다), 후보자의 배우자, 후보자나 그 배우자의 직계존비속과 형제자매, 후보자의 직계비속 및 형제자매의 배우자, 선거사무장, 선거연락소장, 선거사무원, 회계책임자, 연설원, 대담·토론자, 후보자 또는 그 가족과 관계있는 회사 등이나 그 임·직원과 제삼자[제116조(寄附의 勸誘·요구 등의 금지)에 규정된 행위의 상대방을 말한다]에게 기부를 지시·권유·알선·요구하거나 그로부터 기부를 받은 자(제261조제9항제1호·제6호에 해당하는 사람은 제외한다)는 3년 이하의 징역 또는 500만원 이하의 벌금에 처한다(제257조제2항).

제82조의2 선거방송토론위원회 주관 대담·토론회

제82조의2(선거방송토론위원회 주관 대담·토론회) ① 중앙선거방송토론위원회는 대통령선거 및 비례대표국회의원선거에 있어서 선거운동기간중 다음 각 호에서 정하는 바에 따라 대담·토론회를 개최하여야 한다. 〈개정 2010.1.25.〉

1. 대통령선거

   후보자중에서 1인 또는 수인을 초청하여 3회 이상

2. 비례대표국회의원선거

   해당 정당의 대표자가 비례대표국회의원후보자 또는 선거운동을 할 수 있는 사람(지역구국회의원후보자는 제외한다) 중에서 지정하는 1명 또는 여러 명을 초청하여 2회 이상

② 시·도선거방송토론위원회는 시·도지사선거 및 비례대표시·도의원선거에 있어서 선거운동기간 중 다음 각 호에서 정하는 바에 따라 대담·토론회를 개최하여야 한다. 〈개정 2005.8.4., 2010.1.25.〉

1. 시·도지사선거

   후보자중에서 1인 또는 수인을 초청하여 1회 이상

2. 비례대표시·도의원선거

   해당 정당의 대표자가 비례대표시·도의원후보자 또는 선거운동을 할 수 있는 사람(지역구시·도의원후보자는 제외한다) 중에서 지정하는 1명 또는 여러 명을 초청하여 1회 이상

③ 구·시·군선거방송토론위원회는 선거운동기간중 지역구국회의원선거 및 자치구·시·군의 장선거의 후보자를 초청하여 1회 이상의 대담·토론회 또는 합동방송연설회를 개최하여야

한다. 이 경우 합동방송연설회의 연설시간은 후보자마다 10분 이내의 범위에서 균등하게 배정하여야 한다. 〈개정 2005.8.4.〉

④ 각급선거방송토론위원회는 제1항 내지 제3항의 대담·토론회를 개최하는 때에는 다음 각호의 어느 하나에 해당하는 후보자를 대상으로 개최한다. 이 경우 각급선거방송토론위원회로부터 초청받은 후보자는 정당한 사유가 없는 한 그 대담·토론회에 참석하여야 한다. 〈개정 2005.8.4., 2010.1.25.〉

  1. 대통령선거

    가. 국회에 5인 이상의 소속의원을 가진 정당이 추천한 후보자

    나. 직전 대통령선거, 비례대표국회의원선거, 비례대표시·도의원선거 또는 비례대표자치구·시·군의원선거에서 전국 유효투표총수의 100분의 3 이상을 득표한 정당이 추천한 후보자

    다. 중앙선거관리위원회규칙이 정하는 바에 따라 언론기관이 선거기간개시일 전 30일부터 선거기간개시일 전일까지의 사이에 실시하여 공표한 여론조사결과를 평균한 지지율이 100분의 5 이상인 후보자

  2. 비례대표국회의원선거 및 비례대표시·도의원선거

    가. 제1호가목 또는 나목에 해당하는 정당의 대표자가 지정한 후보자

    나. 제1호 다목에 의한 여론조사결과를 평균하여 100분의 5 이상의 지지를 얻은 정당의 대표자가 지정한 후보자

  3. 지역구국회의원선거 및 지방자치단체의 장선거

    가. 제1호가목 또는 나목에 해당하는 정당이 추천한 후보자

    나. 최근 4년 이내에 해당 선거구(선거구의 구역이 변경되어 변경된 구역이 직전 선거의 구역과 겹치는 경우를 포함한다)에서 실시된 대통령선거, 지역구국회의원선거 또는 지방자치단체의 장선거(그 보궐선거등을 포함한다)에 입후보하여 유효투표총수의 100분의 10 이상을 득표한 후보자

    다. 제1호다목에 의한 여론조사결과를 평균한 지지율이 100분의 5 이상인 후보자

⑤ 각급선거방송토론위원회는 제4항의 초청대상에 포함되지 아니하는 후보자를 대상으로 대담·토론회를 개최할 수 있다. 이 경우 대담·토론회의 시간이나 횟수는 중앙선거관리위원회규칙이 정하는 바에 따라 제4항의 초청대상 후보자의 대담·토론회와 다르게 정할 수 있다. 〈신설 2005.8.4.〉

⑥ 각급선거방송토론위원회는 제4항후단의 규정을 위반하여 정당한 사유 없이 대담·토론회에 참석하지 아니한 초청 후보자가 있는 때에는 그 사실을 선거인이 알 수 있도록 당해 후보자의 소속 정당명(무소속후보자는 "무소속"이라 한다)·기호·성명과 불참사실을 제10항 또는 제11

항의 중계방송을 시작하는 때에 방송하게 하여야 한다. 〈신설 2005.8.4.〉

⑦ 각급선거방송토론위원회는 제1항 내지 제3항 및 제5항의 대담·토론회(합동방송연설회를 포함하며, 이하 이 조에서 "대담·토론회"라 한다)를 개최하는 때에는 공정하게 하여야 한다. 〈개정 2005.8.4.〉

⑧ 각급선거방송토론위원회 위원장 또는 그가 미리 지명한 위원은 대담·토론회에서 후보자가 이 법에 위반되는 내용을 발표하거나 배정된 시간을 초과하여 발언하는 때에는 이를 제지하거나 자막안내하는 등 필요한 조치를 할 수 있다.

⑨ 각급선거방송토론위원회 위원장 또는 그가 미리 지명한 위원은 대담·토론회장에서 진행을 방해하거나 질서를 문란하게 하는 자가 있는 때에는 그 중지를 명하고, 그 명령에 불응하는 때에는 대담·토론회장 밖으로 퇴장시킬 수 있다.

⑩ 공영방송사는 그의 부담으로 대담·토론회를 텔레비전방송을 통하여 중계방송하여야 하되, 대통령선거에 있어서 중앙선거방송토론위원회가 주관하는 대담·토론회는 오후 8시부터 당일 오후 11시까지의 사이에 중계방송하여야 한다. 다만, 지역구국회의원선거 및 자치구·시·군의 장선거에 있어서 전국을 방송권역으로 하는 등 정당한 사유가 있는 경우에는 그러하지 아니하다. 〈개정 2005.8.4., 2008.2.29.〉

⑪ 구·시·군선거방송토론위원회는 지역구국회의원선거 및 자치구·시·군의 장선거에 있어서 제10항단서의 규정에 의하여 공영방송사가 중계방송을 할 수 없는 때에는 다른 지상파방송사업자나 종합유선방송사업자의 방송시설을 이용하여 대담·토론회를 텔레비전방송을 통하여 중계방송하게 할 수 있다. 이 경우 그 방송시설이용료는 국가 또는 당해 지방자치단체가 부담한다. 〈개정 2005.8.4.〉

⑫ 각급선거방송토론위원회는 대담·토론회를 개최하는 때에는 청각장애선거인을 위하여 자막방송 또는 수화통역을 할 수 있다. 〈개정 2005.8.4.〉

⑬ 「방송법」 제2조(용어의 정의)의 규정에 의한 방송사업자·중계유선방송사업자 및 인터넷언론사는 그의 부담으로 대담·토론회를 중계방송할 수 있다. 이 경우 편집 없이 중계방송하여야 한다. 〈개정 2005.8.4., 2008.2.29.〉

⑭ 대담·토론회의 진행절차, 개최홍보, 방송시설이용료의 산정·지급 기타 필요한 사항은 중앙선거관리위원회규칙으로 정한다.

[전문개정 2004.3.12.]

법 제82조의2(선거방송토론위원회 주관 대담·토론회)제13항후단의 규정에 위반한 자는 2년 이하의 징역 또는 400만원 이하의 벌금에 처한다(제252조제4항).

법 제82조의2제4항 각 호 외의 부분 후단을 위반하여 정당한 사유 없이 대담·토론회에 참석하지 아니한 사람에게는 400만원 이하의 과태료를 부과한다(제261조제5항).

제82조의3 선거방송토론위원회 주관 정책토론회

제82조의3(선거방송토론위원회 주관 정책토론회) ① 중앙선거방송토론위원회는 정당이 방송을 통하여 정강·정책을 알릴 수 있도록 하기 위하여 임기만료에 의한 선거(대통령의 궐위로 인한 선거 및 재선거를 포함한다)의 선거일 전 90일(대통령의 궐위로 인한 선거 및 재선거에 있어서는 그 선거의 실시사유가 확정된 날의 다음달)부터 후보자등록신청개시일 전일까지 다음 각 호에 해당하는 정당(선거에 참여하지 아니할 것을 공표한 정당을 제외한다)의 대표자 또는 그가 지정하는 자를 초청하여 정책토론회(이하 이 조에서 "정책토론회"라 한다)를 월 1회 이상 개최하여야 한다.

1. 국회에 5인 이상의 소속의원을 가진 정당
2. 직전 대통령선거, 비례대표국회의원선거 또는 비례대표시·도의원선거에서 전국 유효투표총수의 100분의 3 이상을 득표한 정당

② 제82조의2(선거방송토론위원회 주관 대담·토론회)제7항 내지 제9항·제10항본문·제12항 및 제13항의 규정은 정책토론회에 이를 준용한다. 이 경우 "대담·토론회"는 "정책토론회"로, "각급선거방송토론위원회"는 "중앙선거방송토론위원회"로 본다. 〈개정 2005.8.4.〉

③ 정책토론회의 운영·진행절차·개최홍보 기타 필요한 사항은 중앙선거관리위원회규칙으로 정한다.

[본조신설 2004.3.12.]

[종전 제82조의3은 제82조의4로 이동 〈2004.3.12.〉]

법 제82조의2(선거방송토론위원회 주관 대담·토론회)제13항후단을 준용하는 법 제82조의3(선거방송토론위원회 주관 정책토론회)의 규정에 위반한 자는 2년 이하의 징역 또는 400만원 이하의 벌금에 처한다(제252조제4항).

제82조의4 정보통신망을 이용한 선거운동

제82조의4(정보통신망을 이용한 선거운동) ① 선거운동을 할 수 있는 자는 선거운동기간중에 전화를 이용하여 송·수화자 간 직접 통화하는 방식으로 선거운동을 할 수 있다. 〈개정 2010.1.25., 2012.1.17., 2012.2.29.〉

　　1. 삭제 〈2012.2.29.〉

　　2. 삭제 〈2012.2.29.〉

　　3. 삭제 〈2012.2.29.〉

② 누구든지 「정보통신망 이용촉진 및 정보보호 등에 관한 법률」 제2조제1항제1호에 따른 정보통신망(이하 "정보통신망"이라 한다)을 이용하여 후보자(후보자가 되려는 사람을 포함한다. 이하 이 조에서 같다), 그의 배우자 또는 직계존·비속이나 형제자매에 관하여 허위의 사실을 유포하여서는 아니되며, 공연히 사실을 적시하여 이들을 비방하여서는 아니된다. 다만, 진실한 사실로서 공공의 이익에 관한 때에는 그러하지 아니하다. 〈개정 2012.2.29.〉

③ 각급선거관리위원회(읍·면·동선거관리위원회를 제외한다) 또는 후보자는 이 법의 규정에 위반되는 정보가 인터넷 홈페이지 또는 그 게시판·대화방 등에 게시되거나, 정보통신망을 통하여 전송되는 사실을 발견한 때에는 당해 정보가 게시된 인터넷 홈페이지를 관리·운영하는 자에게 해당 정보의 삭제를 요청하거나, 전송되는 정보를 취급하는 인터넷 홈페이지의 관리·운영자 또는 「정보통신망 이용촉진 및 정보보호 등에 관한 법률」 제2조제1항제3호의 규정에 의한 정보통신서비스제공자(이하 "정보통신서비스제공자"라 한다)에게 그 취급의 거부·정지·제한을 요청할 수 있다. 이 경우 인터넷 홈페이지 관리·운영자 또는 정보통신서비스 제공자가 후보자의 요청에 따르지 아니하는 때에는 해당 후보자는 관할선거구 선거관리위원회에 서면으로 그 사실을 통보할 수 있으며, 관할선거구 선거관리위원회는 후보자가 삭제요청 또는 취급의 거부·정지·제한을 요청한 정보가 이 법의 규정에 위반된다고 인정되는 때에는 해당 인터넷 홈페이지 관리·운영자 또는 정보통신서비스 제공자에게 삭제요청 또는 취급의 거부·정지·제한을 요청할 수 있다. 〈개정 2005.8.4., 2012.2.29.〉

④ 제3항에 따라 선거관리위원회로부터 요청을 받은 인터넷 홈페이지 관리·운영자 또는 정보통신서비스 제공자는 지체 없이 이에 따라야 한다. 〈개정 2012.2.29.〉

⑤ 제3항에 따라 선거관리위원회로부터 요청을 받은 인터넷 홈페이지 관리·운영자 또는 정보통신서비스 제공자는 그 요청을 받은 날부터 해당 정보를 게시하거나 전송한 자는 당해 정보가 삭제되거나 그 취급이 거부·정지 또는 제한된 날부터 3일 이내에 그 요청을 한 선거관리위원회에 이의신청을 할 수 있다. 〈개정 2012.2.29.〉

⑥ 위법한 정보의 게시에 대한 삭제 등의 요청, 이의신청 기타 필요한 사항은 중앙선거관리위원회

규칙으로 정한다.

[전문개정 2004.3.12.]

[제82조의3에서 이동 〈2004.3.12.〉]

법 제82조의4제4항에 따라 선거관리위원회로부터 2회 이상 요청을 받고 이행하지 아니한 자는 2년 이하의 징역 또는 400만원 이하의 벌금에 처한다(제256조제3항제1호마목).

법 제82조의4제4항을 위반하여 선거관리위원회의 요청을 이행하지 아니한 자에게는 300만원 이하의 과태료를 부과한다. 다만, 2회 이상 요청을 받고 이행하지 아니한 자는 그러하지 아니하다(제261조제6항제4호).

제82조의5 선거운동정보의 전송제한

제82조의5(선거운동정보의 전송제한) ① 누구든지 정보수신자의 명시적인 수신거부의사에 반하여 선거운동 목적의 정보를 전송하여서는 아니 된다.

② 예비후보자 또는 후보자가 제59조제2호·제3호에 따라 선거운동 목적의 정보(이하 "선거운동정보"라 한다)를 자동 동보통신의 방법으로 문자메시지로 전송하거나 전송대행업체에 위탁하여 전자우편으로 전송하는 때에는 다음 각 호의 사항을 선거운동정보에 명시하여야 한다. 〈개정 2005.8.4., 2010.1.25., 2012.2.29., 2017.2.8.〉

    1. 선거운동정보에 해당하는 사실

    2. 문자메시지를 전송하는 경우 그의 전화번호

    3. 불법수집정보 신고 전화번호

    4. 수신거부의 의사표시를 쉽게 할 수 있는 조치 및 방법에 관한 사항

③ 삭제 〈2012.1.17.〉

④ 선거운동정보를 전송하는 자는 수신자의 수신거부를 회피하거나 방해할 목적으로 기술적 조치를 하여서는 아니 된다.

⑤ 선거운동정보를 전송하는 자는 수신자가 수신거부를 할 때 발생하는 전화요금 기타 금전적 비용을 수신자가 부담하지 아니하도록 필요한 조치를 하여야 한다.

⑥ 누구든지 숫자·부호 또는 문자를 조합하여 전화번호·전자우편주소 등 수신자의 연락처를 자동으로 생성하는 프로그램 그 밖의 기술적 장치를 이용하여 선거운동정보를 전송하여서는 아니 된다.

[본조신설 2004.3.12.]

법 제82조의5(선거운동정보의 전송제한)제1항의 규정을 위반하여 선거운동정보를 전송한 자, 같은 조제2항의 규정을 위반하여 선거운동정보에 해당하는 사실 등을 선거운동정보에 명시하지 아니하거나 허위로 명시한 자, 같은 조제4항의 규정을 위반하여 기술적 조치를 한 자, 같은 조제5항의 규정을 위반하여 비용을 수신자에게 부담하도록 한 자, 같은 조제6항의 규정을 위반하여 선거운동정보를 전송한 자는 1년 이하의 징역 또는 100만원 이하의 벌금에 처한다(제255조제4항).

제82조의6 인터넷언론사 게시판·대화방 등의 실명확인

제82조의6(인터넷언론사 게시판·대화방 등의 실명확인) ① 인터넷언론사는 선거운동기간중 당해 인터넷홈페이지의 게시판·대화방 등에 정당·후보자에 대한 지지·반대의 문자·음성·화상 또는 동영상 등의 정보(이하 이 조에서 "정보등"이라 한다)를 게시할 수 있도록 하는 경우에는 행정안전부장관 또는 「신용정보의 이용 및 보호에 관한 법률」 제2조제4호에 따른 신용정보업자(이하 이 조에서 "신용정보업자"라 한다)가 제공하는 실명인증방법으로 실명을 확인받도록 하는 기술적 조치를 하여야 한다. 다만, 인터넷언론사가 「정보통신망 이용촉진 및 정보보호 등에 관한 법률」 제44조의5에 따른 본인확인조치를 한 경우에는 그 실명을 확인받도록 하는 기술적 조치를 한 것으로 본다. 〈개정 2008.2.29., 2010.1.25., 2013.3.23., 2014.11.19., 2017.7.26.〉
② 정당이나 후보자는 자신의 명의로 개설·운영하는 인터넷홈페이지의 게시판·대화방 등에 정당·후보자에 대한 지지·반대의 정보등을 게시할 수 있도록 하는 경우에는 제1항의 규정에 따른 기술적 조치를 할 수 있다. 〈개정 2010.1.25.〉
③ 행정안전부장관 및 신용정보업자는 제1항 및 제2항의 규정에 따라 제공한 실명인증 자료를 실명인증을 받은 자 및 인터넷홈페이지지별로 관리하여야 하며, 중앙선거관리위원회가 그 실명인증자료의 제출을 요구하는 경우에는 지체 없이 이에 따라야 한다.
〈개정 2008.2.29., 2013.3.23., 2014.11.19., 2017.7.26.〉
④ 인터넷언론사는 제1항의 규정에 따라 실명인증을 받은 자가 정보등을 게시한 경우 당해 인터넷홈페이지의 게시판·대화방 등에 "실명인증" 표시가 나타나도록 하는 기술적 조치를 하여야 한다. 〈개정 2010.1.25.〉
⑤ 인터넷언론사는 당해 인터넷홈페이지의 게시판·대화방 등에서 정보등을 게시하고자 하는 자에게 주민등록번호를 기재할 것을 요구하여서는 아니된다. 〈개정 2010.1.25.〉
⑥ 인터넷언론사는 당해 인터넷홈페이지의 게시판·대화방 등에 "실명인증"의 표시가 없는 정당이나 후보자에 대한 지지·반대의 정보등이 게시된 경우에는 지체 없이 이를 삭제하여야 한다.

〈개정 2010.1.25.〉

⑦ 인터넷언론사는 정당·후보자 및 각급선거관리위원회가 제6항의 규정에 따른 정보등을 삭제하도록 요구한 경우에는 지체 없이 이에 따라야 한다. 〈개정 2010.1.25.〉

[전문개정 2005.8.4.]

법 제82조의6제1항을 위반하여 기술적 조치를 하지 아니한 자에게는 1천만원 이하의 과태료를 부과한다(제261조제3항제4호).

법 제82조의6제6항을 위반하여 실명인증의 표시가 없는 문자·음성·화상 또는 동영상 등의 정보를 삭제하지 아니한 자에게는 300만원 이하의 과태료를 부과한다(제261조제6항제3호).

제82조의7 인터넷광고

제82조의7(인터넷광고) ① 후보자(대통령선거의 정당추천후보자와 비례대표국회의원선거 및 비례대표지방의회의원선거에 있어서는 후보자를 추천한 정당을 말한다. 이하 이 조에서 같다)는 인터넷언론사의 인터넷홈페이지에 선거운동을 위한 광고(이하 "인터넷광고"라 한다)를 할 수 있다.

② 제1항의 인터넷광고에는 광고근거와 광고주명을 표시하여야 한다.

③ 같은 정당의 추천을 받은 2인 이상의 후보자는 합동으로 제1항의 규정에 따른 인터넷광고를 할 수 있다. 이 경우 그 비용은 당해 후보자간의 약정에 따라 분담하되, 그 분담내역을 광고계약서에 명시하여야 한다.

④ 삭제 〈2010.1.25.〉

⑤ 누구든지 제1항의 경우를 제외하고는 선거운동을 위하여 인터넷광고를 할 수 없다.

⑥ 광고근거의 표시방법 그 밖에 필요한 사항은 중앙선거관리위원회규칙으로 정한다. 〈개정 2010.1.25.〉

[본조신설 2005.8.4.]

법 제82조의7제5항의 규정에 위반한 자는 3년 이하의 징역 또는 600만원 이하의 벌금에 처한다(제252조제3항).

법 제82조의7(인터넷광고)제3항후단의 규정에 위반하여 그 분담내역을 광고계약서에 명시하지 아니한 자에게는 200만원 이하의 과태료를 부과한다(제261조제7항제2호마목).

제83조 교통편의의 제공

> **제83조(교통편의의 제공)** ① 대통령선거에 있어서 한국철도공사 사장은 중앙선거관리위원회규칙이 정하는 바에 따라 선거운동기간중에 선거운동용으로 계속하여 사용할 수 있는 전국용 무료승차권 50매를 각 후보자에게 발급하여야 한다. 〈개정 2012.1.17.〉
>
> ② 제1항의 규정에 의하여 전국용 무료승차권을 발급받은 후보자가 사퇴·사망하거나 등록이 무효로 된 때에는 그 후 이를 사용할 수 없으며, 한국철도공사 사장에게 지체 없이 반환하여야 한다. 〈개정 2012.1.17.〉

제84조 무소속후보자의 정당표방제한

> **제84조(무소속후보자의 정당표방제한)** 무소속후보자는 특정 정당으로부터의 지지 또는 추천받음을 표방할 수 없다. 다만, 다음 각 호의 어느 하나에 해당하는 행위는 그러하지 아니하다. 〈개정 1995.4.1., 2000.2.16., 2004.3.12., 2010.1.25.〉
>
> 　1. 정당의 당원경력을 표시하는 행위
>
> 　2. 해당 선거구에 후보자를 추천하지 아니한 정당이 무소속후보자를 지지하거나 지원하는 경우 그 사실을 표방하는 행위
>
> [2004.3.12. 법률 제7189호에 의하여 2003.1.30. 헌법재판소에서 위헌결정된 이 조를 개정함.]
>
> [제목개정 2010.1.25.]

법 제84조를 위반하여 특정 정당으로부터의 지지 또는 추천받음을 표방한 자는 2년 이하의 징역 또는 400만원 이하의 벌금에 처한다(제256조제3항제1호라목).

제85조 공무원 등의 선거관여 등 금지

> **제85조(공무원 등의 선거관여 등 금지)** ① 공무원 등 법령에 따라 정치적 중립을 지켜야 하는 자는 직무와 관련하여 또는 지위를 이용하여 선거에 부당한 영향력을 행사하는 등 선거에 영향을 미치는 행위를 할 수 없다. 〈신설 2014.2.13.〉
>
> ② 공무원은 그 지위를 이용하여 선거운동을 할 수 없다. 이 경우 공무원이 그 소속 직원이나 제53조제1항제4호부터 제6호까지에 규정된 기관 등의 임직원 또는 「공직자윤리법」 제17조에 따른 취업제한기관의 임·직원을 대상으로 한 선거운동은 그 지위를 이용하여 하는 선거운동으로

본다. 〈개정 2001.1.26., 2005.8.4., 2010.3.12., 2012.1.17., 2014.2.13., 2014.12.30.〉

③ 누구든지 교육적·종교적 또는 직업적인 기관·단체 등의 조직 내에서의 직무상 행위를 이용하여 그 구성원에 대하여 선거운동을 하거나 하게 하거나, 계열화나 하도급 등 거래상 특수한 지위를 이용하여 기업조직·기업체 또는 그 구성원에 대하여 선거운동을 하거나 하게 할 수 없다. 〈개정 2014.2.13.〉

④ 누구든지 교육적인 특수관계에 있는 선거권이 없는 자에 대하여 교육상의 행위를 이용하여 선거운동을 할 수 없다. 〈개정 2014.2.13.〉

[제목개정 2014.2.13.]

제53조(공무원등의 입후보) ① 다음 각 호의 어느 하나에 해당하는 사람으로서 후보자가 되려는 사람은 선거일 전 90일까지 그 직을 그만두어야 한다. 다만, 대통령선거와 국회의원선거에 있어서 국회의원이 그 직을 가지고 입후보하는 경우와 지방의회의원선거와 지방자치단체의 장의 선거에 있어서 당해 지방자치단체의 의회의원이나 장이 그 직을 가지고 입후보하는 경우에는 그러하지 아니하다.

〈개정 1995.4.1., 1995.12.30., 1997.11.14., 1998.4.30., 2000.2.16., 2002.3.7., 2005.8.4., 2010.1.25., 2015.12.24.〉

4. 「공공기관의 운영에 관한 법률」 제4조제1항제3호에 해당하는 기관 중 정부가 100분의 50 이상의 지분을 가지고 있는 기관(한국은행을 포함한다)의 상근임원

5. 「농업협동조합법」·「수산업협동조합법」·「산림조합법」·「엽연초생산협동조합법」에 의하여 설립된 조합의 상근임원과 이들 조합의 중앙회장

6. 「지방공기업법」 제2조(適用範圍)에 규정된 지방공사와 지방공단의 상근임원

「공직자윤리법」

제17조(퇴직공직자의 취업제한) ① 등록의무자(이하 이 장에서 "취업심사대상자"라 한다)는 퇴직일부터 3년간 퇴직 전 5년 동안 소속하였던 부서 또는 기관의 업무와 밀접한 관련성이 있는 다음 각 호의 어느 하나에 해당하는 기관(이하 "취업제한기관"이라 한다)에 취업할 수 없다. 다만, 관할 공직자윤리위원회의 승인을 받은 때에는 그러하지 아니하다.

〈개정 2013.6.7., 2014.12.30.〉

1. 자본금과 연간 외형거래액(「부가가치세법」 제29조에 따른 공급가액을 말한다. 이하 같다)이 일정 규모 이상인 영리를 목적으로 하는 사기업체

2. 제1호에 따른 사기업체의 공동이익과 상호협력 등을 위하여 설립된 법인·단체

3. 연간 외형거래액이 일정 규모 이상인 「변호사법」 제40조에 따른 법무법인, 같은 법 제58조의2에 따른 법무법인(유한), 같은 법 제58조의18에 따른 법무조합, 같은 법 제89조의6제3항에 따른 법률사무소(이하 "법무법인등"이라 한다)

4. 연간 외형거래액이 일정 규모 이상인 「공인회계사법」 제23조제1항에 따른 회계법인

5. 연간 외형거래액이 일정 규모 이상인 「세무사법」 제16조의3제1항에 따른 세무법인

6. 연간 외형거래액이 일정 규모 이상인 「외국법자문사법」 제2조제4호에 따른 외국법 자문법률사무소

7. 「공공기관의 운영에 관한 법률」 제5조제3항제1호가목에 따른 시장형 공기업

8. 안전 감독 업무, 인·허가 규제 업무 또는 조달 업무 등 대통령령으로 정하는 업무를 수행하는 공직유관단체

9. 「고등교육법」 제2조 각 호에 따른 학교를 설립·경영하는 학교법인과 학교법인이 설립·경영하는 사립학교. 다만, 취업심사대상자가 대통령령으로 정하는 교원으로 취업하는 경우 해당 학교법인 또는 학교는 제외한다.

10. 「의료법」 제3조의3에 따른 종합병원과 종합병원을 개설한 다음 각 목의 어느 하나에 해당하는 법인
    가. 「의료법」 제33조제2항제3호에 따른 의료법인
    나. 「의료법」 제33조제2항제4호에 따른 비영리법인

11. 기본재산이 일정 규모 이상인 다음 각 목의 어느 하나에 해당하는 법인
    가. 「사회복지사업법」 제2조제3호에 따른 사회복지법인
    나. 「사회복지사업법」 제2조제4호에 따른 사회복지시설을 운영하는 가목 외의 비영리법인

② 제1항의 밀접한 관련성의 범위는 취업심사대상자가 퇴직 전 5년 동안 소속하였던 부서의 업무가 다음 각 호의 어느 하나에 해당하는 업무인 경우를 말한다.
〈개정 2014.12.30.〉

1. 직접 또는 간접으로 보조금·장려금·조성금 등을 배정·지급하는 등 재정보조를 제공하는 업무

2. 인가·허가·면허·특허·승인 등에 직접 관계되는 업무

3. 생산방식·규격·경리 등에 대한 검사·감사에 직접 관계되는 업무

4. 조세의 조사·부과·징수에 직접 관계되는 업무

5. 공사, 용역 또는 물품구입의 계약·검사·검수에 직접 관계되는 업무

6. 법령에 근거하여 직접 감독하는 업무

7. 취업제한기관이 당사자이거나 직접적인 이해관계를 가지는 사건의 수사 및 심리 · 심판과 관계되는 업무

8. 그 밖에 국회규칙, 대법원규칙, 헌법재판소규칙, 중앙선거관리위원회규칙 또는 대통령령으로 정하는 업무

③ 제2항에도 불구하고 다음 각 호의 어느 하나에 해당하는 취업심사대상자(이하 "기관 업무기준 취업심사대상자"라 한다)에 대하여는 퇴직 전 5년간 소속하였던 기관의 업무가 제2항 각 호의 어느 하나에 해당하는 경우에 밀접한 관련성이 있는 것으로 본다. 〈신설 2014.12.30.〉

1. 제10조제1항 각 호에 따른 공개대상자

2. 고위공무원단에 속하는 공무원 중 제1호에 따른 공개대상자 외의 공무원

3. 2급 이상의 공무원

4. 공직유관단체의 임원

5. 그 밖에 국회규칙, 대법원규칙, 헌법재판소규칙, 중앙선거관리위원회규칙 또는 대통령령으로 정하는 특정분야의 공무원과 공직유관단체의 직원

④ 제1항에 따른 취업 여부를 판단하는 경우에 「상법」에 따른 사외이사나 고문 또는 자문위원 등 직위나 직책 여부 또는 계약의 형식에 관계없이 취업제한기관의 업무를 처리하거나 취업제한기관에 조언 · 자문하는 등의 지원을 하고 주기적으로 또는 기간을 정하여 그 대가로서 임금 · 봉급 등을 받는 경우에는 이를 취업한 것으로 본다. 〈개정 2014.12.30.〉

⑤ 취업심사대상자가 퇴직 전 5년 동안 처리하였거나 의사결정 과정에 참여한 제2항 각 호의 업무와 관련하여 법무법인등이 사건을 수임(「변호사법」 제31조제4항 각 호에 해당하는 수임을 포함한다)하거나 회계법인이 「공인회계사법」 제2조 각 호에 따라 업무를 수행한 경우 또는 세무법인이 「세무사법」 제2조 각 호에 따라 업무를 수행한 경우 그 취업심사대상자가 소속하였던 부서의 업무는 해당 법무법인등이나 회계법인 또는 세무법인의 업무와 제1항에 따른 업무 관련성이 있는 것으로 본다. 〈개정 2014.12.30.〉

⑥ 공직자윤리위원회는 제2항 및 제3항의 밀접한 관련성 여부를 판단하는 경우에 퇴직공직자의 자유 및 권리 등 사익과 퇴직공직자의 부당한 영향력 행사 방지를 통한 공익 간의 균형을 유지하여야 하며, 제3항 및 제5항에 따라 업무 관련성이 있는 것으로 보는 퇴직공직자에 대하여 제1항 각 호 외의 부분 단서에 따라 취업 승인 여부를 심사 · 결정하는 경우에 해당 업무처리 등의 건수, 업무의 빈도 및 비중 등을 고려하여 해당 취업심사대상자의 권리가 불합리하게 제한되지 아니하도록 하여야 한다. 〈개정 2014.12.30.〉

⑦ 제1항부터 제3항까지의 규정에도 불구하고 제10조제1항 각 호에 따른 공개대상자가 아닌 취업심사대상자 중 「변호사법」 제4조에 따른 변호사는 법무법인등에, 「공인회계사법」 제3조에 따른 공인회계사는 회계법인에, 「세무사법」 제3조에 따른 세무사는 세무법인에 각각 취업할

수 있다. 〈개정 2014.12.30.〉

⑧ 제1항의 경우 부서 또는 기관의 범위, 취업제한기관의 규모 및 범위 등에 관하여는 국회규칙, 대법원규칙, 헌법재판소규칙, 중앙선거관리위원회규칙 또는 대통령령으로 정한다.

〈개정 2014.12.30.〉

[전문개정 2011.7.29.]

[제목개정 2014.12.30.]

[시행일:2014.12.30.] 제17조제4항("사기업체등" 외의 개정부분으로 한정한다)

「공직자윤리법 시행령」

제33조(취업제한기관의 규모 및 범위) ③ 법 제17조제1항제8호에서 "안전 감독 업무, 인 · 허가 규제 업무 또는 조달 업무 등 대통령령으로 정하는 업무"란 다음 각 호의 구분에 따른 업무를 말한다. 〈신설 2015.3.30.〉

1. 안전 감독 업무 : 국민의 생명 또는 신체와 관련된 위험을 예방 · 감소시키는 안전 관리 · 지도 · 단속 업무

2. 인 · 허가 규제 업무 : 법령에서 정한 인가 · 허가 · 면허 · 특허 · 승인 등의 업무(그와 관련한 조사 · 검사 · 평가 등의 업무 및 정부 또는 지방자치단체로부터 위탁받아 수행하거나 대행하는 업무를 포함한다)

3. 조달 업무 : 법령에서 정한 조달 업무(그와 관련한 품질검사 · 품질관리 등의 업무 및 정부 또는 지방자치단체로부터 위탁받아 수행하거나 대행하는 업무를 포함한다)

④ 법 제17조제1항제9호단서에서 "대통령령으로 정하는 교원"이란 「고등교육법」 제14조제2항에 따른 교수 · 부교수 · 조교수 · 강사 및 같은 법 제17조에 따른 겸임교원 · 명예교수 등을 말한다. 다만, 총장 · 부총장 · 학장 · 교무처장 · 학생처장 등의 직위에 있는 교원은 제외한다. 〈신설 2015.3.30.〉

법 제85조제3항 또는 제4항에 위반한 행위를 하거나 하게 한 자는 3년 이하의 징역 또는 600만원 이하의 벌금에 처한다(제255조제1항제9호).

법 제85조제2항을 위반하여 선거운동을 한 사람은 5년 이하의 징역에 처한다(제255조제3항제2호).

법 제85조제1항을 위반한 자는 5년 이하의 징역 또는 2천만원 이하의 벌금에 처한다(제255조제5항).

제86조 공무원등의 선거에 영향을 미치는 행위금지

제86조(공무원등의 선거에 영향을 미치는 행위금지) ① 공무원(國會議員과 그 補佐官·秘書官·秘書 및 地方議會議員을 제외한다), 선상투표신고를 한 선원이 승선하고 있는 선박의 선장, 제53조제1항제4호 및 제6호에 규정된 기관 등의 상근임·직원, 통·리·반의 장, 주민자치위원회 위원과 예비군 중대장급 이상의 간부, 특별법에 의하여 설립된 국민운동 단체로서 국가나 지방자치단체의 출연 또는 보조를 받는 단체(바르게살기運動協議會·새 마을運動協議會·韓國自由總聯盟을 말한다)의 상근임·직원 및 이들 단체 등(市·道組織 및 區·市·郡組織을 포함한다)의 대표자는 다음 각 호의 어느 하나에 해당하는 행위를 하여서는 아니된다.

〈개정 1997.11.14., 2000.2.16., 2002.3.7., 2004.3.12., 2005.8.4., 2010.1.25., 2012.1.17., 2012.2.29., 2014.1.17., 2016.5.29.〉

   1. 소속직원 또는 선거구민에게 교육 기타 명목여하를 불문하고 특정 정당이나 후보자(候補者가 되고자 하는 者를 포함한다. 이하 이 項에서 같다)의 업적을 홍보하는 행위

   2. 지위를 이용하여 선거운동의 기획에 참여하거나 그 기획의 실시에 관여하는 행위

   3. 정당 또는 후보자에 대한 선거권자의 지지도를 조사하거나 이를 발표하는 행위

   4. 삭제 〈2010.1.25.〉

   5. 선거기간중 국가 또는 지방자치단체의 예산으로 시행하는 사업중 즉시 공사를 진행 하지 아니할 사업의 기공식을 거행하는 행위

   6. 선거기간중 정상적 업무 외의 출장을 하는 행위

   7. 선거기간중 휴가기간에 그 업무와 관련된 기관이나 시설을 방문하는 행위

② 지방자치단체의 장(제4호의 경우 소속 공무원을 포함한다)은 선거일 전 60일(선거일 전 60일 후에 실시사유가 확정된 보궐선거등에 있어서는 선거의 실시사유가 확정된 때)부터 선거일까지 다음 각 호의 어느 하나에 해당하는 행위를 하여서는 아니된다.

〈신설 1995.12.30., 1997.11.14., 1998.4.30., 2000.2.16., 2002.3.7., 2004.3.12., 2010.1.25., 2011.7.28.〉

   1. 삭제 〈2004.3.12.〉

   2. 정당의 정강·정책과 주의·주장을 선거구민을 대상으로 홍보·선전하는 행위. 다만, 당해 지방자치단체의 장의 선거에 예비후보자 또는 후보자가 되는 경우에는 그러하지 아니하다.

   3. 창당대회·합당대회·개편대회 및 후보자선출대회를 제외하고는 정당이 개최하는 시국강연회, 정견·정책발표회, 당원연수·단합대회 등 일체의 정치행사에 참석하거나 선거대

책기구, 선거사무소, 선거연락소를 방문하는 행위. 다만, 해당 지방자치단체의 장선거에 예비후보자 또는 후보자가 된 경우와 당원으로서 소속 정당이 당원만을 대상으로 개최하는 정당의 공개행사에 의례적으로 방문하는 경우에는 그러하지 아니하다.

4. 다음 각 목의 1을 제외하고는 교양강좌, 사업설명회, 공청회, 직능단체모임, 체육대회, 경로행사, 민원상담 기타 각종 행사를 개최하거나 후원하는 행위

   가. 법령에 의하여 개최하거나 후원하도록 규정된 행사를 개최·후원하는 행위

   나. 특정일·특정시기에 개최하지 아니하면 그 목적을 달성할 수 없는 행사

   다. 천재·지변 기타 재해의 구호·복구를 위한 행위

   라. 직업지원교육 또는 유상(有償)으로 실시하는 교양강좌를 개최·후원하는 행위 또는 주민자치센터가 개최하는 교양강좌를 후원하는 행위. 다만, 종전의 범위를 넘는 새로운 강좌를 개설하거나 수강생을 증원하거나 장소를 이전하여 실시하는 주민자치센터의 교양강좌를 후원하는 행위를 제외한다.

   마. 집단민원 또는 긴급한 민원이 발생하였을 때 이를 해결하기 위한 행위

   바. 가목 내지 마목에 준하는 행위로서 중앙선거관리위원회규칙으로 정하는 행위

5. 통·리·반장의 회의에 참석하는 행위. 다만, 천재·지변 기타 재해가 있거나 집단민원 또는 긴급한 민원이 발생하였을 때에는 그러하지 아니하다.

③ 삭제 〈2010.1.25.〉

④ 삭제 〈2010.1.25.〉

⑤ 지방자치단체의 장(소속 공무원을 포함한다)은 다음 각 호의 어느 하나에 해당하는 경우를 제외하고는 지방자치단체의 사업계획·추진실적 그 밖에 지방자치단체의 활동상황을 알리기 위한 홍보물(弘報紙·소식지·刊行物·施設物·錄音物·錄畵物 그 밖의 홍보물 및 新聞·放送을 이용하여 행하는 경우를 포함한다)을 분기별로 1종 1회를 초과하여 발행·배부 또는 방송하여서는 아니 되며, 당해 지방자치단체의 장의 선거의 선거일 전 180일(補闕選舉 등에 있어서는 그 選舉의 실시사유가 확정된 때, 이하 제6항에서 같다)부터 선거일까지는 홍보물을 발행·배부 또는 방송할 수 없다. 〈신설 1998.4.30., 2000.2.16., 2004.3.12., 2006.3.2., 2010.1.25.〉

1. 법령에 의하여 발행·배부 또는 방송하도록 규정된 홍보물을 발행·배부 또는 방송하는 행위

2. 특정사업을 추진하기 위하여 그 사업과 이해관계가 있는 자나 관계주민의 동의를 얻기 위한 행위

3. 집단민원 또는 긴급한 민원이 발생하였을 때 이를 해결하기 위한 행위

4. 기타 위 각 호의 1에 준하는 행위로서 중앙선거관리위원회규칙이 정하는 행위

⑥ 지방자치단체의 장은 당해 지방자치단체의 장의 선거의 선거일 전 180일부터 선거일까지

주민자치센터가 개최하는 교양강좌에 참석할 수 없으며, 근무시간중에 공공기관이 아닌 단체 등이 주최하는 행사(해당 지방자치단체의 청사에서 개최하는 행사를 포함한다)에는 참석할 수 없다. 다만, 제2항제3호에 따라 참석 또는 방문할 수 있는 행사의 경우에는 그러하지 아니하다. 〈신설 1998.4.30., 2002.3.7., 2010.1.25.〉
⑦ 지방자치단체의 장은 소관 사무나 그 밖의 명목여하를 불문하고 방송·신문·잡지나 그 밖의 광고에 출연할 수 없다. 〈신설 2010.1.25.〉
[제목개정 2011.7.28.]
[2010.1.25. 법률 제9974호에 의하여 2008.5.29. 헌법재판소에서 한정위헌결정된 이 조제1항 제2호를 개정함.]

법 제86조제2항제4호바목에서 "가목 내지 마목에 준하는 행위로서 중앙선거관리위원회 규칙으로 정하는 행위"라 함은 ①국가유공자의 위령제, 국경일의 기념식, 「각종기념일 등에 관한 규정」제2조(기념일등)에 의하여 시행되는 기념행사를 개최·후원하는 행위, ② 법령·조례에 의하여 주민의 동의를 필요로 하는 사업의 시행을 위하여 사업설명회를 개최하는 행위, ③읍·면·동 이상의 행정구역 단위의 정기적인 종합주민체육대회나 전래적인 고유축제를 개최·후원하는 행위, ④정부가 주관하는 공공행사에 인력·시설·장비 등을 지원하는 행위 및 ⑤그 밖에 위 각 호의 어느 하나에 준하는 행위로서 중앙위원회가 정하는 행위를 말한다(「공직선거관리규칙」제47조제2항).

법 제86조제1항제1호부터 제3호까지·제2항 또는 제5항을 위반한 사람 또는 같은 조제6 항을 위반한 행위를 한 사람은 3년 이하의 징역 또는 600만원 이하의 벌금에 처한다(제2 55조제1항제10호).
법 제86조제1항제5호부터 제7호까지 또는 제7항을 위반한 행위를 한 사람은 2년 이하의 징역 또는 400만원 이하의 벌금에 처한다(제256조제3항제1호바목).

관련 판례

이 사건 공소사실의 요지는, 피고인은 정부투자기관관리기본법에 규정된 정부투자기관인 한국조폐공사의 상근임원인 감사로 재직중인 자로서, 2004. 4. 2. 14:00경부터 14:20경까지 대전서구을 열린우리당 공소외인 후보자 선거사무실 개소식에 참석하여 100여 명의 참석자들에게 '조폐공사 감사 (피고인 이름 생략)'라고 인사하는 등 선거기간중 정상적 업무외의 출장행위를 함으로써 공직선거 및 선거부정방지법(이하 '공선법'이라고 한다) 제86조제1항제6호의 규정(이하 '이 사건 규정'이라고 한다)을 위반하였다는 것이다.

공선법은 각종 부정선거운동에 대하여는 엄격한 규제를 함으로써 선거의 공정을 도모하면서도 국민의 참정권과 선거에서의 표현의 자유를 최대한 보장하기 위하여 선거운동 규제의 방법으로 포괄적 제한 및 금지 대신 개별적 제한 및 금지의 방식을 취하면서 공선법에서 개별적으로 제한·금지되지 아니한 선거운동은 이를 허용함을 원칙으로 하고 있는데(제58조제2항), 그 부정선거운동 규제의 일환으로 공선법은 공무원등의 직무의 정치적 중립성을 보장하고 선거의 공정 및 자유를 침해하는 관권선거의 폐해를 방지하기 위하여 공무원등을 선거운동을 할 수 있는 주체에서 제외하고 (제60조제1항), 그 지위를 이용하여 선거운동을 한 공무원을 가중처벌하는 한편(제85조제1항), 이러한 선거운동에까지 이르지 않았다 하더라도 선거의 공정을 해할 염려가 있는 행위 유형을 정형화하여 선거에 영향을 미치는 행위로서 이를 금지하고 있고(제86조제1항), 그 중 제86조제1항의 경우 제1 내지 4호는 부정선거운동의 일종으로 보아 공선법 제255조(부정선거운동죄)의 죄로 처벌함에 반하여 그와 성질을 달리 하는 제5 내지 7호는 제256조(각종제한규정위반죄)의 죄로 처벌하고 있다.

위와 같은 바탕하에서 이 사건 규정에서 선거기간중 선거에 영향을 미치는 행위라 하여 금지하고 있는 '정상적인 업무외의 출장'의 개념을 살피건대, 아래의 사정들에 비추어 여기에는 업무관련성을 필요로 한다고 봄이 상당하고, 이와 달리 업무관련성과 상관없이 선거에 영향을 미치는 행위이기만 하면 원칙적으로 이 사건 규정위반의 행위에 해당한다고 본 원심의 판단은 수긍하기 어렵다.

첫째, 이 사건 규정의 문리적 해석에 관하여 보건대, ① 증거로 제출된 각종 국어사전(증제2호증의 1-10)에 수록된 '출장'의 개념에 따르면, "용무로 어떤 곳에 가거나 임시로 파견되는 것", "회사나 직장의 업무를 위하여 근무하는 곳을 벗어나 외부의 장소에 나가는 것", "직무를 띠고 어느 곳으로 나가는 것", "공적인 일을 보러 외부에 나가거나 임시로 파견되는 것"이라고 하여 '용무(직무)와 관련한 타처 방문 혹은 파견'이라고 정의하고 있는데, 여기서 '용무'라고 하는 것은 그 문맥 및 예시문장, 복합어(출장비, 출장소 등) 등에 비추어 방문처 혹은 파견처 등 특정 목적지와 관련한 소정의 직무상 용무를 의미하는 것으로 해석되고, 원심이 그 가능한 해석으로 제시한 '단순히 개인적 볼일을 보기 위하여 외부로 나가는 행위'는 '외출'의 사전적 의미에 부합할 뿐이라는 점, ② 피고인의 근무처인 한국조폐공사사규집이나 공무원 근무사항에 관한 규칙(총리령 제600호) 제5조, 기타 기록에 나타나는 각종 공사의 사규집에도 출장의 개념을 위 사전적 의미와 동일하게 해석하면서 그 신청 및 허가의 절차, 여비 등에 관하여 규정하고 있는 점, ③ 이 사건 규정이 언급하고 있는 것은 '업무외의 출장이 아니라 '정상적 업무외'의 출장일 뿐이므로 거기에 업무관련성을 요구함은 개념상 모순이라는 원심의 해석은 합리적 근거가 없다 할 것이고, 오히려 그 문맥상 업무관련성을 전제로 당해 출장의 목적인 업무의 정상성 여부를 기준으로 그 위법성 여부를 평가하겠다는 취지로 해석된다는 점 등의 사정에 비추어, 이 사건 규정은 그 문리적 해석상 명목상 혹은 형식상이나마 업무와 관련성 있는 출장행위의 존재를 전제로 한 것이라고 해석하지 아니할 수 없다.

둘째, 이 사건 규정의 입법 취지에 따른 목적론적 해석에 관하여 보건대, ① 현행 공선법상 선거운동의 자유를 원칙적으로 허용하면서 예외적으로 이를 규제하는 방식을 취하고 있는 이상 금지행위로 구체적으로 열거된 행위로 포섭될 수 있어야만 처벌의 대상이 될 수 있다 할 것이고, 따라서 공무원 등의 신분을 지닌 자의 행위가 실질적으로 선거에 영향을 미칠 우려가 있는 것으로 평가될 수 있다고 하더라도 그것이 공선법 제86조제1항의 제1 내지 7호의 각 행위유형에 포섭되지 않는 한 그 행위가 선거운동의 정도에까지 이르러 공선법 제60조나 제85조의 위반행위로 처벌할 수 있음은 별론으로 하고, 공선법 제86조 위반행위로 처벌할 수는 없다는 점, ② 공선법 제86조제1항의 제1 내지 4호의 경우 그 실질이 부정선거운동에 해당하여 공선법 제255조에서 부정선거운동죄로 처벌하고 있다는 점에서 공선법 제256조 소정의 각종제한규정위반행위에 해당하는 공선법 제86조제1항의 제5 내지 7호의 경우와는 그 성격 및 취지를 달리 하므로 이 사건 규정의 해석상 비교 대상으로 삼을 수 있는 것은 위 제5, 7호의 규정이라 할 것인데, 양자 모두 당해 공무원등의 담당업무와 관련된 행위를 대상으로 하고 있어 업무관련성을 전제로 하고 있는 점, ③ 공선법 제86조제1항의 제5 내지 7호의 규정 취지는, 통상적인 업무수행의 행태에 속하지 아니함에도 업무를 빙자하거나 업무와 관련 있는 기관, 시설을 방문하는 등의 방법으로 선거기간중에 선거인과 접촉하는 불요불급한 행위를 통해 상대방의 공정한 선거권 행사에 지장을 초래하고 관권선거의 시비를 불러일으킬 우려가 있음을 감안하여 그 중 종래부터 문제되어 온 대표적이고 전형적인 행위유형을 특정하여 여기에 해당하는 경우에는 별도 입증이 없이도 선거에 영향을 미쳤다고 하는 점에 대한 소명이 된 것으로 간주하여 이를 처벌하고자 함에 있다고 볼 수 있는데, 공무원등이 근무시간중에 업무 외의 목적으로 무단 외출하여 사적으로 선거인과 접촉하는 행위는 그러한 관권선거의 우려를 초래하는 전형적이고 구조적인 행위유형에 속한다고 보기 어려운 점, ④ 피고인의 이 사건 행위와 같이 선거기간중의 공무원등의 정치행사 기타 비공식적 행사에의 참석행위에 대하여는 공선법 제86조제2, 4항에서 지방자치단체장의 경우에 한하여 별도의 금지행위로 정하여 이를 처벌하고 있는 점 등의 사정에 비추어, 이 사건 규정은 이러한 측면에서 보더라도 역시 업무와 관련성 있는 출장행위의 존재를 전제로 한 것이라고 해석하지 아니할 수 없다.

그렇다면, 이 사건 규정위반의 행위가 되기 위해서는 그 행위가 명목상, 형식상이나마 당해 공무원등의 업무와 관련한 출장행위의 외관을 지니고 있음을 전제로, 그 실질에 있어서 통상적인 업무수행의 일환으로 인정되지 아니하는 경우라야 할 것인데, 피고인의 이 사건 행위가 한국조폐공사 감사로서의 업무와 전혀 무관하게 단지 위 감사직 취임 이전의 소속 정당 지구당 선거사무실 개소식을 축하한다고 하는 개인적 차원에서 이루어진 것임은 기록상 명백할 뿐만 아니라, 원심도 인정하는 바와 같은 이상, 피고인의 행위는 이 사건 규정위반의 행위에 해당하지 아니한다 할 것임에도 위 '출장'의 개념을 문리적·목적론적 해석상 가능한 의미의 범위를 넘어서까지 유추 내지 확장해석하여 이 사건 공소사실을 유죄로 인정한 원심의 판단에는 형벌법규의 명확성이나 그 엄격해석을 요구하는 죄형법정주의의 원칙을 위반한 위법이 있다 할 것이고, 이 점을 지적하는 취지의 상고이유의 주장은 이유 있다 할 것이다(대법원 2005. 8. 19. 선고 2005도2690 판결).

제87조 단체의 선거운동금지

제87조(단체의 선거운동금지) ① 다음 각 호의 어느 하나에 해당하는 기관·단체(그 대표자와 임직원 또는 구성원을 포함한다)는 그 기관·단체의 명의 또는 그 대표의 명의로 선거운동을 할 수 없다. 〈개정 2005.8.4., 2010.1.25.〉

  1. 국가·지방자치단체
  2. 제53조(공무원등의 입후보)제1항제4호 내지 제6호에 규정된 기관·단체
  3. 향우회·종친회·동창회, 산악회 등 동호인회, 계모임 등 개인간의 사적모임
  4. 특별법에 의하여 설립된 국민운동단체로서 국가 또는 지방자치단체의 출연 또는 보조를 받는 단체(바르게살기운동협의회·새마을운동협의회·한국자유총연맹을 말한다)
  5. 법령에 의하여 정치활동이나 공직선거에의 관여가 금지된 단체
  6. 후보자 또는 후보자의 가족(이하 이 항에서 "후보자등"이라 한다)이 임원으로 있거나, 후보자등의 재산을 출연하여 설립하거나, 후보자등이 운영경비를 부담하거나 관계법규나 규약에 의하여 의사결정에 실질적으로 영향력을 행사하는 기관·단체
  7. 삭제 〈2005.8.4.〉
  8. 구성원의 과반수가 선거운동을 할 수 없는 자로 이루어진 기관·단체
② 누구든지 선거에 있어서 후보자(후보자가 되고자 하는 자를 포함한다)의 선거운동을 위하여 연구소·동우회·향우회·산악회·조기축구회, 정당의 외곽단체 등 그 명칭이나 표방하는 목적 여하를 불문하고 사조직 기타 단체를 설립하거나 설치할 수 없다.

[전문개정 2004.3.12.]

법 제87조(단체의 선거운동금지)제1항의 규정을 위반하여 선거운동을 하거나 하게 한 자 또는 같은 조제2항의 규정을 위반하여 사조직 기타 단체를 설립·설치하거나 하게 한 자

는 3년 이하의 징역 또는 600만원 이하의 벌금에 처한다(제255조제1항제11호).

관련 판례

구 공직선거 및 선거부정방지법(2005. 8. 4. 법률 제7681호로 개정되기 전의 것, 이하 '구 공선법'이라고만 한다) 제87조제1항은 "다음 각 호의 1에 해당하는 기관·단체는 그 명의 또는 그 대표의 명의로 선거운동을 할 수 없다. (각 호 생략)"고 규정하고 있고, 구 공선법 제255조제1항제11호전단에서는 "제87조제1항의 규정을 위반하여 선거운동을 하거나 하게 한 자는 3년 이하의 징역 또는 600만원 이하의 벌금에 처한다."는 취지로 규정하고 있으므로, 구 공선법에서 정한 다른 선거운동 방법상의 제한은 별론으로 하고 제87조제1항에서 정한 기관·단체가 아닌 경우에는 내부적인 의사결정 과정을 거쳤는지 여부를 불문하고 그 명의 또는 그 대표의 명의로 선거운동을 한다 하더라도 위 조항에 따라 처벌할 수는 없다 할 것이다.

한편, 구 공선법 제89조제1항은 후보자 간 선거운동기구의 형평성을 유지하고, 각종 형태의 선거운동기구가 난립함으로 말미암은 과열경쟁 및 낭비를 방지하기 위한 규정이고(대법원 2004. 10. 28. 선고 2004도5197 판결, 2005. 1. 27. 선고 2004도7511 판결, 2006. 2. 9. 선고 2005도3932 판결 등 참조), 구 공선법 제255조제1항제13호 및 제89조제1항은 구 공선법에서 규정한 선거사무소 또는 선거연락소 외에 후보자(후보자가 되고자 하는 자를 포함한다)를 위하여 명칭의 여하를 불문하고 이와 유사한 기관·단체·조직 또는 시설을 새로이 설립 또는 설치하거나 기존의 기관·단체·조직 또는 시설을 이용하는 행위를 처벌의 대상(정당의 중앙당 및 시·도당의 사무소에 설치되는 각 1개의 선거대책기구 및 정치자금에 관한 법률에 의한 후원회는 제외)으로 삼고 있으므로, 비록 행위자의 행위가 외관상 후보자를 위하여 기존의 기관·단체·조직 또는 시설을 이용하는 것처럼 보인다 할지라도 실질적으로 기존의 기관·단체·조직 또는 시설을 구 공선법에서 규정한 선거사무소 또는 선거연락소처럼 이용하는 정도에 이르지 아니하는 것이라면 위 조항에 의한 처벌대상이 될 수 없다 할 것이다(대법원 2007. 3. 30. 선고 2006도3025 판결).

제88조 타후보자를 위한 선거운동금지

> **제88조(타후보자를 위한 선거운동금지)** 후보자, 선거사무장, 선거연락소장, 선거사무원, 회계책임자, 연설원, 대담·토론자는 다른 정당이나 선거구가 같거나 일부 겹치는 다른 후보자를 위한 선거운동을 할 수 없다. 다만, 정당이나 후보자를 위한 선거운동을 함에 있어서 그 일부가 다른 정당이나 후보자의 선거운동에 이른 경우와 같은 정당이나 같은 정당의 추천후보자를 지원하는 경우 및 이 법의 규정에 의하여 공동선임된 선거사무장 등이 선거운동을 하는 경우에는 그러하지 아니하다. 〈개정 2012.1.17.〉

법 제88조(他候補者를 위한 選擧運動禁止)본문의 규정에 위반하여 다른 정당이나 후보자를 위한 선거운동을 한 자는 3년 이하의 징역 또는 600만원 이하의 벌금에 처한다(제255조제1항제12호).

제89조 유사기관의 설치금지

> **제89조(유사기관의 설치금지)** ① 누구든지 제61조제1항·제2항에 따른 선거사무소, 선거연락소 및 선거대책기구 외에는 후보자 또는 후보자가 되려는 사람을 위하여 선거추진위원회·후원회·연구소·상담소 또는 휴게소 기타 명칭의 여하를 불문하고 이와 유사한 기관·단체·조직 또는 시설을 새로이 설립 또는 설치하거나 기존의 기관·단체·조직 또는 시설을 이용할 수 없다. 다만, 후보자 또는 예비후보자의 선거사무소에 설치되는 1개의 선거대책기구 및 「정치자금법」에 의한 후원회는 그러하지 아니하다.
> 〈개정 1997.11.14., 2000.2.16., 2004.3.12., 2005.8.4., 2012.10.2., 2014.1.17.〉
> ② 정당이나 후보자(후보자가 되려는 사람을 포함한다. 이하 이 항에서 같다)가 설립·운영하는 기관·단체·조직 또는 시설은 선거일 전 180일(補闕選擧등에 있어서는 그 選擧의 실시사유가 확정된 때)부터 선거일까지 당해 선거구민을 대상으로 선거에 영향을 미치는 행위를 하거나, 그 기관·단체 또는 시설의 설립이나 활동내용을 선거구민에게 알리기 위하여 정당 또는 후보자의 명의나 그 명의를 유추할 수 있는 방법으로 벽보·현수막·방송·신문·통신·잡지 또는 인쇄물을 이용하거나 그 밖의 방법으로 선전할 수 없다. 다만, 「정치자금법」 제15조(후원금 모금 등의 고지·광고)의 규정에 따른 모금을 위한 고지·광고는 그러하지 아니하다.
> 〈개정 1997.11.14., 2004.3.12., 2005.8.4., 2012.10.2.〉

제61조(선거운동기구의 설치) ① 선거운동 및 그 밖의 선거에 관한 사무를 처리하기 위하여 정당 또는 후보자는 다음 각 호에 따라 선거사무소와 선거연락소를, 예비후보자는 선거사무소를, 정당은 중앙당 및 시·도당의 사무소에 선거대책기구 각 1개씩을 설치할 수 있다. 〈개정 1995.4.1., 1995.5.10., 2000.2.16., 2004.3.12., 2005.8.4., 2014.1.17.〉

1. 대통령선거

   정당 또는 후보자가 설치하되, 선거사무소 1개소와 시·도 및 구·시·군(하나의 區·市·郡이 2 이상의 國會議員地域區로 된 경우에는 國會議員地域區를 말한다. 이하 이 條에서 같다)마다 선거연락소 1개소

2. 지역구국회의원선거

   후보자가 설치하되, 당해 국회의원지역구 안에 선거사무소 1개소. 다만, 하나의 국회의원 지역구가 2 이상의 구·시·군으로 된 경우에는 선거사무소를 두지 아니하는 구·시·군마다 선거연락소 1개소

3. 비례대표국회의원선거 및 비례대표지방의회의원선거

   정당이 설치하되, 선거사무소 1개소(比例代表市·道議員選擧의 경우에는 比例代表市·道議員候補者名簿를 제출한 시·도마다, 비례대표자치구·시·군의원선거의 경우에는 비례대표자치구·시·군의원후보자명부를 제출한 자치구·시·군마다 選擧事務所 1個所)

4. 지역구지방의회의원선거

   후보자가 설치하되, 당해 선거구 안에 선거사무소 1개소

5. 시·도지사선거

   후보자가 설치하되, 당해 시·도 안에 선거사무소 1개소와 당해 시·도 안의 구·시·군마다 선거연락소 1개소

6. 자치구·시·군의 장선거

   후보자가 설치하되, 당해 자치구·시·균 안에 선거사무소 1개소. 다만, 자치구가 아닌 구가 설치된 시에 있어서는 선거사무소를 두지 아니하는 구마다 선거연락소 1개소를 둘 수 있으며, 하나의 구·시·군이 2 이상의 국회의원지역구로 된 경우에는 선거사무소를 두지 아니하는 국회의원지역구마다 선거연락소 1개소를 둘 수 있다.

② 선거사무소 또는 선거연락소는 시·도 또는 구·시·군의 사무소 소재지가 다른 시·도 또는 구·시·군의 구역 안에 있는 때에는 제1항의 규정에 불구하고 그 시·도 또는 구·시·군의 사무소 소재지를 관할하는 시·도 또는 구·시·군의 구역 안에 설치할 수 있다.

법 제89조(類似機關의 設置禁止)제1항본문의 규정에 위반하여 유사기관을 설립·설치하거나 기존의 기관·단체·조직 또는 시설을 이용한 자는 3년 이하의 징역 또는 600만원

이하의 벌금에 처한다(제255조제1항제13호).

  법 제89조(類似機關의 設置禁止)제2항의 규정에 위반하여 선거에 영향을 미치는 행위 또는 선전행위를 하거나 하게 한 자는 2년 이하의 징역 또는 400만원 이하의 벌금에 처한다(제256조제3항제1호사목).

관련 판례

  구 공직선거법(2012. 10. 2. 법률 제11485호로 개정되기 전의 것, 이하 '구법'이라 한다) 제89조제1항(유사기관의 설치금지)의 규정은 후보자 간 선거운동기구의 형평성을 유지하고 각종 형태의 선거운동기구가 난립함으로 말미암은 과열경쟁 및 낭비를 방지하기 위한 것으로서, 그 조문의 체계나 입법 취지와 함께 당내경선 과정에서 특정 후보자가 선출되게 하기 위하여 법 제57조의3제1항에 위배하여 유사기관을 이용하는 방법으로 이루어진 당내경선운동 행위는 법 제255조제2항제3호에 의하여 처벌할 수 있는 점, 구법 제89조제1항과 그 입법 취지가 유사한 법 제87조제2항이 '선거운동'을 위한 사조직 기타 단체의 설립 등을 금지하고 있는 점 등을 고려하여 보면, <u>어떠한 기관·단체·시설이 특정 후보자의 '선거운동'을 목적으로 설치된 것이 아니고 그 후보자가 당내경선에서 후보자로 선출되게 하기 위한 목적으로 설치된 것이라면 구법 제89조제1항에 위배되는 것은 아니라고 할 것이다</u>(대법원 2013. 5. 9. 선고 2012도12172).

  구 공직선거및선거부정방지법(2004. 3. 12. 법률 제7189호로 개정되기 전의 것) 제89조제1항은 후보자 간 선거운동기구의 형평성을 유지하고, 각종 형태의 선거운동기구가 난립함으로 말미암은 과열경쟁 및 낭비를 방지하기 위한 규정으로서, <u>어떠한 기관·단체·시설이 본조에서 금하는 유사기관에 해당하는지는 선거운동 목적의 유무에 의하여 결정되므로</u>, 특정 후보자의 선거운동을 목적으로 설치된 것이 아니라면 본조의 금지에 위반되는 것은 아니며, 여기서 선거운동이라 함은 선거에 관하여 특정 후보자가 당선되게 하거나 되지 못하게 하기 위하여 직접 또는 간접으로 필요하고도 유익한 행위를 하는 것을 가리키고, 선거운동을 위한 준비행위는 이에 포함되지 아니하므로, 만일 <u>후보자가 되고자 하는 자가 선거운동의 목적이 아닌 순수한 선거 준비행위의 차원에서 선거인에게 영향을 미치지 않는 내부적 행위로서 기관·단체 또는 시설을 설립하거나 설치하였다면 이는 본조 소정의 유사기관의 설치금지 위반에 해당하지 않는다</u>(대법원 2005. 1. 27. 선고 2004도7511 판결).

제90조(시설물설치 등의 금지) ① 누구든지 선거일 전 180일(보궐선거등에서는 그 선거의 실시사유가 확정된 때)부터 선거일까지 선거에 영향을 미치게 하기 위하여 이 법의 규정에 의한 것을 제외하고는 다음 각 호의 어느 하나에 해당하는 행위를 할 수 없다. 이 경우 정당(창당준비위원회를 포함한다)의 명칭이나 후보자(후보자가 되려는 사람을 포함한다. 이하 이 조에서 같다)의 성명·사진 또는 그 명칭·성명을 유추할 수 있는 내용을 명시한 것은 선거에 영향을 미치게 하기 위한 것으로 본다.

　1. 화환·풍선·간판·현수막·애드벌룬·기구류 또는 선전탑, 그 밖의 광고물이나 광고시설을 설치·진열·게시·배부하는 행위

　2. 표찰이나 그 밖의 표시물을 착용 또는 배부하는 행위

　3. 후보자를 상징하는 인형·마스코트 등 상징물을 제작·판매하는 행위

② 제1항에도 불구하고 다음 각 호의 어느 하나에 해당하는 행위는 선거에 영향을 미치게 하기 위한 행위로 보지 아니한다.

　1. 선거기간이 아닌 때에 행하는 「정당법」 제37조제2항에 따른 통상적인 정당활동

　2. 의례적이거나 직무상·업무상의 행위 또는 통상적인 정당활동으로서 중앙선거관리위원회 규칙으로 정하는 행위

[전문개정 2010.1.25.]

「공직선거관리규칙」

제47조의2(선거에 영향을 미치는 시설물등의 예외) 다음 각 호의 어느 하나에 해당하는 행위는 법 제90조제2항제2호에 따라 선거에 영향을 미치게 하기 위한 것으로 보지 아니한다. 다만, 집회나 행사의 안내등을 위하여 시설물등을 설치·게시한 경우 동 집회나 행사의 종료후 지체 없이 이를 철거하지 아니한 때에는 그러하지 아니하다.

〈개정 1997.11.14., 2000.2.16., 2002.3.21., 2004.3.12., 2005.8.4., 2010.1.25., 2017.3.9.〉

　1. 통상적인 정당활동과 관련한 행위

　　가. 정당(창당준비위원회를 포함한다)이 정강·정책구호 기타 정당의 홍보에 필요한 사항과 당해 정당명 및 그 대표자 성명을 게재한 간판·현판 또는 현수막(이하 이 조에서 "간판등"이라 한다)을 중앙당과 시·도당의 당사의 건물이나 그 담장에 설치·게시하는 행위. 다만, 후보자(후보자가 되고자 하는 자를 포함한다. 이하 이 조에서 같다)의 사진을 게재하거나 후보자를 지지·추천하거나 반대하는 내용을 게재하는 행위를 제외

한다. 이하 마목에서 같다.

나. 삭제 〈2002.3.21.〉

다. 정당이 민원상담을 행하는 당사에 민원상담에 관한 안내사항과 정당명을 게재한 간판등을 게시하는 행위

라. 정당의 업무용 자동차에 정당명·전화번호·정책구호 등을 표시하여 운행하는 행위

마. 정당이 소속당원만을 대상으로 당원집회를 개최하는 때에 동 집회장소임을 알리는 현수막을 주최 당부명의로 설치·게시하는 행위

바. 정당이 책임 있는 정치적 주장을 펴기 위하여 정강·정책의 설명회·토론회·강연회 (선거기간중에는 법에 규정된 방법에 한한다)를 개최하면서 현판·현수막을 주최 당부명의로 개최장소에 설치·게시하는 행위

사. 정당이 자연보호활동 또는 대민봉사활동등을 하면서 그 행사장소에 정당명과 행사명을 게재한 현수막을 설치·게시하는 행위

아. 정당의 당원이 소속정당의 배지(달고 다닐 수 있도록 배지형태로 제작된 소형의 상징마크나 마스코트를 포함한다)를 달고 다니는 행위

2. 직무상·업무상 행위

가. 지방자치단체의 장이 선거일 전 60일(선거일 전 60일후에 실시사유가 확정된 보궐선거 등에 있어서는 그 선거의 실시사유가 확정된 날) 전에 법 제86조(공무원등의 선거에 영향을 미치는 행위금지)제2항제4호에 규정된 행사를 개최하면서 그 행사장소에 개최자의 직명을 표시한 현판·현수막을 설치·게시하는 행위

나. 특정 정당이나 후보자를 지지·추천하거나 반대함이 없이 개최하는 학술·문화·체육·예술·종교 기타 이에 준하는 각종 집회를 개최하면서 그 개최장소에 주관단체명 또는 그 단체대표자의 직명을 표시한 간판등을 설치·게시하는 행위

다. 직업상의 사무소나 업소에 그 대표자의 성명이 표시된 간판을 게시하는 행위

라. 국회의원 및 지방의회의원이 자신의 직무 또는 업무를 수행하는 법 제112조제2항제4호 사목에 따른 사무소 또는 장소에 그 직명·성명과 업무 및 민원상담에 관한 안내사항이 게재된 간판등을 게시하는 행위

마. 삭제 〈2004.3.12.〉

3. 의례적인 행위

가. 민속절·국경일 그 밖에 기념일, 사무소의 개소·이전 그 밖에 관계있는 행사나 사업의 축하등을 위하여 정당·기관·단체·시설이 그 명의(정당의 경우 그 대표자의 성명을 포함한다)를 표시한 간판등을 해당 사무소에 설치·게시하는 행위

나. 정당 또는 기관·단체·시설의 장의 이·취임식장이나 이들의 하급당부(정당선거사

무소를 포함한다)나 기관·단체·시설방문시에 그 방문 행사장소에 직·성명을 표시한 현수막을 설치·게시하는 행위

4. 그 밖에 위 각 호의 어느 하나에 준하는 행위로서 중앙위원회가 정하는 행위

[본조신설 1995.12.30.]

법 제90조(施設物設置 등의 금지)의 규정에 위반하여 선전물을 설치·진열·게시·배부하거나 하게 한 자 또는 상징물을 제작·판매하거나 하게 한 자는 2년 이하의 징역 또는 400만원 이하의 벌금에 처한다(제256조제3항제1호아목).

제91조 확성장치와 자동차 등의 사용제한

제91조(확성장치와 자동차 등의 사용제한) ① 누구든지 이 법의 규정에 의한 공개장소에서의 연설·대담장소 또는 대담·토론회장에서 연설·대담·토론용으로 사용하는 경우를 제외하고는 선거운동을 위하여 확성장치를 사용할 수 없다. 〈개정 2004.3.12.〉

② 삭제 〈2004.3.12.〉

③ 누구든지 자동차를 사용하여 선거운동을 할 수 없다. 다만, 제79조에 따른 연설·대담장소에서 자동차에 승차하여 선거운동을 하는 경우와 같은 조제6항에 따른 선거벽보등을 자동차에 부착하여 사용하는 경우에는 그러하지 아니하다. 〈개정 2004.3.12., 2005.8.4., 2010.1.25.〉

④ 정당·후보자·선거사무장 또는 선거연락소장은 제3항단서에 따른 경우 외에 다음 각 호에 따른 수 이내에서 관할선거관리위원회가 교부한 표지를 부착한 자동차와 선박에 제64조의 선거벽보, 제65조의 선거공보 및 제66조의 선거공약서를 부착하여 운행하거나 운행하게 할 수 있다. 〈개정 1995.4.1., 1997.11.14., 2000.2.16., 2005.8.4., 2007.1.3., 2010.1.25.〉

1. 대통령선거와 시·도지사선거

   선거사무소와 선거연락소마다 각 5대·5척 이내

2. 지역구국회의원선거와 자치구·시·군의 장선거

   후보자마다 각 5대·5척 이내

3. 지역구시·도의원선거

   후보자마다 각 2대·2척 이내

4. 지역구자치구·시·군의원선거

   후보자마다 각 1대·1척

법 제91조(擴聲裝置와 自動車 등의 사용제한)제1항·제3항에 위반하여 확성장치나 자동차를 사용하여 선거운동을 하거나 하게 한 자는 2년 이하의 징역 또는 400만원 이하의 벌금에 처한다(제255조제2항제4호).

법 제91조(擴聲裝置와 自動車 등의 사용제한)제4항의 규정에 위반하여 표지를 부착하지 아니하고 자동차 또는 선박을 운행한 자에게는 100만원 이하의 과태료를 부과한다(제261조제8항제2호마목).

제92조 영화 등을 이용한 선거운동금지

> **제92조(영화 등을 이용한 선거운동금지)** 누구든지 선거기간중에는 선거운동을 위하여 저술·연예·연극·영화 또는 사진을 이 법에 규정되지 아니한 방법으로 배부·공연·상연·상영 또는 게시할 수 없다.

법 제92조(映畵 등을 이용한 選擧運動禁止)의 규정에 위반하여 저술·연예·연극·영화나 사진을 배부·공연·상연·상영 또는 게시하거나 하게 한 자는 3년 이하의 징역 또는 600만원 이하의 벌금에 처한다(제255조제1항제15호).

제93조 탈법방법에 의한 문서·도화의 배부·게시 등 금지

> **제93조(탈법방법에 의한 문서·도화의 배부·게시 등 금지)** ① 누구든지 선거일 전 180일(補闕選擧 등에 있어서는 그 選擧의 실시사유가 확정된 때)부터 선거일까지 선거에 영향을 미치게 하기 위하여 이 법의 규정에 의하지 아니하고는 정당(創黨準備委員會와 政黨의 政綱·정책을 포함한다. 이하 이 條에서 같다) 또는 후보자(候補者가 되고자 하는 者를 포함한다. 이하 이 條에서 같다)를 지지·추천하거나 반대하는 내용이 포함되어 있거나 정당의 명칭 또는 후보자의 성명을 나타내는 광고, 인사장, 벽보, 사진, 문서·도화, 인쇄물이나 녹음·녹화테이프 그 밖에 이와 유사한 것을 배부·첩부·살포·상영 또는 게시할 수 없다. 다만, 다음 각 호의 어느 하나에 해당하는 행위는 그러하지 아니하다.
> 〈개정 1997.11.14., 1998.4.30., 2002.3.7., 2004.3.12., 2005.8.4., 2010.1.25.〉
> 　1. 선거운동기간중 후보자, 제60조의3제2항 각 호의 어느 하나에 해당하는 사람(같은 항제2호의 경우 선거연락소장을 포함하며, 이 경우 "예비후보자"는 "후보자"로 본 다)이 제60조의3

제1항제2호에 따른 후보자의 명함을 직접 주는 행위

2. 선거기간이 아닌 때에 행하는 「정당법」 제37조제2항에 따른 통상적인 정당활동

② 누구든지 선거일 전 90일부터 선거일까지는 정당 또는 후보자의 명의를 나타내는 저술 · 연예 · 연극 · 영화 · 사진 그 밖의 물품을 이 법에 규정되지 아니한 방법으로 광고할 수 없으며, 후보자는 방송 · 신문 · 잡지 기타의 광고에 출연할 수 없다. 다만, 선거기간이 아닌 때에 「신문 등의 진흥에 관한 법률」 제2조제1호에 따른 신문 또는 「잡지 등 정기간행물의 진흥에 관한 법률」 제2조에 따른 정기간행물의 판매를 위하여 통상적인 방법으로 광고하는 경우에는 그러하지 아니하다. 〈개정 1998.4.30., 2005.8.4., 2010.1.25.〉

③ 누구든지 선거운동을 하도록 권유 · 약속하기 위하여 선거구민에 대하여 신분증명서 · 문서 기타 인쇄물을 발급 · 배부 또는 징구하거나 하게 할 수 없다. 〈신설 1995.12.30.〉

[2017.2.8. 법률 제14556호에 의하여 2016. 9. 29. 헌법재판소에서 위헌결정된 제93조제1항제1호 중 제60조의3제2항제3호를 개정함.]

제60조의3(예비후보자 등의 선거운동) ① 예비후보자는 다음 각 호의 어느 하나에 해당하는 방법으로 선거운동을 할 수 있다.

〈개정 2005.8.4., 2008.2.29., 2010.1.25., 2011.7.28., 2012.1.17., 2017.2.8.〉

2. 자신의 성명 · 사진 · 전화번호 · 학력(정규학력과 이에 준하는 외국의 교육과정을 이수한 학력을 말한다. 이하 제4호에서 같다) · 경력, 그 밖에 홍보에 필요한 사항을 게재한 길이 9센티미터 너비 5센티미터 이내의 명함을 직접 주거나 지지를 호소하는 행위. 다만, 선박 · 정기여객자동차 · 열차 · 전동차 · 항공기의 안과 그 터미널 · 역 · 공항의 개찰구 안, 병원 · 종교시설 · 극장의 안에서 주거나 지지를 호소하는 행위는 그러하지 아니하다.

② 다음 각 호의 어느 하나에 해당하는 사람은 예비후보자의 선거운동을 위하여 제1항제2호에 따른 예비후보자의 명함을 직접 주거나 예비후보자에 대한 지지를 호소할 수 있다.

〈개정 2010.1.25., 2017.2.8.〉

1. 예비후보자의 배우자와 직계존비속

2. 예비후보자와 함께 다니는 선거사무장 · 선거사무원 및 제62조제4항에 따른 활동보조인

3. 예비후보자가 그와 함께 다니는 사람 중에서 지정한 1명

법 제93조(脫法方法에 의한 文書 · 圖畵의 배부 · 게시 등 금지)제1항의 규정에 위반하여 문서 · 도화 등을 배부 · 첩부 · 살포 · 게시 · 상영하거나 하게 한 자, 같은 조제2항의 규정에 위반하여 광고 또는 출연을 하거나 하게 한 자 또는 제3항의 규정에 위반하여 신분증

명서·문서 기타 인쇄물을 발급·배부 또는 징구하거나 하게 한 자는 2년 이하의 징역 또는 400만원 이하의 벌금에 처한다(제255조제2항제5호).

관련 판례

인터넷은 누구나 손쉽게 접근 가능한 매체이고, 이를 이용하는 비용이 거의 발생하지 아니하거나 또는 적어도 상대적으로 매우 저렴하여 선거운동비용을 획기적으로 낮출 수 있는 정치공간으로 평가받고 있고, 오히려 매체의 특성 자체가 '기회의 균형성·투명성·저비용성의 제고'라는 공직선거법의 목적에 부합하는 것이라고도 볼 수 있는 점, 후보자에 대한 인신공격적 비난이나 허위사실 적시를 통한 비방 등을 직접적으로 금지하고 처벌하는 법률규정은 이미 도입되어 있고 모두 이 사건 법률조항보다 법정형이 높으므로, 결국 허위사실, 비방 등이 포함되지 아니한 정치적 표현만이 사건 법률조항에 의하여 처벌되는 점, 인터넷의 경우에는 정보를 접하는 수용자 또는 수신자가 그 의사에 반하여 이를 수용하게 되는 것이 아니고 자발적·적극적으로 이를 선택(클릭)한 경우에 정보를 수용하게 되며, 선거과정에서 발생하는 정치적 관심과 열정의 표출을 반드시 부정적으로 볼 것은 아니라는 점 등을 고려하면, 이 사건 법률조항에서 선거일 전 180일부터 선거일까지 인터넷상 선거와 관련한 정치적 표현 및 선거운동을 금지하고 처벌하는 것은 후보자 간 경제력 차이에 따른 불균형 및 흑색선전을 통한 부당한 경쟁을 막고, 선거의 평온과 공정을 해하는 결과를 방지한다는 입법목적 달성을 위하여 적합한 수단이라고 할 수 없다.

또한, 대통령 선거, 국회의원 선거, 지방선거가 순차적으로 맞물려 돌아가는 현실에 비추어 보면, 기본권 제한의 기간이 지나치게 길고, 그 기간 '통상적 정당활동'은 선거운동에서 제외됨으로써 정당의 정보제공 및 홍보는 계속되는 가운데 정당의 정강·정책 등에 대한 지지, 반대 등 의사표현을 금지하는 것은 일반국민의 정당이나 정부의 정책에 대한 비판을 봉쇄하여 정당정치나 책임정치의 구현이라는 대의제도의 이념적 기반을 약화시킬 우려가 있다는 점, 사이버선거부정감시단의 상시적 운영, 선거관리위원회의 공직선거법 위반 정보 삭제요청 등 인터넷 상에서 선거운동을 할 수 없는 자의 선거운동, 비방이나 허위사실공표의 확산을 막기 위한 사전적 조치는 이미 별도로 입법화되어 있고, 선거관리의 주체인 중앙선거관리위원회도 인터넷 상 선거운동의 상시화 방안을 지속적으로 제시해오고 있는 점, 일정한 정치적 표현 내지 선거운동 속에 비방·흑색선전 등의 부정적 요소가 개입될 여지가 있다 하여 일정한 기간 이를 일률적·전면적으로 금지하고 처벌하는 것은 과도하다고 볼 수밖에 없는 점 등을 감안하면, 최소침해성의 요건도 충족하지 못한다.

한편, 이 사건 법률조항에 대한 법익균형성 판단에는 국민의 선거참여를 통한 민주주의의 발전 및 민주적 정당성의 제고라는 공익 또한 감안하여야 할 것인데, 인터넷 상 정치적 표현 내지 선거운동을 금지함으로써 얻어지는 선거의 공정성은 명백하거나 구체적이지 못한 반면 인터넷을 이용한 의사소통이 보편화되고 각종 선거가 빈번한 현실에서 선거일 전 180일부터 선거일까지 장기간 동안 인터넷상 정치적 표현의 자유 내지 선거운동의 자유를 전면적으로 제한함으로써 생기는 불이익 내지 피해는 매우 크다 할 것이므로, 이 사건 법률조항은 법익균형성의 요건도 갖추지 못하였다고 할 것이다.

선거일 전 180일부터 선거일까지 선거에 영향을 미치게 하기 위하여 정당 또는 후보자를 지지·추천하거나 반대하는 내용이 포함되어 있거나 정당의 명칭 또는 후보자의 성명을 나타내는 문서·도화의 배부·게시 등을 금지하고 처벌하는 공직선거법 제93조제1항 및 제255조제2항제5호 중 제93조제1항의 각 '기타 이와 유사한 것' 부분에 '정보통신망을 이용하여 인터넷 홈페이지 또는 그 게시판·대화방 등에 글이나 동영상 등 정보를 게시하거나 전자우편을 전송하는 방법'이 포함된다고 해석한다면, 과잉금지원칙에 위배하여 정치적 표현의 자유 내지 선거운동의 자유를 침해한다(헌법재판소 2011. 12. 29. 2007헌마1001 등).

제94조 방송·신문 등에 의한 광고의 금지

> **제94조(방송·신문 등에 의한 광고의 금지)** 누구든지 선거기간중 선거운동을 위하여 이 법에 규정되지 아니한 방법으로 방송·신문·통신 또는 잡지 기타의 간행물 등 언론매체를 통하여 광고할 수 없다. 〈개정 2000.2.16.〉

법은 제94조의 규정을 위반하는 행위에 대한 제재규정(형벌 및 과태료)을 마련하지 않았다.

제95조 신문·잡지 등의 통상방법 외의 배부 등 금지

> **제95조(신문·잡지 등의 통상방법 외의 배부 등 금지)** ① 누구든지 이 법의 규정에 의한 경우를 제외하고는 선거에 관한 기사를 게재한 신문·통신·잡지 또는 기관·단체·시설의 기관지 기타 간행물을 통상방법 외의 방법으로 배부·살포·게시·첩부하거나 그 기사를 복사하여 배부·살포·게시·첩부할 수 없다. 〈개정 2012.1.17.〉
> ② 제1항에서 "선거에 관한 기사"라 함은 후보자(후보자가 되려는 사람을 포함한다. 이하 제96조 및 제97조에서 같다)의 당락이나 특정 정당(創黨準備委員會를 포함한다)에 유리 또는 불리한 기사를 말하며, "통상방법에 의한 배부"라 함은 종전의 방법과 범위 안에서 발행·배부하는 것을

말한다. 〈개정 2012.2.29.〉

[제목개정 2012.1.17.]

법은 제95조를 위반하는 행위에 관하여는 형벌 및 과태료의 제재규정을 마련하지 않았다.

제96조 허위논평 · 보도 등 금지

제96조(허위논평 · 보도 등 금지) ① 누구든지 선거에 관한 여론조사결과를 왜곡하여 공표 또는 보도할 수 없다. 〈개정 2012.2.29.〉

② 방송 · 신문 · 통신 · 잡지, 그 밖의 간행물을 경영 · 관리하는 자 또는 편집 · 취재 · 집필 · 보도하는 자는 다음 각 호의 어느 하나에 해당하는 행위를 할 수 없다. 〈신설 2012.2.29.〉

    1. 특정 후보자를 당선되게 하거나 되지 못하게 할 목적으로 선거에 관하여 허위의 사실을 보도하거나 사실을 왜곡하여 보도 또는 논평을 하는 행위

    2. 여론조사결과 등과 같은 객관적 자료를 제시하지 아니하고 선거결과를 예측하는 보도를 하는 행위

[제목개정 2012.2.29.]

법 제96조제2항을 위반한 자는 7년 이하의 징역 또는 500만원 이상 3천만원 이하의 벌금에 처한다(제252조제1항).

법 제96조제1항을 위반한 자는 5년 이하의 징역 또는 300만원 이상 2천만원 이하의 벌금에 처한다(제252조제2항).

제97조 방송 · 신문의 불법이용을 위한 행위 등의 제한

제97조(방송 · 신문의 불법이용을 위한 행위 등의 제한) ① 누구든지 선거운동을 위하여 방송 · 신문 · 통신 · 잡지 기타의 간행물을 경영 · 관리하는 자 또는 편집 · 취재 · 집필 · 보도하는 자에게 금품 · 향응 기타의 이익을 제공하거나 제공할 의사의 표시 또는 그 제공을 약속할 수 없다.

② 정당, 후보자, 선거사무장, 선거연락소장, 선거사무원, 회계책임자, 연설원, 대담 · 토론자 또는 제114조(政黨 및 候補者의 家族 등의 寄附行爲制限)제2항의 후보자 또는 그 가족과 관계 있는 회사 등은 선거에 관한 보도 · 논평이나 대담 · 토론과 관련하여 당해 방송 · 신문 · 통신 · 잡

지 기타 간행물을 경영·관리하거나 편집·취재·집필·보도하는 자 또는 그 보조자에게 금품·향응 기타 이익을 제공하거나 제공할 의사의 표시 또는 그 제공을 약속할 수 없다.

③ 방송·신문·통신·잡지 기타 간행물을 경영·관리하거나 편집·취재·집필·보도하는 자는 제1항 및 제2항의 규정에 의한 금품·향응 기타의 이익을 받거나 권유·요구 또는 약속할 수 없다.

법 제97조(放送·新聞의 不法利用을 위한 행위 등의 제한)제1항·제3항의 규정에 위반한 자는 5년 이하의 징역 또는 1천만원 이하의 벌금에 처한다(제235조제1항).

법 제97조제2항의 규정에 위반한 자는 7년 이하의 징역 또는 2천만원 이하의 벌금에 처한다(제235조제2항).

제98조 선거운동을 위한 방송이용의 제한

제98조(선거운동을 위한 방송이용의 제한) 누구든지 이 법의 규정에 의하지 아니하고는 그 방법의 여하를 불문하고 방송시설을 이용하여 선거운동을 위한 방송을 하거나 하게 할 수 없다. 〈개정 1997.11.14., 2000.2.16.〉

법 제98조의 규정에 위반한 자는 3년 이하의 징역 또는 600만원 이하의 벌금에 처한다(제252조제3항).

제99조 구내방송 등에 의한 선거운동금지

제99조(구내방송 등에 의한 선거운동금지) 누구든지 이 법의 규정에 의하지 아니하고는 선거기간중 교통수단·건물 또는 시설 안의 방송시설을 이용하여 선거운동을 할 수 없다.

법 제99조의 규정에 위반한 자는 3년 이하의 징역 또는 600만원 이하의 벌금에 처한다(제252조제3항).

제100조 녹음기 등의 사용금지

> **제100조(녹음기 등의 사용금지)** 누구든지 선거기간중 이 법의 규정에 의하지 아니하고는 녹음기나 녹화기(비디오 및 오디오器機를 포함한다)를 사용하여 선거운동을 할 수 없다.
> 〈개정 2004.3.12., 2005.8.4.〉

법 제100조(錄音器 등의 사용금지)의 규정에 위반하여 녹음기 또는 녹화기를 사용하여 선거운동을 하거나 하게 한 자는 2년 이하의 징역 또는 400만원 이하의 벌금에 처한다(제255조제2항제6호).

제101조 타연설회 등의 금지

> **제101조(타연설회 등의 금지)** 누구든지 선거기간중 선거에 영향을 미치게 하기 위하여 이 법의 규정에 의한 연설·대담 또는 대담·토론회를 제외하고는 다수인을 모이게 하여 개인 정견발표회·시국강연회·좌담회 또는 토론회 기타의 연설회나 대담·토론회를 개최할 수 없다.
> 〈개정 2004.3.12.〉

법 제101조(他演說會 등의 금지)의 규정에 위반하여 타연설회 등을 개최하거나 하게 한 자는 2년 이하의 징역 또는 400만원 이하의 벌금에 처한다(제256조제3항제1호자목).

제102조 야간연설 등의 제한

> **제102조(야간연설 등의 제한)** ① 이 법의 규정에 의한 연설·대담과 대담·토론회(방송시설을 이용하는 경우를 제외한다)는 오후 11시부터 다음날 오전 6시까지는 개최할 수 없으며, 공개장소에서의 연설·대담은 오후 10시부터 다음날 오전 7시까지는 이를 할 수 없다. 다만, 공개장소에서의 연설·대담에 있어서 휴대용 확성장치만을 사용하는 경우에는 오전 6시부터 오후 11시까지 할 수 있다. 〈개정 1995.12.30, 1997.1.13, 2004.3.12, 2010.1.25〉
> ② 제79조에 따른 공개장소에서의 연설·대담을 하는 경우 오후 9시부터 다음날 오전 7시까지 같은 조제10항에 따른 녹음기와 녹화기(비디오 및 오디오기기를 포함한다)를 사용할 수 없다. 〈신설 2010.1.25, 2012.1.17〉

법 제102조제1항을 위반하여 연설·대담 또는 대담·토론회를 개최한 자는 2년 이하의 징역 또는 400만원 이하의 벌금에 처한다(제256조제3항제1호차목).

법 제102조제2항을 위반하여 녹음기 또는 녹화기를 사용한 자는 1년 이하의 징역 또는 200만원 이하의 벌금에 처한다(제256조제5항제10호).

제103조 각종 집회 등의 제한

제103조(각종집회 등의 제한) ① 삭제 〈2010.1.25.〉

② 특별법에 따라 설립된 국민운동단체로서 국가나 지방자치단체의 출연 또는 보조를 받는 단체(바르게살기운동협의회·새마을운동협의회·한국자유총연맹을 말한다) 및 주민자치위원회는 선거기간중 회의 그 밖에 어떠한 명칭의 모임도 개최할 수 없다. 〈신설 2005.8.4.〉

③ 누구든지 선거기간 중 선거에 영향을 미치게 하기 위하여 향우회·종친회·동창회·단합대회 또는 야유회, 그 밖의 집회나 모임을 개최할 수 없다. 〈개정 2010.1.25.〉

④ 선거기간중에는 특별한 사유가 없는 한 반상회를 개최할 수 없다.

⑤ 누구든지 선거일 전 90일(선거일 전 90일 후에 실시사유가 확정된 보궐선거등에 있어서는 그 선거의 실시사유가 확정된 때)부터 선거일까지 후보자(후보자가 되고자 하는 자를 포함한다)와 관련 있는 저서의 출판기념회를 개최할 수 없다. 〈신설 2004.3.12.〉

법 제103조제2항을 위반하여 모임을 개최한 자는 3년 이하의 징역 또는 600만원 이하의 벌금에 처한다(제256조제1항제4호).

법 제103조(各種集會등의 制限)제3항 내지 제5항의 규정에 위반하여 각종집회등을 개최하거나 하게 한 자는 2년 이하의 징역 또는 400만원 이하의 벌금에 처한다(제256조제3항제1호카목).

관련 판례

새마을운동 관련 중앙단위 단체로는, '사단법인 새마을운동중앙회(이하 '새마을운동중앙회'라고만 한다)'와 그 회원 조직인 '새마을지도자중앙협의회', '새마을부녀회중앙연합회', '직·공장새마을운동중앙협의회', '새마을문고중앙회', '새마을금고연합회'가 있고, 과거 새마을운동중앙협의회규정(대통령령 제6104호)에 의하여 '새마을운동중앙협의회'가 설치된 바 있으나, 새마을운동중앙협의회 규정은 1990. 5. 3. 폐지되었으며, 위 규정에 의한 새마을운동중앙협의회는 현재 존재하지 않는바, 현재 이 사건 법률조항에서 말하는 '새마을운동협의회'라는 명칭의 국민운동단체는 존재하지 않고, 이 사건 법률조항 자체에 의하더라도 이들 단체가 '특별법에 의하여 설립된 국민운동단체(새마을운동협의회)'에 해당한다고 해석하기 위해서는 위 각 단체 역시 '특별법에 의하여 설립된' 국민운동단체이어야 하는바, 새마을운동중앙회 내지 사단법인 포천시새마을회(이하 '포천시새마을회'라고 한다)는 민법에 의하여 설립된 사단법인일 뿐, '특별법에 의하여 설립'된 단체가 아니고, 1980. 12. 13. 제정된 '새마을운동조직육성법'이 있으나, 이 법은 새마을운동중앙회의 설립 근거법률이 아니라 국가의 지원에 관한 근거법률일 뿐이며, 현재의 위 각 단체가 새마을운동조직육성법이라는 특별법에 의하여 설립된 국민운동단체라고는 할 수 없고, 죄형법정주의는 국가형벌권의 자의적인 행사로부터 개인의 자유와 권리를 보호하기 위하여 죄와 형을 법률로 정할 것을 요구하며, 그로부터 파생된 유추해석금지의 원칙은 성문의 규정은 엄격히 해석되어야 한다는 전제 아래 피고인에게 불리하게 성문규정이 표현하는 본래의 의미와 다른 내용으로 유추해석하는 것을 금지하고 있는데, 이 사건 법률조항 소정의 '특별법에 의하여 설립된 국민운동단체(새마을운동협의회)'라 함은 새마을운동중앙회와 그 회원 조직인 '새마을지도자중앙협의회', '새마을부녀회중앙연합회', '직·공장새마을운동중앙협의회'(및 '새마을문고중앙회', '새마을금고연합회')를 말한다고 해석하는 것은, 문언의 가능한 범위를 초과한 해석이고 지나친 유추해석으로서 죄형법정주의의 원칙에 위반되어 헌법상 허용될 수 없다.

따라서 새마을운동중앙회 또는 포천시새마을회가 이 사건 법률조항 소정의 '특별법에 의하여 설립된 국민운동단체(새마을운동협의회)' 또는 그 '시조직'에 해당함을 전제로 하는 이 사건 공소사실에 대해서는 죄가 되지 아니한다는 이유로 무죄가 선고되어야 함에도 불구하고 이에 대하여 유죄를 선고한 원심에는 법리오해로 인하여 판결에 영향을 미친 위법이 있다(서울고등법원 2008. 12. 30. 선고 2008노1986 판결).

제104조 연설회장에서의 소란행위 등의 금지

제104조(연설회장에서의 소란행위 등의 금지) 누구든지 이 법의 규정에 의한 공개장소에서의 연설·대담장소, 대담·토론회장 또는 정당의 집회장소에서 폭행·협박 기타 어떠한 방법으로도 연설·대담장소 등의 질서를 문란하게 하거나 그 진행을 방해할 수 없으며, 연설·대담 등의 주관자가 연단과 그 주변의 조명을 위하여 사용하는 경우를 제외하고는 횃불을 사용할 수 없다.
〈개정 2004. 3. 12.〉

법 제104조(演說會場에서의 騷亂行爲 등의 금지)의 규정에 위반하여 연설·대담장소 등에서 질서를 문란하게 하거나 횃불을 사용하거나 하게 한 자는 2년 이하의 징역 또는 400만원 이하의 벌금에 처한다(제256조제3항제1호타목).

제105조 행렬 등의 금지

> **제105조(행렬 등의 금지)** ① 누구든지 선거운동을 위하여 5명(후보자와 함께 있는 경우에는 후보자를 포함하여 10명)을 초과하여 무리를 지어 다음 각 호의 어느 하나에 해당하는 행위를 할 수 없다. 다만, 제2호의 행위를 하는 경우에는 후보자와 그 배우자(배우자 대신 후보자가 그의 직계존비속 중에서 신고한 1인을 포함한다), 선거사무장, 선거연락소장, 선거사무원, 후보자와 함께 있는 활동보조인 및 회계책임자는 그 수에 산입하지 아니한다.
> 〈개정 2004.3.12., 2005.8.4., 2010.1.25.〉
> 1. 거리를 행진하는 행위
> 2. 다수의 선거구민에게 인사하는 행위
> 3. 연달아 소리지르는 행위. 다만, 제79조(공개장소에서의 연설·대담)의 규정에 의한 공개장소에서의 연설·대담에서 당해 정당 또는 후보자에 대한 지지를 나타내기 위하여 연달아 소리지르는 경우에는 그러하지 아니하다.
> ② 삭제 〈2010.1.25.〉

법 제105조(行列등의 금지)제1항의 규정에 위반하여 무리를 지어 거리행진·인사 또는 연달아 소리지르는 행위를 한 사람은 3년 이하의 징역 또는 600만원 이하의 벌금에 처한다(제255조제1항제16호).

제106조 호별방문의 제한

> **제106조(호별방문의 제한)** ① 누구든지 선거운동을 위하여 또는 선거기간중 입당의 권유를 위하여 호별로 방문할 수 없다.
> ② 선거운동을 할 수 있는 자는 제1항의 규정에 불구하고 관혼상제의 의식이 거행되는 장소와 도로·시장·점포·다방·대합실 기타 다수인이 왕래하는 공개된 장소에서 정당 또는 후보자에 대한 지지를 호소할 수 있다.

③ 누구든지 선거기간중 공개장소에서의 연설·대담의 통지를 위하여 호별로 방문할 수 없다. 〈개정 2004.3.12.〉

법 제106조(戶別訪問의 제한)제1항 또는 제3항의 규정에 위반하여 호별로 방문하거나 하게 한 자는 3년 이하의 징역 또는 600만원 이하의 벌금에 처한다(제255조제1항제17호).

관련 판례

공직선거법 제106조제1항 소정의 호별방문죄는 연속적으로 두 집 이상을 방문함으로써 성립하는 것이고(대법원 1979. 11. 27. 선고 79도2115 판결, 2000. 2. 25. 선고 99도4330 판결 등 참조), 또 타인과 면담하기 위하여 그 거택 등에 들어간 경우는 물론 타인을 면담하기 위하여 방문하였으나 피방문자가 부재중이어서 들어가지 못한 경우에도 성립하는 것이라고 할 것이다(대법원 1975. 7. 22. 선고 75도1659 판결, 1999. 11. 12. 선고 99도2315 판결 등 참조).

이러한 법리 및 기록에 비추어 살펴보면, 원심이, 피고인이 원심 판시 일시에 공소외 2의 집을 방문하여 선거에서의 지지를 호소하고, 곧이어 공소외 3의 집을 방문하였으나 그가 부재중이어서 만나지 못한 사실을 인정하고, 피고인의 위 각 방문행위가 공직선거법 제106조제1항 소정의 호별방문에 해당한다고 판단한 것은 옳고, 거기에 상고이유의 주장과 같은 채증법칙 위배로 인한 사실오인 등의 위법이 있다고 할 수 없다.

그러나 원심이, 피고인이 공소외 1의 집과 공소외 4의 집을 각 방문한 행위를 공소외 2, 공소외 3의 집을 방문한 행위와 포괄하여 공직선거법상 호별방문에 해당한다고 본 것은 다음과 같은 이유로 수긍하기 어렵다.

공직선거법 제106조제1항 소정의 호별방문죄에 있어서 각 집의 방문이 '연속적'인 것으로 인정되기 위해서는 반드시 집집을 중단 없이 방문하여야 하거나 동일한 일시 및 기회에 각 집을 방문하여야 하는 것은 아니지만, 각 방문행위 사이에는 어느 정도의 시간적 근접성이 있어야 할 것이고, 이러한 시간적 근접성이 없다면 '연속적'인 것으로 인정될 수는 없다.

그런데 피고인이 공소외 1의 집을 방문한 것은 공소외 2, 공소외 3의 집을 방문한 때로부터 3개월 또는 4개월 전이고, 공소외 4의 집을 방문한 것은 공소외 2, 공소외 3의 집을 방문한 때로부터 다시 6개월 또는 7개월 후로서 시간적 간격이 매우 크므로, 공소외 1, 공소외 4의 집을 각 방문한 행위와 공소외 2, 공소외 3의 집을 방문한 행위 사이에 시간적 근접성이 있다고 보기는 어렵다. 따라서 공소외 1, 공소외 4의 집을 각 방문한 행위는 공소외 2, 공소외 3의 집을 방문한 행위와 포괄하여 호별방문죄를 구성한다고 할 수 없고, 공소외 1, 공소외 4의 집을 각 방문한 행위는 각 한 집만을 방문한 것이어서 그 행위만으로 각각 호별방문죄가 성립한다고 할 수도 없다(대법원 2007. 3. 15. 선고 2006도9042 판결).

공직선거법 제106조제1항은 "누구든지 선거운동을 위하여 또는 선거기간중 입당의 권유를 위하여 호별로 방문할 수 없다."고 규정하고 있고, 같은 조제2항은 "선거운동을 할 수 있는 자는 제1항의 규정에 불구하고 관혼상제의 의식이 거행되는 장소와 도로·시장·점포·다방·대합실 기타 다수인이 왕래하는 공개된 장소에서 정당 또는 후보자에 대한 지지를 호소할 수 있다."고 규정하고 있다.

본조에서 호별방문의 대상이 되는 '호(戶)'는 일상생활을 영위하는 거택에 한정되지 않고 일반인의 자유로운 출입이 가능하도록 공개되지 아니한 곳으로서 널리 주거나 업무 등을 위한 장소 혹은 그에 부속하는 장소라면 이에 해당할 수 있다. 그리고 본조에 의하여 방문이 금지되는 '호'에 해당하는지 여부는 주거 혹은 업무용 건축물 등의 존재 여부, 그 장소의 구조, 사용관계와 공개성 및 접근성 여부, 그에 대한 점유자의 구체적인 지배·관리형태 등 여러 사정을 종합적으로 고려하여 판단하여야 한다(대법원 2010. 7. 8. 선고 2009도14558 판결 참조). 이 경우 특히 위와 같은 공직선거법 제106조제1, 2항의 규정 형식과 그 입법취지 등에 비추어 볼 때, 관공서 등의 사무실이 위 제2항에 따라 방문이 허용되는 '기타 다수인이 왕래하는 공개된 장소'라고 보기 위해서는 그 사무실이 내부 공간의 용도와 구조 및 접근성 등에 비추어 일반적·통상적으로 민원인을 위하여 개방된 장소나 공간이라고 인정될 수 있는 경우여야 한다.

원심이 같은 취지에서, 원심 판시 이 사건 각 사무실은 기본적으로 ○○시청 소속 공무원들이 소관 부서의 업무를 처리하는 업무용 사무공간이고, 민원인은 보통 민원 업무를 전담하는 민원봉사실에서 민원을 해결하지 못한 경우에 그 담당직원의 안내 등을 거쳐 예외적으로 이 사건 각 사무실을 방문하는 경우가 있을 뿐이라는 등의 이유로, 이 사건 각 사무실이 공직선거법 제106조제1항에서 정한 호별방문 금지 대상인 '호'에 해당한다고 판단한 것은 정당하다(대법원 2015. 9. 10. 선고 2015도8605 판결).

"누구든지 선거운동을 위하여 또는 선거운동기간중 입당의 권유를 위하여 호별방문할 수 없다."고 규정한 공선법 제106조제1항에 위반하여 호별로 방문하거나 하게 한 자를 처벌한다고 규정하고 있는 공선법 제255조제1항제16호와는 달리, 이 사건 공소사실의 적용법조인 공선법 제254조제2항제5호는 "호별방문하여 선거운동을 하거나 하게 한 자"를 처벌하도록 규정하고 있다. 따라서 공선법 제255조제1항제16호의 경우에는 선거운동을 할 목적으로 호별방문을 하면 실제로 선거운동을 하지 않았더라도 구성요건이 충족되지만, 공선법 제254조제2항제5호의 구성요건을 충족하려면 선거운동의 목적과 호별방문 행위만으로는 부족하고 실제로 선거운동의 행위가 있었을 것을 요한다. 다만, 선거운동기간 전에 선거운동을 위하여 호별방문을 하였으나 실제 선거운동은 하지 않은 경우 문언상으로는 공선법 제106조제1항에 위반되는 것으로 해석된다. 그러나 이렇게 해석하는 경우 선거운동기간 전에 호별방문하여 실제로 선거운동을 한 경우에는 공선법 제254조제2항제5호에 해당되어 2년 이하의 징역 또는 400만원 이하의 벌금에 처해지는 것에 비하여, 선거운동기간 전에 호별방문만을 하였을 뿐 실제로 선거운동은 하지 않은 경우에는 범정이 더 가벼움에도 불구하고 공선법 제255조제1항제16호, 제106조제1항에 해당하여 3년 이하의 징역 또는 600만원 이하의 벌금이라는 더 무거운 처벌을 받게 되는 불합리한 결과가 생긴다. 따라서 공선법 제106조제1항은 선거운동기간중의 호별방문에 대하여만 적용되는 것으로 제한적으로 해석하는 것이 합리적이다(서울고등법원 1996. 11. 26. 선고 96노1938 : 확정).

제107조 서명·날인운동의 금지

> **제107조(서명·날인운동의 금지)** 누구든지 선거운동을 위하여 선거구민에 대하여 서명이나 날인을 받을 수 없다.

법 제107조(署名·捺印運動의 금지)의 규정에 위반하여 서명이나 날인을 받거나 받게 한 자는 3년 이하의 징역 또는 600만원 이하의 벌금에 처한다(제255조제1항제18호).

제108조 여론조사의 결과 공표금지 등

> **제108조(여론조사의 결과공표금지 등)** ① 누구든지 선거일 전 6일부터 선거일의 투표마감 시각까지 선거에 관하여 정당에 대한 지지도나 당선인을 예상하게 하는 여론조사(模擬投票나 人氣投票에 의한 경우를 포함한다. 이하 이 條에서 같다)의 경위와 그 결과를 공표하거나 인용하여 보도할 수 없다. 〈개정 1997.11.14., 2005.8.4., 2017.2.8., 2017.3.9.〉
> ② 누구든지 선거일 전 60일(선거일 전 60일 후에 실시사유가 확정된 보궐선거등에서는 그 선거의 실시사유가 확정된 때)부터 선거일까지 선거에 관한 여론조사를 투표용지와 유사한 모형에 의한 방법을 사용하거나 후보자(候補者가 되고자 하는 者를 포함한다. 이하 이 條에서 같다) 또는 정당(創黨準備委員會를 포함한다. 이하 이 條에서 같다)의 명의로 선거에 관한 여론조사를 할 수 없다. 다만, 제57조의2제2항에 따른 여론조사는 그러하지 아니하다.
> 〈개정 1997.11.14., 2008.2.29., 2010.1.25.〉

③ 다음 각 호의 어느 하나에 해당하는 자를 제외하고는 누구든지 선거에 관한 여론조사를 실시하려면 여론조사의 목적, 표본의 크기, 조사지역·일시·방법, 전체 설문내용 등 중앙선거관리위원회 규칙으로 정하는 사항을 여론조사 개시일 전 2일까지 관할 선거여론조사심의위원회에 서면으로 신고하여야 한다.
〈신설 2010.1.25., 2014.2.13., 2015.12.24., 2017.2.8.〉

1. 제3자로부터 여론조사를 의뢰받은 여론조사 기관·단체(제3자의 의뢰 없이 직접 하는 경우는 제외한다)
2. 정당[창당준비위원회와 「정당법」 제38조(정책연구소의 설치·운영)에 따른 정책연구소를 포함한다]
3. 「방송법」 제2조(용어의 정의)에 따른 방송사업자
4. 전국 또는 시·도를 보급지역으로 하는 「신문 등의 진흥에 관한 법률」 제2조(정의)에 따른 신문사업자 및 「잡지 등 정기간행물의 진흥에 관한 법률」 제2조(정의)에 따른 정기간행물사업자
5. 「뉴스통신 진흥에 관한 법률」 제2조(정의)에 따른 뉴스통신사업자
6. 제3호부터 제5호까지의 사업자가 관리·운영하는 인터넷언론사
7. 전년도 말 기준 직전 3개월간의 일일 평균 이용자 수 10만명 이상인 인터넷언론사

④ 관할 선거여론조사심의위원회는 제3항에 따른 신고 내용이 이 법 또는 선거여론조사기준을 충족하지 못한다고 판단되는 때에는 여론조사 실시 전까지 보완할 것을 요구할 수 있다. 이 경우 보완요구에 이의가 있는 때에는 관할 선거여론조사심의위원회에 서면으로 이의신청을 할 수 있다.
〈신설 2014.2.13., 2017.2.8.〉

⑤ 누구든지 선거에 관한 여론조사를 하는 경우에는 피조사자에게 질문을 하기 전에 여론조사 기관·단체의 명칭과 전화번호를 밝혀야 하고, 해당 조사대상의 전 계층을 대표할 수 있도록 피조사자를 선정하여야 하며, 다음 각 호의 어느 하나에 해당하는 행위를 하여서는 아니된다.
〈신설 1997.11.14., 2010.1.25., 2012.2.29., 2014.2.13., 2015.12.24., 2017.2.8.〉

1. 특정 정당 또는 후보자에게 편향되도록 하는 어휘나 문장을 사용하여 질문하는 행위
2. 피조사자에게 응답을 강요하거나 조사자의 의도에 따라 응답을 유도하는 방법으로 질문하거나 피조사자의 의사를 왜곡하는 행위
3. 오락 기타 사행성을 조장할 수 있는 방법으로 조사하거나 제13항에 따라 제공할 수 있는 전화요금 할인 혜택을 초과하여 제공하는 행위
4. 피조사자의 성명이나 성명을 유추할 수 있는 내용을 공개하는 행위

⑥ 누구든지 선거에 관한 여론조사의 결과를 공표 또는 보도하는 때에는 선거여론조사기준으로 정한 사항을 함께 공표 또는 보도하여야 하며, 선거에 관한 여론조사를 실시한 기관·단체는 조사설계서·피조사자선정·표본추출·질문지작성·결과분석 등 조사의 신뢰성과 객관성의 입증에 필

요한 자료와 수집된 설문지 및 결과분석자료 등 해당 여론조사와 관련 있는 자료일체를 해당 선거의 선거일 후 6개월까지 보관하여야 한다.

〈신설 1997.11.14., 2010.1.25., 2012.2.29., 2014.2.13., 2015.12.24.〉

⑦ 선거에 관한 여론조사 결과를 공표·보도하려는 때에는 그 결과의 공표·보도 전에 해당 여론조사를 실시한 선거여론조사기관이 선거여론조사기준으로 정한 사항을 중앙선거여론조사심의위원회 홈페이지에 등록하여야 한다. 이 경우 선거여론조사기관이 제3자로부터 의뢰를 받아 여론조사를 실시한 때에는 해당 여론조사를 의뢰한 자는 선거여론조사기관에 해당 여론조사 결과의 공표·보도 예정일시를 통보하여야 하며, 선거여론조사기관은 통보받은 공표·보도 예정일시 전에 해당 사항을 등록하여야 한다. 〈개정 2015.12.24., 2017.2.8.〉

⑧ 누구든지 다음 각 호의 어느 하나에 해당하는 행위를 하여서는 아니된다.

〈신설 2014.2.13., 2015.12.24., 2017.2.8.〉

　　1. 제7항에 따라 중앙선거여론조사심의위원회 홈페이지에 등록되지 아니한 선거에 관한 여론조사 결과를 공표 또는 보도하는 행위

　　2. 선거여론조사기준을 따르지 아니하고 공표 또는 보도를 목적으로 선거에 관한 여론조사를 하거나 그 결과를 공표 또는 보도하는 행위

⑨ 다음 각 호의 어느 하나에 해당하는 때에는 해당 여론조사를 실시한 기관·단체에 제6항에 따라 보관중인 여론조사와 관련된 자료의 제출을 요구할 수 있으며, 그 요구를 받은 기관·단체는 지체 없이 이에 따라야 한다. 〈신설 2012.2.29., 2014.2.13., 2015.12.24., 2017.2.8.〉

　　1. 관할선거구 선거관리위원회가 공표 또는 보도된 여론조사와 관련하여 이 법을 위반하였다고 인정할만한 상당한 이유가 있다고 판단되는 때

　　2. 선거여론조사심의위원회가 공표 또는 보도된 여론조사결과의 객관성·신뢰성에 대하여 정당 또는 후보자로부터 서면으로 이의신청을 받거나 제8조의8제7항제2호에 따른 심의를 위하여 필요하다고 판단되는 때

⑩ 누구든지 야간(오후 10시부터 다음날 오전 7시까지를 말한다)에는 전화를 이용하여 선거에 관한 여론조사를 실시할 수 없다. 〈신설 2010.1.25., 2012.2.29., 2014.2.13.〉

⑪ 누구든지 다음 각 호의 어느 하나에 해당하는 행위를 하여서는 아니된다. 〈신설 2016.1.15.〉

　　1. 제57조의2제1항에 따른 당내경선을 위한 여론조사의 결과에 영향을 미치게 하기 위하여 다수의 선거구민을 대상으로 성별·연령 등을 거짓으로 응답하도록 지시·권유·유도하는 행위

　　2. 선거에 관한 여론조사의 결과에 영향을 미치게 하기 위하여 둘 이상의 전화번호를 착신전환 등의 조치를 하여 같은 사람이 두 차례 이상 응답하거나 이를 지시·권유·유도하는 행위

⑫ 누구든지 다음 각 호의 어느 하나에 해당하는 선거에 관한 여론조사의 결과를 해당 선거일의

투표마감시각까지 공표 또는 보도할 수 없다. 다만, 제2호의 경우 해당 선거여론조사기관에 대하여 불기소처분이 있거나 무죄의 판결이 확정된 때에는 그러하지 아니하다. 〈신설 2017.2.8.〉

1. 정당 또는 후보자가 실시한 해당 선거에 관한 여론조사

2. 제8조의8제10항에 따라 고발되거나 이 법에 따른 여론조사에 관한 범죄로 기소된 선거여론조사기관이 실시한 선거에 관한 여론조사

3. 선거여론조사기관이 아닌 여론조사기관·단체가 실시한 선거에 관한 여론조사

⑬ 선거에 관한 여론조사에 성실하게 응답한 사람에게는 중앙선거관리위원회규칙으로 정하는 바에 따라 전화요금 할인 혜택을 제공할 수 있다. 이 경우 전화요금 할인에 소요되는 비용은 해당 여론조사를 실시하는 자가 부담한다. 〈신설 2017.2.8.〉

⑭ 여론조사의 신고, 이의신청, 자료제출 요구 절차, 그 밖에 필요한 사항은 중앙선거관리위원회규칙으로 정한다. 〈신설 2012.2.29., 2014.2.13., 2016.1.15., 2017.2.8.〉

[제목개정 2015.12.24.]

법 제108조제2항단서에서 말하는 "제57조의2제2항에 따른 여론조사"란 정당이 당내경선 과정에서 실시하는 여론조사를 말한다.

법 제108조제5항을 위반하여 여론조사를 한 자, 같은 조제9항에 따른 요구를 받고 거짓의 자료를 제출한 자, 같은 조제11항제1호를 위반하여 지시·권유·유도한 자, 같은 항제2호를 위반하여 여론조사에 응답하거나 이를 지시·권유·유도한 자 또는 같은 조제12항을 위반하여 선거에 관한 여론조사의 결과를 공표·보도한 자는 3년 이하의 징역 또는 600만원 이하의 벌금에 처한다(제256조제1항제5호).

법 제108조제1항을 위반하여 여론조사의 경위와 그 결과를 공표 또는 인용하여 보도한 자, 같은 조제2항을 위반하여 여론조사를 한 자, 같은 조제6항을 위반하여 여론조사와 관련 있는 자료일체를 해당 선거의 선거일 후 6개월까지 보관하지 아니한 자, 같은 조제9항을 위반하여 정당한 사유 없이 여론조사와 관련된 자료를 제출하지 아니한 자 또는 같은 조제10항을 위반하여 여론조사를 한 자는 2년 이하의 징역 또는 400만원 이하의 벌금에 처한다(제256조제3항제1호파목).

법 제108조제6항을 위반하여 선거여론조사기준으로 정한 사항을 함께 공표 또는 보도하지 아니한 자, 같은 조제7항을 위반하여 선거여론조사기준으로 정한 사항을 등록하지 아니한 자(이 경우 해당 여론조사를 의뢰한 자가 여론조사 결과의 공표·보도 예정일시를

통보하지 아니하여 등록하지 못한 때에는 그 여론조사 의뢰자를 말한다.) 및 같은 조제8항을 위반하여 여론조사를 실시하거나 그 결과를 공표 또는 보도한 자에게는 5천만원 이하의 과태료를 부과한다(제261조제2항제2 내지 제4호).

법 제108조제3항을 위반하여 관할 선거여론조사심의위원회에 신고하지 아니하거나 신고내용과 다르게 여론조사를 실시하거나 같은 조제4항을 위반하여 보완사항을 보완하지 아니하고 여론조사를 실시한 자에게는 1천만원 이하의 과태료를 부과한다(제261조제3항제5호).

제108조의2 선거여론조사를 위한 휴대전화 가상번호의 제공

제108조의2(선거여론조사를 위한 휴대전화 가상번호의 제공) ① 선거여론조사기관이 공표 또는 보도를 목적으로 전화를 이용하여 선거에 관한 여론조사를 실시하는 경우 휴대전화 가상번호를 사용할 수 있다.

② 선거여론조사기관이 제1항에 따른 여론조사를 실시하는 경우에는 관할 선거여론조사심의위원회를 경유하여 이동통신사업자에게 휴대전화 가상번호를 제공하여 줄 것을 요청할 수 있다.

③ 제2항에 따라 휴대전화 가상번호를 사용하고자 하는 선거여론조사기관은 해당 여론조사 개시일 전 10일까지 관할 선거여론조사심의위원회에 휴대전화 가상번호 제공요청서를 제출하여야 하고, 관할 선거여론조사심의위원회는 해당 요청서의 기재사항을 심사한 후 제출받은 날부터 3일 이내에 해당 요청서를 이동통신사업자에게 송부하여야 한다.

④ 선거여론조사기관이 제2항에 따른 요청을 하는 경우에는 휴대전화 가상번호 제공요청서에 다음 각 호에 따른 사항을 적어야 한다.

　1. 여론조사의 목적 · 내용 및 기간

　2. 여론조사 대상 지역 및 대상자 수

　3. 이동통신사업자별로 제공하여야 하는 성별 · 연령별 · 지역별 휴대전화 가상번호 수. 이 경우 제공을 요청할 수 있는 휴대전화 가상번호의 총수는 제2호에 따른 대상자 수의 30배수를 초과할 수 없다.

　4. 그 밖에 중앙선거관리위원회규칙으로 정하는 사항

⑤ 선거에 관한 여론조사를 위한 휴대전화 가상번호 제공에 관하여는 제57조의8제4항부터 제7항까지 및 제9항부터 제11항까지의 규정을 준용한다.

⑥ 휴대전화 가상번호 제공요청 방법과 절차, 휴대전화 가상번호의 유효기간 설정, 휴대전화 가상번호 제공요청서 서식, 그 밖에 필요한 사항은 중앙선거관리위원회규칙으로 정한다.

[본조신설 2017.2.8.]

[종전 제108조의2는 제108조의3으로 이동 〈2017.2.8.〉]

제57조의8(당내경선 등을 위한 휴대전화 가상번호의 제공) ① 국회에 의석을 가진 정당은 다음 각 호의 어느 하나에 해당하는 경우에는 관할 선거관리위원회를 경유하여 이동통신사업자에게 이용자의 이동전화번호가 노출되지 아니하도록 생성한 번호(이하 "휴대전화 가상번호"라 한다)를 제공하여 줄 것을 서면(이하 "휴대전화 가상번호 제공요청서"라 한다)으로 요청할 수 있다. 〈개정 2017.2.8.〉

    1. 제57조의2제1항에 따른 당내경선의 경선선거인이 되려는 사람을 모집하거나 당내경선을 위한 여론조사를 실시하는 경우

    2. 그 밖에 정당활동을 위하여 여론수렴이 필요한 경우

③ 정당이 제1항에 따른 요청을 하는 경우에는 휴대전화 가상번호 제공요청서에 다음 각 호에 따른 사항을 적어야 한다. 〈개정 2017.2.8.〉

    1. 제1항제1호에 따른 당내경선

      가. 당내경선의 선거명·선거구명

      나. 당내경선의 선거일

      다. 당내경선 실시 지역 및 경선선거인(당내경선을 위한 여론조사를 실시하는 경우에는 표본을 말한다. 이하 이 항에서 같다) 수

      라. 이동통신사업자별로 제공하여야 하는 성별·연령별·지역별 휴대전화 가상번호 수. 이 경우 제공을 요청할 수 있는 휴대전화 가상번호의 총수는 다목에 따른 경선선거인 수의 30배수를 초과할 수 없다.

      마. 그 밖에 중앙선거관리위원회규칙으로 정하는 사항

    2. 제1항제2호에 따른 여론수렴

      가. 여론수렴의 목적·내용 및 기간

      나. 여론수렴 대상 지역 및 대상자 수

      다. 이동통신사업자별로 제공하여야 하는 성별·연령별·지역별 휴대전화 가상번호 수. 이 경우 제공을 요청할 수 있는 휴대전화 가상번호의 총수는 나목에 따른 대상자 수의 30배수를 초과할 수 없다.

      라. 그 밖에 중앙선거관리위원회규칙으로 정하는 사항

④ 관할 선거관리위원회는 제출된 휴대전화 가상번호 제공요청서에 제3항에 따른 기재 사항이 누락되었거나 심사를 위하여 추가로 자료가 필요하다고 판단되는 때에는 해당 정당에 휴대전화 가상번호 제공요청서의 보완 또는 자료의 제출을 요구할 수 있으며, 그 요구를 받은 정당은 지체 없이 이에 따라야 한다. 〈개정 2017.2.8.〉

⑤ 이동통신사업자가 제1항에 따른 요청을 받은 때에는 그 요청을 받은 날부터 7일 이내에 휴대전화 가상번호 제공요청서에 따라 휴대전화 가상번호를 생성하여 유효기간을 설정한 다음 관할 선거관리위원회를 경유하여 해당 정당에 제공하여야 한다. 다만, 이동통신사업자는 이용자 수의 부족 등으로 제공할 수 있는 휴대전화 가상번호 수가 제공하여야 하는 휴대전화 가상번호 수보다 적은 때에는 지체 없이 관할 선거관리위원회에 통보하여야 하고, 관할 선거관리위원회는 중앙선거관리위원회규칙으로 정하는 바에 따라 해당 정당과 협의하여 제공하여야 하는 휴대전화 가상번호 수를 조정할 수 있다. 〈개정 2017.2.8.〉

⑥ 이동통신사업자는 중앙선거관리위원회규칙으로 정하는 바에 따라 이용자에게 정당의 당내경선이나 여론수렴 등을 위하여 본인의 이동전화번호가 정당에 휴대전화 가상번호로 제공된다는 사실과 그 제공을 거부할 수 있다는 사실을 알려야 한다. 〈개정 2017.2.8.〉

⑦ 이동통신사업자(그 대표자 및 구성원을 포함한다)가 제5항에 따라 휴대전화 가상번호를 제공할 때에는 다음 각 호의 어느 하나에 해당하는 행위를 하여서는 아니 된다.
〈개정 2017.2.8.〉

    1. 휴대전화 가상번호에 유효기간을 설정하지 아니하고 제공하거나 휴대전화 가상번호를 제공하는 날부터 당내경선의 선거일까지의 기간(당내경선을 위한 여론조사를 실시하는 경우에는 그 여론조사기간을 말한다)이나 여론수렴 기간을 초과하는 유효기간을 설정하여 제공하는 행위

    2. 요청받은 휴대전화 가상번호 수를 초과하여 휴대전화 가상번호를 제공하는 행위

    3. 휴대전화 가상번호, 이용자의 성(性)·연령·거주지역 정보 외의 정보를 제공하는 행위. 이 경우 연령과 거주지역 정보의 범위에 대하여는 중앙선거관리위원회규칙으로 정한다.

    4. 휴대전화 가상번호의 제공을 요청한 정당 외의 자에게 휴대전화 가상번호를 제공하는 행위

    5. 제6항에 따른 고지를 받고 명시적으로 거부의사를 밝힌 이용자의 휴대전화 가상번호를 제공하는 행위

    6. 여론조사의 결과에 영향을 미치게 하기 위하여 특정 정당 또는 후보자가 되려는 사람에게 유리 또는 불리하도록 휴대전화 가상번호를 생성하여 제공하는 행위

⑧ 정당은 제5항에 따라 제공받은 휴대전화 가상번호를 제1항에 따른 여론조사를 실시하거나 여론수렴을 하기 위하여 여론조사 기관·단체에 제공할 수 있다. 〈개정 2017.2.8.〉

⑨ 제5항본문 또는 제8항에 따라 휴대전화 가상번호를 제공받은 정당(그 대표자 및 구성원을 포함한다) 또는 여론조사 기관·단체(그 대표자 및 구성원을 포함한다)는 다음 각 호의 어느 하나에 해당하는 행위를 하여서는 아니된다. 〈개정 2017.2.8.〉

    1. 제공받은 휴대전화 가상번호를 제1항에 따른 여론조사를 실시하거나 여론수렴을 하기 위한

목적 외의 다른 목적으로 사용하는 행위

2. 제공받은 휴대전화 가상번호를 다른 자에게 제공하는 행위

⑩ 휴대전화 가상번호를 제공받은 자(그 대표자 및 구성원을 포함한다)는 유효기간이 지난 휴대전화 가상번호를 즉시 폐기하여야 한다. 〈개정 2017.2.8.〉

⑪ 이동통신사업자가 제5항에 따라 휴대전화 가상번호를 생성하여 제공하는 데 소요되는 비용은 휴대전화 가상번호의 제공을 요청한 해당 정당이 부담한다. 이 경우 이동통신사업자는 휴대전화 가상번호 생성·제공에 소요되는 최소한의 비용을 청구하여야 한다. 〈개정 2017.2.8.〉

휴대전화 가상번호를 법 제108조의2제1항에 따른 여론조사가 아닌 목적으로 사용한 자는 3년 이하의 징역 또는 600만원 이하의 벌금에 처한다(제256조제1항제2호).

제108조의3 정책·공약에 관한 비교평가결과의 공표제한 등

제108조의3(정책·공약에 관한 비교평가결과의 공표제한 등) ① 언론기관(제82조의 언론기관을 말한다) 및 제87조제1항 각 호의 어느 하나에 해당하지 아니하는 단체(이하 이 조에서 "언론기관등"이라 한다)는 정당·후보자(후보자가 되려는 자를 포함한다. 이하 이 조에서 "후보자등"이라 한다)의 정책이나 공약에 관하여 비교평가하고 그 결과를 공표할 수 있다.

② 언론기관등이 후보자등의 정책이나 공약에 관한 비교평가를 하거나 그 결과를 공표하는 때에는 다음 각 호의 어느 하나에 해당하는 행위를 하여서는 아니 된다.

1. 특정 후보자등에게 유리 또는 불리하게 평가단을 구성·운영하는 행위

2. 후보자등별로 점수부여 또는 순위나 등급을 정하는 등의 방법으로 서열화하는 행위

③ 언론기관등이 후보자등의 정책이나 공약에 관한 비교평가의 결과를 공표하는 때에는 평가주체, 평가단 구성·운영, 평가지표·기준·방법 등 평가의 신뢰성·객관성을 입증할 수 있는 내용을 공표하여야 하며, 비교평가와 관련 있는 자료일체를 해당 선거의 선거일 후 6개월까지 보관하여야 한다. 이 경우 선거운동을 하거나 할 것을 표방한 단체는 지지하는 후보자등을 함께 공표하여야 한다.

[본조신설 2008.2.29.]

[제108조의2에서 이동 〈2017.2.8.〉]

제82조(언론기관의 후보자등 초청 대담·토론회) ① 텔레비전 및 라디오 방송시설(제70조제1항에 따른 방송시설을 말한다. 이하 이 조에서 같다)·「신문 등의 진흥에 관한 법률」 제2조제3호에

따른 신문사업자 · 「잡지 등 정기간행물의 진흥에 관한 법률」 제2조제2호에 따른 정기간행물사업자(정보간행물 · 전자간행물 · 기타간행물을 발행하는 자를 제외한다) · 「뉴스통신진흥에 관한 법률」 제2조제3호에 따른 뉴스통신사업자 및 인터넷언론사(이하 이 조에서 "언론기관"이라 한다)는 선거운동기간중 후보자 또는 대담 · 토론자(候補者가 選擧運動을 할 수 있는 者 중에서 지정하는 者를 말한다)에 대하여 후보자의 승낙을 받아 1명 또는 여러 명을 초청하여 소속정당의 정강 · 정책이나 후보자의 정견, 그 밖의 사항을 알아보기 위한 대담 · 토론회를 개최하고 이를 보도할 수 있다.

제87조(단체의 선거운동금지) ① 다음 각 호의 어느 하나에 해당하는 기관 · 단체(그 대표자와 임직원 또는 구성원을 포함한다)는 그 기관 · 단체의 명의 또는 그 대표의 명의로 선거운동을 할 수 없다. 〈개정 2005.8.4., 2010.1.25.〉

1. 국가 · 지방자치단체
2. 제53조(공무원등의 입후보)제1항제4호 내지 제6호에 규정된 기관 · 단체
3. 향우회 · 종친회 · 동창회, 산악회 등 동호인회, 계모임 등 개인간의 사적모임
4. 특별법에 의하여 설립된 국민운동단체로서 국가 또는 지방자치단체의 출연 또는 보조를 받는 단체(바르게살기운동협의회 · 새마을운동협의회 · 한국자유총연맹을 말한다)
5. 법령에 의하여 정치활동이나 공직선거에의 관여가 금지된 단체
6. 후보자 또는 후보자의 가족(이하 이 항에서 "후보자등"이라 한다)이 임원으로 있거나, 후보자등의 재산을 출연하여 설립하거나, 후보자등이 운영경비를 부담하거나 관계법규나 규약에 의하여 의사결정에 실질적으로 영향력을 행사하는 기관 · 단체
7. 삭제 〈2005.8.4.〉
8. 구성원의 과반수가 선거운동을 할 수 없는 자로 이루어진 기관 · 단체

법 제108조의3을 위반하여 비교평가를 하거나 그 결과를 공표한 자 또는 비교평가와 관련 있는 자료일체를 해당 선거의 선거일 후 6개월까지 보관하지 아니한 자는 2년 이하의 징역 또는 400만원 이하의 벌금에 처한다(제256조제3항제1호거목).

제109조 서신 · 전보 등에 의한 선거운동의 금지

제109조(서신 · 전보 등에 의한 선거운동의 금지) ① 누구든지 선거기간중 이 법에 규정되지 아니한 방법으로 선거권자에게 서신 · 전보 · 모사전송 그 밖에 전기통신의 방법을 이용하여 선거운동을

할 수 없다. 〈개정 1997.1.13., 1997.11.14., 2004.3.12., 2005.8.4., 2010.1.25.〉

② 제60조의3제1항제6호 또는 제82조의4제1항에 따른 전화를 이용한 선거운동은 야간(오후 11시부터 다음날 오전 6시까지를 말한다)에는 이를 할 수 없다. 〈개정 2010.1.25., 2012.2.29.〉

③ 누구든지 선거운동을 위하여 후보자, 선거사무장, 선거연락소장, 선거사무원, 회계책임자, 연설원, 대담·토론자 또는 선거권자 등을 전화 기타의 방법으로 협박할 수 없다.

제60조의3(예비후보자 등의 선거운동) ① 예비후보자는 다음 각 호의 어느 하나에 해당하는 방법으로 선거운동을 할 수 있다.

〈개정 2005.8.4., 2008.2.29., 2010.1.25., 2011.7.28., 2012.1.17., 2017.2.8.〉

6. 전화를 이용하여 송·수화자 간 직접 통화하는 방식으로 지지를 호소하는 행위

제82조의4(정보통신망을 이용한 선거운동) ① 선거운동을 할 수 있는 자는 선거운동기간중에 전화를 이용하여 송·수화자 간 직접 통화하는 방식으로 선거운동을 할 수 있다.

〈개정 2010.1.25., 2012.1.17., 2012.2.29.〉

법 제109조제1항 또는 제2항을 위반하여 서신·전보·모사전송·전화 그 밖에 전기통신의 방법을 이용하여 선거운동을 하거나 하게 한 자나 같은 조제3항을 위반하여 협박하거나 하게 한 자는 3년 이하의 징역 또는 600만원 이하의 벌금에 처한다(제255조제1항제19호).

제110조 후보자 등의 비방금지

제110조(후보자 등의 비방금지) ① 누구든지 선거운동을 위하여 후보자(후보자가 되고자 하는 자를 포함한다. 이하 이 조에서 같다), 후보자의 배우자 또는 직계존비속이나 형제자매의 출생지·가족관계·신분·직업·경력등·재산·행위·소속단체, 특정인 또는 특정단체로부터의 지지여부 등에 관하여 허위의 사실을 공표할 수 없으며, 공연히 사실을 적시하여 사생활을 비방할 수 없다. 다만, 진실한 사실로서 공공의 이익에 관한 때에는 그러하지 아니하다.

② 누구든지 선거운동을 위하여 정당, 후보자, 후보자의 배우자 또는 직계존비속이나 형제자매와 관련하여 특정 지역·지역인 또는 성별을 공연히 비하·모욕하여서는 아니 된다.

[전문개정 2015.12.24.]

당선되거나 되게 할 목적으로 연설·방송·신문·통신·잡지·벽보·선전문서 기타의

방법으로 후보자(候補者가 되고자 하는 者를 포함한다. 이하 이 條에서 같다)에게 유리하도록 후보자, 후보자의 배우자 또는 직계존비속이나 형제자매의 출생지·가족관계·신분·직업·경력등·재산·행위·소속단체, 특정인 또는 특정단체로부터의 지지여부 등에 관하여 허위의 사실[학력을 게재하는 경우 제64조제1항[18]의 규정에 의한 방법으로 게재하지 아니한 경우를 포함한다]을 공표하거나 공표하게 한 자와 허위의 사실을 게재한 선전문서를 배포할 목적으로 소지한 자는 5년 이하의 징역 또는 3천만원이하의 벌금에 처한다. 당내경선과 관련하여 위의 행위(제64조제1항의 규정에 따른 방법으로 학력을 게재하지 아니한 경우를 제외한다)를 한 자는 3년 이하의 징역 또는 6백만원 이하의 벌금에 처한다. 이 경우 "후보자" 또는 "후보자(후보자가 되고자 하는 자를 포함한다)"는 "경선후보자"로 본다(제250조제1항·제3항).

당선되지 못하게 할 목적으로 연설·방송·신문·통신·잡지·벽보·선전문서 기타의 방법으로 후보자에게 불리하도록 후보자, 그의 배우자 또는 직계존·비속이나 형제자매에 관하여 허위의 사실을 공표하거나 공표하게 한 자와 허위의 사실을 게재한 선전문서를 배포할 목적으로 소지한 자는 7년 이하의 징역 또는 500만원 이상 3천만원 이하의 벌금에 처한다. 당내경선과 관련하여 위와 같은 행위를 한 자는 5년 이하의 징역 또는 1천만원 이하의 벌금에 처한다. 이 경우 "후보자" 또는 "후보자(후보자가 되고자 하는 자를 포함한다)"는 "경선후보자"로 본다(제250조제2항·제3항).

당선되거나 되게 하거나 되지 못하게 할 목적으로 연설·방송·신문·통신·잡지·벽보·선전문서 기타의 방법으로 공연히 사실을 적시하여 후보자(候補者가 되고자 하는 者를 포함한다), 그의 배우자 또는 직계존·비속이나 형제자매를 비방한 자는 3년 이하의 징역 또는 500만원 이하의 벌금에 처한다. 다만, 진실한 사실로서 공공의 이익에 관한 때에는 처벌하지 아니한다(제251조).

법 제110조제2항을 위반하여 특정 지역·지역인 또는 성별을 공연히 비하·모욕한 자는

---

18) 제64조제1항 : 선거운동에 사용하는 선거벽보에는 후보자의 사진(候補者만의 寫眞을 말한다)·성명·기호(제150조에 따라 투표용지에 인쇄할 정당 또는 후보자의 게재순위를 말한다. 이하 같다)·정당추천후보자의 소속정당명(無所屬候補者는 "無所屬"이라 표시한다)·경력[학력을 게재하는 경우에는 정규학력과 이에 준하는 외국의 교육과정을 이수한 학력 외에는 게재할 수 없다. 이 경우 정규학력을 게재하는 경우에는 졸업 또는 수료당시의 학교명(중퇴한 경우에는 수학기간을 함께 기재하여야 한다)을 기재하고, 정규학력에 준하는 외국의 교육과정을 이수한 학력을 게재하는 때에는 그 교육과정명과 수학기간 및 학위를 취득한 때의 취득학위명을 기재하여야 하며, 정규학력의 최종학력과 외국의 교육과정을 이수한 학력은 제49조제4항제6호에 따라 학력증명서를 제출한 학력에 한하여 게재할 수 있다].

1년 이하의 징역 또는 200만원 이하의 벌금에 처한다(제256조제5항제10의2호).

허위사실공표죄 관련 판례

공직선거법 제250조제2항 소정의 허위사실공표죄 등이 성립하기 위하여는 검사가 공표된 사실이 허위라는 점을 적극적으로 증명할 것이 필요하고, 공표한 사실이 진실이라는 증명이 없다는 것만으로는 허위사실공표죄가 성립할 수 없음은 원심이 판시한 바와 같다(대법원 2003. 11. 28. 선고 2003도5279 판결 등 참조).

그런데 위 증명책임을 다하였는지 여부를 결정함에 있어서는, 어느 사실이 적극적으로 존재한다는 것의 증명은 물론 그 사실의 부존재의 증명이라도 특정기간과 특정장소에서의 특정행위의 부존재에 관한 것이라면 적극적 당사자인 검사가 이를 합리적 의심의 여지가 없이 증명하여야 할 것이지만, 특정되지 아니한 기간과 공간에서의 구체화되지 아니한 사실의 부존재를 증명한다는 것은 사회통념상 불가능한 반면 그 사실이 존재한다고 주장, 증명하는 것이 보다 용이한 법이므로 이러한 사정은 검사가 그 입증책임을 다하였는지를 판단함에 있어 고려되어야 할 것이고(대법원 2004. 2. 26. 선고 99도5190 판결 참조), 따라서 의혹을 받을 일을 한 사실이 없다고 주장하는 사람에 대하여 의혹을 받을 사실이 존재한다고 적극적으로 주장하는 자는 그러한 사실의 존재를 수긍할 만한 소명자료를 제시할 부담을 진다고 할 것이며, 검사는 제시된 그 자료의 신빙성을 탄핵하는 방법으로 허위성의 입증을 할 수 있다고 할 것인데(대법원 2003. 2. 20. 선고 2001도6138 전원합의체 판결 참조), 이 때 제시하여야 할 소명자료는 위의 법리에 비추어 단순히 소문을 제시하는 것만으로는 부족하고 적어도 허위성에 관한 검사의 입증활동이 현실적으로 가능할 정도의 구체성은 갖추어야 할 것이며, 이러한 소명자료의 제시가 없거나 제시된 소명자료의 신빙성이 탄핵된 때에는 허위사실공표로서의 책임을 져야 할 것이다(대법원 2005. 7. 22. 선고 2005도2627 판결).

공직선거법(이하 '법'이라고만 한다) 제250조제2항에서 말하는 후보자에 관한 사실 중에는 직접 후보자 본인에 관한 사실 뿐 아니라 후보자의 소속 정당이나 그 정당의 소속 인사에 관한 사항 등과 같은 간접사실이라도 후보자와 직접적으로 관련된 사실이고 그 공표가 후보자의 당선을 방해하는 성질을 가진 것인 경우에는 후보자에 관한 사실에 해당한다고 할 것이지만, 공표된 사실이 후보자와 직접적인 관련이 없어 후보자의 선거에 관한 신용을 실추시키거나 이에 영향을 미치는 것이 아닌 경우에는 후보자에 관한 사실에 포함되지 아니한다.

허위사실공표죄는 그 행위가 법 제250조제2항에서 정하고 있는 구성요건을 충족하는지를 객관적으로 판단하여 그 성립 여부를 인정하여야 할 것이고, 단지 주관적으로 후보자의 당선을 방해하려는 목적이 있었다는 점만으로는 허위사실공표죄가 성립된다고 볼 수 없다.

법 제250조제2항의 허위사실공표죄에서 말하는 '사실의 공표' 및 법 제251조본문의 후보자비방죄에서 말하는 '사실의 적시'란 모두 가치판단이나 평가를 내용으로 하는 의견표현에 대치되는 개념으로서 시간과 공간적으로 구체적인 과거 또는 현재의 사실관계에 관한 보고 내지 진술을 의미하는 것이며 그 표현내용이 증거에 의한 입증이 가능한 것을 말하고, 판단할 진술이 사실인가 또는 의견인가를 구별함에 있어서는, 언어의 통상적 의미와 용법, 입증가능성, 문제된 말이 사용된 문맥, 그 표현이 행하여진 사회적 정황 등 전체적 정황을 고려하여 판단하여야 할 것이다(대법원 2007. 3. 15. 선고 2006도8368 판결).

허위사실공표죄에서는 공표되어진 사실이 허위라는 것이 구성요건의 내용을 이루는 것이기 때문에 행위자의 고의의 내용으로서 그 사항이 허위라는 것의 인식이 필요하나 어떠한 소문을 듣고 그 진실성에 강한 의문을 품고서도 감히 공표한 경우에는 적어도 미필적 고의[19]가 인정될 수 있고, "어떠한 소문이 있다."라고 공표한 경우 그 소문의 내용이 허위이면 소문이 있다는 사실 자체는 진실이라 하더라도 허위사실공표죄가 성립된다(대법원 2002. 4. 10. 선고 2001모193 결정).

후보자비방죄 관련 판례

공직선거법 제251조에 정한 후보자비방죄나 제255조제2항제5호, 제93조제1항에 정한 탈법방법에 의한 문서·도화의 배부·게시 등 금지규정 위반죄가 성립하기 위하여는 그 표현에 비방하거나 지지·추천·반대하는 특정인의 명칭이 드러나 있을 필요는 없다고 할 것이나, 그 표현의 객관적 내용, 사용된 어휘의 통상적인 의미, 표현의 전체적인 흐름, 문구의 연결방법, 그 표현의 배경이 되는 사회적 맥락, 그 표현이 선거인에게 주는 전체적인 인상 등을 종합적으로 고려하여 판단할 때 그 표현이 특정인을 비방하거나 지지·추천·반대하는 것이 명백한 경우이어야 한다.

원심판결 이유에 의하면, 원심은 피고인이 인터넷 포털사이트 '네이버' 정치토론장 게시판에 접속하여 게시한 글들 중에 제1심 판시 별지 범죄일람표 순번 2, 4, 12번 기재 게시물에 공통적으로 사용한 '위장전입, 땅 투기, 탈세, 주가조작'이라는 문구는 이명박 후보자를 가리키는 것으로서 비방의 대상이자 반대하는 후보자가 누구인지 특정할 수 있다고 보아 위 게시물과 관련하여 공직선거법 제251조에 정한 후보자비방죄나 제255조제2항제5호, 제93조제1항에 정한 탈법방법에 의한 문서·도화의 배부·게시 등 금지규정 위반죄가 성립한다고 판단하였다.

앞서 본 법리와 기록에 비추어 살펴보면, 위 표현의 배경이 되는 당시의 사회적 맥락, 선거인에게 주는 전체적인 인상 등을 종합하여 판단할 때 위 표현이 이명박 후보자를 특정하는 것이 명백하다고 보이므로, 같은 취지의 원심의 판단은 정당하고, 거기에 후보자비방죄 등 공직선거법 위반죄에 있어서 대상자의 특정에 관한 채증법칙 위반 등의 위법이 없다(대법원 2008. 9. 11. 선고 2008도5178 판결).

공직선거법 제251조본문의 '사실의 적시'란 가치판단이나 평가를 내용으로 하는 의견표현에 대치되는 개념으로서 시간과 공간적으로 구체적인 과거 또는 현재의 사실관계에 관한 보고 내지 진술을 의미하는 것이며 그 표현내용이 증거에 의한 입증이 가능한 것을 말하고, 판단할 진술이 사실인가 또는 의견인가를 구별함에 있어서는, 언어의 통상적 의미와 용법, 입증가능성, 문제된 말이 사용된 문맥, 그 표현이 행하여진 사회적 정황 등 전체적 정황을 고려하여 판단하여야 할 것 인바(대법원 1996. 11. 22. 선고 96도1741 판결 참조). 이 사건 공소사실에 기재된 통신문의 내용은 그 대부분이 정당 대변인으로서의 박지원의 발언에 대한 피고인 자신의 경멸적 평가를 추상적으로 표현한 것이라 할 것이고, "박지원이 과거 전두환 정권에 붙어 아부했다", "그 사팔뜨기가 부천 어디에서 출마한다는데" 등 일부분이 사실의 적시라고 볼 수 있는 것도 있으나 언어의 통상적 의미와 용법, 이 사건 통신문의 문맥, 당시의 사회상황(선거를 앞두고 각 정당 간에 치열한 공방이 있었던 상황) 등 전체적 정황을 고려하면, 그 일부분도 평가를 위한 전제로서 구체적 사실을 나열하였다기보다는 평가의 표현내용을 이루는 것이므로, 전체적으로 볼 때 사실의 적시라고 보기 어렵다 할 것이다.

한편, 공직선거법 제251조 위반의 죄(후보자비방죄)는 고의 외에 초과주관적 위법요소로서 '당선되거나 되게 하거나 되지 못하게 할 목적'을 범죄성립요건으로 하는 목적범임은 그 법문상 명백하고, 그 목적에 대하여는 적극적 의욕이나 확정적 인식임을 요하지 아니하고 미필적 인식이 있으면 족하다고 할 것이나, 그 목적이 있었는지 여부는 피고인의 사회적 지위, 피고인과 후보자 또는 경쟁 후보자와의 인적관계, 행위의 동기 및 경위와 수단·방법, 행위의 내용과 태양, 상대방의 성격과 범위, 행위 당시의 사회상황 등 여러 사정을 종합하여 사회통념에 비추어 합리적으로 판단하여야 할 것인바, 원심이 인정한 피고인의 직업·취미 등 개인적 요소, 피고인이 이 사건 통신문을 게재하게 된 동기(저질 발언을 하는 사람이 수필집을 발간한 것에 대한 비난), 경위(쌍방향적인 컴퓨터통신에 있어 다른 통신가입자의 반박에 대한 대응), 그 후의 태도와 당시의 사회상황 등 여러 사정을 종합하여 보면, 피고인이 이 사건 통신문을 게재한 것은 자신이 반대하는 정당의 대변인 지위에 있는 사람의 품위 없는 발언을 비난하고 정당별 의석수 등 전체 선거결과에 대한 관심을 표시한 것일 뿐, 제15대 국회의원선거에 있어 박지원이라는 특정인을 당선되지 못하게 할 목적으로 한 것이라고 볼 수 없다 할 것이다(대법원 1997. 4. 25. 선고 96도2910 판결).

이 사건 공소사실의 요지는, 피고인은 1996. 4. 11. 실시된 제15대 국회의원선거에 창원시갑선거구에서 입후보하여 낙선된 자인데, 같은 해 3. 26. 같은 선거구에 입후보한 공소외인를 당선되지 못하게 할 목적으로, "피고인 후보와 상대되는 후보의 차이점은 뭐래?"라는 제목하에 상대 후보자는 "우유부단하고 한 일이 별로 없다", "60대", "유정회 출신 국회의원", "이번 선거 후면 창원 안녕!", "이제 표 얻을 일 있나?", "서울본집, 창원에는 전셋집이던가?", "찾아가서 부탁(?)", "14대 국회전반기 시사저널 의정평가시 296명 중 꼴찌 그룹"이라는 내용이 기재된 홍보물 76,400부를 제작하여 같은 달 30. 이를 창원시갑선거관리위원회를 통하여 위 선거구민들에게 우편으로 발송하는 등 공연히 사실을 적시하여 상대방 후보자를 비방하였다는 것이다.

이 사건 공소사실에서 문제삼는 부분은 모두 "피고인 후보와 상대되는 후보의 차이점은 뭐래?"라는 제목 아래 피고인과 상대 후보를 10개 항목에 걸쳐 비교하면서 상대 후보란에 기재한 것으로, 각 항목의 기재가 서로 연관되어 있을 뿐 아니라 이를 종합하여 피고인과 상대 후보의 우월 여부를 평가하도록 되어 있으므로, 그 기재에 의견표현과 사실의 적시가 혼재되어 있다고 하더라도 이를 전체적으로 보아 사실을 적시하여 비방한 것인지 여부를 판단하여야 할 것이지, 원심과 같이 의견표현과 사실의 적시 부분을 분리하여 별개로 범죄의 성립 여부를 논할 수는 없다고 할 것이다.

나아가 살피건대, 피고인이 적시한 사실이 상대 후보자의 공직수행능력에 관련된 것이고, 또한 진실이라고 하더라도 이를 부정적으로 평가하는 자신의 의견표현을 같이 제시함으로써 전체적으로 볼 때에는 이를 통하여 상대방의 공직수행능력을 객관적으로 언급한 것이 아니라, 이를 비하시키려는 의도임이 분명하므로, 피고인의 행위는 사실을 적시하여 후보자를 비방한 것이라고 할 것이고, 따라서 이와 달리 판단한 원심판결에는 후보자비방죄의 구성요건에 관한 법리오해의 위법이 있다고 할 것이다.

그런데 위 법 제251조단서는 "다만 진실한 사실로서 공공의 이익에 관한 때에는 처벌하지 아니한다."고 규정하고 있으므로, 비록 후보자를 비방하는 행위라 하더라도 진실한 사실의 적시에 관한 한 그것이 공공의 이익에 관한 때에는 처벌하지 않으며, 공공의 이익과 사적 이익이 병존하고 있는 경우 반드시 공공의 이익이 사적 이익보다 우월한 동기가 된 것이 아니더라도 양자가 동시에 존재하고, 거기에 상당성이 인정된다면 위 법 제251조단서 조항에 의하여 위법성이 조각된다고 보아야 한다는 것이 당원의 견해인바(당원 1996. 6. 28. 선고 96도977 판결, 1996. 11. 22. 선고 96도1741 판결 등 참조), 앞에서 본 바와 같은 사유를 들어 이 사건 사실의 적시는 위 법 제251조 단서조항에 의하여 위법성이 조각된다고 판단한 원심의 조치는 정당한 것으로 수긍이 가고, 거기에 소론과 같은 법리오해의 위법이 있다고 할 수 없다(대법원 1997. 6. 10. 선고 97도956 판결).

---

19) 미필적 고의(未必的 故意) : 자기의 행위로 인하여 어떤 범죄 결과가 일어날 수 있음을 예견하면서도 그 결과의 발생을 받아들이는 심리상태를 말한다.

제110조의2 허위사실 등에 대한 이의제기

제110조의2(허위사실 등에 대한 이의제기) ① 누구든지 후보자 또는 예비후보자의 출생지·가족관계·신분·직업·경력등·재산·행위·소속단체, 특정인 또는 특정단체로부터의 지지여부 등에 관하여 공표된 사실이 거짓임을 이유로 해당 선거구 선거관리위원회를 거쳐 직근 상급선거관리위원회에 서면으로 이의제기를 할 수 있다.

② 제1항에 따른 이의제기를 받은 직근 상급선거관리위원회는 후보자 또는 예비후보자, 소속정당, 이의제기자, 관련 국가기관·지방자치단체, 그 밖의 기관·단체에 대하여 증명서류 및 관련자료의 제출을 요구할 수 있다. 이 경우 제출요구를 받은 자는 정당한 사유가 없으면 지체 없이 이에 따라야 한다.

③ 직근 상급선거관리위원회는 증명서류 및 관련자료의 제출이 없거나 제출한 증명서류 및 관련자료를 통하여 확인한 결과 공표된 사실이 거짓으로 판명된 때에는 이를 지체 없이 공고하여야 한다. 이 경우 이의제기서와 제출받은 서류·자료를 「개인정보 보호법」을 위반하지 아니하는 범위에서 편집·수정 없이 선거관리위원회 홈페이지에 공개하여야 한다.

④ 이의제기서의 양식, 제출 서류·자료의 공개, 그 밖에 필요한 사항은 중앙선거관리위원회규칙으로 정한다.

[본조신설 2015.12.24.]

제111조 의정활동 보고

제111조(의정활동 보고) ① 국회의원 또는 지방의회의원은 보고회 등 집회, 보고서(인쇄물, 녹음·녹화물 및 전산자료 복사본을 포함한다), 인터넷, 문자메시지, 송·수화자 간 직접 통화방식의 전화 또는 축사·인사말(게재하는 경우를 포함한다)을 통하여 의정활동(선거구 활동·일정고지, 그 밖에 업적의 弘報에 필요한 사항을 포함한다)을 선거구민(行政區域 또는 選擧區域의 변경으로 새로 編入된 區域의 선거구민을 포함한다. 이하 이 조에서 같다)에게 보고할 수 있다. 다만, 대통령선거·국회의원선거·지방의회의원선거 및 지방자치단체의 장선거의 선거일 전 90일부터 선거일까지 직무상의 행위 그 밖에 명목여하를 불문하고 의정활동을 인터넷 홈페이지 또는 그 게시판·대화방 등에 게시하거나 전자우편·문자메시지로 전송하는 외의 방법으로 의정활동을 보고할 수 없다. 〈개정 2004.3.12., 2005.8.4., 2010.1.25., 2012.2.29.〉

② 국회의원 또는 지방의회의원이 의정보고회를 개최하는 때에는 고지벽보와 의정보고회 장소표지를 첨부·게시할 수 있으며, 고지벽보와 표지에는 보고회명과 개최일시·장소 및 보고사항(候補者가 되고자 하는 者를 宣傳하는 내용을 제외한다)을 게재할 수 있다. 이 경우 의정보고회를

개최한 국회의원 또는 지방의회의원은 고지벽보와 표지를 의정보고회가 끝난 후 지체 없이 철거하여야 한다.

③ 제1항의 규정에 따라 보고서를 우편으로 발송하고자 하는 국회의원 또는 지방의회의원은 그 발송수량의 범위 안에서 선거구민인 세대주의 성명·주소(이하 이 조에서 "세대주명단"이라 한다)의 교부를 연 1회에 한하여 구·시·군의 장에게 서면으로 신청할 수 있으며, 신청을 받은 구·시·군의 장은 다른 법률의 규정에도 불구하고 지체 없이 그 세대주명단을 작성·교부하여야 한다. 〈신설 2005.8.4.〉

④ 제3항의 규정에 따른 세대주명단의 작성비용의 납부, 교부된 세대주명단의 양도·대여 및 사용의 금지에 관하여는 제46조(명부사본의 교부)제3항 및 제4항의 규정을 준용한다. 이 경우 "명부"는 "세대주명단"으로 본다. 〈신설 2005.8.4., 2014.1.17.〉

⑤ 의정보고회의 고지벽보와 표지의 규격·수량, 세대주의 명단의 교부신청 그 밖의 의정활동보고에 관하여 필요한 사항은 중앙선거관리위원회규칙으로 정한다. 〈개정 2005.8.4.〉

[전문개정 2000.2.16.]

제46조(명부사본의 교부) ① 구·시·군의 장은 후보자[비례대표국회의원후보자 및 비례대표지방의회의원(비례대표시·도의원 및 비례대표자치구·시·군의원을 말한다. 이하 같다)후보자를 제외한다]·선거사무장(비례대표국회의원선거 및 비례대표지방의회의원선거의 선거사무장을 제외한다) 또는 선거연락소장의 신청이 있는 때에는 작성된 선거인명부 또는 거소·선상투표신고인명부의 사본이나 전산자료복사본을 후보자별로 1통씩 24시간 이내에 신청인에게 교부하여야 한다. 〈개정 1995.4.1., 2000.2.16., 2002.3.7., 2005.8.4., 2009.2.12., 2014.1.17.〉

② 제1항에 따른 명부의 사본이나 전산자료복사본의 교부신청은 선거기간개시일까지 해당 구·시·군의 장에게 서면으로 하여야 한다. 〈개정 2011.7.28., 2014.1.17.〉

③ 제2항에 따라 명부의 사본이나 전산자료복사본의 교부신청을 하는 자는 그 사본작성 비용을 교부신청과 함께 납부하여야 한다. 〈개정 2000.2.16., 2014.1.17.〉

④ 누구든지 제1항에 따라 교부된 명부의 사본 또는 전산자료복사본을 다른 사람에게 양도 또는 대여할 수 없으며 재산상의 이익 기타 영리를 목적으로 사용할 수 없다. 〈개정 2000.2.16., 2014.1.17.〉

법 제111조(議政活動 보고)제1항단서의 규정에 위반하여 선거일 전 90일부터 선거일까지 의정활동을 보고한 자는 2년 이하의 징역 또는 400만원 이하의 벌금에 처한다(제256조제3항제1호너목).

법 제46조제4항을 준용하는 법 제111조(의정활동 보고)제4항의 규정을 위반하여 선거인 명부 및 거소 · 선상투표신고인명부(전산자료복사본을 포함한다)의 사본이나 세대주명단을 다른 사람에게 양도 · 대여한 자 또는 재산상의 이익 기타 영리를 목적으로 사용하거나 하게 한 자는 2년 이하의 징역 또는 400만원 이하의 벌금에 처한다(제256조제3항제2호 다목).

법 제111조(議政活動 보고)제2항의 규정에 위반하여 고지벽보와 표지를 게시하거나 의정보고회가 끝난 후 지체 없이 고지벽보와 표지를 철거하지 아니한 자에게는 100만원 이하의 과태료를 부과한다(제261조제8항제3호).

제112조 기부행위의 정의 등

제112조(기부행위의 정의 등) ① 이 법에서 "기부행위"라 함은 당해 선거구 안에 있는 자나 기관 · 단체 · 시설 및 선거구민의 모임이나 행사 또는 당해 선거구의 밖에 있더라도 그 선거구민과 연고가 있는 자나 기관 · 단체 · 시설에 대하여 금전 · 물품 기타 재산상 이익의 제공, 이익제공의 의사표시 또는 그 제공을 약속하는 행위를 말한다. 〈개정 2004.3.12.〉

    1. 삭제 〈2004.3.12.〉

    2. 삭제 〈2004.3.12.〉

    3. 삭제 〈2004.3.12.〉

    4. 삭제 〈2004.3.12.〉

    5. 삭제 〈2004.3.12.〉

    6. 삭제 〈2004.3.12.〉

    7. 삭제 〈2004.3.12.〉

    8. 삭제 〈2004.3.12.〉

    9. 삭제 〈2004.3.12.〉

    10. 삭제 〈2004.3.12.〉

    11. 삭제 〈2004.3.12.〉

② 제1항의 규정에 불구하고 다음 각 호의 어느 하나에 해당하는 행위는 기부행위로 보지 아니한다. 〈개정 2004.3.12., 2005.8.4., 2008.2.29., 2010.1.25., 2013.8.13., 2017.3.9.〉

    1. 통상적인 정당활동과 관련한 행위

        가. 정당이 각급당부에 당해 당부의 운영경비를 지원하거나 유급사무직원에게 보수를 지급하는 행위

나. 정당의 당헌·당규 기타 정당의 내부규약에 의하여 정당의 당원이 당비 기타 부담금을 납부하는 행위

다. 정당이 소속 국회의원, 이 법에 따른 공직선거의 후보자·예비후보자에게 정치자금을 지원하는 행위

라. 제140조제1항에 따른 창당대회등과 제141조제2항에 따른 당원집회 및 당원교육, 그밖에 소속 당원만을 대상으로 하는 당원집회에서 참석당원 등에게 정당의 경비로 교재, 그밖에 정당의 홍보인쇄물, 싼 값의 정당의 배지 또는 상징마스코트나 통상적인 범위에서 차·커피 등 음료(주류는 제외한다)를 제공하는 행위

마. 통상적인 범위 안에서 선거사무소·선거연락소 또는 정당의 사무소를 방문하는 자에게 다과·떡·김밥·음료(주류는 제외한다) 등 다과류의 음식물을 제공하는 행위

바. 중앙당의 대표자가 참석하는 당직자회의(구·시·군단위 이상의 지역책임자급 간부와 시·도 수의 10배수에 상당하는 상위직의 간부가 참석하는 회의를 말한다) 또는 시·도당의 대표자가 참석하는 당직자회의(읍·면·동단위 이상의 지역책임자급 간부와 관할 구·시·군의 수에 상당하는 상위직의 간부가 참석하는 회의를 말한다)에 참석한 당직자에게 통상적인 범위에서 식사류의 음식물을 제공하는 행위

사. 정당이 소속 유급사무직원을 대상으로 실시하는 교육·연수에 참석한 유급사무직원에게 정당의 경비로 숙식·교통편의 또는 실비의 여비를 제공하는 행위

아. 정당의 대표자가 소속 당원만을 대상으로 개최하는 신년회·송년회에 참석한 사람에게 정당의 경비로 통상적인 범위에서 다과류의 음식물을 제공하는 행위

자. 정당이 그 명의로 재해구호·장애인돕기·농촌일손돕기 등 대민 자원봉사활동을 하거나 그 자원봉사활동에 참석한 당원에게 정당의 경비로 교통편의(여비는 제외한다)와 통상적인 범위에서 식사류의 음식물을 제공하는 행위

차. 정당의 대표자가 개최하는 정당의 정책개발을 위한 간담회·토론회에 참석한 직능·사회단체의 대표자, 주제발표자, 토론자 등에게 정당의 경비로 식사류의 음식물을 제공하는 행위

카. 정당의 대표자가 개최하는 정당의 각종 행사에서 모범·우수당원에게 정당의 경비로 상장과 통상적인 부상을 수여하는 행위

타. 제57조의5제1항단서에 따른 의례적인 행위

파. 정당의 대표자가 주관하는 당무에 관한 회의에서 참석한 각급당부의 대표자·책임자 또는 유급당직자에게 정당의 경비로 식사류의 음식물을 제공하는 행위

하. 정당의 중앙당의 대표자가 당무파악 및 지역여론을 수렴하기 위하여 시·도당을 방문하는 때에 정당의 경비로 방문지역의 기관·단체의 장 또는 사회단체의 간부나 언론인

등 제한된 범위의 인사를 초청하여 간담회를 개최하고 식사류의 음식물을 제공하는 행위

거. 정당의 중앙당이 당헌에 따라 개최하는 전국단위의 최고 대의기관 회의에 참석하는 당원에게 정당의 경비로 교통편의를 제공하는 행위

2. 의례적 행위

가. 민법 제777조(친족[20]의 범위)의 규정에 의한 친족의 관혼상제의식 기타 경조사에 축의·부의금품을 제공하는 행위

나. 정당의 대표자가 중앙당 또는 시·도당에서 근무하는 해당 유급사무직원(중앙당 대표자의 경우 시·도당의 대표자와 상근간부를 포함한다)·그 배우자 또는 그 직계존비속이 결혼하거나 사망한 때에 통상적인 범위에서 축의·부의금품(화환 또는 화분을 포함한다)을 제공하거나 해당 유급사무직원(중앙당 대표자의 경우 시·도당 대표자를 포함한다)에게 연말·설·추석·창당기념일 또는 그의 생일에 정당의 경비로 의례적인 선물을 정당의 명의로 제공하는 행위

다. 국가유공자의 위령제, 국경일의 기념식, 「각종 기념일 등에 관한 규정」 제2조에 규정된 정부가 주관하는 기념일의 기념식, 공공기관·시설의 개소·이전식, 합동결혼식, 합동분향식, 산하기관·단체의 준공식, 정당의 창당대회·합당대회·후보자선출대회, 그 밖에 이에 준하는 행사에 의례적인 화환·화분·기념품을 제공하는 행위

라. 공익을 목적으로 설립된 재단 또는 기금이 선거일 전 4년 이전부터 그 설립목적에 따라 정기적으로 지급하여 온 금품을 지급하는 행위. 다만, 선거일 전 120일(선거일 전 120일 후에 실시사유가 확정된 보궐선거등에 있어서는 그 선거의 실시사유가 확정된 때)부터 선거일까지 그 금품의 금액과 지급 대상·방법 등을 확대·변경하거나 후보자(후보자가 되려는 사람을 포함한다. 이하 이 조에서 같다)가 직접 주거나 후보자 또는 그 소속 정당이 명의를 추정할 수 있는 방법으로 지급하는 행위는 제외한다.

마. 친목회·향우회·종친회·동창회 등 각종 사교·친목단체 및 사회단체의 구성원으로서 당해 단체의 정관·규약 또는 운영관례상의 의무에 기하여 종전의 범위 안에서 회비를 납부하는 행위

바. 종교인이 평소 자신이 다니는 교회·성당·사찰 등에 통상의 예에 따라 헌금(물품의 제공을 포함한다)하는 행위

사. 선거운동을 위하여 후보자와 함께 다니는 자나 국회의원·후보자·예비후보자가 관할 구역 안의 지역을 방문하는 때에 함께 다니는 자에게 통상적인 범위에서 식사류의 음식물을 제공하는 행위. 이 경우 함께 다니는 자의 범위에 관하여는 중앙선거관리위원회규칙으로 정한다.

아. 기관·단체·시설의 대표자가 소속 상근직원(「지방자치법」 제6장제3절과 제4절에서 규정하고 있는 소속 행정기관 및 하부행정기관과 그 밖에 명칭여하를 불문하고 이에 준하는 기관·단체·시설의 직원은 제외한다. 이하 이 목에서 같다)이나 소속 또는 차하급기관·단체·시설의 대표자·그 배우자 또는 그 직계존비속이 결혼하거나 사망한 때에 통상적인 범위에서 축의·부의금품(화환 또는 화분을 포함한다)을 제공하는 행위와 소속 상근직원이나 소속 또는 차하급기관·단체·시설의 대표자에게 연말·설·추석·창립기념일 또는 그의 생일에 자체사업계획과 예산에 따라 의례적인 선물을 해당 기관·단체·시설의 명의로 제공하는 행위

자. 읍·면·동 이상의 행정구역단위의 정기적인 문화·예술·체육행사, 각급학교의 졸업식 또는 공공의 이익을 위한 행사에 의례적인 범위에서 상장(부상은 제외한다. 이하 이 목에서 같다)을 수여하는 행위와 구·시·군단위 이상의 조직 또는 단체(향우회·종친회·동창회, 동호인회, 계모임 등 개인간의 사적모임은 제외한다)의 정기총회에 의례적인 범위에서 연 1회에 한하여 상장을 수여하는 행위. 다만, 제60조의2(예비후보자등록)제1항의 규정에 따른 예비후보자등록신청개시일부터 선거일까지 후보자(후보자가 되고자 하는 자를 포함한다)가 직접 수여하는 행위를 제외한다.

차. 의정활동보고회, 정책토론회, 출판기념회, 그 밖의 각종 행사에 참석한 사람에게 통상적인 범위에서 차·커피 등 음료(주류는 제외한다)를 제공하는 행위

카. 선거사무소·선거연락소 또는 정당선거사무소의 개소식·간판게시식 또는 현판식에 참석한 정당의 간부·당원들이나 선거사무관계자들에게 해당 사무소 안에서 통상적인 범위의 다과류의 음식물(주류를 제외한다)을 제공하는 행위

타. 제114조제2항에 따른 후보자 또는 그 가족과 관계있는 회사등이 개최하는 정기적인 창립기념식·사원체육대회 또는 사옥준공식 등에 참석한 소속 임직원이나 그 가족, 거래선, 한정된 범위의 내빈 등에게 회사등의 경비로 통상적인 범위에서 유공자를 표창(지방자치단체의 경우 소속 직원이 아닌 자에 대한 부상의 수여는 제외한다)하거나 식사류의 음식물 또는 싼 값의 기념품을 제공하는 행위

파. 제113조 및 제114조에 따른 기부행위를 할 수 없는 자의 관혼상제에 참석한 하객이나 조객 등에게 통상적인 범위에서 음식물 또는 답례품을 제공하는 행위

3. 구호적·자선적 행위

가. 법령에 의하여 설치된 사회보호시설중 수용보호시설에 의연금품을 제공하는 행위

나. 「재해구호법」의 규정에 의한 구호기관(전국재해구호협회를 포함한다) 및 「대한적십자사 조직법」에 의한 대한적십자사에 천재·지변으로 인한 재해의 구호를 위하여 금품을 제공하는 행위

다. 「장애인복지법」 제58조에 따른 장애인복지시설(유료복지시설을 제외한다)에 의연금품 · 구호금품을 제공하는 행위

라. 「국민기초생활 보장법」에 의한 수급권자인 중증장애인에게 자선 · 구호금품을 제공하는 행위

마. 자선사업을 주관 · 시행하는 국가 · 지방자치단체 · 언론기관 · 사회단체 또는 종교단체 그 밖에 국가기관이나 지방자치단체의 허가를 받아 설립된 법인 또는 단체에 의연금품 · 구호금품을 제공하는 행위. 다만, 광범위한 선거구민을 대상으로 하는 경우 제공하는 개별 물품 또는 그 포장지에 직명 · 성명 또는 그 소속 정당의 명칭을 표시하여 제공하는 행위는 제외한다.

바. 자선 · 구호사업을 주관 · 시행하는 국가 · 지방자치단체, 그 밖의 공공기관 · 법인을 통하여 소년 · 소녀가장과 후원인으로 결연을 맺고 정기적으로 제공하여 온 자선 · 구호금품을 제공하는 행위

사. 국가기관 · 지방자치단체 또는 구호 · 자선단체가 개최하는 소년 · 소녀가장, 장애인, 국가유공자, 무의탁노인, 결식자, 이재민, 「국민기초생활 보장법」에 따른 수급자 등을 돕기 위한 후원회 등의 행사에 금품을 제공하는 행위. 다만, 개별 물품 또는 그 포장지에 직명 · 성명 또는 그 소속 정당의 명칭을 표시하여 제공하는 행위는 제외한다.

아. 근로청소년을 대상으로 무료학교(야학을 포함한다)를 운영하거나 그 학교에서 학생들을 가르치는 행위

4. 직무상의 행위

가. 국가기관 또는 지방자치단체가 자체사업계획과 예산으로 행하는 법령에 의한 금품 제공행위(지방자치단체가 표창 · 포상을 하는 경우 부상의 수여를 제외한다. 이하 나목에서 같다)

나. 지방자치단체가 자체사업계획과 예산으로 대상 · 방법 · 범위 등을 구체적으로 정한 당해 지방자치단체의 조례에 의한 금품제공행위

다. 구호사업 또는 자선사업을 행하는 국가기관 또는 지방자치단체가 자체사업계획과 예산으로 당해 국가기관 또는 지방자치단체의 명의를 나타내어 행하는 구호행위 · 자선행위

라. 선거일 전 60일까지 국가 · 지방자치단체 또는 공공기관(「공공기관의 운영에 관한 법률」 제4조에 따라 지정된 기관이나 그 밖에 중앙선거관리위원회규칙으로 정하는 기관을 말한다)의 장이 업무파악을 위한 초도순시 또는 연두순시차 하급기관을 방문하여 업무보고를 받거나 주민여론 등을 청취하면서 자체사업계획과 예산에 따라 참석한 소속공무원이나 임 · 직원, 유관기관 · 단체의 장과 의례적인 범위 안의 주민대표에게

통상적인 범위 안에서 식사류(지방자치단체의 장의 경우에는 다과류를 말한다)의 음식
물을 제공하는 행위

마. 국가기관 또는 지방자치단체가 긴급한 현안을 해결하기 위하여 자체사업계획과 예산으
로 해당 국가기관 또는 지방자치단체의 명의로 금품이나 그 밖에 재산상의 이익을 제공
하는 행위

바. 선거기간이 아닌 때에 국가기관이 효자·효부·모범시민·유공자등에게 포상을 하거
나, 국가기관·지방자치단체가 관할구역 안의 환경미화원·구두미화원·가두신문
판매원·우편집배원 등에게 위문품을 제공하는 행위

사. 국회의원 및 지방의회의원이 자신의 직무 또는 업무를 수행하는 상설사무소 또는 상설사
무소를 두지 아니하는 구·시·군의 경우 임시사무소 등 중앙선거관리위원회규칙으로
정하는 장소에서 행하거나 정당이 해당 당사에서 행하는 무료의 민원상담행위

아. 변호사·의사 등 법률에서 정하는 일정한 자격을 가진 전문직업인이 업무활동을 촉진하
기 위하여 자신이 개설한 인터넷 홈페이지를 통하여 법률·의료 등 자신의 전문분야에
대한 무료상담을 하는 행위

자. 제114조제2항에 따른 후보자 또는 그 가족과 관계있는 회사가 영업활동을 위하여 달
력·수첩·탁상일기·메모판 등 홍보물(후보자의 성명이나 직명 또는 사진이 표시된
것은 제외한다)을 그 명의로 종업원이나 제한된 범위의 거래처, 영업활동에 필요한
유관기관·단체·시설에 배부하거나 영업활동에 부가하여 해당 기업의 영업 범위에서
무료강좌를 실시하는 행위

차. 물품구매·공사·역무의 제공 등에 대한 대가의 제공 또는 부담금의 납부 등 채무를
이행하는 행위

5. 제1호부터 제4호까지의 행위 외에 법령의 규정에 근거하여 금품 등을 찬조·출연 또는
제공하는 행위

6. 그 밖에 위 각 호의 어느 하나에 준하는 행위로서 중앙선거관리위원회규칙으로 정하는
행위

③ 제2항에서 "통상적인 범위에서 제공하는 음식물 또는 음료"라 함은 중앙선거관리위원회규칙
으로 정하는 금액[21] 범위 안에서 일상적인 예를 갖추는데 필요한 정도로 현장에서 소비될 것으로
제공하는 것을 말하며, 기념품 또는 선물로 제공하는 것은 제외한다.

〈신설 1997.11.14., 2010.1.25.〉

④ 제2항제4호 각 목 중 지방자치단체의 직무상 행위는 법령·조례에 따라 표창·포상하는 경우
를 제외하고는 해당 지방자치단체의 명의로 하여야 하며, 해당 지방자치단체의 장의 직명 또는
성명을 밝히거나 그가 하는 것으로 추정할 수 있는 방법으로 하는 행위는 기부행위로 본다. 이

경우 다음 각 호의 어느 하나에 해당하는 경우에는 "그가 하는 것으로 추정할 수 있는 방법"에 해당하는 것으로 본다. 〈신설 2010.1.25.〉

    1. 종전의 대상·방법·범위·시기 등을 법령 또는 조례의 제정 또는 개정 없이 확대 변경하는 경우

    2. 해당 지방자치단체의 장의 업적을 홍보하는 등 그를 선전하는 행위가 부가되는 경우

⑤ 각급선거관리위원회(읍·면·동선거관리위원회를 제외한다)는 기부행위제한의 주체·내용 및 기간 그 밖에 필요한 사항을 광고등의 방법으로 홍보하여야 한다. 〈개정 1997.11.14., 2004.3.12., 2005.8.4.〉

[제목개정 2004.3.12.]

법 제112조제2항제1호타목에서 "제57조의5제1항단서에 따른 의례적인 행위"라고 함은 다음 표의 행위를 말한다(「공직선거관리규칙」 제25조의3제1항제1호 내지 제3호).

1. 경선후보자의 경선운동기구를 방문하는 자나 경선운동기구의 개소식에 참석한 자에게 통상적인 범위 안에서 다과류의 음식물(주류를 제외한다)을 제공하는 행위

2. 경선후보자와 함께 다니는 자와 경선운동기구에서 경선사무에 종사하는 자를 합하여 다음 각 목에 해당하는 수(법 제10조(사회단체등의 공명선거추진활동)제1항제3호의 규정에 따른 가족은 그 수에 산입하지 아니한다) 이내에서 통상적인 범위 안의 식사류의 음식물을 제공하는 행위

  가. 대통령선거의 당내경선에 있어서는 30인

  나. 시·도지사선거의 당내경선에 있어서는 15인

  다. 국회의원선거, 자치구의 구청장 및 시장·군수(이하 "자치구·시·군의 장"이라 한다)선거의 당내경선에 있어서는 10인

  라. 지방의회의원선거의 당내경선에 있어서는 5인

3. 그 밖에 위 각 호의 어느 하나에 준하는 것으로서 중앙위원회가 정하는 행위

법 제112조제2항제2호사목에서 말하는 "함께 다니는 자의 범위"는 다음 표와 같다(「공직선거관리규칙」 제50조제2항).

---

20) 친족(親族) : 8촌 이내의 혈족, 4촌 이내의 인척 및 배우자
21) 중앙선거관리위원회규칙으로 정하는 금액 : 법 제112조제3항에 따라 통상적인 범위에서 1명에게 제공할 수 있는 음식물 또는 음료의 금액범위는 식사류는 1만원 이하로, 다과류는 3천원 이하로, 음료는 1천원 이하로 한다(「공직선거관리규칙」 제50조제6항).

법 제112조(기부행위의 정의 등)제2항제2호사목의 규정에 따라 후보자·예비후보자 및 국회의원과 함께 다니는 자의 범위는 선거사무관계자·정당의 간부 및 보좌관 등 수행원을 모두 합하여 다음 각 호에 해당하는 수 이하로 한다. 이 경우 가족(가족의 범위는 법 제10조(사회단체등의 공명선거추진활동)제1항제3호의 규정을 준용한다)은 함께 다니는 자의 수에 산입하지 아니한다.

〈개정 2005.8.4.〉

1. 후보자·예비후보자

 가. 대통령선거에 있어서는 30인

 나. 시·도지사선거에 있어서는 15인

 다. 지역구국회의원선거 및 자치구·시·군의 장선거에 있어서는 10인

 라. 지역구지방의회의원선거에 있어서는 5인

2. 국회의원 : 10인. 다만, 예비후보자 또는 후보자가 된 경우에는 제1호에서 정한 수로 한다.

제113조 후보자 등의 기부행위제한

제113조(후보자 등의 기부행위제한) ① 국회의원·지방의회의원·지방자치단체의 장·정당의 대표자·후보자(후보자가 되고자 하는 자를 포함한다)와 그 배우자는 당해 선거구 안에 있는 자나 기관·단체·시설 또는 당해 선거구의 밖에 있더라도 그 선거구민과 연고가 있는 자나 기관·단체·시설에 기부행위(결혼식에서의 주례행위를 포함한다)를 할 수 없다.

② 누구든지 제1항의 행위를 약속·지시·권유·알선 또는 요구할 수 없다.

[전문개정 2004.3.12.]

 법 제113조(候補者 등의 寄附行爲制限)의 규정에 위반한 자는 5년 이하의 징역 또는 1천만원 이하의 벌금에 처한다(제257조제1항제1호).

 법·제113조에서 규정하고 있는 정당(創黨準備委員會를 포함한다)·정당의 대표자·정당선거사무소의 소장, 국회의원·지방의회의원·지방자치단체의 장, 후보자(候補者가 되고자 하는 者를 포함한다), 후보자의 배우자, 후보자나 그 배우자의 직계존비속과 형제자매, 후보자의 직계비속 및 형제자매의 배우자, 선거사무장, 선거연락소장, 선거사무원, 회계책임자, 연설원, 대담·토론자, 후보자 또는 그 가족과 관계있는 회사등이나 그 임·직원과 제삼자[제116조(寄附의 勸誘·요구 등의 금지)에 규정된 행위의 상대방을 말한다]에게 기부를 지시·권유·알선·요구하거나 그로부터 기부를 받은 자(제261조제9항제1

호·제6호에 해당하는 사람은 제외한다)는 3년 이하의 징역 또는 500만원 이하의 벌금에 처한다(제257조제2항).

관련 판례

공직선거법 제257조제1항제1호 소정의 각 기부행위제한위반의 죄는 공직선거법 제113조(후보자 등의 기부행위 제한), 제114조(정당 및 후보자의 가족 등의 기부행위 제한), 제115조(제3자의 기부행위 제한)에 각기 한정적으로 열거되어 규정하고 있는 신분관계가 있어야만 성립하는 범죄이고, 죄형법정 주의의 원칙상 유추해석은 할 수 없으므로, 위 각 해당 신분관계가 없는 자의 기부행위는 위 각 해당 법조항 위반의 범죄로는 되지 아니하며, 또한 위 각 법조항을 구분하여 기부행위의 주체 및 그 주체에 따라 기부행위제한의 요건을 각기 달리 규정한 취지는 각 기부행위의 주체자에 대하여 그 신분에 따라 각 해당법조로 처벌하려는 것이고, 각 기부행위의 주체로 인정되지 아니하는 자가 기부행위의 주체자 등과 공모하여 기부행위를 하였다 하더라도 그 신분에 따라 각 해당 법조로 처벌하여야 하지 기부행위 주체자의 해당 법조의 공동정범으로 처벌할 수도 없다(대법원 2006. 1. 26. 선고 2005도8250 판결 등 참조).

그리고 공직선거법 제112조제1항의 기부행위는 그에 의한 기부의 효과를 후보자 또는 후보자가 되려는 자에게 돌리려는 의사를 가지고 공직선거법 제112조제1항에 규정된 사람에게 금품 등을 제공하는 것으로서 그 출연자가 기부행위자가 되는 것이 통례이지만, 그 기부행위를 한 것으로 평가되는 주체인 기부행위자는 항상 그 물품 등의 사실상 출연자에 한정되는 것은 아니고, 또 출연자와 기부행위자가 일치하지 않거나 외형상 기부행위에 함께 관여하는 듯이 보여서 어느 쪽이 기부행위자인지 분명하지 않은 경우에는 그 물품 등이 출연된 동기 또는 목적, 출연행위와 기부행위의 실행 경위, 기부자와 출연자 그리고 기부받는 자와의 관계 등 모든 사정을 종합하여 기부행위자를 특정하여야 한다(대법원 2007. 3. 30. 선고 2006도9043 판결, 2007. 4. 26. 선고 2007도309 판결 등 참조). 따라서 공직선거법 제115조(제3자의 기부행위 제한) 위반의 주체는 위와 같은 사정을 종합하여 기부행위자로 평가되는 자에 해당하면 충분하고, 반드시 제공한 물품에 대한 소유권 또는 처분권을 가지는 자에 해당하여야 하는 것은 아니다.

원심은, 부산광역시의회의원이자 세계 (명칭 생략) 선수권대회 조직위원회 위원장인 피고인 1이 그 직원인 피고인 2에게 지시하여 유니폼, 시계 등 495개의 물품(이하 '이 사건 기부물품'이라 한다)을 부산 동구청 및 동구 생활체육협의회에 교부하도록 하는 방법으로 선거구 안에 있는 단체 또는 기관에 기부행위를 하였다고 하여 피고인 1을 공직선거법 제113조 위반죄로 처단하였다. 그러면서도 원심은 피고인 2가 공직선거법 제115조 위반의 주체가 되기 위해서는 적어도 기부물품에 대한 소유권 또는 처분권이 그에게 속하여야 할 것인데, 이 사건 기부물품의 처분권은 위 조직위원회 위원장인 피고인 1이 행사한 것으로 보이고, 피고인 2는 위 조직위원회의 물품수불 담당 직원으로서 피고인 1의 지시에 따라 이 사건 기부물품을 출고하여 전달하는 역할을 수행하였을 뿐, 이 사건 기부물품의 소유권자나 처분권자가 아니므로 공직선거법 제115조 위반죄의 주체가 될 수 없다고 하여 이 부분을 유죄로 인정한 제1심판결을 파기하고 피고인 2에 대하여 무죄를 선고하였다.

그러나 앞서 본 법리 및 기록에 나타난 제반 사정에 비추어 살펴보면, 피고인 2가 선거에 관하여 후보자가 되고자 하는 피고인 1과 공모하여 이 사건 기부물품을 제공하였다면, 비록 피고인 2가 이 사건 기부물품의 소유권자나 처분권자는 아니라고 하더라도 공직선거법 제115조에서 정하고 있는 기부행위의 주체에는 해당한다고 보아야 할 것이다. 그럼에도 불구하고, 원심은 피고인 2가 이 사건 기부물품의 소유권자나 처분권자가 아니라는 이유만으로 피고인 2에 대하여 무죄로 판단하였으니 원심은 공직선거법 제115조의 법리를 오해한 위법이 있고, 이점을 지적하는 검사의 상고이유의 주장은 이유 있다(대법원 2008. 3. 13. 선고 2007도9507 판결).

 정당의 당원이 당비를 납부하는 행위가 공직선거법 제112조제2항에 의하여 기부행위로 보지 아니하는 같은 항제1호나목의 '정당의 당헌·당규 기타 정당의 내부규약에 의하여 정당의 당원이 당비 기타 부담금을 납부하는 행위'에 해당하려면, 위 규정의 문언상 당해 정당의 당헌·당규 기타 내부규약에 따른 경우라야 한다(대법원 2007. 4. 26. 선고 2007도218 판결 참조).

공직선거법 제113조는 국회의원·지방의회의원·지방자치단체의 장·정당의 대표자·후보자(후보자가 되고자 하는 자를 포함한다)와 그 배우자는 당해 선거구 안에 있는 자나 기관·단체·시설 또는 당해 선거구의 밖에 있더라도 그 선거구민과 연고가 있는 자나 기관·단체·시설에 기부행위를 할 수 없다고 규정하고 있는바, 공직선거법이 국회의원선거에서 지역구국회의원선거에 대한 투표와 비례대표국회의원선거에 대한 투표를 분리하여 별도로 하도록 정하고 있고(1인 2표제), 비례대표국회의원선거에 대한 투표결과에 기초하여 비례대표국회의원 의석을 배분하도록 규정하고 있어 비례대표국회의원후보자나 후보예정자도 비례대표국회의원선거에 대비하여 적극적으로 선거운동에 나설 가능성이 있는 점, 공직선거법 제20조제1항에 의하면 비례대표국회의원은 전국을 단위로 선거한다고 규정하고 있으므로, 비례대표국회의원후보자나 후보예정자의 경우 공직선거법 제113조의 규정의 '당해 선거구'라 함은 전국을 의미하고, 기부행위가 금지되는 대상은 전국의 선거구민이 되는 것으로 해석하는 것이 충분히 가능한 점, 통상 비례대표국회의원은 지역 명망가보다는 성·계층·직능대표 중에서 선발되는 경우가 많으므로, 정당의 대표자로서의 지위에 기하여 전국에 걸쳐 계층·직능의 단체 등을 상대로 하여 기부행위를 통해 지지기반을 마련하는 것으로 정당을 위해 선거운동을 할 수도 있고, 한편으로는 기부행위를 통하여 마련된 개인적인 지지기반을 토대로 하여 비례대표후보명단에서 앞선 순위에 오르게 함으로써 개인적으로도 당선가능성을 높이는 효과를 가져 오게 할 수도 있다고 할 것인바, 이처럼 비례대표국회의원의 경우에 전국적인 차원에서 기부행위를 금할 실질적인 필요성이 지역구국회의원보다 더 강하다고 볼 수도 있는 점, 비례대표국회의원 후보자나 후보예정자의 전국의 선거구민에 대한 기부행위를 공직선거법 제113조제1항에 의하여 제한한다고 하더라도 일상생활에서의 모든 기부행위를 금지하는 것이 아니라 후보자로 나서기로 한 이후의 기부행위만을 금하는 것이고, 공직선거법과 중앙선거관리위원회규칙에 정한 바에 따라 통상적인 정당활동과 관련된 행위, 의례적 행위, 구호적·자선적 행위 등은 허용되며, 그 기준은 지역구국회의원에 적용되는 것과 같으므로 비례대표국회의원의 경우의 제한 범위가 특별히 모호하다고 할 수 없는 점, 위 공직선거법 조항에서 기부행위를 할 수 없도록 제한한 주체에 비례대표국회의원후보자나 후보예정자는 포함되지 않는 것으로 제한하여 해석하게 되면, 지역구국회의원후보자나 후보예정자에게는 지역 선거구민에 대해서 기부행위를 제한하면서 비례대표국회의원후보자나 후보예정자에게는 전국 어느 누구에게나 기부행위를 할 수 있게 됨으로써 오히려 불공정한 차별을 가져올 뿐만 아니라, 정당의 지지도 상승을 노리는 각 정당이 이를 이용하여 전국적으로 기부행위를 할 우려가 있고, 이는 공직선거법 제113조 등을 통해 고비용 정치구조를 개혁하려는 입법 취지를 훼손할 가능성이 있는 점 등을 종합하여 보면, 비례대표국회의원 및 그 후보자나 후보예정자 또한 공직선거법 제113조제1항에 정한 기부행위 제한위반죄의 주체가 될 수 있다고 해석함이 상당하고, 이렇게 해석하는 것이 죄형법정주의나, 헌법상 평등의 원칙, 과잉금지의 원칙, 비례의 원칙, 선거운동자유의 원칙 등에 위반된다고 할 수 없다. 공직선거법 제112조제1항에서 정한 '제공'은 반드시 금품을 '상대방에게 귀속'시키는 것만을 뜻하는 것으로 한정해석할 것은 아니고, 중간자에게 금품을 주는 경우라 하더라도 그 중간자가 단순한 보관자이거나 특정인에게 특정금품을 전달하기 위하여 심부름을 하는 사자(使者)에 불과한 자가 아니고 그에게 금품배분의 대상이나 방법, 배분액수 등에 대한 어느 정도의 판단과 재량의 여지가 있는 한 비록 그에게 귀속될 부분이 지정되어 있지 않은 경우라 하더라도 위 규정에서 말하는 '제공'에 포함된다고 해석함이 상당하다(대법원 2002. 2. 21. 선고 2001도2819 전원합의체 판결 참조). 공직선거법에서의 기부행위는 일방이 상대방에게 무상의 이익을 제공하거나 약속하는 것으로서, 이를 제한하는 것은 그것이 후보자 등의 지지기반을 조성하는 데에 기여하거나 매수행위와 결부될 가능성이 높아 이를 허용할 경우 선거 자체가 후보자의 인물·식견 및 정책 등을 평가받는 기회가 되기보다는 후보자의 자금력을 겨루는 과정으로 타락할 위험성이 있어 이를 방지하기 위하여 마련된 것이고, 공천과 관련한 금품수수행위는 정당이 특정인을 후보자로 추천하는 일과 관련하여 재산상 이익이나 공사의 직을 제공하는 등의 행위를 하는 것으로서, 이를 제한하는 것은 정당의 후보자추천의 공정성과 정당 운영의 투명성·도덕성을 제고하고 나아가 공직선거에 있어서 후보자추천 단계에서부터 금권의 영향력을 원천적으로 봉쇄함으로써 궁극적으로 공명정대한 선거를 보장하기 위한 것으로서, 양자는 범죄구성요건과 입법 취지를 달리하고 있다. 한편, 지역구국회의원이 공천과 관련하여 자신의 선거구 밖에서 연고가 없는 상대방에게 금품 등을 교부한 경우나, 혹은 공천과 관련하여 제공된 금품이 적절한 대가관계에 있는 등 무상성이 인정되지 아니하는 경우에는 공천관련금품수수죄가 성립하는데도 기부행위제한위반죄에는 해당하지 않을 경우를 상정할 수도 있다. 이러한 점들을 종합하여 보면 공천관련금품수수죄가 기부행위제한위반죄에 대하여 특별관계에 있다고는 볼 수 없다. 국회의원선거에서 정당의 공천을 받게 하여 줄 의사나 능력이 없음에도 이를 해 줄 수 있는 것처럼 기망하여 공천과 관련하여 금품을 받은 경우, 공직선거법상 공천관련금품수수죄와 사기죄가 모두 성립하고 양자는 상상적 경합의 관계에 있다고 할 것이다(대법원 2009. 4. 23. 선고 2009도834 판결).

선거일 후에 선거구민 등에게 금품 또는 향응을 제공한 행위가 공직선거법 제113조제1항 소정의 '후보자 등의 기부행위제한' 위반죄와 같은 법 제118조 소정의 '선거일 후 답례금지' 위반죄에 동시에 해당할 때에 그 양 죄의 관계는 형법 제40조 소정의 상상적 경합관계라고 보아야 한다(대법원 2007. 9. 21. 선고 2007도4724 판결).

공소사실의 기재에 있어서 범죄의 일시·장소·방법을 명시하여 공소사실을 특정하도록 한 형사소송법의 취지는 법원에 대하여 심판의 대상을 한정하고 피고인에게 방어의 범위를 특정하여 그 방어권 행사를 쉽게 해 주기 위한 데에 있는 것이므로, 공소사실은 이러한 요소를 종합하여 구성요건 해당사실을 다른 사실과 구별할 수 있을 정도로 기재하면 족하고, 공소장에 범죄의 일시·장소·방법 등이 구체적으로 적시되지 않았더라도 위와 같이 공소사실을 특정하도록 한 위 법의 취지에 반하지 아니하고 공소범죄의 성격에 비추어 그 개괄적 표시가 부득이한 경우에는 그 공소내용이 특정되지 않아 공소제기가 위법하다고 할 수 없으며, 특히 포괄일죄에 해당하는 구 공직선거 및 선거부정방지법(2004. 3. 12. 법률 제7189호로 개정되기 전의 것. 이하 '공직선거법'이라고만 한다)상 기부행위제한위반죄의 범죄사실은 그 죄의 일부를 구성하는 개개의 기부행위에 대하여 구체적으로 특정하지 아니하더라도 그 기부행위의 전제가 된 선거, 전체 기부행위의 시기와 종기, 기부행위의 장소, 방법, 그 대상이 된 대략의 선거구민을 명시하면 이로써 특정되는 것이다(대법원 2006. 6. 27. 선고 2005도4177 판결).

제114조 정당 및 후보자의 가족 등의 기부행위제한

제114조(정당 및 후보자의 가족 등의 기부행위제한) ① 정당[「정당법」 제37조제3항에 따른 당원협의회(이하 "당원협의회"라 한다)와 창당준비위원회를 포함한다. 이하 이 조에서 같다], 정당선거사무소의 소장, 후보자(候補者가 되고자 하는 者를 포함한다. 이하 이 條에서 같다)나 그 배우자의 직계존·비속과 형제자매, 후보자의 직계비속 및 형제자매의 배우자, 선거사무장, 선거연락소장,

선거사무원, 회계책임자, 연설원, 대담·토론자나 후보자 또는 그 가족(家族의 범위는 第10條第1項第3號에 規定된 "候補者의 家族"을 準用한다)과 관계있는 회사 그 밖의 법인·단체(이하 "會社 등"이라 한다) 또는 그 임·직원은 선거기간 전에는 당해 선거에 관하여, 선거기간에는 당해 선거에 관한 여부를 불문하고 후보자 또는 그 소속정당을 위하여 일체의 기부행위를 할 수 없다. 이 경우 후보자 또는 그 소속정당의 명의를 밝혀 기부행위를 하거나 후보자 또는 그 소속정당이 기부하는 것으로 추정할 수 있는 방법으로 기부행위를 하는 것은 당해 선거에 관하여 후보자 또는 정당을 위한 기부행위로 본다. 〈개정 2004.3.12., 2010.1.25.〉

② 제1항에서 "후보자 또는 그 가족과 관계있는 회사 등"이라 함은 다음 각 호의 어느 하나에 해당하는 회사 등을 말한다. 〈개정 2005.8.4.〉

　　1. 후보자가 임·직원 또는 구성원으로 있거나 기금을 출연하여 설립하고 운영에 참여하고 있거나 관계법규나 규약에 의하여 의사결정에 실질적으로 영향력을 행사할 수 있는 회사 기타 법인·단체

　　2. 후보자의 가족이 임원 또는 구성원으로 있거나 기금을 출연하여 설립하고 운영에 참여하고 있거나 관계법규 또는 규약에 의하여 의사결정에 실질적으로 영향력을 행사할 수 있는 회사 기타 법인·단체

　　3. 후보자가 소속한 정당이나 후보자를 위하여 설립한「정치자금법」에 의한 후원회

법 제114조(政黨 및 候補者의 家族 등의 寄附行爲制限)제1항의 규정에 위반한 자는 5년 이하의 징역 또는 1천만원 이하의 벌금에 처한다(제257조제1항제1호).

법 제114조제1항에서 규정하고 있는 정당(創黨準備委員會를 포함한다)·정당의 대표자·정당선거사무소의 소장, 국회의원·지방의회의원·지방자치단체의 장, 후보자(候補者가 되고자 하는 者를 포함한다), 후보자의 배우자, 후보자나 그 배우자의 직계존비속과 형제자매, 후보자의 직계비속 및 형제자매의 배우자, 선거사무장, 선거연락소장, 선거사무원, 회계책임자, 연설원, 대담·토론자, 후보자 또는 그 가족과 관계있는 회사등이나 그 임·직원과 제삼자[제116조(寄附의 勸誘·요구 등의 금지)에 규정된 행위의 상대방을 말한다]에게 기부를 지시·권유·알선·요구하거나 그로부터 기부를 받은 자(제261조제9항제1호·제6호에 해당하는 사람은 제외한다)는 3년 이하의 징역 또는 500만원 이하의 벌금에 처한다(제257조제2항).

제115조 제삼자의 기부행위제한

> **제115조(제삼자의 기부행위제한)** 제113조(候補者 등의 寄附行爲制限) 또는 제114조(政黨 및 候補者의 家族 등의 寄附行爲制限)에 규정되지 아니한 자라도 누구든지 선거에 관하여 후보자(候補者가 되고자 하는 者를 포함한다. 이하 이 條에서 같다) 또는 그 소속정당(創黨準備委員會를 포함한다. 이하 이 條에서 같다)을 위하여 기부행위를 하거나 하게 할 수 없다. 이 경우 후보자 또는 그 소속정당의 명의를 밝혀 기부행위를 하거나 후보자 또는 그 소속정당이 기부하는 것으로 추정할 수 있는 방법으로 기부행위를 하는 것은 당해 선거에 관하여 후보자 또는 정당을 위한 기부행위로 본다. 〈개정 2004.3.12.〉

법 제115조(第三者의 寄附行爲制限)의 규정에 위반한 자는 5년 이하의 징역 또는 1천만원 이하의 벌금에 처한다(제257조제1항제1호).

법 제115조에서 규정하고 있는 정당(創黨準備委員會를 포함한다) · 정당의 대표자 · 정당선거사무소의 소장, 국회의원 · 지방의회의원 · 지방자치단체의 장, 후보자(候補者가 되고자 하는 者를 포함한다.), 후보자의 배우자, 후보자나 그 배우자의 직계존비속과 형제자매, 후보자의 직계비속 및 형제자매의 배우자, 선거사무장, 선거연락소장, 선거사무원, 회계책임자, 연설원, 대담 · 토론자, 후보자 또는 그 가족과 관계있는 회사등이나 그 임 · 직원과 제삼자[제116조(寄附의 勸誘 · 요구 등의 금지)에 규정된 행위의 상대방을 말한다]에게 기부를 지시 · 권유 · 알선 · 요구하거나 그로부터 기부를 받은 자(제261조제9항제1호 · 제6호에 해당하는 사람은 제외한다)는 3년 이하의 징역 또는 500만원 이하의 벌금에 처한다(제257조제2항).

제116조 기부의 권유 · 요구 등의 금지

> **제116조(기부의 권유 · 요구 등의 금지)** 누구든지 선거에 관하여 제113조부터 제115조까지에 규정된 기부행위가 제한되는 자로부터 기부를 받거나 기부를 권유 또는 요구할 수 없다.
> [전문개정 2010.1.25.]

법 제116조를 위반하여 금전 · 물품 · 음식물 · 서적 · 관광 기타 교통편의를 제공받은 자 및 제116조를 위반하여 제113조에 규정된 자로부터 주례행위를 제공받은 자(그 제공받은 금액 또는 음식물·물품 등의 가액이 100만원을 초과하는 자는 제외한다)는 그 제공받은 금액 또는 음식물·물품 등의 가액의 10배 이상 50배 이하에 상당하는 금액(주례의 경우에는 200만원)의 과태료를 부과하되, 그 상한은 3천만원으로 한다. 다만, 제116조를 위반하여 금전·물품·음식물·서적·관광 기타 교통편의를 제공받은 자가 그 제공받은 금액 또는 음식물·물품(제공받은 것을 반환할 수 없는 경우에는 그 가액에 상당하는 금액을 말한다) 등을 선거관리위원회에 반환하고 자수한 경우에는 중앙선거관리위원회규칙으로 정하는 바에 따라 그 과태료를 감경 또는 면제할 수 있다(제261조제9항제1호·제6호).

제117조 기부받는 행위 등의 금지

> **제117조(기부받는 행위 등의 금지)** 누구든지 선거에 관하여 「정치자금법」 제31조(기부의 제한)의 규정에 따라 정치자금을 기부할 수 없는 자에게 기부를 요구하거나 그로부터 기부를 받을 수 없다. 〈개정 2005.8.4.〉
>
> ### 「정치자금법」
>
> **제31조(기부의 제한)** ① 외국인, 국내·외의 법인 또는 단체는 정치자금을 기부할 수 없다.
> ② 누구든지 국내·외의 법인 또는 단체와 관련된 자금으로 정치자금을 기부할 수 없다.

법 제117조의 규정에 위반한 자는 3년 이하의 징역 또는 500만원 이하의 벌금에 처한다(제257조제3항).

제118조 선거일 후 답례금지

> **제118조(선거일후 답례금지)** 후보자와 후보자의 가족 또는 정당의 당직자는 선거일 후에 당선되거나 되지 아니한 데 대하여 선거구민에게 축하 또는 위로 그 밖의 답례를 하기 위하여 다음 각 호의 어느 하나에 해당하는 행위를 할 수 없다. 〈개정 2010.1.25.〉
>   1. 금품 또는 향응을 제공하는 행위
>   2. 방송·신문 또는 잡지 기타 간행물에 광고하는 행위

3. 자동차에 의한 행렬을 하거나 다수인이 무리를 지어 거리를 행진하거나 거리에서 연달아 소리지르는 행위. 다만, 제79조(公開場所에서의 演說·對談)제3항의 규정에 의한 자동차를 이용하여 당선 또는 낙선에 대한 거리인사를 하는 경우에는 그러하지 아니하다.
4. 일반선거구민을 모이게 하여 당선축하회 또는 낙선에 대한 위로회를 개최하는 행위
5. 현수막을 게시하는 행위. 다만, 선거일의 다음날부터 13일 동안 해당 선거구 안의 읍·면·동마다 1매의 현수막을 게시하는 행위는 그러하지 아니하다.

법 제118조의 규정에 위반한 자는 1년 이하의 징역 또는 200만원 이하의 벌금에 처한다 (제256조제5항제11호).

관련 판례

공직선거법 제256조제4항제11호는 같은 법 제118조의 규정에 위반한 자를 처벌하도록 규정하고 있고, 같은 법 제118조는 후보자와 후보자 가족 또는 정당의 당직자는 선거일 후에 당선되거나 되지 아니한 데 대하여 선거구민에게 축하 또는 위로 기타 답례를 하기 위한 금품 또는 향응을 제공하는 등 일정한 행위를 할 수 없다고 규정하고 있다. 이는 후보자가 선거일 이후 일반 선거구민에게 당선 축하 또는 낙선 위로 등의 답례를 금지하고 이를 처벌하는 규정으로서, <u>여기의 일반 선거구민은 선거운동에 관여하지 아니한 일반 유권자를 가리킨다고 보아야 할 것이다</u>(대법원 2007. 10. 25. 선고 2007도4069 판결).

선거일 후에 선거구민 등에게 금품 또는 향응을 제공한 행위가 공직선거법 제113조제1항 소정의 '후보자 등의 기부행위제한' 위반죄와 같은 법 제118조 소정의 '선거일후답례금지' 위반죄에 동시에 해당할 때에 그 양 죄의 관계는 형법 제40조 소정의 상상적 경합관계라고 보아야 한다(대법원 2007. 9. 21. 선고 2007도4724 판결).

제8장 선거비용

제119조 선거비용등의 정의

제119조(선거비용등의 정의) ① 이 법에서 "선거비용"이라 함은 당해 선거에서 선거운동을 위하여 소요되는 금전·물품 및 채무 그 밖에 모든 재산상의 가치가 있는 것으로서 당해 후보자(후보자가 되려는 사람을 포함하며, 대통령선거에 있어서 政黨推薦候補者와 比例代表國會議員選擧 및 비례대표지방의회의원선거에 있어서는 그 推薦政黨을 포함한다. 이하 이 항에서 같다)가 부담하는 비용과 다음 각 호의 어느 하나에 해당되는 비용을 말한다.
〈개정 1995.4.1., 2000.2.16., 2004.3.12., 2005.8.4., 2010.1.25.〉

1. 후보자가 이 법에 위반되는 선거운동을 위하여 지출한 비용과 기부행위제한규정을 위반하여 지출한 비용

2. 정당, 정당선거사무소의 소장, 후보자의 배우자 및 직계존비속, 선거사무장·선거연락소장·회계책임자가 해당 후보자의 선거운동(위법선거운동을 포함한다. 이하 이 항에서 같다)을 위하여 지출한 비용과 기부행위제한규정을 위반하여 지출한 비용

3. 선거사무장·선거연락소장·회계책임자로 선임된 사람이 선임·신고되기 전까지 해당 후보자의 선거운동을 위하여 지출한 비용과 기부행위제한규정을 위반하여 지출한 비용

4. 제2호 및 제3호에 규정되지 아니한 사람이라도 누구든지 후보자, 제2호 또는 제3호에 규정된 자와 통모하여 해당 후보자의 선거운동을 위하여 지출한 비용과 기부행위제한규정을 위반하여 지출한 비용

② 이 법에서 "수입"이라 함은 선거비용의 충당을 위한 금전 및 금전으로 환가할 수 있는 물품 기타 재산상의 이익을 빌거나 받기로 한 약속을 말한다.

③ 이 법에서 "지출"이라 함은 선거비용의 제공·교부 또는 그 약속을 말한다.

④ 이 법에서 "회계책임자"라 함은 「정치자금법」 제34조(회계책임자의 선임신고 등)제1항제5호·제6호 또는 제3항의 규정에 의하여 선임신고된 각각의 회계책임자를 말한다.
〈신설 2005.8.4.〉

「정치자금법」

> **제34조(회계책임자의 선임신고 등)** ① 다음 각 호에 해당하는 자(이하 "선임권자"라 한다)는 정치자
> 금의 수입과 지출을 담당하는 회계책임자 1인을 공직선거의 선거운동을 할 수 있는 자 중에서
> 선임하여 지체 없이 관할 선거관리위원회에 서면으로 신고하여야 한다.
> 〈개정 2008.2.29., 2016.1.15., 2017.6.30.〉
>
>   5. 공직선거의 후보자·예비후보자(선거사무소 및 선거연락소의 회계책임자를 선임하는 경
>   우를 말한다). 이 경우 대통령선거의 정당추천후보자, 비례대표국회의원선거 및 비례대표
>   지방의회의원선거에 있어서는 그 추천정당이 선임권자가 되며, 그 선거사무소 및 선거연락
>   소의 회계책임자는 각각 정당의 회계책임자가 겸한다.
>   6. 선거연락소장(선거연락소의 회계책임자에 한한다)
> ③ 공직선거의 후보자·예비후보자 또는 그 선거사무장이나 선거연락소장은 회계책임자를 겸할
> 수 있다. 이 경우 그 뜻을 지체 없이 관할 선거관리위원회에 서면으로 신고하여야 한다. 제1항제5호
> 후단 및 제2항단서의 규정에 의하여 회계책임자를 겸하는 경우에도 또한 같다.

  법 제258조제1항은 정당·후보자·선거사무장·선거연락소장·회계책임자 또는 회계사
무보조자가 제122조(선거비용제한액의 공고)의 규정에 의하여 공고한 선거비용제한액의
200분의 1 이상을 초과하여 선거비용을 지출한 때에는 5년 이하의 징역 또는 2천만원 이
하의 벌금에 처한다고 규정하였다. 그러나 선거비용의 범위에 관하여는 별도의 규정을 두
지 않았다. 따라서 위 제258조제1항을 의율할 때의 선거비용의 기준은 법 제119조가 될
수밖에 없다(대법원 2014. 7. 24. 선고 2013도6785 판결 참조).

제120조 선거비용으로 인정되지 아니하는 비용

> **제120조(선거비용으로 인정되지 아니하는 비용)** 다음 각 호의 어느 하나에 해당하는 비용은 이
> 법에 따른 선거비용으로 보지 아니한다.
> 〈개정 1995.12.30., 1997.11.14., 2004.3.12., 2010.1.25., 2017.2.8.〉
>   1. 선거권자의 추천을 받는 데 소요된 비용 등 선거운동을 위한 준비행위에 소요되는 비용
>   2. 정당의 후보자선출대회비용 기타 선거와 관련한 정당활동에 소요되는 정당비용
>   3. 선거에 관하여 국가·지방자치단체 또는 선거관리위원회에 납부하거나 지급하는 기탁금과
>   모든 납부금 및 수수료
>   4. 선거사무소와 선거연락소의 전화료·전기료 및 수도료 기타의 유지비로서 선거기간 전부

터 정당 또는 후보자가 지출하여 온 경비

5. 선거사무소와 선거연락소의 설치 및 유지비용

6. 정당, 후보자, 선거사무장, 선거연락소장, 선거사무원, 회계책임자, 연설원 및 대담 · 토론자가 승용하는 자동차[제91조(擴聲裝置와 自動車 등의 사용제한)제4항의 규정에 의한 자동차와 선박을 포함한다]의 운영비용

7. 제삼자가 정당 · 후보자 · 선거사무장 · 선거연락소장 또는 회계책임자와 통모함이 없이 특정 후보자의 선거운동을 위하여 지출한 전신료 등의 비용

8. 제112조제2항에 따라 기부행위로 보지 아니하는 행위에 소요되는 비용. 다만, 같은 항제1호 마목(정당의 사무소를 방문하는 사람에게 제공하는 경우는 제외한다) 및 제2호사목(후보자 · 예비후보자가 아닌 국회의원이 제공하는 경우는 제외한다)의 행위에 소요되는 비용은 선거비용으로 본다.

9. 선거일 후에 지출원인이 발생한 잔무정리비용

10. 후보자(후보자가 되려는 사람을 포함한다)가 선거에 관한 여론조사의 실시를 위하여 지출한 비용. 다만, 제60조의2제1항에 따른 예비후보자등록신청개시일부터 선거일까지의 기간 동안 4회를 초과하여 실시하는 선거에 관한 여론조사비용은 선거비용으로 본다.

제112조(기부행위의 정의 등) ② 제1항의 규정에 불구하고 다음 각 호의 어느 하나에 해당하는 행위는 기부행위로 보지 아니한다.

〈개정 2004.3.12., 2005.8.4., 2008.2.29., 2010.1.25., 2013.8.13., 2017.3.9.〉

1. 통상적인 정당활동과 관련한 행위

   가. 정당이 각급당부에 당해 당부의 운영경비를 지원하거나 유급사무직원에게 보수를 지급하는 행위

   나. 정당의 당헌 · 당규 기타 정당의 내부규약에 의하여 정당의 당원이 당비 기타 부담금을 납부하는 행위

   다. 정당이 소속 국회의원, 이 법에 따른 공직선거의 후보자 · 예비후보자에게 정치자금을 지원하는 행위

   라. 제140조제1항에 따른 창당대회등과 제141조제2항에 따른 당원집회 및 당원교육, 그 밖에 소속 당원만을 대상으로 하는 당원집회에서 참석당원 등에게 정당의 경비로 교재, 그 밖에 정당의 홍보인쇄물, 싼 값의 정당의 배지 또는 상징마스코트나 통상적인 범위에서 차 · 커피 등 음료(주류는 제외한다)를 제공하는 행위

   마. 통상적인 범위 안에서 선거사무소 · 선거연락소 또는 정당의 사무소를 방문하는 자에게 다과 · 떡 · 김밥 · 음료(주류는 제외한다) 등 다과류의 음식물을 제공하는 행위

바. 중앙당의 대표자가 참석하는 당직자회의(구·시·군단위 이상의 지역책임자급 간부와 시·도 수의 10배수에 상당하는 상위직의 간부가 참석하는 회의를 말한다) 또는 시·도당의 대표자가 참석하는 당직자회의(읍·면·동단위 이상의 지역책임자급 간부와 관할 구·시·군의 수에 상당하는 상위직의 간부가 참석하는 회의를 말한다)에 참석한 당직자에게 통상적인 범위에서 식사류의 음식물을 제공하는 행위

사. 정당이 소속 유급사무직원을 대상으로 실시하는 교육·연수에 참석한 유급사무직원에게 정당의 경비로 숙식·교통편의 또는 실비의 여비를 제공하는 행위

아. 정당의 대표자가 소속 당원만을 대상으로 개최하는 신년회·송년회에 참석한 사람에게 정당의 경비로 통상적인 범위에서 다과류의 음식물을 제공하는 행위

자. 정당이 그 명의로 재해구호·장애인돕기·농촌일손돕기 등 대민 자원봉사활동을 하거나 그 자원봉사활동에 참석한 당원에게 정당의 경비로 교통편의(여비는 제외한다)와 통상적인 범위에서 식사류의 음식물을 제공하는 행위

차. 정당의 대표자가 개최하는 정당의 정책개발을 위한 간담회·토론회에 참석한 직능·사회단체의 대표자, 주제발표자, 토론자 등에게 정당의 경비로 식사류의 음식물을 제공하는 행위

카. 정당의 대표자가 개최하는 정당의 각종 행사에서 모범·우수당원에게 정당의 경비로 상장과 통상적인 부상을 수여하는 행위

타. 제57조의5제1항단서에 따른 의례적인 행위[22]

파. 정당의 대표자가 주관하는 당무에 관한 회의에서 참석한 각급당부의 대표자·책임자 또는 유급당직자에게 정당의 경비로 식사류의 음식물을 제공하는 행위

하. 정당의 중앙당의 대표자가 당무파악 및 지역여론을 수렴하기 위하여 시·도당을 방문하는 때에 정당의 경비로 방문지역의 기관·단체의 장 또는 사회단체의 간부나 언론인 등 제한된 범위의 인사를 초청하여 간담회를 개최하고 식사류의 음식물을 제공하는 행위

거. 정당의 중앙당이 당헌에 따라 개최하는 전국 단위의 최고 대의기관 회의에 참석하는 당원에게 정당의 경비로 교통편의를 제공하는 행위

2. 의례적 행위

가. 민법 제777조(친족의 범위)의 규정에 의한 친족[23]의 관혼상제의식 기타 경조사에 축의·부의금품을 제공하는 행위

나. 정당의 대표자가 중앙당 또는 시·도당에서 근무하는 해당 유급사무직원(중앙당 대표자의 경우 시·도당의 대표자와 상근 간부를 포함한다)·그 배우자 또는 그 직계존비속이 결혼하거나 사망한 때에 통상적인 범위에서 축의·부의금품(화환 또는 화분을

포함한다)을 제공하거나 해당 유급사무직원(중앙당 대표자의 경우 시 · 도당 대표자를 포함한다)에게 연말 · 설 · 추석 · 창당기념일 또는 그의 생일에 정당의 경비로 의례적인 선물을 정당의 명의로 제공하는 행위

다. 국가유공자의 위령제, 국경일의 기념식, 「각종 기념일 등에 관한 규정」 제2조에 규정된 정부가 주관하는 기념일의 기념식, 공공기관 · 시설의 개소 · 이전식, 합동결혼식, 동 분향식, 산하기관 · 단체의 준공식, 정당의 창당대회 · 합당대회 · 후보자선출대회, 그 밖에 이에 준하는 행사에 의례적인 화환 · 화분 · 기념품을 제공하는 행위

라. 공익을 목적으로 설립된 재단 또는 기금이 선거일 전 4년 이전부터 그 설립목적에 따라 정기적으로 지급하여 온 금품을 지급하는 행위. 다만, 선거일 전 120일(선거일 전 120일 후에 실시사유가 확정된 보궐선거등에 있어서는 그 선거의 실시사유가 확정된 때)부터 선거일까지 그 금품의 금액과 지급 대상 · 방법 등을 확대 · 변경하거나 후보자(후보자가 되려는 사람을 포함한다. 이하 이 조에서 같다)가 직접 주거나 후보자 또는 그 소속 정당의 명의를 추정할 수 있는 방법으로 지급하는 행위는 제외한다.

마. 친목회 · 향우회 · 종친회 · 동창회 등 각종 사교 · 친목단체 및 사회단체의 구성원으로서 당해 단체의 정관 · 규약 또는 운영관례상의 의무에 기하여 종전의 범위 안에서 회비를 납부하는 행위

바. 종교인이 평소 자신이 다니는 교회 · 성당 · 사찰 등에 통상의 예에 따라 헌금(물품의 제공을 포함한다)하는 행위

사. 선거운동을 위하여 후보자와 함께 다니는 자나 국회의원 · 후보자 · 예비후보자가 관할 구역 안의 지역을 방문하는 때에 함께 다니는 자에게 통상적인 범위에서 식사류의 음식물을 제공하는 행위. 이 경우 함께 다니는 자의 범위에 관하여는 중앙선거관리위원회규칙으로 정한다.

아. 기관 · 단체 · 시설의 대표자가 소속 상근직원(「지방자치법」 제6장제3절과 제4절에서 규정하고 있는 소속 행정기관 및 하부행정기관과 그 밖에 명칭여하를 불문하고 이에 준하는 기관 · 단체 · 시설의 직원은 제외한다. 이하 이 목에서 같다)이나 소속 또는 차하급기관 · 단체 · 시설의 대표자 · 그 배우자 또는 그 직계존비속이 결혼하거나 사망한 때에 통상적인 범위에서 축의 · 부의금품(화환 또는 화분을 포함한다)을 제공하는 행위와 소속 상근직원이나 소속 또는 차하급기관 · 단체 · 시설의 대표자에게 연말 · 설 · 추석 · 창립기념일 또는 그의 생일에 자체사업계획과 예산에 따라 의례적인 선물을 해당 기관 · 단체 · 시설의 명의로 제공하는 행위

자. 읍 · 면 · 동 이상의 행정구역단위의 정기적인 문화 · 예술 · 체육행사, 각급학교의 졸업식 또는 공공의 이익을 위한 행사에 의례적인 범위에서 상장(부상은 제외한다. 이하

이 목에서 같다)을 수여하는 행위와 구·시·군단위 이상의 조직 또는 단체(향우회·종 친회·동창회, 동호인회, 계모임 등 개인간의 사적모임은 제외한다)의 정기총회에 의례적인 범위에서 연 1회에 한하여 상장을 수여하는 행위. 다만, 제60조의 2(예비후보 자등록)제1항의 규정에 따른 예비후보자등록신청개시일부터 선거일까지 후보자(후보 자가 되고자 하는 자를 포함한다)가 직접 수여하는 행위를 제외한다.

차. 의정활동보고회, 정책토론회, 출판기념회, 그 밖의 각종 행사에 참석한 사람에게 통상 적인 범위에서 차·커피 등 음료(주류는 제외한다)를 제공하는 행위

카. 선거사무소·선거연락소 또는 정당선거사무소의 개소식·간판게시식 또는 현판식에 참석한 정당의 간부·당원들이나 선거사무관계자들에게 해당 사무소 안에서 통상적인 범위의 다과류의 음식물(주류를 제외한다)을 제공하는 행위

타. 제114조제2항에 따른 후보자 또는 그 가족과 관계있는 회사등이 개최하는 정기적인 창립기념식·사원체육대회 또는 사옥준공식 등에 참석한 소속 임직원이나 그 가족, 거래선, 한정된 범위의 내빈 등에게 회사등의 경비로 통상적인 범위에서 유공자를 표창(지방자치단체의 경우 소속 직원이 아닌 자에 대한 부상의 수여는 제외한다)하거나 식사류의 음식물 또는 싼 값의 기념품을 제공하는 행위

파. 제113조 및 제114조에 따른 기부행위를 할 수 없는 자의 관혼상제에 참석한 하객이나 조객 등에게 통상적인 범위에서 음식물 또는 답례품을 제공하는 행위

3. 구호적·자선적 행위

가. 법령에 의하여 설치된 사회보호시설중 수용보호시설에 의연금품을 제공하는 행위

나. 「재해구호법」의 규정에 의한 구호기관(전국재해구호협회를 포함한다) 및 「대한적십 자사 조직법」에 의한 대한적십자사에 천재·지변으로 인한 재해의 구호를 위하여 금품 을 제공하는 행위

다. 「장애인복지법」 제58조에 따른 장애인복지시설(유료복지시설을 제외한다)에 의연금 품·구호금품을 제공하는 행위

라. 「국민기초생활 보장법」에 의한 수급권자인 중증장애인에게 자선·구호금품을 제공하 는 행위

마. 자선사업을 주관·시행하는 국가·지방자치단체·언론기관·사회단체 또는 종교단 체 그 밖에 국가기관이나 지방자치단체의 허가를 받아 설립된 법인 또는 단체에 의연금 품·구호금품을 제공하는 행위. 다만, 광범위한 선거구민을 대상으로 하는 경우 제공하 는 개별 물품 또는 그 포장지에 직명·성명 또는 그 소속 정당의 명칭을 표시하여 제공하 는 행위는 제외한다.

바. 자선·구호사업을 주관·시행하는 국가·지방자치단체, 그 밖의 공공기관·법인을

통하여 소년·소녀가장과 후원인으로 결연을 맺고 정기적으로 제공하여 온 자선·구호금품을 제공하는 행위

사. 국가기관·지방자치단체 또는 구호·자선단체가 개최하는 소년·소녀가장, 장애인, 국가유공자, 무의탁노인, 결식자, 이재민, 「국민기초생활 보장법」에 따른 수급자 등을 돕기 위한 후원회 등의 행사에 금품을 제공하는 행위. 다만, 개별 물품 또는 그 포장지에 직명·성명 또는 그 소속 정당의 명칭을 표시하여 제공하는 행위는 제외한다.

아. 근로청소년을 대상으로 무료학교(야학을 포함한다)를 운영하거나 그 학교에서 학생들을 가르치는 행위

4. 직무상의 행위

가. 국가기관 또는 지방자치단체가 자체사업계획과 예산으로 행하는 법령에 의한 금품제공행위(지방자치단체가 표창·포상을 하는 경우 부상의 수여를 제외한다. 이하 나목에서 같다)

나. 지방자치단체가 자체사업계획과 예산으로 대상·방법·범위 등을 구체적으로 정한 당해 지방자치단체의 조례에 의한 금품제공행위

다. 구호사업 또는 자선사업을 행하는 국가기관 또는 지방자치단체가 자체사업계획과 예산으로 당해 국가기관 또는 지방자치단체의 명의를 나타내어 행하는 구호행위·자선행위

라. 선거일 전 60일까지 국가·지방자치단체 또는 공공기관(「공공기관의 운영에 관한 법률」 제4조에 따라 지정된 기관이나 그 밖에 중앙선거관리위원회규칙으로 정하는 기관을 말한다)의 장이 업무파악을 위한 초도순시 또는 연두순시차 하급기관을 방문하여 업무보고를 받거나 주민여론 등을 청취하면서 자체사업계획과 예산에 따라 참석한 소속공무원이나 임·직원, 유관기관·단체의 장과 의례적인 범위 안의 주민대표에게 통상적인 범위 안에서 식사류(지방자치단체의 장의 경우에는 다과류를 말한다)의 음식물을 제공하는 행위

마. 국가기관 또는 지방자치단체가 긴급한 현안을 해결하기 위하여 자체사업계획과 예산으로 해당 국가기관 또는 지방자치단체의 명의로 금품이나 그 밖에 재산상의 이익을 제공하는 행위

바. 선거기간이 아닌 때에 국가기관이 효자·효부·모범시민·유공자등에게 포상을 하거나, 국가기관·지방자치단체가 관할구역 안의 환경미화원·구두미화원·가두신문판매원·우편집배원 등에게 위문품을 제공하는 행위

사. 국회의원 및 지방의회의원이 자신의 직무 또는 업무를 수행하는 상설사무소 또는 상설사무소를 두지 아니하는 구·시·군의 경우 임시사무소 등 중앙선거관리위원회규칙으로

정하는 장소에서 행하거나, 정당이 해당 당사에서 행하는 무료의 민원상담행위

아. 변호사 · 의사 등 법률에서 정하는 일정한 자격을 가진 전문직업인이 업무활동을 촉진하기 위하여 자신이 개설한 인터넷 홈페이지를 통하여 법률 · 의료 등 자신의 전문분야에 대한 무료상담을 하는 행위

자. 제114조제2항에 따른 후보자 또는 그 가족과 관계있는 회사가 영업활동을 위하여 달력 · 수첩 · 탁상일기 · 메모판 등 홍보물(후보자의 성명이나 직명 또는 사진이 표시된 것은 제외한다)을 그 명의로 종업원이나 제한된 범위의 거래처, 영업활동에 필요한 유관기관 · 단체 · 시설에 배부하거나 영업활동에 부가하여 해당 기업의 영업 범위에서 무료강좌를 실시하는 행위

차. 물품구매 · 공사 · 역무의 제공 등에 대한 대가의 제공 또는 부담금의 납부 등 채무를 이행하는 행위

5. 제1호부터 제4호까지의 행위 외에 법령의 규정에 근거하여 금품 등을 찬조 · 출연 또는 제공하는 행위

6. 그 밖에 위 각 호의 어느 하나에 준하는 행위로서 중앙선거관리위원회규칙으로 정하는 행위

제60조의2(예비후보자등록) ① 예비후보자가 되려는 사람(비례대표국회의원선거 및 비례대표지방의회의원선거는 제외한다)은 다음 각 호에서 정하는 날(그 날 후에 실시사유가 확정된 보궐선거 등에 있어서는 그 선거의 실시사유가 확정된 때)부터 관할선거구 선거관리위원회에 예비후보자등록을 서면으로 신청하여야 한다. 〈개정 2005.8.4., 2010.1.25.〉

1. 대통령선거
   선거일 전 240일

2. 지역구국회의원선거 및 시 · 도지사선거
   선거일 전 120일

3. 지역구시 · 도의회의원선거, 자치구 · 시의 지역구의회의원 및 장의 선거
   선거기간개시일 전 90일

4. 군의 지역구의회의원 및 장의 선거
   선거기간개시일 전 60일

---

22) 제57조의5제1항단서에 따른 의례적인 행위 : 「공직선거관리규칙」 제25조의3(당원 등 매수금지의 예외) 제1항 각 호의 행위를 말한다.
23) 친족(親族) : 8촌 이내의 혈족, 4촌 이내의 인척 및 배우자

제121조 선거비용제한액의 산정

제121조(선거비용제한액의 산정) ① 선거비용제한액은 선거별로 다음 각 호에 의하여 산정되는 금액으로 한다. 이 경우 100만원 미만의 단수는 100만원으로 한다. 〈개정 2005.8.4., 2008.2.29., 2015.8.13.〉

1. 대통령선거

   인구수×950원

2. 지역구국회의원선거

   1억원+(인구수×200원)+(읍·면·동수×200만원)

3. 비례대표국회의원선거

   인구수× 90원

4. 지역구시·도의원선거

   4천만원+(인구수×100원)

5. 비례대표시·도의원선거

   4천만원+(인구수×50원)

6. 시·도지사선거

   가. 특별시장·광역시장·특별자치시장선거

      4억원(인구수 200만 미만인 때에는 2억원)+(인구수×300원)

   나. 도지사선거

      8억원(인구수 100만 미만인 때에는 3억원)+(인구수×250원)

7. 지역구자치구·시·군의원선거

   3천500만원+(인구수×100원)

8. 비례대표자치구·시·군의원선거

   3천5백만원+(인구수×50원)

9. 자치구·시·군의 장선거

   9천만원+(인구수×200원)+(읍·면·동수×100만원)

② 제1항의 규정에 의한 선거비용제한액을 산정하는 때에는 당해 선거의 직전 임기만료에 의한 선거의 선거일이 속하는 달의 말일부터 제122조(선거비용제한액의 공고)의 규정에 의한 공고일이 속하는 달의 전전달 말일까지의 전국소비자물가변동률(「통계법」 제3조의 규정에 의하여 통계청장이 매년 고시하는 전국소비자물가변동률을 말한다)을 감안하여 정한 비율(이하 "제한액산정비율"이라 한다)을 적용하여 증감할 수 있다. 이 경우 그 제한액산정비율은 관할선거구 선거관리위원회가 해당 선거 때마다 정한다.

〈개정 2005.8.4.〉

③ 선거비용제한액 산정을 위한 인구수의 기준일, 제한액산정비율의 결정 기타 필요한 사항은 중앙선거관리위원회규칙으로 정한다.

[본조신설 2004.3.12.]

제122조 선거비용제한액의 공고

제122조(선거비용제한액의 공고) 선거구선거관리위원회는 선거별로 제121조(선거비용제한액의 산정)의 규정에 의하여 산정한 선거비용제한액을 중앙선거관리위원회규칙이 정하는 바에 따라 공고하여야 한다.

[전문개정 2004.3.12.]

정당·후보자·선거사무장·선거연락소장·회계책임자 또는 회계사무보조자가 제122조 (선거비용제한액의 공고)의 규정에 의하여 공고한 선거비용제한액의 200분의 1 이상을 초과하여 선거비용을 지출한 때에는 5년 이하의 징역 또는 2천만원 이하의 벌금에 처한다 (제258조제1항제2호).

제122조의2 선거비용의 보전 등

제122조의2(선거비용의 보전 등) ① 선거구선거관리위원회는 다음 각 호의 규정에 따라 후보자(대통령선거의 정당추천후보자와 비례대표국회의원선거 및 비례대표지방의회의원선거에 있어서는 후보자를 추천한 정당을 말한다. 이하 이 조에서 같다)가 이 법의 규정에 의한 선거운동을 위하여 지출한 선거비용[「정치자금법」 제40조(회계보고)의 규정에 따라 제출한 회계보고서에 보고된 선거비용으로서 정당하게 지출한 것으로 인정되는 선거비용을 말한다]을 제122조(선거비용제한액의 공고)의 규정에 의하여 공고한 비용의 범위 안에서 대통령선거 및 국회의원선거에 있어서는 국가의 부담으로, 지방자치단체의 의회의원 및 장의 선거에 있어서는 당해 지방자치단체의 부담으로 선거일 후 보전한다.

〈개정 2004.3.12., 2005.8.4.〉

1. 대통령선거, 지역구국회의원선거, 지역구지방의회의원선거 및 지방자치단체의 장선거

가. 후보자가 당선되거나 사망한 경우 또는 후보자의 득표수가 유효투표총수의 100분의

15 이상인 경우

후보자가 지출한 선거비용의 전액

나. 후보자의 득표수가 유효투표총수의 100분의 10 이상 100분의 15 미만인 경우

후보자가 지출한 선거비용의 100분의 50에 해당하는 금액

2. 비례대표국회의원선거 및 비례대표지방의회의원선거

후보자명부에 올라 있는 후보자중 당선인이 있는 경우에 당해 정당이 지출한 선거비용의 전액

② 제1항에 따른 선거비용의 보전에 있어서 다음 각 호의 어느 하나에 해당하는 비용은 이를 보전하지 아니한다. 〈신설 2005.8.4., 2010.1.25., 2011.7.28.〉

1. 예비후보자의 선거비용

2. 「정치자금법」제40조(회계보고)의 규정에 따라 제출한 회계보고서에 보고되지 아니하거나 허위로 보고된 비용

3. 이 법에 위반되는 선거운동을 위하여 또는 기부행위제한규정을 위반하여 지출된 비용

4. 제64조 또는 제65조에 따라 선거벽보와 선거공보를 관할 구·시·군선거관리위원회에 제출한 후 그 내용을 정정하거나 삭제하는데 소요되는 비용

5. 이 법에 따라 제공하는 경우 외에 선거운동과 관련하여 지출된 수당·실비 그 밖의 비용

6. 정당한 사유 없이 지출을 증빙하는 적법한 영수증 그 밖의 증빙서류가 첨부되지 아니한 비용

7. 후보자가 자신의 차량·장비·물품 등을 사용하거나 후보자의 가족·소속정당 또는 제3자의 차량·장비·물품 등을 무상으로 제공 또는 대여받는 등 정당 또는 후보자가 실제로 지출하지 아니한 비용

8. 청구금액이 중앙선거관리위원회규칙으로 정하는 기준에 따라 산정한 통상적인 거래가격 또는 임차가격과 비교하여 정당한 사유 없이 현저하게 비싸다고 인정되는 경우 그 초과하는 가액의 비용

9. 선거운동에 사용하지 아니한 차량·장비·물품 등의 임차·구입·제작비용

10. 휴대전화 통화료와 정보이용요금. 다만, 후보자와 그 배우자, 선거사무장, 선거연락소장 및 회계책임자가 선거운동기간중 선거운동을 위하여 사용한 휴대전화 통화료 중 후보자가 부담하는 통화료는 보전한다.

11. 그 밖에 위 각 호의 어느 하나에 준하는 비용으로서 중앙선거관리위원회규칙으로 정하는 비용

③ 다음 각 호의 어느 하나에 해당하는 비용은 국가 또는 지방자치단체가 후보자를 위하여 부담한다. 이 경우 제3호의2 및 제5호의 비용은 국가가 부담한다.

〈개정 2004.3.12., 2005.8.4., 2007.1.3., 2008.2.29., 2010.1.25., 2014.1.17., 2015.8.13.〉

1. 제64조에 따른 선거벽보의 첩부 및 철거의 비용

2. 제65조에 따른 점자형 선거공보의 작성비용과 책자형 선거공보(점자형 선거공보 및 같은
   조제9항의 후보자정보공개자료를 포함한다) 및 전단형 선거공보의 발송비용과 우편요금

3. 제66조(선거공약서)제8항의 규정에 따른 점자형 선거공약서의 작성비용

3의2. 활동보조인(예비후보자로서 선임하였던 활동보조인을 포함한다)의 수당과 실비

4. 제82조의2(선거방송토론위원회 주관 대담·토론회)의 규정에 의한 대담·토론회(합동방
   송연설회를 포함한다)의 개최비용

5. 제82조의3(선거방송토론위원회 주관 정책토론회)의 규정에 의한 정책토론회의 개최비용

6. 제161조(投票參觀)의 규정에 의한 투표참관인 및 제162조에 따른 사전투표참관인의 수당과
   식비

7. 제181조(開票參觀)의 규정에 의한 개표참관인의 수당과 식비

④ 제1항 내지 제3항의 규정에 따른 비용의 산정 및 보전청구 그 밖에 필요한 사항은 중앙선거관리
위원회규칙으로 정한다. 〈개정 2005.8.4.〉

[본조신설 2000.2.16.]

[제목개정 2011.7.28.]

「공직선거관리규칙」

제51조의2(선거비용 보전 및 부담비용 산정의 기준) ③ 법 제122조의2제2항제11호에서 "그 밖에
위 각 호의 어느 하나에 준하는 비용"이라 함은 다음 각 호의 어느 하나에 해당하는 비용을 말한다.
〈신설 2006.3.2., 2010.1.25., 2012.3.2., 2017.2.24.〉

1. 법 제59조제3호에 따른 인터넷 홈페이지 또는 그 게시판·대화방 등에 글이나 동영상
   등을 게시하는 방법의 선거운동에 소요된 비용과 선거운동기간이 아닌 때에 법 제59조제2
   호·제3호에 따른 문자메시지·전자우편 전송에 의한 선거운동에 소요된 비용

2. 법 제112조제2항제1호마목에 따른 선거사무소 또는 선거연락소를 방문하는 자에게 통상적
   인 범위에서 다과류의 음식물을 제공하는 데 소요되는 비용

2의2. 법 제120조제10호단서에 따라 4회를 초과하여 실시한 선거에 관한 여론조사비용

3. 「정치자금법」 제36조제2항을 위반하여 예금계좌를 통하지 아니하고 지출한 비용

4. 그 밖에 위 각 호의 어느 하나에 준하는 비용으로서 중앙위원회가 정하는 비용

제135조(선거사무관계자에 대한 수당과 실비보상) ① 선거사무장·선거연락소장·선거사무원·활동보조인 및 회계책임자(이하 이 조에서 "선거사무장등"이라 한다)에 대하여는 수당과 실비를 지급할 수 있다. 다만, 정당의 유급사무직원, 국회의원과 그 보좌관·비서관·비서 또는 지방의회의원이 선거사무장등을 겸한 때에는 실비만을 보상할 수 있으며, 후보자등록신청개시일부터 선거기간개시일 전일까지는 후보자로서 신고한 선거사무장등에게 수당과 실비를 지급할 수 없다. 〈개정 2000.2.16., 2010.1.25., 2011.7.28.〉

② 제1항의 수당과 실비의 종류와 금액은 중앙선거관리위원회가 정한다.

③ 이 법의 규정에 의하여 수당·실비 기타 이익을 제공하는 경우를 제외하고는 수당·실비 기타 자원봉사에 대한 보상 등 명목여하를 불문하고 누구든지 선거운동과 관련하여 금품 기타 이익의 제공 또는 그 제공의 의사를 표시하거나 그 제공의 약속·지시·권유·알선·요구 또는 수령할 수 없다. 〈개정 1996.2.6., 1997.1.13., 1997.11.14., 2000.2.16.〉

④ 삭제 〈2005.8.4.〉

⑤ 삭제 〈2000.2.16.〉

[제목개정 2011.7.28.]

「공직선거관리규칙」

제59조(선거사무관계자에 대한 수당과 실비보상) ① 법 제135조제2항에 따른 선거사무장·선거연락소장 및 선거사무원·활동보조인(이하 이 조에서 "선거사무장등"이라 한다)의 수당과 실비의 종류와 금액은 다음 각 호와 같이 하되, 회계책임자의 수당과 실비는 해당 회계책임자가 소속된 선거사무소 또는 선거연락소의 선거사무장 또는 선거연락소장의 수당·실비와 같은 금액으로 하고, 같은 사람이 회계책임자·선거사무장·선거연락소장 또는 선거사무원·활동보조인을 함께 맡은 때에는 다음 각 호의 금액 중 많은 금액으로 한다.

〈개정 1995.4.14., 1998.4.30., 2000.2.16., 2002.3.21., 2004.3.12., 2005.8.4., 2008.2.29., 2010.1.25.〉

   1. 대통령선거 및 비례대표국회의원선거의 선거사무장은 7만원 이내의 수당과 「공무원여비규정」 별표 2의 제1호에 해당하는 실비(숙박료를 제외한다. 이하 이 조에서 같다)

   2. 비례대표시·도의원선거와 시·도지사선거의 선거사무장, 대통령선거의 시·도선거연락소장은 7만원 이내의 수당과 「공무원여비규정」 별표 2의 제1호에 해당하는 실비

   3. 지역구국회의원선거 및 자치구·시·군의 장선거의 선거사무장, 대통령선거 및 시·도지

사선거의 구 · 시 · 군선거연락소장은 5만원 이내의 수당과 「공무원여비규정」 별표 2의 제2호에 해당하는 실비

4. 지역구시 · 도의원선거 및 자치구 · 시 · 군의원선거의 선거사무장, 지역구국회의원선거 및 자치구 · 시 · 군의 장선거의 선거연락소장은 5만원 이내의 수당과 「공무원여비규정」 별표 2의 제2호에 해당하는 실비

5. 선거사무원 · 활동보조인은 3만원 이내의 수당과 「공무원여비규정」 별표 2의 제2호에 해당하는 실비

② 회계책임자는 선거사무장등에게 식사 또는 교통편의를 제공한 때에는 지급될 실비의 금액에서 그 금액을 공제하고 지급하여야 한다.

③ 법 제135조제1항의 규정에 따른 수당과 실비의 지급에 있어서 같은 정당의 추천을 받은 2인 이상의 후보자가 선거사무장등을 공동으로 선임한 경우에는 해당 후보자간의 약정에 따라 1후보자의 선거사무장등에 대한 수당과 실비금액만을 지급하여야 한다. 〈개정 2005.8.4.〉

「공직선거관리규칙」 제59조제1항 각 호에서 말하는 「공무원여비규정」 별표 2는 다음과 같다.

[별표 2] 〈개정 2015.1.6.〉

국내 여비 지급표(제10조부터 제13조까지 및 제16조제1항 관련)

(단위: 원)

구분	철도 운임	선박 운임	항공 운임	자동 차 운임	일비 (1일당)	숙박비 (1박당)	식비 (1일당)
제1호	실비 (특실)	실비 (1등 급)	실비	실비	20,000	실비	25,000
제2호	실비 (일반 실)	실비 (2등 급)	실비	실비	20,000	실비 (상한액: 서울특별시 70,000, 광역시 60,000, 그 밖의 지역은 50,000)	20,000

비고

1. 위 표의 제1호란에도 불구하고 별표 1의 제1호가목 중 대통령과 국무총리의 일비와 식비는 실비로 한다.

1의2. 공적 항공마일리지를 사용하여 항공운임을 절약한 공무원에 대해서는 일비의 50퍼센트를 추가로 지급하되, 추가로 지급되는 일비 총액은 공적 항공마일리지 사용으로 절약된 항공운임의 범위에서 인사혁신처장이 정하는 바에 따른다.

2. 항공운임이 2개 이상의 등급으로 구분되어 있는 경우에는 별표 3 비고에 따라 기획재정부장관이 인사혁신처장과 협의하여 정하는 기준에 따른다.

3. 버스운임은 국토교통부장관 또는 특별시장 · 광역시장 · 특별자치시장 · 도지사 · 특별자치도 지사가 정하는 기준 및 요율의 범위에서 정해진 버스요금을 기준으로 한다.

4. 자가용 승용차를 이용하여 공무로 여행하는 경우의 운임은 표의 제1호란 및 제2호란에 따른 철도운임 또는 버스운임으로 한다. 다만, 공무의 형편상 부득이한 사유로 자가용 승용차를 이용한 경우에는 연료비 및 통행료 등을 지급할 수 있고 구체적인 지급 기준은 인사혁신처장이 기획재정부장관과 협의하여 정한다.

5. 운임 및 숙박비의 할인이 가능한 경우에는 할인된 요금을 지급한다.

　법 제135조(選擧事務關係者에 대한 手當과 實費補償)제3항의 규정에 위반하여 수당 · 실비 기타 자원봉사에 대한 보상 등 명목여하를 불문하고 선거운동과 관련하여 금품 기타 이익의 제공 또는 그 제공의 의사를 표시하거나 그 제공을 약속한 자는 5년 이하의 징역 또는 3천만원 이하의 벌금에 처한다(제230조제1항제4호).

제135조의2 선거비용보전의 제한

제135조의2(선거비용보전의 제한) ① 선거구선거관리위원회는 이 법의 규정에 의하여 선거비용을 보전함에 있어서 선거사무소의 회계책임자가 정당한 사유 없이 「정치자금법」 제40조(회계보고) 의 규정에 따른 회계보고서를 그 제출마감일까지 제출하지 아니한 때에는 그 비용을 보전하지 아니한다. 〈개정 2005.8.4.〉

② 선거구선거관리위원회는 후보자 · 예비후보자 · 선거사무장 또는 선거사무소의 회계책임자 가 당해 선거와 관련하여 이 법 또는 「정치자금법」 제49조(선거비용 관련 위반행위에 관한 벌칙)에 규정된 죄를 범함으로 인하여 유죄의 판결이 확정되거나 선거비용제한액을 초과하여 지출한 경우에는 이 법의 규정에 의하여 보전할 비용 중 그 위법행위에 소요된 비용 또는 선거비용제한액 을 초과하여 지출한 비용의 2배에 해당하는 금액은 이를 보전하지 아니한다. 〈개정 2004.3.12., 2005.8.4.〉

③ 선거구선거관리위원회는 제2항에도 불구하고 정당, 후보자(예비후보자를 포함한다) 및 그 가족, 선거사무장, 선거연락소장, 선거사무원, 회계책임자 또는 연설원으로부터 기부를 받은 자가 제261조제9항에 따른 과태료를 부과받은 경우 이 법에 따라 보전할 비용 중 그 기부행위에 사용된 비용의 5배에 해당하는 금액을 보전하지 아니한다.

〈신설 2008.2.29., 2010.1.25., 2014.2.13.〉

④ 제2항에 규정된 자가 당해 선거와 관련하여 이 법 또는 「정치자금법」 제49조에 규정된 죄를 범함으로 인하여 기소되거나 선거관리위원회에 의하여 고발된 때에는 판결이 확정될 때까지 그 위법행위에 소요된 비용의 2배에 해당하는 금액의 보전을 유예한다.

〈개정 2005.8.4., 2008.2.29.〉

⑤ 선거구선거관리위원회는 정당 또는 후보자에게 선거비용을 보전한 후에 제1항부터 제3항까지의 규정에 따라 보전하지 아니할 사유가 발견된 때에는 당해 정당 또는 후보자에게 그 사실을 통지하고, 보전비용액중 제1항부터 제3항까지의 규정에 해당하는 금액의 반환을 명하여야 한다. 이 경우 정당 또는 후보자는 그 반환명령을 받은 날부터 30일 이내에 당해 선거구선거관리위원회에 이를 반환하여야 한다. 〈개정 2008.2.29.〉

⑥ 선거구선거관리위원회는 정당 또는 후보자가 제5항후단의 기한 안에 해당금액을 반환하지 아니한 때에는 대통령선거와 국회의원선거에 있어서는 관할세무서장에게 징수를 위탁하고, 관할세무서장이 국세체납처분의 예에 따라 이를 징수하여 국가에 납입하여야 하며, 지방자치단체의 의회의원 및 장의 선거에 있어서는 당해 지방자치단체의 장에게 징수를 위탁하고, 지방자치단체의 장이 지방세체납처분의 예에 따라 이를 징수하여 지방자치단체에 납입하여야 한다.

〈개정 2008.2.29.〉

⑦ 보전하지 아니할 비용의 산정 기타 필요한 사항은 중앙선거관리위원회규칙으로 정한다.

〈개정 2008.2.29.〉

[본조신설 2000.2.16.]

제261조(과태료의 부과·징수 등) ⑨ 다음 각 호의 어느 하나에 해당하는 자(그 제공받은 금액 또는 음식물·물품 등의 가액이 100만원을 초과하는 자는 제외한다)는 그 제공받은 금액 또는 음식물·물품 등의 가액의 10배 이상 50배 이하에 상당하는 금액(주례의 경우에는 200만원)의 과태료를 부과하되, 그 상한은 3천만원으로 한다. 다만, 제1호 또는 제2호에 해당하는 자가 그 제공받은 금액 또는 음식물·물품(제공받은 것을 반환할 수 없는 경우에는 그 가액에 상당하는 금액을 말한다) 등을 선거관리위원회에 반환하고 자수한 경우에는 중앙선거관리위원회규칙으로 정하는 바에 따라 그 과태료를 감경 또는 면제할 수 있다.

〈신설 2004.3.12., 2008.2.29., 2010.1.25., 2012.1.17., 2012.2.29., 2014.2.13., 2014.5.14.〉

1. 제116조를 위반하여 금전 · 물품 · 음식물 · 서적 · 관광 기타 교통편의를 제공받은 자

2. 제230조제1항제7호에 규정된 자로서 같은 항제5호의 자로부터 금품, 그 밖의 이익을 제공받은 자

3. 삭제 〈2008.2.29.〉

4. 삭제 〈2008.2.29.〉

5. 삭제 〈2008.2.29.〉

6. 제116조를 위반하여 제113조에 규정된 자로부터 주례행위를 제공받은 자

「정치자금법」

제49조(선거비용관련 위반행위에 관한 벌칙) ① 회계책임자가 정당한 사유 없이 선거비용에 대하여 제40조(회계보고)제1항 · 제2항의 규정에 의한 회계보고를 하지 아니하거나 허위기재 · 위조 · 변조 또는 누락(선거비용의 수입 · 지출을 은닉하기 위하여 누락한 경우를 말한다)한 자는 5년 이하의 징역 또는 2천만원 이하의 벌금에 처한다.

② 선거비용과 관련하여 다음 각 호의 어느 하나에 해당하는 자는 2년 이하의 징역 또는 400만원 이하의 벌금에 처한다. 〈개정 2012.2.29.〉

1. 제2조(기본원칙)제4항의 규정을 위반한 자

2. 제34조(회계책임자의 선임신고 등)제1항 · 제4항제1호 또는 제35조(회계책임자의 변경신고 등)제1항의 규정을 위반하여 회계책임자 · 예금계좌를 신고하지 아니한 자

3. 제36조(회계책임자에 의한 수입 · 지출)제1항 · 제3항 · 제5항의 규정을 위반한 자, 동 조제2항의 규정을 위반하여 신고된 예금계좌를 통하지 아니하고 수입 · 지출한 자와 동 조제4항의 규정을 위반하여 예금계좌에 입금하지 아니하는 방법으로 지급한 자

4. 제36조제6항의 규정을 위반하여 선거비용의 지출에 관한 내역을 통지하지 아니한 자

5. 제37조(회계장부의 비치 및 기재)제1항의 규정을 위반하여 회계장부를 비치 · 기재하지 아니하거나 허위기재 · 위조 · 변조한 자

6. 제39조(영수증 그 밖의 증빙서류)본문의 규정에 의한 영수증 그 밖의 증빙서류를 허위기재 · 위조 · 변조한 자

7. 제40조제4항제3호의 규정을 위반하여 예금통장 사본을 제출하지 아니한 자

8. 제43조제2항을 위반하여 선거관리위원회의 보고 또는 자료의 제출요구에 정당한 사유 없이 응하지 아니하거나 보고 또는 자료의 제출을 허위로 한 자

9. 제44조(회계장부 등의 인계 · 보존)제1항의 규정을 위반한 자

③ 선거비용과 관련하여 다음 각 호의 어느 하나에 해당하는 자는 200만원 이하의 과태료에 처한다.

1. 제34조제1항·제3항 또는 제35조제1항의 규정을 위반하여 회계책임자의 선임·변경·겸임신고를 해태한 자
2. 제34조제4항제2호의 규정에 의한 약정서를 제출하지 아니한 자
3. 제35조제2항의 규정을 위반하여 인계·인수서를 작성하지 아니한 자
4. 제40조제5항의 규정을 위반한 자

제9장 선거와 관련 있는 정당활동의 규제

제137조 정강·정책의 신문광고 등의 제한

제137조(정강·정책의 신문광고등의 제한) ① 선거가 임박한 시기에 있어서 정당이 행하는 「신문 등의 진흥에 관한 법률」 제2조제1호에 따른 신문과 「잡지 등 정기간행물의 진흥에 관한 법률」 제2조제1호에 따른 정기간행물(이하 이 條에서 "日刊新聞 등"이라 한다)에 의한 정강·정책의 홍보, 당원·후보지망자의 모집, 당비모금, 정치자금모금(大統領選擧에 한한다) 또는 선거에 있어 당해 정당이나 추천후보자가 사용할 구호·도안·정책 그 밖에 선거에 관한 의견수집을 위한 광고는 다음 각 호의 범위 안에서 하여야 하며, 그 선거기간중에는 이를 할 수 없다. 〈개정 1995.12.30., 1997.11.14., 2004.3.12., 2005.8.4., 2010.1.25.〉

　1. 임기만료에 의한 선거

　　정당의 중앙당이 행하되, 선거일 전 90일부터 선거기간개시일 전일까지 일간신문등에 총 70회 이내

　2. 대통령의 궐위로 인한 선거·재선거[제197조(選擧의 一部無效로 인한 再選擧)의 규정에 의한 재선거를 제외한다. 이하 이 항에서 같다] 및 연기된 선거

　　정당의 중앙당이 행하되, 그 선거의 실시사유가 확정된 때부터 선거기간개시일 전일까지 일간신문등에 총 20회 이내

　3. 제2호 외의 보궐선거·재선거 및 연기된 선거

　　정당의 중앙당이 행하되, 그 선거의 실시사유가 확정된 때부터 선거기간개시일 전일까지 일간신문등에 총 10회 이내

② 제1항의 규정에 의한 일간신문등의 광고 1회의 규격은 가로 37센티미터 세로 17센티미터 이내로 하여야 하며, 후보자가 되고자 하는 자의 사진·성명(姓名을 類推할 수 있는 내용을 포함한다) 기타 선거운동에 이르는 내용을 게재할 수 없다.

③ 제69조제1항후단(광고횟수를 말한다)·제2항·제5항·제8항 및 제9항은 제1항의 규정에 의한 일간신문등의 광고에 이를 준용한다. 이 경우 "후보자"는 "정당"으로 본다. 〈개정 1997.1.13., 1998.4.30., 2010.1.25.〉

법 제137조(政綱·政策의 新聞廣告 등의 제한)의 규정에 위반하여 일간신문등에 광고를 한 때에는 해당 정당에 대하여는 1천만원 이하의 벌금에 처하고, 해당 정당의 대표자·간부 또는 소속 당원으로서 위반행위를 하거나 하게 한 자는 2년 이하의 징역 또는 400만원 이하의 벌금에 처한다(제256조제4항제1호).

제137조의2 정강·정책의 방송연설의 제한

제137조의2(정강·정책의 방송연설의 제한) ① 정당이 방송시설[제70조(放送廣告)제1항의 규정에 의한 방송시설을 말한다. 이하 이 조에서 같다]을 이용하여 정강·정책을 알리기 위한 방송연설을 하는 때에는 다음 각 호의 범위 안에서 하여야 한다. 〈개정 2004.3.12.〉

    1. 임기만료에 의한 선거

      정당의 중앙당 대표자 또는 그가 선거운동을 할 수 있는 자 중에서 지명한 자가 행하되, 선거일 전 90일이 속하는 달의 초일부터 선거기간개시일 전일까지 1회 20분 이내에서 텔레비전 및 라디오방송별로 월 2회(선거기간개시일 전일이 해당 달의 10일 이내에 해당하는 경우에는 1회) 이내

    2. 대통령의 궐위로 인한 선거, 재선거[제197조(選擧의 一部無效로 인한 再選擧)의 규정에 의한 재선거를 제외한다] 및 연기된 선거

      정당의 중앙당 대표자 또는 그가 선거운동을 할 수 있는 자 중에서 지명한 자가 행하되, 그 선거의 실시사유가 확정된 때부터 선거기간개시일 전일까지 1회 10분 이내에서 텔레비전 및 라디오 방송별 각 5회 이내

② 제1항에 따라 텔레비전 방송시설을 이용한 방송연설을 하는 때에는 연설하는 모습, 정당명(해당 정당을 상징하는 마크나 심벌의 표시를 포함한다), 연설의 요지 및 통계자료 외의 다른 내용이 방영되게 하여서는 아니 되며, 방송연설을 녹화하여 방송하고자 하는 때에는 당해 방송시설을 이용하여야 한다. 〈개정 2010.1.25.〉

③ 제1항의 규정에 의한 방송연설을 함에 있어서는 선거운동에 이르는 내용의 연설을 하여서는 아니 된다.

④ 제1항의 규정에 의한 방송연설의 비용은 당해 정당이 부담하되, 국회에 교섭단체를 구성한 정당이 공영방송사를 이용하여 방송연설을 하는 때에는 각 공영방송사마다 텔레비전 및 라디오 방송별로 행하는 월 1회의 방송연설비용(제작비용을 제외한다)은 당해 공영방송사가 이를 부담하여야 한다. 〈개정 2004.3.12.〉

⑤ 제4항의 규정에 의하여 공영방송사가 비용을 부담하는 방송연설을 하고자 하는 경우 그 방송연

설의 일시 · 시간대 기타 필요한 사항은 당해 공영방송사와 당해 정당이 협의하여 정한다.

⑥ 제70조(放送廣告)제1항후단 · 제6항 및 제8항과 제71조제10항 및 제12항의 규정은 제1항의 규정에 의한 방송연설에 이를 준용한다.

⑦ 제6항의 규정에 의한 방송연설신고서의 서식 기타 필요한 사항은 중앙선거관리위원회규칙으로 정한다.

[본조신설 2000.2.16.]

법 제71조제12항을 준용하는 법 제137조의2(政綱 · 政策의 放送演說의 제한)제6항의 규정에 위반한 자는 2년 이하의 징역 또는 400만원 이하의 벌금에 처한다(제252조제4항).

법 제137조의2(政綱 · 정책의 放送演說의 제한)제1항 내지 제3항의 규정에 위반하여 정강 · 정책의 방송연설을 한 때에는 해당 정당에 대하여는 1천만원 이하의 벌금에 처하고, 해당 정당의 대표자 · 간부 또는 소속 당원으로서 위반행위를 하거나 하게 한 자는 2년 이하의 징역 또는 400만원 이하의 벌금에 처한다(제256조제4항제2호).

제138조 정강 · 정책홍보물의 배부제한 등

제138조(정강 · 정책홍보물의 배부제한 등) ① 정당이 선거기간중에 후보자를 추천한 선거구의 소속당원에게 배부할 수 있는 정강 · 정책홍보물은 정당의 중앙당이 제작한 책자형 정강 · 정책홍보물 1종으로 한다. 〈개정 1997.11.14.〉

② 제1항의 규정에 의한 정강 · 정책홍보물을 배부할 수 있는 수량은 후보자를 추천한 선거구의 소속당원에 상당하는 수를 넘지 못한다. 〈개정 1997.11.14.〉

③ 제1항의 규정에 의한 정강 · 정책홍보물을 제작 · 배부하는 때에는 그 표지에 "당원용"이라 표시하여야 한다.

④ 정당이 제1항의 정강 · 정책홍보물을 배부하고자 하는 때에는 배부 전까지 중앙선거관리위원회에 2부를 제출하여야 하되, 전자적 파일로 대신 제출할 수 있다. 〈개정 2010.1.25.〉

⑤ 제1항에 따른 정강 · 정책홍보물에는 해당 정당이 추천한 후보자의 기호 · 성명 · 사진 · 경력 등을 제외하고는 후보자와 관련된 사항을 게재할 수 없다. 〈개정 2010.1.25.〉

⑥ 제1항의 규정에 따른 정강 · 정책홍보물은 길이 27센티미터 너비 19센티미터 이내에서 대통령선거의 경우에는 16면 이내로, 지역구국회의원선거, 지역구지방의회의원선거 및 지방자치단체의 장선거의 경우에는 8면 이내로 작성한다. 〈개정 2005.8.4.〉

법 제138조(政綱·政策弘報物의 배부제한 등)의 규정(第4項을 제외한다)에 위반하여 정강·정책홍보물을 제작·배부한 때에는 해당 정당에 대하여는 1천만원 이하의 벌금에 처하고, 해당 정당의 대표자·간부 또는 소속 당원으로서 위반행위를 하거나 하게 한 자는 2년 이하의 징역 또는 400만원 이하의 벌금에 처한다(제256조제4항제3호).

법 제138조(政綱·政策弘報物의 배부·제한 등)제4항의 규정에 위반하여 정강·정책홍보물을 제출하지 아니한 자에게는 100만원 이하의 과태료를 부과한다(제261조제8항제4호가목).

제138조의2 정책공약집의 배부제한 등

제138조의2(정책공약집의 배부제한 등) ① 정당이 자당의 정책과 선거에 있어서 공약을 게재한 정책공약집(도서의 형태로 발간된 것을 말하며, 이하 "정책공약집"이라 한다)을 배부하고자 하는 때에는 통상적인 방법으로 판매하여야 한다. 다만, 방문판매의 방법으로 정책공약집을 판매할 수 없다.

② 정당은 제1항의 규정에 따른 통상적인 방법에 의한 판매 외에 해당 정당의 당사와 제79조에 따라 소속 정당추천후보자가 개최한 공개장소에서의 연설·대담장소에서 정책공약집을 판매할 수 있다. 이 경우 정당의 당사에서 판매할 때에는 공개된 장소에 별도의 판매대를 설치하는 등 정책공약집의 판매사실을 공개적으로 확인할 수 있는 방법으로 판매하여야 한다. 〈개정 2008.2.29., 2010.1.25.〉

③ 정당이 제1항 및 제2항의 규정에 따라 정책공약집을 판매하고자 하는 때에는 발간 즉시 「정당법」의 규정에 따라 해당 정당의 등록사무를 처리하는 관할선거관리위원회에 2권을 제출하여야 하되, 전자적 파일로 대신 제출할 수 있다. 〈개정 2010.1.25.〉

④ 정책공약집에는 후보자의 기호·성명·사진·학력·경력 등 후보자와 관련된 사항 및 다른 정당에 관한 사항을 게재할 수 없다.

⑤ 정책공약집의 작성근거 등의 표시, 제출 그 밖의 필요한 사항은 중앙선거관리위원회규칙으로 정한다.

[본조신설 2007.1.3.]

법 제138조의2(정책공약집의 배부제한 등)의 규정(제3항을 제외한다)을 위반하여 정책공약집을 발간·배부한 때에는 해당 정당에 대하여는 1천만원 이하의 벌금에 처하고, 해당 정당의 대표자·간부 또는 소속 당원으로서 위반행위를 하거나 하게 한 자는 2년 이하의 징역 또는 400만원 이하의 벌금에 처한다(제256조제4항제3의2호).

법 제138조의2(정책공약집의 배부제한 등)제3항의 규정을 위반하여 정책공약집을 제출하지 아니한 자에게는 100만원 이하의 과태료를 부과한다(제261조제8항제4호나목).

제139조 정당기관지의 발행·배부제한

제139조(정당기관지의 발행·배부제한) ① 정당의 중앙당은 선거기간중 기관지를 통상적인 방법 외의 방법으로 발행·배부할 수 없다. 다만, 선거기간중 통상적인 주기에 의한 발행 횟수가 2회 미만인 때에는 2회(增補·號外·臨時版을 포함하며, 배부되는 地域에 따라 게재내용 중 일부를 달리하더라도 동일한 것으로 본다) 이내로 한다. 이 경우 정당의 중앙 당 외의 당부가 발행하거나 공개장소에서의 연설·대담장소 또는 대담·토론회장에서의 배부, 거리에서의 판매·배부, 첩부, 게시, 살포는 통상적인 방법에 의한 배부로 보지 아니한다. 〈개정 2004.3.12.〉
② 제1항의 기관지에는 당해 정당이 추천한 후보자의 기호·성명·사진·학력·경력 등 외에 후보자의 홍보에 관한 사항을 게재할 수 없다. 〈신설 2000.2.16.〉
③ 제1항의 기관지를 발행·배부하고자 하는 때에는 발행 즉시 2부를 중앙선거관리위원회에 제출하여야 하되, 전자적 파일로 대신 제출할 수 있다. 〈개정 2010.1.25.〉

법 제139조(政黨機關紙의 발행·배부제한)의 규정(第3項을 제외한다)에 위반하여 정당기관지를 발행·배부한 때에는 해당 정당에 대하여는 1천만원 이하의 벌금에 처하고, 해당 정당의 대표자·간부 또는 소속 당원으로서 위반행위를 하거나 하게 한 자는 2년 이하의 징역 또는 400만원 이하의 벌금에 처한다(제256조제4항제4호).

법 제139조(政黨機關紙의 발행·배부제한)제3항의 규정에 위반하여 기관지를 제출하지 아니한 자에게는 100만원 이하의 과태료를 부과한다(제261조제8항제4호다목).

제140조 창당대회 등의 개최와 고지의 제한

> **제140조(창당대회 등의 개최와 고지의 제한)** ① 정당이 선거일 전 120일(선거일 전 120일 후에 실시사유가 확정된 보궐선거등에 있어서는 그 選擧의 실시사유가 확정된 때)부터 선거일까지 창당대회 · 합당대회 · 개편대회 및 후보자선출대회(이하 이 條에서 "創黨大會 등"이라 한다)를 개최하는 때에는 다수인이 왕래하는 공개된 장소가 아닌 장소에서 소속 당원(후보자선출대회의 경우에는 당해 정당의 공직선거후보자를 선출하기 위한 투표권이 있는 당원이 아닌 자를 포함한다)만을 대상으로 개최하여야 하되, 사회통념상 인정되는 범위 안에서 당원이 아닌 자를 초청할 수 있다. 〈개정 2004.3.12., 2005.8.4.〉
>
> ② 제1항의 창당대회등을 주관하는 정당은 「정당법」 제10조(창당집회의 공개)제2항의 신문공고를 하는 외에 창당대회등의 장소에 5매 이내의 표지를 게시할 수 있다. 이 경우 신문공고 · 표지에는 후보자(候補者가 되고자 하는 者를 포함한다. 이하 이 項에서 같다)의 사진 · 성명(姓名을 類推할 수 있는 내용을 포함한다) 또는 선전구호 등 후보자를 선전하는 내용을 게재할 수 없다. 〈개정 2004.3.12., 2005.8.4.〉
>
> ③ 제1항에서 "개편대회"라 함은 정당의 대표자의 변경 등 당헌 · 당규상의 조직개편에 관한 안건을 처리하기 위하여 개최하는 당원총회 또는 그 대의기관의 회의 등 집회를 말 하고, "후보자선출대회"라 함은 정당의 각급당부가 이 법에 의한 선거의 당해 정당추천 후보자를 선출하기 위하여 제57조의2(당내경선의 실시)의 규정에 의하여 개최하는 집회를 말한다. 〈신설 2000.2.16., 2005.8.4.〉
>
> ④ 제2항의 규정에 의한 표지는 당해 집회종료 후 지체 없이 주최자가 철거하여야 한다. 〈개정 2004.3.12.〉

법 제140조(創黨大會 등의 개최와 告知의 제한)제1항 및 제2항의 규정에 위반하여 창당 대회 등을 개최한 때에는 해당 정당에 대하여는 1천만원 이하의 벌금에 처하고, 해당 정당의 대표자 · 간부 또는 소속 당원으로서 위반행위를 하거나 하게 한 자는 2년 이하의 징역 또는 400만원 이하의 벌금에 처한다(제256조제4항제5호).

법 제140조(創黨大會등의 개최와 告知의 제한)제4항의 규정에 위반하여 창당대회등의 표지를 지체 없이 철거하지 아니한 자에게는 100만원 이하의 과태료를 부과한다(제261조 제8항제4호라목).

제141조 당원집회의 제한

제141조(당원집회의 제한) ① 정당(당원협의회를 포함한다)은 선거일 전 30일부터 선거일까지 소속당원의 단합·수련·연수·교육 그 밖에 명목여하를 불문하고 선거가 실시중인 선거구 안이나 선거구민인 당원을 대상으로 당원수련회 등(이하 이 條에서 "黨員集會"라 한다)을 개최할 수 없다. 다만, 당무에 관한 연락·지시 등을 위하여 일시적으로 이루어지는 당원간의 면접은 당원집회로 보지 아니한다. 〈개정 1995.12.30., 2000.2.16., 2004.3.12., 2010.1.25.〉

② 정당이 선거일 전 90일(선거일 전 90일 후에 실시사유가 확정된 보궐선거등에서는 그 선거의 실시사유가 확정된 때)부터 당원집회를 개최하는 때(중앙당이 그 연수시설에 서 개최하는 경우를 제외한다)에는 개최지역을 관할하는 구·시·군선거관리위원회에 신고한 후 당해 정당의 사무소, 주민회관, 공공기관·단체의 사무소 그 밖의 공공시설 또는 다수인이 왕래하는 장소가 아닌 공개된 장소에서 개최하여야 한다. 〈개정 2004.3.12., 2010.1.25.〉

③ 「정치자금법」 제27조(보조금의 배분)의 규정에 의하여 보조금의 배분대상이 되는 정당은 중앙선거관리위원회규칙이 정하는 바에 따라 국가 또는 지방자치단체[제53조(공무원등의 입후보)제1항제4호 또는 제6호에 규정된 기관을 포함한다]가 소유하거나 관리하는 주민회관·체육관 또는 문화원 기타 다수인이 모일 수 있는 시설이나 장소를 당원집회의 장소로써 무료로 사용할 수 있다. 이 경우 시설의 손괴 또는 전력의 사용 등 재산상의 손실을 끼친 때에는 당해 정당이 보상하여야 한다. 〈신설 2004.3.12., 2005.8.4.〉

④ 제2항의 당원집회 장소의 외부에는 이 법에 의한 당원집회임을 표시하는 표지를 첩 부 또는 게시하여야 하되, 그 개최자는 당해 집회종료 후에는 지체 없이 철거하여야 한다. 이 경우 그 표지에는 후보자가 되고자 하는 자의 사진·성명 또는 선전구호 기타 후보자가 되고자 하는 자를 선전하는 내용을 게재하여서는 아니된다. 〈개정 2004.3.12.〉

⑤ 제3항의 규정에 의한 사용신청을 받은 공공시설의 관리자는 정당한 사유가 있는 경우를 제외하고는 그 사용을 거부할 수 없다. 〈신설 2004.3.12.〉

⑥ 당원집회의 신고, 표지의 매수, 그 밖에 필요한 사항은 중앙선거관리위원회규칙으로 정한다. 〈개정 2004.3.12., 2010.1.25.〉

[제목개정 2000.2.16.]

「정치자금법」

제27조(보조금의 배분) ① 경상보조금과 선거보조금은 지급 당시 「국회법」 제33조(교섭단체)제1항 본문의 규정에 의하여 동일 정당의 소속의원으로 교섭단체를 구성한 정당에 대하여 그 100분의

50을 정당별로 균등하게 분할하여 배분·지급한다.

②보조금 지급 당시 제1항의 규정에 의한 배분·지급대상이 아닌 정당으로서 5석 이상의 의석을 가진 정당에 대하여는 100분의 5씩을, 의석이 없거나 5석 미만의 의석을 가진 정당 중 다음 각 호의 어느 하나에 해당하는 정당에 대하여는 보조금의 100분의 2씩을 배분·지급한다.

1. 최근에 실시된 임기만료에 의한 국회의원선거에 참여한 정당의 경우에는 국회의원선거의 득표수 비율이 100분의 2 이상인 정당

2. 최근에 실시된 임기만료에 의한 국회의원선거에 참여한 정당 중 제1호에 해당하지 아니하는 정당으로서 의석을 가진 정당의 경우에는 최근에 전국적으로 실시된 후보 추천이 허용되는 비례대표시·도의회의원선거, 지역구시·도의회의원선거, 시·도지사선거 또는 자치구·시·군의 장선거에서 당해 정당이 득표한 득표수 비율이 100분의 0.5 이상인 정당

3. 최근에 실시된 임기만료에 의한 국회의원선거에 참여하지 아니한 정당의 경우에는 최근에 전국적으로 실시된 후보추천이 허용되는 비례대표시·도의회의원선거, 지역구 시·도의 회의원선거, 시·도지사선거 또는 자치구·시·군의 장선거에서 당해 정당이 득표한 득표 수 비율이 100분의 2 이상인 정당

③제1항 및 제2항의 규정에 의한 배분·지급액을 제외한 잔여분 중 100분의 50은 지급 당시 국회의석을 가진 정당에 그 의석수의 비율에 따라 배분·지급하고, 그 잔여분은 국회의원선거의 득표수 비율에 따라 배분·지급한다.

④선거보조금은 당해 선거의 후보자등록마감일 현재 후보자를 추천하지 아니한 정당에 대하여는 이를 배분·지급하지 아니한다.

법 제141조(당원집회의 제한)제1항 및 제4항(철거하지 아니한 경우를 제외한다)의 규정에 위반하여 당원집회를 개최한 때에는 해당 정당에 대하여는 1천만원 이하의 벌금에 처하고, 해당 정당의 대표자·간부 또는 소속 당원으로서 위반행위를 하거나 하게 한 자는 2년 이하의 징역 또는 400만원 이하의 벌금에 처한다(제256조제4항제5호).

법 제141조(黨員集會의 제한)제2항에 규정된 장소가 아닌 장소에서 당원집회를 개최하거나 같은 조제4항의 규정에 위반하여 당원집회의 표지를 지체 없이 철거하지 아니한 자에게는 100만원 이하의 과태료를 부과한다(제261조제8항제4호마목).

제144조 정당의 당원모집 등의 제한

> **제144조(정당의 당원모집 등의 제한)** ① 정당은 선거기간중 당원을 모집하거나 입당원서를 배부할 수 없다. 다만, 시·도당의 창당 또는 개편을 위하여 창당대회·개편대회를 개최하는 경우에는 그 집회일까지는 그러하지 아니하다. 〈개정 2004.3.12.〉
>
> ② 삭제 〈2006.3.2.〉

법 제144조(政黨의 黨員募集 등의 제한)제1항의 규정에 위반하여 당원을 모집하거나 입당원서를 배부한 때에는 해당 정당에 대하여는 1천만원 이하의 벌금에 처하고, 해당 정당의 대표자·간부 또는 소속 당원으로서 위반행위를 하거나 하게 한 자는 2년 이하의 징역 또는 400만원 이하의 벌금에 처한다(제256조제4항제9호).

제145조 당사게시 선전물 등의 제한

> **제145조(당사게시 선전물 등의 제한)** ① 정당(제61조제1항에 따라 해당 정당의 사무소에 선거대책기구를 설치한 정당은 제외한다)은 선거기간중 구호, 그 밖에 정당의 홍보에 필요한 사항과 당해 당부명 및 그 대표자 성명, 해당 정당이 추천한 후보자의 기호·성명·사진·경력 등에 관한 사항을 게재한 간판·현판 또는 현수막을 중앙선거관리위원회규칙으로 정하는 바에 따라 당해 당사의 외벽면 또는 옥상에 설치·게시할 수 있다. 〈개정 2010.1.25., 2014.1.17.〉
>
> ②「정치자금법」에 따른 후원회의 사무소에는 중앙선거관리위원회규칙으로 정하는 바에 따라 간판을 달 수 있다. 〈개정 2004.3.12., 2005.8.4., 2010.1.25., 2014.1.17.〉

법 제145조제1항 및 제2항에 따른 간판·현판·현수막은 해당 정당의 사무소 또는 후원회의 사무소가 있는 건물이나 그 담장을 벗어난 장소에 설치·게시할 수 없으며, 애드벌룬을 이용하는 방법으로 설치·게시할 수 없다. 간판·현판·현수막에는 이 법 및 「공직선거관리규칙」의 규정에 의하지 아니하고는 후보자(후보자가 되려는 사람을 포함한다)를 지지·추천하거나 반대하는 내용을 게재하여서는 아니된다(「공직선거관리규칙」 제66조).

법 제145조(黨舍揭示宣傳物 등의 제한)의 규정에 위반하여 당사 또는 후원회의 사무소에 선전물 등을 설치·게시한 자에게는 100만원 이하의 과태료를 부과한다(제261조제8항제4호사목).

제10장 투표

제146조 선거방법

> **제146조(선거방법)** ① 선거는 기표방법에 의한 투표로 한다.
>
> ② 투표는 직접 또는 우편으로 하되, 1인 1표로 한다. 다만, 국회의원선거, 시·도의원선거 및 자치구·시·군의원선거에 있어서는 지역구의원선거 및 비례대표의원선거마다 1인 1표로 한다. 〈개정 2002.3.7., 2004.3.12., 2005.8.4.〉
>
> ③ 투표를 함에 있어서는 선거인의 성명 기타 선거인을 추정할 수 있는 표시를 하여서는 아니된다.
>
> [2002.3.7. 법률 제6663호에 의하여 2001.7.19. 헌법재판소에서 헌법불합치결정된 제2항을 개정함.]

제146조의2 투표관리관 및 사전투표관리관

> **제146조의2(투표관리관 및 사전투표관리관)** ① 구·시·군선거관리위원회는 투표에 관한 사무를 관리하게 하기 위하여 투표구마다 투표관리관 1명을, 사전투표소마다 사전투표관리관 1명을 각각 둔다. 〈개정 2014.1.17.〉
>
> ② 투표관리관 및 사전투표관리관은 국가 또는 지방자치단체의 소속 공무원 또는 각급학교의 교직원 중에서 위촉하며, 사전투표관리관은 위촉된 투표관리관 중에서 지정할 수 있다. 〈개정 2014.1.17.〉
>
> ③ 국가기관·지방자치단체 및 각급학교의 장이 선거관리위원회로부터 투표관리관 및 사전투표관리관의 추천 협조요구를 받은 때에는 우선적으로 이에 따라야 한다. 〈신설 2014.2.13.〉
>
> ④ 투표관리관 및 사전투표관리관의 위촉 및 해촉, 수당 그 밖에 필요한 사항은 중앙선거관리위원회규칙으로 정한다. 〈개정 2014.1.17., 2014.2.13.〉
>
> [본조신설 2005.8.4.]
>
> [제목개정 2014.1.17.]

법 제146조의2제3항을 위반하여 정당한 사유 없이 협조요구에 따르지 아니한 자에게는 이 법에 다른 규정이 있는 경우를 제외하고는 200만원 이하의 과태료를 부과한다(제261조제7항제2호사목).

제147조 투표소의 설치

제147조(투표소의 설치) ① 읍·면·동선거관리위원회는 선거일 전일까지 관할구역 안의 투표구마다 투표소를 설치하여야 한다. 〈개정 2005.8.4.〉

② 투표소는 투표구 안의 학교, 읍·면·동사무소 등 관공서, 공공기관·단체의 사무소, 주민회관 기타 선거인이 투표하기 편리한 곳에 설치한다. 다만, 당해 투표구 안에 투표소를 설치할 적당한 장소가 없는 경우에는 인접한 다른 투표구 안에 설치할 수 있다. 〈개정 2004.3.12., 2005.8.4.〉

③ 학교·관공서 및 공공기관·단체의 장은 선거관리위원회로부터 투표소 설치를 위한 장소사용 협조요구를 받은 때에는 우선적으로 이에 응하여야 한다. 〈신설 2004.3.12.〉

④ 병영 안과 종교시설 안에는 투표소를 설치하지 못한다. 다만, 종교시설의 경우 투표소를 설치할 적합한 장소가 없는 부득이한 경우에는 그러하지 아니하다. 〈개정 2010.1.25.〉

⑤ 투표소에는 기표소·투표함·참관인의 좌석 그 밖의 투표관리에 필요한 시설을 설비하여야 한다. 〈개정 2005.8.4.〉

⑥ 기표소는 그 안을 다른 사람이 엿볼 수 없도록 설비하여야 하며 어떠한 표지도 하여서는 아니 된다.

⑦ 정당·후보자·선거사무장 또는 선거연락소장은 투표소의 설비에 대하여 그 시정을 요구할 수 있다.

⑧ 제1항의 규정에 의하여 투표소를 설치하는 때에는 읍·면·동선거관리위원회는 선거일 전 10일까지 그 명칭과 소재지를 공고하여야 한다. 다만, 천재·지변 기타 부득이한 사유가 있는 때에는 이를 변경할 수 있으며, 이 경우에는 즉시 공고하여 선거인에게 알려야 한다. 〈개정 2005.8.4.〉

⑨ 읍·면·동선거관리위원회는 투표사무를 보조하게 하기 위하여 다음 각 호의 어느 하나에 해당하는 자 중에서 투표사무원을 위촉하되, 선거일 전 3일까지 그 성명을 공고하여야 한다. 〈개정 2000.2.16., 2002.3.7., 2004.3.12., 2005.8.4., 2007.1.3., 2010.1.25., 2010.5.17.〉

   1. 「국가공무원법」 제2조에 규정된 국가공무원과 「지방공무원법」 제2조에 규정된 지방공무원. 다만, 일반직공무원의 행정직군 중 교정·보호·검찰사무·마약수사·출입국관리·철도공안 직렬의 공무원과 교육공무원 외의 특정직공무원 및 정무직공무원을 제외한다.
   2. 각급학교의 교직원
   3. 「은행법」 제2조의 규정에 의한 은행의 직원
   4. 제53조제1항제4호 내지 제6호에 규정된 기관 등의 직원
   5. 투표사무를 보조할 능력이 있는 공정하고 중립적인 자

⑩ 제9항제1호부터 제4호까지의 기관·단체의 장이 선거관리위원회로부터 투표사무원의 추천 협조요구를 받은 때에는 우선적으로 이에 따라야 한다. 〈신설 2014.2.13.〉

⑪ 투표소의 설비 및 투표사무원 성명의 공고 기타 필요한 사항은 중앙선거관리위원회규칙으로 정한다. 〈개정 2014.2.13.〉

제53조(공무원 등의 입후보) ① 다음 각 호의 어느 하나에 해당하는 사람으로서 후보자가 되려는 사람은 선거일 전 90일까지 그 직을 그만두어야 한다. 다만, 대통령선거와 국회의원선거에 있어서 국회의원이 그 직을 가지고 입후보하는 경우와 지방의회의원선거와 지방자치단체의 장의 선거에 있어서 당해 지방자치단체의 의회의원이나 장이 그 직을 가지고 입후보하는 경우에는 그러하지 아니하다.

〈개정 1995.4.1., 1995.12.30., 1997.11.14., 1998.4.30., 2000.2.16., 2002.3.7., 2005.8. 4., 2010.1.25., 2015.12.24.〉

    4. 「공공기관의 운영에 관한 법률」 제4조제1항제3호에 해당하는 기관 중 정부가 100분의 50 이상의 지분을 가지고 있는 기관(한국은행을 포함한다)의 상근임원

    5. 「농업협동조합법」·「수산업협동조합법」·「산림조합법」·「엽연초생산협동조합법」에 의하여 설립된 조합의 상근임원과 이들 조합의 중앙회장

    6. 「지방공기업법」 제2조(適用範圍)에 규정된 지방공사와 지방공단의 상근임원

법 제147조제3항을 위반하여 정당한 사유 없이 협조요구에 따르지 아니한 자에게는 500 만원 이하의 과태료를 부과한다(제261조제4항).

법 제147조제10항을 위반하여 정당한 사유 없이 협조요구에 따르지 아니한 자에게는 이 법에 다른 규정이 있는 경우를 제외하고는 200만원 이하의 과태료를 부과한다(제261조제 7항제2호사목).

법 제147조제9항의 규정에 의하여 투표사무원으로 위촉된 자가 정당한 사유 없이 그 직 무수행을 거부·유기하거나 해태한 때에는 100만원 이하의 과태료를 부과한다(제261조제 8항제2호바목).

제148조 사전투표소의 설치

> **제148조(사전투표소의 설치)** ① 구·시·군선거관리위원회는 선거일 전 5일부터 2일 동안(이하 "사전투표기간"이라 한다) 관할구역(선거구가 해당 구·시·군의 관할구역보다 작은 경우에는 해당 선거구를 말한다)의 읍·면·동마다 1개소씩 사전투표소를 설치·운영하여야 한다. 다만, 읍·면·동 관할구역에 군부대 밀집지역 등이 있는 경우에는 해당 지역에 사전투표소를 추가로 설치·운영할 수 있다. 〈개정 2015.12.24.〉
>
> ② 구·시·군선거관리위원회는 제1항에 따라 사전투표소를 설치할 때에는 선거일 전 9일까지 그 명칭·소재지 및 설치·운영기간을 공고하고, 선거사무장 또는 선거연락소장에게 이를 통지하여야 하며, 관할구역 안의 투표구마다 5개소에 공고문을 첨부하여야 한다. 사전투표소의 설치 장소를 변경한 때에도 또한 같다.
>
> ③ 구·시·군선거관리위원회는 제1항에 따라 설치된 사전투표소의 투표사무를 보조하게 하기 위하여 제147조제9항 각 호의 어느 하나에 해당하는 사람 중에서 사전투표사무원을 두어야 한다.
>
> ④ 사전투표소 설치 장소의 제한·사용협조, 설비, 사전투표사무원의 추천협조 등에 관하여는 제147조제3항부터 제7항까지 및 제10항을 준용한다. 〈개정 2014.2.13.〉
>
> ⑤ 중앙선거관리위원회는 사전투표소에서 통합선거인명부를 사용하기 위한 선거전용 통신망을 구축하여야 한다. 〈신설 2015.12.24.〉
>
> ⑥ 사전투표소의 설치·공고·통보 및 사전투표사무원의 위촉, 그 밖에 필요한 사항은 중앙선거관리위원회규칙으로 정한다. 〈개정 2015.12.24.〉
>
> [전문개정 2014.1.17.]

법 제147조제3항을 준용하는 법 제148조제4항을 위반하여 정당한 사유 없이 협조요구에 따르지 아니한 자에게는 500만원 이하의 과태료를 부과한다(제261조제4항).

법 제147조제10항을 준용하는 법 제148조제4항을 위반하여 정당한 사유 없이 협조요구에 따르지 아니한 자에게는 이 법에 다른 규정이 있는 경우를 제외하고는 200만원 이하의 과태료를 부과한다(제261조제7항제2호사목).

법 제148조제3항의 규정에 의하여 사전투표사무원으로 위촉된 자가 정당한 사유 없이 그 직무수행을 거부·유기하거나 해태한 때에는 100만원 이하의 과태료를 부과한다(제261조제8항제2호바목).

제149조 기관·시설 안의 기표소

제149조(기관·시설 안의 기표소) ① 다음 각 호의 어느 하나에 해당하는 기관·시설(이하 이 조에서 "기관·시설"이라 한다)로서 제38조제1항의 거소투표신고인을 수용하고 있는 기관·시설의 장은 그 명칭과 소재지 및 거소투표신고인 수 등을 선거인명부작성기간만료일 후 3일까지 관할 구·시·군선거관리위원회에 신고하여야 한다.

    1. 병원·요양소·수용소·교도소 및 구치소

    2. 「장애인복지법」 제58조(장애인복지시설)제1항제1호에 따른 장애인 거주시설

② 제1항의 신고를 받은 관할 구·시·군선거관리위원회는 거소투표신고인을 수용하고 있는 기관·시설의 명칭과 소재지 및 거소투표신고인 수 등을 공고하여야 한다.

③ 10명 이상의 거소투표신고인을 수용하고 있는 기관·시설의 장은 일시·장소를 정하여 해당 신고인의 거소투표를 위한 기표소를 설치하여야 한다.

④ 후보자(대통령선거에서 정당추천후보자의 경우에는 그 추천 정당을 말한다. 이하 이 조에서 같다)·선거사무장 또는 선거연락소장은 10명 미만의 거소투표신고인을 수용하고 있는 기관·시설의 장에게 제2항에 따른 공고일 후 2일 이내에 거소투표를 위한 기표소 설치를 요청할 수 있다. 이 경우 기관·시설의 장은 정당한 사유가 없는 한 이에 따라야 한다.

⑤ 제3항 및 제4항에 따라 기표소를 설치하는 기관·시설의 장은 기표소 설치·운영 일시 및 장소를 정하여 그 기표소 설치일 전 2일까지 관할 구·시·군선거관리위원회에 신고하여야 하며, 신고를 받은 관할 구·시·군선거관리위원회는 이를 공고하여야 한다.

⑥ 후보자·선거사무장·선거연락소장은 선거권자 중에서 1명을 선정하여 기관·시설의 장이 설치·운영하는 기표소의 투표상황을 참관하게 할 수 있다.

⑦ 기관·시설의 장은 기표소를 설치하는 장소에 기표소·참관좌석, 그 밖에 필요한 시설을 설비하여야 한다.

⑧ 기관·시설의 거소투표신고인 수 공고서식, 그 밖에 필요한 사항은 중앙선거관리위원회규칙으로 정한다.

[전문개정 2014.1.17.]

법 제149조제3항·제4항을 위반한 사람에게는 이 법에 다른 규정이 있는 경우를 제외하고는 200만원 이하의 과태료를 부과한다(제261조제7항제2호아목).

제150조 투표용지의 정당 · 후보자의 기재순위 등

제150조(투표용지의 정당 · 후보자의 게재순위 등) ① 투표용지에는 후보자의 기호 · 정당추천후보자의 소속정당명 및 성명을 표시하여야 한다. 다만, 무소속후보자는 후보자의 정당추천후보자의 소속정당명의 란에 "무소속"으로 표시하고, 비례대표국회의원선거 및 비례대표지방의회의원선거에 있어서는 후보자를 추천한 정당의 기호와 정당명을 표시하여야 한다.
〈개정 1995.4.1., 2000.2.16., 2002.3.7., 2004.3.12., 2005.8.4.〉

② 기호는 투표용지에 게재할 정당 또는 후보자의 순위에 의하여 "1, 2, 3" 등으로 표시하여야 하며, 정당명과 후보자의 성명은 한글로 기재한다. 다만, 한글로 표시된 성명이 같은 후보자가 있는 경우에는 괄호 속에 한자를 함께 기재한다. 〈개정 2002.3.7.〉

③ 후보자의 게재순위를 정함에 있어서는 후보자등록마감일 현재 국회에서 의석을 갖고 있는 정당의 추천을 받은 후보자, 국회에서 의석을 갖고 있지 아니한 정당의 추천을 받은 후보자, 무소속후보자의 순으로 하고, 정당의 게재순위를 정함에 있어서는 후보자등록마감일 현재 국회에서 의석을 가지고 있는 정당, 국회에서 의석을 가지고 있지 아니한 정당의 순으로 한다.
〈개정 1995.4.1., 2000.2.16., 2002.3.7., 2005.8.4.〉

④ 제3항의 경우 국회에서 의석을 가지고 있는 정당의 게재순위를 정함에 있어 다음 각 호의 어느 하나에 해당하는 정당은 전국적으로 통일된 기호를 우선하여 부여한다.
〈개정 2010.1.25.〉

    1. 국회에 5명 이상의 소속 지역구국회의원을 가진 정당

    2. 직전 대통령선거, 비례대표국회의원선거 또는 비례대표지방의회의원선거에서 전국 유효투표 총수의 100분의 3 이상을 득표한 정당

⑤ 제3항 및 제4항에 따라 관할선거구 선거관리위원회가 정당 또는 후보자의 게재순위를 정함에 있어서는 다음 각 호에 따른다. 〈개정 2010.1.25.〉

    1. 후보자등록마감일 현재 국회에 의석을 가지고 있는 정당이나 그 정당의 추천을 받은 후보자 사이의 게재순위는 국회에서의 다수의석순. 다만, 같은 의석을 가진 정당이 둘 이상인 때에는 최근에 실시된 비례대표국회의원선거에서의 득표수 순

    2. 후보자등록마감일 현재 국회에서 의석을 가지고 있지 아니한 정당이나 그 정당의 추천을 받은 후보자 사이의 게재순위는 그 정당의 명칭의 가나다 순

    3. 무소속후보자 사이의 게재순위는 관할선거구 선거관리위원회에서 추첨하여 결정하는 순

⑥ 제5항의 경우에 같은 게재순위에 해당하는 정당 또는 후보자가 2 이상이 있을 때에는 소속정당의 대표자나 후보자 또는 그 대리인의 참여하에 관할선거구 선거관리위원회에서 후보자등록마감 후에 추첨하여 결정한다. 다만, 추첨개시시각에 소속정당의 대표자나 후보자 또는 그 대리인이

참여하지 아니하는 경우에는 관할선거구 선거관리위원회 위원장 또는 그가 지명한 자가 그 정당 또는 후보자를 대리하여 추첨할 수 있다. 〈개정 2002.3.7., 2010.1.25.〉

⑦ 지역구자치구·시·군의원선거에서 정당이 같은 선거구에 2명 이상의 후보자를 추천한 경우 그 정당이 추천한 후보자 사이의 투표용지 게재순위는 해당 정당이 정한 순위에 따르되, 정당이 정하지 아니한 경우에는 관할선거구 선거관리위원회에서 추첨하여 결정한다. 이 경우 그 게재순위는 "1-가, 1-나, 1-다" 등으로 표시한다. 〈신설 2010.1.25.〉

⑧ 후보자등록기간이 지난 후에 후보자가 사퇴·사망하거나 등록이 무효로 된 때도 투표용지에서 그 기호·정당명 및 성명을 말소하지 아니한다. 〈개정 2002.3.7., 2010.1.25.〉

⑨ 대통령선거에 있어서 제51조(追加登錄)의 규정에 의한 추가등록이 있는 경우에 그 정당의 후보자의 게재순위는 이미 결정된 종전의 당해 정당추천후보자의 게재순위로 한다. 〈개정 2010.1.25.〉

⑩ 투표용지에는 일련번호를 인쇄하여야 한다. 〈개정 2010.1.25.〉

[제목개정 2002.3.7.]

제151조 투표용지와 투표함의 작성

제151조(투표용지와 투표함의 작성) ① 투표용지와 투표함은 구·시·군선거관리위원회가 작성하여 선거일 전일까지 읍·면·동선거관리위원회에 송부하며, 이를 송부받은 읍·면·동선거관리위원회 위원장은 투표용지를 봉함하여 보관하였다가 투표함과 함께 투표관리관에게 인계하여야 한다. 〈개정 2005.8.4.〉

② 하나의 선거에 관한 투표에 있어서 투표구마다 선거구별로 동시에 2개의 투표함을 사용할 수 없다. 〈개정 2004.3.12.〉

③ 사전투표소의 투표함(이하 "사전투표함"이라 한다)과 우편으로 접수한 투표를 보관하는 투표함(이하 "郵便投票函"이라 한다)은 따로 작성하되, 그 수는 예상 사전투표자수 및 거소투표신고인수·선상투표신고인수를 감안하여 당해 구·시·군선거관리위원회가 정한다. 〈개정 2014.1.17.〉

④ 투표용지에는 중앙선거관리위원회규칙이 정하는 바에 따라 관할 구·시·군선거관리위원회의 청인(廳印)을 날인하여야 한다. 이 경우 그 청인의 날인은 인쇄날인으로 갈음할 수 있다.

⑤ 구·시·군선거관리위원회는 투표용지의 인쇄·납품 및 읍·면·동선거관리위원회에 송부하는 과정에, 읍·면·동선거관리위원회는 투표용지의 수령·보관 및 투표관리관에게 인계하는 과정에 당해 선거관리위원회의 정당추천위원이 각각 참여하여 입회할 수 있도록 하여야 한다.

이 경우 정당추천위원이 참여하지 아니한 때에는 입회를 포기한 것으로 본다. 〈개정 2005.8.4.〉

⑥ 구·시·군선거관리위원회는 제1항 및 제5항에도 불구하고 사전투표소에서 교부할 투표용지는 사전투표관리관이 사전투표소에서 투표용지 발급기를 이용하여 작성하게 하여야 한다. 이 경우 투표용지에 인쇄하는 일련번호는 바코드(컴퓨터가 인식할 수 있도록 표시한 막대 모양의 기호를 말한다)의 형태로 표시하여야 하며, 바코드에는 선거명, 선거구 명 및 관할 선거관리위원회명을 함께 담을 수 있다. 〈신설 2014.1.17.〉

⑦ 제1항 또는 제6항에 따라 투표용지를 작성하는 때에는 각 정당칸 또는 후보자칸 사이에 여백을 두어야 하며, 그 구체적인 작성방법은 중앙선거관리위원회규칙으로 정한다.
〈신설 2015.8.13.〉

⑧ 구·시·군선거관리위원회는 시각장애로 인하여 자신이 기표를 할 수 없는 선거인을 위하여 필요한 경우에는 중앙선거관리위원회규칙이 정하는 바에 따라 특수투표용지 또는 투표보조용구를 제작·사용할 수 있다. 〈개정 2015.8.13.〉

⑨ 투표용지와 투표함의 규격 및 투표용지의 봉함·보관·인계 그 밖에 필요한 사항은 중앙선거관리위원회규칙으로 정한다. 〈신설 2005.8.4., 2015.8.13.〉

[제목개정 2015.8.13.]

제152조 투표용지모형 등의 공고

제152조(투표용지모형 등의 공고) ① 구·시·군선거관리위원회는 투표용지의 모형을 선거일 전 7일까지 공고하여야 한다. 〈개정 2004.3.12.〉

② 구·시·군선거관리위원회는 투표용지를 인쇄할 인쇄소를 결정한 때에는 지체 없이 그 인쇄소의 명칭과 소재지를 공고하여야 한다.

법 제152조(投票用紙模型 등의 公告)제1항의 규정에 의하여 첨부한 투표용지모형을 훼손·오손한 자에게는 이 법에 다른 규정이 있는 경우를 제외하고는 200만원 이하의 과태료를 부과한다(제261조제7항제4호).

제153조 투표안내문의 발송

제153조(투표안내문의 발송) ① 구·시·군선거관리위원회는 세대별로 선거인의 성명·선거인명

부등재번호 · 투표소의 위치 · 투표할 수 있는 시간 · 투표할 때 가지고 가야 할 지참물 그 밖에 투표참여를 권유하는 내용 등이 기재된 투표안내문을 작성하여 선거인명부확정일 후 2일까지 관할구역 안의 매 세대에 발송하여야 한다. 이 경우 제65조제7항에 따라 통보받은 세대에는 점자형 투표안내문을 동봉하여 발송하여야 한다. 〈개정 2005.8.4., 2011.7.28., 2014.1.17.〉

② 제1항의 투표안내문의 발송을 위한 우편요금은 국가 또는 당해 지방자치단체가 부담한다. 〈개정 2005.8.4.〉

③ 투표안내문의 작성은 전산조직에 의할 수 있다.

④ 투표안내문의 서식 · 규격 · 게재사항 및 우편발송절차 기타 필요한 사항은 중앙선거관리위원회규칙으로 정한다.

[제목개정 2011.7.28.]

제65조(선거공보) ① 후보자(대통령선거에 있어서 정당추천후보자와 비례대표국회의원선거 및 비례대표지방의회의원선거의 경우에는 그 추천정당을 말한다. 이하 이 조에서 같다)는 선거운동을 위하여 책자형 선거공보 1종(대통령선거에서는 전단형 선거공보 1종을 포함한다)을 작성할 수 있다. 이 경우 비례대표국회의원선거 및 비례대표지방의회의원선거에서는 중앙선거관리위원회규칙으로 정하는 바에 따라 해당 정당이 추천한 후보자 모두의 사진 · 성명 · 학력 · 경력을 게재하여야 한다. 〈개정 2010.1.25., 2012.1.17.〉

④ 후보자는 제1항의 규정에 따른 선거공보 외에 시각장애선거인(선거인으로서 「장애인복지법」 제32조에 따라 등록된 시각장애인을 말한다. 이하 이 조에서 같다)을 위한 선거공보(이하 "점자형 선거공보"라 한다) 1종을 제2항에 따른 책자형 선거공보의 면수 이내에서 작성할 수 있다. 다만, 대통령선거 · 지역구국회의원선거 및 지방자치단체의 장선거의 후보자는 점자형 선거공보를 작성 · 제출하여야 하되, 책자형 선거공보에 그 내용이 음성으로 출력되는 전자적 표시를 하는 것으로 갈음할 수 있다. 〈개정 2008.2.29., 2010.1.25., 2015.8.13.〉

⑦ 구 · 시 · 군의 장은 제4항의 규정에 따른 시각장애선거인과 그 세대주의 성명 · 주소를 조사하여 선거기간개시일 전 20일까지 관할 구 · 시 · 군선거관리위원회에 통보하여야 한다. 〈개정 2014.1.17.〉

선거관리위원회의 위원 · 직원 또는 선거사무에 종사하는 자가 제153조의 투표안내문(점자형 투표안내문을 포함한다)을 부정하게 작성 · 첩부 · 발송하거나 정당한 사유 없이 이에 관한 직무를 행하지 아니한 때에는 3년 이하의 징역 또는 600만원 이하의 벌금에 처한다(제240조제3항).

제154조 거소투표자에 대한 투표용지의 발송

제154조(거소투표자에 대한 투표용지의 발송) ① 거소투표신고인명부에 올라 있는 선거인 (이하 "거소투표자"라 한다)에게 발송할 투표용지(이하 "거소투표용지"라 한다)는 구·시·군선거관리위원회에서 당해 구·시·군선거관리위원회 정당추천위원의 참여하에 투표용지의 일련번호를 절취한 후 바코드(거소투표의 접수에 필요한 거소투표자의 거소·성명·선거인명부등재번호 등이 기록되어 컴퓨터가 인식할 수 있도록 표시한 막대 모양의 기호를 말한다)가 표시된 회송용봉투에 넣고 다시 발송용 봉투에 넣어 봉함한 후 선거일 전 10일까지 거소투표자에게 발송하여야 한다. 이 경우 정당추천위원이 그 시각까지 참석 하지 아니한 때에는 참여를 포기한 것으로 본다. 〈개정 2005.8.4., 2012.2.29., 2014.1.17.〉

② 제1항의 규정에 불구하고 허위로 신고한 자 및 자신의 의사에 의하여 신고된 것으로 인정되지 아니한 거소투표자에게는 당해 구·시·군선거관리위원회의 의결로 거소투표용지를 발송하지 아니할 수 있다. 이 경우 거소투표발송록에 그 사실을 기재하여야 한다. 〈개정 2014.1.17.〉

③ 구·시·군선거관리위원회는 제2항의 규정에 의하여 거소투표용지를 발송하지 아니한 거소투표자와 선거일 전 2일까지 거소투표용지가 반송된 거소투표자의 명단을 작성하여 선거일 전일까지 읍·면·동선거관리위원회에 통지하여야 하며, 읍·면·동선거관리위원회는 지체 없이 이를 투표관리관에게 통지하여야 한다. 〈개정 2005.8.4., 2014.1.17.〉

④ 거소투표용지의 발송과 회송은 등기우편으로 하되, 그 우편요금은 국가 또는 당해 지방자치단체가 부담한다. 〈개정 2014.1.17.〉

⑤ 구·시·군선거관리위원회는 투표방법 기타 선거에 관한 안내문을 거소투표용지와 동봉 하여 발송하여야 한다. 〈개정 2014.1.17.〉

⑥ 거소투표용지의 발송용 봉투 및 회송용봉투의 규격·게재사항 그 밖에 필요한 사항은 중앙선거관리위원회규칙으로 정한다. 〈신설 2005.8.4., 2014.1.17.〉

[제목개정 2014.1.17.]

제154조의2 선상투표자에 대한 투표용지의 전송 등

제154조의2(선상투표자에 대한 투표용지의 전송 등) ① 구·시·군선거관리위원회는 선상투표신고인명부에 올라 있는 선거인(이하 "선상투표자"라 한다)에게 보낼 투표용지(이하 "선상투표용지"라 한다)를 작성하여 해당 선상투표자가 승선하고 있는 선박의 선장(이하 "선장"이라 한다)에게 선거일 전 9일까지 팩시밀리를 이용하여 전송하여야 한다. 이 경우 허위로 신고하거나 자신의 의사에 따라 신고된 것으로 인정되지 아니한 선상투표자에 대하여는 제154조제2항을 준용한다.

〈개정 2014.1.17.〉

② 구·시·군선거관리위원회는 선상투표용지를 작성할 때 표지부분과 투표부분을 구분하고, 표지부분에는 선거인 확인란과 해당 선거구의 정당·후보자에 관한 정보를 열람할 수 있는 중앙선거관리위원회 인터넷 홈페이지 주소, 선상투표방법에 관한 사항 등을 게재하여야 한다.

③ 선장이 제1항에 따라 선상투표용지를 받은 때에는 즉시 해당 선상투표자에게 인계하여야 한다.

④ 선상투표용지의 규격과 게재사항, 선상투표용지 송부과정에 정당추천위원의 참여, 그 밖에 필요한 사항은 중앙선거관리위원회규칙으로 정한다.

[본조신설 2012.2.29.]

제155조 투표시간

제155조(투표시간) ① 투표소는 선거일 오전 6시에 열고 오후 6시(보궐선거등에 있어서는 오후 8시)에 닫는다. 다만, 마감할 때에 투표소에서 투표하기 위하여 대기하고 있는 선거인에게는 번호표를 부여하여 투표하게 한 후에 닫아야 한다. 〈개정 2004.3.12.〉

② 사전투표소는 사전투표기간 중 매일 오전 6시에 열고 오후 6시에 닫는다. 이 경우 제1항단서의 규정은 사전투표소에 이를 준용한다.

〈개정 2012.10.2., 2014.1.17., 2014.2.13.〉

③ 투표를 개시하는 때에는 투표관리관은 투표함 및 기표소내외의 이상 유무에 관하여 검사하여야 하며, 이에는 투표참관인이 참관하여야 한다. 다만, 투표개시시각까지 투표 참관인이 참석하지 아니한 때에는 최초로 투표하러 온 선거인으로 하여금 참관하게 하여야 한다. 〈개정 2005.8.4.〉

④ 사전투표소에서 투표를 개시하는 때에는 사전투표관리관은 사전투표함 및 기표소 내외의 이상 유무에 관하여 검사하여야 하며, 이에는 사전투표참관인이 참관하여야 한다. 다만, 사전투표 개시시각까지 사전투표참관인이 참석하지 아니한 때에는 최초로 투표하러 온 선거인으로 하여금 참관하게 하여야 한다. 〈개정 2005.8.4., 2010.1.25., 2014.1.17.〉

⑤ 사전투표·거소투표 및 선상투표는 선거일 오후 6시(보궐선거등에 있어서는 오후 8시)까지 관할구·시·군선거관리위원회에 도착되어야 한다. 〈개정 2004.3.12., 2014.1.17.〉

[2012.10.2. 법률 제11485호에 의하여 2012.2.23. 헌법불합치결정된 이 조제2항을 개정함]

제156조 투표의 제한

제156조(투표의 제한) ① 선거인명부에 올라 있지 아니한 자는 투표할 수 없다. 다만, 제41조(異議申請과 決定)제2항·제42조(不服申請과 決定)제2항 또는 제43조(名簿漏落者의 구제)제2항의 이유 있다는 결정통지서를 가지고 온 자는 투표할 수 있다.

② 선거인명부에 올라 있더라도 선거일에 선거권이 없는 자는 투표할 수 없다.

③ 거소투표자는 제158조의2에 따라 거소투표를 하여야 한다. 다만, 다음 각 호의 어느 하나에 해당하는 사람은 선거일에 해당 투표소에서 투표할 수 있다.
〈개정 2010.1.25., 2014.1.17.〉

　　1. 제154조제2항에 해당하여 거소투표용지를 송부받지 못한 사람

　　2. 거소투표용지가 반송되어 거소투표용지를 송부받지 못한 사람

　　3. 거소투표용지를 송부받았으나 거소투표를 하지 못한 사람으로서 선거일에 해당 투표소에서 투표관리관에게 거소투표용지와 회송용봉투를 반납한 사람

④ 제3항단서에 따라 거소투표자가 선거일에 해당 투표소에서 투표하는 경우 투표관리관은 선거인명부 또는 제154조제3항에 따라 통지받은 거소투표자의 명단과 대조·확인하고 선거인명부 비고란에 그 사실을 적어야 한다. 〈신설 2010.1.25., 2014.1.17.〉

제154조(거소투표자에 대한 투표용지의 발송) ① 거소투표신고인명부에 올라 있는 선거인 (이하 "거소투표자"라 한다)에게 발송할 투표용지(이하 "거소투표용지"라 한다)는 구·시·군선거관리위원회에서 당해 구·시·군선거관리위원회 정당추천위원의 참여하에 투표용지의 일련번호를 절취한 후 바코드(거소투표의 접수에 필요한 거소투표자의 거소·성명·선거인명부등재번호 등이 기록되어 컴퓨터가 인식할 수 있도록 표시한 막대 모양의 기호를 말한다)가 표시된 회송용봉투에 넣고 다시 발송용 봉투에 넣어 봉함한 후 선거일 전 10일까지 거소투표자에게 발송하여야 한다. 이 경우 정당추천위원이 그 시각까지 참석 하지 아니한 때에는 참여를 포기한 것으로 본다. 〈개정 2005.8.4., 2012.2.29., 2014.1.17.〉

② 제1항의 규정에 불구하고 허위로 신고한 자 및 자신의 의사에 의하여 신고된 것으로 인정되지 아니한 거소투표자에게는 당해 구·시·군선거관리위원회의 의결로 거소투표용지를 발송하지 아니할 수 있다. 이 경우 거소투표발송록에 그 사실을 기재하여야 한다. 〈개정 2014.1.17.〉

③ 구·시·군선거관리위원회는 제2항의 규정에 의하여 거소투표용지를 발송하지 아니한 거소투표자와 선거일 전 2일까지 거소투표용지가 반송된 거소투표자의 명단을 작성하여 선거일 전일까지 읍·면·동선거관리위원회에 통지하여야 하며, 읍·면·동선거관리위원회는 지체 없이 이를 투표관리관에게 통지하여야 한다. 〈개정 2005.8.4., 2014.1.17.〉

제157조 투표용지수령 및 기표절차

제157조(투표용지수령 및 기표절차) ① 선거인은 자신이 투표소에 가서 투표참관인의 참관 하에 주민등록증(주민등록증이 없는 경우에는 관공서 또는 공공기관이 발행한 증명서로 서 사진이 첩부되어 본인임을 확인할 수 있는 여권·운전면허증·공무원증 또는 중앙선거관리위원회규칙으로 정하는 신분증명서를 말한다. 이하 "신분증명서"라 한다)을 제시하고 본인임을 확인받은 후 선거인명부에 서명이나 날인 또는 무인하고 투표용지를 받아 야 한다. 〈개정 2011.7.28.〉
② 투표관리관은 선거일에 선거인에게 투표용지를 교부하는 때에는 사인날인란에 사인을 날인한 후 선거인이 보는 앞에서 일련번호지를 떼어서 교부하되, 필요하다고 인정되는 때에는 100매 이내의 범위 안에서 그 사인을 미리 날인해 놓은 후 이를 교부할 수 있다. 〈개정 1998.4.30., 2004.3.12., 2005.8.4.〉
③ 투표관리관은 신분증명서를 제시하지 아니한 선거인에게 투표용지를 교부하여서는 아니된다. 〈개정 2005.8.4.〉
④ 선거인은 투표용지를 받은 후 기표소에 들어가 투표용지에 1인의 후보자(비례대표국회의원선거와 비례대표지방의회의원선거에 있어서는 하나의 政黨을 말한다)를 선택하여 투표용지의 해당란에 기표한 후 그 자리에서 기표내용이 다른 사람에게 보이지 아니하게 접어 투표참관인의 앞에서 투표함에 넣어야 한다. 〈개정 2002.3.7., 2004.3.12., 2005.8.4.〉
⑤ 투표용지를 교부받은 후 그 선거인에게 책임이 있는 사유로 훼손 또는 오손된 때에는 다시 이를 교부하지 아니한다.
⑥ 선거인은 투표소의 질서를 해하지 아니하는 범위 안에서 초등학생 이하의 어린이와 함께 투표소(초등학생인 어린이의 경우에는 기표소를 제외한다)안에 출입할 수 있으며, 시각 또는 신체의 장애로 인하여 자신이 기표할 수 없는 선거인은 그 가족 또는 본인이 지명한 2인을 동반하여 투표를 보조하게 할 수 있다. 〈개정 2000.2.16., 2004.3.12.〉
⑦ 제6항의 경우를 제외하고는 같은 기표소 안에 2인 이상이 동시에 들어갈 수 없다.
⑧ 투표용지의 날인·교부방법 및 기표절차 그 밖에 필요한 사항은 중앙선거관리위원회규칙으로 정한다. 〈개정 2005.8.4.〉
[제목개정 2011.7.28.]

법 제157조제1항의 경우에 있어서 허위의 서명이나 날인 또는 무인을 한 자는 3년 이하의 징역 또는 500만원 이하의 벌금에 처한다(제247조제1항).

제158조 사전투표

제158조(사전투표) ① 선거인(거소투표자와 선상투표자는 제외한다)은 누구든지 사전투표기간 중에 사전투표소에 가서 투표할 수 있다.

② 사전투표를 하려는 선거인은 사전투표소에서 신분증명서를 제시하여 본인임을 확인 받은 다음 전자적 방식으로 손도장을 찍거나 서명한 후 투표용지를 받아야 한다. 이 경우 중앙선거관리위원회는 해당 선거인에게 투표용지가 교부된 사실을 확인할 수 있도록 신분증명서의 일부를 전자적 이미지 형태로 저장하여 선거일의 투표마감시각까지 보관하여야 한다. 〈개정 2015.8.13.〉

③ 사전투표관리관은 투표용지 발급기로 선거권이 있는 해당 선거의 투표용지를 인쇄하여 "사전투표관리관"칸에 자신의 도장을 찍은 후 일련번호를 떼지 아니하고 회송용 봉투와 함께 선거인에게 교부한다.

④ 투표용지와 회송용봉투를 받은 선거인은 기표소에 들어가 투표용지에 1명의 후보자 (비례대표국회의원선거 및 비례대표지방의회의원선거에서는 하나의 정당을 말한다)를 선택하여 투표용지의 해당 칸에 기표한 다음 그 자리에서 기표내용이 다른 사람에게 보이 지 아니하게 접어 이를 회송용봉투에 넣어 봉함한 후 사전투표함에 넣어야 한다.

⑤ 제3항 및 제4항에도 불구하고 사전투표관리관은 중앙선거관리위원회규칙으로 정하는 구역[24]의 선거인에게는 회송용봉투를 교부하지 아니할 수 있다.

⑥ 사전투표관리관은 사전투표기간 중 매일의 사전투표마감 후 또는 사전투표기간 종료 후 투표지를 인계하는 경우에는 사전투표참관인의 참관하에 다음 각 호에 따라 처리한다. 〈개정 2014.2.13.〉

　　1. 제3항 및 제4항에 따라 투표용지와 회송용봉투를 함께 교부하여 투표하게 한 경우에는 사전투표함을 개함하고 사전투표자 수를 계산한 후 관할 우체국장에게 인계하여 등기우편으로 발송한다.

　　2. 제5항에 따라 회송용봉투를 교부하지 아니하고 투표하게 한 경우에는 해당 사전투표함을 직접 관할 구·시·군선거관리위원회에 인계한다. 이 경우 사전투표함 등의 송부에 관하여는 제170조를 준용한다.

⑦ 투표용지를 교부하지 아니하는 경우와 투표소 출입 등에 관하여는 제157조제3항 및 제5항부터 제7항까지의 규정을 준용한다.

⑧ 전기통신 장애 등이 발생하는 경우 사전투표절차, 그 밖에 필요한 사항은 중앙선거관리위원회규칙으로 정한다.

[전문개정 2014.1.17.]

---

24) 중앙선거관리위원회규칙으로 정하는 구역 : 법 제158조제5항에 따라 회송용봉투를 교부하지 아니하는 구역

제158조의2 거소투표

> **제158조의2(거소투표)** 거소투표자는 관할 구·시·군선거관리위원회로부터 송부받은 투표용지에 1명의 후보자(비례대표국회의원선거 및 비례대표지방의회의원선거에서는 하나의 정당을 말한다)를 선택하여 투표용지의 해당 칸에 기표한 다음 회송용봉투에 넣어 봉함한 후 등기우편으로 발송하여야 한다.
>
> [본조신설 2014.1.17.]
>
> [종전 제158조의2는 제158조의3으로 이동 〈2014.1.17.〉]

제158조의3 선상투표

> **제158조의3(선상투표)** ① 선장은 선거일 전 8일부터 선거일 전 5일까지의 기간(이하 "선상 투표기간"이라 한다) 중 해당 선박의 선상투표자의 수와 운항사정 등을 고려하여 선상투표를 할 수 있는 일시를 정하고, 해당 선박에 선상투표소를 설치하여야 한다. 이 경우 선장은 지체 없이 선상투표자에게 선상투표를 할 수 있는 일시와 선상투표소가 설치된 장소를 알려야 한다. 〈개정 2015.8.13.〉
>
> ② 선장은 선상투표소를 설치할 때 선상투표자가 투표의 비밀이 보장된 상태에서 투표한 후 팩시밀리로 선상투표용지를 전송할 수 있도록 설비하여야 한다.
>
> ③ 선장은 선상투표가 진행되는 동안에는 해당 선박에 승선하고 있는 선원 중 대한민국 국민으로서 공정하고 중립적인 사람 1명 이상을 입회시켜야 한다. 다만, 해당 선박에 승선하고 있는 대한민국 국민이 1명뿐인 경우에는 그러하지 아니하다.
>
> ④ 선장은 제1항에 따른 선상투표소에서 선상투표자가 가져온 선상투표용지의 해당 서명란에 제3항본문에 따른 입회인(이하 "입회인"이라 한다)과 함께 서명한 다음 해당 선상투표자에게 교부하여야 한다. 이 경우 선상투표소에서 투표하기 전에 미리 기표하여 온 선상투표용지는 회수하여 별도의 봉투에 넣어 봉함한다.
>
> ⑤ 제4항에 따라 선상투표용지를 교부받은 선상투표자는 선거인 확인란에 서명한 후 1명의 후보자(비례대표국회의원선거에서는 하나의 정당을 말한다)를 선택하여 선상투표용지의 해당 란에 기표한 다음 선상투표소에 설치된 팩시밀리로 직접 해당 시·도선거관리위원회에 전송하여야 한다.
>
> ⑥ 제5항에 따라 전송을 마친 선상투표자는 선상투표지를 직접 봉투에 넣어 봉함한 후 선장에게 제출하여야 한다.

은 해당 구·시·군위원회의 관할구역(하나의 구·시·군위원회 관할구역 안에서 2 이상의 지역구국회의원선거가 실시되는 경우에는 국회의원지역구를 말한다)을 말한다(「공직선거관리규칙」 제86조제3항).

⑦ 선장은 해당 선박의 선상투표를 마친 후 입회인의 입회 아래 제6항에 따라 제출된 선상투표지 봉투와 제4항후단에 따른 선상투표용지 봉투를 구분하여 함께 포장한 다음 자신과 입회인이 각각 봉인한 후 보관하여야 한다.

⑧ 선장은 해당 선박의 선상투표를 마친 때에는 선상투표관리기록부를 작성하여 선거일 전일까지 해당 선박의 선박원부를 관리하는 지방해양항만청의 소재지(대한민국국적취득 조건부 나용선의 경우 해당 선박회사의 등록지, 외국국적 선박은 선박관리업 등록을 한 지방해양항만청의 소재지를 말한다)를 관할하는 시·도선거관리위원회에 팩시밀리로 전송 하고, 국내에 도착하는 즉시 선상투표관리기록부와 제7항에 따라 보관중인 봉투를 해당 시·도선거관리위원회에 제출하여야 한다. 이 경우 국내에 도착하기 전이라도 외국에서 국제우편을 이용하여 제출할 수 있다.

⑨ 시·도선거관리위원회는 제5항에 따른 선상투표지를 수신할 팩시밀리에 투표의 비밀이 보장될 수 있도록 기술적 장치를 하여야 한다.

⑩ 시·도선거관리위원회는 제5항에 따라 수신된 선상투표지의 투표부분은 절취하여 봉투에 넣고, 표지부분은 그 봉투에 붙여서 봉함한 후 선상투표자의 주소지 관할 구·시·군선거관리위원회에 보내야 한다. 이 경우 투표한 선거인을 알 수 없는 선상투표지는 봉투에 넣어 봉함한 후 그 사유를 적은 표지를 부착하여 보관한다.

⑪ 시·도선거관리위원회는 선상투표지관리록에 선상투표지 수신상황과 발송상황을 적어야 한다.

⑫ 구·시·군선거관리위원회는 선거일 투표마감시각까지 시·도선거관리위원회로부터 송부된 선상투표지를 접수하여 우편투표함에 투입하여야 한다.

⑬ 선상투표기간 개시일 전에 국내에 도착한 선상투표자는 중앙선거관리위원회규칙으로 정하는 서류를 첨부하여 관할 구·시·군선거관리위원회에 신고한 후 선거일에 주소지를 관할하는 투표구에 설치된 투표소에서 투표할 수 있다. 이 경우 해당 선박에서 선상투표용지를 미리 교부받은 사람은 관할 구·시·군선거관리위원회에 신고할 때에 그 투표용지를 반납하여야 한다. 〈신설 2015.8.13.〉

⑭ 선상투표의 투표절차, 투표의 비밀을 보장하기 위한 팩시밀리의 기술적 요건, 선상투표관리기록부 및 선상투표지관리록의 작성·제출, 선상투표기간 개시일 전에 국내에 도착한 선상투표자의 투표절차, 그 밖에 필요한 사항은 중앙선거관리위원회규칙으로 정한다. 〈개정 2015.8.13.〉

[본조신설 2012.2.29.]

[제158조의2에서 이동, 종전 제158조의3은 삭제 〈2014.1.17.〉]

선장이 제158조의3제1항을 위반하여 선상투표의 일시와 장소를 선상투표자에게 알리지 아니하는 행위, 같은 조제1항을 위반하여 선상투표소를 설치하지 아니하거나 같은 조제2

항을 위반하여 선상투표소를 설비하는 행위, 같은 조제3항을 위반하여 입회인을 입회시키지 아니하는 행위, 같은 조제7항에 따른 선상투표지 봉투와 선상투표용지 봉투를 보관하지 아니하는 행위 및 같은 조제8항을 위반하여 선상투표관리기록부를 작성·전송하지 아니하거나 선상투표관리기록부와 같은 조제7항에 따른 선상투표지 봉투와 선상투표용지 봉투를 제출하지 아니하는 행위를 한 때에는 10년 이하의 징역 또는 500만원 이상 3천만원 이하의 벌금에 처한다(제239조의2제2항제1호 내지 제5호).

제159조 기표방법

> **제159조(기표방법)** 선거인이 투표용지에 기표를 하는 때에는 "卜"표가 각인된 기표용구를 사용하여야 한다. 다만, 거소투표자가 거소투표(선상투표를 포함한다)를 하는 경우에는 "○"표를 할 수 있다. 〈개정 2012.2.29.〉

제161조 투표참관

> **제161조(투표참관)** ① 투표관리관은 투표참관인으로 하여금 투표용지의 교부상황과 투표상황을 참관하게 하여야 한다. 〈개정 2005.8.4.〉
> ② 투표참관인은 정당·후보자·선거사무장 또는 선거연락소장이 후보자마다 투표소별로 2인을 선정하여 선거일 전 2일까지 읍·면·동선거관리위원회에 서면으로 신고하여야 한다. 〈개정 2005.8.4.〉
> ③ 투표참관인은 투표소마다 8명으로 하되, 제2항의 규정에 의하여 선정·신고한 인원수가 8명을 넘는 때에는 읍·면·동선거관리위원회가 추첨에 의하여 지정한 자를 투표참관인으로 한다. 다만, 투표참관인의 선정이 없거나 선정·신고한 인원수가 4명에 미달하는 때에는 읍·면·동선거관리위원회가 그 투표구를 관할하는 구·시·군의 구역 안에 거주하는 선거권자 중에서 본인의 승낙을 얻어 4명에 달할 때까지 선정한 자를 투표참관인으로 한다.
> 〈개정 2004.3.12., 2005.8.4., 2010.1.25.〉
> ④ 읍·면·동선거관리위원회가 제3항의 규정에 의하여 투표참관인을 지정하는 경우에 후보자수가 8명을 넘는 때에는 후보자별로 1명씩 우선 선정한 후 추첨에 의하여 8명을 지정하고, 후보자수가 8명에 미달하되 후보자가 선정·신고한 인원수가 8명을 넘는 때에는 후보자별로 1명씩 선정한 자를 우선 지정한 후 나머지 인원은 추첨에 의하여 지정한다. 〈개정 2005.8.4., 2010.1.25.〉
> ⑤ 정당·후보자·선거사무장 또는 선거연락소장은 그가 선정한 투표참관인에 대하여는 필요한

경우에는 언제든지 읍 · 면 · 동선거관리위원회에 신고하고 교체할 수 있으며, 선거일에는 투표소에서 교체 신고할 수 있다. 〈개정 2005.8.4.〉

⑥ 제3항단서의 규정에 의하여 읍 · 면 · 동선거관리위원회가 선정한 투표참관인은 정당한 사유 없이 참관을 거부하거나 그 직을 사임할 수 없다. 〈개정 2005.8.4.〉

⑦ 대한민국 국민이 아닌 자 · 미성년자 · 제18조(選擧權이 없는 者)제1항 각 호의 1에 해당하는 자 · 제53조(公務員 등의 立候補)제1항 각 호의 1에 해당하는 자 · 후보자 또는 후보자의 배우자는 투표참관인이 될 수 없다. 〈개정 2004.3.12.〉

⑧ 투표관리관은 원활한 투표관리를 위하여 필요하다고 인정하는 경우에는 투표참관인을 교대로 참관하게 할 수 있다. 이 경우 정당 · 후보자별로 참관인수의 2분의 1씩 교대하여 참관하게 하여야 한다. 〈개정 2004.3.12., 2005.8.4.〉

⑨ 투표관리관은 투표용지의 교부상황과 투표상황을 쉽게 볼 수 있는 장소에 투표참관인석을 마련하여야 한다. 〈개정 2005.8.4.〉

⑩ 투표참관인은 투표에 간섭하거나 투표를 권유하거나 기타 어떠한 방법으로든지 선거에 영향을 미치는 행위를 하여서는 아니된다.

⑪ 투표관리관은 투표참관인이 투표간섭 또는 부정투표 그 밖에 이 법의 규정에 위반되는 사실을 발견하고 그 시정을 요구한 경우에 그 요구가 정당하다고 인정하는 때에는 이를 시정하여야 한다. 〈개정 2005.8.4.〉

⑫ 투표참관인은 투표소 안에서 사고가 발생한 때에는 투표상황을 촬영할 수 있다.

⑬ 삭제 〈2000.2.16.〉

⑭ 투표참관인신고서의 서식 기타 필요한 사항은 중앙선거관리위원회규칙으로 정한다.

법 제161조제7항을 위반하여 참관인이 되거나 되게 한 자는 2년 이하의 징역 또는 400만원 이하의 벌금에 처한다(제256조제3항세2호라목).

제162조 사전투표참관

제162조(사전투표참관) ① 사전투표관리관은 사전투표참관인으로 하여금 사전투표 상황을 참관하게 하여야 한다. 〈개정 2014.1.17.〉

② 정당 · 후보자 · 선거사무장 또는 선거연락소장은 후보자마다 사전투표소별로 2명의 사전투표참관인을 선정하여 선거일 전 7일까지 구 · 시 · 군선거관리위원회에 서면으로 신고하여야 하고, 필요한 경우 언제든지 신고한 후 교체할 수 있으며 사전투표기간 중에는 사전 투표소에서

교체신고를 할 수 있다. 〈개정 2014.1.17.〉

③ 제2항에 따른 사전투표참관인의 선정이 없거나 한 후보자가 선정한 사전투표참관인 밖에 없는 때에는 관할 구·시·군선거관리위원회가 선거권자중에서 본인의 승낙을 얻어 4인에 달할 때까지 선정한 자를 사전투표참관인으로 한다. 〈개정 2005.8.4., 2014.1.17.〉

④ 사전투표참관에 관하여는 제161조제6항부터 제12항까지의 규정을 준용한다. 이 경우 "읍·면·동선거관리위원회"는 "관할구·시·군선거관리위원회"로, "투표관리관"은 "사전투표 관리관"으로, "투표참관인"은 "사전투표참관인"으로 본다.
〈개정 2000.2.16., 2005.8.4., 2010.1.25., 2014.1.17., 2015.8.13.〉

⑤ 사전투표참관인신고서의 서식, 그 밖에 필요한 사항은 중앙선거관리위원회규칙으로 정한다. 〈개정 2014.1.17.〉

[제목개정 2014.1.17.]

법 제161조제7항을 준용하는 법 제162조제4항을 위반하여 참관인이 되거나 되게 한 자는 2년 이하의 징역 또는 400만원 이하의 벌금에 처한다(제256조제3항제2호라목).

제163조 투표소 등의 출입제한

제163조(투표소 등의 출입제한) ① 투표하려는 선거인·투표참관인·투표관리관, 읍·면·동선거관리위원회 및 그 상급선거관리위원회의 위원과 직원 및 투표사무원을 제외하고는 누구든지 투표소에 들어갈 수 없다. 〈개정 2005.8.4.〉

② 선거관리위원회의 위원·직원·투표관리관·투표사무원 및 투표참관인이 투표소에 출입하는 때에는 중앙선거관리위원회규칙이 정하는 바에 따라 표지를 달거나 붙여야 하며, 이 규정에 의한 표지 외에는 선거와 관련한 어떠한 표시물도 달거나 붙일 수 없다. 〈개정 2005.8.4.〉

③ 제2항의 표지는 다른 사람에게 양도·양여할 수 없다.

④ 사전투표소(제149조에 따라 기표소가 설치된 장소를 포함한다)의 출입제한에 관하여는 제1항부터 제3항까지의 규정을 준용한다. 〈개정 2014.1.17.〉

법 제163조를 위반하여 투표소(제149조제3항 및 제4항에 따른 기표소가 설치된 장소를 포함한다)에 들어가거나, 표지를 하지 아니하거나, 표지 외의 표시물을 달거나 붙이거나, 표지를 양도·양여하거나 하게 한 자는 2년 이하의 징역 또는 400만원 이하의 벌금에 처한다(제256조제3항제2호마목).

제164조 투표소 등의 질서유지

> **제164조(투표소 등의 질서유지)** ① 투표관리관 또는 투표사무원은 투표소의 질서가 심히 문란하여 공정한 투표가 실시될 수 없다고 인정하는 때에는 투표소의 질서를 유지하기 위하여 정복을 한 경찰공무원 또는 경찰관서장에게 원조를 요구할 수 있다. 〈개정 2005.8.4.〉
> ② 제1항의 규정에 의하여 원조요구를 받은 경찰공무원 또는 경찰관서장은 즉시 이에 따라야 한다.
> ③ 제1항의 요구에 의하여 투표소 안에 들어간 경찰공무원 또는 경찰관서장은 투표관리관의 지시를 받아야 하며, 질서가 회복되거나 투표관리관의 요구가 있는 때에는 즉시 투표소 안에서 퇴거하여야 한다. 〈개정 2005.8.4.〉
> ④ 사전투표소의 질서유지에 관하여는 제1항부터 제3항까지의 규정을 준용한다. 이 경우 "투표관리관"은 "사전투표관리관"으로, "투표사무원"은 "사전투표사무원"으로 본다. 〈개정 2014.1.17.〉

제165조 무기나 흉기 등의 휴대금지

> **제165조(무기나 흉기 등의 휴대금지)** ① 제164조(投票所 등의 秩序維持)제1항의 경우를 제외하고는 누구든지 투표소 안에서 무기나 흉기 또는 폭발물을 지닐 수 없다.
> ② 사전투표소(제149조에 따라 기표소가 설치된 장소를 포함한다)에서의 무기나 흉기 등의 휴대금지에 관하여는 제1항을 준용한다. 〈개정 2014.1.17.〉

무기·흉기·폭발물, 그 밖에 사람을 살상할 수 있는 물건을 지니고 투표소(제149조제3항 및 제4항에 따른 기표소가 설치된 장소를 포함한다)·개표소 또는 선거관리위원회 사무소에 함부로 들어간 자는 7년 이하의 징역에 처한다(세245조제1항).

정당한 사유 없이 제1항에 규정된 물건을 지니고 이 법에 규정된 연설·대담장소 또는 대담·토론회장에 들어간 자는 3년 이하의 징역 또는 600만원 이하의 벌금에 처한다(제245조제2항).

제1항 또는 제2항의 죄를 범한 경우에는 그 지닌 무기 등 사람을 살상할 수 있는 물건은 이를 몰수한다(제245조제3항).

제166조 투표소내외에서의 소란언동금지 등

제166조(투표소내외에서의 소란언동금지 등) ① 투표소 안에서 또는 투표소로부터 100미터 안에서 소란한 언동을 하거나 특정 정당이나 후보자를 지지 또는 반대하는 언동을 하는 자가 있는 때에는 투표관리관 또는 투표사무원은 이를 제지하고, 그 명령에 불응하는 때에는 투표소 또는 그 제한거리 밖으로 퇴거하게 할 수 있다. 이 경우 투표관리관 또는 투표사무원은 필요하다고 인정하는 때에는 정복을 한 경찰공무원 또는 경찰관서장에게 원조를 요구할 수 있다. 〈개정 2005.8.4.〉

② 제1항의 규정에 의하여 퇴거당한 선거인은 최후에 투표하게 한다. 다만, 투표관리관은 투표소의 질서를 문란하게 할 우려가 없다고 인정하는 때에는 그 전에라도 투표하게 할 수 있다. 〈개정 2005.8.4.〉

③ 누구든지 제163조(投票所 등의 出入制限)제2항의 규정에 의하여 표지를 달거나 붙이는 경우를 제외하고는 선거일에 완장·흉장 등의 착용 기타의 방법으로 선거에 영향을 미칠 우려가 있는 표지를 할 수 없다.

④ 제164조(投票所 등의 秩序維持)제2항 및 제3항의 규정은 투표소 내외에서의 소란언동금지 등에 이를 준용한다.

⑤ 사전투표소 내외에서의 소란언동금지 등에 관하여는 제1항부터 제4항까지의 규정을 준용한다. 이 경우 "투표관리관"은 "사전투표관리관"으로, "투표사무원"은 "사전투표사무원"으로, "선거일에"는 "사전투표소 안에서"로 본다. 〈개정 2014.1.17.〉

법 제166조에 따른 명령에 불응한 자 또는 같은 규정을 위반한 표지를 하거나 하게 한 자는 2년 이하의 징역 또는 400만원 이하의 벌금에 처한다(제256조제3항제2호바목).

제166조의2 투표지 등의 촬영행위 금지

제166조의2(투표지 등의 촬영행위 금지) ① 누구든지 기표소 안에서 투표지를 촬영하여서는 아니 된다.

② 투표관리관 또는 사전투표관리관은 선거인이 기표소 안에서 투표지를 촬영한 경우 해당 선거인으로부터 그 촬영물을 회수하고 투표록에 그 사유를 기록한다. 〈개정 2014.1.17.〉

[본조신설 2010.1.25.]

법 제166조의2제1항을 위반하여 투표지를 촬영한 사람은 2년 이하의 징역 또는 400만원 이하의 벌금에 처한다(제256조제3항제2호사목).

제167조 투표의 비밀보장

> **제167조(투표의 비밀보장)** ① 투표의 비밀은 보장되어야 한다.
>
> ② 선거인은 투표한 후보자의 성명이나 정당명을 누구에게도 또한 어떠한 경우에도 진술할 의무가 없으며, 누구든지 선거일의 투표마감시각까지 이를 질문하거나 그 진술을 요구할 수 없다. 다만, 텔레비전방송국·라디오방송국·「신문 등의 진흥에 관한 법률」 제2 조제1호가목 및 나목에 따른 일간신문사가 선거의 결과를 예상하기 위하여 선거일에 투표소로부터 50미터 밖에서 투표의 비밀이 침해되지 않는 방법으로 질문하는 경우에는 그러하지 아니하며 이 경우 투표마감시각까지 그 경위와 결과를 공표할 수 없다.
>
> 〈개정 1995.12.30., 2000.2.16., 2004.3.12., 2005.8.4., 2010.1.25., 2012.2.29.〉
>
> ③ 선거인은 자신이 기표한 투표지를 공개할 수 없으며, 공개된 투표지는 무효로 한다.

법 제167조를 위반하여 투표의 비밀을 침해하거나 선거일의 투표마감시각 종료 이전에 선거인에 대하여 그 투표하고자 하는 정당이나 후보자 또는 투표한 정당이나 후보자의 표시를 요구한 자와 투표결과를 예상하기 위하여 투표소로부터 50미터 이내에서 질문하거나 투표마감시각 전에 그 경위와 결과를 공표한 자는 3년 이하의 징역 또는 600만원 이하의 벌금에 처한다.

이 경우에 있어서 선거관리위원회의 위원·직원, 선거사무에 관계있는 공무원, 검사, 경찰공무원(司法警察官吏를 포함한다) 또는 군인(軍搜査機關所屬軍務員을 포함한다)이 위와 같은 행위를 하거나 하게 한 때에는 5년 이하의 징역에 처한다(제241조제1항·제2항).

관련 판례

1. 주위적 공소사실의 요지

피고인은 경산시 (면, 리 생략) 이장으로서 농업에 종사하는 사람인바, 누구든지 투표의 비밀을 침해하여서는 아니 됨에도 불구하고, 다음과 같이 공소외 1, 2의 투표의 비밀을 침해하였다.

가. 2006. 5. 21.경 경산시 (상세 주소 생략) 소재 피고인의 집에서, 2006. 5. 31. 실시 제4회 지방선거와 관련하여 그 전에 피고인이 거소투표신고를 하여 준 공소외 1로부터 거소투표용지에 기표하는 것을 도와달라는 부탁을 받게 되자, 기표할 후보자를 피고인 이 임의로 결정하여 기표한 다음 2006. 5. 23.경 경산시선거관리위원회에 우편발송하였다.

나. 2006. 5. 22.경 같은 장소에서 위 지방선거와 관련하여 그 전에 피고인이 거소투표신고를 해준 공소외 2로부터 거소투표용지에 기표하는 것을 도와달라는 부탁을 받게 되 자, 기초의원 선거에 있어서는 공소외 2에게 같은 지역 출신 후보자 공소외 3에게 기표할 것을 권유하여 승낙하자, 피고인이 직접 공소외 3에게 기표하고, 나머지 선거에 있어서는 기표할 후보자를 피고인이 임의로 결정하여 기표한 다음 2006. 5. 23.경 경 산시선거관리위원회에 우편발송하였다.

2. 판 단

가. 공직선거법 제167조에 규정된 '투표의 비밀'의 의미

공직선거법은 투표의 비밀보장에 관하여 제167조에서 "① 투표의 비밀은 보장되어야 한다. ② 선거인은 투표한 후보자의 성명이나 정당명을 누구에게도 또한, 어떠한 경우에도 진술할 의무가 없으며, 누구든지 선거일의 투표마감시각까지 이를 질문하거나 그 진술을 요구할 수 없다. ③ 선거인은 자신이 기표한 투표지를 공개할 수 없으며, 공개된 투표지는 무효로 한다."고 규정하고 있고, 투표과정에서 사위의 방법을 사용하거나 타인의 투표에 관여하는 행위에 관하여는 별도의 규정[투표 · 개표의 간섭 및 방해죄(공직선거법 제242조), 사위투표죄(공직선거법 제248조)]을 두고 있다. 이와 같은 공직선거법의 전체적 구조나 규정체계, 이 사건 적용법조인 공직선거법 제167조의 규정 내용(제2항 이하에서 '투표한' 내지 '기표한'으로 명시하고 있음)을 종합하면, 공직선거법 제167조제1항에서 규정한 '투표의 비밀'은 선거인의 의사가 투표행위를 통하여 확정적으로 표시된 '투표의 결과'를 의미하는 것으로 해석함이 타당하다(이에 따라 같은 조제2항 내지 제4항에서는 이러한 투표의 비밀보장을 위하여 구체적인 금지행위의 유형을 명시하고 있다).

나. 피고인이 거소투표자의 '투표의 비밀'을 침해하였는지 여부

(1) 먼저 이 사건 공소사실 제1항 및 제2항 중 기초의원선거를 제외한 나머지 선거에서 피고인이 거소투표용지에 기표한 부분에 관하여 본다.

이 부분 공소사실은 피고인이 거소투표자인 공소외 1이나 공소외 2로부터 투표의사에 대한 어떠한 승낙 없이 임의로 투표의사를 결정하여 기표하였다는 것으로, 위 거소투표자들의 의사가 투표행위를 통하여 전혀 표시된 바가 없으므로 그들의 '투표의 비밀'도 존재하지 않는다. 따라서 공직선거법 제241조의 투표비밀침해죄는 성립될 수 없다.

(2) 다음으로 이 사건 공소사실 제2항 중 기초의원 선거의 거소투표용지에 공소외 2의 승낙을 받아 기표하였다는 부분에 관하여 본다.

기록에 의하면, 공소외 2는 피고인이 이장으로 있는 마을에 독거하는 83세의 노인으로서 글을 읽지 못하고 건강 상태가 좋지 않는 등의 사정으로 평소 피고인으로부터 수시로 도움을 받아 온 사실, 공소외 2는 2006. 5. 22. 피고인을 찾아와 거소투표를 하는 데 도움을 요청한 사실, 이에 피고인이 공소외 2를 대신하여 임의로 거소투표용지에 기표하면서 기초의원선거후보자에 관하여는 (면 이름 생략)면 출신의 후보인 공소외 3에게 기표할 것을 권유한 후 공소외 2가 별다른 반대의 의사표시를 하지 않자 공소외 3에게 기표한 사실, 한편 공소외 2는 수사기관에서 진술하면서 위와 같은 거소투표용지에 기표할 당시의 상황을 제대로 기억하지 못한 사실을 인정할 수 있다.

이러한 인정 사실을 종합하면, 피고인이 선거인인 공소외 2에게 특정 후보에 대하여 기표할 것을 권유하여 공소외 2가 명시적인 반대의사를 표시하지 않았을 뿐 그 기표에 공소외 2의 능동적인 의사가 반영되었다고 볼 수 없을 뿐더러, 위 투표행위의 실질적 주체가 공소외 2라고 하더라도 그가 직접 기표행위를 하지 않은 이상 공소외 2의 '투표의 비밀'이 성립되었다고 볼 수도 없으며, 가사 그렇지 않다고 하더라도 피고인의 위와 같은 행위는 공소외 2의 '투표의 비밀'이 형성되는 과정에 조력한 것일 뿐 이를 침해한 것으로는 도저히 볼 수 없다.

따라서 이 부분 공소사실에 관해서도 공소외 2의 '투표의 비밀'이 존재한다거나 이를 침해하였다고는 볼 수 없으므로, 이를 전제로 하는 공직선거법 제241조의 투표비밀침해죄는 성립될 수 없다(대구지방법원 2006. 11. 22. 선고 2006고합721 판결).

제168조 투표함 등의 봉쇄 · 봉인

> **제168조(투표함 등의 봉쇄 · 봉인)** ① 투표관리관은 투표소를 닫는 시각이 된 때에는 투표소의 입구를 닫아야 하며, 투표소 안에 있는 선거인의 투표가 끝나면 투표참관인의 참관하에 투표함의 투입구와 그 자물쇠를 봉쇄 · 봉인하여야 한다. 다만, 정당한 사유 없이 참관을 거부하는 투표참관인이 있는 때에는 그 권한을 포기한 것으로 보고, 투표록에 그 사유를 기재한다. 〈개정 2005.8.4.〉
> ② 투표함의 열쇠와 잔여투표용지 및 번호지는 제1항의 규정에 의하여 각각 봉인하여야 한다.

제169조 투표록의 작성

> **제169조(투표록의 작성)** 투표관리관은 투표록을 작성하여 기명하고 서명 또는 날인하여야 한다.
> 〈개정 2011.7.28.〉
> [전문개정 2005.8.4.]

제170조 투표함 등의 송부

> **제170조(투표함 등의 송부)** ① 투표관리관은 투표가 끝난 후 지체 없이 투표함 및 그 열쇠와 투표록 및 잔여투표용지를 관할 구 · 시 · 군선거관리위원회에 송부하여야 한다. 〈개정 2005.8.4.〉
> ② 제1항의 규정에 의하여 투표함을 송부하는 때에는 후보자별로 투표참관인 1인과 호 송에 필요한 정복을 한 경찰공무원을 2인에 한하여 동반할 수 있다. 〈개정 2005.8.4., 2010.3.12.〉

제171조 투표관계서류의 인계

> **제171조(투표관계서류의 인계)** 투표관리관은 투표가 끝난 후 선거인명부 기타 선거에 관한 모든 서류를 관할 구 · 시 · 군선거관리위원회 위원장에게 인계하여야 한다. 〈개정 2005.8.4.〉

제11장 개표

제172조 개표관리

> **제172조(개표관리)** ① 개표사무는 구·시·군선거관리위원회가 이를 행한다.
>
> ② 제173조(開票所)제2항의 규정에 의하여 2개 이상의 개표소를 설치하는 때에는 당해 구·시·군선거관리위원회 위원을 각 개표소에 비등하게 지정·배치하되, 이 법에 의한 개표 관리에 관하여 당해 구·시·군선거관리위원회의 의결을 요하는 사항은 당해 개표소에 배치된 위원[「선거관리위원회법」 제4조(委員의 任命 및 위촉)제13항의 규정에 의한 보조위원을 포함한다. 이하 이 장에서 같다] 수의 과반수의 의결로 결정하고, 구·시·군선거관리위원회 위원장의 직무는 각각 당해 위원장과 부위원장 또는 위원장이 지명한 위원이 행한다. 〈신설 2000.2.16., 2005.8.4.〉
>
> ③ 개표를 개시한 이후에는 개표소에 구·시·군선거관리위원회 재적위원(第173條第2項의 規定에 의하여 2개 이상의 開票所를 設置한 때에는 당해 開票所에 배치된 委員을 말한다)의 과반수가 참석하여야 한다. 〈개정 1995.12.30., 2000.2.16.〉
>
> ④ 「선거관리위원회법」 제4조제13항 및 동법 제5조(委員長)제4항의 규정은 2개 이상의 개표소를 설치하는 선거의 경우에 관하여 이를 준용한다.
> 〈신설 2000.2.16., 2005.8.4.〉

제173조 개표소

> **제173조(개표소)** ① 구·시·군선거관리위원회는 선거일 전 5일까지 그 구·시·군의 사무소 소재지 또는 당해 관할구역(당해 區域 안에 적정한 場所가 없는 때에는 인접한 다른 區域을 포함한다) 안에 설치할 개표소를 공고하여야 한다. 다만, 천재·지변 기타 부득이한 사유가 있는 때에는 이를 변경할 수 있으며, 이 경우에는 즉시 공고하여야 한다.
> 〈개정 1998.4.30.〉
>
> ② 구·시·군선거관리위원회는 2개 이상의 개표소를 설치할 수 있다. 〈신설 2000.2.16.〉
>
> ③ 제147조(투표소의 설치)제3항의 규정은 개표소에 준용한다. 〈신설 2004.3.12.〉
>
> ④ 2개 이상의 개표소를 설치하는 때의 개표의 절차 및 방법 기타 필요한 사항은 중앙선거관리위원회규칙으로 정한다. 〈신설 2000.2.16.〉

제174조 개표사무원

제174조(개표사무원) ① 구 · 시 · 군선거관리위원회는 개표사무를 보조하게 하기 위하여 개표 사무원을 두되, 선거일 전 3일까지 그 성명을 공고하여야 한다.

② 개표사무원은 제147조제9항제1호 내지 제4호에 해당하는 자 또는 공정하고 중립적인 자 중에서 위촉한다. 〈개정 2004.3.12.〉

③ 제147조제9항제1호부터 제4호까지의 기관 · 단체의 장이 선거관리위원회로부터 개표사무원의 추천 협조요구를 받은 때에는 우선적으로 이에 따라야 한다.

〈신설 2014.2.13.〉

④ 삭제 〈2004.3.12.〉

법 제174조(개표사무원)제2항의 규정에 의하여 개표사무원으로 위촉된 자가 정당한 사유 없이 그 직무수행을 거부 · 유기하거나 해태한 때에는 100만원 이하의 과태료를 부과한다(제261조제8항제2호바목).

제175조 개표개시

제175조(개표개시) ① 삭제 〈2004.3.12.〉

② 구 · 시 · 군선거관리위원회는 관할구역 안에 2이상의 선거구가 있는 경우에는 선거구단 위로 개표한다. 〈개정 2000.2.16., 2004.3.12.〉

제176조 사전투표 · 거소투표 및 선상투표의 접수 · 개표

제176조(사전투표 · 거소투표 및 선상투표의 접수 · 개표) ① 구 · 시 · 군선거관리위원회는 우편으로 송부된 사전투표 · 거소투표 및 선상투표를 접수한 때에는 당해 구 · 시 · 군선거관리위원회의 정당추천위원의 참여하에 이를 즉시 우편투표함에 투입 · 보관하여야 한다. 〈개정 2005.8.4., 2014.1.17.〉

② 구 · 시 · 군선거관리위원회는 제158조제6항제2호에 따라 사전투표함을 인계받은 때에는 해당 구 · 시 · 군선거관리위원회의 정당추천위원의 참여하에 투표함의 봉함 · 봉인상태를 확인하고 보관하여야 한다. 〈신설 2014.1.17.〉

③ 제1항에 따른 우편투표함과 제2항에 따른 사전투표함은 개표참관인의 참관하에 선거일 오후

6시(보궐선거등에 있어서는 오후 8시)후에 개표소로 옮겨서 일반투표함의 투표지와 별도로 먼저 개표할 수 있다. 〈개정 1998.4.30., 2004.3.12., 2014.1.17.〉

[제목개정 2014.1.17.]

제177조 투표함의 개함

제177조(투표함의 개함) ① 투표함을 개함하는 때에는 구·시·군선거관리위원회 위원장은 개표참관인의 참관하에 투표함의 봉쇄와 봉인을 검사한 후 이를 열어야 한다. 다만, 정당한 사유 없이 참관을 거부하는 개표참관인이 있는 때에는 그 권한을 포기한 것으로 보고, 개표록에 그 사유를 기재한다. 〈개정 2005.8.4.〉

② 구·시·군선거관리위원회 위원장은 투표함을 개함한 후 투표수를 계산하여 투표록에 기재된 투표용지 교부수와 대조하여야 한다. 이 경우 정당한 사유 없이 개표사무를 지연시키는 위원이 있는 때에는 그 권한을 포기한 것으로 보고, 개표록에 그 사유를 기재한다.

제178조 개표의 진행

제178조(개표의 진행) ① 개표는 투표구별로 구분하여 투표수를 계산한다.
〈개정 2002.3.7.〉

② 구·시·군선거관리위원회는 개표사무를 보조하기 위하여 투표지를 유·무효별 또는 후보자(비례대표국회의원선거 및 비례대표지방의회의원선거에서는 정당을 말한다)별로 구분하거나 계산에 필요한 기계장치 또는 전산조직을 이용할 수 있다. 〈신설 2014.1.17.〉

③ 후보자별 득표수(비례대표국회의원선거 및 비례대표지방의회의원선거에 있어서는 정당별 득표수를 말한다. 이하 이 조에서 같나)의 공표는 구·시·군선거관리위원회 위원장이 투표구별로 집계·작성된 개표상황표에 의하여 투표구단위로 하되, 출석한 구·시·군선거관리위원회 위원 전원은 공표 전에 득표수를 검열하고 개표상황표에 서명하거나 날인하여야 한다. 다만, 정당한 사유 없이 개표사무를 지연시키는 위원이 있는 때에는 그 권한을 포기한 것으로 보고, 개표록에 그 사유를 기재한다.
〈개정 2002.3.7., 2004.3.12., 2005.8.4., 2011.7.28., 2014.1.17.〉

④ 누구든지 제3항에 따른 후보자별 득표수의 공표 전에는 이를 보도할 수 없다. 다만, 선거관리위원회가 제공하는 개표상황 자료를 보도하는 경우에는 그러하지 아니하다.
〈개정 2002.3.7., 2014.1.17.〉

⑤ 개표절차 및 개표상황표의 서식 기타 필요한 사항은 중앙선거관리위원회규칙으로 정한다. 〈개정 2014.1.17.〉

[제목개정 2011.7.28.]

제179조 무효투표

제179조(무효투표) ① 다음 각 호의 어느 하나에 해당하는 투표는 무효로 한다. 〈개정 2002.3.7., 2004.3.12., 2005.8.4., 2015.8.13.〉

1. 정규의 투표용지를 사용하지 아니한 것

2. 어느 란에도 표를 하지 아니한 것

3. 2란에 걸쳐서 표를 하거나 2 이상의 란에 표를 한 것

4. 어느 란에 표를 한 것인지 식별할 수 없는 것

5. Ⓑ표를 하지 아니하고 문자 또는 물형을 기입한 것

6. Ⓑ표 외에 다른 사항을 기입한 것

7. 선거관리위원회의 기표용구가 아닌 용구로 표를 한 것

② 사전투표 및 거소투표의 경우에는 제1항의 규정에 의하는 외에 다음 각 호의 어느 하나에 해당하는 투표도 이를 무효로 한다. 〈개정 2000.2.16., 2005.8.4., 2012.2.29., 2014.1.17.〉

1. 정규의 회송용봉투를 사용하지 아니한 것

2. 회송용봉투가 봉함되지 아니한 것

3. 삭제 〈2005.8.4.〉

4. 삭제 〈2014.1.17.〉

③ 선상투표의 경우에는 제1항에 따라 무효로 하는 경우 외에 다음 각 호의 어느 하나에 해당하는 경우에도 무효로 한다. 〈신설 2012.2.29., 2014.1.17.〉

1. 선상투표신고서에 기재된 팩시밀리 번호가 아닌 번호를 이용하여 전송되거나 전송한 팩시밀리 번호를 알 수 없는 것

2. 같은 선거인의 투표지가 2회 이상 수신된 경우 정상적으로 수신된 최초의 투표지 외의 것

3. 선거인이나 선장 또는 입회인의 서명이 누락된 것(제158조의3제3항단서에 따라 입회인을 두지 아니한 경우 입회인의 서명이 누락된 것은 제외한다)

4. 표지부분에 후보자의 성명이나 정당의 명칭 또는 그 성명이나 명칭을 유추할 수 있는 내용이 표시된 것

④ 다음 각 호의 어느 하나에 해당하는 투표는 무효로 하지 아니한다.

〈개정 2000.2.16., 2005.8.4., 2012.2.29., 2014.1.17.〉

1. ⓘ표가 일부분 표시되거나 ⓘ표 안이 메워진 것으로서 선거관리위원회의 기표용구를 사용하여 기표를 한 것이 명확한 것

2. 한 후보자(비례대표국회의원선거 및 비례대표지방의회의원선거에 있어서는 정당을 말한다. 이하 이 항에서 같다)란에만 2 이상 기표된 것

3. 후보자란 외에 추가 기표되었으나 추가 기표된 것이 어느 후보자에게도 기표한 것으로 볼 수 없는 것

4. 삭제 〈2015.8.13.〉

5. 기표한 것이 전사된 것으로서 어느 후보자에게 기표한 것인지가 명확한 것

6. 인육으로 오손되거나 훼손되었으나 정규의 투표용지임이 명백하고 어느 후보자에게 기표한 것인지가 명확한 것

7. 거소투표(선상투표를 포함한다)의 경우 이 법에 규정된 방법 외의 다른 방법[인장(拇印을 제외한다)의 날인·성명기재 등 누가 투표한 것인지 알 수 있는 것을 제외한다]으로 표를 하였으나 어느 후보자에게 기표한 것인지가 명확한 것

8. 회송용봉투에 성명 또는 거소가 기재되거나 사인이 날인된 것

9. 거소투표자 또는 선상투표자가 투표 후 선거일의 투표개시 전에 사망한 경우 그 거소투표 또는 선상투표

10. 사전투표소에서 투표한 선거인이 선거일의 투표개시 전에 사망한 경우 해당 선거인의 투표

[제목개정 2015.8.13.]

제180조 투표의 효력에 관한 이의에 대한 결정

제180조(투표의 효력에 관한 이의에 대한 결정) ① 투표의 효력에 관하여 이의가 있는 때에는 구·시·군선거관리위원회는 재적위원 과반수의 출석과 출석위원 과반수의 의결로 결정한다. 〈개정 1995.12.30.〉

② 투표의 효력을 결정함에 있어서는 선거인의 의사가 존중되어야 한다.

제181조(개표참관) ① 구·시·군선거관리위원회는 개표참관인으로 하여금 개표소 안에서 개표상
황을 참관하게 하여야 한다.

② 제1항의 개표참관인은 구·시·군선거관리위원회의 관할구역 안에서 실시되는 선거에 후보
자를 추천하는 정당은 6인을, 무소속후보자는 3인을 선정하여 선거일 전일까지 당해 구·시·군
선거관리위원회에 서면으로 신고하여 참관하게 하되, 신고 후 언제든지 교체할 수 있으며 개표일
에는 개표소에서 교체신고를 할 수 있다.
〈개정 1995.4.1., 2000.2.16., 2004.3.12., 2005.8.4.〉

③ 제2항의 규정에 의한 개표참관인의 신고가 없거나 한 정당 또는 한 후보자가 선정한 개표참관인
밖에 없는 때에는 구·시·군선거관리위원회가 선거권자 중에서 본인의 승낙을 얻어 12인[지역
구 자치구·시·군의원선거에 있어서는 6인(한 정당이 선정한 개표참관인밖에 없는 때에는 9인)]
에 달할 때까지 선정한 자를 개표참관인으로 한다.
〈개정 1995.4.1., 2004.3.12., 2005.8.4., 2012.1.17.〉

④ 제3항의 규정에 의하여 구·시·군선거관리위원회가 선정한 개표참관인은 정당한 사유 없이
참관을 거부하거나 그 직을 사임할 수 없다.

⑤ 구·시·군선거관리위원회는 제2항 및 제3항에도 불구하고 개표장소, 선거인수 등을 고려하
여 선거권자의 신청을 받아 제2항에 따라 정당 또는 후보자가 신고할 수 있는 개표 참관인 수의
100분의 20 이내에서 개표참관인을 추가로 선정하여 참관하게 할 수 있다. 〈신설 2015.8.13.〉

⑥ 개표참관인은 투표구에서 송부된 투표함의 인계·인수절차를 참관하고 투표함의 봉쇄·봉인
을 검사하며 그 관리상황을 참관할 수 있다. 〈개정 2015.8.13.〉

⑦ 구·시·군선거관리위원회는 개표참관인이 개표내용을 식별할 수 있는 가까운 거리(1미터
이상 2미터 이내)에서 참관할 수 있도록 개표참관인석을 마련하여야 한다. 〈개정 2015.8.13.〉

⑧ 구·시·군선거관리위원회는 개표참관인이 개표에 관한 위법사항을 발견하여 그 시정을 요구
한 경우에 그 요구가 정당하다고 인정되는 때에는 이를 시정하여야 한다.
〈개정 2015.8.13.〉

⑨ 개표참관인은 개표소 안에서 개표상황을 언제든지 순회·감시 또는 촬영할 수 있으며, 당해
구·시·군선거관리위원회 위원장이 개표소 안 또는 일반관람인석에 지정한 장소에 전화·컴퓨
터 기타의 통신설비를 설치하고, 이를 이용하여 개표상황을 후보자 또는 정당에 통보할 수 있다.
〈개정 2015.8.13.〉

⑩ 구·시·군선거관리위원회는 원활한 개표관리를 위하여 필요한 경우에는 개표참관인을 교대
하여 참관하게 할 수 있다. 이 경우 정당·후보자별로 참관인수의 2분의 1씩 교대하여 참관하게

하여야 한다. 〈개정 2004.3.12., 2015.8.13.〉

⑪ 다음 각 호의 어느 하나에 해당하는 사람은 개표참관인이 될 수 없다.
〈개정 2015.8.13.〉

    1. 대한민국 국민이 아닌 사람

    2. 미성년자

    3. 제18조제1항 각 호의 어느 하나에 해당하는 사람

    4. 제53조제1항 각 호의 어느 하나에 해당하는 사람

⑫ 개표참관인신고서의 서식 기타 필요한 사항은 중앙선거관리위원회규칙으로 정한다.

[제목개정 2015.8.13.]

제18조(선거권이 없는 자) ① 선거일 현재 다음 각 호의 어느 하나에 해당하는 사람은 선거권이 없다. 〈개정 2004.3.12., 2005.8.4., 2015.8.13.〉

    1. 금치산선고를 받은 자

    2. 1년 이상의 징역 또는 금고의 형의 선고를 받고 그 집행이 종료되지 아니하거나 그 집행을 받지 아니하기로 확정되지 아니한 사람. 다만, 그 형의 집행유예를 선고받고 유예기간 중에 있는 사람은 제외한다.

    3. 선거범, 「정치자금법」 제45조(정치자금부정수수죄) 및 제49조(선거비용 관련 위반행위에 관한 벌칙)에 규정된 죄를 범한 자 또는 대통령·국회의원·지방의회의원·지방자치단체의 장으로서 그 재임중의 직무와 관련하여 「형법」(「특정범죄가중처벌 등에 관한 법률」 제2조에 의하여 가중처벌되는 경우를 포함한다) 제129조(수뢰, 사전수뢰) 내지 제132조(알선수뢰)·「특정범죄가중처벌 등에 관한 법률」 제3조(알선수재)에 규정된 죄를 범한 자로서 100만원 이상의 벌금형의 선고를 받고 그 형이 확정된 후 5년 또는 형의 집행유예의 선고를 받고 그 형이 확정된 후 10년을 경과하지 아니하거나 징역형의 선고를 받고 그 집행을 받지 아니하기로 확정된 후 또는 그 형의 집행이 종료되거나 면제된 후 10년을 경과하지 아니한 자(刑이 失效된 者도 포함한다)

    4. 법원의 판결 또는 다른 법률에 의하여 선거권이 정지 또는 상실된 자

제53조(공무원 등의 입후보) ① 다음 각 호의 어느 하나에 해당하는 사람으로서 후보자가 되려는 사람은 선거일 전 90일까지 그 직을 그만두어야 한다. 다만, 대통령선거와 국회의원선거에 있어서 국회의원이 그 직을 가지고 입후보하는 경우와 지방의회의원선거와 지방자치단체의 장의 선거에 있어서 당해 지방자치단체의 의회의원이나 장이 그 직을 가지고 입후보하는 경우에는 그러하지 아니하다.

〈개정 1995.4.1., 1995.12.30., 1997.11.14., 1998.4.30., 2000.2.16., 2002.3.7., 2005.8. 4., 2010.1.25., 2015.12.24.〉

1. 「국가공무원법」 제2조(公務員의 구분)에 규정된 국가공무원과 「지방공무원법」 제2조(公務員의 區分)에 규정된 지방공무원. 다만, 「정당법」 제22조(발기인 및 당원의 자격)제1항제1호단서의 규정에 의하여 정당의 당원이 될 수 있는 공무원(政務職公務員을 제외한다)은 그러하지 아니하다.

2. 각급선거관리위원회 위원 또는 교육위원회의 교육위원

3. 다른 법령의 규정에 의하여 공무원의 신분을 가진 자

4. 「공공기관의 운영에 관한 법률」 제4조제1항제3호에 해당하는 기관 중 정부가 100분의 50 이상의 지분을 가지고 있는 기관(한국은행을 포함한다)의 상근임원

5. 「농업협동조합법」·「수산업협동조합법」·「산림조합법」·「엽연초생산협동조합법」에 의하여 설립된 조합의 상근임원과 이들 조합의 중앙회장

6. 「지방공기업법」 제2조(適用範圍)에 규정된 지방공사와 지방공단의 상근임원

7. 「정당법」 제22조제1항제2호의 규정에 의하여 정당의 당원이 될 수 없는 사립학교교원

8. 중앙선거관리위원회규칙으로 정하는 언론인

9. 특별법에 의하여 설립된 국민운동단체로서 국가 또는 지방자치단체의 출연 또는 보조를 받는 단체(바르게살기운동협의회·새마을운동협의회·한국자유총연맹을 말하며, 시·도조직 및 구·시·군조직을 포함한다)의 대표자

「공직선거관리규칙」

제22조의2(현직을 가지고 입후보할 수 없는 언론인의 범위) 법 제53조제1항제8호에서 "중앙선거관리위원회규칙으로 정하는 언론인"이란 다음 각 호의 어느 하나에 해당하는 언론인을 말한다.

1. 「신문 등의 진흥에 관한 법률」 제9조에 따라 등록한 신문 및 인터넷신문과 「잡지 등 정기간행물의 진흥에 관한 법률」 제15조에 따라 등록하거나 같은 법 제16조에 따라 신고한 정기간행물(분기별 1회 이상 발행하는 것으로 등록된 것만 해당한다) 중 다음 각 목의 어느 하나에 해당하는 것을 제외한 신문, 인터넷신문 및 정기간행물을 발행·경영하는 자와 이에 상시고용되어 편집·취재 또는 집필의 업무에 종사하는 자

가. 정당의 기관지와 「고등교육법」 제2조에 따른 대학, 산업대학, 교육대학, 전문대학, 원격대학, 기술대학 및 각종학교의 학보

나. 산업·경제·사회·과학·종교·교육·문화·체육 등 전문분야에 관한 순수한 학술

및 정보의 제공·교환을 목적으로 발행하는 것

다. 기업체가 소속원에게 그 동정 또는 공지사항을 알리거나 기업의 홍보 또는 제품의 소개를 위하여 발행하는 것

라. 법인·단체 등이 소속원에게 그 동정이나 공지사항을 알릴 목적으로 발행하는 것

마. 정치에 관한 보도·논평의 목적 없이 발행하는 것

바. 그 밖에 여론형성의 목적 없이 발행하는 것

2. 「방송법」에 따른 방송사업(방송채널사용사업은 보도에 관한 전문편성을 행하는 방송 채널 사용사업에 한정한다)을 경영하는 자와 이에 상시고용되어 편집·제작·취재·집필 또는 보도의 업무에 종사하는 자

[본조신설 2015.12.24.]

구 민법(법률 제9650호, 2013. 7. 1. 시행 법률 제10429호로 개정되기 전의 것) 제12조는 "심신상실의 상태에 있는 자에 대하여는 법원은 제9조에 규정한 자의 청구에 의하여 금치산을 선고하여야 한다."고 규정하는 한편, 제9조에서는 "심신이 박약하거나 재산의 낭비로 자기나 가족의 생활을 궁박하게 할 염려가 있는 자에 대하여는 법원은 본인, 배우자, 4촌 이내의 친족, 후견인 또는 검사의 청구에 의하여 한정치산을 선고하여야 한다."고 규정하였다.

그런데 2013. 7. 1. 시행된 민법(법률 제10429호)은 위 한정치산 및 금치산 제도를 폐지하면서 제9조 내지 제11조에서 성년후견 제도에 관하여, 제12조 내지 제14조에서는 한정후견 제도에 관하여 각각 규정하였다.

위와 같이 민법의 금치산 제도 관련 규정이 폐지되는 한편 위 금치산 제도의 대용이라고 평가할 수 있는 성년후견 제도를 신설한 신 민법 부칙은 다음과 같은 경과규정을 마련하였다. 따라서 「공직선거법」 제18조제1항제1호는 신 민법의 시행일로부터 5년이 경과하는 때인 2018. 6. 30.부터는 그 효력을 잃는다.

개표소에서 제181조(開票參觀)의 규정에 의하여 개표참관인이 설치한 통신설비를 파괴 또는 훼손한 자는 5년 이하의 징역에 처한다(제242조제2항).

법 제181조제11항을 위반하여 참관인이 되거나 되게 한 자는 2년 이하의 징역 또는 400 만원 이하의 벌금에 처한다(제256조제3항제2호라목).

법 제181조제3항에 따라 선거관리위원회·재외선거관리위원회가 선정한 참관인이 정당 한 사유 없이 참관을 거부하거나 게을리 한 자에게는 100만원 이하의 과태료를 부과한다 (제261조제8항제1호).

제182조 개표관람

제182조(개표관람) ① 누구든지 구·시·군선거관리위원회가 발행하는 관람증을 받아 구획된 장소에서 개표상황을 관람할 수 있다.

② 제1항의 관람증의 매수는 개표장소를 참작하여 적당한 수로 하되, 후보자별로 균등하게 배부되도록 하여야 한다.

③ 구·시·군선거관리위원회는 일반관람인석에 대하여 질서유지에 필요한 설비를 하여야 한다.

제183조 개표소의 출입제한과 질서유지

> **제183조(개표소의 출입제한과 질서유지)** ① 구·시·군선거관리위원회와 그 상급선거관리위원회의 위원·직원, 개표사무원·개표사무협조요원 및 개표참관인을 제외하고는 누구든지 개표소에 들어갈 수 없다. 다만, 관람증을 배부받은 자와 방송·신문·통신의 취재·보도요원 이 일반관람인석에 들어가는 경우는 그러하지 아니하다. 〈개정 2002.3.7.〉
>
> ② 선거관리위원회의 위원·직원, 개표사무원·개표사무협조요원 및 개표참관인이 개표소에 출입하는 때에는 중앙선거관리위원회규칙이 정하는 바에 따라 표지를 달거나 붙여야 하며, 이를 다른 사람에게 양도·양여할 수 없다. 〈개정 2002.3.7.〉
>
> ③ 구·시·군선거관리위원회위원장이나 위원은 개표소의 질서가 심히 문란하여 공정한 개표가 진행될 수 없다고 인정하는 때에는 개표소의 질서유지를 위하여 정복을 한 경찰공무원 또는 경찰관서장에게 원조를 요구할 수 있다.
>
> ④ 제3항의 규정에 의하여 원조요구를 받은 경찰공무원 또는 경찰관서장은 즉시 이에 따라야 한다.
>
> ⑤ 제3항의 요구에 의하여 개표소 안에 들어간 경찰공무원 또는 경찰관서장은 구·시·군 선거관리위원회위원장의 지시를 받아야 하며, 질서가 회복되거나 위원장의 요구가 있는 때에는 즉시 개표소에서 퇴거하여야 한다.
>
> ⑥ 제3항의 경우를 제외하고는 누구든지 개표소 안에서 무기나 흉기 또는 폭발물을 지 닐 수 없다.

법 제183조(開票所의 出入制限과 秩序維持)제1항의 규정에 위반하여 개표소에 들어간 자 또는 같은조제2항의 규정에 위반하여 표지를 하지 아니하거나 표지외의 표시물을 달거나 붙이거나 표지를 양도·양여하거나 하게 한 자는 2년 이하의 징역 또는 400만원 이하의 벌금에 처한다(제256조제3항제2호아목).

제184조 투표지의 구분

> **제184조(투표지의 구분)** 개표가 끝난 때에는 투표구별로 개표한 투표지를 유효·무효로 구 분하고, 유효투표지는 다시 후보자(비례대표국회의원선거 및 비례대표지방의회의원선거에 있어서는 候補者를 추천한 政黨을 말한다)별로 구분하여 각각 포장하여 구·시·군선거관리위원회위원장이 봉인하여야 한다. 〈개정 2002.3.7., 2004.3.12., 2005.8.4., 2010.1.25.〉

제185조 개표록 · 집계록 및 선거록의 작성 등

> **제185조(개표록 · 집계록 및 선거록의 작성 등)** ① 구 · 시 · 군선거관리위원회는 개표결과를 즉시 공표하고 개표록을 작성하여 관할선거구 선거관리위원회(대통령선거 및 비례대표국회의원선거에 있어서는 市 · 道選擧管理委員會)에 송부하여야 한다. 〈개정 2004.3.12.〉
> ② 제1항의 개표록을 송부받은 관할선거구 선거관리위원회는 지체 없이 후보자(비례대표지방의회의원선거에 있어서는 政黨을 말한다)별 득표수를 계산 · 공표하고 선거록을 작성 하여야 한다. 〈개정 1995.4.1., 2000.2.16., 2002.3.7., 2004.3.12., 2005.8.4.〉
> ③ 시 · 도선거관리위원회가 제1항의 개표록을 송부받은 때에는 대통령선거에 있어서는 후보자별 득표수를, 비례대표국회의원선거에 있어서는 정당별 득표수를 계산 · 공표하고 집계록을 작성하여 중앙선거관리위원회에 송부하여야 한다. 〈개정 2004.3.12.〉
> ④ 중앙선거관리위원회가 제3항의 집계록을 송부받은 때에는 대통령선거에 있어서는 후보자별 득표수를, 비례대표국회의원선거에 있어서는 정당별 득표수를 계산 · 공표하고, 선거록을 작성하여야 한다. 〈개정 2000.2.16., 2004.3.12.〉
> ⑤ 개표록 · 집계록 및 선거록에는 위원장과 출석한 위원 전원이 기명하고 서명 또는 날인 하여야 한다. 다만, 정당한 사유 없이 서명 또는 날인을 거부하는 위원이 있는 때에는 그 권한을 포기한 것으로 보고, 개표록 · 집계록 및 선거록에 그 사유를 기재한다. 〈개정 2011.7.28.〉
> ⑥ 개표록 · 집계록 및 선거록의 서식 기타 필요한 사항은 중앙선거관리위원회규칙으로 정한다.
> [제목개정 2011.7.28.]

제186조 투표지 · 개표록 및 선거록 등의 보관

> **제186조(투표지 · 개표록 및 선거록 등의 보관)** 구 · 시 · 군선거관리위원회는 투표지 · 투표함 · 투표록 · 개표록 · 선거록 기타 선거에 관한 모든 서류를, 시 · 도선거관리위원회는 집계록 및 선거록 기타 선거에 관한 모든 서류를, 중앙선거관리위원회는 선거록 기타 선거에 관한 모든 서류를 그 당선인의 임기중 각각 보관하여야 한다. 다만, 제219조(選擧訴請) · 제222조(選擧訴訟) 및 제223조(當選訴訟)의 규정에 의한 선거에 관한 쟁송이 제기되지 아니하거나 계속되지 아니하게 된 때에는 중앙선거관리위원회규칙이 정하는 바에 따라 그 보존기간을 단축할 수 있다. 〈개정 1995.4.1., 2000.2.16., 2002.3.7.〉

제12장 당선인

제187조 대통령당선인의 결정·공고·통지

> **제187조(대통령당선인의 결정·공고·통지)** ① 대통령선거에 있어서는 중앙선거관리위원회가 유효투표의 다수를 얻은 자를 당선인으로 결정하고, 이를 국회의장에게 통지하여야 한다. 다만, 후보자가 1인인 때에는 그 득표수가 선거권자총수의 3분의 1 이상에 달하여야 당선인으로 결정한다.
> ② 최고득표자가 2인 이상인 때에는 중앙선거관리위원회의 통지에 의하여 국회는 재적 의원 과반수가 출석한 공개회의에서 다수표를 얻은 자를 당선인으로 결정한다.
> ③ 제1항의 규정에 의하여 당선인이 결정된 때에는 중앙선거관리위원회 위원장이, 제2항의 규정에 의하여 당선인이 결정된 때에는 국회의장이 이를 공고하고, 지체 없이 당선인에게 당선증을 교부하여야 한다.
> ④ 천재·지변 기타 부득이한 사유로 인하여 개표를 모두 마치지 못하였다 하더라도 개표를 마치지 못한 지역의 투표가 선거의 결과에 영향을 미칠 염려가 없다고 인정되는 때에는 중앙선거관리위원회는 우선 당선인을 결정할 수 있다.

제188조 지역구국회의원당선인의 결정·공고·통지

> **제188조(지역구국회의원당선인의 결정·공고·통지)** ① 지역구국회의원선거에 있어서는 선거구선거관리위원회가 당해 국회의원지역구에서 유효투표의 다수를 얻은 자를 당선인으로 결정한다. 다만, 최고득표자가 2인 이상인 때에는 연장자를 당선인으로 결정한다.
> ② 후보자등록마감시각에 지역구국회의원후보자가 1인이거나 후보자등록마감 후 선거일 투표개시시각 전까지 지역구국회의원후보자가 사퇴·사망하거나 등록이 무효로 되어 지역구국회의원후보자수가 1인이 된 때에는 지역구국회의원후보자에 대한 투표를 실시하지 아니하고, 선거일에 그 후보자를 당선인으로 결정한다.
> ③ 선거일의 투표개시시각부터 투표마감시각까지 지역구국회의원후보자가 사퇴·사망하거나 등록이 무효로 되어 지역구국회의원후보자수가 1인이 된 때에는 나머지 투표는 실시하지 아니하고 그 후보자를 당선인으로 결정한다.
> ④ 선거일의 투표마감시각 후 당선인결정 전까지 지역구국회의원후보자가 사퇴·사망하거나

등록이 무효로 된 경우에는 개표결과 유효투표의 다수를 얻은 자를 당선인으로 결정 하되, 사퇴 · 사망하거나 등록이 무효로 된 자가 유효투표의 다수를 얻은 때에는 그 국회의원지역구는 당선인이 없는 것으로 한다.

⑤ 제2항 및 제3항의 규정에 의하여 투표를 실시하지 아니하는 때에는 당해 선거구선거관리위원회는 지체 없이 이를 공고하고 상급선거관리위원회에 보고하여야 하며, 하급선거관리위원회에 통지하여야 한다.

⑥ 제1항 내지 제4항의 규정에 의하여 국회의원지역구의 당선인이 결정된 때에는 당해 선거구선거관리위원회 위원장은 이를 공고하고 지체 없이 당선인에게 당선증을 교부하여야 하며, 상급선거관리위원회에 보고하여야 한다.

⑦ 제187조(大統領當選人의 決定 · 公告 · 通知)제4항의 규정은 지역구국회의원당선인의 결정에 이를 준용한다.

제189조 비례대표국회의원의석의 배분과 당선인의 결정 · 공고 · 통지

제189조(비례대표국회의원의석의 배분과 당선인의 결정 · 공고 · 통지) ① 중앙선거관리위원회는 비례대표국회의원선거에서 유효투표총수의 100분의 3 이상을 득표하였거나 지역구국회의원총선거에서 5석 이상의 의석을 차지한 각 정당(이하 이 조에서 "의석할당정당"이라 한다)에 대하여 당해 의석할당정당이 비례대표국회의원선거에서 얻은 득표비율에 따라 비례대표국회의원의석을 배분한다.

② 제1항의 득표비율은 각 의석할당정당의 득표수를 모든 의석할당정당의 득표수의 합계로 나누어 산출한다.

③ 비례대표국회의원의석은 각 의석할당정당의 득표비율에 비례대표국회의원 의석정수(이하이 조에서 "의석정수"라 한다)를 곱하여 산출된 수의 정수(整數)의 의석을 당해 정당에 먼저 배분하고 잔여의석은 소수점 이하 수가 큰 순으로 각 정당에 1석씩 배분하되, 그 수가 같은 때에는 당해 정당 사이의 추첨에 의한다.

④ 중앙선거관리위원회는 제출된 정당별 비례대표국회의원후보자명부에 기재된 당선인으로 될 순위에 따라 정당에 배분된 비례대표국회의원의 당선인을 결정한다.

⑤ 정당에 배분된 비례대표국회의원의석수가 그 정당이 추천한 비례대표국회의원후보자 수를 넘는 때에는 그 넘는 의석은 공석으로 한다.

⑥ 중앙선거관리위원회는 비례대표국회의원선거에 있어서 제198조(천재 · 지변 등으로 인한 재투표)의 규정에 의한 재투표 사유가 발생한 경우에는 그 투표구의 선거인수를 전국 선거인수로

나눈 수에 의석정수를 곱하여 얻은 수의 정수(1 미만의 단수는 1로 본다)를 의석정수에서 뺀 다음 제1항 내지 제4항의 규정에 따라 비례대표국회의원의석을 배분하고 당선인을 결정한다. 다만, 재투표결과에 따라 의석할당정당이 추가될 것으로 예상되는 경우에는 추가가 예상되는 정당마다 의석정수의 100분의 3에 해당하는 정수(1미만의 단수는 1로 본다)의 의석을 별도로 빼야 한다.

⑦ 비례대표국회의원의 당선인이 결정된 때에는 중앙선거관리위원회 위원장은 그 명단을 공고하고 지체 없이 각 정당에 통지하며, 당선인에게 당선증을 교부하여야 한다.

⑧ 제187조(대통령당선인의 결정·공고·통지)제4항의 규정은 비례대표국회의원당선인의 결정에 이를 준용한다.

[전문개정 2004.3.12.]

[2004.3.12. 법률 제7189호에 의하여 2001.7.19. 헌법재판소에서 위헌결정된 이 조를 개정함.]

제190조 지역구지방의회의원당선인의 결정·공고·통지

제190조(지역구지방의회의원당선인의 결정·공고·통지) ① 지역구시·도의원 및 지역구자치구·시·군의원의 선거에 있어서는 선거구 선거관리위원회가 당해 선거구에서 유효투표의 다수를 얻은 자(지역구 자치구·시·군의원선거에 있어서는 有效投票의 다수를 얻은 者 順으로 議員定數에 이르는 者를 말한다. 이하 이 條에서 같다)를 당선인으로 결정한다. 다만, 최고득표자가 2인 이상인 때에는 연장자순에 의하여 당선인을 결정한다.

〈개정 1995.4.1., 2000.2.16., 2005.8.4.〉

② 후보자등록마감시각에 후보자가 당해 선거구에서 선거할 의원정수를 넘지 아니하거나 후보자등록마감 후 선거일 투표개시시각까지 후보자가 사퇴·사망하거나 등록이 무효로 되어 후보자수가 당해 선거구에서 선거할 의원정수를 넘지 아니하게 된 때에는 투표를 실시하지 아니하고, 선거일에 그 후보자를 당선인으로 결정한다.

③ 제187조(大統領當選人의 決定·公告·通知)제4항 및 제188조(地域區國會議員當選人의 決定·公告·通知)제3항 내지 제6항의 규정은 지역구지방의회의원의 당선인의 결정·공고·통지에 이를 준용한다. 이 경우 "지역구국회의원후보자"는 "지역구지방의회의원후보자"로, "1인이 된 때"는 "의원정수를 넘지 아니하게 된 때"로, "그 국회의원지역구"는 "그 선거구" 본다. 〈개정 1995.4.1., 2000.2.16., 2005.8.4.〉

[제목개정 2005.8.4.]

제190조의2(비례대표지방의회의원당선인의 결정 · 공고 · 통지) ① 비례대표지방의회의원선거에 있어서는 당해 선거구 선거관리위원회가 유효투표총수의 100분의 5 이상을 득표한 각 정당(이하 이 조에서 "의석할당정당"이라 한다)에 대하여 당해 선거에서 얻은 득표비율에 비례대표지방의회 의원정수를 곱하여 산출된 수의 정수의 의석을 그 정당에 먼저 배분하고 잔여의석은 단수가 큰 순으로 각 의석할당정당에 1석씩 배분하되, 같은 단수가 있는 때에는 그 득표수가 많은 정당에 배분하고 그 득표수가 같은 때에는 당해 정당 사이의 추첨에 의한다. 이 경우 득표비율은 각 의석할 당정당의 득표수를 모든 의석할당정당의 득표수의 합계로 나누고 소수점 이하 제5위를 반올림하 여 산출한다.

② 비례대표시 · 도의원선거에 있어서 하나의 정당에 의석정수의 3분의 2 이상의 의석이 배분될 때에는 그 정당에 3분의 2에 해당하는 수의 정수(整數)의 의석을 먼저 배분하고, 잔여의석은 나머지 의석할당정당간의 득표비율에 잔여의석을 곱하여 산출된 수의 정수(整數)의 의석을 각 나머지 의석할당정당에 배분한 다음 잔여의석이 있는 때에는 그 단수가 큰 순위에 따라 각 나머지 의석할당정당에 1석씩 배분한다. 다만, 의석정수의 3분의 2에 해당하는 수의 정수(整數)에 해당하는 의석을 배분받는 정당 외에 의석할당정당이 없는 경우에는 의석할당정당이 아닌 정당간 의 득표비율에 잔여의석을 곱하여 산출된 수의 정수(整數)의 의석을 먼저 그 정당에 배분하고 잔여의석이 있을 경우 단수가 큰 순으로 각 정당에 1석씩 배분한다. 이 경우 득표비율의 산출 및 같은 단수가 있는 경우의 의석배분은 제1항의 규정을 준용한다.

③ 관할선거구 선거관리위원회는 비례대표지방의회의원선거에 있어서 제198조(천재 · 지변 등 으로 인한 재투표)의 규정에 의한 재투표 사유가 발생한 때에는 그 투표구의 선거인수를 당해 선거구의 선거인수로 나눈 수에 비례대표지방의회의원 의석정수를 곱하여 얻은 수의 정수(1 미만의 단수는 1로 본다)를 비례대표지방의회의원 의석정수에서 뺀 다음 제1항 및 제2항의 규정에 따라 비례대표지방의회의원의석을 배분하고 당선인을 결정한다. 다만, 비례대표지방의회의원 의석배분이 배제된 정당중 재투표결과에 따라 의석할당정당이 추가될 것으로 예상되는 때에는 추가가 예상되는 정당마다 비례대표지방의회의원정수의 100분의 5에 해당하는 정수(1 미만의 단수는 1로 본다)의 의석을 별도로 **빼야** 한다.

④ 제187조(대통령당선인의 결정 · 공고 · 통지)제4항, 제189조(비례대표국회의원의석의 배분 과 당선인의 결정 · 공고 · 통지)제4항 · 제5항 및 제7항의 규정은 비례대표지방의회의원당선인 의 결정에 이를 준용한다. 이 경우 "중앙선거관리위원회"는 "관할선거구 선거관리위원회"로, "비례대표국회의원"은 "비례대표지방의회의원"으로 본다.

[본조신설 2005.8.4.]

제191조 지방자치단체의 장의 당선인의 결정 · 공고 · 통지

> **제191조(지방자치단체의 장의 당선인의 결정 · 공고 · 통지)** ① 지방자치단체의 장선거에 있어서는 선거구 선거관리위원회가 유효투표의 다수를 얻은 자를 당선인으로 결정하고, 이를 당해 지방의회 의장에게 통지하여야 한다. 다만, 최고득표자가 2인 이상인 때에는 연장자를 당선인으로 결정한다.
> ② 삭제 〈2010.1.25.〉
> ③ 제187조제4항 및 제188조제2항부터 제6항까지의 규정은 지방자치단체의 장의 당선인의 결정에 이를 준용한다. 〈개정 2010.1.25.〉

제191조의2 당선인 사퇴의 신고

> **제191조의2(당선인 사퇴의 신고)** 당선인이 임기개시 전에 사퇴하려는 때에는 직접 해당 선거구 선거관리위원회에 서면으로 신고하여야 하고, 비례대표국회의원선거 또는 비례대표지방의회의원선거의 당선인이 사퇴하려는 때에는 소속정당의 사퇴승인서를 첨부하여야 한다.
> [본조신설 2011.7.28.]

제192조 피선거권상실로 인한 당선무효 등

> **제192조(피선거권상실로 인한 당선무효 등)** ① 선거일에 피선거권이 없는 자는 당선인이 될 수 없다.
> ② 당선인이 임기개시 전에 피선거권이 없게 된 때에는 당선의 효력이 상실된다.
> ③ 당선인이 임기개시 전에 다음 각 호의 어느 하나에 해당되는 때에는 그 당선을 무효로 한다. 〈개정 1995.4.1., 2000.2.16., 2005.8.4., 2010.1.25., 2010.3.12.〉
>   1. 당선인이 제1항의 규정에 위반하여 당선된 것이 발견된 때
>   2. 당선인이 제52조제1항 각 호의 어느 하나 또는 같은 조제2항 · 제3항의 등록무효사유에 해당하는 사실이 발견된 때
>   3. 비례대표국회의원 또는 비례대표지방의회의원의 당선인이 소속정당의 합당 · 해산 또는 제명 외의 사유로 당적을 이탈 · 변경하거나 2 이상의 당적을 가지고 있는 때(當選人決定시 2 이상의 黨籍을 가진 者를 포함한다)
> ④ 비례대표국회의원 또는 비례대표지방의회의원이 소속정당의 합당 · 해산 또는 제명 외의 사유로 당적을 이탈 · 변경하거나 2 이상의 당적을 가지고 있는 때에는 「국회법」 제136조(退職) 또는

「지방자치법」 제78조(의원의 퇴직)의 규정에 불구하고 퇴직된다. 다만, 비례대표국회의원이
국회의장으로 당선되어 「국회법」 규정에 의하여 당적을 이탈한 경우에는 그러하지 아니하다.
〈개정 1995.4.1., 2000.2.16., 2002.3.7., 2005.8.4., 2007.5.11.〉

⑤ 제2항 및 제3항의 경우 관할선거구 선거관리위원회[제187조(大統領當選人의 決定·公告
·통지)제2항의 규정에 의하여 국회에서 대통령당선인을 결정한 경우에는 국회]는 그 사실을
공고하고 당해 당선인 및 그 당선인의 추천정당에 통지하여야 하며, 당선의 효력이 상실되거나
무효로 된 자가 대통령당선인 및 국회의원당선인인 때에는 국회의장에게, 지방자치단체의 의회
의원 및 장의 당선인인 때에는 당해 지방의회의장에게 통지하여야 한다.

제52조(등록무효) ① 후보자등록 후에 다음 각 호의 어느 하나에 해당하는 사유가 있는 때에는
그 후보자의 등록은 무효로 한다.

〈개정 1998.4.30., 2000.2.16., 2002.3.7., 2004.3.12., 2005.8.4., 2006.10.4., 2010.1.2
5., 2014.1.17., 2015.8.13.〉

1. 후보자의 피선거권이 없는 것이 발견된 때

2. 제47조(政黨의 候補者推薦)제1항본문의 규정에 위반하여 선거구별로 선거할 정수 범위를
   넘어 추천하거나 비례대표지방의회의원선거에 있어 같은 조제3항의 규정에 의한 여성후보
   자추천의 비율과 순위를 위반하거나, 제48조(選擧權者의 候補者推薦) 제2항의 규정에
   의한 추천인수에 미달한 것이 발견된 때

3. 제49조제4항제2호부터 제5호까지의 규정에 따른 서류를 제출하지 아니한 것이 발견된 때

4. 제49조제6항의 규정에 위반하여 등록된 것이 발견된 때

5. 제53조제1항부터 제3항까지 또는 제5항을 위반하여 등록된 것이 발견된 때

6. 정당추천후보자가 당적을 이탈·변경하거나 2 이상의 당적을 가지고 있는 때(候補者 登錄
   申請시에 2 이상의 黨籍을 가진 경우를 포함한다), 소속정당의 해산이나 그 등록의 취소
   또는 중앙당의 시·도당창당승인취소가 있는 때

7. 무소속후보자가 정당의 당원이 된 때

8. 제57조의2제2항 또는 제266조제2항·제3항을 위반하여 등록된 것이 발견된 때

9. 정당이 그 소속 당원이 아닌 사람이나 「정당법」 제22조에 따라 당원이 될 수 없는 사람을
   추천한 것이 발견된 때

10. 다른 법률에 따라 공무담임이 제한되는 사람이나 후보자가 될 수 없는 사람에 해당하는
    것이 발견된 때

11. 정당 또는 후보자가 정당한 사유 없이 제65조제9항을 위반하여 후보자정보공개자료를
    제출하지 아니한 것이 발견된 때

② 제47조제5항을 위반하여 등록된 것이 발견된 때에는 그 정당이 추천한 해당 국회의원지역구의 지역구시·도의원후보자 및 지역구자치구·시·군의원후보자의 등록은 모두 무효로 한다. 다만, 제47조제5항에 따라 여성후보자를 추천하여야 하는 지역에서 해당 정당이 추천한 지역구시·도의원후보자의 수와 지역구자치구·시·군의원후보자의 수를 합한 수 가 그 지역구시·도의원 정수와 지역구자치구·시·군의원 정수를 합한 수의 100분의 50에 해당하는 수(1 미만의 단수는 1로 본다)에 미달하는 경우와 그 여성후보자의 등록이 무효로 된 경우에는 그러하지 아니하다. 〈신설 2010.3.12.〉

③ 후보자가 같은 선거의 다른 선거구나 다른 선거의 후보자로 등록된 때에는 그 등록은 모두 무효로 한다. 〈개정 2000.2.16., 2010.3.12.〉

제49조(후보자등록 등) ① 후보자의 등록은 대통령선거에서는 선거일 전 24일, 국회의원선거와 지방자치단체의 의회의원 및 장의 선거에서는 선거일 전 20일(이하 "후보자등록신청개시일"이라 한다)부터 2일간(이하 "후보자등록기간"이라 한다) 관할선거구 선거관리위원회에 서면으로 신청하여야 한다. 〈개정 2011.7.28.〉

② 정당추천후보자의 등록은 대통령선거와 비례대표국회의원선거 및 비례대표지방의회의원선거에 있어서는 그 추천정당이, 지역구국회의원선거와 지역구지방의회의원 및 지방자치단체의 장의 선거에 있어서는 정당추천후보자가 되고자 하는 자가 신청하되, 추천정당의 당인(黨印) 및 그 대표자의 직인이 날인된 추천서와 본인승낙서(대통령선거와 비례대표국회의원선거 및 비례대표지방의회의원선거에 한한다)를 등록신청서에 첨부하여야 한다. 이 경우 비례대표국회의원후보자와 비례대표지방의회의원후보자의 등록은 추천정당이 그 순위를 정한 후보자명부를 함께 첨부하여야 한다. 〈개정 2011.7.28.〉

③ 무소속후보자가 되고자 하는 자는 제48조에 따라 선거권자가 기명하고 날인(무인을 허용하지 아니한다)하거나 서명한 추천장[단기(單記) 또는 연기(連記)로 하며 간인(間印)을 요하지 아니한다]을 등록신청서에 첨부하여야 한다. 〈개정 2011.7.28., 2015.12.24.〉

④ 제1항부터 제3항까지의 규정에 따라 후보자등록을 신청하는 자는 다음 각 호의 서류를 제출하여야 하며, 제56조제1항에 따른 기탁금을 납부하여야 한다.
〈개정 2000.2.16., 2002.3.7., 2004.3.12., 2005.8.4., 2006.3.2., 2008.2.29., 2010.1.25., 2011.7.28., 2014.1.17., 2014.2.13.〉

   2. 「공직자윤리법」 제10조의2(公職選擧候補者 등의 財産公開)제1항의 규정에 의한 등록대상 재산에 관한 신고서

   3. 「공직자 등의 병역사항신고 및 공개에 관한 법률」 제9조(公職選擧候補者의 兵役事項申告 및 公開)제1항의 규정에 의한 병역사항에 관한 신고서

4. 최근 5년간의 후보자, 그의 배우자와 직계존비속(혼인한 딸과 외조부모 및 외손자녀를 제외한다)의 소득세(「소득세법」 제127조제1항에 따라 원천징수하는 소득세는 제출하려는 경우에 한정한다) · 재산세 · 종합부동산세의 납부 및 체납(10만원 이하 또는 3월 이내의 체납은 제외한다)에 관한 신고서. 이 경우 후보자의 직계존속은 자신의 세금납부 및 체납에 관한 신고를 거부할 수 있다.

5. 벌금 100만원 이상의 형의 범죄경력(실효된 형을 포함하며, 이하 "전과기록"이라 한다)에 관한 증명서류

⑥ 정당의 당원인 자는 무소속후보자로 등록할 수 없으며, 후보자등록기간중(候補者登錄申請時를 포함한다) 당적을 이탈 · 변경하거나 2 이상의 당적을 가지고 있는 때에는 당해 선거에 후보자로 등록될 수 없다. 소속정당의 해산이나 그 등록의 취소 또는 중앙당의 시 · 도당창당승인취소로 인하여 당원자격이 상실된 경우에도 또한 같다. 〈개정 2004.3.12.〉

제53조(공무원 등의 입후보) ① 다음 각 호의 어느 하나에 해당하는 사람으로서 후보자가 되려는 사람은 선거일 전 90일까지 그 직을 그만두어야 한다. 다만, 대통령선거와 국회의원선거에 있어서 국회의원이 그 직을 가지고 입후보하는 경우와 지방의회의원선거와 지방자치단체의 장의 선거에 있어서 당해 지방자치단체의 의회의원이나 장이 그 직을 가지고 입후보하는 경우에는 그러하지 아니하다.

〈개정 1995.4.1., 1995.12.30., 1997.11.14., 1998.4.30., 2000.2.16., 2002.3.7., 2005.8. 4., 2010.1.25., 2015.12.24.〉

1. 「국가공무원법」 제2조(公務員의 구분)에 규정된 국가공무원과 「지방공무원법」 제2조(公務員의 區分)에 규정된 지방공무원. 다만, 「정당법」 제22조(발기인 및 당원의 자격)제1항제1호단서의 규정에 의하여 정당의 당원이 될 수 있는 공무원(政務職公務員을 제외한다)은 그러하지 아니하다.

2. 각급선거관리위원회 위원 또는 교육위원회의 교육위원

3. 다른 법령의 규정에 의하여 공무원의 신분을 가진 자

4. 「공공기관의 운영에 관한 법률」 제4조제1항제3호에 해당하는 기관 중 정부가 100분의 50 이상의 지분을 가지고 있는 기관(한국은행을 포함한다)의 상근임원

5. 「농업협동조합법」 · 「수산업협동조합법」 · 「산림조합법」 · 「엽연초생산협동조합법」에 의하여 설립된 조합의 상근임원과 이들 조합의 중앙회장

6. 「지방공기업법」 제2조(適用範圍)에 규정된 지방공사와 지방공단의 상근임원

7. 「정당법」 제22조제1항제2호의 규정에 의하여 정당의 당원이 될 수 없는 사립학교교원

8. 중앙선거관리위원회규칙으로 정하는 언론인

9. 특별법에 의하여 설립된 국민운동단체로서 국가 또는 지방자치단체의 출연 또는 보조를 받는 단체(바르게살기운동협의회·새마을운동협의회·한국자유총연맹을 말하며, 시·도조직 및 구·시·군조직을 포함한다)의 대표자

② 제1항본문에도 불구하고 다음 각 호의 어느 하나에 해당하는 경우에는 선거일 전 30 일까지 그 직을 그만두어야 한다. 〈신설 2010.1.25., 2015.8.13.〉

　1. 비례대표국회의원선거나 비례대표지방의회의원선거에 입후보하는 경우

　2. 보궐선거등에 입후보하는 경우

　3. 국회의원이 지방자치단체의 장의 선거에 입후보하는 경우

　4. 지방의회의원이 다른 지방자치단체의 의회의원이나 장의 선거에 입후보하는 경우

③ 제1항단서에도 불구하고 비례대표국회의원이 지역구국회의원 보궐선거등에 입후보하는 경우 및 비례대표지방의회의원이 해당 지방자치단체의 지역구지방의회의원 보궐선거 등에 입후보하는 경우에는 후보자등록신청 전까지 그 직을 그만두어야 한다. 〈신설 2010.1.25.〉

⑤ 제1항 및 제2항에도 불구하고, 지방자치단체의 장은 선거구역이 당해 지방자치단체의 관할구역과 같거나 겹치는 지역구국회의원선거에 입후보하고자 하는 때에는 당해 선거의 선거일 전 120일까지 그 직을 그만두어야 한다. 다만, 그 지방자치단체의 장이 임기가 만료된 후에 그 임기만료일부터 90일 후에 실시되는 지역구국회의원선거에 입후보하려는 경우에는 그러하지 아니하다. 〈개정 2000.2.16., 2003.10.30., 2010.1.25.〉

[제목개정 2015.8.13.]

[2003.10.30. 법률 제6988호에 의하여 2003.9.25. 헌법재판소에서 위헌결정된 이 조제5항을 개정함.]

제57조의2(당내경선의 실시) ② 정당이 당내경선[당내경선의 후보자로 등재된 자(이하 "경선후보자"라 한다)를 대상으로 정당의 당헌·당규 또는 경선후보자간의 서면합의에 따라 실시한 당내경선을 대체하는 여론조사를 포함한다]을 실시하는 경우 경선후보자로서 당해 정당의 후보자로 선출되지 아니한 자는 당해 선거의 같은 선거구에서는 후보자로 등록될 수 없다. 다만, 후보자로 선출된 자가 사퇴·사망·피선거권 상실 또는 당적의 이탈·변경 등으로 그 자격을 상실한 때에는 그러하지 아니하다.

제266조(선거범죄로 인한 공무담임 등의 제한) ② 다음 각 호의 어느 하나에 해당하는 사람은 당선인의 당선무효로 실시사유가 확정된 재선거(당선인이 그 기소 후 확정판결 전에 사직함으로 인하여 실시사유가 확정된 보궐선거를 포함한다)의 후보자가 될 수 없다. 〈개정 2010.1.25.〉

　1. 제263조 또는 제265조에 따라 당선이 무효로 된 사람(그 기소 후 확정판결 전에 사직한

사람을 포함한다)

2. 당선되지 아니한 사람(후보자가 되려던 사람을 포함한다)으로서 제263조 또는 제265조에
   규정된 선거사무장 등의 죄로 당선무효에 해당하는 형이 확정된 사람

③ 다른 공직선거(교육의원선거 및 교육감선거를 포함한다)에 입후보하기 위하여 임기 중 그
직을 그만둔 국회의원·지방의회의원 및 지방자치단체의 장은 그 사직으로 인하여 실시사유가
확정된 보궐선거의 후보자가 될 수 없다. 〈신설 2010.1.25.〉

제193조 당선인결정의 착오시정

제193조(당선인결정의 착오시정) ① 선거구선거관리위원회[제187조(大統領當選人의 決定·公
告·통지)제2항의 규정에 의하여 국회에서 대통령당선인을 결정하는 경우에는 국회]는 당선인결
정에 명백한 착오가 있는 것을 발견한 때에는 선거일 후 10일 이내에 당선인의 결정을 시정하여야
한다.

② 선거구선거관리위원회(中央選擧管理委員會를 제외한다)가 제1항의 규정에 의한 시정을 하는
때에는 지역구국회의원선거, 비례대표시·도의원선거, 지역구세종특별자치시의회의원선거
및 시·도지사선거에 있어서는 중앙선거관리위원회의, 지역구시·도의원선거(지역구세종특
별자치시의회의원선거는 제외한다) 및 자치구·시·군의 의회의원과 장의 선거에 있어서는 시·
도선거관리위원회의 심사를 받아야 한다. 〈개정 1995.4.1., 2002.3.7., 2015.8.13.〉
[제목개정 2015.8.13.]

제194조 당선인의 재결정과 비례대표국회의원의석 및 비례대표지방의회의원의석의 재배분

제194조(당선인의 재결정과 비례대표국회의원의석 및 비례대표지방의회의원의석의 재배분) ①
제187조(大統領當選人의 決定·公告·通知)·제188조(地域區國會議員當選人의 決定·公
告·통지)·제190조제1항 내지 제3항 또는 제191조(地方自治團體의 長의 當選人의 決定·公
告·통지)의 규정에 의한 당선인결정의 위법을 이유로 당선무효의 판결이나 결정이 확정된 때에
는 당해 선거구선거관리위원회(第187條第2項의 規定에 의하여 國會에서 大統領當選人을 決定
한 경우에는 國會)는 지체 없이 당선인을 다시 결정하여야 한다. 〈개정 2002.3.7.〉
② 제189조 및 제190조의2(비례대표지방의회의원당선인의 결정·공고·통지)의 규정에 따른
비례대표국회의원의석 또는 비례대표지방의회의원의석의 배분 및 그 당선인결정의 위법을 이유
로 당선무효의 판결이나 결정이 있는 때 또는 제197조의 사유로 인한 재선거를 실시한 때에는
관할선거구 선거관리위원회는 지체 없이 의석을 재배분하고 다시 당선인을 결정하여야 한다.
〈개정 2000.2.16., 2002.3.7., 2005.8.4.〉
③ 선거구선거관리위원회는 비례대표국회의원선거 또는 비례대표지방의회의원선거의 당선인
이 그 임기개시 전에 사퇴·사망하거나 제192조(被選擧權喪失로 인한 當選無效 등) 제2항의
규정에 의하여 당선의 효력이 상실되거나 같은 조제3항의 규정에 의하여 당선 이 무효로 된 때에는
그 선거 당시의 소속정당이 추천한 후보자를 비례대표국회의원후보자명부 또는 비례대표지방의
회의원후보자명부에 기재된 순위에 따라 당선인으로 결정한다.
〈개정 1995.4.1., 2000.2.16., 2005.8.4.〉
④ 선거구선거관리위원회는 비례대표국회의원선거 또는 비례대표지방의회의원선거에 있어서
제198조의 사유로 인한 재투표를 실시한 때에는 당초 선거에서의 득표수와 재투표에서의 득표수
를 합하여 득표비율을 산출하고 그 득표비율에 당해 선거구의 의석정수를 곱하여 얻은 수에서
각 정당이 이미 배분받은 의석수를 뺀 수가 큰 순위에 따라 잔여의석을 배분하고 당선인을 결정한
다. 이 경우 비례대표국회의원선거에 있어서는 제189조제1항 내지 제5항의 규정을, 비례대표지
방의회의원선거에 있어서는 제190조의2의 규정을 준용한다.
〈개정 2002.3.7., 2004.3.12., 2005.8.4.〉
[제목개정 2002.3.7., 2005.8.4.]

제13장 재선거와 보궐선거

제195조 재선거

제195조(재선거) ① 다음 각 호의 1에 해당하는 사유가 있는 때에는 재선거를 실시한다.
〈개정 2000.2.16., 2002.3.7., 2004.3.12., 2005.8.4.〉

　　1. 당해 선거구의 후보자가 없는 때

　　2. 당선인이 없거나 지역구자치구·시·군의원선거에 있어 당선인이 당해 선거구에서 선거할
　　　 지방의회의원 정수에 달하지 아니한 때

　　3. 선거의 전부무효의 판결 또는 결정이 있는 때

　　4. 당선인이 임기개시 전에 사퇴하거나 사망한 때

　　5. 당선인이 임기개시 전에 제192조(被選擧權喪失로 인한 當選無效 등)제2항의 규정에 의하
　　　 여 당선의 효력이 상실되거나 같은 조제3항의 규정에 의하여 당선이 무효로 된 때

　　6. 제263조(選擧費用의 超過支出로 인한 當選無效) 내지 제265조(選擧事務長 등의 選擧犯罪
　　　 로 인한 當選無效)의 규정에 의하여 당선이 무효로 된 때

② 하나의 선거의 같은 선거구에 제200조(보궐선거)의 규정에 의한 보궐선거의 실시사유가 확정
된 후 재선거 실시사유가 확정된 경우로서 그 선거일이 같은 때에는 재선거로 본다.
〈신설 2004.3.12.〉

제196조 선거의 연기

제196조(선거의 연기) ① 천재·지변 기타 부득이한 사유로 인하여 선거를 실시할 수 없거 나 실시하
지 못한 때에는 대통령선거와 국회의원선거에 있어서는 대통령이, 지방의회의원 및 지방자치단체
의 장의 선거에 있어서는 관할선거구 선거관리위원회 위원장이 당해 지방자치단체의 장(職務代行
者를 포함한다)과 협의하여 선거를 연기하여야 한다. 〈개정 2000.2.16.〉

② 제1항의 경우 선거를 연기한 때에는 처음부터 선거절차를 다시 진행하여야 하고, 선거일만을
다시 정한 때에는 이미 진행된 선거절차에 이어 계속하여야 한다.

③ 제1항의 규정에 의하여 선거를 연기하는 때에는 대통령 또는 관할선거구 선거관리위원회
위원장은 연기할 선거명과 연기사유 등을 공고하고, 지체 없이 대통령은 관할선거구 선거관리위

원회 위원장에게, 관할선거구 선거관리위원회 위원장은 당해 지방자치단체의 장에게 각각 통보하여야 한다. 〈개정 2000.2.16.〉

제197조 선거의 일부무효로 인한 재선거

제197조(선거의 일부무효로 인한 재선거) ① 선거의 일부무효의 판결 또는 결정이 확정된 때에는 관할선거구 선거관리위원회는 선거가 무효로 된 당해 투표구의 재선거를 실시한 후 다시 당선인을 결정하여야 한다.

② 제1항의 재선거를 실시함에 있어서 판결 또는 결정에 특별한 명시가 없는 한 제44조제1항에도 불구하고 당초 선거에 사용된 선거인명부를 사용한다. 〈개정 2011.7.28.〉

③ 제1항의 재선거를 실시함에 있어서 정당이 합당한 경우 합당된 정당은 그 재선거의 선거기간 개시일부터 그 다음날까지 당해 선거구선거관리위원회에 합당 전 후보자중 1 인을 후보자로 추천하고, 비례대표국회의원선거 및 비례대표지방의회의원선거에 있어서는 하나의 후보자명부를 제출하되 합당 전 각 정당이 제출한 후보자명부에 등재되지 아니한 자를 추가할 수 없다. 〈개정 1995.4.1., 2002.3.7., 2004.3.12., 2005.8.4.〉

④ 제3항의 기간 내에 추천이 없는 때에는 합당 전 정당의 당해 선거구의 후보자의 등록은 모두 무효로 한다.

⑤ 합당된 정당의 후보자(비례대표국회의원선거 및 비례대표지방의회의원선거에 있어서는 후보자를 추천한 정당을 말한다)의 기호는 당초 선거 당시의 그 후보자의 기호로 한다. 〈개정 2002.3.7., 2004.3.12., 2005.8.4.〉

⑥ 제3항의 규정에 의하여 추천된 후보자의 득표계산에 있어서는 합당으로 인하여 추천을 받지 못한 후보자의 득표는 이를 계산하지 아니한다.

⑦ 비례대표국회의원선거 및 비례대표지방의회의원선거에 있어서 제1항이 규정에 의한 재선거 사유가 확정된 경우에는 그 투표구의 선거인수를 당해 선거구의 선거인수로 나 눈 수에 당해 선거구의 의석정수를 곱하여 얻은 수의 정수(1 미만의 단수는 1로 본다)를 의석정수에서 **뺀** 다음 제189조제1항 내지 제4항 또는 제190조의2의 규정에 따라 의석을 재배분하고, 그 재배분에서 제외된 비례대표국회의원 및 비례대표지방의회의원의 당선은 무효로 한다. 〈신설 2004.3.12., 2005.8.4.〉

⑧ 비례대표국회의원선거 및 비례대표지방의회의원선거에 있어서 제1항의 규정에 의한 재선거를 실시한 때의 의석재배분 및 당선인결정에 있어서는 제194조제4항의 규정을 준용한다. 〈신설 2004.3.12., 2005.8.4.〉

⑨ 제1항의 규정에 의한 재선거에 있어서의 선거운동 및 선거비용 기타 필요한 사항은 이 법의 범위 안에서 중앙선거관리위원회규칙으로 정한다.

[제목개정 2011.7.28.]

제198조 천재 · 지변 등으로 인한 재투표

제198조(천재 · 지변 등으로 인한 재투표) ① 천재 · 지변 기타 부득이한 사유로 인하여 어느 투표구의 투표를 실시하지 못한 때와 투표함의 분실 · 멸실 등의 사유가 발생한 때에는 관할선거구 선거관리위원회는 당해 투표구의 재투표를 실시한 후 당해 선거구의 당선인을 결정한다.
〈개정 1995.4.1., 2002.3.7., 2004.3.12.〉

② 제1항의 규정에 의한 재투표가 당해 선거구의 선거결과에 영향을 미칠 염려가 없다고 인정되는 때에는 재투표를 실시하지 아니하고 당선인을 결정한다.
〈개정 2002.3.7., 2004.3.12.〉

③ 제1항의 재투표를 실시함에 있어서 합당된 정당이 있는 경우 제194조의 비례대표국회의원 및 비례대표지방의회의원의 의석재배분을 위한 득표수의 계산은 그 후보자의 합당 전 정당의 득표수에 합산한다.
〈개정 2000.2.16., 2002.3.7., 2004.3.12., 2005.8.4.〉

④ 제197조(選擧의 一部無效로 인한 再選擧)제3항 내지 제6항의 규정은 천재 · 지변 등으로 인한 재투표에 이를 준용한다.

⑤ 제1항의 규정에 의한 재투표에 있어서의 선거운동 및 선거비용 기타 필요한 사항은 이 법의 범위 안에서 중앙선거관리위원회규칙으로 정한다.

제199조 연기된 선거 등의 실시

제199조(연기된 선거 등의 실시) 제196조(選擧의 延期)제1항의 연기된 선거 또는 제198조 (天災 · 地變 등으로 인한 再投票)제1항의 재투표는 가능한 한 제35조(補闕選擧 등의 選擧 日)의 규정에 의한 선거와 함께 실시하여야 한다. 〈개정 2004.3.12.〉

제200조 보궐선거

제200조(보궐선거) ① 지역구국회의원 · 지역구지방의회의원 및 지방자치단체의 장에 궐원 또는 궐위가 생긴 때에는 보궐선거를 실시한다.

〈개정 1995.4.1., 2000.2.16., 2005.8.4.〉

② 비례대표국회의원 및 비례대표지방의회의원에 궐원이 생긴 때에는 선거구선거관리위원회는 궐원통지를 받은 후 10일 이내에 그 궐원된 의원이 그 선거 당시에 소속한 정당의 비례대표국회의원후보자명부 및 비례대표지방의회의원후보자명부에 기재된 순위에 따라 궐원된 국회의원 및 지방의회의원의 의석을 승계할 자를 결정하여야 한다. 다만, 그 정당이 해산되거나 임기만료일 전 120일 이내에 궐원이 생긴 때에는 그러하지 아니하다.

〈개정 1995.4.1., 2000.2.16., 2005.8.4., 2010.1.25.〉

③ 대통령권한대행자는 대통령이 궐위된 때에는 지체 없이 중앙선거관리위원회에 이를 통보하여야 한다.

④ 국회의장은 국회의원에 궐원이 생긴 때에는 대통령 및 중앙선거관리위원회에 이를 통보하여야 한다.

⑤ 지방의회의장은 당해 지방의회의원에 궐원이 생긴 때에는 당해 지방자치단체의 장과 관할선거구 선거관리위원회에 이를 통보하여야 하며, 지방자치단체의 장이 궐위된 때에는 궐위된 지방자치단체의 장의 직무를 대행하는 자가 당해 지방의회의장과 관할선거구 선거관리위원회에 이를 통보하여야 한다.

⑥ 국회의원 또는 지방의회의원이 제53조(공무원 등의 입후보)의 규정에 의하여 그 직을 그만두었으나 후보자등록신청시까지 제4항 또는 제5항의 규정에 의한 궐원통보가 없는 경우에는 후보자로 등록된 때에 그 통보를 받은 것으로 본다. 〈신설 2004.3.12.〉

[2010.1.25. 법률 제9974호에 의하여 2009.6.25., 2009.10.29. 헌법재판소에서 위헌결정된 이 조제2항을 개정함.]

제201조 보궐선거 등에 관한 특례

제201조(보궐선거등에 관한 특례) ① 보궐선거 등(大統領選擧 · 比例代表國會議員選擧 및 비례대표지방의회의원선거를 제외한다. 이하 이 項에서 같다)은 그 선거일부터 임기만료일까지의 기간이 1년 미만이거나, 지방의회의 의원정수의 4분의 1 이상이 궐원(任期滿了 日까지의 기간이 1年 이상인 때에 再選擧 · 延期된 選擧 또는 再投票事由로 인한 경우를 제외한다)되지 아니한 경우에는 실시하지 아니할 수 있다. 이 경우 지방의회의 의원정수의 4분의 1 이상이 궐원되어 보궐선거

등을 실시하는 때에는 그 궐원된 의원 전원에 대하여 실시하여야 한다.

〈개정 1995.12.30., 2000.2.16., 2001.7.24., 2005.8.4.〉

② 제219조(選擧訴請)제2항 또는 제223조(當選訴訟)의 규정에 의하여 당선의 효력에 관한 쟁송이 계속중인 때에는 보궐선거를 실시하지 아니한다.

③ 지방의회의원의 보궐선거·재선거·연기된 선거 또는 재투표를 실시하는 경우에 지방자치단체의 관할구역의 변경에 따라 그 선거구의 구역이 그 지방의회의원이 속하는 지방자치단체에 상응하는 다른 지방자치단체의 관할구역에 걸치게 된 때에는 당해 지방자치단체에 속한 구역만을 그 선거구의 구역으로 한다.

④ 보궐선거 등의 사유가 발생하였으나 제1항전단의 규정에 해당되어 보궐선거 등을 실시하지 아니하고자 하는 때에는 보궐선거 등의 실시사유가 확정된 날부터 10일 이내에 그 뜻을 공고하고, 국회의원보궐선거 등에 있어서는 대통령이 관할선거구 선거관리위원회에, 지방자치단체의 의회 의원 및 장의 보궐선거 등에 있어서는 관할선거구 선거관리위원회 위원장이 당해 지방의회의장 및 지방자치단체의 장에게 통보하여야 한다. 이 경우에는 제35조제5항의 규정에 불구하고 선거의 실시사유가 확정되지 아니한 것으로 본 다. 〈개정 2000.2.16.〉

⑤ 제1항후단에 따라 보궐선거등을 실시하게 된 때에는 제35조제2항제1호에도 불구하고 그 실시사유가 확정된 때부터 60일 이내에 실시하여야 하며, 관할선거구 선거관리위원회 위원장은 선거일 전 30일까지 선거일을 정하여 공고하여야 한다. 다만, 그 보궐선거등의 선거일이 제35조 제2항제1호에 따른 4월 중 첫 번째 수요일에 실시되는 보궐선거 등의 선거기간개시일 전 40일부터 선거일 후 30일까지의 사이에 있는 경우에는 그 보궐선거 등과 함께 선거를 실시한다.

〈개정 2010.1.25., 2012.1.17., 2015.8.13.〉

⑥ 제1항후단 및 제5항에 따라 실시하는 보궐선거등의 "선거의 실시사유가 확정된 때" 란 제35조 제5항에도 불구하고 관할선거구 선거관리위원회가 해당 지방의회 의장으로부터 그 지방의회의 원정수의 4분의 1 이상의 궐원에 해당하는 의원의 궐원을 통보받은 날을 말한다.

〈신설 2010.1.25.〉

⑦ 보궐선거등(대통령의 궐위로 인한 선거·재선거 및 연기된 선거, 임기만료에 따른 선거와 동시에 실시하는 보궐선거등은 제외한다)에서 제38조제4항제1호부터 제5호까지에 해당하는 사람 외에 보궐선거등이 실시되는 선거구(선거구가 해당 구·시·군의 관할구역보다 작은 경우에는 해당 구·시·군의 관할구역을 말한다) 밖에 거소를 둔 사람도 거소투표신고를 하고 제158조 의2에 따른 거소투표자의 예에 따라 투표할 수 있다.

〈개정 2014.1.17.〉

[제목개정 2015.8.13.]

제14장 동시선거에 관한 특례

제202조 동시선거의 정의와 선거기간

제202조(동시선거의 정의와 선거기간) ① 이 법에서 "동시선거"라 함은 선거구의 일부 또는 전부가 서로 겹치는 구역에서 2 이상의 다른 종류의 선거를 같은 선거일에 실시하는 것을 말한다.

② 동시선거에 있어 선거기간 및 선거사무일정이 서로 다른 때에는 이 법의 다른 규정에 불구하고 선거기간이 긴 선거의 예에 의한다.

제203조 동시선거의 범위와 선거일

제203조(동시선거의 범위와 선거일) ① 임기만료일이 같은 지방의회의원 및 지방자치단체의 장의 선거는 그 임기만료에 의한 선거의 선거일에 동시 실시한다.

② 제35조제2항제2호에 따른 지방자치단체의 장선거가 다음 각 호에 해당되는 때에는 임기만료에 의한 선거의 선거일에 동시 실시한다. 〈개정 1998.4.30., 2000.2.16., 2015.8.13.〉

　　1. 임기만료에 의한 선거의 선거기간중에 그 선거를 실시할 수 있는 기간의 만료일이 있는 보궐선거 등

　　2. 선거를 실시할 수 있는 기간의 만료일이 임기만료에 의한 선거의 선거일 후에 해당 되나 그 선거의 실시사유가 임기만료에 의한 선거의 선거일 30일전까지 확정된 보궐선거 등

③ 임기만료에 따른 국회의원선거 또는 지방의회의원 및 지방자치단체의 장의 선거가 실시되는 연도에는 제35조제2항제1호전단에 따른 보궐선거등은 그 선거일에 실시하지 아니하고 임기만료에 따른 선거의 선거일에 동시 실시한다. 〈개정 2015.8.13.〉

④ 대통령선거가 실시되는 연도에는 제35조제2항제1호전단에 따른 선거일(제203조제3 항에 따라 보궐선거등을 임기만료에 따른 선거와 동시에 실시하는 경우에는 해당 임기 만료에 따른 선거의 선거일을 말한다) 전 30일 후부터 대통령선거의 선거일 전 30일까지 실시사유가 확정된 제35조제2항제1호전단에 따른 보궐선거등은 대통령선거의 선거일에 동시 실시한다.
〈신설 2015.8.13.〉
[제목개정 2015.8.13.]

제204조 선거인명부에 관한 특례

> **제204조(선거인명부에 관한 특례)** ① 동시선거에 있어서 선거인명부와 거소·선상투표신고인명부는 제44조제1항에도 불구하고 각각 하나의 선거인명부와 거소·선상투표신고인명부로 한다. 〈개정 2011.7.28., 2014.1.17.〉
>
> ② 삭제 〈1998.4.30.〉
>
> ③ 동시선거에 사용할 선거인명부 및 거소·선상투표신고인명부의 표지서식 기타 필요한 사항은 중앙선거관리위원회규칙으로 정한다. 〈개정 2014.1.17.〉
>
> [제목개정 2011.7.28.]

제205조 선거운동기구의 설치 및 선거사무관계자의 선임에 관한 특례

> **제205조(선거운동기구의 설치 및 선거사무관계자의 선임에 관한 특례)** ① 동시선거에 있어서 같은 정당의 추천을 받은 2인 이상의 후보자(비례대표지방의회의원선거에 있어서는 候補者를 추천한 政黨을 포함한다. 이하 이 조에서 같다)는 선거사무소와 선거연락소를 공동으로 설치할 수 있다. 〈개정 2002.3.7., 2005.8.4.〉
>
> ② 동시선거에 있어서 같은 정당의 추천을 받은 2인 이상의 후보자는 선거사무장·선거연락소장 또는 선거사무원을 공동으로 선임할 수 있다.
>
> ③ 제1항 및 제2항의 경우 그 설치 또는 선임은 후보자가 각각 설치·선임한 것으로 보며, 그 설치·선임신고서에 그 사실을 명시하여야 하고 공동설치·선임에 따른 비용은 당해 후보자간의 약정에 의하여 분담할 수 있되, 그 분담내역을 설치·선임신고서에 명시하여야 한다.
>
> ④ 후보자는 다른 선거의 후보자의 선거사무장·선거연락소장·선거사무원 또는 회계책임자가 될 수 없다.
>
> ⑤ 선거사무소·선거연락소의 공동설치와 선거사무관계자의 공동선임에 따른 설치·선임신고 및 신분증명서의 서식 기타 필요한 사항은 중앙선거관리위원회규칙으로 정한다.

법 제205조(選擧運動機構의 設置 및 選擧事務關係者의 選任에 관한 特例)제3항의 규정에 위반하여 그 분담내역을 선거사무소·선거연락소의 설치신고서에 명시하지 아니한 자 또는 같은 항의 규정에 위반하여 그 분담내역을 선거사무장·선거연락소장·선거사무원의 선임신고서에 명시하지 아니한 자에게는 이 법에 다른 규정이 있는 경우를 제외하고는 200만원 이하의 과태료를 부과한다(제261조제7항제2호가목·나목).

제206조 선거벽보에 관한 특례

> **제206조(선거벽보에 관한 특례)** 제203조제1항에 따라 동시선거를 실시하는 때의 선거벽보의 매수
> 는 2개의 선거를 동시에 실시하는 때에는 제64조제1항에 따른 기준매수의 3분의 2, 3개 이상의
> 선거를 동시에 실시하는 때에는 기준매수의 2분의 1에 각 상당하는 수로 한다.
> 〈개정 2010.1.25.〉
> [제목개정 2010.1.25.]

제207조 책자형 선거공보에 관한 특례

> **제207조(책자형 선거공보에 관한 특례)** ① 동시선거에 있어서 같은 정당의 추천을 받은 2 인 이상의
> 후보자(대통령선거의 정당추천후보자와 비례대표국회의원선거 및 비례대표지방의회의원선거
> 에 있어서는 후보자를 추천한 정당을 말한다. 이하 이 조에서 같다)는 제65조(선거공보)의 규정에
> 따른 책자형 선거공보를 공동으로 작성할 수 있으며, 책자형 선거공보는 공동으로 작성한 때에는
> 후보자마다 각각 1종을 작성한 것으로 본다. 〈개정 2005.8.4.〉
> ② 관할구역이 큰 선거구의 후보자가 책자형 선거공보의 일부 지면에 작은 선거구의 후보자에
> 관한 내용을 선거구에 따라 달리 게재하는 방법으로 공동작성하였을 경우 큰 선거구의 후보자에
> 관한 내용이 동일한 책자형 선거공보는 1종으로 본다. 〈개정 2005.8.4.〉
> ③ 제1항의 규정에 의하여 책자형 선거공보를 공동으로 작성하는 경우에는 후보자간의 약정에
> 의하여 그 비용을 분담할 수 있다. 이 경우 그 분담내역을 관할구·시·군선거관리위원회에
> 책자형 선거공보를 제출하는 때에 각각 서면으로 신고하여야 한다. 〈개정 2005.8.4.〉
> [제목개정 2005.8.4.]

법 제207조(책자형 선거공보에 관한 特例)제3항후단의 규정을 위반하여 그 분담내역을
선거공보를 제출하는 때에 서면으로 신고하지 아니한 자에게는 이 법에 다른 규정이 있는
경우를 제외하고는 200만원 이하의 과태료를 부과한다(제261조제7항제2호다목).

제209조 공개장소에서의 연설·대담에 관한 특례

> **제209조(공개장소에서의 연설·대담에 관한 특례)** 동시선거에 있어서 같은 정당의 추천을 받은 2인 이상의 후보자는 한 장소에서 제79조에 따른 공개장소에서의 연설·대담을 공동으로 할 수 있다. 〈개정 1995.12.30., 1998.4.30., 2004.3.12., 2010.1.25.〉

제210조 선거와 관련 있는 정당활동의 규제에 관한 특례

> **제210조(선거와 관련있는 정당활동의 규제에 관한 특례)** 동시선거에 있어서 제9장 선거와 관련 있는 정당활동의 규제의 적용에 있어서 기준이 되는 선거는 동시에 실시하는 선거의 수에 불구하고 하나의 선거를 기준으로 하되, 임기만료에 의한 선거와 제35조(補闕選擧 등의 選擧日)제2항 및 제3항의 보궐선거 등이나 제36조(延期된 選擧 등의 選擧日)의 연기된 선거를 동시에 실시하는 경우에는 임기만료에 의한 선거를 기준으로 하고, 제35조제2항 및 제3항의 규정에 의한 보궐선거 등을 동시에 실시하는 때의 "그 선거의 실시 사유가 확정된 때"는 "동시에 실시하는 보궐선거 등 가운데 최초로 그 선거의 실시사유가 확정된 보궐선거 등의 실시사유가 확정된 때"로 본다.

제211조 투표용지·투표안내문 등에 관한 특례

> **제211조(투표용지·투표안내문 등에 관한 특례)** ① 동시선거에 있어서 투표용지는 색도 또는 지질 등을 달리하는 등 중앙선거관리위원회규칙이 정하는 바에 따라 선거별로 구분 이 되도록 작성·교부할 수 있다.
>
> ② 삭제 〈2005.8.4.〉
>
> ③ 동시선거에 있어서 시·도지사선거 및 비례대표시·도의원선거의 투표용지는 제151조 (투표용지와 투표함의 작성)제1항의 규정에 불구하고 중앙선거관리위원회규칙이 정하는 바에 따라 당해 시·도선거관리위원회가 작성한다. 이 경우 투표용지에는 당해 시·도선거관리위원회의 청인을 날인하되, 인쇄날인으로 갈음할 수 있다. 〈개정 2005.8.4.〉
>
> ④ 동시선거에 있어서 투표안내문(점자형 투표안내문을 포함한다. 이하 이 항에서 같다)은 제153조에도 불구하고 중앙선거관리위원회규칙으로 정하는 바에 따라 하나의 투표안내문으로 할 수 있다. 〈개정 2011.7.28.〉
>
> ⑤ 동시선거에 있어서 투표소의 수·설치·설비와 투표용지의 작성·교부자와 교부방법 및 투표절차 기타 필요한 사항은 중앙선거관리위원회규칙으로 정한다.
>
> [제목개정 2011.7.28.]

제212조 거소투표 · 사전투표의 투표용지 발송과 회송 등에 관한 특례

제212조(거소투표 · 사전투표의 투표용지 발송과 회송 등에 관한 특례) 동시선거에서 다음 각
호의 어느 하나에 해당하는 경우에는 해당 선거인마다 하나의 회송용봉투 또는 발송용 봉투를
사용하여 행할 수 있다.

　　1. 거소투표자에 대한 투표용지의 발송 및 투표지 회송

　　2. 사전투표소에서 투표한 선거인의 투표지 회송

[전문개정 2014.1.17.]

제213조 투표참관인 선정 및 지정 등에 관한 특례

제213조(투표참관인 선정 및 지정 등에 관한 특례) ① 동시선거에 있어 투표참관인은 제161조(投票參
觀)제2항의 규정에 의한 선정 · 신고인원수에 불구하고 후보자를 추천한 정당과 무소속후보자마
다 2인을 선정 · 신고하여야 한다. 〈개정 1995.4.1., 2000.2.16., 2005.8.4.〉

② 동시선거의 투표참관인의 지정에 있어 제161조제4항의 "후보자"는 "정당 또는 후보자"로,
"후보자별"은 "정당 · 후보자별"로 본다. 〈개정 2005.8.4.〉

③ 동시선거에서 사전투표참관인은 제162조제2항에 따른 선정 · 신고인원수에 불구하고 당해
선거에 참여한 정당마다 2인을, 무소속후보자는 1인을 선정 · 신고하여야 한다.
〈개정 1995.4.1., 2000.2.16., 2005.8.4., 2014.1.17.〉

④ 동시선거에 있어서 사전투표참관인은 8명 이내로 하되, 제3항의 규정에 의하여 선정 · 신고한
인원수가 8명을 넘는 때에는 관할선거관리위원회는 정당이 선정 · 신고한 자를 우 선 지정하고
나머지 인원은 무소속후보자가 선정 · 신고한 자 중에서 8명에 달할 때까지 추첨에 의하여 지정한
다. 이 경우 정당이 선정 · 신고한 인원수가 8명을 넘는 때에는 제150조제3항부터 제5항까지의
규정에 따른 징당순위의 앞순위의 성낭이 선정 · 신고한 자부터 8명에 달할 때까지 지정한다.
〈신설 1995.5.10., 1997.11.14., 2000.2.16., 2002.3.7., 2005.8.4., 2010.1.25., 2014.1.17.〉

제214조 투표함의 개함 등에 관한 특례

제214조(투표함의 개함등에 관한 특례) 동시선거에 있어서 제175조(개표개시)제2항의 규정에
의한 개표순서는 선거별 또는 그 선거구의 관할구역이 작은 선거구별로 구분하여 행 한다.
〈개정 2004.3.12., 2006.3.2.〉

제215조 개표참관인 등에 관한 특례

> **제215조(개표참관인 등에 관한 특례)** ① 동시선거에 있어서 개표참관인은 제181조(開票參觀)제2항의 규정에 의한 선정 · 신고인원수에 불구하고 후보자를 추천한 정당마다 8인을, 무소속후보자는 2인을 선정 · 신고하여야 한다. 다만, 구 · 시 · 군선거관리위원회는 거소투표 · 선상투표 및 사전투표의 개표를 하는 때에는 정당 또는 후보자가 선정 · 신고한 자 중에서 정당은 4인씩을, 무소속후보자는 1인씩을 참관하게 한다. 〈개정 1995.4.1., 1995.5.10., 2000.2.16., 2005.8.4., 2014.1.17.〉
> ② 동시선거에 있어서 관람증의 매수는 제182조(開票觀覽)제2항의 규정에 불구하고 정당별로 균등하게 우선 배부한 후 무소속후보자별로 균등하게 배부하되, 후보자마다 1매 이상 배부하여야 한다. 〈개정 1995.5.10., 2000.2.16., 2005.8.4.〉

제216조 4개 이상 선거의 동시실시에 관한 특례

> **제216조(4개 이상 선거의 동시실시에 관한 특례)** ① 4개 이상 동시선거에 있어 지역구자치구 · 시 · 군의원선거의 후보자는 제79조(公開場所에서의 演說 · 對談)의 연설 · 대담을 위하여 자동차 1대와 휴대용 확성장치 1조를 사용할 수 있다. 〈개정 1995.5.10., 2000.2.16., 2002.3.7., 2005.8.4.〉
> ② 임기만료에 의한 지방자치단체의 의회의원 및 장의 선거를 동시에 실시하는 경우 개표진행 및 결과공표는 제178조제1항 · 제3항에도 불구하고 읍 · 면 · 동을 단위로 할 수 있다. 〈개정 2010.1.25., 2011.7.28., 2014.1.17.〉
> ③ 삭제 〈2010.1.25.〉
> ④ 삭제 〈2000.2.16.〉
> ⑤ 4개 이상 선거를 동시에 실시하는 경우 제1항 및 제2항 외에 투표소에 설치하는 투표함의 수, 투표와 개표의 절차 · 방법, 제2항의 개표절차 그 밖에 필요한 사항은 중앙선거관리위원회규칙으로 정한다. 〈개정 2006.3.2., 2010.1.25., 2011.7.28.〉
> [제목개정 2011.7.28.]

제217조 투표록 · 개표록 등 작성에 관한 특례

> **제217조(투표록 · 개표록 등 작성에 관한 특례)** 동시선거에 있어 투표록 및 개표록은 선거의 구분 없이 하나의 투표록 및 개표록으로 각각 작성할 수 있다. 〈개정 2005.8.4.〉

제14장의2 재외선거에 관한 특례

제218조 재외선거관리위원회 설치 · 운영

제218조(재외선거관리위원회 설치 · 운영) ① 중앙선거관리위원회는 대통령선거와 임기만료에 따른 국회의원선거를 실시하는 때마다 선거일 전 180일부터 선거일 후 30일까지 「대 한민국재외공관설치법」제2조에 따른 공관(공관이 설치되지 아니한 지역에서 영사사무를 수행하는 사무소와 같은 법 제3조에 따른 분관 또는 출장소를 포함하고, 영사사무를 수행하지 아니하거나 영사관할구역이 없는 공관 및 영사관할구역 안에 공관사무소가 설치되지 아니한 공관은 제외한다. 이하 이 장에서 "공관"이라 한다)마다 재외선거의 공정한 관리를 위하여 재외선거관리위원회를 설치 · 운영하여야 한다. 다만, 대통령의 궐위(闕位)로 인한 선거 또는 재선거는 그 선거의 실시사유가 확정된 날부터 10일 이내에 재외선거관리위원회를 설치하여야 한다. 〈개정 2011.7.28., 2017.3.9.〉

② 재외선거관리위원회는 중앙선거관리위원회가 지명하는 2명 이내의 위원과 국회에 교 섭단체를 구성한 정당이 추천하는 각 1명, 공관의 장 또는 공관의 장이 공관원 중에서 추천하는 1명을 중앙선거관리위원회가 위원으로 위촉하여 구성하되, 그 위원 정수는 홀수로 한다. 다만, 재외선거관리위원회를 구성한 후에 국회에 교섭단체를 구성한 정당의 수에 변경이 있는 때에는 현원을 위원정수로 본다. 〈개정 2012.1.17.〉

③ 다음 각 호의 어느 하나에 해당하는 사람은 재외선거관리위원회의 위원이 될 수 없다. 〈개정 2011.7.28.〉

　　1. 국회의원의 선거권이 없는 사람

　　2. 정당의 당원인 사람

　　3. 재외투표관리관

④ 재외선거관리위원회에 위원장과 부위원장 각 1명을 두되, 위원 중에서 호선(互選)한다. 다만, 공관의 장과 그가 추천하는 공관원은 위원장이 될 수 없다.

⑤ 재외선거관리위원회는 재외선거의 관리를 위하여 필요한 때에는 해당 공관의 장에게 협조를 요구할 수 있으며, 그 협조를 요구받은 공관의 장은 우선적으로 이에 따라야 한다.

⑥ 재외선거관리위원회 위원장은 해당 공관의 장과 협의하여 해당 공관의 소속직원 중에서 간사 · 서기 및 선거사무종사원을 위촉할 수 있다.

⑦ 새로이 구성된 재외선거관리위원회의 최초의 회의소집에 관하여는 공관의 장이 해당 재외선거관리위원회 위원장의 직무를 대행한다.

⑧ 재외선거관리위원회의 관할구역은 해당 공관의 영사관할구역(공관의 장이 다른 대사관의 장을 겸하는 경우에는 그 다른 대사관의 영사관할구역을 포함한다)으로 하고, 그 명칭은 해당 공관명을 붙여 표시하되 약칭을 사용할 수 있다. 〈개정 2011.7.28.〉

⑨ 중앙선거관리위원회는 재외선거관리위원회의 운영기간 중 또는 운영기간 만료 후 6 개월 이내에 다른 선거의 재외선거관리위원회 설치·운영기간이 시작되는 경우에는 제1항에도 불구하고 다른 선거의 재외선거관리위원회를 설치하지 아니하고, 운영 중인 재외선거관리위원회를 다른 선거의 재외선거관리위원회로 본다. 〈신설 2011.7.28.〉

⑩ 「선거관리위원회법」 제4조제3항단서, 제4조제7항부터 제11항까지, 제4조제12항본문, 제5조제3항·제5항, 제7조, 제9조제1호부터 제4호까지, 제10조, 제11조제1항·제3항, 제12조제1항·제3항, 제13조 및 제14조의2는 재외선거관리위원회의 설치·운영에 준용한다. 이 경우 "관계선거관리위원회"·"하급선거관리위원회"·"각급선거관리위원회" 및 "구·시·군선거관리위원회"는 각각 "재외선거관리위원회"로, "선거기간개시일(위탁선거는 제외한다. 이하 같다) 또는 국민투표안공고일"·"선거기간개시일 또는 국민투표안공고일" 및 "선거인명부작성기준일 또는 국민투표안공고일"은 각각 "재외투표소 설치일"로, "당해 또는 읍·면·동선거관리위원회"는 "해당 재외선거관리위원회"로, "구·시·군선거관리위원회 위원장"은 "재외선거관리위원회 위원장"으로, "각 상급선거관리위원회"는 "중앙선거관리위원회"로, "상임위원 또는 부위원장"은 "부위원장"으로, "위원장·상임위원·부위원장"은 "위원장·부위원장"으로, "개표종료시"는 "재외투표 마감일"로 본다. 〈개정 2011.7.28.〉

[본조신설 2009.2.12.]

제218조의2 재외투표관리인의 임명

> **제218조의2(재외투표관리관의 임명)** ① 재외선거에 관한 사무를 처리하기 위하여 공관마다 재외투표관리관을 둔다. 〈개정 2011.7.28.〉
>
> ② 재외투표관리관은 공관의 장으로 한다. 다만, 공관의 장과 총영사를 함께 두고 있는 공관의 경우 그 공관의 장이 총영사를 재외투표관리관으로 지정할 수 있다.
>
> 〈신설 2011.7.28.〉
>
> [본조신설 2009.2.12.]

제218조의3 재외선거관리위원회와 재외투표관리관의 직무

> **제218조의3(재외선거관리위원회와 재외투표관리관의 직무)** ① 재외선거관리위원회는 재외선거에
> 관한 다음 각 호의 사무를 처리한다.
>
>   1. 재외투표소 설치장소와 운영기간 등의 결정 · 공고
>   2. 재외투표소의 투표관리
>   3. 재외투표소 투표사무원 위촉 및 투표참관인 선정
>   4. 재외투표관리관이 행하는 선거관리사무 감독
>   5. 선거범죄 예방 및 단속에 관한 사무
>   6. 그 밖에 재외투표관리관이 필요하다고 인정하여 재외선거관리위원회에 부의하는 사항
>
> ② 재외투표관리관은 다음 각 호의 사무를 처리한다. 〈개정 2015.12.24.〉
>
>   1. 재외선거인 등록신청 · 변경등록신청과 국외부재자 신고의 접수 및 처리
>   2. 재외국민의 선거권 행사에 필요한 사항의 홍보 · 지원
>   3. 재외투표소 설비
>   4. 재외투표 국내 회송 등 재외선거사무(국외부재자투표사무를 포함한다. 이하 같다) 총괄 관리
>   5. 재외선거관리위원회 운영 지원
>
> [본조신설 2009.2.12.]

제218조의4 국외부재자 신고

> **제218조의4(국외부재자 신고)** ① 주민등록이 되어 있는 사람으로서 다음 각 호의 어느 하나에
> 해당하여 외국에서 투표하려는 선거권자(지역구국회의원선거에서는 「주민등록법」 제6조제1항
> 제3호에 해당하는 사람과 같은 법 제19조제4항에 따라 재외국민으로 등록 · 관리되는 사람은
> 제외한다)는 대통령선거와 임기만료에 따른 국회의원선거를 실시하는 때 마다 선거일 전 150일부
> 터 선거일 전 60일까지(이하 이 장에서 "국외부재자 신고기간"이라 한다) 서면 · 전자우편 또는
> 중앙선거관리위원회 홈페이지를 통하여 관할 구 · 시 · 군의 장에게 국외부재자 신고를 하여야
> 한다. 이 경우 외국에 머물거나 거주하는 사람은 공관을 경유하여 신고하여야 한다.
> 〈개정 2011.11.7., 2012.10.2., 2014.1.17., 2015.8.13.〉
>
>   1. 사전투표기간 개시일 전 출국하여 선거일 후에 귀국이 예정된 사람
>   2. 외국에 머물거나 거주하여 선거일까지 귀국하지 아니할 사람
>
> ② 제1항에 따라 국외부재자신고를 하려는 사람은 그 신고서에 다음 각 호의 사항을 적어야 한다.
> 〈개정 2014.2.13., 2015.8.13., 2015.12.24.〉

1. 성명

2. 주민등록번호

3. 주소

4. 거소(로마자 대문자로 적되, 구체적인 방법은 중앙선거관리위원회규칙으로 정한다. 이하 제218조의5제2항제4호에서 같다)

5. 여권번호

③ 제1항에 따른 전자우편을 이용하여 국외부재자신고를 하려는 때에는 재외투표관리관 또는 구·시·군의 장이 공고하는 전자우편주소로 국외부재자신고서를 전송하는 방법으로 하여야 한다. 이 경우 본인명의의 전자우편주소로 자신의 국외부재자신고에 한하여 할 수 있다. 〈신설 2012.10.2.〉

④ 재외투표관리관 또는 구·시·군의 장은 전자우편을 이용한 국외부재자신고를 접수하기 위하여 전자우편 계정을 별도로 개설하는 등 필요한 조치를 하여야 한다. 〈신설 2012.10.2.〉

⑤ 재외투표관리관 또는 구·시·군의 장은 국외부재자신고서에 제2항 각 호에 따른 기재 사항 중 여권번호의 누락이 있는 때에는 해당 선거권자에게 국외부재자신고기간 만료일까지 보완할 것을 통보하여야 하며, 이를 통보받은 선거권자가 국외부재자신고기간 만료일까지 보완하지 아니한 때에는 그 신고를 접수하지 아니한다. 〈신설 2015.12.24.〉

[본조신설 2009.2.12.]

「주민등록법」

제6조(대상자) ① 시장·군수 또는 구청장은 30일 이상 거주할 목적으로 그 관할구역에 주소나 거소(이하 "거주지"라 한다)를 가진 다음 각 호의 사람(이하 "주민"이라 한다)을 이 법의 규정에 따라 등록하여야 한다. 다만, 외국인은 예외로 한다. 〈개정 2014.1.21.〉

3. 재외국민 : 「재외동포의 출입국과 법적 지위에 관한 법률」 제2조제1호에 따른 국민으로서 「해외이주법」 제12조에 따른 영주귀국의 신고를 하지 아니한 사람 중 다음 각 목의 어느 하나의 경우

가. 주민등록이 말소되었던 사람이 귀국 후 재등록신고를 하는 경우

나. 주민등록이 없었던 사람이 귀국 후 최초로 주민등록신고를 하는 경우

제19조(국외이주신고 등) ④ 시장·군수 또는 구청장은 주민등록된 거주자 또는 거주불명자가 「해외이주법」 제6조에 따라 해외이주신고를 하고 출국하거나, 같은 법 제4조제3호의 현지이주를

한 경우에는 이 법 제6조제1항제3호의 재외국민으로 구분하여 등록·관리하여야 한다. 〈신설 2014.1.21.〉

제218조의5 재외선거인 등록신청

제218조의5(재외선거인 등록신청) ① 주민등록이 되어 있지 아니하고 재외선거인명부에 올라 있지 아니한 사람으로서 외국에서 투표하려는 선거권자는 대통령선거와 임기만료에 따른 비례대표국회의원선거를 실시하는 때마다 해당 선거의 선거일 전 60일까지(이하 이 장에서 "재외선거인 등록신청기한"이라 한다) 다음 각 호의 어느 하나에 해당하는 방법으로 중앙선거관리위원회에 재외선거인등록신청을 하여야 한다. 〈개정 2012.10.2., 2015.8.13., 2015.12.24.〉

　　1. 공관을 직접 방문하여 서면으로 신청하는 방법. 이 경우 대한민국 국민은 가족(본인의 배우자와 본인·배우자의 직계존비속을 말한다)의 재외선거인등록신청서를 대리하여 제출할 수 있다.

　　2. 관할구역을 순회하는 공관에 근무하는 직원에게 직접 서면으로 신청하는 방법. 이 경우 제1호후단을 준용한다.

　　3. 우편 또는 전자우편을 이용하거나 중앙선거관리위원회 홈페이지를 통하여 신청하는 방법. 이 경우 외국에 머물거나 거주하는 사람은 공관을 경유하여 신고하여야 한다.

② 재외선거인등록신청(제3항에 따른 변경등록신청을 포함한다. 이하 이 장에서 같다)을 하려는 사람은 그 신청서에 다음 각 호의 사항을 적어야 한다. 〈개정 2011.9.30., 2012.10.2., 2015.8.13., 2015.12.24.〉

　　1. 성명

　　2. 여권번호·생년월일 및 성별

　　3. 국내의 최종주소지(국내의 최종주소지가 없는 사람은 「가족관계의 등록 등에 관한 법률」에 따른 등록기준지)

　　4. 거소

　　5. 「가족관계의 등록 등에 관한 법률」 제15조제1항제1호에 따른 가족관계증명서에 기재된 부 또는 모의 성명 등 중앙선거관리위원회규칙으로 정하는 사항

③ 재외선거인명부에 올라 있는 선거인은 그 기재사항의 변경이 있는 경우에는 제1항 각 호의 어느 하나에 해당하는 방법으로 해당 선거의 선거일 전 60일까지 재외선거인 변경등록신청을 하여야 한다. 〈신설 2015.12.24.〉

④ 재외투표관리관은 매년 1월 31일까지 비자·영주권증명서·장기체류증 또는 거류국의 외국

인등록증 등 재외선거인의 국적확인에 필요한 서류의 종류를 공고하여야 한다. 이 경우 둘 이상의 공관을 둔 국가에서는 대사관의 재외투표관리관이 일괄하여 공고한다.
〈신설 2011.9.30., 2015.8.13., 2015.12.24.〉

⑤ 재외선거인 등록신청에 관하여는 제218조의4제3항부터 제5항까지의 규정을 준용한다. 이 경우 "국외부재자 신고"는 "재외선거인 등록신청"으로, "재외투표관리관 또는 구·시·군의 장"은 "재외투표관리관"으로, "국외부재자신고서"는 "재외선거인 등록신청서 또는 변경등록신청서"로, "국외부재자 신고기간 만료일"은 "재외선거인 등록신청기한"으로, "여권번호"는 "여권번호 및 「가족관계의 등록 등에 관한 법률」 제15조제1항제1호에 따른 가족관계증명서에 기재된 부 또는 모의 성명"으로 본다. 〈신설 2012.10.2., 2015.12.24.〉
[본조신설 2009.2.12.]

제218조의6 공관부재자신고인명부 등 작성

제218조의6(공관부재자신고인명부 등 작성) ① 재외투표관리관이 국외부재자신고서 또는 재외선거인등록신청서(변경등록신청서를 포함한다. 이하 이 장에서 같다)를 접수하면 기재사항의 적정 여부, 정당한 신고·신청 여부를 확인한 다음 제218조의4제1항 각 호의 어느 하나에 해당하는 사람을 대상으로는 공관부재자신고인명부를, 제218조의5제1항 및 제3항에 해당하는 사람을 대상으로는 재외선거인등록신청자명부를 각각 작성(전산정보 자료를 포함한다. 이하 이 장에서 같다)하여야 한다. 〈개정 2015.12.24.〉
② 재외투표관리관은 제1항에 따른 확인을 위하여 필요한 경우에는 「주민등록법」 제30조에 따른 주민등록전산정보자료 또는 「가족관계의 등록 등에 관한 법률」 제11조에 따른 등록전산정보자료, 그 밖에 국가가 관리하는 전산정보자료를 이용할 수 있다.
③ 재외투표관리관이 공관부재자신고인명부와 재외선거인등록신청자명부를 작성하는 때에는 신고서 또는 신청서의 내용에 따라 정확하게 작성하여야 한다.
[본조신설 2009.2.12.]

제218조의7 공관부재자신고인명부 등의 송부

제218조의7(공관부재자신고인명부 등의 송부) ① 재외투표관리관이 공관부재자신고인명부와 재외선거인등록신청자명부를 작성하면 이를 즉시 구·시·군별로 분류하여 국외부재자 신고서 및 재외선거인등록신청서와 함께 외교부장관을 경유하여 중앙선거관리위원회에 보낸다.

〈개정 2013.3.23.〉

② 중앙선거관리위원회가 제1항에 따라 공관부재자신고인명부와 국외부재자신고서를 접수하면 이를 해당 구·시·군의 장에게 보낸다.

③ 제1항 및 제2항에 따른 공관부재자신고인명부, 재외선거인등록신청자명부, 국외부재 자신고 서 및 재외선거인등록신청서의 송부는 전산조직을 이용한 전산정보자료의 전송으로 갈음할 수 있다. 이 경우 해당 서류 원본의 보관, 그 밖에 필요한 사항은 중앙선거관리위원회규칙으로 정한다. 〈신설 2011.7.28.〉

[본조신설 2009.2.12.]

제218조의8 재외선거인명부의 작성

제218조의8(재외선거인명부의 작성) ① 중앙선거관리위원회는 해당 선거의 선거일 전 60 일 현재의 최종주소지 또는 등록기준지를 기준으로 선거일 전 49일부터 선거일 전 40일까지 10일간 해당 선거 직전에 실시한 대통령선거 또는 임기만료에 따른 비례대표국회의원선거에서 확정된 재외선거인명부와 재외투표관리관이 송부한 재외선거인등록신청 서에 따라 재외선거인명부를 작성한다. 이 경우 같은 사람이 2 이상의 재외선거인등록 신청을 한 사실이 발견된 때에는 그 중 가장 나중에 접수된 재외선거인등록신청서에 따라 재외선거인명부를 작성한다.

〈개정 2011.7.28., 2015.12.24.〉

② 중앙선거관리위원회는 해당 선거의 선거일 전 60일까지 해당 선거 직전에 실시한 대 통령선거 또는 임기만료에 따른 비례대표국회의원선거에서 확정된 재외선거인명부에 올 라 있는 선거인의 선거권 유무 등을 확인하여 그 재외선거인명부를 정비하여야 한다. 이 경우 재외선거인명부에 올라 있는 선거인 중 2회 이상 계속하여 재외선거에 투표하지 아니한 선거인은 그 재외선거인명부에서 삭제하여야 한다. 〈신설 2015.12.24.〉

③ 거짓으로 재외선거인등록신청을 한 사람이나 자신의 의사에 따라 신청한 것으로 인 정되지 아니하는 사람은 재외선거인명부에 올릴 수 없다. 〈개정 2015.12.24.〉

④ 다음 각 호의 어느 하나에 해당하는 정보를 관리하는 기관의 장은 선거일 전 150일부터 중앙선거 관리위원회가 재외선거인명부의 작성 및 해당 선거 직전에 실시한 대통령 선거 또는 임기만료에 따른 비례대표국회의원선거에서 확정된 재외선거인명부의 정비를 위하여 필요한 범위에서 해당 정보를 전산조직으로 조회할 수 있도록 필요한 조치를 하여야 한다.

〈개정 2013.3.23., 2014.11.19., 2015.12.24., 2017.7.26.〉

　　1. 「주민등록법」 제30조에 따른 주민등록에 관한 정보

2. 「가족관계의 등록 등에 관한 법률」 제11조에 따른 가족관계등록에 관한 정보

  3. 제18조제1항제1호에 해당하는 금치산자에 관한 정보. 이 경우 행정안전부장관은 해당 정보를 관리하는 구·시·읍·면의 장으로부터 통보받은 자료를 데이터베이스로 구축하여 손쉽게 활용할 수 있도록 하여야 한다.

  4. 제18조제1항제2호부터 제4호까지의 규정에 해당하는 사람에 관한 정보

⑤ 중앙선거관리위원회는 재외선거인 등록을 신청한 사람이 정당한 신청인인지를 확인하기 위하여 관계 행정기관에 필요한 지시를 할 수 있다. 〈개정 2015.12.24.〉

⑥ 국가는 재외선거인명부의 정확한 작성을 위하여 필요한 제도적·재정적 조치를 하여야 한다. 〈신설 2011.7.28., 2015.12.24.〉

[본조신설 2009.2.12.]

제18조(선거권이 없는 자) ① 선거일 현재 다음 각 호의 어느 하나에 해당하는 사람은 선거권이 없다. 〈개정 2004.3.12., 2005.8.4., 2015.8.13.〉

  1. 금치산선고를 받은 자

  2. 1년 이상의 징역 또는 금고의 형의 선고를 받고 그 집행이 종료되지 아니하거나 그 집행을 받지 아니하기로 확정되지 아니한 사람. 다만, 그 형의 집행유예를 선고받고 유예기간 중에 있는 사람은 제외한다.

  3. 선거범, 「정치자금법」 제45조(정치자금부정수수죄) 및 제49조(선거비용 관련 위반행위에 관한 벌칙)에 규정된 죄를 범한 자 또는 대통령·국회의원·지방의회의원·지방자치단체의 장으로서 그 재임중의 직무와 관련하여 「형법」(「특정범죄가중처벌 등에 관한 법률」 제2조에 의하여 가중처벌되는 경우를 포함한다) 제129조(수뢰, 사전수뢰) 내지 제132조(알선수뢰)·「특정범죄가중처벌 등에 관한 법률」 제3조(알선수재)에 규정된 죄를 범한 자로서, 100만원 이상의 벌금형의 선고를 받고 그 형이 확정된 후 5년 또는 형의 집행유예의 선고를 받고 그 형이 확정된 후 10년을 경과하지 아니하거나 징역형의 선고를 받고 그 집행을 받지 아니하기로 확정된 후 또는 그 형의 집행이 종료되거나 면제된 후 10년을 경과하지 아니한 자(刑이 失效된 者도 포함한다)

  4. 법원의 판결 또는 다른 법률에 의하여 선거권이 정지 또는 상실된 자

② 제1항제3호에서 "선거범"이라 함은 제16장 벌칙에 규정된 죄와 「국민투표법」 위반의 죄를 범한 자를 말한다. 〈개정 2005.8.4.〉

법 제18조제1항제1호가 규정하고 있는 '금치산자' 제도는 2013. 7. 1. 시행된 민법(법률 제10429호)의 개정으로 인하여 폐지되었으며, 다만, 위 법의 부칙에 경과규정을 마련함

으로써 2018. 6. 30.까지만 그 효력을 갖게 되었다.

제218조의9 국외부재자신고인명부의 작성

제218조의9(국외부재자신고인명부의 작성) ① 구 · 시 · 군의 장은 국외부재자신고기간만료일 현재의 주소지를 기준으로 선거일 전 49일부터 선거일 전 40일까지 10일간(이하 이 장에서 "국외부재자신고인명부 작성기간"이라 한다) 중앙선거관리위원회가 송부한 국외부재자신고서와 해당 구 · 시 · 군의 장이 직접 접수한 국외부재자신고서에 따라 국외부재자신고인명부를 작성한다. 이 경우 같은 사람이 2 이상의 국외부재자신고를 한 사실이 발견된 때에는 그 중 가장 나중에 접수된 국외부재자신고서에 따라 국외부재자신고인명부를 작성한다. 〈개정 2011.7.28., 2015.8.13.〉

② 거짓으로 국외부재자신고를 한 사람이나 자신의 의사에 따라 신고한 것으로 인정되지 아니하는 사람은 국외부재자신고인명부에 올릴 수 없다.

③ 국외부재자신고인명부 작성의 감독 등에 관하여는 제39조를 준용한다. 이 경우 "선거인명부"는 "국외부재자신고인명부"로, "선거인명부작성기간"은 "국외부재자신고인명부 작성기간"으로 본다.

[본조신설 2009.2.12.]

제39조(명부작성의 감독 등) ① 선거인명부(거소 · 선상투표신고인명부를 포함한다. 이하 이 條에서 같다)의 작성에 관하여는 관할구 · 시 · 군선거관리위원회 및 읍 · 면 · 동선거관리위원회가 이를 감독한다. 〈개정 2005.8.4., 2014.1.17.〉

② 선거인명부작성에 종사하는 공무원이 임면된 때에는 당해 구 · 시 · 군의 장은 지체 없이 관할구 · 시 · 군선거관리위원회에 그 사실을 통보하여야 한다. 〈개정 2009.2.12.〉

③ 선거인명부작성기간중에 선거인명부작성에 종사하는 공무원을 해임하고자 하는 때에는 그 임면권자는 관할구 · 시 · 군선거관리위원회 또는 직근 상급선거관리위원회와 협의하여야 한다.

④ 선거인명부작성에 종사하는 공무원이 정당한 사유 없이 선거인명부작성에 관하여 관할구 · 시 · 군선거관리위원회 또는 읍 · 면 · 동선거관리위원회의 지시 · 명령 또는 시정요구에 불응하거나 그 직무를 태만히 한 때 또는 위법 · 부당한 행위를 한 때에는 관할구 · 시 · 군선거관리위원회 또는 직근 상급선거관리위원회는 임면권자에게 그 교체를 요구할 수 있다. 〈개정 2005.8.4.〉

⑤ 제4항의 교체요구가 있는 때에는 임면권자는 정당한 사유가 없는 한 이에 따라야 한다.

⑥ 삭제 〈1998.4.30.〉

⑦ 삭제 〈1998.4.30.〉

⑧ 누구든지 선거인명부작성사무를 방해하거나 기타 어떠한 방법으로든지 선거인명부작성에 영향을 주는 행위를 하여서는 아니된다. 〈개정 1998.4.30.〉

⑨ 선거인명부작성에 종사하는 공무원의 임면사항 통보 등 기타 필요한 사항은 중앙선거관리위원회규칙으로 정한다. 〈개정 1998.4.30.〉

법 제218조의9제3항이 준용하는 법 제39조제8항의 규정에 위반하여 선거인명부작성사무를 방해하거나 영향을 주는 행위를 한 자는 2년 이하의 징역 또는 400만원 이하의 벌금에 처한다(제256조제3항제2호가목).

제218조의10 재외선거인명부 등의 열람

제218조의10(재외선거인명부등의 열람) ① 중앙선거관리위원회와 구·시·군의 장(이하 이 장에서 "명부작성권자"라 한다)은 재외선거인명부 및 국외부재자신고인명부(이하 "재외선거인명부등"이라 한다)의 작성기간 만료일의 다음날부터 5일간(이하 이 장에서 "재외선거인명부등의 열람기간"이라 한다) 장소를 정하여 재외선거인명부등을 열람할 수 있도록 하여야 한다. 다만, 재외선거인명부는 인터넷 홈페이지에서의 열람에 한한다.

② 선거권자는 누구든지 재외선거인명부등의 열람기간 중 자유로이 재외선거인명부등을 열람할 수 있다.

③ 명부작성권자는 재외선거인명부등의 열람기간 동안 자신이 개설·운영하는 인터넷 홈 페이지에서 국외부재자신고를 한 사람이나 재외선거인등록을 신청한 사람이 자신의 정 보에 한하여 재외선거인명부등을 열람할 수 있도록 하는 기술적 조치를 하여야 한다.

④ 행정안전부장관은 명부작성권자의 협조를 받아 재외선거인 및 국외부재자신고인(이하 "재외선거인등"이라 한다)이 재외선거인명부등의 열람기간 동안 행정안전부가 개설·운영하는 인터넷 홈페이지에서 자신이 재외선거인명부등에 올라 있는지 여부를 확인할 수 있도록 기술적 조치를 하여야 한다. 〈신설 2011.7.28., 2013.3.23., 2014.11.19., 2017.7.26.〉

⑤ 재외투표관리관은 재외선거인명부등의 열람기간 동안 중앙선거관리위원회가 전송하는 재외선거인명부등을 이용하여 재외선거인등이 재외선거인명부등에 올라 있는지 여부를 확인할 수 있도록 하여야 한다. 〈신설 2011.7.28.〉

⑥ 재외선거인명부등의 사본은 교부하지 아니한다. 〈신설 2011.7.28.〉

[본조신설 2009.2.12.]

제218조의11 재외선거인명부등에 대한 이의 및 불복신청 등

제218조의11(재외선거인명부등에 대한 이의 및 불복신청 등) ① 선거권자는 재외선거인명부등의 열람기간 중 재외선거인명부등에 정당한 선거권자가 빠져 있거나 잘못 써진 내용이 있거나 자격이 없는 사람이 올라 있으면 말 또는 서면으로 명부작성권자에게 이의를 신청할 수 있고, 해당 명부작성권자는 그 신청이 있는 날의 다음날까지 심사·결정하여야 한다.

② 제1항의 이의신청에 따른 구·시·군의 장의 결정에 대하여 불복이 있는 이의신청인이나 관계인은 그 통지를 받은 날의 다음날까지 관할 구·시·군선거관리위원회에 서면으로 불복을 신청할 수 있다.

③ 제1항에 따른 이의신청기간 만료일의 다음날부터 재외선거인명부등의 확정일 전일까지 명부작성권자의 착오나 그 밖의 사유로 재외선거인등록신청 또는 국외부재자신고를 한 사람 중 정당한 선거권자가 재외선거인명부등에 빠진 것이 발견된 경우 해당 선거권자는 명부작성권자에게 소명자료를 붙여 서면으로 등재신청을 할 수 있다.

④ 선거권자는 재외선거인 등록신청서를 대리하여 제출한 사람과 재외선거인등록신청을 한 사람의 관계가 제218조의5제1항제1호후단에 따른 가족이 아닌 경우 제1항에 따라 이의신청을 할 수 있다. 이 경우 중앙선거관리위원회는 「가족관계의 등록 등에 관한 법률」 제15조(증명서의 종류 및 기록사항)제1항 각 호에 따른 증명서를 관계기관으로부터 교부받아 가족관계를 확인하여야 하며, 제218조의5제1항제1호후단에 따른 가족이 아닌 것으로 확인되면 그 등록신청을 한 사람을 재외선거인명부에서 삭제하여야 한다. 〈신설 2012.10.2.〉

⑤ 이의신청·불복신청 또는 재외선거인명부등 등재신청에 대한 결정 내용의 통지는 명부 작성권자가 개설·운영하는 인터넷 홈페이지에 게시하거나 전자우편을 전송하는 방법으로 갈음할 수 있다. 〈개정 2012.10.2.〉

⑥ 명부작성권자가 재외선거인명부등의 확정일 전일까지 같은 사람이 재외선거인명부와 국외부재자신고인명부에 각각 올라 있는 사실을 발견한 때에는 그 중 나중에 접수된 재외선거인등록신청서 또는 국외부재자신고서에 따라 재외선거인명부 또는 국외부재자신고인명부 중 어느 하나에 올려야 한다. 〈신설 2011.7.28., 2012.10.2.〉

[본조신설 2009.2.12.]

제218조의12 대통령의 궐위선거 및 재선거에서 기한 등의 단축

제218조의12(대통령의 궐위선거 및 재선거에서 기한 등의 단축) 제218조의4부터 제218조의11까지의 규정에도 불구하고 대통령의 궐위로 인한 선거 또는 재선거를 실시하는 경우에 재외선거인

등록신청기한과 국외부재자신고기간 등은 다음 각 호에 따른다. 이 경우 재외선거인명부등에 대한 열람과 이의신청을 위한 기간은 따로 두지 아니한다. 〈개정 2015.12.24.〉

    1. 재외선거인등록신청기한 및 국외부재자신고기간

       선거의 실시사유가 확정된 때부터 선거일 전 40일까지

    2. 재외선거인명부등의 작성기간

       선거일 전 34일부터 선거일 전 30일까지

[본조신설 2009.2.12.]

[제목개정 2015.12.24.]

제218조의13 재외선거인명부 등의 확정과 송부

제218조의13(재외선거인명부등의 확정과 송부) ① 재외선거인명부등은 선거일 전 30일에 확정되며, 국외부재자신고인명부는 해당 선거에 한정하여 효력을 가진다. 〈개정 2015.12.24.〉

② 명부작성권자는 재외선거인명부등이 확정되면 즉시 그 명부 사본 1부(전산자료 복사본을 포함한다)를 관할 구·시·군선거관리위원회에 보내야 한다. 이 경우 구·시·군의 장은 국외부재자신고서(제218조의7제3항에 따라 전산정보자료로 전송받은 경우에는 그 전산정보자료 복사본을 포함한다)를 함께 보내야 한다. 〈개정 2011.7.28.〉

③ 중앙선거관리위원회는 제1항에 따라 확정된 재외선거인명부등을 하나로 합하여 재외선거관리위원회에 송부하여야 하며, 그 절차와 방법, 그 밖에 필요한 사항은 중앙선거관리위원회규칙으로 정한다. 〈신설 2011.7.28., 2015.8.13.〉

④ 누구든지 재외선거인등이 투표한 후에는 그 재외선거인등의 해당 선거의 선거권 유무에 대하여 대한민국 국민이 아니라는 이유로 법적·행정적 이의를 제기할 수 없다. 〈신설 2011.7.28.〉

[본조신설 2009.2.12.]

제218조의14 국외선거운동 방법에 관한 특례

제218조의14(국외선거운동 방법에 관한 특례) ① 재외선거권자(재외선거인명부등에 올라 있거나 오를 자격이 있는 사람을 말한다. 이하 같다)를 대상으로 하는 선거운동은 다음 각 호에서 정한 방법으로만 할 수 있다. 〈개정 2010.1.25., 2011.7.28., 2012.2.29.〉

    1. 제59조제2호·제3호에 따른 선거운동

    2. 위성방송시설(「방송법」에 따른 방송사업자가 관리·운영하는 국외송출이 가능한 국내의

방송시설을 말한다. 이하 이 장에서 같다)을 이용한 제70조에 따른 방송광고

3. 위성방송시설을 이용한 제71조에 따른 방송연설

4. 삭제 〈2012.2.29.〉

5. 제82조의7에 따른 인터넷광고

6. 전화(송·수화자 간 직접 통화하는 방식에 한한다)를 이용하거나 말로 하는 선거운동

② 제1항제2호에 따른 방송광고의 횟수는 다음 각 호에 따른다.

1. 대통령선거

  텔레비전 및 라디오 방송시설별로 각 10회 이내

2. 비례대표국회의원선거

  텔레비전 및 라디오 방송시설별로 각 5회 이내

③ 제1항제3호에 따른 방송연설의 횟수는 다음 각 호에 따른다.

1. 대통령선거

  후보자와 그가 지명한 연설원이 각각 텔레비전 및 라디오 방송시설별로 각 5회 이내

2. 비례대표국회의원선거

  정당별로 정당의 대표자가 선임한 2명이 각각 텔레비전 및 라디오 방송시설별로 각 1회

④ 중앙선거관리위원회는 대통령선거 및 임기만료에 따른 비례대표국회의원선거에서 정당·후보자에 대한 정보를 재외선거인등에게 알리기 위하여 중앙선거관리위원회규칙으로 정하는 바에 따라 정당·후보자 정보자료를 작성하여 다음 각 호에 따른 방법으로 재외선거인등에게 제공하여야 한다. 〈개정 2011.7.28., 2013.3.23.〉

1. 공관 게시판 게시

2. 중앙선거관리위원회, 외교부 및 공관의 인터넷 홈페이지 게시

3. 전자우편 전송(수신을 원하는 재외선거인등에 한한다)

⑤ 방송시설을 관리 또는 운영하는 자는 자신의 부담으로 제82조의2제1항에 따른 대담·토론회와 제82조의3에 따른 정책토론회를 중계방송할 수 있다.

⑥ 다음 각 호의 어느 하나에 해당하는 단체의 상근임직원 및 이들 단체의 대표자는 재외선거권자를 대상으로 선거운동을 할 수 없다. 〈신설 2010.1.25.〉

1. 「한국국제협력단법」에 따라 설립된 한국국제협력단

2. 「한국국제교류재단법」에 따라 설립된 한국국제교류재단

3. 「재외동포재단법」에 따라 설립된 재외동포재단

⑦ 제87조제1항에도 불구하고 단체(그 대표자와 임직원 또는 구성원을 포함한다)는 그 단체의 명의 또는 그 대표의 명의로 재외선거권자를 대상으로 선거운동을 할 수 없다. 〈신설 2010.1.25.〉

[본조신설 2009.2.12.]

제59조(선거운동기간) 선거운동은 선거기간개시일부터 선거일 전일까지에 한하여 할 수 있다. 다만, 다음 각 호의 어느 하나에 해당하는 경우에는 그러하지 아니하다. 〈개정 2004.3.12., 2005.8.4., 2011.7.28., 2012.2.29., 2017.2.8.〉

    2. 문자메시지를 전송하는 방법으로 선거운동을 하는 경우. 이 경우 자동 동보통신의 방법(동시 수신대상자가 20명을 초과하거나 그 대상자가 20명 이하인 경우에도 프로그램을 이용하여 수신자를 자동으로 선택하여 전송하는 방식을 말한다. 이하 같다)으로 전송할 수 있는 자는 후보자와 예비후보자에 한하되, 그 횟수는 8회(후보자의 경우 예비후보자로서 전송한 횟수를 포함한다)를 넘을 수 없으며, 중앙선거관리위원회규칙에 따라 신고한 1개의 전화번호만을 사용하여야 한다.

    3. 인터넷 홈페이지 또는 그 게시판·대화방 등에 글이나 동영상 등을 게시하거나 전자우편(컴퓨터 이용자끼리 네트워크를 통하여 문자·음성·화상 또는 동영상 등의 정보를 주고받는 통신시스템을 말한다. 이하 같다)을 전송하는 방법으로 선거운동을 하는 경우. 이 경우 전자우편 전송대행업체에 위탁하여 전자우편을 전송할 수 있는 사람은 후보자와 예비후보자에 한한다.

[제목개정 2011.7.28.]

제70조(방송광고) ① 선거운동을 위한 방송광고는 후보자(대통령선거에 있어서 정당추천후보자와 비례대표국회의원선거의 경우에는 후보자를 추천한 정당을 말한다. 이하 이 조에서 같다)가 다음 각 호에 따라 선거운동기간중 소속정당의 정강·정책이나 후보자의 정견 그 밖의 홍보에 필요한 사항을 텔레비전 및 라디오 방송시설[「방송법」에 의한 방송사업자가 관리·운영하는 무선국 및 종합유선방송국(報道專門編成의 放送채널사용事業者의 채널을 포함한다)을 말한다. 이하 이 조에서 같다]을 이용하여 실시할 수 있되, 광고시간은 1회 1분을 초과할 수 없다. 이 경우 광고횟수의 계산에 있어서는 재방송을 포함하되, 하나의 텔레비전 또는 라디오 방송시설을 선정하여 당해 방송망을 동시에 이용하는 것은 1회로 본다. 〈개정 1997.1.13., 1997.11.14., 1998.4.30., 2000.2.16., 2004.3.12., 2005.8.4., 2010.1.25.〉

    1. 대통령선거

        텔레비전 및 라디오 방송별로 각 30회 이내

    2. 비례대표국회의원선거

        텔레비전 및 라디오 방송별로 각 15회 이내

    3. 시·도지사선거

        지역방송시설을 이용하여 텔레비전 및 라디오 방송별로 각 5회 이내

② 삭제 〈2000.2.16.〉

③ 제1항의 규정에 의한 광고를 실시하는 방송시설의 경영자는 방송광고의 일시와 광고 내용 등을 중앙선거관리위원회규칙이 정하는 바에 따라 관할선거구 선거관리위원회에 통보하여야 한다.

④ 제1항의 방송광고는 「방송법」 제73조(放送廣告 등)제2항 및 「방송광고판매대행 등에 관한 법률」 제5조의 규정을 적용하지 아니한다. 〈개정 2000.2.16., 2005.8.4., 2012.2.22.〉

⑤ 방송시설을 경영 또는 관리하는 자는 제1항의 방송광고를 함에 있어서 방송시간대와 방송권역 등을 고려하여 모든 후보자에게 공평하게 하여야 하며, 후보자가 신청한 방송 시설의 이용일시가 서로 중첩되는 경우에 방송일시의 조정은 중앙선거관리위원회규칙이 정하는 바에 의한다. 〈개정 1997.11.14.〉

⑥ 후보자는 제1항의 규정에 의한 방송광고에 있어서 청각장애선거인을 위한 수화 또는 자막을 방영할 수 있다. 〈신설 2000.2.16.〉

⑦ 삭제 〈2000.2.16.〉

⑧ 제1항의 규정에 의한 방송광고를 행하는 방송시설을 경영·관리하는 자는 그 광고비용을 산정함에 있어 선거기간중 같은 방송시간대에 광고하는 상업·문화 기타 각종 광고의 요금중 최저요금을 초과하여 후보자에게 청구하거나 받을 수 없다. 〈신설 1998.4.30.〉

제71조(후보자 등의 방송연설) ① 후보자와 후보자가 지명하는 연설원은 소속정당의 정강·정책이나 후보자의 정견 기타 홍보에 필요한 사항을 발표하기 위하여 다음 각 호에 의하여 선거운동기간중 텔레비전 및 라디오 방송시설[제70조(放送廣告)제1항의 규정에 의한 방송시설을 말한다. 이하 이 조에서 같다]을 이용한 연설을 할 수 있다.

〈개정 1995.4.1., 1997.1.13., 1997.11.14., 1998.4.30., 2000.2.16., 2004.3.12.〉

1. 대통령선거

   후보자와 후보자가 지명한 연설원이 각각 1회 20분 이내에서 텔레비전 및 라디오 방송별 각 11회 이내

2. 비례대표국회의원선거

   정당별로 비례대표국회의원후보자 중에서 선임된 대표 2인이 각각 1회 10분 이내에서 텔레비전 및 라디오 방송별 각 1회

3. 지역구국회의원선거 및 자치구·시·군의 장선거

   후보자가 1회 10분 이내에서 지역방송시설을 이용하여 텔레비전 및 라디오 방송별 각 2회 이내

4. 비례대표시·도의원선거

정당별로 비례대표시 · 도의원선거구마다 당해 선거의 후보자 중에서 선임된 대표 1인이 1회 10분 이내에서 지역방송시설을 이용하여 텔레비전 및 라디오 방송별 각 1회

　5. 시 · 도지사선거

　　후보자가 1회 10분 이내에서 지역방송시설을 이용하여 텔레비전 및 라디오 방송별 각 5회 이내

② 이 법에서 "지역방송시설"이란 해당 시 · 도의 관할구역 안에 있는 방송시설(도의 경우 해당 도의 구역을 방송권역으로 하는 인접한 특별시 또는 광역시 안에 있는 방송시설을 포함한다)을 말하며, 해당 시 · 도의 관할구역 안에 지역방송시설이 없는 시 · 도로서 서울특별시에 인접한 시 · 도의 경우 서울특별시 안에 있는 방송시설을 말한다.

〈신설 2000.2.16., 2004.3.12., 2007.1.3., 2011.7.28.〉

③ 제70조(放送廣告)제1항후단 · 제6항 및 제8항의 규정은 후보자 등의 방송연설에 이를 준용한다. 〈개정 1998.4.30., 2000.2.16.〉

④ 제1항에 따라 텔레비전 방송시설을 이용한 방송연설을 하는 경우에는 후보자 또는 연설원이 연설하는 모습, 후보자의 성명 · 기호 · 소속 정당명(해당 정당을 상징하는 마크나 심벌의 표시를 포함한다) · 경력, 연설요지 및 통계자료 외의 다른 내용이 방영되게 하여서는 아니 되며, 후보자 또는 연설원이 방송연설을 녹화하여 방송하고자 하는 때에는 당해 방송시설을 이용하여야 한다. 〈신설 1998.4.30., 2000.2.16., 2010.1.25.〉

⑤ 방송시설을 경영 또는 관리하는 자는 제1항의 규정에 의한 후보자 또는 연설원의 연설을 위한 방송시설명 · 이용일시 · 시간대 등을 선거일 전 30일(補闕選擧등에 있어서는 후보자등록신청개시일 전 3일)까지 관할선거구 선거관리위원회에 통보하여야 한다.

〈개정 2000.2.16., 2004.3.12., 2012.1.17.〉

⑥ 선거구선거관리위원회는 후보자등록신청개시일 전 3일(보궐선거등에 있어서는 후보자등록신청개시일 전일)까지 제1항의 규정에 의한 연설에 이용할 수 있는 방송시설과 일정을 선거구단위로 미리 지정 · 공고하고 후보자등록신청시 후보자에게 통지하여야 한다.

〈개정 2000.2.16., 2004.3.12., 2012.1.17.〉

⑦ 대통령선거에 있어서 후보자가 제1항의 규정에 의하여 방송시설을 이용한 연설을 하고자 하는 때에는 이용할 방송시설명 · 이용일시 · 연설을 할 사람의 성명 · 소요시간 · 이용방법 등을 기재한 신청서를 후보자등록마감일 후 3일(追加登錄의 경우에는 追加登錄마감일)까지 중앙선거관리위원회에 서면으로 제출하여야 한다.

⑧ 제7항의 규정에 의하여 후보자(政黨推薦候補者는 그 推薦政黨을 말한다)가 신청한 방송시설의 이용일시가 서로 중첩되는 경우에는 중앙선거관리위원회가 그 일시를 정하되, 그 일시는 모든 후보자에게 공평하여야 한다. 이 경우 후보자가 그 지정된 일시의 24시간 전까지 방송시설이

용계약을 하지 아니한 때에는 당해 방송시설을 경영·관리하는 자는 그 시간대에 다른 방송을 할 수 있다. 〈개정 1998.4.30., 2000.2.16.〉

⑨ 중앙선거관리위원회가 제8항의 규정에 의하여 방송일시를 결정한 때에는 이를 공고하고, 정당 또는 후보자에게 통지하여야 한다. 〈개정 1998.4.30., 2000.2.16.〉

⑩ 국회의원선거, 비례대표시·도의원선거, 지방자치단체의 장선거에 있어서 후보자가 제1항제2호 내지 제5호의 규정에 의하여 방송시설을 이용한 연설을 하고자 하는 때에는 당해 방송시설을 경영 또는 관리하는 자와 체결한 방송시설이용계약서 사본을 첨부하여 이용할 방송시설명·이용일시·소요시간·이용방법 등을 방송일 전 3일까지 당해 선거구선거관리위원회에 서면으로 신고하여야 한다. 〈개정 1995.4.1., 1997.1.13., 1998.4.30.〉

⑪ 방송시설을 경영 또는 관리하는 자는 제1항의 방송시설을 이용한 연설에 협조하여야 하며, 방송시간대와 방송권역 등을 고려하여 모든 후보자에게 공평하게 하여야 한다. 〈개정 1997.11.14.〉

⑫ 「방송법」에 따른 종합유선방송사업자(보도전문편성의 방송채널사용사업자를 포함한다)·중계유선방송사업자 및 인터넷언론사는 후보자 등의 방송연설을 중계방송할 수 있다. 이 경우 방송연설을 행한 모든 후보자에게 공평하게 하여야 한다. 〈개정 2000.2.16., 2005.8.4., 2008.2.29.〉

⑬ 방송시설을 이용한 연설신청서의 서식·중첩된 방송일시의 조정방법 기타 필요한 사항은 중앙선거관리위원회규칙으로 정한다. 〈개정 2000.2.16.〉

[제목개정 2011.7.28.]

제82조의7(인터넷광고) ① 후보자(대통령선거의 정당추천후보자와 비례대표국회의원선거 및 비례대표지방의회의원선거에 있어서는 후보자를 추천한 정당을 말한다. 이하 이 조에서 같다)는 인터넷언론사의 인터넷홈페이지에 선거운동을 위한 광고(이하 "인터넷광고" 라 한다)를 할 수 있다.

② 제1항의 인터넷광고에는 광고근거와 광고주명을 표시하여야 한다.

③ 같은 정당의 추천을 받은 2인 이상의 후보자는 합동으로 제1항의 규정에 따른 인터넷광고를 할 수 있다. 이 경우 그 비용은 당해 후보자간의 약정에 따라 분담하되, 그 분담내역을 광고계약서에 명시하여야 한다.

④ 삭제 〈2010.1.25.〉

⑤ 누구든지 제1항의 경우를 제외하고는 선거운동을 위하여 인터넷광고를 할 수 없다.

⑥ 광고근거의 표시방법 그 밖에 필요한 사항은 중앙선거관리위원회규칙으로 정한다. 〈개정 2010.1.25.〉

[본조신설 2005.8.4.]

제87조(단체의 선거운동금지) ① 다음 각 호의 어느 하나에 해당하는 기관·단체(그 대표자와 임직원 또는 구성원을 포함한다)는 그 기관·단체의 명의 또는 그 대표의 명의로 선거운동을 할 수 없다. 〈개정 2005.8.4., 2010.1.25.〉

　　1. 국가·지방자치단체

　　2. 제53조(공무원 등의 입후보)제1항제4호 내지 제6호에 규정된 기관·단체

　　3. 향우회·종친회·동창회, 산악회 등 동호인회, 계모임 등 개인간의 사적모임

　　4. 특별법에 의하여 설립된 국민운동단체로서 국가 또는 지방자치단체의 출연 또는 보조를 받는 단체(바르게살기운동협의회·새마을운동협의회·한국자유총연맹을 말한다)

　　5. 법령에 의하여 정치활동이나 공직선거에의 관여가 금지된 단체

　　6. 후보자 또는 후보자의 가족(이하 이 항에서 "후보자등"이라 한다)이 임원으로 있거나, 후보자등의 재산을 출연하여 설립하거나, 후보자등이 운영경비를 부담하거나 관계법규나 규약에 의하여 의사결정에 실질적으로 영향력을 행사하는 기관·단체

　　7. 삭제 〈2005.8.4.〉

　　8. 구성원의 과반수가 선거운동을 할 수 없는 자로 이루어진 기관·단체

법 제218조의14제1항·제6항 또는 제7항을 위반하여 재외선거권자를 대상으로 선거운동을 한 자는 3년 이하의 징역 또는 600만원 이하의 벌금에 처한다(제255조제1항제20호).

제218조의15 선거비용에 대한 특례

제218조의15(선거비용에 대한 특례) 제119조제1항에도 불구하고 재외선거권자를 대상으로 하는 선거운동을 위하여 국외에서 지출한 비용은 선거비용으로 보지 아니한다.
[본조신설 2009.2.12.]

제119조(선거비용 등의 정의) ① 이 법에서 "선거비용"이라 함은 당해 선거에서 선거운동을 위하여 소요되는 금전·물품 및 채무 그 밖에 모든 재산상의 가치가 있는 것으로서 당해 후보자(후보자가 되려는 사람을 포함하며, 대통령선거에 있어서 政黨推薦候補者와 比例代表國會議員選舉 및 비례대표지방의회의원선거에 있어서는 그 推薦政黨을 포함한다. 이하 이 항에서 같다)가 부담하는 비용과 다음 각 호의 어느 하나에 해당되는 비용을 말한다.

〈개정 1995.4.1., 2000.2.16., 2004.3.12., 2005.8.4., 2010.1.25.〉

1. 후보자가 이 법에 위반되는 선거운동을 위하여 지출한 비용과 기부행위제한규정을 위반하여 지출한 비용

2. 정당, 정당선거사무소의 소장, 후보자의 배우자 및 직계존비속, 선거사무장·선거연락소장·회계책임자가 해당 후보자의 선거운동(위법선거운동을 포함한다. 이하 이 항에서 같다)을 위하여 지출한 비용과 기부행위제한규정을 위반하여 지출한 비용

3. 선거사무장·선거연락소장·회계책임자로 선임된 사람이 선임·신고되기 전까지 해당 후보자의 선거운동을 위하여 지출한 비용과 기부행위제한규정을 위반하여 지출한 비용

4. 제2호 및 제3호에 규정되지 아니한 사람이라도 누구든지 후보자, 제2호 또는 제3호에 규정된 자와 통모하여 해당 후보자의 선거운동을 위하여 지출한 비용과 기부행위제한규정을 위반하여 지출한 비용

제218조의16 재외선거의 투표방법

제218조의16(재외선거의 투표방법) ① 재외선거의 투표는 제159조본문에 따른 기표에 의한 방법으로 한다. 〈개정 2015.8.13.〉

② 재외투표는 선거일 오후 6시(대통령의 궐위로 인한 선거 또는 재선거는 오후 8시를 말한다)까지 관할 구·시·군선거관리위원회에 도착되어야 한다. 〈개정 2011.7.28.〉

③ 제218조의17제1항에 따른 재외투표기간 개시일 전에 귀국한 재외선거인등은 재외투표기간 개시일 전에 귀국한 사실을 증명할 수 있는 서류를 첨부하여 주소지 또는 최종 주소지(최종 주소지가 없는 사람은 등록기준지를 말한다)를 관할하는 구·시·군선거관리위원회에 신고한 후 선거일에 해당 선거관리위원회가 지정하는 투표소에서 투표할 수 있다. 〈개정 2015.8.13.〉

④ 제3항의 신고에 관한 구체적인 절차 및 그 밖에 필요한 사항은 중앙선거관리위원회규칙으로 정한다. 〈신설 2015.8.13.〉

[본조신설 2009.2.12.]

제218조의17 재외투표소의 설치·운영

제218조의17(재외투표소의 설치·운영) ① 재외선거관리위원회는 선거일 전 14일부터 선거일 전 9일까지의 기간 중 6일 이내의 기간(이하 이 장에서 "재외투표기간"이라 한다)을 정하여 공관에 재외투표소를 설치·운영하여야 한다. 이 경우 공관의 협소 등의 사유로 부득이 공관에 재외투표소

를 설치할 수 없는 경우에는 공관의 대체시설에 재외투표소를 설치할 수 있다. 〈개정 2015.12.24.〉

② 재외선거관리위원회는 제1항에도 불구하고 다음 각 호의 어느 하나에 해당하는 사유가 있는 경우에는 재외투표기간 중 기간을 정하여 제1항에 따른 공관 또는 공관의 대체 시설 외의 시설·병영 등에 추가로 재외투표소를 설치·운영할 수 있다. 다만, 제1호에 따른 사유로 추가하여 설치하는 재외투표소의 경우에는 재외국민수가 4만명을 넘으면 이후 매 4만명까지마다 1개소씩 추가로 설치·운영하되, 추가되는 재외투표소의 총 수는 2개소를 초과할 수 없다. 〈개정 2016.1.15.〉

　　1. 관할구역의 재외국민수가 4만명 이상인 것으로 추정되는 경우

　　2. 공관의 관할구역 또는 관할구역의 인접한 지역에 재외선거인등이 소속된 국군부대가 있는 경우

③ 재외선거관리위원회는 선거일 전 20일까지 재외투표소의 명칭·소재지와 운영기간 등을 인터넷 홈페이지 등에 공고하여야 한다. 〈개정 2015.12.24.〉

④ 재외선거관리위원회는 공정하고 중립적인 사람 중에서 재외투표소에 투표사무원을 두되, 재외투표소의 명칭 등을 공고하는 때에 그 성명을 함께 공고하여야 한다.

⑤ 재외선거관리위원회는 정당추천위원이 아닌 1명의 위원을 책임위원으로 지정하여 재 외투표소의 투표관리를 행하게 한다. 다만, 책임위원으로 지정되지 아니한 위원도 본인의 의사에 따라 투표관리에 참여할 수 있으며, 재외투표소의 책임위원에게 투표관리에 관하여 의견을 개진할 수 있다. 〈개정 2012.1.17.〉

⑥ 재외선거관리위원회는 제5항에도 불구하고 제2항에 따라 설치하는 재외투표소에는 재외선거관리위원회가 지정하는 재외투표소관리자로 하여금 투표관리를 행하게 할 수 있다.
〈신설 2015.12.24.〉

⑦ 재외투표소는 재외투표기간 중 공휴일에도 불구하고 매일 오전 8시에 열고 오후 5시에 닫는다. 다만, 제2항에 따른 재외투표소의 경우에는 해당 재외선거관리위원회가 예상 투표자 수 등을 고려하여 투표시간을 조정할 수 있다. 〈개정 2011.9.30., 2015.12.24.〉

⑧ 제2항에 따른 재외투표소의 설치·운영, 국군부대에 재외투표소를 설치·운영할 재외선거관리위원회 지정 및 그 밖에 필요한 사항은 중앙선거관리위원회규칙으로 정한다.
〈개정 2016.1.15.〉

⑨ 제163조·제166조·제166조의2 및 제167조(제2항단서는 제외한다)는 재외투표소에 준용한다. 이 경우 "읍·면·동선거관리위원회 및 그 상급선거관리위원회"는 "중앙선거관리위원회 및 재외선거관리위원회"로, "투표소"는 "재외투표소"로, "투표관리관"은 "재외투표소의 책임위원 또는 재외투표소관리자"로, "선거일에"는 "재외투표소 안에서"로 본다.
〈개정 2010.1.25., 2011.7.28., 2015.12.24.〉

[본조신설 2009.2.12.]

제218조의18 투표용지 작성 등

제218조의18(투표용지 작성 등) ① 중앙선거관리위원회는 재외투표소의 책임위원 또는 재 외투표소 관리자(이하 "책임위원등"이라 한다)로 하여금 재외투표소에서 투표용지 발급기를 이용하여 투표용지를 작성 · 교부하게 한다. 이 경우 투표용지에 인쇄하는 일련번호에 관하여는 제151조제6항 후단을 준용한다. 〈개정 2015.8.13., 2015.12.24.〉

② 중앙선거관리위원회는 투표용지의 작성을 위하여 제151조제1항에 따라 작성한 투표용지원고를 재외투표기간 개시일 전 2일까지 전산조직을 이용하여 재외투표관리관에게 보내야 한다. 〈개정 2015.8.13.〉

③ 중앙선거관리위원회는 투표용지의 작성 및 투표용지원고의 송부에 필요한 기술적 조 치를 하여야 한다. 〈개정 2015.8.13.〉

④ 재외투표소의 책임위원등은 투표용지 발급기의 장애 등으로 인하여 투표용지를 작성 · 교부할 수 없는 때에는 중앙선거관리위원회가 전산조직으로 송부한 투표용지원고를 이용하여 투표용지를 작성 · 교부한다. 이 경우 제218조의16제1항에도 불구하고 국회의원선거의 투표는 후보자의 성명이나 정당의 명칭 또는 기호를 한글 또는 아라비아숫자로 투표용지에 직접 적는 방법으로 한다. 〈신설 2011.7.28., 2014.1.17., 2015.8.13., 2015.12.24.〉

⑤ 투표용지 작성방법, 재외선거인등에 대한 투표안내, 그 밖에 필요한 사항은 중앙선거관리위원 회규칙으로 정한다. 〈신설 2011.7.28., 2015.8.13.〉

[본조신설 2009.2.12.]

[제목개정 2015.8.13.]

제218조의19 재외선거의 투표절차

제218조의19(재외선거의 투표 절차) ① 재외선거인등은 신분증명서(여권 · 주민등록증 · 공무원 증 · 운전면허증 등 사진이 첨부되어 본인임을 확인할 수 있는 대한민국의 관공서나 공공 기관이 발행한 증명서 또는 사진이 첨부되고 성명과 생년월일이 기재되어 본인임을 확 인할 수 있는 거류국의 정부가 발행한 증명서를 말한다. 이하 이 조에서 같다)를 제시하여 본인임을 확인받은 다음 전자적 방식으로 손도장을 찍거나 서명한 후 투표용지를 받아야 한다. 다만, 재외선거인은 제218조의5제4항에 따라 재외투표관리관이 공고한 서류의 원본을 제시하여 국적 및 본인 여부를 확인받은 다음 투표용지를 받아야 하며, 제시한 서류에 본인임을 확인할 수 있는 사진이 첨부되지 아니한 경우에는 신분증명서를 함께 제시하여야 한다. 〈개정 2015.12.24.〉

② 재외투표소의 책임위원등은 투표용지 발급기로 투표용지를 인쇄하여 "책임위원"칸에 자신의

도장을 찍거나 서명(한글성명이 모두 나타나야 한다)한 후 일련번호를 떼지 아니하고 회송용봉투와 함께 교부한다. 〈개정 2015.12.24.〉

③ 투표용지와 회송용봉투를 받은 재외선거인등은 기표소에 들어가 투표용지에 1명의 후보자(비례대표국회의원선거에서는 하나의 정당을 말한다)를 선택하여 투표용지의 해당 칸에 기표한 다음 그 자리에서 기표내용이 다른 사람에게 보이지 아니하게 접어 이를 회송용봉투에 넣어 봉함한 후 투표함에 넣어야 한다.

④ 투표용지 발급기의 봉함·봉인, 그 밖에 필요한 사항은 중앙선거관리위원회규칙으로 정한다.

[전문개정 2015.8.13.]

제218조의20 재외투표소의 투표참관

제218조의20(재외투표소의 투표참관) ① 재외투표소의 책임위원등은 투표참관인이 투표상황을 참관할 수 있도록 하여야 한다. 〈개정 2015.12.24.〉

② 대통령선거의 경우 후보자(정당추천후보자의 경우에는 후보자를 추천한 정당을 말한다)가, 국회의원선거의 경우 「정치자금법」 제27조에 따라 보조금의 배분대상이 되는 정당이 선거일 전 17일까지 재외선거관리위원회에 재외투표소별로 재외선거인등 중 2명을 투표참관인으로 신고할 수 있다.

③ 제2항에 따라 신고한 투표참관인은 언제든지 교체할 수 있으며, 재외투표기간에는 그 재외투표소에서 교체신고를 할 수 있다.

④ 제2항에 따른 투표참관인의 선정이 없거나 한 후보자 또는 한 정당이 선정한 투표참관인밖에 없는 경우에는 재외선거관리위원회가 재외선거인등 중 2명을 본인의 승낙을 얻어 투표참관인으로 선정한다. 이 경우 재외선거관리위원회가 제218조의17제2항제2호에 따른 재외투표소의 투표참관인을 선정할 때에는 군인이 아닌 사람을 우선하여 선정하여야 한다.
〈개정 2011.7.28., 2016.1.15.〉

⑤ 제4항에 따라 선정된 투표참관인은 정당한 사유 없이 참관을 거부하거나 그 직을 사임할 수 없다.

⑥ 재외투표소의 책임위원등은 원활한 투표관리를 위하여 필요한 때에는 투표참관인을 교대로 참관하게 할 수 있다. 이 경우 정당·후보자별로 투표참관인 수의 2분의 1씩 교대하여 참관하게 하여야 한다. 〈신설 2011.7.28., 2015.12.24.〉

[본조신설 2009.2.12.]

법 제218조의20제4항에 따라 재외선거관리위원회가 선정한 참관인이 정당한 사유 없이 참관을 거부하거나 게을리 한 때에는 100만원 이하의 과태료를 부과한다(제261조제8항제1호).

제218조의21 재외투표의 회송

제218조의21(재외투표의 회송) ① 재외투표소의 책임위원등은 매일의 재외투표 마감 후 투표참관인의 참관 아래 투표함을 열고 투표자수를 계산한 다음 재외투표를 포장·봉인(封印)하여 재외투표관리관에게 인계하여야 한다. 다만, 제218조의17제2항에 따라 설치하는 재외투표소는 공관과의 거리 등의 사유로 매일의 재외투표를 인계할 수 없는 부득이한 경우에는 해당 재외투표소 운영기간 종료 후 그 기간중의 재외투표를 일괄하여 인계할 수 있다. 〈개정 2015.12.24.〉

② 재외투표관리관은 제1항에 따른 재외투표를 재외투표기간 만료일 후 지체 없이 국내로 회송하고, 외교부장관은 외교행낭의 봉함·봉인 상태를 확인한 후 중앙선거관리위원회에 보내야 한다. 이 경우 재외투표의 수가 많은 때에는 재외투표기간중 그 일부를 먼저 보낼 수 있다. 〈개정 2011.7.28., 2013.3.23.〉

③ 중앙선거관리위원회는 제2항에 따라 인수한 재외투표를 관할 구·시·군선거관리위원회에 등기우편으로 보내야 한다.

④ 제1항단서에 따른 재외투표의 인계, 제2항에 따른 재외투표의 국내 회송방법, 그 밖에 필요한 사항은 중앙선거관리위원회규칙으로 정한다. 〈신설 2011.7.28., 2015.12.24.〉

[본조신설 2009.2.12.]

제218조의22 재외투표소투표록 등의 작성·송부

제218조의22(재외투표소투표록 등의 작성·송부) ① 재외투표소의 책임위원등은 재외투표소에 재외투표소투표록을 비치하고 매일의 투표자수, 재외투표관리관에 대한 재외투표의 인계, 그 밖에 재외투표소의 투표관리에 관한 사항을 기록하여야 한다. 〈개정 2015.12.24.〉

② 재외투표소의 책임위원등은 재외투표소의 투표가 모두 끝난 때에는 투표함과 그 열쇠, 재외투표소투표록, 그 밖에 재외투표소의 투표에 관한 모든 서류를 재외투표관리관에게 인계하여야 한다. 〈개정 2015.12.24.〉

③ 재외투표관리관은 재외선거관리록을 비치하고 재외선거인등록신청과 국외부재자신고의 접수 및 처리, 재외투표소 설치·운영, 그 밖에 재외선거 및 국외부재자투표의 관리에 관한 사항을 적어야 한다.

④ 재외투표관리관이 제218조의21제2항전단에 따라 재외투표를 중앙선거관리위원회에 보내는 때에는 재외투표소투표록을 함께 보내야 한다.

[본조신설 2009.2.12.]

제218조의23 재외투표의 접수

제218조의23(재외투표의 접수) ① 구·시·군선거관리위원회는 선거일 전 10일부터 재외투표의 투입과 보관을 위하여 국외부재자투표함과 재외선거인투표함(이하 이 조와 제218조 의24에서 "재외투표함"이라 한다)을 각각 갖추어 놓아야 한다.

② 구·시·군선거관리위원회가 접수한 재외투표는 정당추천위원의 참여하에 재외투표함에 넣어야 한다.

[본조신설 2009.2.12.]

제218조의24 재외투표의 개표

제218조의24(재외투표의 개표) ① 재외투표는 구·시·군선거관리위원회가 개표한다.

② 재외투표함은 개표참관인의 참관 아래 선거일 오후 6시(대통령의 궐위로 인한 선거 또는 재선거는 오후 8시를 말한다. 이하 이 조에서 같다) 후에 개표소로 옮겨서 다른 투표함의 투표지와 별도로 먼저 개표할 수 있다. 〈개정 2011.7.28.〉

③ 제1항에도 불구하고 중앙선거관리위원회는 천재지변 또는 전쟁·폭동, 그 밖에 부득이한 사유로 재외투표가 선거일 오후 6시까지 관할 구·시·군선거관리위원회에 도착할 수 없다고 인정하는 때에는 해당 재외선거관리위원회로 하여금 재외투표를 보관하였다가 개표하게 할 수 있다. 〈신설 2011.7.28.〉

④ 재외선거관리위원회가 제3항에 따라 개표하는 때에는 선거일 오후 6시 이후에 개표 참관인의 참관 아래 공관에서 개표하고, 그 결과를 중앙선거관리위원회에 보고하며, 중앙선거관리위원회는 관할선거구 선거관리위원회에 그 결과를 통지한다. 〈신설 2011.7.28.〉

⑤ 제3항에 따라 개표하는 경우 개표참관인 선정·신고 등에 관하여는 제218조의20제2항부터 제5항까지를 준용한다. 이 경우 "재외투표소별로"는 "개표소별로"로, "투표참관인"은 "개표참관인"으로, "선거일 전 17일"은 "선거일 전 3일"로, "재외투표기간에는 그 재 외투표소에서"는 "개표일에는 개표소에서"로 본다. 〈신설 2011.7.28., 2015.12.24.〉

⑥ 재외선거관리위원회가 재외투표를 개표하는 경우 재외투표의 보관, 개표의 진행 및 절차,

개표결과의 보고·통지, 그 밖에 필요한 사항은 중앙선거관리위원회규칙으로 정한다.
〈신설 2011.7.28.〉

[본조신설 2009.2.12.]

제218조의25 재외투표의 효력

제218조의25(재외투표의 효력) ① 재외투표의 효력에 관하여는 제179조(같은 조제3항 및 제4항제7호·제10호는 제외한다)를 준용한다. 이 경우 "사전투표 및 거소투표"는 "재외투표"로, "비례대표국회의원선거 및 비례대표지방의회의원선거"는 "비례대표국회의원선거"로, "거소투표자 또는 선상투표자가"는 "재외선거인등이"로, "거소투표 또는 선상투표"는 "재외투표"로 본다. 〈개정 2015.8.13.〉

② 제218조의18제4항후단의 방법으로 투표를 한 경우 후보자의 성명이나 정당의 명칭 또는 기호를 모두 한글 또는 아라비아숫자가 아닌 그 밖의 문자(한글 또는 아라비아숫자와 그 밖의 문자를 병기한 것은 한글 또는 아라비아숫자로 적은 것으로 본다)로 적거나 비례대표국회의원선거에서 후보자의 성명을 적은 재외투표(정당의 명칭 또는 기호를 함께 적은 것을 포함한다)는 무효로 한다. 다만, 다음 각 호의 어느 하나에 해당하는 재외 투표는 무효로 하지 아니한다. 〈개정 2015.8.13.〉

    1. 같은 후보자의 성명이나 정당의 명칭 또는 기호를 2회 이상 적은 것

    2. 후보자의 성명이나 정당의 명칭 또는 기호가 일부 틀리게 적혀 있으나 어느 후보자 또는 정당에게 투표하였는지 명확한 것

③ 같은 선거에서 한 사람이 2회 이상 투표를 한 경우 해당 선거에서 본인이 한 재외투표는 모두 무효로 한다. 〈신설 2011.7.28.〉

[본조신설 2009.2.12.]

[제목개정 2015.8.13.]

제218조의26 국외선거범에 대한 공소시효 등

제218조의26(국외선거범에 대한 공소시효 등) ① 제268조제1항본문에도 불구하고 국외에 서 범한 이 법에 규정된 죄의 공소시효는 해당 선거일 후 5년을 경과함으로써 완성한다. 〈개정 2011.7.28.〉

② 국외에서 이 법에 규정된 죄를 범한 자로서 「형사소송법」에 따라 법원의 관할을 특정할 수 없는 자의 제1심 재판관할은 서울중앙지방법원으로 한다. 〈신설 2011.7.28.〉

[본조신설 2009.2.12.]

[제목개정 2011.7.28.]

제268조(공소시효) ① 이 법에 규정한 죄의 공소시효는 당해 선거일 후 6개월(선거일 후에 행하여진 범죄는 그 행위가 있는 날부터 6개월)을 경과함으로써 완성한다. 다만, 범인이 도피한 때나 범인이 공범 또는 범죄의 증명에 필요한 참고인을 도피시킨 때에는 그 기간은 3년으로 한다. 〈개정 2004.3.12., 2012.2.29.〉

② 제1항본문에도 불구하고 선상투표와 관련하여 선박에서 범한 이 법에 규정된 죄의 공소시효는 범인이 국내에 들어온 날부터 6개월을 경과함으로써 완성된다. 〈신설 2012.2.29.〉

③ 제1항 및 제2항에도 불구하고 공무원(제60조제1항제4호단서에 따라 선거운동을 할 수 있는 사람은 제외한다)이 직무와 관련하여 또는 지위를 이용하여 범한 이 법에 규정된 죄의 공소시효는 해당 선거일 후 10년(선거일 후에 행하여진 범죄는 그 행위가 있는 날부터 10년)을 경과함으로써 완성된다. 〈신설 2014.2.13.〉

관련 판례

공소시효제도의 구체적인 형성은 법치국가원리의 내용으로서의 법적 안정성과 실질적 정의를 위한 적정한 형벌권의 행사라는 서로 충돌하는 가치를 어떻게 형량하여 조정할지의 문제이다. 공소시효의 적용범위와 기간을 어떻게 정할 것인지, 공소시효를 모든 범죄에 대하여 일률적으로 적용할 것인지, 그 적용을 배제하는 범죄를 인정할 것인지 등의 문제는 앞서 본 법정형의 종류와 범위 선택의 경우와 마찬가지로 근본적으로 입법자가 역사적·문화적 배경, 형사사법 체계와의 관계, 범죄의 실태, 국민의 가치관 또는 법감정, 특히 사회와 국민의 법적 안정성과 범인에 대한 처벌의 필요성 등 여러 사정을 고려하여 구체적으로 결정하여야 할 입법정책에 관한 사항으로서 입법형성의 자유에 속하는 분야이다. 이처럼 공소시효제도를 어떻게 정할 것인가의 판단은 원칙적으로 입법자의 폭넓은 재량에 속하므로, 그 입법재량권이 헌법규정을 위반하여 자의적으로 행사된 경우가 아닌 한 헌법에 위반된다고 할 수 없다(헌법재판소 2003. 2. 27. 선고 2001헌바22 전원재판부 결정, 헌법재판소 2012. 2. 23. 선고 2011헌바154 전원재판부 결정 등 참조).

공직선거법 제268조제1항(2012. 2. 29. 법률 제11374호로 개정되기 전의 법률 규정을 말하며, 지방교육자치에 관한 법률 제49조제1항에 의하여 이 사건에 적용된다. 이하 같다)은 선거범죄의 공소시효와 관련하여 "이 법에 규정한 죄의 공소시효는 당해 선거일 후 6월(선거일 후에 행하여진 범죄는 그 행위가 있는 날부터 6월)을 경과함으로써 완성한다. 다만 범인이 도피한 때나 범인이 공범 또는 범죄의 증명에 필요한 참고인을 도피시킨 때에는 그 기간은 3년으로 한다."고 규정하고 있다. 공직선거법은 선거와 관련된 범죄사건을 조속히 처리하여 선거에 따른 법적 불안정 상태를 신속히 해소하려는 취지에서 위와 같이 선거범죄의 원칙적인 공소시효기간을 일반 범죄의 경우보다 훨씬 짧은 6월의 단기간으로 정하고 있는 것이다.

다만 공직선거법 제268조제1항본문은 공소시효에 관하여, 선거일 전의 범죄에 대해서는 법적 안정성을 우선적으로 고려하여 개별적인 범죄 일시와 관계없이 일률적으로 '당해 선거일 후 6월'로 규정하면서도 선거일 후의 범죄에 대해서는 '그 행위가 있는 날부터 6월'로 규정하고 있는데, 이는 입법자가 선거의 공정성을 보장하고 선거부정을 방지하기 위하여 선거일 후의 선거범죄에 대하여도 선거일 전의 선거범죄와 마찬가지로 실효성 있는 단속과 처벌을 유지하고자 내린 결단이라고 할 것이므로(농업협동조합법 제172조제4항의 공소시효 등에 관한 헌법재판소 2012. 2. 23. 선고 2011헌바154 전원재판부 결정 참조), 위 규정을 둔 것을 가지고 합리적 근거 없는 자의적인 입법재량권의 행사라고 볼 수 없다.

그리고 공직선거법 제268조제1항본문의 괄호 부분이 적용되는 '선거일 후에 행하여진 범죄'에는 후보자를 사퇴한 데 대한 대가를 목적으로 하는 이익제공·수수 등의 행위(제232조제1항제2호)뿐만 아니라, 앞서 본 바와 같이 선거운동과 관련한 이익제공·수수 등의 행위(제230조제1항제4호, 제6호, 제135조제3항), 정당의 후보자추천과 관련한 이익제공·수수 등의 행위(제230조제6항, 제47조의2) 등도 얼마든지 해당할 수 있으므로, 선거범죄 중 유독 공직선거법 제232조제1항제2호의 범죄를 저지른 사람에 대해서만 공소시효에 관한 불합리한 차별이 있다고 할 수 없다.

한편 공직선거법 제232조제1항제2호의 범죄가 성립하려면 후보자를 사퇴한 데 대한 '대가를 목적으로' 재산상의 이익 등을 제공하고 이러한 이익 등을 수수하여야 하므로, 공직선거법 제268조제1항본문의 괄호 부분에 의하여 같은 법 제232조제1항제2호의 처벌 범위가 무한정 확대되는 결과를 낳는다고 볼 수 없다. 공직선거법 제232조제1항제2호 또는 제268조제1항이 헌법상 평등원칙 등에 위배된다는 상고이유의 주장은 이유 없다.

위와 같은 공직선거법 제268조제1항본문의 문언과 입법 취지 등에 비추어 볼 때, 그 괄호 부분의 '선거일 후에 행하여진 범죄'는 선거일 후에 행하여진 일체의 선거범죄를 말한다고 할 것이므로, 같은 취지의 원심판단은 정당하다. 이와 달리 공직선거법 제268조제1항본문 괄호 부분의 '선거일 후에 행하여진 범죄'를 '선거일 후 6월 이내에 행하여진 범죄'로 제한해석하여야 한다거나 같은 법 제232조제1항제2호의 범죄는 위 괄호 부분의 범죄에 해당하지 아니한다는 취지의 상고이유의 주장은 이유 없다(대법원 2012. 9. 27. 선고 2012도4637 판결).

구 공직선거 및 선거부정방지법(2005. 8. 4. 법률 제7681호 공직선거법으로 개정되기 전의 것, 이하 "공직선거법"이라 한다) 제268조제1항본문은 "이 법에 규정한 죄의 공소시효는 당해 선거일 후 6월(선거일 후에 행하여진 범죄는 그 행위가 있는 날로부터 6월)을 경과함으로써 완성한다."고 규정하고 있는바, 여기서 말하는 "당해 선거일"이란 그 선거범죄와 직접 관련된 선거의 투표일을 의미하는 것이므로, 그 선거범죄를 당해 선거일 전에 행하여진 것으로 보고 그에 대한 단기 공소시효의 기산일을 당해 선거일로 할 것인지 아니면 그 선거범죄를 당해 선거일 후에 행하여진 것으로 보고 그에 대한 단기 공소시효의 기산일을 행위가 있는 날로 할 것인지의 여부는 그 선거범죄가 범행 전후의 어느 선거와 관련하여 행하여진 것인지에 따라서 좌우된다고 할 것이다.

원심판결 이유를 기록과 위 법리에 비추어 살펴보면, 동해시장인 피고인이 2004. 4. 23.부터 2005. 5. 5.까지 사이에 이 사건 각 기부행위를 함으로써 공직선거법(기부행위금지) 위반죄의 각 범행을 저지른 이 사건에 있어서, 원심이, 기부행위가 그 성질상 대개는 앞으로 실시하게 될 선거와 관련하여 행하여지는 점, 피고인이 동해시장으로 재직하면서 평소 다음에 실시하게 될 동해시장 선거에 출마할 의사를 피력하여 온 점 등을 들어서, 피고인의 이 사건 각 범행은 이 사건 각 기부행위 이전에 실시된 2002. 6. 13. 지방선거와 관련하여 행하여진 것이 아니라 이 사건 각 기부행위 이후에 실시된 2006. 5. 31. 지방선거와 관련하여 행하여진 것이라고 할 것이므로, 그 단기 공소시효의 기산일을 이 사건 각 기부행위일이 아니라 당해 선거일인 2006. 5. 31.로 보아야 하고, 따라서 그로부터 6월이 경과하기 이전에 이 사건 공소가 제기된 이상, 이 사건 각 범죄에 대한 공소시효가 완성되지 않았다고 보아야 한다고 판단한 것은 정당하고, 거기에 상고이유의 주장과 같은 공소시효나 피고인의 지위에 관한 법리오해 등의 위법이 없다(대법원 2006. 8. 25. 선고 2006도3026 판결).

제218조의27 재외선거의 공정성 확보의무

> **제218조의27(재외선거의 공정성 확보의무)** ① 중앙선거관리위원회와 재외투표관리관은 재외선거인등록신청, 재외투표의 방법, 그 밖에 재외선거인의 선거권 행사를 위한 사항을 홍보하는 등 재외선거인의 투표참여와 재외선거의 공정성을 확보하기 위하여 노력하여야 한다.
> ② 중앙선거관리위원회는 재외선거인이 전화 또는 인터넷을 통하여 후보자를 추천한 정당의 명칭, 후보자의 성명, 기호 및 선거공약 등을 알 수 있도록 필요한 조치를 하여야 한다.
> ③ 중앙선거관리위원회는 외국의 선거·정당·정치자금제도와 그 운영현황, 정당 발전방안 등에 관한 조사·연구를 추진하여 재외선거제도의 개선과 정치발전을 위하여 필요한 노력을 하여야 한다.
> [본조신설 2009.2.12.]

제218조의28 재외선거사무의 지원 등

제218조의28(재외선거사무의 지원 등) ① 중앙선거관리위원회, 법무부, 경찰청 등은 재외선거관리위원회 또는 재외투표관리관이 행하는 재외선거사무를 지원하고 위법행위 예방 및 자료수집 등을 위하여 필요한 경우에는 공관에 소속 직원을 파견할 수 있다.

② 제1항에 따라 공관에 파견된 중앙선거관리위원회 소속 직원이 제272조의2 또는 「정치자금법」 제52조에 따라 조사를 하는 경우에는 다른 법령에도 불구하고 중앙선거관리위원회의 지휘·감독을 받는다. 다만, 조사에 착수하는 때에는 조사와 관련하여 공관의 장과 협의하여야 한다.

[전문개정 2011.9.30.]

제218조의29 천재지변 등의 발생 시 재외선거사무의 처리

제218조의29(천재지변 등의 발생 시 재외선거사무의 처리) ① 중앙선거관리위원회는 천재지변 또는 전쟁·폭동, 그 밖에 부득이한 사유로 해당 공관 관할구역에서 재외선거를 실시할 수 없다고 인정하는 때에는 해당 공관에 재외선거관리위원회를 설치하지 아니하거나 설치·운영 중인 재외선거관리위원회 및 재외투표관리관의 재외선거사무를 중지할 것을 결정할 수 있다.

② 제1항에 따른 재외선거사무 중지결정에 따라 재외투표기간중에 투표를 마치지 못한 경우에도 재외투표기간이 지난 후에는 다시 투표를 실시하지 아니한다. 이 경우 재외투표관리관은 이미 실시된 재외투표를 제218조의21제2항에 따라 국내로 회송하여야 한다.

③ 중앙선거관리위원회는 제1항에 따른 결정 후 재외투표기간 전에 사정변경으로 재외선거를 실시할 수 있다고 인정하는 때에는 지체 없이 재외선거관리위원회를 설치하거나 재외선거사무가 중지된 해당 재외선거관리위원회 및 재외투표관리관으로 하여금 재외선거사무를 재개하도록 하여야 하고, 이 경우 처리기한이 경과된 재외선거사무는 이 법에 따라 처리한 것으로 본다. 다만, 재외선기관리위원회는 제218조의17에 따른 기한이 경과된 경우라도 지체 없이 재외투표소의 명칭·소재지와 운영기간 등을 공고하여야 한다.

[본조신설 2011.7.28.]

제218조의30 국외선거범에 대한 여권발급 제한 등

제218조의30(국외선거범에 대한 여권발급 제한 등) ① 외교부장관은 다음 각 호의 어느 하나에 해당하는 사람에 대하여 중앙선거관리위원회 또는 검사의 요청이 있는 때에는 「여권법」에 따른 여권의 발급·재발급(이하 "여권발급등"이라 한다)을 제한하거나 반납(이하 "제한등"이라 한다)을 명하여야 한다. 〈개정 2013.3.23.〉

　1. 국외에서 이 법에 따른 장기 3년 이상의 형에 해당하는 죄를 범한 혐의를 인정할 만한 상당한 이유가 있으나 중앙선거관리위원회의 조사에 불응하거나 소재가 불명 하여 조사를 종결할 수 없는 사람

　2. 국외에서 이 법에 따른 장기 3년 이상의 형에 해당하는 죄를 범하여 기소중지된 사람

② 중앙선거관리위원회 또는 검사가 제1항에 따라 여권발급등의 제한등을 요청할 때에는 그 요청사유, 제한기간 또는 반납 후의 보관기간(이하 "보관기간"이라 한다) 등을 적은 서면으로 하여야 한다.

③ 중앙선거관리위원회 또는 검사는 제2항에 따른 제한기간 또는 보관기간을 연장할 필요가 있다고 인정되는 때에는 그 제한기간 또는 보관기간 만료일 전 30일까지 서면으로 연장을 요청할 수 있다.

④ 제2항 및 제3항에 따른 제한기간 또는 보관기간은 해당 선거의 선거일 후 5년 이내로 하되, 중앙선거관리위원회 또는 검사는 제한기간 또는 보관기간 중이라도 요청사유가 소멸되었다고 인정될 때에는 여권발급등의 제한등을 해제하여 줄 것을 외교부장관에게 요청할 수 있다. 〈개정 2013.3.23.〉

⑤ 제3항과 제4항에 따른 요청이 있는 경우 외교부장관은 특별한 사정이 없는 한 그 요 청에 따라야 한다. 〈개정 2013.3.23.〉

⑥ 제1항에 따른 여권발급등의 제한등과 관련하여 이 조에서 정한 것을 제외하고는 여 권발급등의 제한등의 절차, 반납명령을 이행하지 않는 경우 여권의 효력상실과 회수, 그 밖의 사항에 관하여는 「여권법」을 준용한다.

[본조신설 2012.2.29.]

[종전 제218조의30은 제218조의34로 이동 〈2012.2.29.〉]

제218조의31 외국인의 입국금지

제218조의31(외국인의 입국금지) ① 법무부장관은 국외에서 이 법에서 금지하는 행위를 하였다고 인정할만한 상당한 이유가 있는 외국인에 대하여 입국을 금지할 수 있다. 다만, 수사에 응하기 위하여 입국하려는 때에는 그러하지 아니하다.

② 중앙선거관리위원회는 제1항에 따른 입국금지대상에 해당하는 외국인을 법무부장관에게 통보할 수 있다.

③ 제1항에 따른 입국금지기간은 해당 선거 당선인의 임기만료일까지로 한다.

④ 제1항에 따른 입국금지 절차 등에 관하여는 「출입국관리법」을 준용한다.

[본조신설 2012.2.29.]

[종전 제218조의31은 제218조의35로 이동 〈2012.2.29.〉]

제218조의32 국외선거범에 대한 영사조사

제218조의32(국외선거범에 대한 영사조사) ① 영사는 법원 또는 검사의 의뢰를 받아 대한 민국 재외공관 등에서 「형사소송법」 제200조, 제221조에 따라 이 법의 위반행위와 관련 된 피의자 또는 피의자 아닌 자의 출석을 요구하여 진술을 들을 수 있다.

② 법원 또는 검사가 영사에게 진술청취를 의뢰할 때에는 법무부 및 외교부를 경유하여야 한다. 사법경찰관은 검사에게 영사에 대한 진술청취의 의뢰를 신청할 수 있다. 〈개정 2013.3.23.〉

③ 영사는 제1항에 따라 진술을 들을 경우 그 진술 내용을 기재한 조서를 작성하거나 진술서를 제출받을 수 있고, 그 과정을 영상녹화할 수 있다. 다만, 피의자 아닌 자의 경우에는 동의를 받아야 영상녹화할 수 있다.

④ 영사가 법원의 의뢰를 받아 진술을 들을 경우 그 절차 및 방식에 관하여는 「형사소송법」 제48조, 제50조 및 제161조의2부터 제164조까지를 준용한다.

⑤ 영사가 검사의 의뢰를 받아 진술을 들을 경우 그 절차 및 방식에 관하여는 「형사소송법」 제241조, 제242조, 제243조의2부터 제245조까지를 준용한다.

⑥ 영사는 제3항에 따라 작성한 조서, 진술인으로부터 제출받은 진술서 또는 영상녹화물을 즉시 외교부 및 법무부를 경유하여 법원 또는 검사에게 송부하여야 한다.

〈개정 2013.3.23.〉

[본조신설 2012.2.29.]

제218조의33 국외선거범에 대한 인터넷 화상조사

제218조의33(국외선거범에 대한 인터넷 화상조사) ① 검사 또는 사법경찰관은 「형사소송 법」 제200조, 제221조에 따라 재외공관에 출석한 이 법의 위반행위와 관련된 피의자 또는 피의자 아닌 자를 상대로 인터넷화상장치를 이용하여 진술을 들을 수 있다.

② 제1항에 따라 진술을 들을 경우 검사 또는 사법경찰관은 법무부 및 외교부를 경유하여 해당 재외공관의 장에게 조사할 사건에 관하여 통보하여야 하고, 진술을 들을 때에는 영사가 참여하여 야 한다. 〈개정 2013.3.23.〉

③ 검사 또는 사법경찰관은 제1항에 따라 진술을 들을 경우 그 진술 내용을 기재한 조 서를 작성할 수 있고, 그 과정을 영상 녹화하여야 한다. 다만, 피의자가 아닌 자의 경우에는 동의를 받아야 영상녹화할 수 있다.

④ 검사 또는 사법경찰관은 작성한 조서를 재외공관에 전송하고, 영사는 이를 출력하여 진술자에 게 열람케 하여야 한다.

⑤ 제1항에 따른 진술청취의 절차 및 방식에 관하여는 「형사소송법」 제241조, 제242 조, 제243조 의2부터 제245조까지를 준용한다.

⑥ 영사는 완성된 조서를 외교부 및 법무부를 경유하여 검사 또는 사법경찰관에게 송부 하여야 한다. 〈개정 2013.3.23.〉

⑦ 제1항부터 제6항까지에 따라 작성된 조서는 국내에서 검사 또는 사법경찰관이 작성한 조서와 동일한 것으로 본다.

[본조신설 2012.2.29.]

제218조의34 준용규정 등

제218조의34(준용규정 등) ① 재외선거에 관하여 이 장에 정한 것을 제외하고는 그 성질에 반하지 아니하는 범위에서 이 법의 다른 규정을 준용한다.

② 이 장에서 날짜로 정한 기간을 계산하는 때에는 대한민국 표준시를 기준으로 한다.

③ 재외선거와 관련한 공관의 선거관리경비의 사용 잔액에 대하여는 「재외공관 수입금 등 직접사 용에 관한 법률」 제2조·제3조를 준용한다. 이 경우 "외교부장관"은 "중앙선거관리위원회 사무 총장"으로, "대한민국 재외공관의 장" 또는 "재외공관의 장"은 "재외투표관리관"으로, "수입금 및 관서 운영경비"는 "선거관리경비"로 본다. 〈신설 2012.1.17., 2013.3.23.〉

[본조신설 2009.2.12.]

[제218조의30에서 이동 〈2012.2.29.〉]

제218조의35(시행규칙) 국외부재자투표와 재외선거의 실시를 위하여 필요한 사항은 중앙선거관리
위원회규칙으로 정한다.

[본조신설 2009.2.12.]

[제218조의31에서 이동 〈2012.2.29.〉]

제15장 선거에 관한 쟁송

제219조 선거소청

제219조(선거소청) ① 지방의회의원 및 지방자치단체의 장의 선거에 있어서 선거의 효력에 관하여 이의가 있는 선거인 · 정당(候補者를 추천한 政黨에 한한다. 이하 이 條에서 같다) 또는 후보자는 선거일부터 14일 이내에 당해선거구 선거관리위원회 위원장을 피소청인으로 하여 지역구시 · 도의원선거(지역구세종특별자치시의회의원선거는 제외한다), 자치구 · 시 · 군의원선거 및 자치구 · 시 · 군의 장선거에 있어서는 시 · 도선거관리위원회에, 비례대표시 · 도의원선거, 지역구세종특별자치시의회의원선거 및 시 · 도지사선거에 있어서는 중앙선거관리위원회에 소청할 수 있다. 〈개정 2002.3.7., 2015.8.13.〉

② 지방의회의원 및 지방자치단체의 장의 선거에 있어서 당선의 효력에 관하여 이의가 있는 정당 또는 후보자는 당선인결정일부터 14일 이내에 제52조제1항부터 제3항까지 또는 제192조제1항부터 제3항까지의 사유에 해당함을 이유로 하는 때에는 당선인을, 제190조(지역구지방의회의원당선인의 결정 · 공고 · 통지) 내지 제191조(地方自治團體의 長의 當選人의 決定 · 公告 · 통지)의 규정에 의한 결정의 위법을 이유로 하는 때에는 당해 선거구선거관리위원회 위원장을 각각 피소청인으로 하여 지역구시 · 도의원선거(지역구세종특 별자치시의회의원선거는 제외한다), 자치구 · 시 · 군의원선거 및 자치구 · 시 · 군의 장선거에 있어서는 시 · 도선거관리위원회에, 비례대표시 · 도의원선거, 지역구세종특별자치시의회의원선거 및 시 · 도지사선거에 있어서는 중앙선거관리위원회에 소청할 수 있다. 〈개정 2002.3.7., 2005.8.4., 2010.1.25., 2010.3.12., 2015.8.13.〉

③ 제1항 및 제2항의 규정에 의하여 피소청인으로 될 당해 선거구선거관리위원회 위원장이 궐위된 때에는 당해 선거구선거관리위원회 위원 전원을 피소청인으로 한다.

④ 제2항의 규정에 의하여 피소청인으로 될 당선인이 사퇴 또는 사망하거나 제192조제2항의 규정에 의하여 당선의 효력이 상실되거나 같은 조제3항의 규정에 의하여 당선이 무효로 된 때에는 당해 선거구선거관리위원회 위원장을, 당해 선거구선거관리위원회 위원장이 궐위된 때에는 당해 선거구선거관리위원회 위원 전원을 피소청인으로 한다.

⑤ 제1항 및 제2항에 따른 소청은 서면으로 하여야 하되, 다음 각 호의 사항을 기재한 후 기명하고 날인하여야 한다. 이 경우 소청장에는 당사자수에 해당하는 부본을 첨부하여야 한다. 〈개정 2011.7.28.〉

1. 소청인의 성명과 주소

2. 피소청인의 성명과 주소

3. 소청의 취지 및 이유

4. 소청의 대상이 되는 처분의 내용

5. 대리인 또는 선정대표자가 있는 경우에는 그 성명과 주소

⑥ 제5항의 규정에 의한 소청장을 접수한 중앙선거관리위원회 또는 시·도선거관리위원회는 지체 없이 소청장 부본을 당사자에게 송달하여야 한다.

⑦ 제6항의 규정에 의하여 소청장 부본을 송달받은 피소청인은 중앙선거관리위원회 또는 시·도선거관리위원회가 지정한 기일까지 답변서를 제출하여야 한다. 이 경우 당사자 수에 상응하는 부본을 첨부하여야 하며, 답변서를 접수한 중앙선거관리위원회 또는 시·도선거관리위원회는 그 부본을 당사자에게 송달하여야 한다.

[제목개정 2011.7.28.]

제52조(등록무효) ① 후보자등록 후에 다음 각 호의 어느 하나에 해당하는 사유가 있는 때에는 그 후보자의 등록은 무효로 한다.

〈개정 1998.4.30., 2000.2.16., 2002.3.7., 2004.3.12., 2005.8.4., 2006.10.4., 2010.1.25., 2014.1.17., 2015.8.13.〉

1. 후보자의 피선거권이 없는 것이 발견된 때

2. 제47조(政黨의 候補者推薦)제1항본문의 규정에 위반하여 선거구별로 선거할 정수범위를 넘어 추천하거나, 비례대표지방의회의원선거에 있어 같은 조제3항의 규정에 의한 여성후보자추천의 비율과 순위를 위반하거나, 제48조(選擧權者의 候補者推薦)제2항의 규정에 의한 추천인수에 미달한 것이 발견된 때

3. 제49조제4항제2호부터 제5호까지의 규정에 따른 서류를 제출하지 아니한 것이 발견된 때

4. 제49조제6항의 규정에 위반하여 등록된 것이 발견된 때

5. 제53조제1항부터 제3항까지 또는 제5항을 위반하여 등록된 것이 발견된 때

6. 정당추천후보자가 당적을 이탈·변경하거나 2 이상의 당적을 가지고 있는 때(候補者登錄申請時에 2 이상의 黨籍을 가진 경우를 포함한다), 소속정당의 해산이나 그 등록의 취소 또는 중앙당의 시·도당창당승인취소가 있는 때

7. 무소속후보자가 정당의 당원이 된 때

8. 제57조의2제2항 또는 제266조제2항·제3항을 위반하여 등록된 것이 발견된 때

9. 정당이 그 소속 당원이 아닌 사람이나 「정당법」 제22조에 따라 당원이 될 수 없는 사람을 추천한 것이 발견된 때

10. 다른 법률에 따라 공무담임이 제한되는 사람이나 후보자가 될 수 없는 사람에 해당하는 것이 발견된 때

11. 정당 또는 후보자가 정당한 사유 없이 제65조제9항을 위반하여 후보자정보공개자료를 제출하지 아니한 것이 발견된 때

② 제47조제5항을 위반하여 등록된 것이 발견된 때에는 그 정당이 추천한 해당 국회의원지역구의 지역구시ㆍ도의원후보자 및 지역구자치구ㆍ시ㆍ군의원후보자의 등록은 모두 무효로 한다. 다만, 제47조제5항에 따라 여성후보자를 추천하여야 하는 지역에서 해당 정당이 추천한 지역구시ㆍ도의원후보자의 수와 지역구자치구ㆍ시ㆍ군의원후보자의 수를 합한 수 가 그 지역구시ㆍ도의원 정수와 지역구자치구ㆍ시ㆍ군의원 정수를 합한 수의 100분의 50에 해당하는 수(1 미만의 단수는 1로 본다)에 미달하는 경우와 그 여성후보자의 등록이 무효로 된 경우에는 그러하지 아니하다. 〈신설 2010.3.12.〉

③ 후보자가 같은 선거의 다른 선거구나 다른 선거의 후보자로 등록된 때에는 그 등록은 모두 무효로 한다. 〈개정 2000.2.16., 2010.3.12.〉

제192조(피선거권상실로 인한 당선무효 등) ① 선거일에 피선거권이 없는 자는 당선인이 될 수 없다.

② 당선인이 임기개시 전에 피선거권이 없게 된 때에는 당선의 효력이 상실된다.

③ 당선인이 임기개시 전에 다음 각 호의 어느 하나에 해당되는 때에는 그 당선을 무효로 한다. 〈개정 1995.4.1., 2000.2.16., 2005.8.4., 2010.1.25., 2010.3.12.〉

1. 당선인이 제1항의 규정에 위반하여 당선된 것이 발견된 때

2. 당선인이 제52조제1항 각 호의 어느 하나 또는 같은 조제2항ㆍ제3항의 등록무효사유에 해당하는 사실이 발견된 때

3. 비례대표국회의원 또는 비례대표지방의회의원의 당선인이 소속정당의 합당ㆍ해산 또는 제명 외의 사유로 당적을 이탈ㆍ변경하거나 2 이상의 당적을 가지고 있는 때(當選人決定시 2 이상의 黨籍을 가진 者를 포함한다)

제190조(지역구지방의회의원당선인의 결정ㆍ공고ㆍ통지) ① 지역구시ㆍ도의원 및 지역구자치구ㆍ시ㆍ군의원의 선거에 있어서는 선거구선거관리위원회가 당해 선거구에서 유효투표의 다수를 얻은 자(지역구자치구ㆍ시ㆍ군의원선거에 있어서는 有效投票의 다수를 얻은 者 順으로 議員定數에 이르는 者를 말한다. 이하 이 條에서 같다)를 당선인으로 결정한다. 다만, 최고득표자가 2인 이상인 때에는 연장자순에 의하여 당선인을 결정한다.

〈개정 1995.4.1., 2000.2.16., 2005.8.4.〉

② 후보자등록마감시각에 후보자가 당해 선거구에서 선거할 의원정수를 넘지 아니하거나 후보자 등록마감 후 선거일 투표개시시각까지 후보자가 사퇴·사망하거나 등록이 무효로 되어 후보자수가 당해 선거구에서 선거할 의원정수를 넘지 아니하게 된 때에는 투표를 실시하지 아니하고, 선거일에 그 후보자를 당선인으로 결정한다.

③ 제187조(大統領當選人의 決定·公告·通知)제4항 및 제188조(地域區國會議員當選人의 決定·公告·通知)제3항 내지 제6항의 규정은 지역구지방의회의원의 당선인의 결정·공고·통지에 이를 준용한다. 이 경우 "지역구국회의원후보자"는 "지역구지방의회의원후보자"로, "1인이 된 때"는 "의원정수를 넘지 아니하게 된 때"로, "그 국회의원지역구"는 "그 선거구"로 본다. 〈개정 1995.4.1., 2000.2.16., 2005.8.4.〉

[제목개정 2005.8.4.]

제190조의2(비례대표지방의회의원당선인의 결정·공고·통지) ① 비례대표지방의회의원선거에 있어서는 당해 선거구선거관리위원회가 유효투표총수의 100분의 5 이상을 득표한 각 정당(이하 이 조에서 "의석할당정당"이라 한다)에 대하여 당해 선거에서 얻은 득표비율에 비례대표지방의회의원정수를 곱하여 산출된 수의 정수(整數)의 의석을 그 정당에 먼저 배분하고 잔여의석은 단수(單數)가 큰 순으로 각 의석할당정당에 1석씩 배분하되, 같은 단수가 있는 때에는 그 득표수가 많은 정당에 배분하고 그 득표수가 같은 때에는 당해 정당 사이의 추첨에 의한다. 이 경우 득표비율은 각 의석할당정당의 득표수를 모든 의석할당정당의 득표수의 합계로 나누고 소수점 이하 제5위를 반올림하여 산출한다.

② 비례대표시·도의원선거에 있어서 하나의 정당에 의석정수의 3분의 2 이상의 의석이 배분될 때에는 그 정당에 3분의 2에 해당하는 수의 정수(整數)의 의석을 먼저 배분하고, 잔여의석은 나머지 의석할당정당간의 득표비율에 잔여의석을 곱하여 산출된 수의 정수(整數)의 의석을 각 나머지 의석할당정당에 배분한 다음 잔여의석이 있는 때에는 그 단수가 큰 순위에 따라 각 나머시 의석할당성당에 1석씩 배분한다. 다만, 의석정수의 3분의 2에 해당하는 수의 정수(整數)에 해당하는 의석을 배분받는 정당 외에 의석할당정당이 없는 경우에는 의석할당정당이 아닌 정당간의 득표비율에 잔여의석을 곱하여 산출된 수의 정수(整數)의 의석을 먼저 그 정당에 배분하고 잔여의석이 있을 경우 단수가 큰 순으로 각 정당에 1석씩 배분한다. 이 경우 득표비율의 산출 및 같은 단수가 있는 경우의 의석배분은 제1항의 규정을 준용한다.

③ 관할선거구 선거관리위원회는 비례대표지방의회의원선거에 있어서 제198조(천재·지변 등으로 인한 재투표)의 규정에 의한 재투표 사유가 발생한 때에는 그 투표구의 선거인수를 당해 선거구의 선거인수로 나눈 수에 비례대표지방의회의원의석정수를 곱하여 얻은 수의 정수(1 미만의 단수는 1로 본다)를 비례대표지방의회의원의석정수에서 뺀 다음 제1항 및 제2항의 규정에

따라 비례대표지방의회의원의석을 배분하고 당선인을 결정한다. 다만, 비례대표지방의회의원 의석배분이 배제된 정당 중 재투표결과에 따라 의석할당정당이 추가될 것으로 예상되는 때에는 추가가 예상되는 정당마다 비례대표지방의회의원정수의 100분의 5에 해당하는 정수(1 미만의 단수는 1로 본다)의 의석을 별도로 빼야 한다.

④ 제187조(대통령당선인의 결정·공고·통지)제4항, 제189조(비례대표국회의원의석의 배분과 당선인의 결정·공고·통지)제4항·제5항 및 제7항의 규정은 비례대표지방의회의원 당선인의 결정에 이를 준용한다. 이 경우 "중앙선거관리위원회"는 "관할선거구선거관리위원회"로, "비례대표국회의원"은 "비례대표지방의회의원"으로 본다.

[본조신설 2005.8.4.]

제191조(지방자치단체의 장의 당선인의 결정·공고·통지) ① 지방자치단체의 장선거에 있어서는 선거구선거관리위원회가 유효투표의 다수를 얻은 자를 당선인으로 결정하고, 이를 당해 지방의회 의장에게 통지하여야 한다. 다만, 최고득표자가 2인 이상인 때에는 연장자를 당선인으로 결정한다.

② 삭제 〈2010.1.25.〉

③ 제187조제4항 및 제188조제2항부터 제6항까지의 규정은 지방자치단체의 장의 당선인의 결정에 이를 준용한다. 〈개정 2010.1.25.〉

제192조(피선거권상실로 인한 당선무효 등) ② 당선인이 임기개시 전에 피선거권이 없게 된 때에는 당선의 효력이 상실된다.

③ 당선인이 임기개시 전에 다음 각 호의 어느 하나에 해당되는 때에는 그 당선을 무효로 한다. 〈개정 1995.4.1., 2000.2.16., 2005.8.4., 2010.1.25., 2010.3.12.〉

1. 당선인이 제1항의 규정에 위반하여 당선된 것이 발견된 때
2. 당선인이 제52조제1항 각 호의 어느 하나 또는 같은 조제2항·제3항의 등록무효사유에 해당하는 사실이 발견된 때
3. 비례대표국회의원 또는 비례대표지방의회의원의 당선인이 소속정당의 합당·해산 또는 제명 외의 사유로 당적을 이탈·변경하거나 2 이상의 당적을 가지고 있는 때(當選人決定시 2 이상의 黨籍을 가진 者를 포함한다)

지방의회의원 및 지방자치단체의 장의 선거에 있어서 당선의 효력에 관한 소청에 대한 결정에 불복이 있는 소청인 또는 당선인인 피소청인이 당선인의 결정·공고·통지의 위법을 이유로 하여 제기하는 당선소송에서 피고로 되는 공직선거및선거부정방지법 제223조제2항 소정의 "관할선거구 선거관리위원회 위원장"이라 함은 그 지방의회의원 및 지방자치단체의 장의 선거사무를 행하여 당선인을 결정한 자치구·시·군선거관리위원회 위원장을 말하는 것이지 선거소청에 관한 결정기관인 시·도선거관리위원회 위원장(지방의회의원선거 및 자치구·시·군의 장선거의 경우) 또는 중앙선거관리위원회 위원장(시·도지사 선거의 경우)을 말하는 것이 아니다(대법원 1996. 8. 23. 선고 96우30 판결).

제220조 소청에 대한 결정

제220조(소청에 대한 결정) ① 제219조(選擧訴請)제1항 또는 같은 조제2항의 소청을 접수한 중앙선거관리위원회 또는 시·도선거관리위원회는 소청을 접수한 날부터 60일 이내에 그 소청에 대한 결정을 하여야 한다.

② 제1항의 결정은 다음 각 호의 사항을 기재한 서면으로 하여야 하며, 결정에 참여한 위원이 기명하고 서명 또는 날인하여야 한다. 〈개정 2011.7.28.〉

   1. 사건번호와 사건명

   2. 당사자·참가인 및 대리인의 성명과 주소

   3. 주문

   4. 소청의 취지

   5. 이유

   6. 결정한 날짜

③ 중앙선거관리위원회 또는 시·도선거관리위원회는 지체 없이 제2항의 결정서의 정본을 소청인·피소청인 및 참가인에게 송달하여야 하며, 그 결정요지를 공고하여야 한다.

④ 소청의 결정은 소청인에게 제3항의 규정에 의한 송달이 있는 때에 그 효력이 생긴다.

[제목개정 2011.7.28.]

제221조 「행정심판법」의 준용

제221조(「행정심판법」의 준용) ① 선거소청에 관하여는 이 법에 규정된 것을 제외하고는 「행정심판법」 제10조(위원의 제척·기피·회피)(이 경우 "위원장"은 "중앙선거관리위원회 또는 시·도선거관리위원회"로 본다), 제15조(선정대표자), 제16조(청구인의 지위 승계)제2항부터 제4항까지(이 경우 "법인"은 "정당"으로 본다), 제17조(피청구인의 적격 및 경정) 제2항부터 제6항까지, 제18조(대리인의 선임), 제19조(대표자 등의 자격), 제20조(심판참가), 제21조(심판참가의 요구), 제22조(참가인의 지위), 제29조(청구의 변경), 제30조(집행정지)제1항, 제32조(보정), 제33조(주장의 보충), 제34조(증거서류 등의 제출), 제35조(자료의 제출 요구 등)제1항부터 제3항까지, 제36조(증거조사), 제37조(절차의 병합 또는 분리), 제38조(심리기일의 지정과 변경), 제39조(직권심리), 제40조(심리의 방식), 제41조(발언 내용 등의 비공개), 제42조(심판청구 등의 취하), 제43조(재결의 구분)제1항·제2항, 제51조(행정심판 재청구의 금지), 제55조(증거서류 등의 반환), 제56조(주소 등 송달장소 변경의 신고의무), 제57조(서류의 송달) 및 제61조(권한의 위임)의 규정을 준용하고, 선거소청비용에 관하여는 「민사소송법」을 준용하되, 「행정심판법」을 준용하는 경우 "행정심판"은 "선거소청"으로, "청구인"은 "소청인"으로, "피청구인"은 "피소청인"으로, "심판 청구 또는 심판"은 "소청"으로, "심판청구서"는 "소청장"으로, "재결"은 "결정"으로, "재결기간"은 "결정기간"으로, "위원회"는 "중앙선거관리위원회 또는 시·도선거관리위원회"로, "재결서"는 "결정서"로 본다.

〈개정 1998.4.30., 2005.8.4., 2008.2.29., 2010.1.25.〉

② 소청에 관하여 기타 필요한 사항은 중앙선거관리위원회규칙으로 정한다.

[제목개정 2005.8.4.]

제222조 선거소송

제222조(선거소송) ① 대통령선거 및 국회의원선거에 있어서 선거의 효력에 관하여 이의가 있는 선거인·정당(候補者를 추천한 政黨에 한한다) 또는 후보자는 선거일부터 30일 이내에 당해선거구 선거관리위원회 위원장을 피고로 하여 대법원에 소를 제기할 수 있다.

② 지방의회의원 및 지방자치단체의 장의 선거에 있어서 선거의 효력에 관한 제220조의 결정에 불복이 있는 소청인(當選人을 포함한다)은 해당 소청에 대하여 기각 또는 각하 결정이 있는 경우(제220조제1항의 기간 내에 결정하지 아니한 때를 포함한다)에는 해당 선거구 선거관리위원회 위원장을, 인용결정이 있는 경우에는 그 인용결정을 한 선거관리위원회 위원장을 피고로 하여 그 결정서를 받은 날(제220조제1항의 기간 내에 결정하지 아니한 때에는 그 기간이 종료된 날)부터

10일 이내에 비례대표 시·도의원선거 및 시·도지사선거에 있어서는 대법원에, 지역구시·도의원선거, 자치구·시·군의원선거 및 자치구·시·군의 장선거에 있어서는 그 선거구를 관할하는 고등법원에 소를 제기할 수 있다. 〈개정 2002.3.7., 2010.1.25.〉

③ 제1항 또는 제2항에 따라 피고로 될 위원장이 궐위된 때에는 해당 선거관리위원회 위원 전원을 피고로 한다. 〈개정 2010.1.25.〉

관련 판례

선거법 제222조와 제224조에서 규정하고 있는 선거소송은 선거일 지정과 선거인명부의 확정, 후보자의 등록, 투표용지의 조제, 선거인들의 투표 및 그 관리, 투표 결과의 심사, 당선인의 결정 등을 포괄하는 집합적 행위로서의 선거에 관한 쟁송으로서, 그 일련의 과정에서 선거에 관한 규정에 위반된 사실이 있고, 그로써 선거의 결과에 영향을 미쳤다고 인정되는 경우에 선거의 전부나 일부를 무효로 하는 소송을 가리키고, 이러한 선거소송에서 선거무효의 사유가 되는 '선거에 관한 규정에 위반된 사실'에는 선관위가 선거의 관리집행에 관한 규정에 위반한 경우가 당연히 포함된다(대법원 2001. 3. 9. 선고 2000수124 판결).

공직선거및선거부정방지법 제222조와 제224조에서 규정하고 있는 선거소송은 집합적 행위로서의 선거에 관한 쟁송으로서 선거라는 일련의 과정에서 선거에 관한 규정에 위반된 사실이 있고, 그로써 선거의 결과에 영향을 미쳤다고 인정하는 때에 선거의 전부나 일부를 무효로 하는 소송을 가리키며, 이러한 선거소송에서 선거무효의 사유가 되는 '선거에 관한 규정에 위반된 사실'이라 함은 기본적으로 선거관리의 주체인 선거관리위원회가 선거사무의 관리집행에 관한 규정에 위반한 경우와 후보자 등 제3자에 의한 선거과정상의 위법행위에 대하여 적절한 시정조치를 취함이 없이 묵인·방치하는 등 그 책임에 돌릴만한 선거사무의 관리집행상의 하자가 따로 있는 경우를 말하지만, 그 밖에도 후보자 등 제3자에 의한 선거과정상의 위법행위로 인하여 선거인들이 자유로운 판단에 의하여 투표를 할 수 없게 됨으로써 선거의 기본이념인 선거의 자유와 공정이 현저히 저해되었다고 인정되는 경우를 포함하고, '선거의 결과에 영향을 미쳤다고 인정하는 때'라고 함은 선거에 관한 규정의 위반이 없었더라면 선거의 결과, 즉 후보자의 당락에 관하여 현실로 있었던 것과 다른 결과가 발생하였을지도 모른다고 인정되는 때를 말한다.

선거소송에서 선거무효의 사유가 되는 '선거에 관한 규정에 위반된 사실'에는 후보자 등 제3자에 의한 선거과정상의 위법행위에 대하여 적절한 시정조치를 취함이 없이 묵인·방치하는 등 그 책임에 돌릴만한 선거사무의 관리집행상의 하자가 따로 있는 경우도 포함되지만, 여기에서 선거관리위원회가 적절한 조치를 취함이 없이 묵인·방치한다 함은 선거관리위원회가 후보자 등 제3자에 의한 선거과정상의 위법행위를 알고서도 적절한 조치를 취하지 아니한 경우를 의미한다고 할 것이지 단속·감시·감독 등을 하였다면 알 수 있었음에도 이를 게을리 하여 알지 못한 모든 경우까지 포함한다고 할 수 없다.

선거소송에서 선거무효의 사유가 되는 '선거에 관한 규정에 위반된 사실'에는 후보자 등 제3자에 의한 선거과정상의 위법행위로 인하여 선거인들이 자유로운 판단에 의하여 투표를 할 수 없게 됨으로써 선거의 기본이념인 선거의 자유와 공정이 현저히 저해되었다고 인정되는 경우까지 포함되지만, 여기에서 후보자 등 제3자에 의한 선거과정상의 위법행위는 특별한 사정이 없는 한 후보자 등 제3자의 고의에 의한 선거과정상의 위법행위만을 의미한다고 해석된다(대법원 2005. 6. 9. 선고 2004수54 판결).

특정정당 내부의 비례대표국회의원후보자의 선출과정에서의 하자를 이유로 '특정정당 비례대표국회의원후보 선출의 효력'을 다투는 방식의 '특정정당 비례대표국회의원선거소송'은 결과적으로 비례대표국회의원선거 중 특정정당의 비례대표국회의원후보자명부만을 교체하는 것을 내용으로 하는 것이 되어 정당과 이미 제출·등록된 비례대표국회의원후보자명부를 기초로 하여 이루어진 선거인들의 정치적 의사가 선거에 의하지 아니하고 변경되는 것으로서 앞에서 본 선거법상의 비례대표국회의원선거의 본질에 반하여 선거법 제222조제1항의 소송유형으로는 허용되지 않는다 할 것이고, 선거법 제222조제1항이 위와 같은 소송유형을 허용하지 아니한 것은 비례대표국회의원선거의 본질에 비추어 그 정당성과 합리성을 수긍할 수 있으므로, 이를 두고 정당의 민주적 활동에 관한 헌법 제8조제2항, 평등권에 관한 제11조제1항, 행복추구권에 관한 제10조에 위반된다고 볼 수 없다(대법원 2004. 10. 14. 자 2004주8 결정).

원고는, 영등포구 대림1동 제1투표구의 이 사건 구의회의원선거에는 (1)투표구 선거관리위원회 및 투표사무원 등이 투표 당시 선거인의 신분을 제대로 확인하지 아니하여 선거인명부 등재번호 1459번 유권자 정갑순이 신분확인을 받고 투표하고자 하였으나 이미 다른 사람이 정갑순의 인장을 날인하고 대리투표한 사실이 드러났는바, 이러한 사정에 비추어 기권이 예상되는 다수의 선거인 대신 다른 사람이 대리투표를 했을 것으로 추정되고, (2)투표사무원이 아닌 소외 이상용으로 하여금 투표접수대에서 주민등록증 확인·대조 업무를 하도록 시키는 등의 무효사유가 있다고 주장한다.

먼저 (1)대리투표 주장에 관하여 살피건대, 선거인 정갑순 명의로 다른 사람이 대리투표하였다는 점에 관하여는, 이에 부합하는 갑 제1호증의 기재 및 증인 정갑순의 증언은 을 제1호증의 1 내지 4, 을 제2호증의 1 내지 8의 각 기재와 증인 최영복의 증언 등에 비추어 믿기 어렵고, 갑 제4, 5호증의 각 기재와 증인 김시중, 김국주의 각 증언은 위 정갑순의 진술에 기초한 것이어서 이것만으로는 위 사실을 인정하기 부족하며 달리 이를 인정할 증거가 없고, 가사 다른 사람이 위 정갑순 명의로 투표한 것이 사실이라고 하더라도 이러한 사정만으로 바로 위 정갑순 이외에도 기권이 예상되는 다수의 선거인 대신 다른 사람이 대리투표를 했을 것으로 추정할 수는 없는 것이고 달리 이를 인정할 증거도 없는바, 공직선거및부정선거방지법 제222조의 선거소송은 선거의 관리와 집행이 선거에 관한 규정에 위반하였다는 이유로 선거의 효력을 다투는 것이고, 위와 같은 위반 사실이 있는 때라도 그것이 선거의 결과에 영향을 미쳤다고 인정되는 경우에 한하여 선거의 전부 또는 일부 무효판결을 할 수 있고, 선거의 결과에 영향이 없는 때에는 선거무효의 판결을 할 수 없는 것이므로(같은 법 제224조), 앞에서 본 원고와 위 노동우의 표차 등에 비추어 볼 때 다른 사람이 위 정갑순 명의로 대리투표를 하였다 하더라도 이로써 이 사건 선거결과에 영향을 미쳤다고 볼 수는 없는 것이므로 원고의 위 주장은 이유 없다.

다음 (2)투표사무원 아닌 자의 투표 관여 주장에 관하여 살피건대, 증인 김국주, 최영복의 각 증언에 변론의 전취지를 종합하면, 대림1동사무소의 운전기사인 소외 이상용이 투표사무원이 아니면서도 위 투표구의 선거인 본인 확인업무에 관여한 사실이 인정되고 달리 반증이 없고, 이는 선거인, 투표참관인, 선거관리위원회위원 및 직원 외에는 투표소에 들어갈 수 없다는 공직선거및선거부정방지법 제163조 등에 위배된 것으로서 잘못이라 할 것이나, 한편 위 증인 최영복 및 증인 김시중의 증언에 의하면, 이 사건 투표 당시 선거인 본인 확인업무는 투표사무원이 2인 1조가 되어 선거인명부와 선거인의 신분증을 대조·확인하는 업무를 담당하였는데(한 사람이 신분증상의 주민등록번호를 불러주면 다른 한 사람이 선거인명부상의 주민등록번호와 일치하는지 여부를 확인하는 방법으로 진행하였다), 그 투표사무원이 한 사람씩 교대로 식사를 하러 가는 등 잠시 자리를 비울 때에는 남은 한 사람이 혼자서 신원대조 업무를 하여야 하고, 그러다 보니 대조에 시간이 걸려 선거인들이 불평을 하게 되었던바, 이에 위 이상용은 위 투표소 위층(대림1동 사무소 2층)에 설치된 상황실에 대기하면서 관내 4개 투표소의 연락업무를 보조하고 있던 중, 위와 같이 선거사무원이 식사 등을 위하여 교대로 자리를 비운 경우에 남은 선거사무원을 도와 2회에 걸쳐 약 20분 동안 선거인 본인 확인업무를 보조한 사실, 위 선거인 본인 여부 확인 당시 그로부터 3m 정도 떨어진 곳에는 투표구선거관리위원 및 투표참관인 등이 있었던 사실을 인정할 수 있고 달리 반증이 없는바, 이와 같이 위 이상용이 이 사건 투표사무에 관여한 경위 및 그 정도, 후보자들의 득표수 등에 비추어 볼 때, 이 정도의 잘못이 선거 결과에까지 영향을 미쳤다고 볼 수는 없으므로 이 사유를 들어 선거무효를 구하는 원고의 위 주장도 이유 없다(서울고등법원 1995. 12. 7. 선고 95수37 판결 : 확정).

제223조 당선소송

제223조(당선소송) ① 대통령선거 및 국회의원선거에 있어서 당선의 효력에 이의가 있는 정당(候補者를 추천한 政黨에 한한다) 또는 후보자는 당선인결정일부터 30일 이내에 제52조제1항·제3항 또는 제192조제1항부터 제3항까지의 사유에 해당함을 이유로 하는 때에는 당선인을, 제187조(大統領當選人의 決定·公告·통지)제1항·제2항, 제188조(地域區國會議員當選人의 決定·公告·통지)제1항 내지 제4항, 제189조(比例代表國會議員議席의 배분과 當選人의 決定·公告·통지) 또는 제194조(당선인의 재결정과 비례대표국회의원의석 및 비례대표지방의회의원의석의 재배분)제4항의 규정에 의한 결정의 위법을 이유로 하는 때에는 대통령선거에 있어서는 그 당선인을 결정한 중앙선거관리위원회 위원장 또는 국회의장을, 국회의원선거에 있어서는 당해선거구 선거관리위원회 위원장을 각각 피고로 하여 대법원에 소를 제기할 수 있다.

〈개정 2000.2.16., 2002.3.7., 2005.8.4., 2010.1.25., 2010.3.12.〉

② 지방의회의원 및 지방자치단체의 장의 선거에 있어서 당선의 효력에 관한 제220조의 결정에 불복이 있는 소청인 또는 당선인인 피소청인(제219조제2항후단에 따라 선거구 선거관리위원회 위원장이 피소청인인 경우에는 당선인을 포함한다)은 해당 소청에 대하여 기각 또는 각하결정이 있는 경우(제220조제1항의 기간 내에 결정하지 아니한 때를 포함한다)에는 당선인(제219조제2항후단을 이유로 하는 때에는 관할선거구 선거관리위원회 위원장을 말한다)을, 인용결정이 있는 경우에는 그 인용결정을 한 선거관리위원회 위원장을 피고로 하여 그 결정서를 받은 날(제220조제1항의 기간 내에 결정하지 아니한 때에는 그 기간이 종료된 날)부터 10일 이내에 비례대표 시·도의원선거 및 시·도지사선거에 있어서는 대법원에, 지역구시·도의원선거, 자치구·시·군의원선거 및 자치구·시·군의 장선거에 있어서는 그 선거구를 관할하는 고등법원에 소를 제기할 수 있다. 〈개정 2002.3.7., 2010.1.25.〉

③ 제1항 또는 제2항에 따라 피고로 될 위원장이 궐위된 때에는 해당 선거관리위원회 위원 전원을, 국회의장이 궐위된 때에는 부의장중 1인을 피고로 한다. 〈개정 2010.1.25.〉

④ 제1항 및 제2항의 규정에 의하여 피고로 될 당선인이 사퇴·사망하거나 제192조제2항의 규정에 의하여 당선의 효력이 상실되거나 같은 조제3항의 규정에 의하여 당선이 무효로 된 때에는 대통령선거에 있어서는 법무부장관을, 국회의원선거·지방의회의원 및 지방자치단체의 장의 선거에 있어서는 관할고등검찰청 검사장을 피고로 한다.

제52조(등록무효) ① 후보자등록 후에 다음 각 호의 어느 하나에 해당하는 사유가 있는 때에는 그 후보자의 등록은 무효로 한다.

〈개정 1998.4.30., 2000.2.16., 2002.3.7., 2004.3.12., 2005.8.4., 2006.10.4., 2010.1.2

5., 2014.1.17., 2015.8.13.〉

1. 후보자의 피선거권이 없는 것이 발견된 때

2. 제47조(政黨의 候補者推薦)제1항본문의 규정에 위반하여 선거구별로 선거할 정수범위를 넘어 추천하거나, 비례대표지방의회의원선거에 있어 같은 조제3항의 규정에 의한 여성후보자추천의 비율과 순위를 위반하거나, 제48조(選擧權者의 候補者推薦)제2항의 규정에 의한 추천인수에 미달한 것이 발견된 때

3. 제49조제4항제2호부터 제5호까지의 규정에 따른 서류를 제출하지 아니한 것이 발견된 때

4. 제49조제6항의 규정에 위반하여 등록된 것이 발견된 때

5. 제53조제1항부터 제3항까지 또는 제5항을 위반하여 등록된 것이 발견된 때

6. 정당추천후보자가 당적을 이탈·변경하거나 2 이상의 당적을 가지고 있는 때(候補者登錄申請시에 2 이상의 黨籍을 가진 경우를 포함한다), 소속정당의 해산이나 그 등록의 취소 또는 중앙당의 시·도당창당승인취소가 있는 때

7. 무소속후보자가 정당의 당원이 된 때

8. 제57조의2제2항 또는 제266조제2항·제3항을 위반하여 등록된 것이 발견된 때

9. 정당이 그 소속 당원이 아닌 사람이나 「정당법」 제22조에 따라 당원이 될 수 없는 사람을 추천한 것이 발견된 때

10. 다른 법률에 따라 공무담임이 제한되는 사람이나 후보자가 될 수 없는 사람에 해당하는 것이 발견된 때

11. 정당 또는 후보자가 정당한 사유 없이 제65조제9항을 위반하여 후보자정보공개자료를 제출하지 아니한 것이 발견된 때

③ 후보자가 같은 선거의 다른 선거구나 다른 선거의 후보자로 등록된 때에는 그 등록은 모두 무효로 한다. 〈개정 2000.2.16., 2010.3.12.〉

제192조(피선거권상실로 인한 당선무효 등) ① 선거일에 피선거권이 없는 자는 당선인이 될 수 없다.

② 당선인이 임기개시 전에 피선거권이 없게 된 때에는 당선의 효력이 상실된다.

③ 당선인이 임기개시 전에 다음 각 호의 어느 하나에 해당되는 때에는 그 당선을 무효로 한다. 〈개정 1995.4.1., 2000.2.16., 2005.8.4., 2010.1.25., 2010.3.12.〉

1. 당선인이 제1항의 규정에 위반하여 당선된 것이 발견된 때

2. 당선인이 제52조제1항 각 호의 어느 하나 또는 같은 조제2항·제3항의 등록무효사유에 해당하는 사실이 발견된 때

3. 비례대표국회의원 또는 비례대표지방의회의원의 당선인이 소속정당의 합당·해산 또는

제명 외의 사유로 당적을 이탈·변경하거나 2 이상의 당적을 가지고 있는 때(當選人決定시 2 이상의 黨籍을 가진 者를 포함한다)

제187조(대통령당선인의 결정·공고·통지) ① 대통령선거에 있어서는 중앙선거관리위원회가 유효투표의 다수를 얻은 자를 당선인으로 결정하고, 이를 국회의장에게 통지하여야 한다. 다만, 후보자가 1인인 때에는 그 득표수가 선거권자총수의 3분의 1 이상에 달하여야 당선인으로 결정한다.
② 최고득표자가 2인 이상인 때에는 중앙선거관리위원회의 통지에 의하여 국회는 재적 의원 과반수가 출석한 공개회의에서 다수표를 얻은 자를 당선인으로 결정한다.

제188조(지역구국회의원당선인의 결정·공고·통지) ① 지역구국회의원선거에 있어서는 선거구선거관리위원회가 당해 국회의원지역구에서 유효투표의 다수를 얻은 자를 당선인으로 결정한다. 다만, 최고득표자가 2인 이상인 때에는 연장자를 당선인으로 결정한다.
② 후보자등록마감시각에 지역구국회의원후보자가 1인이거나 후보자등록마감 후 선거일 투표개시시각 전까지 지역구국회의원후보자가 사퇴·사망하거나 등록이 무효로 되어 지역구국회의원후보자수가 1인이 된 때에는 지역구국회의원후보자에 대한 투표를 실시하지 아니하고, 선거일에 그 후보자를 당선인으로 결정한다.
③ 선거일의 투표개시시각부터 투표마감시각까지 지역구국회의원후보자가 사퇴·사망하거나 등록이 무효로 되어 지역구국회의원후보자수가 1인이 된 때에는 나머지 투표는 실시하지 아니하고 그 후보자를 당선인으로 결정한다.
④ 선거일의 투표마감시각 후 당선인결정 전까지 지역구국회의원후보자가 사퇴·사망하거나 등록이 무효로 된 경우에는 개표결과 유효투표의 다수를 얻은 자를 당선인으로 결정 하되, 사퇴·사망하거나 등록이 무효로 된 자가 유효투표의 다수를 얻은 때에는 그 국회의원지역구는 당선인이 없는 것으로 한다.

제189조(비례대표국회의원의석의 배분과 당선인의 결정·공고·통지) ① 중앙선거관리위원회는 비례대표국회의원선거에서 유효투표총수의 100분의 3 이상을 득표하였거나 지역구국회의원총선거에서 5석 이상의 의석을 차지한 각 정당(이하 이 조에서 "의석할당정당"이라 한다)에 대하여 당해 의석할당정당이 비례대표국회의원선거에서 얻은 득표비율에 따라 비례대표국회의원의석을 배분한다.
② 제1항의 득표비율은 각 의석할당정당의 득표수를 모든 의석할당정당의 득표수의 합계로 나누어 산출한다.
③ 비례대표국회의원의석은 각 의석할당정당의 득표비율에 비례대표국회의원의석정수(이하

이 조에서 "의석정수"라 한다)를 곱하여 산출된 수의 정수(整數)의 의석을 당해 정당에 먼저 배분하고 잔여의석은 소수점 이하 수가 큰 순으로 각 정당에 1석씩 배분하되, 그 수가 같은 때에는 당해 정당 사이의 추첨에 의한다.

④ 중앙선거관리위원회는 제출된 정당별 비례대표국회의원후보자명부에 기재된 당선인으로 될 순위에 따라 정당에 배분된 비례대표국회의원의 당선인을 결정한다.

⑤ 정당에 배분된 비례대표국회의원의석수가 그 정당이 추천한 비례대표국회의원후보자 수를 넘는 때에는 그 넘는 의석은 공석으로 한다.

⑥ 중앙선거관리위원회는 비례대표국회의원선거에 있어서 제198조(천재 · 지변 등으로 인한 재투표)의 규정에 의한 재투표 사유가 발생한 경우에는 그 투표구의 선거인수를 전국 선거인수로 나눈 수에 의석정수를 곱하여 얻은 수의 정수(1 미만의 단수는 1로 본다)를 의석정수에서 뺀 다음 제1항 내지 제4항의 규정에 따라 비례대표국회의원의석을 배분하고 당선인을 결정한다. 다만, 재투표결과에 따라 의석할당정당이 추가될 것으로 예상되는 경우에는 추가가 예상되는 정당마다 의석정수의 100분의 3에 해당하는 정수(1미만의 단수는 1로 본다)의 의석을 별도로 빼야 한다.

⑦ 비례대표국회의원의 당선인이 결정된 때에는 중앙선거관리위원회 위원장은 그 명단을 공고하고 지체 없이 각 정당에 통지하며, 당선인에게 당선증을 교부하여야 한다.

⑧ 제187조(대통령당선인의 결정 · 공고 · 통지)제4항의 규정은 비례대표국회의원당선인의 결정에 이를 준용한다.

[전문개정 2004.3.12.]

[2004.3.12. 법률 제7189호에 의하여 2001.7.19. 헌법재판소에서 위헌결정된 이 조를 개정함.]

제194조(당선인의 재결정과 비례대표국회의원의석 및 비례대표지방의회의원의석의 재배분)

④ 선거구선거관리위원회는 비례대표국회의원선거 또는 비례대표지방의회의원선거에 있어서 제198조의 사유로 인한 재투표를 실시한 때에는 당초 선거에서의 득표수와 재투표에서의 득표수를 합하여 득표비율을 산출하고 그 득표비율에 당해 선거구의 의석정수를 곱하여 얻은 수에서 각 정당이 이미 배분받은 의석수를 뺀 수가 큰 순위에 따라 잔여의석을 배분하고 당선인을 결정한다. 이 경우 비례대표국회의원선거에 있어서는 제189조제1항 내지 제5항의 규정을, 비례대표지방의회의원선거에 있어서는 제190조의2의 규정을 준용한다.

〈개정 2002.3.7., 2004.3.12., 2005.8.4.〉

[제목개정 2002.3.7., 2005.8.4.]

관련 판례

  지방의회의원 및 지방자치단체의 장의 선거에 있어서 당선의 효력에 관한 소청에 대한 결정에 불복이 있는 소청인 또는 당선인인 피소청인이 당선인의 결정·공고·통지의 위법을 이유로 하여 제기하는 당선소송에서 피고로 되는 공직선거및선거부정방지법 제223조제2항 소정의 "관할선거구 선거관리위원회 위원장"이라 함은 그 지방의회의원 및 지방자치단체의 장의 선거사무를 행하여 당선인을 결정한 자치구·시·군선거관리위원회 위원장을 말하는 것이지 선거소청에 관한 결정기관인 시·도선거관리위원회 위원장(지방의회의원선거 및 자치구·시·군의 장 선거의 경우) 또는 중앙선거관리위원회 위원장(시·도지사 선거의 경우)을 말하는 것이 아니다(대법원 1996. 8. 23. 선고 96우30 판결).

  공직선거법상 선거에 관한 쟁송방법으로는 같은 법 제222조가 정하는 선거소송과 제223조가 정하는 당선소송만이 인정되어 있고, 이들 소송은 선거일 또는 당선결정일로부터 일정한 기간 내에 대법원을 전속 관할법원으로 하여서만 제기할 수 있도록 규정되어 있는 취지에 비추어 보면, 선거 종료 전 선거관리기관의 개개의 행위를 대상으로 하는 쟁송은 허용될 수 없는 것이므로 선거 전에 선거관리기관의 위법행위가 있다 하더라도 이에 대하여는 선거 종료 후 선거소송으로써만 그 시정을 구할 수 있을 뿐 곧바로 행정소송을 제기할 수는 없다(대법원 1989. 2. 28.자 88두8 결정 참조).
  살펴건대, 원고들의 이 사건 소는 2005. 10. 26. 시행될 대구동구을과 부천원미갑 보궐선거와 앞으로 시행될 대통령선거, 국회의원선거, 지방자치단체장선거, 지방의회선거 및 국민투표의 개표 사무에 있어서 피고가 전자개표기를 사용하기로 한 결정이 위법하다는 것인바, 선거일의 지정, 선거인명부의 작성, 후보자등록, 투·개표관리, 당선인 결정 등 여러 행위를 포괄하는 집합적 행위인 선거관리의 과정에서 이루어지는 개별적 행위는 그 자체로서 별개의 독립한 행위로서의 성질을 가지기보다는 공정한 선거의 관리라는 하나의 목적을 향한 연속적인 일련의 과정 중 하나라 할 것이고, 어떠한 선거관리에 있어서 특정한 하나의 행위에 대하여 다툴 수 있게 허용하면 그로 인하여 선거의 본래 목적 달성에 중대한 지장을 초래하게 되므로 공직선거법상 다른 특별한 규정이 없는 한 일련의 과정이 마쳐진 후에 일괄하여 그 선거의 효력을 다투게 하려는 것이 공직선거법상 선거쟁송의 방법 및 절차가 규정된 취지라는 점을 고려할 때, 원고들의 주장과 같이 피고가 2005. 10. 26. 시행될 대구동구을과 부천원미갑 보궐선거와 앞으로 시행될 대통령선거, 국회의원선거, 지방자치단체장선거, 지방의회선거 및 국민투표에서 전자개표기로 개표하기로 하는 결정을 하였다 하더라도 이러한 피고의 결정은 여러 행위를 포괄하는 집합적 행위인 선거관리라는 일련의 연속적인 과정에 있어서 하나의 행위에 불과한 것이어서 당해 선거의 종료 후 선거소송으로써 이를 다투어야 할 것임에도 원고들은 피고의 선거관리사무 중 전자개표기 사용 결정행위만을 분리하여 항고소송의 형태로 이 사건 소를 제기하였으므로 원고들의 이 사건 소는 부적법하다(서울행정법원 2007. 12. 12. 선고 2005구합30440 판결).

제224조 선거무효의 판결 등

제224조(선거무효의 판결 등) 소청이나 소장을 접수한 선거관리위원회 또는 대법원이나 고등법원은 선거쟁송에 있어 선거에 관한 규정에 위반된 사실이 있는 때라도 선거의 결과에 영향을 미쳤다고 인정하는 때에 한하여 선거의 전부나 일부의 무효 또는 당선의 무효를 결정하거나 판결한다.

제225조 소송 등의 처리

제225조(소송 등의 처리) 선거에 관한 소청이나 소송은 다른 쟁송에 우선하여 신속히 결정 또는 재판하여야 하며, 소송에 있어서는 수소법원은 소가 제기된 날부터 180일 이내에 처리하여야 한다.

제226조 소송 등에 관한 통지

제226조(소송 등에 관한 통지) ① 이 장의 규정에 의하여 소청이 제기된 때 또는 소청이 계속되지 아니하게 되거나 결정된 때에는 중앙선거관리위원회 또는 시·도선거관리위원회는 당해 지방자치단체와 지방의회 및 관할선거구 선거관리위원회에 통지하여야 한다.
② 이 장의 규정에 의하여 소가 제기된 때 또는 소송이 계속되지 아니하게 되거나 판결 이 확정된 때에는 대법원장 또는 고등법원장은 대통령선거 및 국회의원선거에 있어서는 국회와 중앙선거관리위원회 및 관할선거구 선거관리위원회에, 지방의회의원 및 지방자치단체의 장의 선거에 있어서는 당해 지방자치단체와 지방의회 및 관할선거구 선거관리위원회에 통지하여야 한다.

제227조 「행정소송법」의 준용 등

제227조(「행정소송법」의 준용 등) 선거에 관한 소송에 관하여는 이 법에 규정된 것을 제외하고는

「행정소송법」제8조(法適用例)제2항 및 제26조(職權審理)의 규정을 준용한다. 다만, 같은 법 제8조제2항에서 준용되는 「민사소송법」 제145조(화해의 권고), 제147조(제출기간의 제한)제2 항, 제149조(실기한 공격·방어방법의 각하), 제150조(자백간주)제1항, 제220조(화해, 청구의 포기·인낙조서의 효력), 제225조(결정에 의한 화해권고), 제226조 (결정에 대한 이의신청), 제227조(이의신청의 방식), 제228조(이의신청의 취하), 제229조 (이의신청권의 포기), 제230조 (이의신청의 각하), 제231조(화해권고결정의 효력), 제232 조(이의신청에 의한 소송복귀 등), 제284조(변론준비절차의 종결)제1항, 제285조(변론준비기일을 종결한 효과) 및 제288조(불요 증사실)의 규정을 제외한다. 〈개정 2005.8.4.〉

[제목개정 2005.8.4.]

「행정소송법」

제8조(법적용예) ② 행정소송에 관하여 이 법에 특별한 규정이 없는 사항에 대하여는 법원 조직법과 민사소송법 및 민사집행법의 규정을 준용한다. 〈개정 2002.1.26.〉

제26조(직권심리) 법원은 필요하다고 인정할 때에는 직권으로 증거조사를 할 수 있고, 당사자가 주장하지 아니한 사실에 대하여도 판단할 수 있다.

제228조 증거조사

제228조(증거조사) ① 정당(候補者를 추천한 政黨에 한한다) 또는 후보자는 개표완료 후에 선거쟁송을 제기하는 때의 증거를 보전하기 위하여 그 구역을 관할하는 지방법원 또는 그 지원에 투표함·투표지 및 투표록 등의 보전신청을 할 수 있다.

② 법관은 제1항의 신청이 있는 때에는 현장에 출장하여 조서를 작성하고 적절한 보관 방법을 취하여야 한다. 다만, 소청심사에 필요한 경우 중앙선거관리위원회 또는 시·도선거관리위원회는 증거보전신청자의 신청에 의하여 관여법관의 입회하에 증거보전물품에 대한 검증을 할 수 있다.

③ 제2항의 처분은 제219조(選擧訴請)의 규정에 의한 소청의 제기가 없거나 제222조(選擧訴訟) 및 제223조(當選訴訟)의 규정에 의한 소의 제기가 없는 때에는 그 효력을 상실한다.

④ 선거에 관한 소송에 있어서는 대법원 및 고등법원은 고등법원·지방법원 또는 그 지원에 증거조사를 촉탁할 수 있다.

제229조 인지 첩부 및 첨부에 관한 특례

제229조(인지 첩부 및 첨부에 관한 특례) 선거에 관한 소송에 있어서는 「민사소송 등 인지법」의 규정에 불구하고 소송서류에 붙여야 할 인지는 「민사소송 등 인지법」에 규정된 금액의 10배로 한다. 〈개정 2005.8.4., 2012.12.18.〉

[제목개정 2012.12.18.]

제16장 벌칙

법 제16장은 「공직선거법」의 관련 규정을 위반한 자에 대한 형벌과 과태료의 제재에 관하여 규정하였다. 여기에서는 이들 제재규정들만을 법조 및 죄명과 함께 소개하고, 그 제재의 근거규정, 제재규정 등에 관한 해설 및 관련 판례 등의 분석은 별도의 책자인 **"공직선거법 · 정치자금법 해설"**에 싣는다.

제230조(매수 및 이해유도죄) ① 다음 각 호의 어느 하나에 해당하는 자는 5년 이하의 징 역 또는 3천만원 이하의 벌금에 처한다.

〈개정 1997.1.13., 1997.11.14., 2000.2.16., 2004.3.12., 2009.2.12., 2010.1.25., 2011.7.28., 2012.2.29., 2014.1.17., 2014.2.13., 2014.5.14.〉

1. 투표를 하게 하거나 하지 아니하게 하거나 당선되거나 되게 하거나 되지 못하게 할 목적으로 선거인(선거인명부 또는 재외선거인명부 등을 작성하기 전에는 그 선거인명부 또는 재외선거인명부 등에 오를 자격이 있는 사람을 포함한다. 이하 이 장에서 같다) 또는 다른 정당이나 후보자(예비후보자를 포함한다)의 선거사무장 · 선거연락소장 · 선거사무원 · 회계책임자 · 연설원(제79조제1항 · 제2항에 따라 연설 · 대담을 하는 사람과 제81조제1항 · 제82조제1항 또는 제82조의2제1항 · 제2항에 따라 대담 · 토론을 하는 사람을 포함한다. 이하 이 장에서 같다) 또는 참관인(투표참관인 · 사전투표참관인과 개표참관인을 말한다. 이하 이 장에서 같다) · 선장 · 입회인에게 금전 · 물품 · 차마(車馬) · 향응 그 밖에 재산상의 이익이나 공사의 직을 제공하거나 그 제공의 의사를 표시하거나 그 제공을 약속한 자

2. 선거운동에 이용할 목적으로 학교, 그 밖에 공공기관 · 사회단체 · 종교단체 · 노동단체 · 청 년단체 · 여성단체 · 노인단체 · 재향군인단체 · 씨족단체 등의 기관 · 단체 · 시설에 금전 · 물품 등 재산상의 이익을 제공하거나 그 제공의 의사를 표시하거나 그 제공을 약속한 자

3. 선거운동에 이용할 목적으로 야유회 · 동창회 · 친목회 · 향우회 · 계모임 기타의 선거구민의 모임이나 행사에 금전 · 물품 · 음식물 기타 재산상의 이익을 제공하거나 그 제공의 의사를 표시하거나 그 제공을 약속한 자

4. 제135조(選擧事務關係者에 대한 手當과 實費補償)제3항의 규정에 위반하여 수당 · 실비 기타 자원봉사에 대한 보상 등 명목여하를 불문하고 선거운동과 관련하여 금품 기타 이익의 제공 또는 그 제공의 의사를 표시하거나 그 제공을 약속한 자

5. 선거에 영향을 미치게 하기 위하여 이 법에 따른 경우를 제외하고 문자 · 음성 · 화상 · 동 영상 등을

인터넷 홈페이지의 게시판·대화방 등에 게시하거나 전자우편·문자메시지로 전송하게 하고 그 대가로 금품, 그 밖에 이익의 제공 또는 그 제공의 의사표시를 하거나 그 제공을 약속한 자

6. 정당의 명칭 또는 후보자(후보자가 되려는 사람을 포함한다)의 성명을 나타내거나 그 명칭·성명을 유추할 수 있는 내용으로 제58조의2에 따른 투표참여를 권유하는 행위를 하게 하고 그 대가로 금품, 그 밖에 이익의 제공 또는 그 제공의 의사표시를 하거나 그 제공을 약속한 자

7. 제1호부터 제6호까지에 규정된 이익이나 직의 제공을 받거나 그 제공의 의사표시를 승낙한 자(제261조제9항제2호에 해당하는 자는 제외한다)

② 정당·후보자(候補者가 되고자 하는 者를 포함한다) 및 그 가족·선거사무장·선거연락소 장·선거사무원·회계책임자·연설원 또는 제114조(政黨 및 候補者의 家族 등의 寄附行爲制限)제2항의 규정에 의한 후보자 또는 그 가족과 관계있는 회사 등이 제1항 각 호의 1에 규정된 행위를 한 때에는 7년 이하의 징역 또는 5천만원 이하의 벌금에 처한다. 〈개정 2014.2.13.〉

③ 제1항 각 호의 1 또는 제2항에 규정된 행위에 관하여 지시·권유·요구하거나 알선한 자는 7년 이하의 징역 또는 5천만원 이하의 벌금에 처한다. 〈개정 2014.2.13.〉

④ 당선되거나 되게 하거나 되지 못하게 할 목적으로 선거기간중 포장된 선물 또는 돈 봉투 등 다수의 선거인에게 배부하도록 구분된 형태로 되어 있는 금품을 운반하는 자는 5년 이하의 징역 또는 3천만원 이하의 벌금에 처한다. 〈개정 2014.2.13.〉

⑤ 선거관리위원회의 위원·직원(투표관리관 및 사전투표관리관을 포함한다. 이하 이 장에서 같다) 또는 선거사무에 관계있는 공무원(선장을 포함한다)이나 경찰공무원(司法警察官吏 및 軍司法警察官吏를 포함한다)이 제1항 각 호의 1 또는 제2항에 규정된 행위를 하거나 하게 한 때에는 7년 이하의 징역에 처한다. 〈개정 2005.8.4., 2012.2.29., 2014.1.17.〉

⑥ 제47조의2제1항 또는 제2항을 위반한 자는 5년 이하의 징역 또는 500만원 이상 3천 만원 이하의 벌금에 처한다. 〈신설 2008.2.29., 2014.2.13.〉

⑦ 당내경선과 관련하여 다음 각 호의 어느 하나에 해당하는 자는 3년 이하의 징역 또는 1천만원 이하의 벌금에 처한다. 〈신설 2005.8.4., 2008.2.29., 2014.2.13.〉

1. 제57조의5(당원 등 매수금지)제1항 또는 제2항의 규정을 위반한 자

2. 후보자로 선출되거나 되게 하거나 되지 못하게 하거나, 경선선거인(당내경선의 선거인명부에 등재된 자를 말한다. 이하 이 조에서 같다)으로 하여금 투표를 하게 하거나 하지 아니하게 할 목적으로 경선후보자·경선운동관계자·경선선거인 또는 참관인에게 금품·향응 그 밖의 재산상의 이익이나 공사의 직을 제공하거나 그 제공의 의사를 표시하거나 그 제공을 약속한 자

3. 제57조의5제1항 또는 제2항에 규정된 이익이나 직의 제공을 받거나 그 제공의 의사 표시를 승낙한 자

⑧ 제7항제2호·제3호에 규정된 행위에 관하여 지시·권유·요구하거나 알선한 자 또는 제57조의5제3항의 규정을 위반한 자는 5년 이하의 징역 또는 3천만원 이하의 벌금에 처한다.

〈신설 2005.8.4., 2008.2.29., 2014.2.13.〉

[제목개정 2011.7.28.]

제231조(재산상의 이익목적의 매수 및 이해유도죄) ① 다음 각 호의 어느 하나에 해당하는 사람은 7년 이하의 징역 또는 300만원 이상 5천만원 이하의 벌금에 처한다.
〈개정 2010.1.25., 2014.2.13.〉

    1. 재산상의 이익을 얻거나 얻을 목적으로 정당 또는 후보자(후보자가 되려는 사람을 포함한다)를 위하여 선거인 · 선거사무장 · 선거연락소장 · 선거사무원 · 회계책임자 · 연설원 또는 참관인에게 제230조제1항 각 호의 어느 하나에 해당하는 행위를 한 사람

    2. 제1호에 규정된 행위의 대가로 또는 그 행위를 하게 할 목적으로 금전 · 물품, 그 밖에 재산상의 이익 또는 공사의 직을 제공하거나 그 제공의 의사를 표시하거나 그 제공을 약속한 사람

    3. 제1호에 규정된 행위의 대가로 또는 그 행위를 약속하고 제2호에 규정된 이익 또는 직의 제공을 받거나 그 제공의 의사표시를 승낙한 사람

② 제1항에 규정된 행위에 관하여 지시 · 권유 · 요구하거나 알선한 자(제261조제1항에 해당하는 자는 제외한다)는 10년 이하의 징역 또는 500만원 이상 7천만원 이하의 벌금에 처한다. 〈개정 2014.2.13.〉

제232조(후보자에 대한 매수 및 이해유도죄) ① 다음 각 호의 1에 해당하는 자는 7년 이하의 징역 또는 500만원 이상 5천만원 이하의 벌금에 처한다. 〈개정 2014.2.13.〉

    1. 후보자가 되지 아니하게 하거나 후보자가 된 것을 사퇴하게 할 목적으로 후보자가 되고자 하는 자나 후보자에게 제230조(買收 및 利害誘導罪)제1항제1호에 규정된 행위를 한 자 또는 그 이익이나 직의 제공을 받거나 제공의 의사표시를 승낙한 자

    2. 후보자가 되고자 하는 것을 중지하거나 후보자를 사퇴한 데 대한 대가를 목적으로 후보자가 되고자 하였던 자나 후보자이었던 자에게 제230조제1항제1호에 규정된 행위를 한 자 또는 그 이익이나 직의 제공을 받거나 제공의 의사표시를 승낙한 자

② 제1항 각 호의 1에 규정된 행위에 관하여 지시 · 권유 · 요구하거나 알선한 자는 10년 이하의 징역 또는 500만원 이상 7천만원 이하의 벌금에 처한다. 〈개정 2014.2.13.〉

③ 선거관리위원회의 위원 · 직원 또는 선거사무에 관계있는 공무원이나 경찰공무원(司法警察官吏 및 軍司法警察官吏를 포함한다)이 당해 선거에 관하여 제1항 각 호의 1 또는 제2항에 규정된 행위를 한 때에는 10년 이하의 징역에 처한다.

제233조(당선인에 대한 매수 및 이해유도죄) ① 다음 각 호의 1에 해당하는 자는 1년 이상 10년 이하의 징역에 처한다. 〈개정 2000.2.16.〉

    1. 당선을 사퇴하게 할 목적으로 당선인에 대하여 금전 · 물품 · 차마 · 향응 기타 재산상의 이익

또는 공사의 직을 제공하거나 그 제공의 의사를 표시하거나 그 제공을 약속한 자

2. 제1호에 규정된 이익 또는 직의 제공을 받거나 그 제공의 의사표시를 승낙한 자

② 제1항 각 호의 1에 규정된 행위에 관하여 지시·권유·요구하거나 알선한 자는 1년 이 상 10년 이하의 징역에 처한다.

제234조(당선무효유도죄) 제263조(選擧費用의 超過支出로 인한 當選無效) 또는 제265조 (選擧事務長등의 選擧犯罪로 인한 當選無效)에 해당되어 후보자의 당선을 무효로 되게 할 목적으로 제263조 또는 제265조에 규정된 자를 유도 또는 도발하여 그 자로 하여금 제230조(매수 및 이해유도죄)제1항 내지 제5항·제231조(재산상의 이익목적의 매수 및 이해유도죄) 내지 제233조(當選人에 대한 買收 및 利害誘導罪)·제257조(寄附行爲의 금지제한등 違反罪)제1항 또는 제258조(選擧費用不正支出등 罪)제1항에 규정된 행위를 하게 한 자는 1년 이상 10년 이하의 징역에 처한다. 〈개정 2005.8.4.〉

제235조(방송·신문 등의 불법이용을 위한 매수죄) ① 제97조(放送·新聞의 不法利用을 위한 행위 등의 제한)제1항·제3항의 규정에 위반한 자는 5년 이하의 징역 또는 1천만원 이하의 벌금에 처한다.
② 제97조제2항의 규정에 위반한 자는 7년 이하의 징역 또는 2천만원 이하의 벌금에 처한다.

제236조(매수와 이해유도죄로 인한 이익의 몰수) 제230조(買收 및 利害誘導罪) 내지 제235조(放送·新聞 등의 不法利用을 위한 買收罪)의 죄를 범한 자가 받은 이익은 이를 몰수한다. 다만, 그 전부 또는 일부를 몰수할 수 없는 때에는 그 가액을 추징한다.

제237조(선거의 자유방해죄) ① 선거에 관하여 다음 각 호의 어느 하나에 해당하는 자는 10년 이하의 징역 또는 500만원 이상 3천만원 이하의 벌금에 처한다. 〈개정 2010.1.25.〉

1. 선거인·후보자·후보자가 되고자 하는 자·선거사무장·선거연락소장·선거사무원·활동보조인·회계책임자·연설원 또는 당선인을 폭행·협박 또는 유인하거나 불법으로 체포·감금하거나 이 법에 의한 선거운동용 물품을 탈취한 자

2. 집회·연설 또는 교통을 방해하거나 위계·사술 기타 부정한 방법으로 선거의 자유를 방해한 자

3. 업무·고용 기타의 관계로 인하여 자기의 보호·지휘·감독하에 있는 자에게 특정 정당이나 후보자를 지지·추천하거나 반대하도록 강요한 자

② 검사 또는 경찰공무원(司法警察官吏를 포함한다)이 제1항 각 호의 1에 규정된 행위를 하거나 하게 한 때에는 1년 이상 10년 이하의 징역과 5년 이하의 자격정지에 처한다.

③ 이 법에 규정된 연설·대담장소 또는 대담·토론회장에서 위험한 물건을 던지거나 후보자 또는 연설원을 폭행한 자는 다음 각 호의 구분에 따라 처벌한다. 〈개정 2004.3.12.〉

1. 주모자는 5년 이상의 유기징역

2. 다른 사람을 지휘하거나 다른 사람에 앞장서서 행동한 자는 3년 이상의 유기징역

3. 부화하여 행동한 자는 7년 이하의 징역

④ 제1항 내지 제3항의 죄를 범한 경우에 그 범행에 사용하기 위하여 지닌 물건은 이를 몰수한다.

⑤ 당내경선과 관련하여 다음 각 호의 어느 하나에 해당하는 자는 5년 이하의 징역 또는 1천만원 이하의 벌금에 처한다. 〈신설 2005.8.4.〉

1. 경선후보자(경선후보자가 되고자 하는 자를 포함한다) 또는 후보자로 선출된 자를 폭행·협박 또는 유인하거나 체포·감금한 자

2. 경선운동 또는 교통을 방해하거나 위계·사술 그 밖의 부정한 방법으로 당내경선의 자유를 방해한 자

3. 업무·고용 그 밖의 관계로 인하여 자기의 보호·지휘·감독을 받는 자에게 특정 경선후보자를 지지·추천하거나 반대하도록 강요한 자

⑥ 당내경선과 관련하여 다수인이 경선운동을 위한 시설·장소 등에서 위험한 물건을 던지거나 경선후보자를 폭행한 자는 다음 각 호의 구분에 따라 처벌한다. 〈신설 2005.8.4.〉

1. 주모자는 3년 이상의 유기징역

2. 다른 사람을 지휘하거나 다른 사람에 앞장서서 행동한 자는 7년 이하의 징역

3. 다른 사람의 의견에 동조하여 행동한 자는 2년 이하의 징역

제238조(군인에 의한 선거자유방해죄) 군인(軍搜查機關所屬軍務員을 포함한다)이 제237 조(選擧의 自由妨害罪)제1항 각 호의 1에 규정된 행위를 하거나, 특정한 후보자를 당선 되게 하거나 되지 못하게 하기 위하여 그 영향하에 있는 군인 또는 군무원의 선거권행사를 폭행·협박 또는 그 밖의 방법으로 방해하거나 하게 한 때에는 1년 이상 10년 이하의 징역과 5년 이하의 자격정지에 처한다.

제239조(직권남용에 의한 선거의 자유방해죄) 선거에 관하여 선거관리위원회의 위원·직원, 선거사무에 종사하는 공무원 또는 선거인명부(재외선거인명부등을 포함한다. 이하 이 장에서 같다) 작성에 관계있는 자나 경찰공무원(司法警察官吏 및 軍司法警察官吏를 포함한다)이 직권을 남용하여 다음 각 호의 어느 하나에 해당하는 행위를 하거나 하게 한 때에는 7년 이하의 징역에 처한다. 〈개정 2005.8.4., 2009.2.12.〉

1. 선거인명부의 열람을 방해하거나 그 열람에 관한 직무를 유기한 때

2. 정당한 사유 없이 후보자를 미행하거나 그 주택·선거사무소 또는 선거연락소에 승낙 없이 들어가 거나 퇴거요구에 불응한 때

제239조의2(선장 등에 의한 선거자유방해죄 등) ① 선장 또는 입회인이 다음 각 호의 어느 하나에 해당하는 행위를 하거나 하게 한 때에는 1년 이상 10년 이하의 징역에 처한다. 〈개정 2014.1.17.〉

1. 선상투표신고 또는 선상투표를 하지 못하게 하거나 선상투표용지에의 서명을 거부하는 등 투표를

방해하는 행위

2. 다른 사람의 선상투표용지를 이용하여 선상투표를 하는 행위

3. 선상투표자에게 특정 정당이나 후보자를 지지·추천하거나 반대하도록 강요하는 등 부정한 방법으로 선거의 자유를 방해하는 행위

4. 선상투표소에서 특정 정당이나 후보자에게 투표하도록 권유하는 등 투표에 영향을 미치는 행위

② 선장이 다음 각 호의 어느 하나에 해당하는 행위를 한 때에는 10년 이하의 징역 또는 500만원 이상 3천만원 이하의 벌금에 처한다. 〈개정 2014.1.17.〉

1. 제158조의3제1항을 위반하여 선상투표의 일시와 장소를 선상투표자에게 알리지 아니하는 행위

2. 제158조의3제1항을 위반하여 선상투표소를 설치하지 아니하거나 같은 조제2항을 위반하여 선상투표소를 설비하는 행위

3. 제158조의3제3항을 위반하여 입회인을 입회시키지 아니하는 행위

4. 제158조의3제7항에 따른 선상투표지 봉투와 선상투표용지 봉투를 보관하지 아니하는 행위

5. 제158조의3제8항을 위반하여 선상투표관리기록부를 작성·전송하지 아니하거나 선상 투표관리기록부와 제158조의3제7항에 따른 선상투표지 봉투와 선상투표용지 봉투를 제출하지 아니하는 행위

[본조신설 2012.2.29.]

제240조(벽보, 그 밖의 선전시설 등에 대한 방해죄) ① 정당한 사유 없이 이 법에 의한 벽보·현수막 기타 선전시설의 작성·게시·첩부 또는 설치를 방해하거나 이를 훼손·철거한 자는 2년 이하의 징역 또는 400만원 이하의 벌금에 처한다.

② 선거관리위원회의 위원·직원 또는 선거사무에 관계있는 공무원이나 경찰공무원(司法警察官吏 및 軍司法警察官吏를 포함한다)이 제1항에 규정된 행위를 하거나 하게 한 때에는 3년 이하의 징역 또는 600만원 이하의 벌금에 처한다.

③ 선거관리위원회의 위원·직원 또는 선거사무에 종사하는 자가 제64조의 선거벽보·제65조의 선거공보(같은 조제9항의 후보자정보공개자료를 포함한다) 또는 제153조의 투표안내문(점자형 투표안내문을 포함한다)을 부정하게 작성·첩부·발송하거나 정당한 사유 없이 이에 관한 직무를 행하지 아니한 때에는 3년 이하의 징역 또는 600만원 이하의 벌금에 처한다.

〈개정 1997.11.14., 2004.3.12., 2005.8.4., 2008.2.29., 2010.1.25., 2011.7.28., 2014.1.17.〉

[제목개정 2011.7.28.]

제241조(투표의 비밀침해죄) ① 제167조(제218조의17제9항에서 준용하는 경우를 포함한다)를 위반하여 투표의 비밀을 침해하거나 선거일의 투표마감시각 종료 이전에 선거인에 대하여 그 투표하고자 하는 정당이나 후보자 또는 투표한 정당이나 후보자의 표시를 요구한 자와 투표결과를 예상하기 위하여

투표소로부터 50미터 이내에서 질문하거나 투표 마감시각 전에 그 경위와 결과를 공표한 자는 3년 이하의 징역 또는 600만원 이하의 벌금에 처한다. 〈개정 2011.7.28., 2012.2.29., 2015.12.24.〉

② 선거관리위원회의 위원·직원, 선거사무에 관계있는 공무원, 검사, 경찰공무원(司法警察官吏를 포함한다) 또는 군인(軍搜査機關所屬軍務員을 포함한다)이 제1항에 규정된 행위를 하거나 하게 한 때에는 5년 이하의 징역에 처한다.

[제목개정 2011.7.28.]

제242조(투표·개표의 간섭 및 방해죄) ① 다음 각 호의 어느 하나에 해당하는 사람은 3년 이하의 징역에 처한다. 〈개정 2010.1.25., 2011.7.28., 2012.2.29., 2014.1.17.〉

    1. 투표를 방해하기 위하여 이 법에서 규정한 투표에 필요한 신분증명서를 맡게 하거나 이를 인수한 사람 또는 투표소(재외투표소·사전투표소 및 선상투표소를 포함한다. 이하 이 장에서 같다)나 개표소에서 정당한 사유 없이 투표나 개표에 간섭한 사람 또는 투표소에서 특정 정당이나 후보자에게 투표를 권유하거나 투표를 공개하는 등 투표 또는 개표에 영향을 미치는 행위를 한 사람

    2. 정당한 사유 없이 거소투표자의 투표를 간섭하거나 방해한 사람, 거소투표자의 투표를 공개하거나 하게 하는 등 거소투표에 영향을 미치는 행위를 한 사람

② 개표소에서 제181조(開票參觀)의 규정에 의하여 개표참관인이 설치한 통신설비를 파괴 또는 훼손한 자는 5년 이하의 징역에 처한다.

③ 검사·경찰공무원(司法警察官吏를 포함한다) 또는 군인(軍搜査機關所屬軍務員을 포함한다)이 제1항에 규정된 행위를 하거나 하게 한 때에는 1년 이상 10년 이하의 징역에 처한다.

[제목개정 2011.7.28.]

제242조의2(공무원의 재외선거사무 간섭죄) ① 공무원이 선거에 있어서 특정 정당이나 후보자(후보자가 되고자 하는 자를 포함한다)에게 유리 또는 불리하게 할 목적으로 재외선거관리위원회 위원이나 공무원에게 재외선거사무 처리와 관련하여 부당한 영향력을 행사한 때에는 3년 이하의 징역 또는 600만원 이하의 벌금에 처한다.

② 자신의 지휘·감독하에 있는 공무원에게 제1항에 따른 행위를 한 때에는 1년 이상 5년 이하의 징역에 처한다.

[본조신설 2012.1.17.]

제243조(투표함 등에 관한 죄) ① 법령에 의하지 아니하고 투표함을 열거나 투표함(빈 投票函을 포함한다)이나 투표함 안의 투표지를 취거·파괴·훼손·은닉 또는 탈취한 자는 1년 이상 10년 이하의 징역에 처한다.

② 검사 · 경찰공무원(司法警察官吏를 포함한다) 또는 군인(軍搜査機關所屬軍務員을 포함한다)이 제1항에 규정된 행위를 하거나 하게 한 때에는 2년 이상 10년 이하의 징역에 처한다.

제244조(선거사무관리관계자나 시설등에 대한 폭행 · 교란죄) ① 선거관리위원회의 위원 · 직 원, 선거부정감시단원 · 사이버선거부정감시단원, 투표사무원 · 사전투표사무원 · 개표사무원, 참관인 기타 선거사무에 종사하는 자를 폭행 · 협박 · 유인 또는 불법으로 체포 · 감금하거나, 폭행이나 협박을 가하여 투표소 · 개표소 또는 선거관리위원회 사무소(재외선거사무를 수행하는 공관과 그 분관 및 출장소의 사무소를 포함한다. 이하 제245조제1항에서 같다)를 소요 · 교란하거나, 투표용지 · 투표지 · 투표보조용구 · 전산조직 등 선거관리 및 단속사무와 관련한 시설 · 설비 · 장비 · 서류 · 인장 또는 선거인명부(거소 · 선상투표신고인명부를 포함한다)를 은닉 · 손괴 · 훼손 또는 탈취한 자는 1년 이상 10년 이하의 징역 또는 500만원 이상 3천만 원 이하의 벌금에 처한다. 〈개정 2004.3.12., 2009.2.12., 2014.1.17.〉
② 제57조의4(당내경선사무의 위탁)의 규정에 따라 위탁한 당내경선에 있어 제1항에 규정된 행위를 한 자는 10년 이하의 징역 또는 2천만원 이하의 벌금에 처한다. 〈신설 2005.8.4.〉

제245조(투표소 등에서의 무기휴대죄) ① 무기 · 흉기 · 폭발물, 그 밖에 사람을 살상할 수 있는 물건을 지니고 투표소(제149조제3항 및 제4항에 따른 기표소가 설치된 장소를 포함한다) · 개표소 또는 선거관리위원회 사무소에 함부로 들어간 자는 7년 이하의 징역에 처한다. 〈개정 2010.1.25., 2014.1.17.〉
② 정당한 사유 없이 제1항에 규정된 물건을 지니고 이 법에 규정된 연설 · 대담장소 또는 대담 · 토론회장에 들어간 자는 3년 이하의 징역 또는 600만원 이하의 벌금에 처한다. 〈개정 2004.3.12.〉
③ 제1항 또는 제2항의 죄를 범한 경우에는 그 지닌 무기 등 사람을 살상할 수 있는 물건은 이를 몰수한다.

제246조(다수인의 선거방해죄) ① 다수인이 집합하여 제243조(投票函 등에 관한 罪) 내지 제245조(投票所 등에서의 武器携帶罪)에 규정된 행위를 한 때에는 다음 각 호의 구분에 따라 처벌한다.
    1. 주모자는 3년 이상의 유기징역
    2. 다른 사람을 지휘하거나 다른 사람에 앞장서서 행동한 자는 2년 이상 10년 이하의 징역
    3. 부화하여 행동한 자는 5년 이하의 징역
② 제243조 내지 제245조에 규정된 행위를 할 목적으로 집합한 다수인이 관계공무원으로부터 3회 이상의 해산명령을 받았음에도 불구하고 해산하지 아니한 때에는 그 주도적 행위자는 5년 이하의 징역에 처하고, 기타의 자는 1년 이하의 징역 또는 200만원 이하의 벌금에 처한다.

제247조(사위등재 · 허위날인죄) ① 사위(詐僞)의 방법으로 선거인명부(거소 · 선상투표신고인 명부를 포함한다. 이하 이 조에서 같다)에 오르게 한 자, 거짓으로 거소투표신고 · 선상투표신고 또는 국외부재자신고를 하거나 재외선거인등록신청 또는 변경등록신청을 한 자, 특정한 선거구에서 투표할 목적으로

선거인명부작성기준일 전 180일부터 선거인명부작성만료일까지 주민등록에 관한 허위의 신고를 한 자 또는 제157조제1항의 경우에 있어서 허위의 서명이나 날인 또는 무인을 한 자는 3년 이하의 징역 또는 500만원 이하의 벌금에 처한다. 〈개정 2011.7.28., 2012.2.29., 2014.1.17., 2015.12.24.〉

② 선거관리위원회의 위원·직원, 선거사무에 종사하는 공무원 또는 선거인명부작성에 관계 있는 자가 선거인명부에 고의로 선거권자를 기재하지 아니하거나 허위의 사실을 기재하거나 하게 한 때에는 5년 이하의 징역 또는 1천만원 이하의 벌금에 처한다.

[제목개정 2011.7.28.]

제248조(사위투표죄) ① 성명을 사칭하거나 신분증명서를 위조·변조하여 사용하거나 기타 사위의 방법으로 투표하거나 하게 하거나 또는 투표를 하려고 한 자는 5년 이하의 징역 또는 1천만원 이하의 벌금에 처한다.

② 선거관리위원회의 위원·직원 또는 선거사무에 관계있는 공무원(投票事務員·사전투표 사무원 및 開票事務員을 포함한다)이 제1항에 규정된 행위를 하거나 하게 한 때에는 7년 이하의 징역에 처한다. 〈개정 2014.1.17.〉

제249조(투표위조 또는 증감죄) ① 투표를 위조하거나 그 수를 증감한 자는 1년 이상 7년 이하의 징역에 처한다.

② 선거관리위원회의 위원·직원 또는 선거사무에 관계있는 공무원(投票事務員·사전투표 사무원 및 開票事務員을 포함한다)이나 종사원이 제1항에 규정된 행위를 한 때에는 3년 이상 10년 이하의 징역에 처한다. 〈개정 2014.1.17.〉

제250조(허위사실공표죄) ① 당선되거나 되게 할 목적으로 연설·방송·신문·통신·잡지·벽보·선전문서 기타의 방법으로 후보자(候補者가 되고자 하는 者를 포함한다. 이하 이 條에서 같다)에게 유리하도록 후보자, 후보자의 배우자 또는 직계존비속이나 형제자매의 출생지·가족관계·신분·직업·경력등·재산·행위·소속단체, 특정인 또는 특정단체로부터의 지지여부 등에 관하여 허위의 사실[학력을 게재하는 경우 제64조제1항의 규정에 의한 방법으로 게재하지 아니한 경우를 포함한다]을 공표하거나 공표하게 한 자와 허위의 사실을 게재한 선전문서를 배포할 목적으로 소지한 자는 5년 이하의 징역 또는 3천만원 이하의 벌금에 처한다.

〈개정 1995.12.30., 1997.1.13., 1997.11.14., 1998.4.30., 2000.2.16., 2004.3.12., 2010.1.25., 2015.12.24.〉

② 당선되지 못하게 할 목적으로 연설·방송·신문·통신·잡지·벽보·선전문서 기타의 방법으로 후보자에게 불리하도록 후보자, 그의 배우자 또는 직계존·비속이나 형제자매에 관하여 허위의 사실을 공표하거나 공표하게 한 자와 허위의 사실을 게재한 선전문서를 배포할 목적으로 소지한 자는 7년

이하의 징역 또는 500만원 이상 3천만원 이하의 벌금에 처한다. 〈개정 1997.1.13.〉

③ 당내경선과 관련하여 제1항(제64조제1항의 규정에 따른 방법으로 학력을 게재하지 아니한 경우를 제외한다)에 규정된 행위를 한 자는 3년 이하의 징역 또는 6백만원 이하의 벌금에, 제2항에 규정된 행위를 한 자는 5년 이하의 징역 또는 1천만원 이하의 벌금에 처한다. 이 경우 "후보자" 또는 "후보자(후보자가 되고자 하는 자를 포함한다)"는 "경선후보자"로 본다. 〈신설 2005.8.4.〉

[제목개정 2015.12.24.]

제251조(후보자비방죄) 당선되거나 되게 하거나 되지 못하게 할 목적으로 연설·방송·신문·통신·잡지·벽보·선전문서 기타의 방법으로 공연히 사실을 적시하여 후보자(候補者가 되고 자 하는 者를 포함한다), 그의 배우자 또는 직계존·비속이나 형제자매를 비방한 자는 3년 이하의 징역 또는 500만원 이하의 벌금에 처한다. 다만, 진실한 사실로서 공공의 이익에 관한 때에는 처벌하지 아니한다.

제252조(방송·신문 등 부정이용죄) ① 제96조제2항을 위반한 자는 7년 이하의 징역 또는 500만원 이상 3천만원 이하의 벌금에 처한다. 〈신설 2015.12.24.〉

② 제96조제1항을 위반한 자는 5년 이하의 징역 또는 300만원 이상 2천만원 이하의 벌 금에 처한다. 〈신설 2015.12.24.〉

③ 제82조의7제5항·제94조·제95조제1항·제98조 또는 제99조의 규정에 위반한 자는 3년 이하의 징역 또는 600만원 이하의 벌금에 처한다. 〈개정 2012.2.29., 2015.12.24.〉

④ 제71조(候補者등의 放送演說)제12항[제72조(放送施設主管候補者演說의 放送)제4항, 제73조(經歷放送)제4항, 제74조(放送施設主管 經歷放送)제2항, 제81조(團體의 候補者등 초청 對談·討論會)제8항, 제82조(言論機關의 候補者등 초청 對談·討論會)제4항, 제137조 의2(政綱·政策의 放送演說의 제한)제6항에서 준용하는 경우를 포함한다] 및 제82조의2(선거방송토론위원회주관 대담·토론회)제13항후단[제82조의3(선거방송토론위원회주관 정책토론회)제2항에서 준용하는 경우를 포함한다]의 규정에 위반한 자는 2년 이하의 징 역 또는 400만원 이하의 벌금에 처한다.

〈개정 1998.4.30., 2000.2.16., 2004.3.12., 2005.8.4., 2015.12.24.〉

[제목개정 2015.12.24.]

제253조(성명 등의 허위표시죄) 당선되거나 되게 하거나 되지 못하게 할 목적으로 진실에 반하는 성명·명칭 또는 신분의 표시를 하여 우편이나 전보 또는 전화 기타 전기통신의 방법에 의한 통신을 한 자는 3년 이하의 징역 또는 600만원 이하의 벌금에 처한다.

제254조(선거운동기간위반죄) ① 선거일에 투표마감시각 전까지 이 법에 규정된 방법을 제외하고 선거운동을 한 자는 3년 이하의 징역 또는 600만원 이하의 벌금에 처한다. 〈개정 2017.2.8.〉

② 선거운동기간 전에 이 법에 규정된 방법을 제외하고 선전시설물·용구 또는 각종 인쇄 물, 방송·신문·뉴스통신·잡지, 그 밖의 간행물, 정견발표회·좌담회·토론회·향우회·동창회·반상회, 그 밖의 집회, 정보통신, 선거운동기구나 사조직의 설치, 호별방문, 그 밖의 방법으로 선거운동을 한 자는 2년 이하의 징역 또는 400만원 이하의 벌금에 처한다.

〈개정 2010.1.25.〉

③ 삭제 〈2010.1.25.〉

제255조(부정선거운동죄) ① 다음 각 호의 어느 하나에 해당하는 자는 3년 이하의 징역 또는 600만원 이하의 벌금에 처한다.

〈개정 1995.12.30., 1997.11.14., 1998.4.30., 2000.2.16., 2002.3.7., 2004.3.12., 2005.8.4., 2009.2.12., 2010.1.25., 2014.2.13.〉

1. 제57조의6제1항을 위반하여 당내경선에서 경선운동을 한 사람

2. 제60조(選擧運動을 할 수 없는 者)제1항의 규정에 위반하여 선거운동을 하거나 하게 한 자 또는 같은 조제2항이나 제205조(選擧運動機構의 設置 및 選擧事務關係者의 選任에 관한 特例)제4항 의 규정에 위반하여 선거사무장 등으로 되거나 되게 한 자

3. 제61조(選擧運動機構의 設置)제1항의 규정에 위반하여 선거운동기구를 설치하거나 이를 설치하 여 선거운동을 한 자

4. 제62조제1항부터 제4항까지의 규정을 위반하여 선거사무장·선거연락소장·선거사무원 또는 활동보조인을 선임한 자

5. 제68조제2항 또는 제3항(어깨띠의 규격을 말한다)을 위반하여 어깨띠, 모자나 옷, 표찰·수기· 마스코트·소품, 그 밖의 표시물을 사용하여 선거운동을 한 사람

6. 제80조(演說禁止場所)의 규정에 위반하여 선거운동을 위한 연설·대담을 한 자

7. 제81조(團體의 候補者 등 초청 對談·討論會)제1항의 규정에 위반하여 후보자 등 초 청 대담·토 론회를 개최한 자

8. 제81조제7항[제82조(言論機關의 候補者등 초청 對談·討論會)제4항에서 준용하는 경우를 포함 한다]의 규정에 위반하여 대담·토론회를 개최한 자

9. 제85조제3항 또는 제4항에 위반한 행위를 하거나 하게 한 자

10. 제86조제1항제1호부터 제3호까지·제2항 또는 제5항을 위반한 사람 또는 같은 조제6항을 위반한 행위를 한 사람

11. 제87조(단체의 선거운동금지)제1항의 규정을 위반하여 선거운동을 하거나 하게 한 자 또는 동 조제2항의 규정을 위반하여 사조직 기타 단체를 설립·설치하거나 하게 한 자

12. 제88조(他候補者를 위한 選擧運動禁止)본문의 규정에 위반하여 다른 정당이나 후보자를 위한 선거운동을 한 자

13. 제89조(類似機關의 設置禁止)제1항본문의 규정에 위반하여 유사기관을 설립·설치하거나 기존의 기관·단체·조직 또는 시설을 이용한 자

14. 삭제 〈2004.3.12.〉

15. 제92조(映畵 등을 이용한 選擧運動禁止)의 규정에 위반하여 저술·연예·연극·영화나 사진을 배부·공연·상연·상영 또는 게시하거나 하게 한 자

16. 제105조(行列등의 금지)제1항의 규정에 위반하여 무리를 지어 거리행진·인사 또는 연달아 소리지르는 행위를 한 사람

17. 제106조(戶別訪問의 제한)제1항 또는 제3항의 규정에 위반하여 호별로 방문하거나 하게 한 자

18. 제107조(署名·捺印運動의 금지)의 규정에 위반하여 서명이나 날인을 받거나 받게 한 자

19. 제109조제1항 또는 제2항을 위반하여 서신·전보·모사전송·전화 그 밖에 전기통신의 방법을 이용하여 선거운동을 하거나 하게 한 자나 같은 조제3항을 위반하여 협박하거나 하게 한 자

20. 제218조의14제1항·제6항 또는 제7항을 위반하여 재외선거권자를 대상으로 선거운동을 한 자

② 다음 각 호의 어느 하나에 해당하는 자는 2년 이하의 징역 또는 400만원 이하의 벌금에 처한다. 〈개정 1995.12.30., 1997.11.14., 1998.4.30., 2000.2.16., 2002.3.7., 2004.3.12., 2005.8.4., 2007.1.3., 2008.2.29., 2010.1.25.〉

1. 제60조의3제1항제4호후단을 위반하여 예비후보자홍보물을 작성한 자

1의2. 대통령선거 및 지방자치단체의 장선거의 예비후보자가 아닌 자로서 제60조의4제1항의 예비후보자공약집을 발간·배부한 자, 같은 항을 위반하여 1종을 넘어 예비후보자공약집을 발간·배부한 자, 같은 항을 위반하여 예비후보자공약집을 통상적인 방법으로 판매하지 아니하거나 방문판매의 방법으로 판매한 자, 같은 조제2항을 위반하여 예비후보자공약집을 발간·배부한 자

1의3. 제64조제1항·제9항, 제65조제1항·제2항, 제66조제1항부터 제5항까지를 위반하여 선거벽보·선거공보 또는 선거공약서를 선거운동을 위하여 작성·사용하거나 하게 한 자

2. 삭제 〈2010.1.25.〉

3. 제57조의3(당내경선운동)제1항의 규정을 위반하여 경선운동을 한 자

4. 제91조(擴聲裝置와 自動車 등의 사용제한)제1항·제3항 또는 제216조(4개 이상 選擧의 同時實施에 관한 特例)제1항의 규정에 위반하여 확성장치나 자동차를 사용하여 선거운동을 하거나 하게 한 자

5. 제93조(脫法方法에 의한 文書·圖畵의 배부·게시 등 금지)제1항의 규정에 위반하여 문서·도화 등을 배부·첩부·살포·게시·상영하거나 하게 한 자, 같은 조제2항의 규정에 위반하여 광고 또는 출연을 하거나 하게 한 자 또는 제3항의 규정에 위반하여 신분증명서·문서 기타 인쇄물을 발급·배부 또는 징구하거나 하게 한 자

6. 제100조(錄音器 등의 사용금지)의 규정에 위반하여 녹음기 또는 녹화기를 사용하여 선거운동을 하거나 하게 한 자

7. 삭제 〈1995.12.30.〉

8. 제271조의2(選擧에 관한 廣告의 제한)제1항의 규정에 의한 광고중지요청에 불응하여 광고를 하거나 광고게재를 의뢰한 자

③ 다음 각 호의 어느 하나에 해당하는 사람은 5년 이하의 징역에 처한다. 〈개정 2010.1.25., 2014.2.13.〉

1. 제57조의6제2항을 위반하여 경선운동을 한 사람

2. 제85조제2항을 위반하여 선거운동을 한 사람

④ 제82조의5(선거운동정보의 전송제한)제1항의 규정을 위반하여 선거운동정보를 전송한 자, 동 조제2항의 규정을 위반하여 선거운동정보에 해당하는 사실 등을 선거운동정보에 명시하지 아니하거나 허위로 명시한 자, 동 조제4항의 규정을 위반하여 기술적 조치를 한 자, 동 조제5항의 규정을 위반하여 비용을 수신자에게 부담하도록 한 자, 동 조제6항의 규정을 위반하여 선거운동정보를 전송한 자는 1년 이하의 징역 또는 100만원 이하의 벌금에 처한다. 〈신설 2004.3.12., 2005.8.4., 2012.1.17.〉

⑤ 제85조제1항을 위반한 자는 5년 이하의 징역 또는 2천만원 이하의 벌금에 처한다. 〈신설 2014.2.13., 2017.2.8.〉

[한정위헌, 2006헌마1096, 2008.05.29., 공직선거법(2005. 8. 4. 법률 제7681호로 개정 된 것) 제255조제1항제10호 중 '제86조제1항제2호' 부분은 공무원의 지위를 이용하지 아니한 행위에 대하여 적용하는 한 헌법에 위반된다.]

[한정위헌, 2007헌마1001, 2010헌바88, 2010헌마173 · 191(병합), 2011.12.29. 공직선거 법(2005. 8. 4. 법률 제7681호로 개정된 것) 제255조제2항제5호 중 제93조제1항의 '그 밖에 이와 유사한 것'에, '정보통신망을 이용하여 인터넷 홈페이지 또는 그 게시판 · 대화방 등에 글이나 동영상 등 정보를 게시하거나 전자우편을 전송하는 방법'이 포함되는 것으로 해석하는 한 헌법에 위반된다.]

[단순위헌, 2013헌가1, 2016. 6. 30. 구 공직선거법(2010. 1. 25. 법률 제9974호로 개정 되고, 2015. 12. 24. 법률 제13617호로 개정되기 전의 것) 제255조제1항제2호 가운데 제60조제1항제5호 중 '제53조제1항제8호에 해당하는 자' 부분은 헌법에 위반된다.]

[단순위헌, 2015헌바6 , 2016. 7. 28., 공직선거법(2014. 2. 13. 법률 제12393호로 개정 된 것) 제255조제5항 중 제85조제1항의 공무원이 지위를 이용하여 선거에 영향을 미치는 행위" 부분은 헌법에 위반된다.]

제256조(각종제한규정위반죄) ① 다음 각 호의 어느 하나에 해당하는 자는 3년 이하의 징 역 또는 600만원 이하의 벌금에 처한다. 〈개정 2012.2.29., 2014.2.13., 2015.12.24., 2016.1.15., 2017.2.8.〉

1. 제57조의8제7항제3호(제108조의2제5항에서 준용하는 경우를 포함한다)를 위반하여 이용자의 정보를 제공한 자, 같은 항제4호(제108조의2제5항에서 준용하는 경우를 포함한다)를 위반하여

해당 정당 또는 선거여론조사기관 외의 자에게 휴대전화 가상 번호를 제공한 자, 같은 항제5호(제1
08조의2제5항에서 준용하는 경우를 포함한다)를 위반하여 명시적으로 거부의사를 밝힌 이용자
의 휴대전화 가상번호를 제공한 자 또는 같은 항제6호(제108조의2제5항에서 준용하는 경우를
포함한다)를 위반하여 휴대전화 가상번호를 생성하여 제공한 자

2. 제57조의8제9항제1호(제108조의2제5항에서 준용하는 경우를 포함한다)를 위반하여 휴대전화
가상번호를 제57조의8제1항에 따른 여론조사ㆍ여론수렴 또는 제108조의2제1항에 따른 여론조
사가 아닌 목적으로 사용하거나 제57조의8제9항제2호(제108조의 2제5항에서 준용하는 경우를
포함한다)를 위반하여 다른 자에게 제공한 자

3. 제57조의8제10항(제108조의2제5항에서 준용하는 경우를 포함한다)을 위반하여 유효기간이
지난 휴대전화 가상번호를 즉시 폐기하지 아니한 자

4. 제103조제2항을 위반하여 모임을 개최한 자

5. 제108조제5항을 위반하여 여론조사를 한 자, 같은 조제9항에 따른 요구를 받고 거짓의 자료를
제출한 자, 같은 조제11항제1호를 위반하여 지시ㆍ권유ㆍ유도한 자, 같은 항제2호를 위반하여
여론조사에 응답하거나 이를 지시ㆍ권유ㆍ유도한 자 또는 같은 조제12항을 위반하여 선거에
관한 여론조사의 결과를 공표ㆍ보도한 자

② 다음 각 호의 어느 하나에 해당하는 통보를 받고 지체 없이 이를 이행하지 아니한 자는 2년 이하의
징역 또는 1천500만원 이하의 벌금에 처한다.
〈신설 2014.2.13., 2017.2.8.〉

1. 제8조의2제5항 및 제6항(제8조의3제6항에서 준용하는 경우를 포함한다)에 따른 제재조치 등

2. 제8조의3제3항제1호부터 제3호까지의 규정에 따른 제재조치

3. 제8조의4제3항에 따른 반론보도의 결정

4. 제8조의6제1항 또는 제3항에 따른 조치 또는 같은 조제6항에 따른 반론보도의 결정

③ 다음 각 호의 어느 하나에 해당하는 자는 2년 이하의 징역 또는 400만원 이하의 벌금에 처한다.
〈개정 1995.4.1., 1995.12.30., 1997.11.14., 1998.4.30., 2000.2.16., 2002.3.7., 2004.3.12.,
2005.8.4., 2008.2.29., 2009.2.12., 2010.1.25., 2012.1.17., 2012.2.29., 2014.1.17., 2014.2.1
3., 2014.5.14., 2015.8.13., 2015.12.24., 2016.1.15., 2017.2.8.〉

1. 선거운동과 관련하여 다음 각 목의 어느 하나에 해당하는 자

가. 제67조의 규정에 위반하여 현수막을 게시한 자

나. 제59조제2호후단을 위반하여 후보자 또는 예비후보자가 아닌 자로서 자동 동보통신의 방법
으로 문자메시지를 전송한 자, 같은 조 같은 호후단을 위반하여 8회를 초과하여 자동 동보통신
의 방법으로 문자메시지를 전송한 자, 같은 조제3호후단을 위반하여 후보자 또는 예비후보자
가 아닌 자로서 전송대행업체에 위탁하여 전자우편을 전송한 자

다. 제79조제10항에 따른 녹음기 또는 녹화기의 사용대수를 초과하여 사용한 사람

라. 제84조를 위반하여 특정 정당으로부터의 지지 또는 추천받음을 표방한 자

마. 제82조의4제4항에 따라 선거관리위원회로부터 2회 이상 요청을 받고 이행하지 아니한 자

바. 제86조제1항제5호부터 제7호까지 또는 제7항을 위반한 행위를 한 사람

사. 제89조(類似機關의 設置禁止)제2항의 규정에 위반하여 선거에 영향을 미치는 행위 또는 선전행위를 하거나 하게 한 자

아. 제90조(施設物設置 등의 금지)의 규정에 위반하여 선전물을 설치·진열·게시·배부하거나 하게 한 자 또는 상징물을 제작·판매하거나 하게 한 자

자. 제101조(他演說會 등의 금지)의 규정에 위반하여 타연설회 등을 개최하거나 하게 한 자

차. 제102조제1항을 위반하여 연설·대담 또는 대담·토론회를 개최한 자

카. 제103조(各種集會등의 制限)제3항 내지 제5항의 규정에 위반하여 각종 집회등을 개최하거나 하게 한 자

타. 제104조(演說會場에서의 騷亂行爲등의 금지)의 규정에 위반하여 연설·대담장소등에서 질서를 문란하게 하거나 횃불을 사용하거나 하게 한 자

파. 제108조제1항을 위반하여 여론조사의 경위와 그 결과를 공표 또는 인용하여 보도 한 자, 같은 조제2항을 위반하여 여론조사를 한 자, 같은 조제6항을 위반하여 여론조사와 관련 있는 자료일체를 해당 선거의 선거일 후 6개월까지 보관하지 아니한 자, 같은 조제9항을 위반하여 정당한 사유 없이 여론조사와 관련된 자료를 제출하지 아니한 자 또는 같은 조제10항을 위반하여 여론조사를 한 자

하. 제57조의8제7항제1호(제108조의2제5항에서 준용하는 경우를 포함한다)를 위반하여 휴대전화 가상번호에 유효기간을 설정하지 아니하고 제공하거나 휴대전화 가상번호를 제공하는 날부터 당내경선의 선거일까지의 기간, 여론수렴기간 또는 여론조사기간을 초과하는 유효기간을 설정하여 제공한 자 또는 같은 항제2호(제108조의2제5항에서 준용하는 경우를 포함한다)를 위반하여 요청받은 휴대전화 가상번호 수를 초과하여 휴대전화 가상번호를 제공한 자

거. 제108조의3을 위반하여 비교평가를 하거나 그 결과를 공표한 자 또는 비교평가와 관련 있는 자료일체를 해당 선거의 선거일 후 6개월까지 보관하지 아니한 자

너. 제111조(議政活動 보고)제1항단서의 규정에 위반하여 선거일 전 90일부터 선거일까지 의정활동을 보고한 자

2. 선거질서와 관련하여 다음 각 목의 어느 하나에 해당하는 자

가. 제39조제8항(제218조의9제3항에서 준용하는 경우를 포함한다)의 규정에 위반하여 선거인명부작성사무를 방해하거나 영향을 주는 행위를 한 자

나. 제44조의2제5항을 위반하여 선거인명부를 열람·사용 또는 유출한 자

다. 제46조(명부사본의 교부)제4항[제60조의3(예비후보자 등의 선거운동)제5항 및 제111조(의정활동 보고)제4항에서 준용하는 경우를 포함한다]의 규정을 위반하여 선거인명부 및 거소·

선상투표신고인명부(전산자료복사본을 포함한다)의 사본이나 세 대주명단을 다른 사람에게 양도 · 대여 또는 재산상의 이익 기타 영리를 목적으로 사용하거나 하게 한 자

라. 제161조제7항(제162조제4항에서 준용하는 경우를 포함한다) 또는 제181조제11항을 위반하여 참관인이 되거나 되게 한 자

마. 제163조(제218조의17제9항에서 준용하는 경우를 포함한다)를 위반하여 투표소(제149조제3항 및 제4항에 따른 기표소가 설치된 장소를 포함한다)에 들어가거나, 표지를 하지 아니하거나, 표지 외의 표시물을 달거나 붙이거나, 표지를 양도 · 양여하거나 하게 한 자

바. 제166조(제218조의17제9항에서 준용하는 경우를 포함한다)에 따른 명령에 불응한 자 또는 같은 규정을 위반한 표지를 하거나 하게 한 자

사. 제166조의2제1항(제218조의17제9항에서 준용하는 경우를 포함한다)을 위반하여 투표지를 촬영한 사람

아. 제183조(開票所의 出入制限과 秩序維持)제1항의 규정에 위반하여 개표소에 들어 간 자 또는 같은 조제2항의 규정에 위반하여 표지를 하지 아니하거나 표지 외의 표시물을 달거나 붙이거나 표지를 양도 · 양여하거나 하게 한 자

3. 이 법에 규정되지 아니한 방법으로 제58조의2단서를 위반하여 투표참여를 권유하는 행위를 한 자

4. 제262조의2(선거범죄신고자 등의 보호)제2항의 규정을 위반한 자

④ 정당(당원협의회를 포함한다)이 다음 각 호의 어느 하나에 해당하는 행위를 한 때에는 해당 정당에 대하여는 1천만원 이하의 벌금에 처하고, 해당 정당의 대표자 · 간부 또는 소속 당원으로서 위반행위를 하거나 하게 한 자는 2년 이하의 징역 또는 400만원 이하의 벌금에 처한다.

〈개정 2000.2.16., 2004.3.12., 2006.3.2., 2007.1.3., 2010.1.25., 2014.2.13.〉

1. 제137조(政綱 · 政策의 新聞廣告 등의 제한)의 규정에 위반하여 일간신문 등에 광고를 한 자

2. 제137조의2(政綱 · 정책의 放送演說의 제한)제1항 내지 제3항의 규정에 위반하여 정강 · 정책의 방송연설을 한 자

3. 제138조(政綱 · 政策弘報物의 배부제한 등)의 규정(第4項을 제외한다)에 위반하여 정강 · 정책 홍보물을 제작 · 배부한 자

3의2. 제138조의2(정책공약집의 배부제한 등)의 규정(제3항을 제외한다)을 위반하여 정책공약집을 발간 · 배부한 자

4. 제139조(政黨機關紙의 발행 · 배부제한)의 규정(第3項을 제외한다)에 위반하여 정당기관지를 발행 · 배부한 자

5. 제140조(創黨大會 등의 개최와 告知의 제한)제1항 및 제2항의 규정에 위반하여 창당대회 등을 개최한 자

6. 제141조(당원집회의 제한)제1항 및 제4항(철거하지 아니한 경우를 제외한다)의 규정에 위반하여

당원집회를 개최한 자

7. 삭제 〈2004.3.12.〉

8. 삭제 〈2004.3.12.〉

9. 제144조(政黨의 黨員募集 등의 제한)제1항의 규정에 위반하여 당원을 모집하거나 입당원서를 배부한 자

10. 제61조의2(정당선거사무소의 설치)제1항의 규정을 위반하여 정당선거사무소를 설치하거나, 동 조제2항의 규정을 위반하여 소장 또는 유급사무직원을 둔 자

⑤ 다음 각 호의 어느 하나에 해당하는 자는 1년 이하의 징역 또는 200만원 이하의 벌금에 처한다. 〈개정 1995.12.30., 1997.1.13., 1997.11.14., 1998.4.30., 2000.2.16., 2004.3.12., 2005.8.4., 2007.1.3., 2008.2.29., 2010.1.25., 2012.1.17., 2014.1.17., 2014.2.13., 2015.12.24., 2017.2.8.〉

1. 제48조(選擧權者의 候補者推薦)제3항의 규정에 위반하여 검인받지 아니한 추천장에 의하여 선거권자의 추천을 받거나 받게 한 자 또는 선거운동을 위하여 추천선거권자 수의 상한수를 넘어 선거권자의 추천을 받거나 받게 한 자

2. 제61조(選擧運動機構의 設置)제5항[제61조의2(정당선거사무소의 설치)제7항에서 준용하는 경우를 포함한다]의 규정에 위반하여 선거사무소나 선거연락소를 설치한 자

2의2. 제61조(선거운동기구의 설치)제7항의 규정에 의하여 선거사무소의 폐쇄명령을 받고도 이를 이행하지 아니한 자

3. 제62조제7항을 위반하여 선거사무장·선거연락소장 또는 선거사무원을 선임한 자 또는 같은 조제8항을 위반하여 선거운동을 하는 자를 모집한 자

4. 제63조(選擧運動機構 및 選擧事務關係者의 申告)제1항후단의 규정에 위반하여 선거사무원 수의 2배수를 넘어 두거나 두게 한 자

5. 제64조제8항(제65조제12항 및 제66조제8항에서 준용하는 경우를 포함한다)을 위반하여 선거벽보·선거공보 또는 선거공약서의 수량을 넘게 인쇄하여 제공한 자

6. 제69조제1항의 횟수에 관한 규정을 위반하지 아니하였으나 같은 조제5항을 위반하여 광고한 사람

7. 삭제 〈2010.1.25.〉

8. 제79조제1항·제3항부터 제5항까지·제6항(표지를 부착하지 아니한 경우는 제외한다)·제7항을 위반하여 공개장소에서의 연설·대담을 한 자

9. 제81조(團體의 候補者 등 초청 對談·討論會)제3항 또는 제4항의 규정에 위반하여 대담·토론회의 개최신고를 하지 아니하거나 표지를 게시 또는 첩부하지 아니한 자

10. 제102조제2항을 위반하여 녹음기 또는 녹화기를 사용한 자

10의2. 제110조제2항을 위반하여 특정 지역·지역인 또는 성별을 공연히 비하·모욕한 자

11. 제118조(選擧日 후 答禮禁止)의 규정에 위반한 자

12. 제272조의2제3항(제8조의8제11항에서 준용하는 경우를 포함한다)을 위반하여 출입을 방해하거나 자료제출요구에 응하지 아니한 자 또는 허위의 자료를 제출한 자

[제목개정 2015.8.13.]

[2017.2.8. 법률 제14556호에 의하여 2015.7.30. 헌법재판소에서 위헌결정된 이 조제2항제2호를 개정함.]

제257조(기부행위의 금지제한 등 위반죄) ① 다음 각 호의 1에 해당하는 자는 5년 이하의 징역 또는 1천만원 이하의 벌금에 처한다. 〈개정 1996.2.6., 1997.1.13., 1997.11.14., 2000.2.16., 2004.3.12.〉

1. 제113조(候補者 등의 寄附行爲制限)·제114조(政黨 및 候補者의 家族 등의 寄附行爲 制限)제1항 또는 제115조(第三者의 寄附行爲制限)의 규정에 위반한 자

2. 제81조(團體의 候補者 등 초청 對談·討論會)제6항[제82조(言論機關의 候補者 등 초청 對談·討論會)제4항에서 준용하는 경우를 포함한다]의 규정을 위반한 자

② 제81조제6항·제82조제4항·제113조·제114조제1항 또는 제115조에서 규정하고 있는 정당(創黨準備委員會를 포함한다)·정당의 대표자·정당선거사무소의 소장, 국회의원·지방의회의원·지방자치단체의 장, 후보자(候補者가 되고자 하는 者를 포함한다. 이하 이 條에서 같다), 후보자의 배우자, 후보자나 그 배우자의 직계존비속과 형제자매, 후보자의 직계비속 및 형제자매의 배우자, 선거사무장, 선거연락소장, 선거사무원, 회계책임자, 연설원, 대담·토론자, 후보자 또는 그 가족과 관계있는 회사 등이나 그 임·직원과 제삼자[제116조(寄附의 勸誘·요구 등의 금지)에 규정된 행위의 상대방을 말한다]에게 기부를 지시·권유·알선·요구하거나 그로부터 기부를 받은 자(제261조제9항제1호·제6호에 해당하는 사람은 제외한다)는 3년 이하의 징역 또는 500만원 이하의 벌금에 처한다. 〈개정 1997.1.13., 2000.2.16., 2004.3.12., 2008.2.29., 2010.1.25., 2012.2.29., 2014.2.13.〉

③ 제117조(寄附받는 행위 등의 금지)의 규정에 위반한 자는 3년 이하의 징역 또는 500 만원 이하의 벌금에 처한다. 〈신설 1995.5.10.〉

④ 제1항 내지 제3항의 죄를 범한 자가 받은 이익은 이를 몰수한다. 다만, 그 전부 또는 일부를 몰수할 수 없을 때에는 그 가액을 추징한다. 〈신설 1995.5.10.〉

제258조(선거비용부정지출 등 죄) ① 다음 각 호의 어느 하나에 해당하는 때에는 5년 이하의 징역 또는 2천만원 이하의 벌금에 처한다. 〈개정 2004.3.12., 2005.8.4.〉

1. 정당·후보자·선거사무장·선거연락소장·회계책임자 또는 회계사무보조자가 제122조(선거비용제한액의 공고)의 규정에 의하여 공고한 선거비용제한액의 200분의 1 이상을 초과하여 선거비용을 지출한 때

2. 삭제 〈2005.8.4.〉

② 삭제 〈2005.8.4.〉

제259조(선거범죄선동죄) 연설 · 벽보 · 신문 기타 어떠한 방법으로든지 제230조(買收 및 利害 誘導罪) 내지 제235조(放送 · 新聞 등의 不法利用을 위한 買收罪) · 제237조(選擧의 自由妨害罪)의 죄(당내경선과 관련한 죄를 제외한다)를 범할 것을 선동한 자는 3년 이하의 징 역 또는 600만원 이하의 벌금에 처한다. 〈개정 2005.8.4.〉

제260조(양벌규정) ① 정당 · 회사, 그 밖의 법인 · 단체(이하 이 조에서 "단체등"이라 한다)의 대표자, 그 대리인 · 사용인, 그 밖의 종업원과 정당의 간부인 당원이 그 단체등의 업무에 관하여 제230조제1항부터 제4항까지 · 제6항부터 제8항까지, 제231조, 제232조제1항 · 제2항, 제235조, 제237조제1항 · 제5항, 제240조제1항, 제241조제1항, 제244조, 제245조제2항, 제246조제2항, 제247조제1항, 제248조제1항, 제250조부터 제254조까지, 제255조제1항 · 제2항 · 제4항 · 제5항, 제256조, 제257조제1항부터 제3항까지, 제258조, 제259조의 어 느 하나에 해당하는 위반행위를 하면 그 행위자를 벌하는 외에 그 단체등에도 해당 조 문의 벌금형을 과(科)한다. 다만, 단체등이 그 위반행위를 방지하기 위하여 해당 업무에 관하여 상당한 주의와 감독을 게을리 하지 아니한 경우에는 그러하지 아니하다. 〈개정 2014.2.13.〉

② 단체등의 대표자, 그 대리인 · 사용인, 그 밖의 종업원과 정당의 간부인 당원이 그 단 체등의 업무에 관하여 제233조, 제234조, 제237조제3항 · 제6항, 제242조제1항 · 제2항, 제243조제1항, 제245조제1항, 제246조제1항, 제249조제1항, 제255조제3항의 어느 하나에 해당하는 위반행위를 하면 그 행위자를 벌하는 외에 그 단체등에도 3천만원 이하의 벌금에 처한다. 다만, 단체등이 그 위반행위를 방지하기 위하여 해당 업무에 관하여 상당한 주의와 감독을 게을리 하지 아니한 경우에는 그러하지 아니하다. [전문개정 2010.1.25.]

제261조(과태료의 부과 · 징수 등) ① 제231조제1항제1호에 규정된 행위를 하는 것을 조건으로 정당 또는 후보자(후보자가 되려는 사람을 포함한다)에게 금전 · 물품, 그 밖의 재산상의 이익 또는 공사의 직의 제공을 요구한 자에게는 5천만원 이하의 과태료를 부과한다. 〈신설 2014.2.13.〉

② 다음 각 호의 어느 하나에 해당하는 행위를 한 자에게는 3천만원 이하의 과태료를 부과한다. 〈개정 2015.12.24., 2017.2.8.〉

　　1. 제8조의8제10항에 따른 시정명령 · 정정보도문의 게재명령을 통보받고 이를 이행하지 아니한 자

　　2. 제108조제6항을 위반하여 선거여론조사기준으로 정한 사항을 함께 공표 또는 보도하지 아니한 자

　　3. 제108조제7항을 위반하여 선거여론조사기준으로 정한 사항을 등록하지 아니한 자. 이 경우 해당 여론조사를 의뢰한 자가 여론조사 결과의 공표 · 보도 예정일시를 통보 하지 아니하여 등록하지 못한 때에는 그 여론조사 의뢰자를 말한다.

4. 제108조제8항을 위반하여 여론조사를 실시하거나 그 결과를 공표 또는 보도한 자

③ 다음 각 호의 어느 하나에 해당하는 행위를 한 자에게는 1천만원 이하의 과태료를 부과한다. 〈개정 2010.1.25., 2014.2.13., 2015.8.13., 2017.2.8.〉

1. 제6조의2제2항을 위반하여 투표시간을 보장하여 주지 아니한 자

2. 제59조제2호후단을 위반하여 신고한 전화번호가 아닌 전화번호를 정당한 이유 없이 사용하여 자동 동보통신의 방법으로 문자메시지를 전송한 사람

3. 제65조제4항단서를 위반하여 점자형 선거공보의 전부 또는 일부를 제출하지 아니한 사람

4. 제82조의6제1항을 위반하여 기술적 조치를 하지 아니한 자

5. 제108조제3항을 위반하여 관할 선거여론조사심의위원회에 신고하지 아니하거나 신고내용과 다르게 여론조사를 실시하거나 같은 조제4항을 위반하여 보완사항을 보완 하지 아니하고 여론조사를 실시한 자

④ 제147조제3항(제148조제4항 및 제173조제3항에서 준용하는 경우를 포함한다)을 위반하여 정당한 사유 없이 협조요구에 따르지 아니한 자에게는 500만원 이하의 과태료를 부과한다. 〈신설 2014.2.13.〉

⑤ 제82조의2제4항 각 호 외의 부분 후단을 위반하여 정당한 사유 없이 대담 · 토론회에 참석하지 아니한 사람에게는 400만원 이하의 과태료를 부과한다. 〈신설 2010.1.25., 2014.2.13.〉

⑥ 다음 각 호의 어느 하나에 해당하는 행위를 한 자는 300만원 이하의 과태료를 부과 한다. 〈개정 2004.3.12., 2005.8.4., 2010.1.25., 2012.2.29., 2014.2.13., 2017.2.8.〉

1. 제70조제3항 · 제71조제10항 · 제72조제3항(제74조제2항에서 준용하는 경우를 포함한다) · 제73조제1항(관할선거구 선거관리위원회가 제공하는 내용에 한한다) 및 제2항 · 제272조의3 제4항 또는 제275조의 규정을 위반한 자

2. 「형사소송법」 제211조(현행범인과 준현행범인)에 규정된 현행범인 또는 준현행범인으로서 제272조의2제4항(제8조의8제11항에서 준용하는 경우를 포함한다)에 따른 동행요구에 응하지 아니한 자

3. 제82조의6제6항을 위반하여 실명인증의 표시가 없는 문자 · 음성 · 화상 또는 동영상 등의 정보를 삭제하지 아니한 자

4. 제82조의4제4항을 위반하여 선거관리위원회의 요청을 이행하지 아니한 자. 다만, 2 회 이상 요청을 받고 이행하지 아니한 자는 그러하지 아니하다.

⑦ 다음 각 호의 어느 하나에 해당하는 행위를 한 자는 이 법에 다른 규정이 있는 경우를 제외하고는 200만원 이하의 과태료를 부과한다. 〈개정 1995.4.1., 1998.4.30., 2000.2.16., 2004.3.12., 2005.8.4., 2008.2.29., 2010.1.25., 2014.1.17., 2014.2.13.〉

1. 선거에 관하여 이 법이 규정하는 신고 · 제출의 의무를 해태한 자

2. 다음 각 목의 어느 하나에 해당하는 자

가. 제205조(選擧運動機構의 設置 및 選擧事務關係者의 選任에 관한 特例)제3항의 규정에 위반하여 그 분담내역을 선거사무소·선거연락소의 설치신고서에 명시하지 아니한 자

나. 제205조제3항의 규정에 위반하여 그 분담내역을 선거사무장·선거연락소장·선거사무원의 선임신고서에 명시하지 아니한 자

다. 제207조(책자형 선거공보에 관한 特例)제3항후단의 규정을 위반하여 그 분담내역을 선거공보를 제출하는 때에 서면으로 신고하지 아니한 자

라. 삭제 〈2010.1.25.〉

마. 제69조(新聞廣告)제3항후단 및 제82조의7(인터넷광고)제3항후단의 규정에 위반하여 그 분담내역을 광고계약서에 명시하지 아니한 자

바. 삭제 〈2010.1.25.〉

사. 제146조의2제3항이나 제147조제10항(제148조제4항에서 준용하는 경우를 포함한다) 또는 제174조제3항을 위반하여 정당한 사유 없이 협조요구에 따르지 아니한 자

아. 제149조제3항·제4항을 위반한 사람

3. 삭제 〈2005.8.4.〉

4. 제152조(投票用紙模型 등의 公告)제1항의 규정에 의하여 첩부한 투표용지모형을 毀損·오손한 자

5. 제271조(不法施設物 등에 대한 조치 및 代執行)제1항의 규정에 의한 대집행을 한 것으로서 사안이 경미한 행위를 한 자. 이 경우 과태료를 부과하지 아니한 때에는 관할수사기관에 고발 또는 수사의뢰 등을 하여야 한다.

6. 제276조(選擧日 後 宣傳物 등의 撤去)의 규정에 위반하여 선전물 등을 철거하지 아니한 자

⑧ 다음 각 호의 어느 하나에 해당하는 행위를 한 자는 100만원 이하의 과태료를 부과 한다. 〈개정 2000.2.16., 2002.3.7., 2004.3.12., 2005.8.4., 2007.1.3., 2008.2.29., 2009.2.12., 2010.1.25., 2014.1.17., 2014.2.13., 2015.8.13., 2017.2.8.〉

1. 제161조제3항단서, 제162조제3항, 제181조제3항 또는 제218조의20제4항에 따라 선거관리위원회·재외선거관리위원회가 선정한 참관인이 정당한 사유 없이 참관을 거부하거나 게을리 한 경우

1의2. 제8조의9제4항을 위반하여 변경등록신청을 제때 하지 아니한 자

2. 다음 각 목의 어느 하나에 해당하는 자

가. 제61조제6항을 위반하여 선거사무소, 선거연락소 또는 선거대책기구에 간판·현판·현수막을 설치·게시하거나 하게 한 자

나. 제61조의2(정당선거사무소의 설치)제4항의 규정을 위반하여 정당선거사무소에 간판·현판·현수막을 설치 또는 게시하거나 하게 한 자

다. 제63조제2항을 위반하여 표지를 패용하지 아니하고 선거운동을 하거나 하게 한 자

라. 제79조제6항 또는 제10항후단을 위반하여 자동차, 확성장치, 녹음기 또는 녹화기에 표지를

부착하지 아니하고 연설·대담을 한 사람

　마. 제91조(擴聲裝置와 自動車 등의 사용제한)제4항의 규정에 위반하여 표지를 부착하지 아니하고 자동차 또는 선박을 운행한 자

　바. 제147조제9항, 제148조제3항 또는 제174조(개표사무원)제2항의 규정에 의하여 투표사무원·사전투표사무원 또는 개표사무원으로 위촉된 자가 정당한 사유 없이 그 직무수행을 거부·유기하거나 해태한 자

2의2. 다음 각 목의 어느 하나에 해당하는 자

　가. 제60조의4제3항을 위반하여 예비후보자공약집을 제출하지 아니한 자

　나. 제66조제6항을 위반하여 선거공약서를 제출하지 아니한 자

3. 제111조(議政活動 보고)제2항의 규정에 위반하여 고지벽보와 표지를 게시하거나, 의정보고회가 끝난 후 지체 없이 고지벽보와 표지를 철거하지 아니한 자

4. 다음 각 목의 어느 하나에 해당하는 자

　가. 제138조(政綱·政策弘報物의 배부·제한 등)제4항의 규정에 위반하여 정강·정책홍보 물을 제출하지 아니한 자

　나. 제138조의2(정책공약집의 배부제한 등)제3항의 규정을 위반하여 정책공약집을 제출하지 아니한 자

　다. 제139조(政黨機關紙의 발행·배부제한)제3항의 규정에 위반하여 기관지를 제출하지 아니한 자

　라. 제140조(創黨大會등의 개최와 告知의 제한)제4항의 규정에 위반하여 창당대회등의 표지를 지체 없이 철거하지 아니한 자

　마. 제141조(黨員集會의 제한)제2항에 규정된 장소가 아닌 장소에서 당원집회를 개최 하거나 동 조제4항의 규정에 위반하여 당원집회의 표지를 지체 없이 철거하지 아니한 자

　바. 삭제 〈2004.3.12.〉

　사. 제145조(黨舍揭示宣傳物 등의 제한)의 규정에 위반하여 당사 또는 후원회의 사무소에 선전물 등을 설치·게시한 자

5. 제8조의3제4항의 규정에 위반하여 정당한 사유 없이 정기간행물등을 제출하지 아니한 자

6. 제272조의2제4항(제8조의8제11항에서 준용하는 경우를 포함한다)에 따른 출석요구에 정당한 사유 없이 응하지 아니한 자

⑨ 다음 각 호의 어느 하나에 해당하는 자(그 제공받은 금액 또는 음식물·물품 등의 가액이 100만원을 초과하는 자는 제외한다)는 그 제공받은 금액 또는 음식물·물품 등의 가액의 10배 이상 50배 이하에 상당하는 금액(주례의 경우에는 200만원)의 과태료를 부과 하되, 그 상한은 3천만원으로 한다. 다만, 제1호 또는 제2호에 해당하는 자가 그 제공받은 금액 또는 음식물·물품(제공받은 것을 반환할 수 없는 경우에는 그 가액에 상당하는 금액을 말한다) 등을 선거관리위원회에 반환하고 자수한 경우에는

중앙선거관리위원회규칙으로 정하는 바에 따라 그 과태료를 감경 또는 면제할 수 있다.
〈신설 2004.3.12., 2008.2.29., 2010.1.25., 2012.1.17., 2012.2.29., 2014.2.13., 2014.5.14.〉

    1. 제116조를 위반하여 금전·물품·음식물·서적·관광 기타 교통편의를 제공받은 자

    2. 제230조제1항제7호에 규정된 자로서 같은 항제5호의 자로부터 금품, 그 밖의 이익을 제공받은 자

    3. 삭제 〈2008.2.29.〉

    4. 삭제 〈2008.2.29.〉

    5. 삭제 〈2008.2.29.〉

    6. 제116조를 위반하여 제113조에 규정된 자로부터 주례행위를 제공받은 자

⑩ 과태료는 중앙선거관리위원회규칙으로 정하는 바에 따라 당해 선거관리위원회(선거여론조사심의위원회를 포함한다. 이하 이 조에서 "부과권자"라 한다)가 부과한다. 이 경우 제1항부터 제8항까지에 따른 과태료는 당사자(「질서위반행위규제법」 제2조제3호에 따른 당사자를 말한다. 이하 이 조에서 같다)가 정당·후보자(예비후보자를 포함한다. 이하 이 조에서 같다) 및 그 가족·선거사무장·선거연락소장·선거사무원·회계책임자·연설원 또는 활 동보조인인 때에는 제57조에 따라 해당 후보자의 기탁금 중에서 공제하여 국가 또는 지방자치단체에 납입하고, 그 밖의 자와 제9항에 따른 과태료의 과태료처분대상자에 대하여는 위반자가 납부하도록 하며, 납부기한까지 납부하지 아니한 때에는 관할 세무서장에게 위탁하고 관할세무서장이 국세체납처분의 예에 따라 이를 징수하여 국가 또는 지방자치단체에 납입하여야 한다. 〈개정 2004.3.12., 2010.1.25., 2014.2.13., 2017.2.8.〉

⑪ 이 법에 따른 과태료의 부과·징수 등의 절차에 관하여는 「질서위반행위규제법」 제5조에도 불구하고 다음 각 호에서 정하는 바에 따른다. 〈개정 2010.1.25., 2014.2.13.〉

    1. 당사자는 「질서위반행위규제법」 제16조제1항전단에도 불구하고 부과권자로부터 사전통지를 받은 날부터 3일까지 의견을 제출하여야 한다.

    2. 「질서위반행위규제법」 제17조제3항에도 불구하고 이 조제10항후단에 따라 해당 후보자의 기탁금에서 공제하는 과태료에 대하여는 「국세징수법」 제15조부터 제20조까지의 규정을 준용하지 아니한다.

    3. 이 조제10항전단에 따른 과태료처분에 불복이 있는 당사자는 「질서위반행위규제법」 제20조제1항 및 제2항에도 불구하고 그 처분의 고지를 받은 날부터 20일 이내에 부과권자에게 이의를 제기하여야 하며, 이 경우 그 이의제기는 과태료처분의 효력이나 그 집행 또는 절차의 속행에 영향을 주지 아니한다.

    4. 「질서위반행위규제법」 제24조에도 불구하고 이 조제10항후단에 따라 해당 후보자의 기탁금에서 공제하지 아니하는 과태료를 당사자가 납부기한까지 납부하지 아니한 경우 부과권자는 체납된 과태료에 대하여 100분의 5에 상당하는 가산금을 더하여 관할세무서장에게 징수를 위탁하고, 관할세무서장은 국세체납처분의 예에 따라 이를 징수하여 국가 또는 지방자치단체에 납입하여야 한다.

5. 「질서위반행위규제법」 제21조제1항본문에도 불구하고 이 조제10항에 따라 과태료 처분을 받은 당사자가 제3호에 따라 이의를 제기한 경우 부과권자는 지체 없이 관할법원에 그 사실을 통보하여야 한다.

[제목개정 2015.8.13.]

[2010.1.25. 법률 제9974호에 의하여 2009. 3. 26. 헌법불합치결정된 이 조제9항(종전의 제6항)을 개정함]

제262조(자수자에 대한 특례) ① 다음 각 호의 어느 하나에 해당하는 사람이 자수한 때에는 그 형을 감경 또는 면제한다. 〈개정 2012.1.17.〉

　　1. 제230조제1항·제2항, 제231조제1항 및 제257조제2항을 위반한 사람 중 금전·물품, 그 밖의 이익 등을 받거나 받기로 승낙한 사람(후보자와 그 가족 또는 사위의 방법으로 이익 등을 받거나 받기로 승낙한 사람은 제외한다)

　　2. 다른 사람의 지시에 따라 제230조제1항·제2항 또는 제257조제1항을 위반하여 금전·물품, 그 밖의 재산상의 이익이나 공사의 직을 제공하거나 그 제공을 약속한 사람

② 제1항에 규정된 자가 각급선거관리위원회(읍·면·동선거관리위원회를 제외한다)에 자신의 선거범죄사실을 신고하여 선거관리위원회가 관계수사기관에 이를 통보한 때에는 선거관리위원회에 신고한 때를 자수한 때로 본다. 〈신설 2000.2.16., 2005.8.4.〉

제262조의2(선거범죄신고자 등의 보호) ① 선거범죄[제16장 벌칙에 규정된 죄(제261조제9 항의 과태료에 해당하는 위법행위를 포함한다)와 「국민투표법」 위반의 죄를 말한다. 이하 같다]에 관한 신고·진정·고소·고발 등 조사 또는 수사단서의 제공, 진술 또는 증언 그 밖의 자료제출행위 및 범인검거를 위한 제보 또는 검거활동을 한 자가 그와 관련하여 피해를 입거나 입을 우려가 있다고 인정할 만한 상당한 이유가 있는 경우 그 선거범죄에 관한 형사절차 및 선거관리위원회의 조사과정에서는 「특정범죄신고자 등 보호법」 제5조·제7조·제9조부터 제12조까지 및 제16조를 준용한다.
〈개정 2005.8.4., 2008.2.29., 2010.1.25., 2014.2.13.〉

② 누구든지 제1항의 규정에 의하여 보호되고 있는 선거범죄신고자 등이라는 정을 알면 서 그 인적사항 또는 선거범죄신고자등임을 알 수 있는 사실을 다른 사람에게 알려주거나 공개 또는 보도하여서는 아니된다.

[본조신설 2004.3.12.]

제262조의3(선거범죄신고자에 대한 포상금 지급) ① 각급선거관리위원회(읍·면·동선거관리위원회를 제외한다. 이하 이 조에서 같다)는 선거범죄에 대하여 선거관리위원회가 인지하기 전에 그 범죄행위의 신고를 한 사람에게 포상금을 지급할 수 있다. 〈개정 2005.8.4., 2008.2.29., 2013.8.13.〉

② 중앙선거관리위원회 및 시·도선거관리위원회는 제1항에 따른 포상금 지급의 심사를 위하여 중앙선거관리위원회규칙으로 정하는 바에 따라 각각 포상금심사위원회를 설치·운영하여야 한다. 〈신설 2013.8.13.〉

③ 각급선거관리위원회는 제1항에 따라 포상금을 지급한 후 다음 각 호의 어느 하나에 해당하는 사유가 있는 경우에는 그 포상금의 지급결정을 취소한다. 〈개정 2013.8.13.〉

   1. 담합 등 거짓의 방법으로 신고한 사실이 발견된 경우

   2. 불기소처분이 있는 경우

   3. 무죄의 판결이 확정된 경우

④ 각급선거관리위원회는 제3항에 따라 포상금의 지급결정을 취소한 때에는 해당 신고자에게 그 취소 사실과 지급받은 포상금에 해당하는 금액을 반환할 것을 통지하여야 하며, 해당 신고자는 통지를 받은 날부터 30일 이내에 그 금액을 해당 선거관리위원회에 납부하여야 한다. 〈신설 2013.8.13.〉

⑤ 각급선거관리위원회는 제4항에 따라 포상금의 반환을 통지받은 해당 신고자가 납부 기한까지 반환할 금액을 납부하지 아니한 때에는 해당 신고자의 주소지를 관할하는 세무서장에게 징수를 위탁하고 관할세무서장이 국세체납처분의 예에 따라 징수한다. 〈신설 2008.2.29., 2013.8.13.〉

⑥ 제4항 또는 제5항에 따라 납부 또는 징수된 금액은 국가에 귀속된다. 〈신설 2008.2.29., 2013.8.13.〉

⑦ 포상금의 지급 기준 및 절차, 포상금심사위원회의 구성 및 심의사항, 제3항제2호 및 제3호의 경우 포상금의 반환사유, 반환금액의 납부절차, 그 밖에 필요한 사항은 중앙선거관리위원회규칙으로 정한다. 〈신설 2013.8.13.〉

[본조신설 2004.3.12.]

제17장 보칙

제263조 선거비용의 초과지출로 인한 당선무효

제263조(선거비용의 초과지출로 인한 당선무효) ① 제122조(선거비용제한액의 공고)의 규정에 의하여 공고된 선거비용제한액의 200분의 1 이상을 초과지출한 이유로 선거사무장, 선거사무소의 회계책임자가 징역형 또는 300만원 이상의 벌금형의 선고를 받은 때에는 그 후보자의 당선은 무효로 한다. 다만, 다른 사람의 유도 또는 도발에 의하여 당해 후보자의 당선을 무효로 되게 하기 위하여 지출한 때에는 그러하지 아니하다. 〈개정 2004.3.12., 2005.8.4.〉

②「정치자금법」제49조(선거비용관련 위반행위에 관한 벌칙)제1항 또는 제2항제6호의 죄를 범함으로 인하여 선거사무소의 회계책임자가 징역형 또는 300만원 이상의 벌금형의 선고를 받은 때에는 그 후보자(대통령후보자, 비례대표국회의원후보자 및 비례대표지방의회의원후보자를 제외한다)의 당선은 무효로 한다. 이 경우 제1항단서의 규정을 준용한다.
〈신설 2004.3.12., 2005.8.4.〉

법 제263조(選擧費用의 超過支出로 인한 當選無效)에 해당되어 후보자의 당선을 무효로 되게 할 목적으로 제263조에 규정된 자를 유도 또는 도발하여 그 자로 하여금 제230조(매수 및 이해유도죄)제1항 내지 제5항·제231조(재산상의 이익목적의 매수 및 이해유도죄) 내지 제233조(當選人에 대한 買收 및 利害誘導罪)·제257조(寄附行爲의 금지제한등 違反罪)제1항 또는 제258조(選擧費用不正支出등 罪)제1항에 규정된 행위를 하게 한 자는 1년 이상 10년 이하의 징역에 처한다(제234조).

관련 판례

공직선거법 제258조제1항제1호에서 선거비용 제한액을 초과하는 행위를 처벌대상으로 규정하고 있으나, 선거비용의 범위에 관하여는 별도의 규정을 두고 있지 아니하므로, 거기에도 선거비용의 정의규정인 공직선거법 제119조제1항이 적용되고, 따라서 공직선거법 제119조제1항에서 선거비용으로 규정하고 있는 선거사무소장 내지 회계책임자가 해당 후보자의 선거운동(위법선거운동을 포함한다)을 위하여 지출한 비용도 공직선거법 제258조제1항제1호의 선거비용에 포함된다고 할 것이다(대법원 1999. 4. 9. 선고 98도1432 판결 등 참조).

또한, 공직선거법 제58조제1항에 규정된 '선거운동'은 특정 후보자의 당선 내지 득표나 낙선을 위하여 필요하고도 유리한 모든 행위로서 당선 또는 낙선을 도모한다는 목적의사가 객관적으로 인정될 수 있는 능동적·계획적인 행위를 말하므로, 구체적으로 어떠한 행위가 선거운동에 해당하는지를 판단함에 있어서는 단순히 그 행위의 명목뿐만 아니라 그 행위의 태양, 즉 그 행위가 행하여지는 시기·장소·방법 등을 종합적으로 관찰하여 그것이 특정 후보자의 당선 또는 낙선을 도모하는 목적의지를 수반하는 행위인지를 판단하여야 한다(대법원 2011. 10. 27. 선고 2011도5344 판결, 대법원 2012. 11. 29. 선고 2010도9007 판결 등 참조).

공직선거법 제263조제1항, 제2항은 해당 선거에 있어서 같은 법 제122조의 규정에 의하여 공고된 선거비용제한액의 200분의 1 이상을 초과지출한 이유로 선거사무장, 선거사무소의 회계책임자(이하 '선거사무장 등'이라 한다)가 징역형 또는 300만원 이상의 벌금형의 선고를 받은 때 및 정치자금법 제49조제1항 또는 제2항제6호의 죄를 범함으로 인하여 선거사무소의 회계책임자가 징역형 또는 300만원 이상의 벌금형의 선고를 받은 때를, 공직선거법 제265조는 선거사무장 등이 해당 선거에 있어서 같은 법 제230조부터 제234조까지, 제257조제1항 중 기부행위를 한 죄 또는 정치자금법 제45조제1항의 정치자금 부정수수죄를 범함으로 인하여 징역형 또는 300만원 이상의 벌금형의 선고를 받은 때(선거사무장 등에 대하여는 선임·신고되기 전의 행위로 인한 경우 포함)를 각 그 선거구 후보자의 당선무효 사유로 규정하고 있다. 이와 같이 공직선거법 제263조, 제265조가 선거사무장 등의 일정한 선거범죄에 대한 판결 결과를 후보자의 당선무효 사유로 규정하고 있는 것은 선거사무장 등이 저지른 일정한 중대 선거범죄는 선거에 있어서 전적으로 후보자의 당선을 위하여, 또한 후보자와의 의사연락하에 이루어진 행위로서 총체적으로 후보자 자신의 행위와 다를 바 없다고 보아 후보자를 공범으로 인정하여 형사처벌은 하지 않더라도 그러한 불법행위에 따른 이익을 박탈하는 것이 정당하다는 고려에서 후보자와 불가분의 선거운명공동체를 형성하여 활동하게 마련인 선거사무장 등의 실질적 지위와 역할을 근거로 후보자에게 연대책임을 부여한 것이다(헌법재판소 2011. 9. 29. 선고 2010헌마68 결정 참조).

그리고 공직선거법 제18조제3항후단은 선거사무장 등에게 같은 법 제263조 및 제265조에 규정된 죄와 같은 법 제18조제1항제3호에 규정된 죄의 경합범으로 징역형 또는 300만 원 이상의 벌금형을 선고하는 때에는 이를 분리 선고하여야 한다고 규정함으로써, 일정한 경우 형법상 경합범 처벌례에 관한 형법 제38조의 적용을 배제하고 있다(이하 공직선거법 제18조제3항후단에 따라 분리 선고하여야 할 공직선거법 제263조 및 제265조에 규정된 죄를 '당선무효형 대상범죄'라고 한다). 이는, 다른 죄가 선거권 및 피선거권의 제한이나 당선의 효력과 관계있는 선거범 등의 양형에 영향을 미치는 것을 최소화하기 위하여 같은 법 제18조제3항전단이 선거범 등 같은 법 제18조제1항제3호에 규정된 죄와 다른 죄의 경합범에 대하여 분리 선고를 규정하고 있는 것(대법원 2004. 2. 13. 선고 2003도3090 판결, 대법원 2011. 10. 13. 선고 2011도9584 판결 등 참조)과 마찬가지의 취지이다.

위와 같이 공직선거법 제263조, 제265조가 선거사무장 등의 일정한 선거범죄 행위에 대하여 이례적으로 그 직접 행위자가 아닌 후보자에게 당선무효라는 무거운 연대책임을 묻고 있는 점, 공직선거법 제18조제3항후단이 선거사무장 등에 대하여 공직선거법 제263조, 제265조에 규정된 죄와 같은 법 제18조제1항제3호에 규정된 죄의 경합범으로 그 후보자의 당선을 무효로 하는 형을 선고하는 때에는 이를 분리 선고하도록 규정하여 당선의 효력 등에 영향을 미치는 형의 양정을 엄격하게 판단하도록 하고 있는 점 등 공직선거법 관련 규정들의 취지, 내용과 형식 등을 종합적으로 살펴보면, 선거사무장 등의 지위상실 이후의 행위에 대하여는 특별한 사정이 없는 한 선거사무장 등의 지위로 인하여 당선무효를 규정하는 공직선거법 제263조, 제265조의 적용이 배제된다고 봄이 타당하다.

한편 동일 죄명에 해당하는 수개의 행위 혹은 연속된 행위를 단일하고 계속된 범의하에 일정 기간 계속하여 행하고 그 피해법익도 동일한 경우에는 이들 각 행위를 포괄일죄로 처단함이 원칙이나(대법원 2005. 9. 30. 선고 2005도4051 판결 등 참조), 공직선거법 제263조 및 제265조에 규정된 죄에 해당하는 여러 개의 범행이 선거사무장 등의 지위상실 전후에 걸쳐서 연속적으로 행하여진 경우, 그 범행 전체를 포괄일죄로 평가한 후 그 일부가 선거사무장 등의 지위상실 전에 이루어졌다는 이유로 전체를 당선무효형 대상범죄라고 해석하거나 나머지 일부가 선거사무장 등의 지위상실 후에 이루어졌다는 이유로 전체를 당선무효형 대상범죄가 아니라고 해석하는 것은 앞서 본 공직선거법 관련 규정들의 입법취지나 형평의 원칙에 반하여 부당하다.

따라서 선거사무장 등이 그 지위상실 전후로 연속하여 공직선거법 제263조 및 제265조에 규정된 죄를 범한 경우에는 그 연속된 여러 개의 행위를 지위상실 시점을 기준으로 구분하여 선거사무장 등의 지위를 보유하고 있을 때의 행위만을 당선무효형 대상범죄가 되는 하나의 포괄일죄로, 선거사무장 등의 지위를 상실한 이후의 행위는 이와 달리 당선무효형 대상범죄가 아닌 별도의 포괄일죄로 각각 평가함이 타당하고, 그 경우 위 두 죄는 서로 실체적 경합관계에 있다 할 것이다(대법원 2014. 7. 24. 선고 2013도6785 판결).

제264조 당선인의 선거범죄로 인한 당선무효

> **제264조(당선인의 선거범죄로 인한 당선무효)** 당선인이 당해 선거에 있어 이 법에 규정된 죄 또는 「정치자금법」 제49조의 죄를 범함으로 인하여 징역 또는 100만원 이상의 벌금형의 선고를 받은 때에는 그 당선은 무효로 한다. 〈개정 2005.8.4., 2010.1.25.〉

관련 판례

법령의 해석은 어디까지나 법적 안정성을 해치지 않는 범위 내에서 구체적 타당성을 찾는 방향으로 이루어져야 한다. 이를 위해서는 가능한 한 원칙적으로 법령에 사용된 문언의 통상적인 의미에 충실하게 해석하고, 나아가 당해 법령의 입법 취지와 목적, 제정 및 개정 연혁, 법질서 전체와의 조화, 다른 법령과의 관계 등을 고려하는 체계적·논리적 해석방법을 추가적으로 동원함으로써 위와 같은 타당성 있는 법령 해석의 요청에 부응하여야 한다(대법원 2009. 4. 23. 선고 2006다81035 판결, 대법원 2012. 7. 5. 선고 2011두19239 전원합의체 판결 등 참조).

구 공직선거법(2010. 1. 25. 법률 제9974호로 개정되기 전의 것, 이하 '구 공직선거법'이라 한다) 제265조의2제1항제1문은 "제263조(선거비용의 초과지출로 인한 당선무효) 내지 제265조(선거사무장등의 선거범죄로 인한 당선무효)의 규정에 의하여 당선이 무효로 된 자(그 기소 후 확정판결 전에 사직한 자를 포함한다)는 제57조(기탁금의 반환 등) 및 제122조의2(선거비용의 보전 등)의 규정에 의하여 반환·보전받은 금액을 반환하여야 한다."고 규정하고, 제264조는 "당선인이 당해 선거에 있어 이 법에 규정된 죄와 정치자금법 제49조(선거비용관련 위반행위에 관한 벌칙)의 죄를 범함으로 인하여 징역 또는 100만원 이상의 벌금형의 선고를 받은 때에는 그 당선은 무효로 한다."고 규정하고 있다.

위와 같은 구 공직선거법 제264조의 당선무효 사유를 '당해'의 사전적 의미에 터 잡아 문리적으로 해석하면, '당선인이 당선된 그 선거에 있어 이 법에 규정된 죄 등을 범함으로써 징역 등의 형의 선고를 받은 때'라고 풀이할 수 있고, '당선된 그 선거'의 범위는 구 공직선거법이 규정하고 있는 선거의 단위를 기준으로 판단하여야 할 것이다.

그런데 구 공직선거법은 선거의 단위에 관한 정의규정을 따로 두지는 않았지만, 그 적용범위를 '대통령선거·국회의원선거·지방의회의원 및 지방자치단체의 장의 선거'라고 구분하여 규정하고 있고(제2조), 동시선거의 개념을 '선거구의 일부 또는 전부가 서로 겹치는 구역에서 2 이상의 다른 종류의 선거를 같은 선거일에 실시하는 것'이라고 정의하면서도(제202조제1항), 선거구의 일부 또는 전부가 서로 겹치는 구역에서 같은 선거일에 실시하는 선거임이 명백한 임기만료에 의한 각 지역구국회의원선거와 비례대표 국회의원선거는 동시선거의 대상으로 규정하지 아니하므로(제203조), 임기만료에 의한 각 지역구국회의원선거와 비례대표 국회의원선거는 그 전체가 하나의 선거를 구성한다고 해석함이 타당하다.

또한 구 공직선거법을 위반한 자는 설혹 당선되었다고 하더라도 그 당선을 무효로 함으로써 헌법과 지방자치법에 의한 선거가 국민의 자유로운 의사와 민주적인 절차에 의하여 공정히 행하여지도록 하고, 선거와 관련한 부정을 방지하여 민주주의의 발전에 기여하는 데 구 공직선거법 제264조의 입법 취지가 있음을 고려할 때(대법원 1996. 6. 28.자 96초111 결정, 대법원 2003. 3. 28. 선고 2003도778 판결 등 참조), 구 공직선거법 제264조에 규정된 '당해 선거'의 의미를 당선인이 당선된 그 지역구 선거구에 관한 국회의원선거로만 제한하여 해석하게 되면 위와 같은 입법 취지와 목적을 달성하기가 어렵게 될 우려가 있다. 따라서 구 공직선거법 제264조에 규정된 '당해 선거'는 임기만료에 의한 국회의원선거의 당선인이 지역구국회의원인 경우에 그 당선된 지역구는 물론 다른 지역구와 비례대표를 포함한 전체 국회의원선거를 의미한다고 새길 것이다(대법원 2012. 10. 11. 선고 2010두 28069 판결).

제265조 선거사무장등의 선거범죄로 인한 당선무효

제265조(선거사무장등의 선거범죄로 인한 당선무효) 선거사무장·선거사무소의 회계책임자 (선거사무소의 회계책임자로 선임·신고되지 아니한 자로서 후보자와 통모하여 당해 후보자의 선거비용으로 지출한 금액이 선거비용제한액의 3분의 1 이상에 해당되는 자를 포함한다) 또는 후보자(후보자가 되려는 사람을 포함한다)의 직계존비속 및 배우자가 해당 선거에 있어서 제230조부터 제234조까지, 제257조제1항 중 기부행위를 한 죄 또는 「정치자금법」 제45조제1항의 정치자금 부정수수죄를 범함으로 인하여 징역형 또는 300만원 이상의 벌금형의 선고를 받은 때(선거사무장, 선거사무소의 회계책임자에 대하여는 선 임·신고되기 전의 행위로 인한 경우를 포함한다)에는 그 선거구 후보자(大統領候補者, 比例代表國會議員候補者 및 비례대표지방의회의원후보자를 제외한다)의 당선은 무효로 한다. 다만, 다른 사람의 유도 또는 도발에 의하여 당해 후보자의 당선을 무효로 되게 하기 위하여 죄를 범한 때에는 그러하지 아니하다.
〈개정 1995.5.10., 2000.2.16., 2004.3.12., 2005.8.4., 2010.1.25.〉

「정치자금법」

제45조(정치자금부정수수죄) ① 이 법에 정하지 아니한 방법으로 정치자금을 기부하거나 기부받은 자(정당·후원회·법인 그 밖에 단체에 있어서는 그 구성원으로서 당해 위반행위를 한 자를 말한다. 이하 같다)는 5년 이하의 징역 또는 1천만원 이하의 벌금에 처한다. 다만, 정치자금을 기부하거나 기부받은 자의 관계가 「민법」 제777조(친족의 범위)의 규정에 의한 친족인 경우에는 그러하지 아니하다.

법 제265조(選擧事務長등의 選擧犯罪로 인한 當選無效)에 해당되어 후보자의 당선을 무효로 되게 할 목적으로 제265조에 규정된 자를 유도 또는 도발하여 그 자로 하여금 제230조(매수 및 이해유도죄)제1항 내지 제5항·제231조(재산상의 이익목적의 매수 및 이해유도죄) 내지 제233조(當選人에 대한 買收 및 利害誘導罪)·제257조(寄附行爲의 금지제한등 違反罪)제1항 또는 제258조(選擧費用不正支出등 罪)제1항에 규정된 행위를 하게 한 자는 1년 이상 10년 이하의 징역에 처한다(제234조).

제265조의2 당선무효 된 자 등의 비용반환

제265조의2(당선무효된 자 등의 비용반환) ① 제263조부터 제265조까지의 규정에 따라 당선이 무효로 된 사람(그 기소 후 확정판결 전에 사직한 사람을 포함한다)과 당선되지 아니한 사람으로서 제263조부터 제265조까지에 규정된 자신 또는 선거사무장 등의 죄로 당선무효에 해당하는 형이 확정된 사람은 제57조와 제122조의2에 따라 반환·보전받은 금액을 반환하여야 한다. 이 경우 대통령선거의 정당추천후보는 그 추천 정당이 반환 하며, 비례대표국회의원선거 및 비례대표지방의회의원선거의 경우 후보자의 당선이 모두 무효로 된 때에 그 추천 정당이 반환한다. 〈개정 2010.1.25.〉

② 관할선거구 선거관리위원회는 제1항의 규정에 의한 반환사유가 발생한 때에는 지체 없이 당해 정당·후보자에게 반환하여야 할 금액을 고지하여야 하고, 당해 정당·후보자는 그 고지를 받은 날부터 30일 이내에 선거구선거관리위원회에 이를 납부하여야 한다.

③ 관할선거구 선거관리위원회는 제2항의 납부기한까지 당해 정당·후보자가 납부하지 아니한 때에는 당해 후보자의 주소지(정당에 있어서는 중앙당의 사무소 소재지를 말한다)를 관할하는 세무서장에게 징수를 위탁하고 관할세무서장이 국세체납처분의 예에 따라 이를 징수한다.

④ 제2항 또는 제3항의 규정에 의하여 납부 또는 징수된 금액은 국가 또는 지방자치단체에 귀속된다.

⑤ 제2항의 규정에 따른 고지방법·절차 기타 필요한 사항은 중앙선거관리위원회규칙으로 정한다.
[본조신설 2004.3.12.]

제57조(기탁금의 반환 등) ① 관할선거구 선거관리위원회는 다음 각 호의 구분에 따른 금액을 선거일 후 30일 이내에 기탁자에게 반환한다. 이 경우 반환하지 아니하는 기탁금은 국가 또는 지방자치단체에 귀속한다. 〈개정 2004.3.12., 2005.8.4., 2010.1.25.〉

　1. 대통령선거, 지역구국회의원선거, 지역구지방의회의원선거 및 지방자치단체의 장선거

　　가. 후보자가 당선되거나 사망한 경우와 유효투표총수의 100분의 15 이상을 득표한 경우에

는 기탁금 전액

나. 후보자가 유효투표총수의 100분의 10 이상 100분의 15 미만을 득표한 경우에는 기탁금의 100분의 50에 해당하는 금액

다. 예비후보자가 사망하거나 제57조의2제2항본문에 따라 후보자로 등록될 수 없는 경우[25]에는 제60조의2제2항에 따라 납부한 기탁금[26] 전액

2. 비례대표국회의원선거 및 비례대표지방의회의원선거

당해 후보자명부에 올라 있는 후보자 중 당선인이 있는 때에는 기탁금 전액. 다만, 제189조 및 제190조의2에 따른 당선인의 결정 전에 사퇴하거나 등록이 무효로 된 후보자의 기탁금은 제외한다.

② 제56조제3항에 따라 기탁금에서 부담하여야 할 비용은 제1항에 따라 기탁금을 반환 하는 때에 공제하되, 그 부담비용이 반환할 기탁금을 넘는 사람은 그 차액을, 기탁금 전액이 국가 또는 지방자치단체에 귀속되는 사람은 그 부담비용 전액을 해당 선거구선거관리위원회의 고지에 따라 그 고지를 받은 날부터 10일 이내에 납부하여야 한다. 〈개정 2010.1.25.〉

③ 관할선거구 선거관리위원회는 제2항의 납부기한까지 해당자가 그 금액을 납부하지 아니한 때에는 관할세무서장에게 징수를 위탁하고, 관할세무서장은 국세체납처분의 예에 따라 이를 징수하여 국가 또는 해당 지방자치단체에 납입하여야 한다. 이 경우 제271조에 따른 불법시설물 등에 대한 대집행비용은 우선 해당 선거관리위원회가 지출한 후 관할세무서장에게 그 징수를 위탁할 수 있다. 〈신설 2010.1.25.〉

④ 삭제 〈2000.2.16.〉

⑤ 기탁금의 반환 및 귀속 기타 필요한 사항은 중앙선거관리위원회규칙으로 정한다. 〈개정 2000.2.16.〉

제122조의2(선거비용의 보전 등) ① 선거구선거관리위원회는 다음 각 호의 규정에 따라 후보자(대통령선거의 성당주전후보자와 비례대표국회의원선거 및 비례대표지방의회의원선거에 있어서는 후보자를 추천한 정당을 말한다. 이하 이 조에서 같다)가 이 법의 규정에 의한 선거운동을 위하여 지출한 선거비용[「정치자금법」 제40조(회계보고)의 규정에 따라 제출한 회계보고서에 보고된 선거비용으로서 정당하게 지출한 것으로 인정되는 선거비용을 말한다]을 제122조(선거비용제한액의 공고)의 규정에 의하여 공고한 비용의 범위 안에서 대통령선거 및 국회의원선거에 있어서는 국가의 부담으로, 지방자치단체의 의회의원 및 장의 선거에 있어서는 당해 지방자치단체의 부담으로 선거일 후 보전한다. 〈개정 2004.3.12., 2005.8.4.〉

1. 대통령선거, 지역구국회의원선거, 지역구지방의회의원선거 및 지방자치단체의 장선거

가. 후보자가 당선되거나 사망한 경우 또는 후보자의 득표수가 유효투표총수의 100분의

15 이상인 경우

후보자가 지출한 선거비용의 전액

나. 후보자의 득표수가 유효투표총수의 100분의 10 이상 100분의 15 미만인 경우

후보자가 지출한 선거비용의 100분의 50에 해당하는 금액

2. 비례대표국회의원선거 및 비례대표지방의회의원선거

후보자명부에 올라 있는 후보자 중 당선인이 있는 경우에 당해 정당이 지출한 선거비용의
전액

② 제1항에 따른 선거비용의 보전에 있어서 다음 각 호의 어느 하나에 해당하는 비용은 이를
보전하지 아니한다. 〈신설 2005.8.4., 2010.1.25., 2011.7.28.〉

1. 예비후보자의 선거비용

2. 「정치자금법」 제40조(회계보고)의 규정에 따라 제출한 회계보고서에 보고되지 아니하거
나 허위로 보고된 비용

3. 이 법에 위반되는 선거운동을 위하여 또는 기부행위제한규정을 위반하여 지출된 비용

4. 제64조 또는 제65조에 따라 선거벽보와 선거공보를 관할 구·시·군선거관리위원회에
제출한 후 그 내용을 정정하거나 삭제하는 데 소요되는 비용

5. 이 법에 따라 제공하는 경우 외에 선거운동과 관련하여 지출된 수당·실비 그 밖의 비용

6. 정당한 사유 없이 지출을 증빙하는 적법한 영수증 그 밖의 증빙서류가 첨부되지 아니한
비용

7. 후보자가 자신의 차량·장비·물품 등을 사용하거나 후보자의 가족·소속 정당 또는 제3자
의 차량·장비·물품 등을 무상으로 제공 또는 대여받는 등 정당 또는 후보자가 실제로
지출하지 아니한 비용

8. 청구금액이 중앙선거관리위원회규칙으로 정하는 기준에 따라 산정한 통상적인 거래가격
또는 임차가격과 비교하여 정당한 사유 없이 현저하게 비싸다고 인정되는 경우 그 초과하는
가액의 비용

9. 선거운동에 사용하지 아니한 차량·장비·물품 등의 임차·구입·제작비용

10. 휴대전화 통화료와 정보이용요금. 다만, 후보자와 그 배우자, 선거사무장, 선거연락소장
및 회계책임자가 선거운동기간 중 선거운동을 위하여 사용한 휴대전화 통화료 중 후보자가
부담하는 통화료는 보전한다.

11. 그 밖에 위 각 호의 어느 하나에 준하는 비용으로서 중앙선거관리위원회규칙으로 정하는
비용[27]

③ 다음 각 호의 어느 하나에 해당하는 비용은 국가 또는 지방자치단체가 후보자를 위하여 부담한
다. 이 경우 제3호의2 및 제5호의 비용은 국가가 부담한다.

〈개정 2004.3.12., 2005.8.4., 2007.1.3., 2008.2.29., 2010.1.25., 2014.1.17., 2015.8.13.〉

1. 제64조에 따른 선거벽보의 첩부 및 철거의 비용

2. 제65조에 따른 점자형 선거공보의 작성비용과 책자형 선거공보(점자형 선거공보 및 같은 조제9항의 후보자정보공개자료를 포함한다) 및 전단형 선거공보의 발송비용과 우편요금

3. 제66조(선거공약서)제8항의 규정에 따른 점자형 선거공약서의 작성비용

3의2. 활동보조인(예비후보자로서 선임하였던 활동보조인을 포함한다)의 수당과 실비

4. 제82조의2(선거방송토론위원회 주관 대담·토론회)의 규정에 의한 대담·토론회(합동방송연설회를 포함한다)의 개최비용

5. 제82조의3(선거방송토론위원회 주관 정책토론회)의 규정에 의한 정책토론회의 개최비용

6. 제161조(投票參觀)의 규정에 의한 투표참관인 및 제162조에 따른 사전투표참관인의 수당과 식비

7. 제181조(開票參觀)의 규정에 의한 개표참관인의 수당과 식비

④ 제1항 내지 제3항의 규정에 따른 비용의 산정 및 보전청구 그 밖에 필요한 사항은 중앙선거관리위원회규칙으로 정한다. 〈개정 2005.8.4.〉

[본조신설 2000.2.16.]

[제목개정 2011.7.28.]

제266조 선거범죄로 인한 공무담임 등의 제한

제266조(선거범죄로 인한 공무담임 등의 제한) ① 다른 법률의 규정에도 불구하고 제230조부터 제234조까지, 제237조부터 제255조까지, 제256조제1항부터 제3항까지, 제257조부터 제259조까지의 죄(당내경선과 관련한 죄는 제외한다) 또는 「정치자금법」 제49조의 죄를 범함으로 인하여 징역형의 선고를 받은 자는 그 집행을 받지 아니하기로 확정된 후 또는 그 형의 집행이 종료되거나 면제된 후 10년간, 형의 집행유예의 선고를 받은 자는 그 형이 확정된 후 10년간, 100만원 이상의 벌금형의 선고를 받은 자는 그 형이 확정된 후 5년간 다음 각 호의 어느 하나에 해당하는 직에 취임하거나 임용될 수 없으며, 이미 취임 또는 임용된 자의 경우에는 그 직에서

---

25) 제57조의2제2항본문에 따라 후보자로 등록될 수 없는 경우 : 정당이 당내경선(당내경선의 후보자로 등재된 자를 대상으로 정당의 당헌·당규 또는 경선후보자간의 서면합의에 따라 실시한 당내경선을 대체하는 여론조사를 포함한다)을 실시하는 경우 경선후보자로 서 당해 정당의 후보자로 선출되지 아니한 자는 당해 선거의 같은 선거구에서는 후보자로 등록될 수 없다. 이와 같은 사유로 등록될 수 없는 경우를 말한다.

26) 제60조의2제2항에 따라 납부한 기탁금 : 예비후보자등록을 신청하는 사람이 법 제56조제1항 각 호에 따른 해당 선거 기탁금의 100분의 20에 해당하는 금액으로써 납부한 기탁금을 말한다.

27) 중앙선거관리위원회규칙으로 정하는 비용 : 「공직선거관리규칙」 제51조의2제3항 각 호의 비용을 말한다.

퇴직된다.

〈개정 1997.11.14., 2000.2.16., 2005.8.4., 2009.2.3., 2010.1.25., 2014.2.13.〉

    1. 제53조제1항 각 호의 어느 하나에 해당하는 직(같은 항제5호의 경우 각 조합의 조 합장 및 상근직원을, 같은 항제1호의 경우 「고등교육법」 제14조제1항·제2항에 따른 총장·학장·교수·부교수·조교수·전임강사인 교원을 포함한다)

    2. 제60조(選擧運動을 할 수 없는 者)제1항제6호 내지 제8호에 해당하는 직

    3. 「공직자윤리법」 제3조제1항제12호 또는 제13호에 해당하는 기관·단체의 임·직원

    4. 「사립학교법」 제53조(學校의 長의 任免) 또는 같은 법 제53조의2(學校의 長이 아닌 敎員의 任免)의 규정에 의한 교원

    5. 방송통신심의위원회의 위원

② 다음 각 호의 어느 하나에 해당하는 사람은 당선인의 당선무효로 실시사유가 확정된 재선거(당선인이 그 기소 후 확정판결 전에 사직함으로 인하여 실시사유가 확정된 보궐 선거를 포함한다)의 후보자가 될 수 없다. 〈개정 2010.1.25.〉

    1. 제263조 또는 제265조에 따라 당선이 무효로 된 사람(그 기소 후 확정판결 전에 사직한 사람을 포함한다)

    2. 당선되지 아니한 사람(후보자가 되려던 사람을 포함한다)으로서 제263조 또는 제265조에 규정된 선거사무장 등의 죄로 당선무효에 해당하는 형이 확정된 사람

③ 다른 공직선거(교육의원선거 및 교육감선거를 포함한다)에 입후보하기 위하여 임기 중 그 직을 그만둔 국회의원·지방의회의원 및 지방자치단체의 장은 그 사직으로 인하여 실시사유가 확정된 보궐선거의 후보자가 될 수 없다. 〈신설 2010.1.25.〉

「정치자금법」

제49조(선거비용관련 위반행위에 관한 벌칙) ① 회계책임자가 정당한 사유 없이 선거비용에 대하여 제40조(회계보고)제1항·제2항의 규정에 의한 회계보고를 하지 아니하거나 허위기재·위조·변조 또는 누락(선거비용의 수입·지출을 은닉하기 위하여 누락한 경우를 말한다)한 자는 5년 이하의 징역 또는 2천만원 이하의 벌금에 처한다.

② 선거비용과 관련하여 다음 각 호의 어느 하나에 해당하는 자는 2년 이하의 징역 또는 400만원 이하의 벌금에 처한다. 〈개정 2012.2.29.〉

    1. 제2조(기본원칙)제4항의 규정을 위반한 자

    2. 제34조(회계책임자의 선임신고 등)제1항·제4항제1호 또는 제35조(회계책임자의 변경

신고 등)제1항의 규정을 위반하여 회계책임자 · 예금계좌를 신고하지 아니한 자

3. 제36조(회계책임자에 의한 수입 · 지출)제1항 · 제3항 · 제5항의 규정을 위반한 자, 동 조제
   2항의 규정을 위반하여 신고된 예금계좌를 통하지 아니하고 수입 · 지출한 자와 동 조제4항
   의 규정을 위반하여 예금계좌에 입금하지 아니하는 방법으로 지급한 자
4. 제36조제6항의 규정을 위반하여 선거비용의 지출에 관한 내역을 통지하지 아니한 자
5. 제37조(회계장부의 비치 및 기재)제1항의 규정을 위반하여 회계장부를 비치 · 기재하지
   아니하거나 허위기재 · 위조 · 변조한 자
6. 제39조(영수증 그 밖의 증빙서류)본문의 규정에 의한 영수증 그 밖의 증빙서류를 허위기
   재 · 위조 · 변조한 자
7. 제40조제4항제3호의 규정을 위반하여 예금통장 사본을 제출하지 아니한 자
8. 제43조제2항을 위반하여 선거관리위원회의 보고 또는 자료의 제출요구에 정당한 사유
   없이 응하지 아니하거나 보고 또는 자료의 제출을 허위로 한 자
9. 제44조(회계장부 등의 인계 · 보존)제1항의 규정을 위반한 자

제267조 기소 · 판결에 관한 통지

제267조(기소 · 판결에 관한 통지) ① 선거에 관한 범죄로 당선인, 후보자, 후보자의 직계 존 · 비속
및 배우자, 선거사무장, 선거사무소의 회계책임자를 기소한 때에는 당해 선거구 선거관리위원회
에 이를 통지하여야 한다.

② 제230조(買收 및 利害誘導罪) 내지 제235조(放送 · 新聞 등의 不法利用을 위한 買收 罪) · 제2
37조(選擧의 自由妨害罪) 내지 제259조(選擧犯罪煽動罪)의 범죄에 대한 확정판결을 행한 재판
장은 그 판결서등본을 당해선거구 선거관리위원회에 송부하여야 한다.

제268조 공소시효

제268조(공소시효) ① 이 법에 규정한 죄의 공소시효는 당해 선거일 후 6개월(선거일 후에 행하여진
범죄는 그 행위가 있는 날부터 6개월)을 경과함으로써 완성한다. 다만, 범인이 도피한 때나 범인이
공범 또는 범죄의 증명에 필요한 참고인을 도피시킨 때에는 그 기 간은 3년으로 한다.
〈개정 2004.3.12., 2012.2.29.〉

② 제1항본문에도 불구하고 선상투표와 관련하여 선박에서 범한 이 법에 규정된 죄의 공소시효는
범인이 국내에 들어온 날부터 6개월을 경과함으로써 완성된다.

<신설 2012.2.29.>

③ 제1항 및 제2항에도 불구하고 공무원(제60조제1항제4호단서에 따라 선거운동을 할 수 있는 사람은 제외한다)이 직무와 관련하여 또는 지위를 이용하여 범한 이 법에 규정된 죄의 공소시효는 해당 선거일 후 10년(선거일 후에 행하여진 범죄는 그 행위가 있는 날부터 10년)을 경과함으로써 완성된다. <신설 2014.2.13.>

법 제268조제3항에서 "제60조제1항제4호단서에 따라 선거운동을 할 수 있는 사람"이란 「정당법」 제22조(발기인 및 당원의 자격)제1항제1호단서의 규정에 의하여 정당의 당원이 될 수 있는 공무원(국회의원과 지방의회의원 외의 정무직공무원)을 말한다.

제268조제1항본문의 규정에도 불구하고 국외(國外)에서 범한 이 법에 규정된 죄의 공소시효는 해당 선거일 후 5년을 경과함으로써 완성한다(제218조의26제1항).

관련 판례

공소시효제도의 구체적인 형성은 법치국가원리의 내용으로서의 법적 안정성과 실질적 정의를 위한 적정한 형벌권의 행사라는 서로 충돌하는 가치를 어떻게 형량하여 조정할지의 문제이다. 공소시효의 적용범위와 기간을 어떻게 정할 것인지, 공소시효를 모든 범죄에 대하여 일률적으로 적용할 것인지, 그 적용을 배제하는 범죄를 인정할 것인지 등의 문제는 앞서 본 법정형의 종류와 범위 선택의 경우와 마찬가지로 근본적으로 입법자가 역사적·문화적 배경, 형사사법 체계와의 관계, 범죄의 실태, 국민의 가치관 또는 법감정, 특히 사회와 국민의 법적 안정성과 범인에 대한 처벌의 필요성 등 여러 사정을 고려하여 구체적으로 결정하여야 할 입법정책에 관한 사항으로서 입법형성의 자유에 속하는 분야이다. 이처럼 공소시효제도를 어떻게 정할 것인가의 판단은 원칙적으로 입법자의 폭넓은 재량에 속하므로, 그 입법재량권이 헌법규정을 위반하여 자의적으로 행사된 경우가 아닌 한 헌법에 위반된다고 할 수 없다(헌법재판소 2003. 2. 27. 선고 2001헌바22 전원재판부 결정, 헌법재판소 2012. 2. 23. 선고 2011헌바154 전원재판부 결정 등 참조).

공직선거법 제268조제1항(2012. 2. 29. 법률 제11374호로 개정되기 전의 법률 규정을 말하며, 지방교육자치에 관한 법률 제49조제1항에 의하여 이 사건에 적용된다. 이하 같다)은 선거범죄의 공소시효와 관련하여 "이 법에 규정한 죄의 공소시효는 당해 선거일 후 6월(선거일 후에 행하여진 범죄는 그 행위가 있는 날부터 6월)을 경과함으로써 완성한다. 다만 범인이 도피한 때나 범인이 공범 또는 범죄의 증명에 필요한 참고인을 도피시킨 때에는 그 기간은 3년으로 한다."고 규정하고 있다. 공직선거법은 선거와 관련된 범죄사건을 조속히 처리하여 선거에 따른 법적 불안정 상태를 신속히 해소하려는 취지에서 위와 같이 선거범죄의 원칙적인 공소시효기간을 일반 범죄의 경우보다 훨씬 짧은 6월의 단기간으로 정하고 있는 것이다.

다만 공직선거법 제268조제1항본문은 공소시효에 관하여 선거일 전의 범죄에 대해서는 법적 안정성을 우선적으로 고려하여 개별적인 범죄 일시와 관계없이 일률적으로 '당해 선거일 후 6월'로 규정하면서도 선거일 후의 범죄에 대해서는 '그 행위가 있는 날부터 6월'로 규정하고 있는데, 이는 입법자가 선거의 공정성을 보장하고 선거부정을 방지하기 위하여 선거일 후의 선거범죄에 대하여도 선거일 전의 선거범죄와 마찬가지로 실효성 있는 단속과 처벌을 유지하고자 내린 결단이라고 할 것이므로(농업협동조합법 제172조제4항의 공소시효 등에 관한 헌법재판소 2012. 2. 23. 선고 2011헌바154 전원재판부 결정 참조), 위 규정을 둔 것을 가지고 합리적 근거 없는 자의적인 입법재량권의 행사라고 볼 수 없다.

그리고 공직선거법 제268조제1항본문의 괄호 부분이 적용되는 '선거일 후에 행하여진 범죄'에는 후보자를 사퇴한 데 대한 대가를 목적으로 하는 이익제공·수수 등의 행위(제232조제1항제2호)뿐만 아니라, 앞서 본 바와 같이 선거운동과 관련한 이익제공·수수 등의 행위(제230조제1항제4호, 제6호, 제135조제3항), 정당의 후보자추천과 관련한 이익제공·수수 등의 행위(제230조제6항, 제47조의2) 등도 얼마든지 해당할 수 있으므로, 선거범죄 중 유독 공직선거법 제232조제1항제2호의 범죄를 저지른 사람에 대해서만 공소시효에 관한 불합리한 차별이 있다고 할 수 없다.

한편 공직선거법 제232조제1항제2호의 범죄가 성립하려면 후보자를 사퇴한 데 대한 '대가를 목적으로' 재산상의 이익 등을 제공하고 이러한 이익 등을 수수하여야 하므로, 공직선거법 제268조제1항본문의 괄호 부분에 의하여 같은 법 제232조제1항제2호의 처벌 범위가 무한정 확대되는 결과를 낳는다고 볼 수 없다. 따라서 공직선거법 제232조제1항제2호 또는 제268조제1항이 헌법상 평등원칙 등에 위배된다는 상고이유의 주장은 이유 없다.

위와 같은 공직선거법 제268조제1항본문의 문언과 입법 취지 등에 비추어 볼 때 그 괄호 부분의 '선거일 후에 행하여진 범죄'는 선거일 후에 행하여진 일체의 선거범죄를 말한다고 할 것이므로, 같은 취지의 원심판단은 정당하다. 이와 달리 공직선거법 제268조제1항본문 괄호 부분의 '선거일 후에 행하여진 범죄'를 '선거일 후 6월 이내에 행하여진 범죄'로 제한해석하여야 한다거나 같은 법 제232조제1항제2호의 범죄는 위 괄호 부분의 범죄에 해당하지 아니한다는 취지의 상고이유의 주장은 이유 없다.

<u>단일하고 계속된 범의하에 피해법익이 같은 동종의 범행을 일정 기간 반복하여 행함에 따라 각 범행이 포괄일죄가 되는 경우 그 공소시효는 최종의 범죄행위가 종료한 때부터 진행하고(대법원 2002. 10. 11. 선고 2002도2939 판결, 대법원 2009. 10. 29. 선고 2009도8069 판결 등 참조), 이는 공직선거법</u>

제268조제1항본문 괄호 부분의 공소시효에 관하여도 마찬가지라고 할 것이다.

원심은, 2011. 2. 19.부터 2011. 4. 8.까지 모두 6차례에 걸쳐 행하여진 이 사건 금품 제공·수수행위가 위와 같은 포괄일죄에 해당하고, 이 사건 공소제기는 그 최종 범죄행위가 종료한 2011. 4. 8.부터 공직선거법 제268조제1항본문 괄호 부분의 6월의 기간이 경과하기 전에 이루어졌으므로, 위 공소사실 전체에 대하여 공소시효가 완성되지 아니하였다고 보아 본안판단에 나아갔다. 원심판결 이유를 앞서 본 법리와 기록에 비추어 살펴보면 원심의 위와 같은 조치는 정당하고, 거기에 상고이유의 주장과 같은 공소시효 완성에 관한 법리오해의 위법이 없다(대법원 2012. 9. 27. 선고 2012도4637 판결).

구 공직선거 및 선거부정방지법(2005. 8. 4. 법률 제7681호 공직선거법으로 개정되기 전의 것, 이하 "공직선거법"이라 한다) 제268조제1항본문은 "이 법에 규정한 죄의 공소시효는 당해 선거일 후 6월(선거일 후에 행하여진 범죄는 그 행위가 있는 날로부터 6월)을 경과함으로써 완성한다."고 규정하고 있는바, 여기서 말하는 "당해 선거일"이란 그 선거범죄와 직접 관련된 선거의 투표일을 의미하는 것이므로, 그 선거범죄를 당해 선거일 전에 행하여진 것으로 보고 그에 대한 단기 공소시효의 기산일을 당해 선거일로 할 것인지 아니면 그 선거범죄를 당해 선거일 후에 행하여진 것으로 보고 그에 대한 단기 공소시효의 기산일을 행위가 있는 날로 할 것인지의 여부는 그 선거범죄가 범행 전후의 어느 선거와 관련하여 행하여진 것인지에 따라서 좌우된다고 할 것이다.

원심판결 이유를 기록과 위 법리에 비추어 살펴보면, 동해시장인 피고인이 2004. 4. 23.부터 2005. 5. 5.까지 사이에 이 사건 각 기부행위를 함으로써 공직선거법(기부행위금지) 위반죄의 각 범행을 저지른 이 사건에 있어서, 원심이, 기부행위가 그 성질상 대개는 앞으로 실시하게 될 선거와 관련하여 행하여지는 점, 피고인이 동해시장으로 재직하면서 평소 다음에 실시하게 될 동해시장 선거에 출마할 의사를 피력하여 온 점 등을 들어서 피고인의 이 사건 각 범행은 이 사건 각 기부행위 이전에 실시된 2002. 6. 13. 지방선거와 관련하여 행하여진 것이 아니라 이 사건 각 기부행위 이후에 실시된 2006. 5. 31. 지방선거와 관련하여 행하여진 것이라고 할 것이므로, 그 단기 공소시효의 기산일을 이 사건 각 기부행위일이 아니라 당해 선거일인 2006. 5. 31.로 보아야 하고, 따라서 그로부터 6월이 경과하기 이전에 이 사건 공소가 제기된 이상 이 사건 각 범죄에 대한 공소시효가 완성되지 않았다고 보아야 한다고 판단한 것은 정당하고, 거기에 상고이유의 주장과 같은 공소시효나 피고인의 지위에 관한 법리오해 등의 위법이 없다(대법원 2006. 8. 25. 선고 2006도3026 판결).

제269조 재판의 관할

> **제269조(재판의 관할)** 선거범과 그 공범에 관한 제1심재판은 「법원조직법」 제32조(合議部의 審判權)제1항의 규정에 의한 지방법원합의부 또는 그 지원의 합의부의 관할로 한다. 다만, 군사법원이 재판권을 갖는 선거범과 그 공범에 관한 제1심재판은 「군사법원법」 제11조(普通軍事法院의 審判事項)의 규정에 의한 보통군사법원의 관할로 한다. 〈개정 2005.8.4.〉

제270조 선거범의 재판기간에 관한 강행규정

> **제270조(선거범의 재판기간에 관한 강행규정)** 선거범과 그 공범에 관한 재판은 다른 재판에 우선하여 신속히 하여야 하며, 그 판결의 선고는 제1심에서는 공소가 제기된 날부터 6월 이내에, 제2심 및 제3심에서는 전심의 판결의 선고가 있은 날부터 각각 3월 이내에 반드시 하여야 한다. 〈개정 2000.2.16.〉
> [제목개정 2000.2.16.]

제270조의2 피고인의 출정

> **제270조의2(피고인의 출정)** ① 선거범에 관한 재판에서 피고인이 공시송달에 의하지 아니한 적법한 소환을 받고서도 공판기일에 출석하지 아니한 때에는 다시 기일을 정하여야 한다.
> ② 피고인이 정당한 사유 없이 다시 정한 기일 또는 그 후에 열린 공판기일에 출석하지 아니한 때에는 피고인의 출석 없이 공판절차를 진행할 수 있다.
> ③ 제2항의 규정에 의하여 공판절차를 진행할 경우에는 출석한 검사 및 변호인의 의견을 들어야 한다.
> ④ 법원은 제2항의 규정에 따라 판결을 선고한 때에는 피고인 또는 변호인(변호인이 있는 경우에 한한다)에게 전화 기타 신속한 방법으로 그 사실을 통지하여야 한다.
> [본조신설 2004.3.12.]

법 제270조의2제1항에서 말하는 '공시송달'은 당사자의 주소나 거소 기타 송달하여야 할 장소를 알 수 없는 경우 또는 외국에서 촉탁송달의 방법에 의할 수 없기 때문에 소송서류를 송달할 수 없는 경우에 실시하는 송달을 가리킨다. 이러한 경우에는 법원사무관등이 송달할 서류를 보관하면서 송달을 받아야 할 자가 나오면 언제라도 그것을 그 자에게 교부한다는 것을 법원 게시판에 게시함으로써 하는 송달방법이다. 만약 송달서류를 송달받을 자에게 교부할 수 없는 경우에는 절차를 진행할 수 없기 때문에 교부하는 대신 교부의 기회를 주는 것만으로 송달한 것으로 간주하는 제도이다.

제271조 불법시설물 등에 대한 조치 및 대집행

제271조(불법시설물 등에 대한 조치 및 대집행) ① 각급선거관리위원회는 이 법의 규정에 위반되는 선거에 관한 벽보 · 인쇄물 · 현수막 기타 선전물(政黨의 黨舍揭示宣傳物을 포함한다)이나 유사기관 · 사조직 또는 시설 등을 발견한 때에는 지체 없이 그 첩부 등의 중지 또는 철거 · 수거 · 폐쇄 등을 명하고, 이에 불응하는 때에는 대집행을 할 수 있다. 이 경우 대집행은 「행정대집행법」에 의하되, 그 절차는 「행정대집행법」 제3조(代執行의 節次)의 규정에 불구하고 중앙선거관리위원회규칙이 정하는 바에 의할 수 있다. 〈개정 1997.11.14., 2005.8.4.〉

② 각급선거관리위원회는 제1항의 불법시설물 등에 중앙선거관리위원회규칙이 정하는 바에 따라 불법시설물임을 표시하는 표지를 하거나 공고할 수 있다.

③ 제56조제3항에 따라 기탁금에서 부담하는 대집행비용의 공제 · 납입 · 징수위탁 등에 관하여는 제261조제10항을 준용한다. 〈개정 2010.1.25., 2014.2.13.〉

「공직선거관리규칙」

제145조(불법시설물표시문 첩부등) ① 각급위원회는 법 제271조(불법시설물등에 대한 조치 및 대집행)제1항에 규정된 불법시설물등을 발견하고 철거 · 수거 · 폐쇄등을 명하였으나 이에 불응하는 때에는 별지 제61호서식에 의한 불법시설물표시문을 첩부할 수 있다. 이 경우 불법시설물등이 선거에 영향을 미칠 우려가 있다고 인정되는 때에는 그 철거 · 수거 · 폐쇄등을 명하는 절차를 거치지 아니하고 불법시설물표시문을 첩부할 수 있다.

② 각급위원회가 법의 규정에 위반하여 제작 · 배포된 인쇄물을 수거한 때에는 관할구 · 시 · 군위원회 게시판에 이를 공고한다.

제146조(불법시설물등에 대한 대집행) ① 각급위원회가 법 제271조(불법시설물등에 대한 조치 및 대집행)제1항의 규정에 의하여 불법시설물등의 첩부등의 중지 또는 철거 · 수거 · 폐쇄등을 명하는 때에는 이행기한을 정하여 그 기한 안에 이행하지 아니할 때에는 계고 절차를 거치지 아니하고 대집행을 한다는 뜻을 당해 의무자에게 통지하고, 당해 의무자가 동 이행기한 안에 이행하지 아니하는 때에는 「행정대집행법」 제3조(대집행의 절차)의 규정에 의한 절차를 거치지 아니하고 대집행을 할 수 있다. 〈개정 2005.8.4.〉

② 법 제56조제3항에 따라 기탁금에서 부담하는 대집행비용의 공제 · 납부와 관할 세무서 장에게 징수를 맡기는 절차와 방법 등은 법 제261조제10항과 이 규칙 제143조제11항의 과태료의 예에 따른다. 〈개정 2008.2.29., 2010.1.25., 2014.2.13.〉

법 제271조(不法施設物 등에 대한 조치 및 代執行)제1항의 규정에 의한 대집행을 한 것으로서 사안이 경미한 행위를 한 자에게는 200만원 이하의 과태료를 부과한다. 이 경우 과태료를 부과하지 아니한 때에는 관할수사기관에 고발 또는 수사의뢰 등을 하여야 한다(제261조제7항제5호).

제271조의2 선거에 관한 광고의 제한

제271조의2(선거에 관한 광고의 제한) ① 선거관리위원회는 방송 · 신문 · 잡지 기타 간행물에 방영 · 게재하고자 하는 광고내용이 이 법에 위반된다고 인정되는 때에는 당해 방송사 또는 일간신문사 등을 경영 · 관리하는 자와 광고주에게 광고중지를 요청할 수 있다.
② 제1항의 규정에 의한 중지요청을 받은 자는 이에 따라야 하며, 당해 선거관리위원회는 중지요청에 불응하고 광고를 하는 때에는 지체 없이 관할수사기관에 수사의뢰 또는 고발하여야 한다.
③ 제1항의 "광고"라 함은 후보자(候補者가 되고자 하는 者를 포함한다)의 당락이나 특정정당(創黨準備委員會를 포함한다)에 유리 또는 불리한 광고(이 法의 規定에 의한 廣告를 제외한다)를 말한다.
[본조신설 1998.4.30.]

법 제271조의2(選擧에 관한 廣告의 제한)제1항의 규정에 의한 광고중지요청에 불응하여 광고를 하거나 광고게재를 의뢰한 자는 2년 이하의 징역 또는 400만원 이하의 벌금에 처한다(제255조제2항제8호).

제272조 불법선전물의 우송중지

제272조(불법선전물의 우송중지) ① 각급선거관리위원회(읍 · 면 · 동선거관리위원회를 제외한다. 이하 이 條에서 같다)는 직권 또는 정당 · 후보자의 요청에 의하여 이 법에 규정된 죄에 해당하는

범죄의 혐의가 있는 선전물을 우송하려 하거나 우송중임을 발견한 때에는 당해 우체국장에게 그 선전물에 대한 우송의 금지 또는 중지를 요청할 수 있다. 〈개정 1998.4.30., 2000.2.16., 2005.8.4.〉

② 우체국장이 제1항의 우송금지 또는 중지를 요청받은 때에는 그 우편물의 우송을 즉시 중지하고, 발송인에 대하여 그 사실을 통보하여야 한다. 다만, 발송인의 주소가 기재 되지 아니한 때에는 발송우체국 게시판에 우송중지의 사실을 공고하여야 한다.

③ 제1항의 규정에 의한 우송의 금지 또는 중지를 요청한 때에는 당해 선거관리위원회는 지체 없이 수사기관에 조사를 의뢰하거나 고발하고, 해당 우편물의 압수를 요청하여야 한다.

④ 제3항의 경우 수사기관은 「형사소송법」 제200조의4(緊急逮捕와 令狀請求期間)의 기 간 내에 해당 우편물에 대한 압수영장의 발부여부를 당해 선거관리위원회 및 우체국장에게 통보하여야 하되, 이 기간 내에 압수영장을 발부받지 못한 때에는 우체국장은 즉시 그 우편물의 우송중지를 해제하여야 한다. 〈개정 1997.11.14., 2005.8.4.〉

⑤ 각급선거관리위원회는 이 법에 규정된 죄에 해당하는 범죄의 혐의가 있는 선전물이 우송된 것을 발견한 때에는 그 선전물의 우송에 관련된 자의 성명·주소 등 인적 사항과 발송통수·배달지역 기타 선거범죄의 조사에 필요한 자료의 제출을 관계 우체국장에게 요구할 수 있다. 이 경우 자료제출의 요구를 받은 우체국장은 이에 응하여야 한다. 〈신설 2000.2.16., 2002.3.7.〉

⑥ 우체국장이 각급선거관리위원회의 요청에 의하여 우편물의 우송을 중지하거나 선전물의 우송에 관련된 자의 인적 사항 등 자료를 제출한 때에는 「우편법」 제3조(우편물의 비밀보장)·제50조(우편취급 거부의 죄)·제51조(서신의 비밀침해의 죄)·제51조의2(비밀 누설의 죄), 「우편환법」 제19조(비밀의 보장) 및 「통신비밀보호법」 제3조(통신 및 대화비밀의 보호)의 규정을 적용하지 아니한다. 〈개정 2000.2.16., 2002.3.7., 2005.8.4., 2011.12.2.〉

⑦ 각급선거관리위원회는 우편관서에서 취급중에 있는 우편물 중 이 법에 규정된 죄에 해당하는 범죄의 혐의가 있는 불법선전물이 있다고 판단되는 때에는 당해 우체국장에게 제1항의 조치와 함께 「우편법」 제28조(법규 위반 우편물의 개봉)에 의한 조치를 하여 줄 것을 요청할 수 있다. 이 경우 「우편법」 제48조(우편물 개봉 훼손의 죄) 및 「통신비밀보 호법」 제16조(벌칙)의 규정은 적용하지 아니한다. 〈신설 2000.2.16., 2005.8.4., 2011.12.2.〉

제272조의2 선거범죄의 조사 등

제272조의2(선거범죄의 조사등) ① 각급선거관리위원회(읍·면·동선거관리위원회를 제외한다. 이하 이 條에서 같다) 위원·직원은 선거범죄에 관하여 그 범죄의 혐의가 있다고 인정되거나, 후보자(경선후보자를 포함한다)·예비후보자·선거사무장·선거연락소장 또는 선거사무원이 제기한 그 범죄의 혐의가 있다는 소명이 이유 있다고 인정되는 경우 또는 현행범의 신고를 받은 경우에는 그 장소에 출입하여 관계인에 대하여 질문·조사를 하거나 관련서류 기타 조사에 필요한 자료의 제출을 요구할 수 있다. 〈개정 2004.3.12., 2005.8.4.〉

② 각급선거관리위원회 위원·직원은 선거범죄 현장에서 선거범죄에 사용된 증거물품으로 서 증거인멸의 우려가 있다고 인정되는 때에는 조사에 필요한 범위 안에서 현장에서 이를 수거할 수 있다. 이 경우 당해 선거관리위원회 위원·직원은 수거한 증거물품을 그 관련된 선거범죄에 대하여 고발 또는 수사의뢰한 때에는 관계수사기관에 송부하고, 그러하지 아니한 때에는 그 소유·점유·관리하는 자에게 지체 없이 반환하여야 한다. 〈신설 2000.2.16., 2004.3.12.〉

③ 누구든지 제1항의 규정에 의한 장소의 출입을 방해하여서는 아니 되며 질문·조사를 받거나 자료의 제출을 요구받은 자는 이에 응하여야 한다.

④ 각급선거관리위원회 위원·직원은 선거범죄 조사와 관련하여 관계자에게 질문·조사하기 위하여 필요하다고 인정되는 때에는 선거관리위원회에 동행 또는 출석할 것을 요구할 수 있다. 다만, 선거기간중 후보자에 대하여는 동행 또는 출석을 요구할 수 없다.

〈신설 2000.2.16., 2004.3.12.〉

⑤ 각급선거관리위원회 위원·직원은 선거의 자유와 공정을 현저히 해할 우려가 있는 이 법에 위반되는 행위가 눈앞에 행하여지고 있거나, 행하여질 것이 명백하다고 인정되는 경우에는 그 현장에서 행위의 중단 또는 예방에 필요한 조치를 할 수 있다. 〈신설 2002.3.7.〉

⑥ 각급선거관리위원회 위원·직원이 제1항의 규정에 의한 장소에 출입하거나 질문·조사·자료의 제출을 요구하는 경우에는 관계인에게 그 신분을 표시하는 증표를 제시하고 소속과 성명을 밝히고 그 목적과 이유를 설명하여야 한다.

⑦ 각급선거관리위원회 위원·직원이 제1항에 따라 피조사자에 대하여 질문·조사를 하는 경우 질문·조사를 하기 전에 피조사자에게 진술을 거부할 수 있는 권리 및 변호인의 조력을 받을 권리가 있음을 알리고, 문답서에 이에 대한 답변을 기재하여야 한다. 〈신설 2013.8.13.〉

⑧ 각급선거관리위원회 위원·직원은 피조사자가 변호인의 조력을 받으려는 의사를 밝힌 경우 지체 없이 변호인(변호인이 되려는 자를 포함한다)으로 하여금 조사에 참여하게 하거나 의견을 진술하게 하여야 한다. 〈신설 2013.8.13.〉

⑨ 제1항부터 제8항까지의 규정에 따른 소명절차·방법, 증거자료의 수거, 증표의 규격 기타

필요한 사항은 중앙선거관리위원회규칙으로 정한다.

〈개정 2000.2.16., 2002.3.7., 2013.8.13.〉

[본조신설 1997.11.14.]

법 제272조의2제3항(제8조의8제11항에서 준용하는 경우를 포함한다)을 위반하여 출입을 방해하거나 자료제출요구에 응하지 아니한 자 또는 허위의 자료를 제출한 자는 1년 이하의 징역 또는 200만원 이하의 벌금에 처한다(제256조제5항제12호).

법 제272조의2제4항(제8조의8제11항에서 준용하는 경우를 포함한다)에 따른 출석요구에 정당한 사유 없이 응하지 아니한 자에게는 100만원 이하의 과태료를 부과한다(제261조제8항제6호).

제272조의3 통신 관련 선거범죄의 조사

제272조의3(통신관련 선거범죄의 조사) ① 각급선거관리위원회(읍 · 면 · 동선거관리위원회를 제외한다. 이하 이 조에서 같다) 직원은 정보통신망을 이용한 이 법 위반행위의 혐의가 있다고 인정되는 상당한 이유가 있는 때에는 당해 선거관리위원회의 소재지를 관할하는 고등법원(구 · 시 · 군선거관리위원회의 경우에는 지방법원을 말한다) 수석부장판사 또는 이에 상당하는 부장판사의 승인을 얻어 정보통신서비스제공자에게 당해 정보통신서비스 이용자의 성명(이용자를 식별하기 위한 부호를 포함한다) · 주민등록번호 · 주소(전자우편주소 · 인터넷로그기록자료 및 정보통신망에 접속한 정보통신기기의 위치를 확인할 수 있는 자료를 포함한다) · 이용기간 · 이용요금에 대한 자료의 열람이나 제출을 요청할 수 있다. 〈개정 2005.8.4.〉

② 각급선거관리위원회 직원은 전화를 이용한 이 법 위반행위의 혐의가 있다고 인정되는 상당한 이유가 있는 때에는 당해 선거관리위원회의 소재지를 관할하는 고등법원(구 · 시 · 군선거관리위원회의 경우에는 지방법원을 말한다) 수석부장판사 또는 이에 상당하는 부장판사의 승인을 얻어 정보통신서비스제공자에게 이용자의 성명 · 주민등록번호 · 주소 · 이용기간 · 이용요금, 송화자 또는 수화자의 전화번호, 설치장소 · 설치대수에 대한 자료의 열람이나 제출을 요청할 수 있다.

③ 제1항 및 제2항 또는 다른 법률에도 불구하고 다음 각 호의 어느 하나에 해당하는 자료의 열람이나 제출을 요청하는 때에는 제1항 또는 제2항에 따른 승인이 필요하지 아니하다.

〈신설 2012.2.29.〉

1. 인터넷 홈페이지 게시판·대화방 등에 글이나 동영상 등을 게시하거나 전자우편을 전송한 사람의 성명·주민등록번호·주소 등 인적 사항

2. 문자메시지를 전송한 사람의 성명·주민등록번호·주소 등 인적 사항 및 전송통수

④ 제1항부터 제3항까지에 따른 요청을 받은 자는 지체 없이 이에 응하여야 한다. 〈개정 2012.2.29.〉

⑤ 각급선거관리위원회 직원은 정보통신서비스제공자로부터 제1항부터 제3항까지에 따라 제출받은 자료를 이 법 위반행위에 대한 조사목적 외의 용도로 사용하여서는 아니 되며, 관계 수사기관에 고발 또는 수사의뢰하는 경우를 제외하고는 이를 공개하여서는 아니 된다. 〈개정 2012.2.29.〉

⑥ 제1항부터 제3항까지에 따른 요청 기타 필요한 사항은 중앙선거관리위원회규칙으로 정한다. 〈개정 2012.2.29.〉

[본조신설 2004·3·12]

제273조 재정신청

제273조(재정신청) ① 제230조부터 제234조까지, 제237조부터 제239조까지, 제248조부터 제250조까지, 제255조제1항제1호·제2호·제10호·제11호 및 제3항·제5항, 제257조 또는 제258조의 죄에 대하여 고발을 한 후보자와 정당(중앙당에 한한다) 및 해당 선거관리위원회는 그 검사 소속의 지방검찰청 소재지를 관할하는 고등법원에 그 당부에 관한 재정을 신청할 수 있다. 〈개정 2010.1.25., 2014.2.13.〉

② 제1항의 규정에 의한 재정신청에 관하여는 「형사소송법」 제260조제2항부터 제4항까지, 제261조, 제262조, 제262조의4제2항, 제264조 및 제264조의2의 규정을 적용한다. 〈개정 2005.8.4., 2007.6.1.〉

③ 제1항의 규정에 의한 재정신청서가 「형사소송법」 제260조제3항에 따른 지방검찰청 검사장 또는 지청장에게 접수된 때에는 그때부터 「형사소송법」 제262조제2항의 결정이 있을 때까지 공소시효의 진행이 정지된다. 〈개정 2005.8.4., 2007.12.21.〉

④ 제1항의 규정에 의한 재정신청에 관하여는 검사가 당해 선거범죄의 공소시효만료일 전 10일까지 공소를 제기하지 아니한 때에는 그 때, 선거관리위원회가 고발한 선거범죄에 대하여 고발을 한 날부터 3월까지 검사가 공소를 제기하지 아니한 때에는 그 3월이 경과한 때 각각 검사로부터 공소를 제기하지 아니한다는 통지가 있는 것으로 본다. 〈개정 2000.2.16.〉

제274조 선거에 관한 신고 등

제274조(선거에 관한 신고 등) ① 이 법 또는 이 법의 시행을 위한 중앙선거관리위원회규칙에 의하여 후보자등록마감일의 다음날부터 선거일까지 각급행정기관과 각급선거관리위원회에 대하여 행하는 신고·신청·제출·보고 등은 이 법에 특별한 규정이 있는 경우를 제외하고는 공휴일에도 불구하고 매일 오전 9시부터 오후 6시까지 하여야 한다.
〈개정 2011.7.28., 2015.8.13.〉
② 각급선거관리위원회는 이 법 또는 이 법의 시행을 위한 중앙선거관리위원회규칙에 따른 신고·신청·제출·보고 등을 당해 선거관리위원회가 제공하는 서식에 따라 컴퓨터의 자기디스크 그 밖에 이와 유사한 매체에 기록하여 제출하게 하거나 당해 선거관리위원회가 지정하는 인터넷홈페이지에 입력하는 방법으로 제출하게 할 수 있다. 〈신설 2005.8.4.〉
[제목개정 2011.7.28.]

제275조 선거운동의 제한·중지

> **제275조(선거운동의 제한·중지)** 지역구국회의원선거, 지방의회의원선거 및 지방자치단체의 장선 거에서 후보자등록마감 후 후보자가 사퇴·사망하거나 등록이 무효로 된 경우 해당 선거구의 후보자가 그 선거구에서 선거할 정수범위를 넘지 아니하게 되어 투표를 하 지 아니하게 된 때에는 그 사유가 확정된 때부터 이 법에 의한 해당 지역구국회의원선거, 해당 지방의회의원선거 및 지방자치단체의 장선거의 선거운동은 이를 중지한다. 〈개정 2010.1.25.〉

제276조 선거일 후 선전물 등의 철거

> **제276조(선거일 후 선전물 등의 철거)** 선거운동을 위하여 선전물이나 시설물을 첩부·게시 또는 설치한 자는 선거일 후 지체 없이 이를 철거하여야 한다.

법 제276조(選擧日 후 宣傳物 등의 撤去)의 규정에 위반하여 선전물 등을 철거하지 아니 한 자에게는 이 법에 다른 규정이 있는 경우를 제외하고는 200만원 이하의 과태료를 부과 한다(제261조제7항제6호).

제277조 선거관리경비

> **제277조(선거관리경비)** ① 대통령선거 및 국회의원선거의 관리준비와 실시에 필요한 다음 각 호에 해당하는 경비와 지방의회의원 및 지방자치단체의 장의 선거에 관한 사무중 통일적인 수행을 위하여 중앙선거관리위원회 및 시·도선거관리위원회가 집행하는 경비는 국가가 부담한다. 이 경우 임기만료에 의한 선거에 있어서는 당해 선거의 선거기간개시일이 속하는 연도(第2號에 해당하는 經費는 당해 선거의 선거일 전 180일이 속하는 年度를 포함한다)의 본예산에 편성하여야 하되 늦어도 선거기간개시일 전 60일(제2호에 해당하는 경비는 당해 선거의 선거일 전 240일)까 지 중앙선거관리위원회에 배정하여야 하며, 보궐선거등에 있어서는 그 사무의 수행에 지장이 없도록 그 선거의 실시사유가 확정 된 때부터 15일[제197조(選擧의 一部無效로 인한 再選擧)의 재선거에 있어서는 그 사유 확정일부터 5일을, 연기된 선거와 재투표에 있어서는 늦어도 선거일공 고일 전일을 말한다. 이하 이 조에서 같다]까지 중앙선거관리위원회에 배정하여야 한다.

〈개정 2000.2.16., 2004.3.12.〉

1. 이 법의 규정에 의한 선거의 관리준비와 실시에 필요한 경비

2. 선거에 관한 계도·홍보 및 단속사무에 필요한 경비

3. 선거에 관한 소송에 필요한 경비

4. 선거에 관한 소송의 결과로 부담하여야 할 경비

5. 선거결과에 대한 자료의 정리에 필요한 경비

6. 선거관리를 위한 선거관리위원회의 운영 및 사무처리에 필요한 경비

7. 예측할 수 없는 경비 또는 예산초과지출에 충당하기 위한 경비로서 제1호 및 제2호의 규정에 의한 경비의 합계금액의 100분의 1에 상당하는 금액

② 지방의회의원 및 지방자치단체의 장의 선거의 관리준비와 실시에 필요한 다음 각 호에 해당하는 경비는 당해 지방자치단체가 부담한다. 이 경우 임기만료에 의한 선거에 있어서는 당해 선거의 선거기간개시일이 속하는 연도(第1項第2號에 해당하는 經費는 당해 선거의 선거일 전 180일이 속하는 年度를 포함한다)의 본예산에 편성하여야 하되 늦어 도 선거기간개시일 전 60일(제1항제2호에 해당하는 경비는 당해 선거의 선거일 전 240 일)까지 시·도의 의회의원 및 장의 선거에 있어서는 당해 시·도선거관리위원회에, 자치 구·시·군의 의회의원 및 장의 선거에 있어서는 당해선거구 선거관리위원회에 납부하여야 하며, 보궐선거등에 있어서는 그 사무의 수행에 지장이 없도록 그 선거의 실시사유가 확정된 때부터 15일까지 시·도의 의회의원 및 장의 선거에 있어서는 해당 시·도선거관리위원회에, 자치구·시·군의회의원 및 장의 선거에 있어서는 당해선거구 선거관리위원회에 납부하여야 한다. 〈개정 2000.2.16., 2004.3.12.〉

1. 제1항 각 호의 경비

2. 선거에 관한 소청에 필요한 경비

3. 선거에 관한 소청의 결과로 부담하여야 할 경비

③ 제1항 및 제2항의 규정에 의하여 국가나 지방자치단체가 선거관리경비를 배정 또는 납부한 후에 이미 그 경비를 배정 또는 납부한 선거와 동시에 선거를 실시하여야 할 새로운 사유가 발생하거나 배정 또는 납부한 경비에 부족액이 발생한 때에는 제4항의 구 분에 따른 당해 선거관리위원회의 요구에 의하여 지체 없이 추가로 배정 또는 납부하여야 한다.

④ 제1항 내지 제3항의 규정에 의한 경비 외의 경비로서 이 법에 의하여 국가 또는 지방자치단체가 부담하는 경비 중 국가가 부담하는 경비는 중앙선거관리위원회의, 시·도의 의회의원 및 장의 선거에 따른 경비는 시·도선거관리위원회의, 자치구·시·군의 의회의원 및 장의 선거에 따른 경비는 당해선거구 선거관리위원회의 요구에 의하여 당해 선거의 선거일부터 15일 안에 당해 선거관리위원회에 배정 또는 납부하여야 한다.

⑤ 제2항 내지 제4항의 규정에 의한 경비의 산출기준·납부절차와 방법·집행·검사 및 반 환

기타 필요한 사항은 중앙선거관리위원회규칙으로 정한다.

제277조의2 질병 · 부상 또는 사망에 대한 보상

제277조의2(질병 · 부상 또는 사망에 대한 보상) ① 중앙선거관리위원회는 각급선거관리위원회 위원, 투표관리관, 사전투표관리관, 선거부정감시단원, 투표 및 개표사무원(공무원인 자를 제외한다)이 선거기간(선거부정감시단원의 경우 선거부정감시단을 두는 기간을 말한다) 중에 선거업무로 인하여 질병 · 부상 또는 사망한 때에는 중앙선거관리위원회규칙이 정하는 바에 의하여 보상금을 지급하여야 한다. 〈개정 2004.3.12., 2005.8.4., 2014.1.17.〉

② 중앙선거관리위원회는 제1항의 규정에 의한 보상을 위하여 매년 예산에 재해보상준비금을 계상하여야 한다.

③ 제1항의 보상금 지급사유가 제3자의 행위로 인하여 발생한 경우에는 중앙선거관리위원회는 이미 지급한 보상금의 지급범위 안에서 수급권자가 제3자에 대하여 가지는 손해 배상청구권을 취득한다. 다만, 제3자가 공무수행중의 공무원인 경우에는 손해배상청구권의 전부 또는 일부를 행사하지 아니할 수 있다. 〈신설 2004.3.12.〉

④ 제3항의 경우 보상금의 수급권자가 그 제3자로부터 동일한 사유로 인하여 이미 손해 배상을 받은 경우에는 그 배상액의 범위 안에서 보상금을 지급하지 아니한다. 〈신설 2004.3.12.〉

⑤ 제1항의 보상금 지급사유가 그 수급권자의 고의 또는 중대한 과실로 인하여 발생한 경우에는 해당 보상금의 전부 또는 일부를 지급하지 아니할 수 있다. 〈신설 2010.1.25.〉

⑥ 제5항의 고의 또는 중대한 과실에 의한 보상금의 감액, 중대한 과실의 적용범위, 그 밖에 필요한 사항은 중앙선거관리위원회규칙으로 정한다. 〈신설 2010.1.25.〉

[본조신설 2002.3.7.]

제278조 전산조직에 의한 투표 · 개표

제278조(전산조직에 의한 투표 · 개표) ① 중앙선거관리위원회는 투표 및 개표 기타 선거사무의 정확하고 신속한 관리를 위하여 사무전산화를 추진하여야 한다.

② 투표사무관리의 전산화에 있어서는 투표의 비밀이 보장되고 선거인의 투표가 용이하여야 하며, 정당 또는 후보자의 참관이 보장되어야 하고, 기표착오의 시정, 무효표의 방 지 기타 투표의 정확을 기할 수 있도록 하여야 한다.

③ 개표사무관리의 전산화에 있어서는 정당 또는 후보자별 득표수의 계산이 정확하고, 투표결과

를 검증할 수 있어야 하며, 정당 또는 후보자의 참관이 보장되어야 한다.

④ 중앙선거관리위원회는 투표 및 개표 사무관리를 전산화하여 실시하고자 하는 때에는 이를 선거인이 알 수 있도록 안내문 배부·언론매체를 이용한 광고 기타의 방법으로 홍보 하여야 하며, 그 실시여부에 대하여는 국회에 교섭단체를 구성한 정당과 협의하여 결정 하여야 한다. 다만, 제158조제2항·제3항 및 제218조의19제1항·제2항에 따른 본인 여부 확인장치 및 투표용지 발급기와 제178조제2항에 따른 기계장치 또는 전산조직의 사용에 대하여는 그러하지 아니하다. 〈개정 2002.3.7., 2005.8.4., 2014.1.17., 2015.8.13.〉

⑤ 중앙선거관리위원회는 제4항의 협의를 위하여 국회에 교섭단체를 구성한 정당이 참 여하는 전자선거추진협의회를 설치·운영할 수 있다. 〈신설 2005.8.4.〉

⑥ 투표 및 개표 기타 선거사무관리의 전산화에 있어서 투표 및 개표절차와 방법, 전산 전문가의 투표 및 개표사무원 위촉과 전산조직운영프로그램의 작성·검증 및 보관, 전자 선거추진협의회의 구성·기능 및 운영 그 밖에 필요한 사항은 중앙선거관리위원회규칙으로 정한다. 〈개정 2005.8.4.〉

[본조신설 2000.2.16.]

제279조 정당·후보자의 선전물의 공익목적 활용 등

제279조(정당·후보자의 선전물의 공익목적 활용 등) ① 각급선거관리위원회(읍·면·동선거관리위원회는 제외한다. 이하 이 조에서 같다)는 이 법(대통령선거·국회의원선거·지방의회의원선거 및 지방자치단체의 장선거에 관한 각 폐지법률을 포함한다)에 따라 정당 또는 후보자(후보자가 되려는 자를 포함한다. 이하 이 조에서 같다)가 선거관리위원회에 제출한 벽보·공보·소형인쇄물 등 각종 인쇄물, 광고, 사진, 그 밖의 선전물을 공익을 목적으로 출판·전시하거나 인터넷홈페이지 게시, 그 밖의 방법으로 활용할 수 있다.

② 제1항에 따라 각급선거관리위원회가 공익을 목적으로 활용하는 정당 또는 후보자의 벽보·공보·소형인쇄물 등 각종 인쇄물, 광고, 사진, 그 밖의 선전물에 대하여는 누구든지 각급선거관리위원회에 대하여 「저작권법」상의 권리를 주장할 수 없다.

[본조신설 2008.2.29.]

〈부 록〉

「공직선거관리규칙」 조문

제1장 총칙

제1조(목적) 이 규칙은 「공직선거법」(이하 "법"이라 한다)에서 위임된 사항과 그 밖에 대통령·국회의원·
지방의회의원 및 지방자치단체의 장의 선거의 관리에 필요한 세부사항을 규정함을 목적으로 한다.
〈개정 2005.8.4.〉

제2조(인구수등의 통보등) ① 법 제4조(인구의 기준)의 규정에 의한 선거사무관리의 기준이 되는 인구의
기준일은 법 제60조의2(예비후보자등록)제1항의 규정에 의한 예비후보자등록신청 개시일이 속하는
달의 전전달 말일로 한다. 〈개정 1995.12.30., 2000.2.16., 2004.3.12.〉

② 구청장(자치구가 아닌 구의 구청장을 포함한다)·시장(구가 설치되지 아니한 시의 시장을 말한다)·
군수(이하 "구·시·군의 장"이라 한다)는 선거가 실시되는 때마다 제1항의 규정에 의한 인구의 기준일
현재의 인구수, 세대수, 19세 이상의 주민수를 별지 제1호서식에 의하여 인구의 기준일 후 15일[인구의
기준일 후 15일 후에 실시사유가 확정된 법 제35조(보궐선거등의 선거일)제4항의 규정에 따른 보궐선거
등(이하 "보궐선거등"이라 한다)의 경우에는 그 선거의 실시사유가 확정된 때부터 5일]까지 당해 구·
시·군선거관리위원회(이하 "구·시·군위원회"라 한다)에 통보하여야 한다. 이 경우 지방자치단체
의 의회의원 및 장의 선거에 있어서는 법 제4조후단에 따른 외국인(이하 "외국인선거권자"라 한다)의
수와 그 세대수를 포함 하여야 한다.
〈개정 1997.1.13., 2000.2.16., 2002.3.21., 2004.3.12., 2005.8.4., 2009.2.19.〉

③ 구·시·군위원회는 인구의 기준일부터 선거인명부작성기준일까지의 사이에 신도시 개발, 토목사
업, 행정구역의 변경 기타 사유로 인구수의 현저한 변동이 있는 때에는 제1항 및 제2항의 규정에 불구하
고 당해 구·시·군의 장과 협의하여 인구의 기준일 및 인구수등의 통보기 한을 다시 정할 수 있다.
〈신설 1995.12.30.〉

④ 삭제 〈2014.1.17.〉

제2조의2(여론조사 기관·단체의 등록 등) ① 법 제8조의9제1항에 따른 등록신청은 별지 제1호 의2서식의

(가)에 따라 해당 여론조사 기관·단체의 사무소의 소재지를 관할하는 시·도선거여론조사심의위원회에 한다.

② 제1항에도 불구하고 중앙선거여론조사심의위원회는 여론조사 기관·단체의 등록신청 건수 및 신청시기 등을 종합적으로 고려하여 등록사무를 대행할 선거여론조사심의위원회를 정할 수 있다. 이 경우 그 대행하는 선거여론조사심의위원회에 등록신청을 하여야 한다.

③ 제1항 및 제2항에 따른 등록신청을 하려는 때에는 다음 각 호에서 정하는 요건을 모두 갖추어야 한다.

　　1. 전화면접조사시스템 또는 전화자동응답조사시스템

　　2. 분석전문인력(사회조사분석사 자격증을 보유하거나 여론조사 기관·단체에서 2년 이상 근무한 사람을 말한다) 1명 이상을 포함한 3명 이상의 상근직원

　　3. 여론조사 실시 실적 또는 매출액

　　　　가. 여론조사 실시 실적 10회 이상. 다만, 등록신청일 현재 설립된 지 1년 미만인 여론조사기관·단체의 경우에는 3회(선거에 관한 여론조사는 그 횟수에 산입하지 아니한다) 이상의 여론조사 실시 실적으로 한다.

　　　　나. 등록신청일을 기준으로 최근 1년 이내 여론조사 실시 매출액 5천만원 이상

　　4. 제3항제1호에 따른 조사시스템과 제3항제2호에 따른 상근직원을 수용할 수 있는 사무소

④ 법 제8조의9제1항에 따라 등록신청을 받은 관할 선거여론조사심의위원회는 여론조사기관·단체가 제3항에 따른 등록요건을 갖추었는지 확인한 후 등록을 수리하고, 별지 제1호의2 서식의 (나)에 따른 등록증을 교부하여야 한다.

⑤ 선거여론조사심의위원회가 법 제8조의9제3항에 따라 공개하여야 하는 선거여론조사기관의 정보는 다음 각 호와 같다.

　　1. 명칭

　　2. 사무소의 소재지 및 전화번호

　　3. 대표자의 성명

　　4. 등록연월일

⑥ 법 제8조의9제4항에 따른 변경등록신청은 별지 제1호의2서식의 (다)에 따른다.

⑦ 제6항에 따른 변경등록신청을 받은 관할 선거여론조사심의위원회는 그 신청을 접수한 날부터 7일 이내에 변경등록을 수리하고, 등록증의 기재사항에 변경이 있는 경우 등록증을 다시 교부하여야 한다.

⑧ 관할 선거여론조사심의위원회가 법 제8조의9제5항에 따라 선거여론조사기관의 등록을 취소한 때에는 중앙선거여론조사심의위원회 홈페이지에 그 사실을 알려야 한다.

[본조신설 2017.2.24.]

[종전 제2조의2는 제2조의3으로 이동 〈2017.2.24.〉]

제2조의3(선거부정감시단) ① 법 제10조의2제2항본문에 따라 중앙선거관리위원회(이하 "중앙 위원회"라 한다)와 시·도선거관리위원회(이하 "시·도위원회"라 한다)가 설치·운영하는 선거부정감시단은 10명 이내로 구성하고, 구·시·군위원회가 설치·운영하는 선거부정감시단의 수는 10명 이내에서 선거환경, 관할구역, 선거구수, 선거인수, 예상되는 선거의 종류와 실시시기, 지역특성과 그 밖의 사항을 고려하여 중앙위원회가 정하는 기준에 따라 해당 구·시·군위원회가 정한다.

② 법 제10조의2제2항단서에 따라 각급선거관리위원회(읍·면·동선거관리위원회는 제외하며, 이하 이 조에서 "각급위원회"라 한다)에 두는 선거부정감시단의 수는 다음 각 호에 따른다.

1. 중앙위원회

   법 제34조제1항에 따른 임기만료에 의한 선거(법 제35조제1항에 따른 대통령의 궐위로 인한 선거 및 재선거를 포함하며, 이하 이 항에서 "임기만료에 의한 선거"라 한다)가 실시되는 때에는 10명 이내, 그 밖의 선거가 실시되는 때에는 선거의 종류와 실시구역 등을 고려하여 중앙위원회가 정하는 인원

2. 시·도위원회

   임기만료에 의한 선거가 실시되는 때에는 10명 이내, 그 밖의 선거가 실시되는 때에는 선거의 종류와 실시구역 등을 고려하여 해당 시·도위원회가 정하는 인원

3. 구·시·군위원회

   임기만료에 의한 선거가 실시되거나 해당 구·시·군위원회의 관할구역 전역에서 선거가 실시되는 때에는 20명 이내, 그 밖의 선거가 실시되는 때에는 선거의 종류와 실시구역 등을 고려하여 해당 구·시·군위원회가 정하는 인원

③ 선거부정감시단원이 되려는 사람은 별지 제1호의2서식의 본인승낙 및 비당원확인서를 제출하여야 한다.

④ 각급위원회는 선거부정감시단원에게 별지 제63호양식의 신분증명서를 발급하여야 한다.

⑤ 선거부정감시단원은 임무를 수행함에 있어서 법규를 준수하고 성실하여야 하며 소속된 선거관리위원회의 명령에 따라야 한다.

⑥ 선거부정감시단원이 이 법에 위반되는 행위에 대하여 증거자료를 수집하거나 조사활동을 하는 때에는 관계인에게 제4항의 신분증명서를 제시하고 소속과 신분을 밝혀야 하며, 그 목적과 이유를 알려야 한다.

⑦ 각급위원회는 선거부정감시단원이 다음 각 호의 어느 하나에 해당하는 때에는 해촉할 수 있다.

1. 법규를 위반하거나 그 임무를 수행함에 있어서 불공정한 행위를 하거나 할 우려가 있는 때
2. 정당한 사유 없이 소속된 선거관리위원회의 지휘명령에 따르지 아니하거나 그 임무를 게을리 한 때
3. 임무수행 중 입수한 자료를 유출하거나 알게 된 정보를 누설한 때
4. 선거부정감시단원이 그 품위를 손상하거나 선거관리위원회의 위신을 실추시킨 행위를 한 때

5. 건강 그 밖의 사유로 임무를 성실히 수행할 수 없다고 판단된 때

⑧ 선거부정감시단원은 사직하거나 해촉된 때에는 지체 없이 그 신분증명서를 반환하여야 한다.

⑨ 법 제10조의2제7항에 따라 선거부정감시단원에게 예산의 범위에서 수당을 지급할 때에는 「최저임금법」 제10조(최저임금의 고시와 효력발생)에 따라 고시된 최저임금액 이상으로 지급하고, 실비는 「공무원여비규정」 별표 2의 제2호에 따라 산정된 금액을 지급한다. 이 경우 활동실적과 근무상황이 우수한 선거부정감시단원에게는 예산의 범위에서 추가로 성과수당을 지급할 수 있다. 〈개정 2014.1.17.〉

[전문개정 2008.2.29.]

[제2조의2에서 이동, 종전 제2조의3은 제2조의4로 이동 〈2017.2.24.〉]

제2조의4(사이버선거부정감시단) ① 법 제10조의3제1항본문에 따라 중앙위원회가 설치·운영하는 사이버선거부정감시단은 10명 이내로 구성하며, 법 같은 조 같은 항 단서에 따라 중앙 위원회가 추가로 구성하는 인원과 법 같은 조제2항에 따라 시·도위원회가 설치·운영하는 사이버선거부정감시단의 수는 선거의 종류, 선거의 수, 선거가 실시되는 구역과 그 밖의 사항을 고려하여 선거를 실시하는 때마다 해당 위원회가 정한다.

② 법 제10조의3제4항(법 제10조의2제7항을 준용하는 경우를 말한다)에 따라 사이버선거부정감시단원에게 예산의 범위에서 수당을 지급할 때에는 「최저임금법」 제10조(최저임금의 고시와 효력발생)에 따라 고시된 최저임금액 이상으로 지급하고, 식비는 「국가재정법」 제44조(예산집행지침의 통보)에 따른 예산집행에 관한 지침의 특근매식비지급단가에 따라 지급한다. 이 경우 활동실적과 근무상황이 우수한 사이버선거부정감시단원에게는 예산의 범위에서 추가로 성과수당을 지급할 수 있다. 〈신설 2014.1.17.〉

③ 제2항전단에도 불구하고 사이버선거범죄의 증거자료 분석 및 시스템 연구 등을 수행하기 위하여 전문인력으로 채용된 사이버선거부정감시단원에게는 예산의 범위에서 유사 직종이나 업무에 근무하는 근로자의 임금 수준에 상응하는 금액을 수당으로 지급할 수 있다. 〈신설 2014.1.17.〉

④ 제2조의3제3항부터 제8항까지의 규정은 사이버선거부정감시단에 준용한다. 이 경우 "선거부정감시단원"은 "사이버선거부정감시단원"으로, "각급위원회"는 "중앙위원회" 또는 "시·도위원회"로 본다. 〈개정 2014.1.17., 2017.2.24.〉

[전문개정 2008.2.29.]

[제2조의3에서 이동, 종전 제2조의4는 제2조의5로 이동 〈2017.2.24.〉]

제2조의5(선거관리) 이 규칙에 규정된 구·시·군위원회에는 그 성질에 반하지 아니하는 범위에서 세종특별자치시선거관리위원회가 포함된 것으로 본다.

[본조신설 2015.8.13.]

[제2조의4에서 이동 〈2017.2.24.〉]

제3조(선거사무의 조정·대행등) ① 선거구선거관리위원회(이하 "선거구위원회"라 한다) 또는 직근 상급 선거관리위원회(이하 "상급위원회"라 한다)가 법 제13조(선거구선거관리)제3항의 규정에 의하여 관할 구역 안의 선거관리위원회(이하 "위원회"라 한다)가 행할 선거사무의 범위를 조정하는 때에는 관할구역·업무량 등 관리여건과 선거인 및 후보자의 편의를 감안하여야 하되, 선거구위원회가 조정하는 때에는 직근 상급위원회의 승인을 얻어야 한다.

② 삭제 〈2004.3.12.〉

③ 다음 각 호의 사무는 구·시·군위원회가 법 제13조제3항에 따라 그 관할구역의 읍·면(「지방자치법」제4조의2제3항에 따라 행정면을 둔 경우에는 행정면을 말한다. 이하 같다)·동(「지방자치법」제4조의2제4항에 따라 행정동을 둔 경우에는 행정동을 말한다. 이하 같다)위원회 (이하 "읍·면·동위원회"라 한다) 또는 그 위원으로 하여금 행하게 할 수 있다.

〈개정 2008.2.29., 2010.1.25., 2011.7.28., 2014.1.17., 2015.8.13.〉

　1. 선거벽보의 접수·확인·첩부 및 철거에 관한 사무

　2. 매세대발송용 선거공보(법 제65조제9항에 따른 후보자정보공개자료를 포함한다)의 접수·확인 및 발송에 관한 사무

　3. 투표안내문(점자형 투표안내문을 포함한다. 이하 같다)의 작성 및 발송에 관한 사무

　4. 사전투표소의 설비, 사전투표참관인 신고접수·선정 및 사전투표사무원 위촉에 관한 사무

　5. 그 밖에 위 각 호의 어느 하나에 준하는 사무로서 시·도위원회가 정하는 사무

④ 구·시·군위원회는 선거가 있을 때마다 선거일 전 30일(선거일 전 30일 후에 선거의 실시 사유가 확정된 보궐선거등에 있어서는 선거인명부작성기준일)까지 읍·면·동위원회가 대행할 직무의 범위·대행기간 그 밖에 필요한 사항을 정하여 이를 지체 없이 공고하고 해당 읍·면·동위원회에 통지하여야 한다. 〈개정 1998.4.30., 2002.3.21., 2004.3.12., 2005.8.4〉

⑤ 삭제 〈2005.8.4.〉

⑥ 읍·면·동위원회가 제3항의 규정에 의한 사무를 행함에 있어서 구·시·군위원회의 청인(廳印) 또는 그 위원장의 직인을 날인하게 되어 있는 것은 당해 읍·면·동위원회의 청인 또는 그 위원장의 직인을 날인한다. 〈개정 2005.8.4.〉

⑦ 읍·면·동위원회는 관할 구·시·군위원회가 정한 대행할 직무의 범위·대행방법 등의 범위 안에서 당해 구·시·군위원회의 지도·감독하에 업무를 행하되, 그 업무를 행한 때에는 당해 읍·면·동위원회 위원장은 그 업무에 관한 모든 서류를 선거일 후 지체 없이 관할 구·시·군위원회에 송부하여야 한다. 〈개정 2005.8.4.〉

제2장 선거구역과 의원정수

제4조(자치구·시·군의회의 의원정수 산정기준) ① 법 제23조(자치구·시·군의회의 의원정수)제1항의 규정에 따른 자치구·시·군의회의 의원정수의 산정은 다음 각 호에서 정하는 기준에 따른다. 〈개정 2015.8.13.〉

1. 자치구·시·군의회의 의원정수는 법 별표 3의 시·도별 자치구·시·군의회의원의 총정수의 범위 내에서 자치구·시·군별 인구 비율과 읍·면·동수 비율 등을 고려하여 정한다. 이 경우 자치구·시·군의회의 의원정수 산정의 기준이 되는 인구 및 읍·면·동수의 기준일은 최근의 통계에 따라 법 제24조의3제1항에 따른 해당 시·도의 자치구·시·군의원선거구획정위원회가 정한다.

2. 비례대표선거구 자치구·시·군의회의원(이하 "비례대표자치구·시·군의원"이라 한다) 정수는 자치구·시·군의회의 의원정수에서 법 제23조제3항의 규정에 따라 먼저 정하고, 지역 선거구자치구·시·군의회의원(이하 "지역구자치구·시·군의원"이라 한다) 정수는 그 나머지 인원으로 한다.

② 지역구자치구·시·군의원정수를 정함에 있어서는 자치구·시·군 안에서 지역선거구별로 의원 1인당 인구수의 편차가 최소화되도록 노력하여야 한다.

[본조신설 2005.8.4.]

[종전 제4조는 제4조의2로 이동 〈2005.8.4.〉]

제4조의2(자치구·시·군의원선거구획정위원회의 구성 및 운영 등) ① 법 제24조의3제1항에 따른 자치구·시·군의원선거구획정위원회(이하 이 조에서 "획정위원회"라 한다)는 위원장 1명을 포함한 11명의 비상근위원으로 구성하되, 위원은 시·도의회가 추천하는 2명, 시·도위원회가 추천하는 1명, 학계·법조계·언론계 및 시민단체가 추천하는 각 2명을 위촉하고, 위원장은 위원 중에서 호선(互選)한다.

② 위원의 임기는 위원으로 위촉된 날부터 획정위원회가 법 제24조의3제5항에 따라 선거구획정안 및 보고서를 특별시장·광역시장·특별자치시장·도지사(이하 "시·도지사"라 한다)에게 제출하는 날까지로 한다.

③ 위원장은 획정위원회를 대표하고 획정위원회의 직무를 총괄하며, 위원장이 부득이한 사유로 직무를 수행할 수 없는 때에는 미리 위원장이 지명한 위원이 그 직무를 대행한다.

④ 위원회의는 시·도지사 또는 위원장이 필요하다고 인정하는 때에 위원장이 소집하며, 재적위원 과반수의 찬성으로 의결한다.

⑤ 획정위원회는 위원장의 명의로 선거구획정업무에 필요한 서류 등의 제출을 국가기관 및 지방자치단체에 요청할 수 있으며, 그 요청을 받은 국가기관 및 지방자치단체는 지체 없이 이에 따라야 한다.

⑥ 위원에게는 해당 시·도의 예산의 범위에서 일비·여비 그 밖에 필요한 경비를 지급할 수 있다.

⑦ 획정위원회에 그 사무를 처리하게 하기 위하여 간사 1명을 두되, 간사는 해당 시·도소 속공무원 중에서 해당 시·도지사가 지정하는 공무원이 된다.

⑧ 이 규칙에 규정된 사항 외에 획정위원회의 운영에 관하여 필요한 사항은 획정위원회의 의결로 정한다.

[본조신설 2015.12.24.]

[종전 제4조의2는 제4조의4로 이동 〈2015.12.24.〉]

제4조의3(자치구·시·군의원지역선거구의 명칭) 법 제26조제2항에 따른 자치구·시·군의원지역선거구의 명칭은 자치구·시·군의 명칭 뒤에 가, 나, 다를 붙여 표시한다.

[본조신설 2015.12.24.]

제4조의4(지방의회의원의 증원선거구와 그 의원수의 통보) 지방자치단체의 장은 지방의회의원의 증원선거사유가 발생한 때에는 지체 없이 법 제29조(지방의회의원의 증원선거)제1항의 규정에 의한 증원선거를 실시할 선거구명 및 증원선거에 의하여 선출할 의원수를 당해 선거구위원회에 통보하여야 한다. 〈개정 1995.12.30., 2000.2.16., 2004.3.12., 2005.8.4.〉

[제4조의2에서 이동 〈2015.12.24.〉]

[제목개정 2005.8.4.]

제5조(지방의회의원 증원선거의 선거구선거관리) 법 제29조(지방의회의원의 증원선거)제3항의 규정에 의한 시·도위원회의 증원선거에 관한 사무를 행할 구·시·군위원회의 지정은 「선거관리위원회법」 제2조(설치)제6항의 규정에 준한다. 〈개정 2005.8.4.〉

제6조(투표구의 명칭표시등) ① 법 제31조(투표구)제2항의 규정에 의하여 하나의 읍·면·동에 2 이상의 투표구를 두는 경우의 투표구의 명칭은 그 읍·면·동의 명칭 밑에 제1, 제2, 제3 등을 붙여 표시한다.

② 구·시·군의 장은 관할구역 안의 읍·면·동·통·리(「지방자치법」 제4조의2제4항에 따라 행정리를 둔 경우에는 행정리를 말한다. 이하 같다)의 명칭 또는 구역의 변경이 있거나 폐치·분합이 있는 때에는 지체 없이 이를 관할 구·시·군위원회에 통보하여야 한다. 〈개정 2005.8.4., 2010.1.25.〉

③ 삭제 〈2005.8.4.〉

제7조(투표구의 공고와 통보) 구·시·군위원회는 법 제31조(투표구)제3항의 규정에 의하여 투표구의 설치 또는 변경의 공고를 한 때에는 그때마다 지체 없이 관할 구·시·군의 장과 관계 읍·면·동위원회에 이를 통보하여야 하며, 선거를 실시하는 때에는 그때마다 선거인명부작성기준일 전일까지 관할구역 안의 투표구를 일괄하여 공고하여야 한다. 〈개정 2005.8.4.〉

제3장 선거기간과 선거일

제8조(민속절등의 범위) 법 제34조(선거일)제2항의 민속절 또는 공휴일은 「관공서의 공휴일에 관한 규정」 제2조(공휴일)제1호 내지 제10호에 규정된 날과 한식일로 한다.
〈개정 2005.8.4., 2006.3.2.〉

제9조(일부재선거등의 선거일등 공고) 법 제35조제3항에 따른 일부재선거일과 법 제36조에 따른 재투표일을 공고하는 때에는 일부재선거의 선거일 또는 재투표의 투표일 전 19일(대통령선거는 23일)까지 공고하여야 한다. 〈개정 2000.2.16., 2004.3.12., 2011.7.28.〉

제4장 선거인명부

제10조(명부작성) ① 구·시·군의 장이 법 제37조에 따라 선거인명부를 작성하는 때에는 주민등록표에 따라 엄정히 조사·작성하여야 한다. 다만, 천재·지변 기타 부득이한 사유로 주민등록표에 의하여 선거인명부를 작성할 수 없을 때에는 그 선거권자가 거주하는 통·리의 장과 그 통·리에 거주하는 선거권자 2인 이상의 보증으로 작성할 수 있다. 〈개정 2009.2.19., 2015.8.13.〉
② 제1항의 규정에 의한 선거인명부는 별지 제2호서식의 (가)·(나)·(라)에 의하여 투표구별로 2통을 작성하여야 한다. 〈개정 2005.8.4., 2014.1.17.〉
③ 구·시·군의 장이 제1항에 따라 선거인명부를 작성하는 때에는 투표구별로 지방의회의원 선거 및 지방자치단체의 장선거에서는 주민등록이 되어 있는 선거권자, 외국인선거권자의 순으로 각각 구분하여 작성하고, 국회의원선거에서는 선거권자 중 비례대표국회의원의 선거권만 있는 사람은 선거인명부의 비고칸에 "비례대표 선거권자"라고 적어야 한다. 〈개정 2011.11.30., 2015.8.13.〉
④ 자치구가 아닌 구를 관할하는 시장은 「출입국관리법」 제34조제1항에 따라 송부받은 외국인등록표에 의하여 외국인선거권자를 조사하여 선거인명부작성기준일 전일까지 관할구청 장에게 통보하여야 한다. 〈신설 2005.8.4., 2009.2.19.〉
⑤ 제1항단서의 규정에 따른 사유로 외국인선거권자에 대한 선거인명부를 작성할 수 없는 경우에는 「출입국관리법 시행령」 제43조(등록외국인기록표등의 작성 및 관리)의 규정에 따른 등록외국인기록표에 의하여 체류지를 관할하는 출입국관리사무소장 또는 출입국관리사무소 출장소장의 확인으로 작성할 수 있다. 〈신설 2005.8.4.〉
⑥ 구·시·군의 장은 선거인명부 작성 후 지체 없이 선거인명부의 작성상황을 별지 제9호서식의 (가)에 의하여 관할 구·시·군위원회에 통보하여야 한다. 〈신설 2005.8.4., 2009.2.19.〉

제10조의2(명부작성 협조) 행정자치부장관은 법 제37조제1항에 따른 선거인명부 작성을 위하여 「주민등록법」 제7조제3항에 따른 주민등록번호와 「출입국관리법」 제31조제5항에 따른 외국인등록번호를 처리할 수 있다. 이 경우 행정자치부장관은 관공서, 그 밖의 공공기관에 필요한 자료를 요청할 수 있으며, 그 요청을 받은 기관은 이에 따라야 한다.

[본조신설 2017.1.23.]

[종전 제10조의2는 제10조의3으로 이동 〈2017.1.23.〉]

제10조의3(선상투표신고에 관한 안내 등) ① 구·시·군의 장은 법 제38조제2항에 따른 선상투표신고(이하 "선상투표신고"라 한다) 중 승선하고 있는 선원이 해당 선박에 설치된 팩시밀리로 하는 신고를 받는 데 사용할 1대 이상의 팩시밀리 번호를 선거인명부작성기준일 전 3개월[대통령의 궐위로 인한 선거 또는 재선거(이하 이 조에서 "대통령 궐위선거등"이라 한다)의 경우에는 그 실시사유가 확정된 때부터 3일]까지 관할 구·시·군위원회에 통보하여야 하며, 선거인명부작성기간 중에 선상투표신고를 받는 데 지장이 없도록 필요한 조치를 하여야 한다. 〈개정 2014.1.17., 2015.8.13., 2017.1.23.〉

② 해양수산부장관은 선거인명부작성기준일 전 120일이 속하는 달(대통령 궐위선거등의 경우에는 그 실시사유가 확정된 날이 속하는 달의 전달)의 말일을 기준으로 법 제38조제2항에 해당하는 선박에 대한 다음 각 호의 현황을 그 기준일 후 10일(대통령 궐위선거등의 경우에는 그 실시사유가 확정된 때부터 3일)까지 중앙위원회에 통보하여야 한다. 〈개정 2014.1.17., 2017.1.23.〉

   1. 선박의 명칭과 위성통신번호(팩시밀리번호를 포함한다)

   2. 선박소유자(법 제38조제2항제2호의 경우에는 선박관리업을 경영하는 자를 말하며, 이하 "선박회사"라 한다)의 명칭과 주소·전화번호

   3. 선상투표신고를 할 수 있는 선원의 수

   4. 출항 및 귀항일자

   5. 그 밖에 선상투표 관리에 필요한 사항

③ 중앙위원회는 제1항에 따라 통보받은 팩시밀리번호, 선상투표관리기록부를 보낼 시·도 위원회의 팩시밀리번호, 선상투표신고서, 그 밖에 선상투표신고 및 선상투표에 관한 안내문 등을 작성·제작하여 선거일 전 3개월(대통령 궐위선거등의 경우에는 그 실시사유가 확정된 때부터 5일)까지 선박회사에 제공하고, 선박회사는 선거일 전 30일까지 선상투표신고를 할 수 있는 선원이 승선하고 있는 선박의 선장에게 이를 송부하여야 한다. 〈개정 2014.1.17., 2017.1.23.〉

④ 선상투표신고를 할 수 있는 선원이 승선하고 있는 선박의 선장은 제3항에 따라 송부된 선상투표신고서와 안내문 등을 해당 선박에 비치하여야 한다. 〈개정 2014.1.17.〉

⑤ 중앙위원회는 행정자치부, 해양수산부, 그 밖에 선상투표신고를 할 수 있는 선원과 관련 있는 기관·단체 등에 선상투표신고 및 선상투표에 관한 사항을 해당 선원에게 안내하여 줄 것을 요청할 수 있다.

〈개정 2014.1.17., 2015.8.13.〉

[본조신설 2012.6.25.]

[제목개정 2014.1.17.]

[제10조의2에서 이동 〈2017.1.23.〉]

제11조(거소 · 선상투표신고) ① 법 제38조제1항에 따라 거소투표신고(이하 "거소투표신고"라 한다)를 할 수 있는 사람 중 같은 조제4항제4호에 따른 거소투표신고를 할 수 있는 사람이 거주하는 섬은 별표 1과 같다. 〈개정 2014.1.17.〉

② 거소투표신고는 별지 제3호서식의 (가)에, 선상투표신고는 별지 제3호서식의 (다)에, 법 제38조제3항후단에 해당하는 사람에게 보내는 거소투표신고서의 서식과 거소투표신고에 관한 안내문은 별지 제3호서식의 (라)에 따른다. 〈개정 2014.1.17.〉

③ 법 제38조제1항부터 제3항까지에 따라 구 · 시 · 군의 장이 거소투표신고 또는 선상투표신고를 받은 때에는 별지 제3호서식의 (나)의 거소 · 선상투표신고서 접수부에 적은 후 신고요건을 갖춘 사람은 거소투표신고인명부 또는 선상투표신고인명부에 올려야 하며, 신고요건을 갖추 지 못한 사람은 그 사유를 거소 · 선상투표신고서 접수부의 비고란에 적고 본인에게 그 뜻을 지체 없이 알려야 한다. 다만, 팩시밀리로 선상투표신고를 한 선원 중에서 신고요건을 갖추 지 못한 선원에게는 지체 없이 선상투표신고서에 기재된 해당 선박의 팩시밀리로 별지 제4호서식에 따라 그 사실을 알려 선상투표신고서를 보완하여 다시 전송하게 하고, 보완이 없는 때에는 그 사실을 거소 · 선상투표신고서 접수부의 비고란에 적는다. 〈개정 2008.2.29., 2009.2.19., 2012.6.25., 2014.1.17., 2015.8.13.〉

④ 통 · 리 또는 반의 장은 법 제38조제4항제3호에 해당하는 사람(「장애인복지법」 제32조에 따라 등록된 장애인은 제외한다. 이하 이 항에서 같다)이 이 법 같은 조제3항전단에 따른 확인을 요청하는 경우에는 확인에 필요한 조치를 취하여야 하며, 구 · 시 · 군의 장은 법 제38 조제4항제3호에 해당하는 사람이 통 · 리 또는 반의 장의 확인을 받지 아니하고 거소투표신고를 한 경우라도 그 사람이 거소에서 투표할 수 있는 사람으로 확인된 때에는 제3항본문에 도 불구하고 거소투표신고인명부에 올릴 수 있다. 〈개정 2012.6.25., 2014.1.17.〉

⑤ 법 제38조제5항에 따른 거소투표신고인명부와 선상투표신고인명부(이하 "거소 · 선상투표 신고인명부"라 한다)는 별지 제2호서식의 (가) · (다) · (라)에 따라 읍 · 면 · 동별로 2통씩을 각각 작성하여야 한다. 〈개정 2014.1.17., 2015.12.24.〉

⑥ 중앙위원회는 법 제38조제4항제5호에 따라 사전투표소 및 투표소를 설치할 수 없는 지역에 장기기거하는 자로서 거소투표를 할 수 있는 자를 선거인명부작성기준일 전 10일까지 지정 · 공고하여야 한다. 〈신설 1997.11.14., 2004.3.12., 2005.8.4., 2012.6.25., 2014.1.17.〉

⑦ 구 · 시 · 군의 장이 거소투표신고 또는 선상투표신고를 받은 때에는 해당 신고서에 기재된 거소투표사유 또는 선상투표사유와 법 제38조제3항에 따른 확인자를 확인하여 거소투표사유 또는 선상투표사

유에 해당하지 아니하거나 거소투표사유 또는 선상투표사유와 확인자의 직명·성명의 표시 또는 그 날인이 맞지 아니하는 때에는 제3항에 준하여 신고요건을 갖추지 못한 사람으로 처리하여야 한다. 〈개정 2004.3.12., 2005.8.4., 2008.2.29., 2009.2.19., 2012.6.25., 2014.1.17.〉

⑧ 제3항에 따라 거소·선상투표신고인명부에 올릴 때에는 선거인명부의 비고란에 "거소투표자" 또는 "선상투표자"로 적고, 국회의원선거에서 거소투표신고인 또는 선상투표신고인이 비례대표국회의원의 선거권만 있는 사람인 때에는 선거인명부와 거소·선상투표신고인명부에 각각 "비례대표 선거권자"로 적어야 한다. 〈개정 2014.1.17., 2015.8.13.〉

⑨ 우체국 또는 구·시·군의 장은 다른 구·시·군의 장에게 송달되어야 할 거소투표신고서 또는 선상투표신고서(팩시밀리로 신고한 선상투표신고서를 제외하고, 이하 이 항에서 "거소·선상투표신고서"라 한다)를 배달받았으나 부득이한 사유로 선거인명부작성기간 만료일의 마감 시각까지 해당 구·시·군의 장에게 도달시킬 수 없는 때에는 우선 팩시밀리로 송부하고, 그 원본을 지체 없이 송부하여야 한다. 이 경우 당해 구·시·군의 장은 모사전송 방법으로 도달 된 거소·선상투표신고서를 접수하여 거소·선상투표신고서 접수부에 기재하고 거소·선상투표 신고인명부에 등재할 수 있되, 거소·선상투표신고서의 원본을 받아 이를 확인하여야 하고, 모사전송된 거소·선상투표신고서와 그 원본을 함께 거소투표신고서철 또는 선상투표신고서 철에 편철하여야 한다. 〈신설 2004.3.12., 2009.2.19., 2014.1.17., 2015.8.13.〉

⑩ 구·시·군의 장이 선거인명부작성기간 만료일의 마감시각이 지난 후에 선박에 설치된 팩시밀리로 보낸 선상투표신고를 받은 때에는 해당 선거권자는 선상투표신고인명부에 올리지 아니한다. 〈신설 2012.6.25., 2014.1.17., 2015.8.13.〉

[제목개정 2014.1.17.]

제12조(명부작성의 감독등) ① 구·시·군의 장은 법 제39조(명부작성의 감독등)제2항의 규정에 의하여 선거인명부작성에 종사하는 공무원을 임면한 때에는 소속·직위 또는 직급·성명 및 임면연월일등을 관할구·시·군위원회에 통보하여야 한다. 〈개정 1998.4.30., 2009.2.19.〉

② 삭제 〈2002.3.21.〉

③ 삭제 〈1998.4.30.〉

④ 삭제 〈1998.4.30.〉

제13조(명부열람) ① 구·시·군의 장은 법 제40조제1항에 따라 선거권자가 선거인명부를 열람하는 때에는 관계공무원을 참여시켜야 하며, 열람기간 중 선거권자가 해당 구·시·군이 개설·운영하는 인터넷 홈페이지에서 선거인명부를 열람(이하 "인터넷열람"이라 한다)하는 경우 본인임을 확인받은 후 열람할 수 있도록 하는 기술적 조치를 하여야 한다. 〈개정 2005.8.4., 2009.2.19.〉

② 선거인명부의 열람시간은 공휴일{「관공서의 공휴일에 관한 규정」 제2조(공휴일)제1호 내지 제10호

에 규정된 날을 말한다. 이하 같대에 불구하고 매일 오전 9시부터 오후 6시까지로 한다. 다만, 인터넷열람은 그러하지 아니하다. 〈개정 1995.12.30., 2005.8.4., 2006.3.2., 2011.7.28.〉

③ 구·시·군의 장은 해당 구·시·군이 개설·운영하는 인터넷 홈페이지의 초기화면에 선거인명부의 열람방법을 안내하여야 한다. 〈신설 2005.8.4.〉

④ 구·시·군의 장은 법 제41조(이의신청과 결정)제1항의 규정에 따른 이의신청을 해당 구·시·군이 개설·운영하는 인터넷 홈페이지에서 할 수 있도록 하는 기술적 조치를 하여야 한다. 〈신설 2005.8.4.〉

⑤ 선거인명부의 열람장소와 기간, 인터넷 홈페이지주소 및 열람방법의 공고는 별지 제6호 서식에 의한다. 〈개정 2005.8.4.〉

[제목개정 2005.8.4.]

제14조(명부의 수정) ① 법 제41조(이의신청과 결정)제2항·법 제42조(불복신청과 결정)제2항 또는 법 제43조(명부누락자의 구제)제2항의 규정에 의하여 선거인명부를 수정할 때에는 그 사유와 연월일을 비고란에 기재하고, 구·시·군의 장의 사인을 날인하여야 한다. 〈개정 2009.2.19.〉

② 선거인명부의 열람기간이 지난 후 선거인명부확정 전까지 선거인명부에 올라 있는 자중 오기 또는 선거권이 없는 자나 사망자가 있는 것을 발견한 때에는 이를 수정 또는 삭제하되, 비고란에 그 사유와 연월일을 기재하고 구·시·군의 장의 사인을 날인하여야 한다. 〈개정 2009.2.19.〉

③ 구·시·군의 장은 제1항 및 제2항의 규정에 의하여 선거인명부를 수정한 때에는 그 상황을 제16조(명부확정상황의 통보 등)제1항의 규정에 따라 선거인명부의 확정상황을 통보하는 때에 함께 관할 구·시·군위원회에 통보하여야 한다. 〈개정 2005.8.4., 2009.2.19.〉

④ 구·시·군의 장은 거소·선상투표신고인명부 확정 후 오기 또는 선거권이 없는 자나 사망자 가 있는 것을 발견한 때에는 그때마다 지체 없이 관할 구·시·군위원회에 별지 제7호서식의 (나)에 따라 그 사실을 통보하고, 이를 통보받은 당해 구·시·군위원회는 거소·선상투표신고인 명부의 비고란에 기재하여야 한다. 〈개정 2005.8.4., 2009.2.19., 2014.1.17.〉

⑤ 구·시·군위원회는 법 제38조제6항에 따라 송부받은 거소·선상투표신고인명부(전산자료 복사본을 포함한다. 이하 이 항에서 같다)의 기재사항에 오기가 있다고 인정되는 경우에는 구·시·군의 장에게 해당 신고서와 거소·선상투표신고인명부의 대조·확인을 요구할 수 있다.
〈신설 2005.8.4., 2009.2.19., 2012.6.25., 2014.1.17.〉

⑥ 삭제 〈2014.1.17.〉

⑦ 삭제 〈2014.1.17.〉

제15조(명부등재신청 서식) 법 제43조(명부누락자의 구제)제1항의 규정에 의한 선거인명부등 재신청은 별지 제8호서식에 의한다.

제16조(명부확정상황의 통보 등) ① 구·시·군의 장은 법 제44조제1항에 따라 선거인명부 및 거소·선상 투표신고인명부가 확정된 후 지체 없이 그 확정상황을 별지 제9호서식의 (나)·(다)에 따라 관할 구·시·군위원회에 통보하여야 한다. 이 경우 확정된 선거인명부 및 거소·선상 투표신고인명부의 전산자료 복사본을 함께 송부하여야 한다. 〈개정 2005.8.4., 2009.2.19., 2010.1.25., 2011.7.28., 2014.1.17.〉

② 구·시·군의 장은 거소·선상투표신고인명부에 올라 있는 자의 신고서를 그 명부등재번호순으로 정리·편철하여 그 명부확정 후 즉시 그 명부와 함께 관할 구·시·군위원회에 송부하여야 한다. 〈개정 2004.3.12., 2009.2.19., 2012.6.25., 2014.1.17.〉

③ 삭제 〈2014.1.17.〉

④ 삭제 〈2014.1.17.〉

⑤ 법 제44조제3항에 따른 공고는 별지 제6호서식에 따른다. 〈신설 2011.7.28.〉

[제목개정 2005.8.4.]

제16조의2(통합선거인명부의 작성 등) ① 중앙위원회는 제16조제1항후단에 따라 송부받은 선거인명부 전산자료 복사본을 이용하여 통합선거인명부를 작성한다.

② 중앙위원회는 읍·면·동위원회가 사전투표기간 종료 후 관할구역의 투표구별로 사전투표소에서 투표한 사람의 투표사실이 표시되어 있는 선거인명부를 출력할 수 있도록 기술적 조치를 하여야 한다.

③ 읍·면·동위원회는 제2항에 따라 출력한 선거인명부를 금고 등 안전한 곳에 보관하여야 하며, 투표관리관에게 법 제151조제1항에 따라 투표용지와 투표함을 인계하는 때에 그 선거인명부를 함께 인계하여야 한다.

④ 읍·면·동위원회는 제2항 및 제3항에 따른 선거인명부의 출력·보관 및 인계 과정에 해당 읍·면·동위원회의 정당추천위원이 각각 참여하여 입회할 수 있도록 하여야 한다. 이 경우 정당추천위원이 참여하지 아니한 때에는 입회를 포기한 것으로 본다.

⑤ 구·시·군의 장은 선거인명부 확정 후 오기 또는 선거권이 없는 자나 사망자가 있는 것을 발견한 때에는 그때마다 사전투표기간 종료 전에는 관할 구·시·군위원회에, 사전투표기간 종료 후에는 관할 구·시·군위원회와 읍·면·동위원회에 별지 제7호서식의 (나)에 따라 그 사실을 통보하고, 이를 통보받은 해당 구·시·군위원회는 통합선거인명부의 비고란에, 읍·면·동위원회는 제2항에 따라 출력한 선거인명부의 비고란에 그 사실을 기재하여야 한다. 이 경우 읍·면·동위원회가 선거인명부를 수정하는 때에는 정당추천위원의 참여하에 봉함·봉인을 해제하고 통보사실을 기재한 후 다시 봉함·봉인하여 보관하여야 하며, 정당추천위원이 참여하지 아니한 때에는 입회를 포기한 것으로 본다.

⑥ 구·시·군위원회는 법 제154조제2항·제3항 또는 제154조의2제1항에 따라 거소투표용지 또는 선상투표용지를 발송하지 아니하거나 거소투표용지가 반송된 거소투표신고인이 있는 때에는 통합선거인명부의 비고란에 그 사실을 기재하여야 하며, 읍·면·동위원회는 법 제154조제3항에 따라 거소

투표용지가 반송된 거소투표신고인의 명단을 통지받은 때에는 제2항에 따라 출력한 선거인명부의 비고란에 그 사실을 기재하여야 한다. 이 경우 읍·면·동위원회의 선거인명부 수정 과정의 정당추천위원 참여에 관하여는 제5항후단을 준용한다.

⑦ 읍·면·동위원회는 선거인명부를 투표관리관에게 인계한 후에 제5항 및 제6항에 따른 오기 등을 통보받은 때에는 지체 없이 이를 투표관리관에게 통보하여야 하며, 이를 통보받은 투표관리관은 선거인명부의 비고란에 그 사실을 기재하여야 한다.

[본조신설 2014.1.17.]

제17조(명부의 재작성) ① 법 제45조제1항에 따른 선거인명부 재작성에 관하여는 법 제37조부터 제44조의 2까지의 규정에 준하되, 부득이한 사유가 있는 경우에는 관할 구·시·군위원회의 의결로 선거인명부의 작성기준일·작성기간·열람기간·열람장소·이의신청 및 심사결정·유효 기간과 확정 기타 선거인명부의 재작성에 관하여 필요한 사항을 따로 정할 수 있다. 〈개정 2014.1.17.〉

② 제1항의 규정에 의하여 선거인명부의 재작성에 관하여 필요한 사항을 따로 정한 때에는 구·시·군위원회는 이를 공고하고 당해 구·시·군의 장에게 통보하여야 하며, 직근 상급위원회에 보고하여야 한다. 〈개정 2009.2.19.〉

제18조(명부사본의 작성 및 교부신청등) ① 구·시·군의 장은 법 제46조(명부사본의 교부)제1항의 규정에 의하여 선거인명부(거소·선상투표신고인명부를 포함한다. 이하 이 조에서 같다)의 사본 또는 전산자료 복사본을 작성하는 경우 그 사본 또는 전산자료 복사본의 앞표지는 별 지 제10호서식의 (가)에 의하고, 그 끝에는 별지 제10호서식의 (나)에 의한 기재를 하여 원 본과 틀림이 없음을 증명하여야 한다. 이 경우 선거인명부사본은 전산자료에 의하여 출력한 사본으로 갈음할 수 있다.
〈개정 2000.2.16., 2009.2.19., 2014.1.17.〉

② 구·시·군의 장은 선거인명부의 동일성이 유지되도록 전산자료 복사본에 변조방지장치를 할 수 있다. 〈개정 2009.2.19.〉

③ 법 제46조제2항의 규정에 의한 선거인명부사본 또는 전산자료 복사본의 교부신청은 별 지 제10호서식의 (다)에 의하되, 1종에 한한다. 〈개정 2000.2.16.〉

④ 구·시·군의 장은 선거인명부사본과 전산자료 복사본의 작성비용을 선거인명부작성마감일까지 별지 제10호서식의 (라)에 의하여 공시하여야 한다. 〈개정 2000.2.16., 2009.2.19.〉

제5장 후보자

제19조(선거권자의 후보자추천) ① 법 제48조(선거권자의 후보자추천)제2항의 규정에 의한 선거권자의 추천장의 검인은 관할선거구 위원회의 청인을 날인하는 것으로 하되, 관할선거구 위원회가 선거권자의 추천장을 인쇄하여 교부하는 때의 검인의 청인날인은 인쇄날인으로 갈음할 수 있다. 〈개정 1998.4.30.〉

② 관할선거구 위원회가 법 제48조제1항에 따른 무소속후보자(이하 "무소속후보자"라 한다) 가 되고자 하는 자로부터 추천장의 검인을 신청받은 때에는 후보자가 되고자 하는 자의 해당 선거구명·주소·성명 및 생년월일이 기재된 추천장만을 검인하여야 하며, 제1항후단의 규정에 따라 인쇄한 추천장을 교부하는 때에는 추천장에 그 기재사항을 기재하게 하여 교부하되, 검인 또는 교부매수는 법 제48조제2항 각 호의 규정에 따른 추천인수의 상한수의 추천 이 가능한 매수 이내로 한다. 다만, 검인 또는 교부받은 추천장이 오손(汚損) 또는 파손 등으로 사용할 수 없게 된 때에는 그 사용할 수 없게 된 추천장과의 교환으로 새로운 추천장을 검인 또는 교부할 수 있다. 〈개정 2005.8.4.〉

③ 선거권자의 추천장 및 추천장의 검인 또는 교부신청은 별지 제11호서식의 (가)·(나)에 의한다.

제20조(후보자등록) ① 후보자등록을 신청하는 때에는 법 제49조제2항부터 제4항까지의 규정에 따른 등록신청관계서류 외에 피선거권에 관한 증명서류로서 후보자가 되려는 사람의 주민등록표초본, 「가족관계의 등록 등에 관한 법률」 제15조제1항제1호에 따른 가족관계증명 서(이하 「가족관계증명서」라 하며, 손자 또는 외손자 중 병역사항 신고대상자가 있는 때에는 그 손자 또는 외손자가 기록된 가족관계증명서를 포함한다) 및 재직증명서(법 제16조제4 항의 경우에 해당되는 지방자치단체의 장에 한한다)를 첨부하여야 한다. 이 경우 주민등록표초본의 제출은 대통령선거, 지방의회의원선거 및 지방자치단체의 장선거에 한한다. 〈개정 2000.2.16., 2007.11.22., 2009.2.19., 2015.8.13.〉

② 법 제53조제1항부터 제3항까지 또는 제5항본문에 따라 그 직을 그만두고 입후보하려는 사람은 사직원접수증 또는 해임된 것을 증명하는 서류를 첨부하여야 한다. 〈개정 2010.1.25.〉

③ 관할선거구 위원회가 법 제49조제8항단서에 따라 후보자의 피선거권에 관한 조사를 함에 있어서는 「가족관계의 등록 등에 관한 법률」 제10조제1항에 따른 후보자의 등록기준지를 관할하는 구청장·시장(구가 설치되지 아니한 시의 시장을 말한다)·읍장·면장과 해당 선거구를 관할하는 검찰청의 장에게 조회하되, 법 같은 조제10항후단에 따라 전과기록을 조회하는 때에 함께 할 수 있다. 〈개정 2000.2.16., 2002.3.21., 2004.3.12., 2007.11.22., 2009.2.19.〉

④ 법 제49조제11항과 제12항에 따른 전과기록의 열람 또는 공개는 후보자등록을 신청하는 자가 제출한 서류에 의하되, 법 같은 조제10항후단에 따라 조회한 전과기록을 검찰청의 장으로부터 회보받은 경우에는 그에 의하여 수정된 사항을 열람하게 하거나 공개한다. 〈신설 2002.3.21., 2007.11.22.〉

⑤ 법 제49조제11항의 규정에 의한 전과기록의 열람은 당해 선거구위원회가 위원회 사무소 등 장소를

지정하여 열람하게 할 수 있다. 〈신설 2004.3.12.〉

⑥ 법 제49조제12항에 따른 후보자등록서류의 공개는 선거관리위원회의 인터넷 홈페이지에 게시하는 등 선거구민이 쉽게 알 수 있는 방법으로 한다. 이 경우 법 제49조제4항제3호 · 제5 호 · 제6호 및 제7호의 서류의 공개는 「공직선거후보자의 병역사항신고 및 공개에 관한 규칙」 별지 제1호서식과 이 규칙 별지 제12호서식의 (차) · (카) · (타)에 따른 신고서 · 제출서(첨부서류는 제외한다)를 공개하는 것으로 갈음할 수 있다. 〈신설 2002.3.21., 2011.7.28., 2014.2.13.〉

⑦ 법 제49조제1항부터 제3항까지의 규정에 따른 후보자등록신청서, 정당의 추천서, 비례대표전국선거구국회의원(이하 "비례대표국회의원"이라 한다)후보자 및 비례대표지방의회의원후보자의 명부, 대통령후보자 · 비례대표국회의원후보자 및 비례대표지방의회의원후보자의 본인 승낙서는 별지 제12호서식의 (나) 내지 (바)에 의하고, 법 같은 조제10항전단에 따른 전과 기록의 조회신청은 별지 제12호서식의 (사)에 의하며, 법 같은 조제8항단서 및 제10항후단에 따른 피선거권 조사의뢰 및 조회는 별지 제12호서식의 (아) 및 (자)에 따르고, 법 같은 조제4항제4호부터 제7호까지의 규정에 따른 세금의 납부 및 체납에 관한 신고서, 전과 기록에 관한 증명서류, 학력에 관한 증명서, 공직선거 후보자등록 경력신고서의 제출은 별 지 제12호서식의 (차)부터 (파)에 따른다. 〈개정 2005.8.4., 2006.5.10., 2010.1.25., 2015.12.24.〉

⑧ 후보자등록신청서에 후보자의 성명을 한글로 기재함에 있어서는 해당 후보자의 가족관계 증명서에 기록된 성명을 그대로 기재하여야 하며, 관할선거구 위원회가 후보자등록신청서에 한글로 기재된 후보자의 성명이 가족관계증명서에 기록된 성명과 일치하지 아니한 것을 발견한 때에는 이를 후보자등록을 신청한 자에게 보완하게 하거나 직권으로 정정할 수 있다. 〈신설 2006.5.10., 2007.11.22.〉

⑨ 법 제49조제4항제6호에서 "최종학력증명서"라 함은 재학증명서 · 재적증명서 · 졸업증명서 (이를 발행할 수 없는 경우에는 졸업증원본을 포함한다) · 수료증명서(이를 발행할 수 없는 경우에는 수료증 원본을 포함한다) 기타 학교의 장이 발행한 최종학력을 증명할 수 있는 서류를 말한다. 〈신설 2004.3.12., 2006.5.10.〉

제20조의2 삭제 〈2005.8.4.〉

제21조(후보자등의 인영) 선거에 후보자를 추천한 정당이 당해 선거에 사용할 정당의 당인(黨 印)과 대표자의 인장은 당해 정당이 「정당법」 제12조(중앙당의 등록신청사항) 및 제13조(시 · 도당의 등록신청사항)의 규정에 따라 관계선거관리위원회(이하 "관계위원회"라 한다)에 등록한 인영[법 제61조의2(정당선거사무소의 설치)의 규정에 의하여 관계위원회에 신고한 인영을 포함한다]의 인장이 아닌 다른 인장을 사용한다는 뜻을 후보자등록신청 전까지 신고하지 아니한 때에는 이미 등록된 인장으로 하며, 후보자 · 예비후보자 · 선거사무장 및 선거연락소장의 인장의 인영은 별지 제13호서식에 의하여 그 등록신청서 또는 선임 · 교체신고서에 첨부하여 관할위원회에 제출하여야 한다. 이 경우 후보자등록신청시 후보자

의 인장의 인영을 제출하지 아니한 때에는 이미 제출된 해당 예비후보자의 인장의 인영을 후보자의 인장의 인영으로 한다. 〈개정 1995.5.17., 1995.12.30., 2004.3.12., 2005.8.4., 2006.3.2.〉

제22조(후보자 등의 당적이탈 등의 통보) ① 정당은 소속 정당추천후보자가 당적을 이탈·변경 하거나 2 이상의 당적을 가지고 있는 경우에는 지체 없이 그 사실을 별지 제14호서식에 의하여 관할선거구 위원회에 통보하여야 한다.

② 정당이 법 제57조의2(당내경선의 실시)제2항의 규정에 따른 당내경선을 실시한 경우에는 지체 없이 경선후보자의 명단, 경선방법, 경선결과 순위, 경선후보자의 자격상실 여부 및 그 사유 등(이하 이 조에서 "당내경선 결과"라 한다)을 별지 제14호의2서식에 의하여 관할선거구 위원회에 통보하여야 한다. 이 경우 중앙당이 당내경선을 실시한 때에는 중앙위원회에, 시·도당이 당내경선을 실시한 때에는 해당 시·도위원회에 통보하는 것으로 갈음할 수 있으며, 당내경선 결과를 통보받은 중앙위원회 또는 시·도위원회는 지체 없이 이를 관할선거구 위원회에 통지하여야 한다. 〈개정 2006.5.10.〉

③ 정당이 제2항의 규정에 따라 당내경선 결과를 통보한 후 후보자로 선출된 자가 사퇴·사망·피선거권 상실 또는 당적의 이탈·변경 등으로 그 자격을 상실한 때에는 지체 없이 그 사실을 별지 제14호의3서식에 의하여 관할선거구 위원회에 통보하여야 한다. 〈신설 2006.5.10.〉

④ 관할선거구 위원회는 당내경선 결과나 후보자로 선출된 자의 자격상실 여부 등을 해당 정당에 조회할 수 있으며, 정당은 그 결과나 자격상실 여부 등을 지체 없이 관할선거구 위원회에 회보하여야 한다. 〈신설 2006.5.10.〉

[전문개정 2005.8.4.]

제22조의2(현직을 가지고 입후보할 수 없는 언론인의 범위) 법 제53조제1항제8호에서 "중앙 선거관리위원회규칙으로 정하는 언론인"이란 다음 각 호의 어느 하나에 해당하는 언론인을 말한다.

1. 「신문 등의 진흥에 관한 법률」 제9조에 따라 등록한 신문 및 인터넷신문과 「잡지 등 정기간행물의 진흥에 관한 법률」 제15조에 따라 등록하거나 같은 법 제16조에 따라 신고한 정기간행물(분기별 1회 이상 발행하는 것으로 등록된 것만 해당한다) 중 다음 각 목의 어느 하나에 해당하는 것을 제외한 신문, 인터넷신문 및 정기간행물을 발행·경영하는 자와 이에 상시고용되어 편집·취재 또는 집필의 업무에 종사하는 자

   가. 정당의 기관지와 「고등교육법」 제2조에 따른 대학, 산업대학, 교육대학, 전문대학, 원격대학, 기술대학 및 각종 학교의 학보

   나. 산업·경제·사회·과학·종교·교육·문화·체육 등 전문분야에 관한 순수한 학술 및 정보의 제공·교환을 목적으로 발행하는 것

   다. 기업체가 소속원에게 그 동정 또는 공지사항을 알리거나 기업의 홍보 또는 제품의 소개를 위하여 발행하는 것

라. 법인·단체 등이 소속원에게 그 동정이나 공지사항을 알릴 목적으로 발행하는 것

마. 정치에 관한 보도·논평의 목적 없이 발행하는 것

바. 그 밖에 여론형성의 목적 없이 발행하는 것

2. 「방송법」에 따른 방송사업(방송채널사용사업은 보도에 관한 전문편성을 행하는 방송채널사용사업에 한정한다)을 경영하는 자와 이에 상시고용되어 편집·제작·취재·집필 또는 보도의 업무에 종사하는 자

[본조신설 2015.12.24.]

제23조(후보자 사퇴의 신고) 법 제54조(후보자사퇴의 신고)의 규정에 의한 후보자사퇴의 신고와 정당의 사퇴승인은 별지 제15호서식에 의한다.

제23조의2(후보자등록등에 관한 공고) ① 법 제55조(후보자등록등에 관한 공고)의 규정에 의하여 후보자가 등록·사퇴 또는 사망하거나 등록이 무효로 된 때의 공고는 당해선거구 위원회의 게시판에 첩부하는 것으로 한다. 〈개정 2002.3.21.〉

② 삭제 〈2004.3.12.〉

[본조신설 2000.2.16.]

[제목개정 2004.3.12.]

제24조(기탁금의 납부) ① 법 제56조제1항 또는 법 제60조의2제2항에 따른 기탁금의 납부는 선거구위원회가 기탁금의 예치를 위하여 개설한 금융기관(우체국을 포함한다)의 예금계좌에 후보자등록 또는 예비후보자등록을 신청하는 자의 명의로 계좌입금하고 해당 금융기관이 발행한 입금표를 제출하는 것으로 한다. 다만, 부득이한 사유가 있는 경우에는 현금(금융기관 이 발행한 자기앞수표를 포함한다. 이하 이 조에서 같다)으로 납부할 수 있다. 〈개정 2005.8.4., 2010.1.25.〉

② 관할선거구 위원회가 제1항단서의 규정에 의하여 기탁금을 현금으로 받은 때에는 영수증을 교부하고 금융기관에 즉시 예치하여야 한다.

[전문개정 2004.3.12.]

제25조(기탁금의 반환·귀속등) ① 관할선거구 위원회는 법 제57조제1항에 따른 기탁금의 반환은 법 제56조제3항에 따라 기탁금에서 부담하는 비용을 공제한 금액을 기탁자의 금융기관 예금계좌에 무통장 입금하고 공제명세서를 해당 기탁자에게 송부하는 것으로 한다. 다만, 부득이한 사유로 현금(금융기관 이 발행한 자기앞수표를 포함한다)으로 반환하는 경우에는 영수증을 받아야 한다.

〈개정 2004.3.12., 2005.8.4., 2010.1.25.〉

② 관할선거구 위원회 위원장은 법 제57조제1항 각 호 외의 부분 후단에 따라 국가 또는 해당 지방자치단

체에 귀속할 기탁금을 납입할 때에는 기탁자별로 정산하여 해당 기탁자에게 통지하고 선거일 후 30일 이내에 대통령 및 국회의원의 선거에 있어서는 중앙위원회의 수입징수관에게, 지방의회의원 및 지방자치단체의 장의 선거에 있어서는 해당 지방자치단체의 징수관에게 납입하여야 한다.
〈개정 2004.3.12., 2010.1.25.〉

③ 관할선거구 위원회는 법 제57조제2항에 따라 납부하여야 할 부담비용을 선거일 후 15일까지 해당 기탁자에게 고지하여야 하며, 해당 기탁자가 이를 납부하지 아니하여 관할세무서 장이 이를 징수하는 때의 국가 또는 지방자치단체에의 납입절차에 관하여는 「국고금관리법시행규칙」 또는 지방자치단체의 지방세 부과징수에 관한 관계규정을 준용한다.
〈개정 2004.3.12., 2005.8.4., 2010.1.25.〉

제5장의2 정당의 후보자추천을 위한 당내경선
〈신설 2005.8.4.〉

제25조의2(당내경선운동) ① 법 제57조의3제1항제1호에 따라 경선후보자가 자신의 명함을 직접 주거나 지지를 호소하는 방법의 경선운동은 당내경선의 선거일 투표개시시각부터 투표 마감시각까지는 이를 할 수 없다. 〈개정 2010.1.25.〉

② 법 제57조의3제1항제2호의 규정에 따른 경선홍보물의 작성 및 발송은 다음 각 호에서 정하는 바에 따른다.

1. 경선홍보물은 해당 정당이 정한 경선선거인수에 그 100분의 3에 상당하는 수를 더한 수 이내의 수량으로 작성하여야 한다. 이 경우 작성할 수 있는 총수량의 단수가 100 미만인 때에는 100매로 한다.

2. 경선홍보물은 길이 27센티미터 너비 19센티미터 이내에서 4면(대통령 및 시ㆍ도지사선거의 당내경선의 경우에는 8면) 이내의 규격으로 작성하여야 한다.

3. 경선홍보물에는 직성근거, 인쇄소의 명칭ㆍ주소ㆍ전화번호를 표시하여야 하며, 앞면에는 "경선후보자 홍보물"이라 표시하여야 한다.

4. 정당이 경선홍보물을 발송하고자 하는 경우에는 별지 제15호의2서식의 (가)에 의한 발송용 봉투를 사용하여야 하며, 「우편법 시행령」 제25조(우편요금등의 별납)의 규정에 따라 우편요금 등을 따로 납부하는 방법으로 하여야 한다.

5. 정당이 경선홍보물을 발송하고자 하는 때에는 발송일 전 2일까지 경선후보자별 홍보물 4부씩을 첨부하여 별지 제15호의2서식의 (나)에 의하여 관할선거구 위원회에 신고하여야 한다.

③ 경선후보자는 법 제57조의3제1항제3호에 따라 합동연설회 또는 합동토론회가 개최되는 시설의 입구나 담장 또는 그 구내(옥외를 말한다)에 다음 각 호에 따라 자신의 홍보에 필요한 현판과 현수막을

각 2개 이내에서 설치·게시할 수 있다. 다만, 애드벌룬이나 기구류를 이용한 방법으로는 설치·게시할 수 없다. 〈신설 2008.2.29.〉

　　1. 규격

　　　대통령선거는 20제곱미터 이내, 국회의원선거·지방의회의원선거 및 지방자치단체의 장선거는 10제곱미터 이내

　　2. 설치·게시 기간

　　　합동연설회 또는 합동토론회 개최일 전일부터 개최일까지

④ 정당이 법 제57조의3제1항제3호의 규정에 따라 합동연설회 또는 합동토론회를 개최하는 때에는 개최일 전일까지 관할선거구 위원회에 별지 제15호의2서식의 (다)에 의하여 신고하여야 한다. 이 경우 신고사항에 변경이 있는 때에는 개최시각 전까지 그 변경사항을 신고하여야 한다. 〈개정 2008.2.29.〉

[본조신설 2005.8.4.]

제25조의3(당원 등 매수금지의 예외) ① 법 제57조의5(당원 등 매수금지)제1항단서에서 "의례적인 행위"라 함은 다음 각 호의 어느 하나에 해당하는 행위를 말한다. 〈개정 2009.2.19.〉

　　1. 경선후보자의 경선운동기구를 방문하는 자나 경선운동기구의 개소식에 참석한 자에게 통상적인 범위 안에서 다과류의 음식물(주류를 제외한다)을 제공하는 행위

　　2. 경선후보자와 함께 다니는 자와 경선운동기구에서 경선사무에 종사하는 자를 합하여 다음 각 목에 해당하는 수(법 제10조(사회단체등의 공명선거추진활동)제1항제3호의 규정에 따른 가족은 그 수에 산입하지 아니한다) 이내에서 통상적인 범위 안의 식사류의 음식물을 제공하는 행위

　　　가. 대통령선거의 당내경선에 있어서는 30인

　　　나. 시·도지사선거의 당내경선에 있어서는 15인

　　　다. 국회의원선거, 자치구의 구청장 및 시장·군수(이하 "자치구·시·군의 장"이라 한다)선거의 당내경선에 있어서는 10인

　　　라. 지방의회의원선거의 당내경선에 있어서는 5인

　　3. 그 밖에 위 각 호의 어느 하나에 준하는 것으로서 중앙위원회가 정하는 행위

② 제1항의 규정에 따라 통상적인 범위 안에서 1인에게 제공할 수 있는 음식물의 가액범위는 제50조(기부행위로 보지 아니하는 행위 등)제6항의 규정을 준용한다.

[본조신설 2005.8.4.]

제25조의4(당내경선 등을 위한 휴대전화 가상번호의 제공요청) ① 법 제57조의8제1항에 따른 휴대전화 가상번호 제공요청서는 별지 제15호의2서식의 (라)에 따른다. 〈개정 2017.2.24.〉

② 법 제57조의8에 따른 관할 위원회(이하 이 조부터 제25조의8까지 "관할 위원회"라 한다)는 다음 각 호와 같다.

1. 정당의 중앙당이 요청하는 경우 : 중앙위원회

2. 정당의 시 · 도당이 요청하는 경우 : 시 · 도위원회

③ 법 제57조의8제2항에 따라 정당이 휴대전화 가상번호 제공요청서를 제출한 경우에는 관할 위원회가 기재사항, 정당의 경선선거인 수 또는 여론수렴 대상자 수의 30배수 초과 여 부 등을 확인한 다음 제1항에 따라 정당이 제출한 휴대전화 가상번호 제공요청서를 해당 이동통신사업자에게 보낸다. 〈개정 2017.2.24.〉

④ 관할 위원회는 법 제57조의8제5항단서에 따라 정당에 제공하여야 할 휴대전화 가상번호 수의 조정이 필요한 경우 해당 정당에 통보기한을 정하여 그 조정을 요청하여야 한다. 〈개정 2017.2.24.〉

⑤ 관할 위원회는 제4항에 따라 해당 정당이 조정된 휴대전화 가상번호 제공 수를 통보한 경우 지체 없이 해당 이동통신사업자에게 알려야 한다. 다만, 관할 위원회가 지정한 통보기 한까지 해당 정당이 조정된 휴대전화 가상번호 제공 수를 통보하지 아니한 경우 관할 위원회는 그 사실을 해당 이동통신사업 자에게 알려야 한다. 〈개정 2017.2.24.〉

⑥ 제5항단서에 따른 안내를 받은 이동통신사업자는 정당의 요청에 따라 제공하여야 하는 휴대전화 가상번호 수에도 불구하고 이동통신사업자가 제공할 수 있는 휴대전화 가상번호의 최대수를 제공하여 야 한다. 〈개정 2017.2.24.〉

⑦ 제5항 또는 제6항에 따라 제공받은 휴대전화 가상번호의 수가 법 제57조의8제1항에 따라 요청한 휴대전화 가상번호의 수보다 적은 때에는 해당 정당은 통보받은 날로부터 2일 이내에 관할 위원회에 다른 이동통신사업자의 휴대전화 가상번호 제공을 요청할 수 있다. 〈개정 2017.2.24.〉

⑧ 제2항에도 불구하고 중앙위원회는 휴대전화 가상번호의 요청건수 및 요청시기 등을 종합 적으로 고려하여 관할 위원회를 조정할 수 있다. 〈개정 2017.2.24.〉

[본조신설 2016.1.15.]

[제목개정 2017.2.24.]

[종전 제25조의4는 제25조의10으로 이동 〈2016.1.15.〉]

제25조의5(이용자에 대한 고지와 제공거부) ① 이동통신사업자는 임기만료에 따른 선거가 있을 때마다 그 선거의 예비후보자등록신청개시일 전 1개월부터 예비후보자등록신청개시일 전 일까지(이하 이 조에서 "휴대전화 가상번호의 제공 고지기간"이라 한다) 선거일 현재 19세 이상의 이용자(이하 이 조부터 제25조의6까지 "이용자"라 한다)에게 법 제57조의8제6항에 따른 사실을 다음 각 호의 방법 중 둘 이상의 방법으로 알려야 한다. 〈개정 2017.2.24.〉

1. 이동통신사업자 홈페이지(이동통신단말장치 응용프로그램을 포함한다) 게시

2. 전자우편 전송

3. 우편물 발송

② 본인의 이동전화번호가 정당에 휴대전화 가상번호로 제공되는 것을 거부하려는 이용자는 제1항에

따른 휴대전화 가상번호의 제공 고지기간이 만료된 날의 다음날부터 20일 이내에 해당 이동통신사업자에게 명시적으로 그 의사를 표시하여야 한다. 〈개정 2017.2.24.〉

③ 이동통신사업자는 법 제57조의8제5항본문에 따라 휴대전화 가상번호를 제공한 후 선정 된 이용자가 휴대전화 가상번호 활용에 대한 거부의 의사를 표시할 경우 그 후에 휴대전화 가상번호를 생성하는 때에는 해당 이용자가 포함되지 아니하도록 필요한 조치를 하여야 한다. 다만, 불가피한 사정이 있는 경우에는 그러하지 아니하다. 〈개정 2017.2.24.〉

④ 제2항 또는 제3항에 따른 거부의 의사표시 방법은 해당 이동통신사업자가 정하되, 그 의사표시에 소요되는 비용을 이용자가 부담하지 않도록 필요한 조치를 하여야 한다.

[본조신설 2016.1.15.]

제25조의6(휴대전화 가상번호의 생성) ① 이동통신사업자가 제25조의4제1항에 따른 휴대전화 가상번호 제공요청서에 따라 휴대전화 가상번호를 생성하는 때에는 해당 이동통신사업자가 보유한 이용자의 최신 정보를 기준으로 한다. 〈개정 2017.2.24.〉

② 휴대전화 가상번호 제공을 요청한 정당의 대표자가 제1항에 따른 휴대전화 가상번호를 생성하는 과정에 참관인 1명을 지정하여 참관을 요청하는 경우 이동통신사업자는 그 참관을 보장하여야 한다. 이 경우 이동통신사업자가 지정한 시각까지 참관인이 참석하지 아니한 때에는 참관을 포기한 것으로 본다. 〈개정 2017.2.24.〉

[본조신설 2016.1.15.]

[제목개정 2017.2.24.]

제25조의7(휴대전화 가상번호와 함께 제공되는 정보) 법 제57조의8제5항본문 및 같은 조제7항제3호후단에 따라 휴대전화 가상번호와 함께 제공되는 정보는 다음 각 호와 같다. 〈개정 2017.2.24.〉

　　1. 성(性) : 남성 또는 여성

　　2. 연령 : 20대(19세를 포함한다), 30대, 40대, 50대, 60대, 70대 이상

　　3. 거주지역

　　가. 대통령선거 및 비례대표국회의원선거 : 시 · 도 단위

　　나. 비례대표시 · 도의원선거 및 시 · 도지사선거 : 자치구 · 시 · 군 단위

　　다. 지역구국회의원선거, 비례대표자치구 · 시 · 군의원선거 및 자치구 · 시 · 군의 장선거 : 선거구
　　　또는 자치구 · 시 · 군 단위

　　라. 지역구지방의회의원선거 : 선거구 단위

　　마. 여론수렴 : 시 · 도 또는 자치구 · 시 · 군 단위

[본조신설 2016.1.15.]

[제목개정 2017.2.24.]

제25조의8(휴대전화 가상번호의 제공 및 반납) ① 이동통신사업자가 법 제57조의8제5항에 따라 휴대전화 가상번호를 제공하는 경우 별지 제15호의2서식의 (마)에 따른다. 〈개정 2017.2.24.〉

② 이동통신사업자는 제25조의6에 따라 생성한 휴대전화 가상번호 1부를 정보저장매체에 암호화하여 저장·봉인한 후 관할 위원회를 경유하여 휴대전화 가상번호를 요청한 정당에 제공하여야 한다. 이 경우 관할 위원회 경유는 별지 제15호의2서식의 (마) 표지를 해당 관할 위원회에 송부하는 것으로 갈음할 수 있다. 〈개정 2017.2.24.〉

③ 관할 위원회는 제2항에 따라 이동통신사업자가 휴대전화 가상번호를 정당에 제공하는 때에는 그 제공할 장소를 지정할 수 있다. 〈개정 2017.2.24.〉

④ 정당이 법 제57조의8제1항제1호에 따라 당내경선을 위하여 휴대전화 가상번호를 제공받은 경우에는 휴대전화 가상번호를 제공받은 날부터 그 당내경선의 선거일(당내경선에서 정당이 정하는 바에 따라 결선투표를 실시하는 경우에는 그 결선투표일을 말한다)까지 경선 선거인으로 선정된 사람에 한정하여 다음 각 호에 따른 용도로 해당 휴대전화 가상번호를 활용할 수 있다. 〈개정 2017.2.24.〉

    1. 경선 일정에 관한 안내

    2. 투표참여에 관한 홍보

    3. 경선 여론조사에 응답하도록 권유

⑤ 법 제57조의8제1항제2호에 따른 여론수렴을 위한 휴대전화 가상번호의 유효기간은 10일을 넘을 수 없다. 〈개정 2017.2.24.〉

⑥ 정당은 휴대전화 가상번호 유효기간 만료 전에 이동통신사업자에게 휴대전화 가상번호를 반납할 수 있다. 이 경우 해당 이동통신사업자가 제공한 휴대전화 가상번호를 모두 반납하여야 한다. 〈개정 2017.2.24.〉

[본조신설 2016.1.15.]

[제목개정 2017.2.24.]

제25조의9(휴대전화 가상번호의 비용) ① 이동통신사업자는 제25조의6에 따른 휴대전화 가상 번호의 생성에 소요되는 비용(휴대전화 가상번호 1개를 20일 동안 사용하는 경우를 기준으로 정당이 부담하여야 하는 비용을 말한다. 이하 이 조에서 "휴대전화 가상번호의 비용"이 라 한다)을 별지 제15호의2서식의 (바)에 따라 매년 12월 말까지 중앙위원회에 통보하여야 한다. 〈개정 2017.2.24.〉

② 중앙위원회는 제1항에 따라 휴대전화 가상번호의 비용을 통보받은 후 지체 없이 별지 제15호의2서식의 (사)에 따라 공고하고 이를 국회에 의석을 가진 정당에게 통지하여야 한다. 이 경우 통지는 공고문의 사본 교부로 갈음할 수 있다. 〈개정 2017.2.24.〉

③ 이동통신사업자는 제25조의6에 따라 휴대전화 가상번호를 생성한 후 그에 따른 휴대전화 가상번호의 비용을 해당 정당에 청구할 수 있고, 해당 정당은 제25조의8제2항에 따라 휴대전화 가상번호를

제공받기 전까지 이를 납부하여야 한다. 〈개정 2017.2.24.〉

④ 휴대전화 가상번호의 유효기간이 20일보다 짧은 경우에 그 휴대전화 가상번호의 비용은 일할(日割)하여 계산한다. 〈개정 2017.2.24.〉

⑤ 이동통신사업자는 휴대전화 가상번호의 비용·납부방법 등을 해당 이동통신사업자 홈페이지에 게시하는 등 정당이 쉽게 알 수 있도록 필요한 조치를 하여야 한다.
〈개정 2017.2.24.〉

[본조신설 2016.1.15.]

[제목개정 2017.2.24.]

제6장 선거운동

제25조의10(문자메시지 전송용 전화번호의 신고) 법 제59조제2호후단에 따른 자동 동보통신 방법에 의한 문자메시지 전송에 사용할 전화번호는 전송일 전일까지 별지 제15호의2서식의 (아)에 따라 관할선 거구 위원회에 신고하여야 한다.

[전문개정 2017.2.24.]

제26조(예비후보자등록) ① 법 제60조의2제1항에 따라 예비후보자등록을 신청하는 때에는 다음 각 호에 정하는 피선거권에 관한 증명서류를 첨부하여야 한다.
〈개정 2005.8.4., 2007.11.22., 2009.2.19., 2010.1.25., 2015.8.13.〉

   1. 주민등록표초본(대통령선거, 지방의회의원선거 및 지방자치단체의 장의 선거에 한한다)

   2. 가족관계증명서

   3. 재직증명서(법 제16조제4항의 경우에 해당되는 지방자치단체의 장에 한한다)

   4. 사직원접수증 또는 해임증명서류(법 제53조제1항부터 제3항까지 또는 제5항본문에 해당하는 사람에 한정한다)

② 제20조제3항은 예비후보자등록에 이를 준용한다. 이 경우 "후보자"는 "예비후보자"로 본 다.
〈개정 2007.11.22.〉

③ 예비후보자등록신청서는 별지 제12호서식의 (나)에 의하고, 사퇴신고서는 별지 제15호서식에 의한다.

④ 법 제60조의2제2항 및 제8항에 따른 전과기록에 관한 증명서류 및 학력에 관한 증명서의 제출과 전과기록의 조회 및 회보에 관하여는 제20조제7항·제9항을 준용한다.
〈신설 2010.1.25.〉

⑤ 관할선거구 위원회는 중앙위원회가 정하는 기준에 따라 법 제60조의2제9항에 따른 예비 후보자의

당적 보유 여부 조회를 정당에 요청하여야 한다. 이 경우 해당 시·도위원회가 일괄하여 조회할 수 있다. 〈신설 2015.8.13.〉

⑥ 법 제60조의2제10항에 따른 예비후보자등록서류의 공개는 제20조제6항을 준용한다. 〈신설 2015.8.13.〉

⑦ 관할선거구 위원회는 예비후보자가 등록·사퇴·사망하거나 등록이 무효로 된 때에는 이를 공고하여야 한다. 〈개정 2005.8.4., 2010.1.25., 2015.8.13.〉

⑧ 법 및 이 규칙에 따라 각급위원회에 대하여 행하는 예비후보자와 관련된 신청·신고·제출 등은 일반직 국가공무원의 정상근무일의 오전 9시부터 오후 6시까지 하여야 한다. 다만, 예비후보자등록신청 개시일에는 토요일 또는 공휴일에도 불구하고 오전 9시부터 오후 6시까지 이를 할 수 있다. 〈신설 2006.3.2., 2010.1.25., 2011.7.28., 2015.8.13.〉

[본조신설 2004.3.12.]

제26조의2(예비후보자 등의 선거운동) ① 삭제 〈2017.2.24.〉

② 법 제60조의3제1항제4호에 따른 예비후보자홍보물(이하 "예비후보자홍보물"이라 한다)은 1종으로 하되, 그 규격과 적어야 할 사항은 다음 각 호에 따른다. 〈개정 2008.2.29.〉

  1. 규격

    가. 크기

      길이 27센티미터 너비 19센티미터 이내

    나. 면수

      대통령선거는 16면 이내, 지역구국회의원선거와 지역구지방의회의원선거 및 지방자치단체의 장선거는 8면 이내

  2. 적어야 할 사항

    가. 앞면

      명칭("예비후보자홍보물"이라 적는다), 선거명, 선거구명, 예비후보자의 성명, 수속정당명(정당의 당원이 아닌 사람은 "무소속"이라 적는다)

    나. 맨 뒷면

      작성근거("이 예비후보자홍보물은 「공직선거법」 제60조의3제1항제4호에 따라 제작한 것입니다."라고 적는다), 인쇄사의 명칭·주소·전화번호

③ 예비후보자홍보물의 발송수량은 제51조제1항에 따라 선거비용제한액을 공고하거나 같은 조제3항에 따라 선거비용제한액을 변경하여 공고하는 때에 함께 공고하여야 한다. 〈개정 2008.2.29.〉

④ 예비후보자가 제2항의 홍보물을 발송하고자 하는 경우에는 별지 제15호의3서식의 (가)에 의한 발송용 봉투를 사용하여야 하며, 「우편법 시행령」 제25조(우편요금등의 별납)의 규정에 따라 우편요금 등을 따로 납부하는 방법으로 하여야 한다. 〈개정 2005.8.4.〉

⑤ 예비후보자가 제4항에 따라 예비후보자홍보물을 발송하려는 때에는 발송일 전 2일까지 예비후보자홍보물 2부 또는 그 전자적 파일을 붙여 다음 각 호의 내용을 적은 별지 제15호 의3서식의 (나)에 따라 관할선거구 위원회에 신고하여야 한다. 이 경우 수회에 걸쳐 예비후보자홍보물을 발송하려는 때에는 최초 신고시에 일괄신고할 수 있다. 〈개정 2005.8.4., 2008.2.29., 2011.7.28.〉

1. 발송수량·발송대상
2. 예비후보자홍보물 작성비용(봉투 작성비용을 포함한다) 및 예비후보자홍보물을 제작한 인쇄사의 명칭·주소·전화번호
3. 발송우체국의 주소·발송일시 및 발송비용

⑥ 삭제 〈2017.1.23.〉

⑦ 예비후보자는 세대주의 주소·성명의 오기(誤記) 등 착오나 그 밖의 사유로 인하여 제4항의 규정에 따라 발송한 홍보물이 반송된 경우에는 이를 해당 세대주에게 다시 발송할 수 있다. 〈신설 2005.8.4.〉

⑧ 법 제60조의3제1항제5호에 따른 어깨띠와 표지물의 규격은 다음 각 호에 따른다.
〈신설 2010.1.25.〉

1. 어깨띠
   길이 240센티미터 너비 20센티미터 이내
2. 표지물
   길이 100센티미터 너비 100센티미터 이내

⑨ 삭제 〈2012.3.2.〉

⑩ 법 제59조제2호·제3호에 따라 문자메시지·전자우편으로 전송하는 선거운동정보와 법 제60조의3제1항제2호부터 제5호까지에 따른 명함, 예비후보자홍보물, 어깨띠·표지물에는 법 제150조에 따른 기호가 결정되기 전이라도 기호를 알 수 있는 때에는 그 기호를 게재할 수 있다. 〈개정 2012.3.2.〉

⑪ 예비후보자는 법 제60조의3제2항에 따라 그의 명함을 줄 수 있는 그의 배우자와 직계존비속(이하이 조에서 "예비후보자의 배우자등"이라 한다)을 별지 제16호서식의 (나)에 의하여 관할선거구 위원회에 신고하여야 하며, 그 신고를 받은 관할선거구 위원회는 지체 없이 별지 제16호서식의 (다)에 따른 표지를 교부하여야 한다. 이 경우 표지의 교부신청은 제28 조제3항과 제5항을 준용한다.
〈신설 2005.8.4., 2010.1.25.〉

⑫ 예비후보자의 배우자등은 제11항에 따라 교부된 표지를 늘 잘 보이도록 달고 선거운동을 하여야 한다. 〈신설 2005.8.4., 2006.3.2., 2010.1.25.〉

⑬ 법 제60조의3제3항에 따라 예비후보자가 선거권자인 세대주의 성명·주소가 기재된 명단 (이하 이 조에서 "세대주명단"이라 한다)의 교부를 신청하는 때에는 그 대상을 지역별·연령 별·성별 등으로 정하여야 한다. 이 경우 교부신청은 별지 제15호의4서식의 (가)에 의한다. 〈신설 2005.8.4., 2010.1.25.〉

⑭ 구·시·군의 장은 예비후보자가 신청한 발송대상의 범위 안에서 행정구역순, 지번 순으로 세대주를 선정하여 세대주명단을 작성·교부하여야 한다. 이 경우 그 앞표지는 별지 제15호 의4서식의 (나)에

의한다. 〈신설 2005.8.4., 2010.1.25.〉

⑮ 구·시·군의 장은 전산조직을 이용하여 세대주명단을 작성할 수 있으며, 세대주명단의 교부는 전산자료 복사본의 교부로 갈음할 수 있다. 〈신설 2005.8.4., 2010.1.25.〉

⑯ 세대주명단의 전산자료 복사본의 변조방지장치에 대하여는 제18조(명부사본의 작성 및 교부신청등) 제2항의 규정을, 세대주명단의 작성비용의 공시에 대하여는 제49조(의정활동보고회의 고지등)제3항의 규정을 준용한다. 이 경우 "선거인명부"는 "세대주명단"으로 본다. 〈신설 2005.8.4., 2010.1.25.〉

⑰ 삭제 〈2012.3.2.〉

[본조신설 2004.3.12.]

[제목개정 2005.8.4.]

제26조의3(예비후보자공약집) ① 법 제60조의4제1항에 따라 대통령선거 및 지방자치단체의 장선거의 예비후보자가 발간·배부하는 예비후보자공약집에는 다음 각 호의 사항을 적어야 한다.

    1. 앞면

        명칭("예비후보자공약집"이라 적는다), 선거명, 예비후보자의 성명, 소속정당명(정당의 당원이 아닌 사람은 "무소속"이라 적는다)

    2. 맨 뒷면

        작성근거("이 예비후보자공약집은 「공직선거법」 제60조의4제1항에 따라 제작한 것입니다."라고 적는다), 판매가격, 출판사(출판사를 이용하지 아니하고 발간한 경우에는 그 인쇄사를 말한다)의 명칭·주소·전화번호

② 제1항의 예비후보자공약집에는 법 제150조에 따른 기호가 결정되기 전이라도 예비후보자가 자신의 기호를 알 수 있는 때에는 그 기호를 게재할 수 있다. 〈신설 2010.1.25.〉

③ 법 제60조의4제3항에 따라 예비후보자가 관할선거구 위원회에 예비후보자공약집을 제출하는 때에는 별지 제15호의5서식에 따른다. 〈개정 2010.1.25.〉

[본조신설 2008.2.29.]

제27조(선거운동기구의 간판·현판·현수막등) ① 삭제 〈2005.8.4.〉

② 삭제 〈2005.8.4.〉

③ 법 제61조제6항에 따라 선거사무소, 선거연락소 및 선거대책기구에 설치·게시하는 간판·현판·현수막에는 법 제150조(투표용지의 정당·후보자의 게재순위등)의 규정에 따른 기호가 결정되기 전이라도 정당 또는 후보자(예비후보자를 포함한다)가 자신의 기호를 알 수 있는 때에는 그 기호를 게재할 수 있다. 〈개정 2005.8.4., 2014.1.17.〉

④ 법 제61조제6항에 따른 간판·현판 및 현수막과 선거벽보·선거공보·선거공약서 및 후보자의 사진은 선거사무소, 선거연락소 및 선거대책기구가 있는 건물이나 그 담장을 벗어난 장소에 또는 애드벌

론을 이용한 방법으로 설치·게시할 수 없다. 〈개정 2014.1.17.〉

⑤ 정당·후보자·선거사무장 또는 선거연락소장이 법 제61조제6항에 따라 선거사무소와 선거연락소에 첨부할 수 있는 선거벽보·선거공보 및 선거공약서의 수량은 다음 각 호의 매수(책자형 선거공보 및 선거공약서의 경우에는 부수를 말한다. 이하 같다) 이내로 한다.

〈개정 1995.4.14., 1998.4.30., 2000.2.16., 2002.3.21., 2005.8.4., 2007.1.3., 2010.1.25.〉

1. 대통령, 비례대표국회의원과 비례대표시·도의원 및 시·도지사의 선거의 선거사무소에 있어서는 각각 50매

2. 지역구국회의원 및 자치구·시·군의 장의 선거의 선거사무소와 대통령 및 시·도지사의 선거의 선거연락소에 있어서는 각각 30매

3. 지역구국회의원 및 자치구·시·군의 장의 선거의 선거연락소와 지역구시·도의원선거 및 자치구·시·군의원선거의 선거사무소에 있어서는 각각 20매

⑥ 법 제61조제6항에 따라 선거사무소와 선거연락소에 첨부할 수 있는 후보자의 사진의 매 수는 제5항에 따른 선거사무소와 선거연락소별 선거벽보의 첨부매수(비례대표국회의원선거 및 비례대표지방의회의원선거의 선거사무소의 경우에는 후보자마다 각 10매) 범위 이내로 한다.

〈개정 1995.4.14., 2000.2.16., 2005.8.4., 2010.1.25., 2017.1.23.〉

⑦ 삭제 〈2014.1.17.〉

제27조의2(정당선거사무소의 신고등) ① 법 제61조의2(정당선거사무소의 설치)제3항의 규정에 의한 정당선거사무소(이하 이 조에서 "정당선거사무소"라 한다)의 설치·변경신고는 별지 제16호서식의 (마)에 의한다.

② 정당이 정당선거사무소를 설치·운영하는 중에 보궐선거등을 실시하게 되는 때에는 당해 보궐선거등의 선거일 후 30일까지 이미 설치된 정당선거사무소 외에 별도의 정당선거사무소를 설치할 수 없다. 이 경우 이미 설치된 정당선거사무소는 보궐선거등에 있어서 법 제61조의2제3항의 규정에 따라 신고된 정당선거사무소로 본다. 〈개정 2005.8.4.〉

③ 정당선거사무소에 설치·게시하는 간판·현판·현수막에는 후보자(후보자가 되고자 하는 자를 포함한다. 이하 이 항에서 같다)의 성명·사진 또는 그 성명을 유추할 수 있는 내용을 게재하거나 후보자를 지지·추천하거나 반대하는 내용을 게재하여서는 아니 된다. 〈개정 2005.8.4.〉

④ 제3항의 간판·현판·현수막은 정당선거사무소가 있는 건물이나 그 담장을 벗어난 장소에 또는 애드벌룬을 이용한 방법으로 설치·게시할 수 없다. 〈개정 2014.1.17.〉

[본조신설 2004.3.12.]

제27조의3(활동보조인을 둘 수 있는 장애인 예비후보자·후보자의 범위) ① 법 제62조제4항에 따라 활동보조인을 둘 수 있는 장애인 예비후보자·후보자는 「장애인복지법」 제32조에 따라 등록된 장애인

으로서 「장애인복지법 시행규칙」 별표 1에 따른 장애인의 장애등급표 중 다음 각 호의 어느 하나에
해당하는 사람으로 한다.

    1. 청각장애인 및 언어장애인 : 모든 등급의 사람

    2. 그 밖의 장애인 : 장애등급 제1급부터 제3급까지의 사람

② 제1항의 장애인 예비후보자·후보자가 활동보조인을 두려는 경우에는 법 제63조제1항에 따라 활동
보조인의 선임신고를 하는 때에 「장애인복지법」 및 「장애인복지법 시행규칙」에 따른 장애인등록증의
사본이나 장애인증명서 그 밖에 관공서가 발행한 것으로서 제1항 각 호의 어느 하나에 해당하는 장애인
임을 증명할 수 있는 서류를 제출하여야 한다.

[본조신설 2010.1.25.]

제28조(선거운동기구 및 선거사무관계자의 신고 등) ① 법 제63조제1항에 따른 선거사무소·선거연락소
의 설치·변경의 신고는 별지 제16호서식의 (가)에 의하고, 선거사무장·선거연락소장 이나 선거사무
원·활동보조인(이하 이 조에서 "선거사무장등"이라 한다)의 선임·해임 및 교체 (이하 이 항에서 "선임
등"이라 한다)의 신고와 후보자의 배우자 및 직계존비속(이하 "후보자의 배우자등"이라 한다)의 신고는
별지 제16호서식의 (나)에 의하되, 신고사항별로 다음 각 호의 관할위원회에 신고하여야 한다.
〈개정 1995.4.14., 2000.2.16., 2004.3.12., 2010.1.25., 2015.12.24.〉

    1. 대통령선거의 선거사무소의 설치·변경, 선거사무장 및 선거사무소에 두는 선거사무원의 선임
       등의 신고와 비례대표국회의원선거의 선거사무소의 설치·변경, 선거사무장 및 선거사무원의
       선임 등의 신고는 중앙위원회

    2. 대통령선거의 시·도선거연락소의 설치·변경, 시·도선거연락소장 및 시·도선거연락소에
       두는 선거사무원의 선임등의 신고와 비례대표시·도의원선거 및 시·도지사선거의 선거사무소
       의 설치·변경, 선거사무장 및 선거사무소에 두는 선거사무원의 선임등의 신고는 시·도 위원회

    3. 지역구국회의원·지방의회의원(비례대표 시·도의원을 제외한다) 및 자치구·시·군의 장의
       선거의 선거사무소의 설치·변경, 선거사무장 및 선거사무소에 두는 선거사무원의 선임 등의
       신고는 선거구위원회인 구·시·군위원회

    4. 대통령 및 지역구국회의원의 선거와 시·도지사 및 자치구·시·군의 장의 선거의 구·시·군선
       거연락소의 설치·변경, 구·시·군선거연락소장 및 구·시·군선거연락소에 두는 선거사무
       원의 선임등의 신고는 관할 구·시·군위원회

② 법 제62조제2항제2호에 따라 지역구국회의원선거 및 자치구·시·군의 장선거에서 그 읍·면·동
수의 3배수 외에 추가로 둘 수 있는 5명 이내의 선거사무원은 선거사무소에 둔다. 〈신설 2010.1.25.〉

③ 법 제63조제2항에 따른 표지의 규격과 그 게재사항은 별지 제16호서식의 (다)에 의하며, 제1항의
선거사무장등의 선임신고와 후보자의 배우자등의 신고는 표지의 교부신청을 겸한 것으로 본다. 이
경우 관할위원회는 법 제63조제1항에 따른 신고가 있는 때에는 신고된 선거사무장등(회계책임자를

포함한다. 이하 이 조에서 같다)과 후보자의 배우자등의 수에 해당하는 표지를 교부하여야 한다. 〈개정 1997.1.13., 2004.3.12., 2005.8.4., 2010.1.25.〉

④ 예비후보자가 법 제49조에 따라 해당 선거의 같은 선거구에 후보자등록을 마친 때에는 제26조의2제1항에 따라 신고된 예비후보자의 배우자등은 이 조에 따라 신고된 후보자의 배우자등으로 보아 따로 신고하지 아니할 수 있으며, 후보자의 배우자등은 이 조제3항에 따라 교부된 표지를 늘 잘 보이도록 달고 선거운동을 하여야 한다. 〈개정 2010.1.25.〉

⑤ 예비후보자가 법 제49조에 따라 해당 선거의 같은 선거구에 후보자등록을 마치고 선거사무장의 선임신고를 하지 않은 경우에는 예비후보자의 선거사무장을 후보자의 선거사무장으로 본다. 〈신설 2017.1.23.〉

⑥ 선거사무장등과 후보자의 배우자등이 제3항의 표지를 분실한 때에는 분실일시와 장소, 분실사유 등을 적고 분실한 자와 그 선임권자가 함께 서명 또는 날인하여 해당 위원회에 별 지 제16호서식의 (라)에 따라 표지의 재교부를 신청할 수 있으며, 해당 위원회는 분실한 것으로 인정되는 때에는 표지의 빈자리에 "재교부"라고 표시하여 교부하여야 한다. 〈개정 2010.1.25., 2011.7.28., 2017.1.23.〉

제29조(선거벽보) ① 법 제64조제1항에 따른 선거벽보는 후보자마다 1종으로 하고, 그 규격은 다음 각 호에 의하되, 길이를 상하로 하여 작성하여야 한다. 이 경우 선거벽보를 인쇄하는 종이는 100g/㎡ 이내의 종이로 한다. 〈개정 1995.4.14., 1995.12.30., 2000.2.16., 2005.8.4., 2010.1.25.〉

    1. 대통령선거

       길이 76센티미터 너비 52센티미터

    2. 지역구국회의원 · 지역구지방의회의원 및 지방자치단체의 장의 선거

       길이 53센티미터 너비 38센티미터

    3. 삭제 〈2005.8.4.〉

② 구 · 시 · 군위원회가 법 제64조제1항 및 제2항에 따라 첩부하는 선거벽보는 읍 · 면 · 동을 단 위로 다음 각 호의 비율을 한도로 균등하게 후보자의 기호 순으로 길이를 상하로 하여 동시에 같은 장소에 첩부하여야 한다. 이 경우 다음 각 호에 따라 산출한 매수가 5매 미만인 경우에는 5매로 한다. 〈개정 1995.4.14., 1997.1.13., 2000.2.16., 2002.3.21., 2004.3.12., 2005.8.4., 2010.1.25., 2011.7.28.〉

    1. 읍 및 동은 인구 1천인에 1매

    2. 인구 5천인을 넘는 면은 50매에 인구 5천인을 넘는 매 1천인까지 마다 1매를 더한 매 수

    3. 인구 5천인을 넘지 않는 면은 인구 100인에 1매

③ 법 제64조제3항에 따라 정당 또는 후보자가 제출할 선거벽보의 수량은 구 · 시 · 군위원회 (지역구지방의회의원선거에 있어서는 관할선거구)별로 제2항에 따라 산출한 수량에 그 100 분의 5에 상당하는 매수를 더한 수량으로 하며, 보완첩부용으로 보관할 수량은 제2항에 따라 산출한 수량의 100분의

30에 상당하는 매수로 한다. 이 경우 법 및 이 규칙의 규정에 의하여 작성할 수 있는 총수량의 단수가 10미만인 때에는 10매로 한다.

〈개정 1995.5.17., 1995.12.30., 2000.2.16., 2004.3.12., 2005.8.4., 2010.1.25.〉

④ 정당 또는 후보자가 법 제64조제2항에 따라 관할구·시·군위원회에 선거벽보를 제출하는 때에는 별지 제17호서식의 (나)에 의하되, 관할구·시·군위원회는 법 같은 조제3항에 따라 공고된 수량의 범위 안에서 미리 읍·면·동위원회별로 제출할 매수와 장소를 정하여 정당 또는 후보자로 하여금 그 지정장소에 제출하게 할 수 있다. 〈개정 1995.5.17., 2000.2.16., 2005.8.4., 2010.1.25.〉

⑤ 선거벽보는 선거인의 통행이 많은 곳의 통행인이 보기 쉬운 건물 또는 게시판 등에 첩부 하여야 한다. 이 경우 선거벽보를 첩부할 마땅한 장소가 없는 때에는 지역구지방의회의원 및 지방자치단체의 장의 선거에 있어서는 해당 지방자치단체가, 대통령 및 지역구국회의원의 선거에 있어서는 관할 구·시·군위원회가 선거벽보를 첩부할 벽보판을 제작·설치하여야 한다. 〈개정 2005.8.4., 2010.1.25.〉

⑥ 삭제 〈2010.1.25.〉

⑦ 법 제64조제6항에 따른 경력등에 관한 허위사실의 게재를 이유로 한 이의제기는 별지 제17호서식의 (마)에 따라 하여야 하며, 해당 상급위원회로부터 이의제기에 대한 증명서류의 제출을 요구받은 이의제기자·정당 또는 후보자는 그 요구를 받은 날부터 3일 이내에 관련 증명서류를 제출하여야 한다.

〈개정 2000.2.16., 2005.8.4., 2009.2.19., 2010.1.25., 2011.7.28.〉

⑧ 상급위원회는 법 제64조제6항에 따라 경력등의 허위게재사실을 공고한 때에는 그 공고문 사본을 관할선거구 위원회에 송부하여야 하며, 관할선거구 위원회는 상급위원회로부터 허위게재사실의 공고문 사본을 송부받거나 법 같은 조제7항에 따른 사생활에 대한 비방으로 인한 고발사실을 공고한 때에는 동 공고문 사본을 통행인이 쉽게 알아볼 수 있도록 길이 53센티미터 너비 38센티미터로 작성하여 투표구마다 5매를 첩부하고 사전투표기간 및 선거일에는 사전투표소와 투표소 입구에 각 1매를 추가로 첩부하되, 해당 후보자가 입후보한 선거의 선거구 안에만 첩부한다. 이 경우 상급위원회 및 해당 선거구 위원회의 청인날인은 생략할 수 있다.

〈개정 2000.2.16., 2002.3.21., 2005.8.4., 2010.1.25., 2017.1.23.〉

⑨ 해당위원회는 법 제64조제1항부터 제4항까지(종수·규격·수량 및 제출기한을 말한다)의 규정에 위반하지 아니하는 한 선거벽보의 접수를 거부할 수 없으며, 법 제64조제6항에 따른 이의제기나 법 같은 조제7항에 따른 고발은 선거벽보의 제출·접수 또는 첩부의 계속진행에 영향을 주지 아니한다.

〈개정 2010.1.25.〉

⑩ 법 제64조제5항단서에 따른 선거벽보의 정정·삭제요청은 별지 제17호서식의 (라)에 의한다.

〈신설 2010.1.25.〉

[제목개정 2010.1.25.]

제30조(선거공보) ① 법 제65조제1항과 제4항에 따른 책자형 선거공보, 전단형 선거공보, 점자형 선거공보, 법 같은 조제9항에 따라 후보자가 작성하는 후보자정보공개자료(이하 이 조에서 "선거공보등"이라 한다)는 각각 1종으로 하며, 그 규격은 다음 각 호에 따른다.
〈개정 2008.2.29., 2010.1.25., 2014.1.17., 2015.8.13.〉

   1. 책자형 선거공보, 점자형 선거공보, 후보자정보공개자료

      길이 27센티미터 너비 19센티미터 이내

   2. 전단형 선거공보

      길이 38센티미터 너비 27센티미터 이내 또는 길이 54센티미터 너비 19센티미터 이내

② 선거공보등에는 다음 각 호에 따른 사항을 적되, 점자형 선거공보에는 해당 사항을 한글과 점자로 함께 적어야 한다. 〈개정 2008.2.29., 2015.8.13.〉

   1. 책자형 선거공보와 전단형 선거공보의 앞면

      명칭("책자형 선거공보" 또는 "전단형 선거공보"라 적는다), 선거명, 선거구명

   2. 점자형 선거공보의 앞면

      선거명, 선거구명, 후보자성명

③ 정당 또는 후보자가 제출할 선거공보등의 수량은 제2조에 따른 인구의 기준일 현재 구·시·군위원회(지역구지방의회의원선거의 경우에는 선거구를 말한다)별 세대수(이하 이 항에서 "세대수"라 한다) 등을 기준으로 다음 각 호에 따라 산출한 수에 각각 그 100분의 5를 더한 수로 한다. 이 경우 제출할 수량의 단수가 10미만인 때에는 10매로 하고, 법과 이 규칙에 따라 작성할 수 있는 총수량의 단수가 100미만인 때에는 100매로 한다. 〈개정 2008.2.29., 2014.1.17.〉

   1. 책자형 선거공보

      세대수와 예상 거소투표신고인수 및 법 제65조제5항에 따른 예상 신청자수를 합한 수

   2. 점자형 선거공보

      법 제65조제7항에 따라 통보된 시각장애선거인수(이하 이 조에서 "시각장애선거인수"라 한다)

   3. 전단형 선거공보

      세대수

   4. 후보자정보공개자료

      제출하여야 할 책자형 선거공보의 매수에서 제출한 책자형 선거공보의 매수를 뺀 수

   5. 삭제 〈2015.8.13.〉

④ 중앙위원회는 후보자가 제65조제4항단서에 따른 전자적 표시를 할 수 있도록 기술적 조치를 하여야 한다. 〈신설 2015.8.13.〉

⑤ 법 제65조제5항에 따른 책자형 선거공보의 발송신청은 별지 제17호서식의 (바)에 따르고, 같은 조제6항에 따라 정당 또는 후보자가 관할구·시·군위원회에 선거공보등을 제출하는 경우에는 별지 제17호서식의 (나)에 의하되, 관할구·시·군위원회는 미리 매 세대에 발송할 선거공보등은 읍·면·

동위원회별로 제출할 매수와 장소를 정하여 정당 또는 후보자로 하여금 그 지정장소에 제출하게 할 수 있으며, 거소투표신고인명부 확정 및 법 제65조제5항에 따른 책자형 선거공보 발송신청 접수 결과 거소투표신고인 및 신청자에게 발송하여야 할 선거공보등의 수량이 제3항에 따른 제출수량을 초과하는 때에는 정당 또는 후보자에게 그 초과수 량을 제출하게 할 수 있다. 이 경우 우편에 의한 책자형 선거공보의 발송신청은 등기우편으로 처리하되, 그 우편요금은 국가 또는 지방자치단체가 부담한다. 〈개정 2008.2.29., 2014.1.17., 2015.8.13.〉

⑥ 법 제65조제7항에 따라 구·시·군의 장이 관할구·시·군위원회에 통보하여야 할 시각장애선거인의 범위는 「장애인복지법 시행규칙」 별표 1에 따른 장애등급 제1급 내지 제4급에 해당하는 자로 한다. 〈개정 2014.1.17., 2015.8.13.〉

⑦ 법 제65조제8항에 따른 후보자정보공개자료는 별지 제17호서식의 (다)에 따라 작성한다. 〈개정 2010.1.25., 2014.1.17., 2015.8.13.〉

⑧ 제7항의 후보자정보공개자료에는 선거벽보·선거공보·선거공약서 및 후보자가 운영하는 인터넷 홈페이지에 적었거나 적고자 하는 학력을 2개 이내로 적는다. 〈개정 2008.2.29., 2010.1.25., 2015.8.13., 2017.1.23.〉

⑨ 법 제65조제9항에 따라 후보자가 작성하는 후보자정보공개자료의 작성방법은 제7항과 제8항을 준용한다. 〈신설 2008.2.29., 2010.1.25., 2014.1.17., 2015.8.13.〉

⑩ 비례대표국회의원 및 비례대표지방의회의원선거에서 후보자의 사진·성명·학력·경력은 추천순위에 따라 게재하되, 후보자명부에 있는 내용을 그대로 기재한다. 〈신설 2012.1.17., 2015.8.13.〉

⑪ 삭제 〈2010.1.25.〉

⑫ 제29조제7항부터 제10항까지의 규정은 선거공보등에 준용한다. 이 경우 "선거벽보"는 "선거공보등"으로, "경력등"은 "경력등이나 후보자정보공개자료"로, "첨부(제9항을 말한다)"는 "발송"으로 본다. 〈개정 2010.1.25., 2015.8.13.〉

[전문개정 2005.8.4.]

제30조의2 삭제 〈2010.1.25.〉

제31조(선거공약서) ① 법 제66조의 규정에 따른 선거공약서(점자형 선거공약서를 포함한다. 이하 같다)는 길이 27센티미터 너비 19센티미터 이내로 작성하여야 한다.

② 선거공약서의 앞면에는 "선거공약서"라고 표시하고, 선거명, 후보자성명, 정당추천후보자의 소속 정당명(무소속후보자는 "무소속"이라 표시한다)을 한글로 게재하여야 하며, 선거공약서의 뒷면에는 "이 선거공약서는 「공직선거법」 제66조의 규정에 따른 것입니다."라고 표시하고, 인쇄소의 명칭·주소·전화번호를 게재하여야 한다.

③ 후보자가 점자형 선거공약서를 우편으로 발송하려는 경우에는 별지 제17호의2서식의 (다)에 의한

발송용 봉투를 사용하여야 하며, 「우편법 시행령」 제25조에 따라 우편요금 등을 따로 납부하는 방법으로 하여야 한다. 〈신설 2010.1.25.〉

④ 점자형 선거공약서를 우편으로 발송하려는 후보자는 선거일 전 5일까지 구·시·군의 장에게 시각장애선거인과 그 세대주의 성명·주소의 교부를 신청할 수 있으며, 신청을 받은 구·시·군의 장은 지체 없이 이를 교부하여야 한다. 이 경우 시각장애선거인의 범위에 관하여는 제30조제6항을 준용한다. 〈신설 2010.1.25., 2015.8.13.〉

⑤ 법 제66조제6항에 따른 선거공약서의 관계위원회에의 신고 및 제출은 별지 제17호의2서식의 (가)에 의한다. 〈개정 2010.1.25.〉

⑥ 법 제66조제7항에 따른 선거공약서의 전산자료복사본 또는 그 요약본의 제출은 별지 제17호의2서식의 (나)에 의한다. 〈개정 2010.1.25.〉

[본조신설 2007.1.3.]

제132조(현수막) ① 법 제67조제1항에 따른 현수막(이하 이 조에서 "현수막"이라 한다)은 천으로 제작하되, 그 규격은 10제곱미터 이내로 한다.

② 후보자(대통령선거의 정당추천후보자는 그 추천정당을 말한다. 이하 이 조에서 같다)는 현수막을 내걸기 전에 관할 구·시·군위원회에 별지 제18호서식에 따라 그 표지를 신청하여야 하며, 현수막을 내거는 때에는 관할 구·시·군위원회가 내어준 별지 제19호의3양식의 표지를 붙여야 한다. 이 경우 내건 현수막을 바꿀 때에는 종전의 현수막에 붙였던 표지를 새로운 현수막에 붙여야 한다.

③ 후보자가 제2항에 따른 표지를 잃어버린 때에는 관할 구·시·군위원회에 별지 제18호의2 서식에 따라 표지를 다시 신청할 수 있다.

④ 제1항의 현수막은 일정한 장소·시설에 고정하여 내걸어야 하며, 다음 각 호의 어느 하나에 해당하는 방법으로는 내걸 수 없다.

　　1. 애드벌룬·네온사인·형광 그 밖에 전광으로 표시하는 방법

　　2. 다른 후보자의 현수막이나 「도로교통법」 제2조에 따른 신호기 또는 안전표지를 가리는 방법

　　3. 「도로교통법」 제2조에 따른 도로를 가로지르는 방법

　　4. 선거일에 투표소가 설치된 시설의 담장이나 입구 또는 그 안에 내걸리게 하는 방법

[전문개정 2008.2.29.]

제133조(어깨띠 등 소품) 법 제68조제1항에 따른 어깨띠 등 소품의 규격 또는 금액은 다음 각 호에 따른다.

　　1. 어깨띠

　　　　제26조의2제8항제1호의 규격

　　2. 윗옷

　　　　제59조제1항제5호에 따른 선거사무원 수당의 기준금액 이내

3. 마스코트, 표찰·수기 그 밖의 소품

　　옷에 붙이거나 사람이 입거나 한 손으로 지닐 수 있는 정도의 크기

[전문개정 2010.1.25.]

제34조(신문광고) ① 법 제69조(신문광고)제1항의 신문광고에는 "이 신문광고는 「공직선거법」 제69조의 규정에 따른 광고입니다"라고 표시하여야 한다. 〈개정 2005.8.4.〉

② 법 제69조제5항에 따른 인증서의 교부신청은 별지 제18호의3서식에 따르고, 인증서의 서식은 별지 제20호서식의 (나)에 따른다. 〈개정 2010.1.25., 2011.7.28.〉

③ 삭제 〈2010.1.25.〉

④ 같은 날에 발행되는 일간신문이 배달되는 지역에 따라 각각 다르게 발행일자가 표시되었더라도 그 신문에 게재된 광고의 횟수는 1회로 본다.

⑤ 삭제 〈2000.2.16.〉

제35조(방송광고) ① 법 제70조(방송광고)제3항의 규정에 의한 방송광고 실시의 통보는 별지 제21호서식에 의하되, 그 광고의 방송·방영일 전일까지 하여야 한다.

② 방송광고를 실시하는 방송시설의 경영자는 관할선거구 위원회로부터 그 방송광고 내용의 녹음·녹화물의 제출요구가 있는 때에는 이에 협조하여야 한다.

③ 법 제70조제5항의 규정에 의하여 후보자가 신청한 방송시설의 이용일시가 서로 중첩되는 경우에 방송일시의 조정은 당해 방송시설을 경영 또는 관리하는 자가 신청을 받은 순서에 의하고, 신청순서가 같을 때에는 그 방송시설의 이용횟수(계약이 이루어진 횟수를 포함한다. 이하 이 항에서 같다)가 적은 신청인의 순서에 의하며, 신청순서와 이용횟수가 같을 경우에는 신청인 또는 그 대리인의 참여하에 추첨에 의하여 정하여야 한다. 〈신설 1997.11.14.〉

④ 삭제 〈2000.2.16.〉

제36조(후보자등의 방송연설) ① 법 제71조(후보자등의 방송연설)제5항의 규정에 의한 방송시설명·이용일시·시간대등의 통보는 별지 제22호서식의 (가)에 의하며, 방송시설을 경영 또는 관리하는 자는 특별한 사유가 없는 한 통보한 내용을 변경할 수 없다. 〈개정 1998.4.30., 2000.2.16.〉

② 대통령선거에 있어서 법 제71조제7항의 규정에 의한 방송연설신청은 별지 제22호서식의 (나)에 의한다. 다만, 추가등록의 경우에는 당해 정당이 추천하였던 종전의 후보자의 방송연설신청에 의하고, 종전의 후보자의 방송연설신청이 없었던 때에는 다른 후보자가 신청하여 확정된 방송연설일시와 중첩되지 아니하는 범위 안에서 추가등록마감일까지 방송연설을 신청할 수 있다.
〈개정 1998.4.30., 2000.2.16.〉

③ 중앙위원회는 제2항의 방송연설신청서를 받은 때에는 방송연설신청서 제출마감일 후 2 일 이내에

다음 각 호에 의하여 방송연설일시를 결정한다. 〈개정 1997.11.14.〉

1. 방송연설일시가 중첩되지 아니하는 때에는 그 신청한 일시로 한다.
2. 방송연설의 일시가 중첩되는 경우의 일시의 조정은 다음 각목에 의한다.

　　가. 텔레비전방송시설과 라디오방송시설별로 후보자와 연설원을 구분(후보자와 연설원간에 중첩되는 경우에는 후보자가 우선한다)하여 먼저 후보자의 방송연설일시를 모두 지정한 다음 연설원의 방송연설일시를 지정한다.

　　나. 중첩되는 시간대의 방송연설 일시의 조정은 선거일에 가까운 일자부터 일자별로 중첩 되는 시간대에 연설할 자를 추첨으로 우선 지정하고, 지정받지 못한 자의 방송연설 일시는 같은 방송시설의 같은 일자의 다른 이용가능한 시간대를 배정함을 원칙으로 하되 지정받지 못한 자와 같은 일자의 다른 이용가능한 시간대가 각 복수로서 동일 수인 경우에는 추첨에 의하여 각 시간대를 배정하고, 지정받지 못한 자의 수가 다른 이용가능한 시간대의 수보다 적을 때에는 이용가능한 시간대를 추출하여 지정받지 못한 자의 수와 동일하게 한 뒤 추첨에 의하여 각 시간대를 배정하며, 지정받지 못한 자의 수가 다른 이용가능한 시간대의 수보다 많을 때에는 신청일과 가장 가까운 일 자(신청일자의 후일자를 우선한다)의 이용가능한 시간대를 추출하여 지정받지 못한 자의 수와 동일하게 한 뒤 추첨에 의하여 각 시간대를 배정한다.

　　다. 나목의 추첨이 모두 끝난 후 당해 방송시설의 이용가능한 시간대가 부족하여 방송연설일시를 지정받지 못하는 자가 있는 때에는 이들로부터 방송시설별로 방송연설신청을 다시 받아 나목에 의한 추첨방법에 따라 지정한다.

　　라. 나목과 다목의 추첨은 후보자 기호순에 의하여 추첨순위를 추첨하고 추첨순위에 의하여 시간대를 추첨한다. 이 경우 추첨순위는 모든 후보자를 대상으로 일회 추첨에 의하여 정한다.

　　마. 나목과 다목의 추첨에 있어 후보자가 그 대리인으로 하여금 추첨하게 하는 때에는 위임장을 제출하여야 하며, 추첨개시시각까지 후보자 또는 그 대리인이 참여하지 아니하는 경우에는 중앙위원회 위원장이 지명하는 자가 그 후보자를 대리하여 추첨할 수 있다.

④ 중앙위원회가 제3항의 규정에 의하여 방송연설일시와 순서를 결정한 때에는 지체 없이 이를 공고하고 당해 정당 또는 후보자와 당해 방송시설을 경영 또는 관리하는 자에게 통지하여야 한다.

⑤ 대통령선거에 있어서 정당 또는 후보자가 연설원을 교체하고자 하는 때에는 그 연설원의 방송연설일 전 2일까지 중앙위원회에 별지 제22호서식의 (다)에 의하여 신고하여야 하며, 중앙위원회는 이를 당해 방송시설을 경영 또는 관리하는 자에게 통지하여야 한다.

⑥ 대통령선거에 있어서 후보자 또는 연설원이 지정된 방송연설일시에 방송연설을 하지 아니한 경우에도 그 횟수로 산입한다.

⑦ 국회의원과 비례대표시·도의원 및 지방자치단체의 장의 선거에 있어서 법 제71조제10항의 규정에 의한 방송연설의 신고는 별지 제22호서식의 (라)에 의한다.
〈개정 1995.4.14., 1997.1.13., 1998.4.30., 2000.2.16.〉

⑧ 국회의원과 비례대표시·도의원 및 지방자치단체의 장의 선거에 있어서 방송연설일시가 중첩되는 경우의 일시와 순서의 조정은 방송시설을 경영 또는 관리하는 자가 정하되, 모든 후보자에게 공평하게 하여야 한다. 〈개정 1995.4.14., 1997.1.13., 1998.4.30.〉

⑨ 법 제71조제2항의 규정에 따른 "지역방송시설"과 관련하여 관할구역 안에 「방송법 시행령」 제1조의 2(용어의 정의)제1호의 규정에 따른 지상파텔레비전방송사업자(이하 이 조에서 "지상파텔레비전방송 사업자"라 한다)의 방송시설이 없는 광역시의 경우 해당 광역시의 구역을 방송권역으로 하는 인접한 특별시 또는 도의 안에 있는 지상파텔레비전방송사업자의 방송시설을 포함하는 것으로 본다. 〈신설 2006.5.10.〉

⑩ 삭제 〈2000.2.16.〉

⑪ 제35조(방송광고)제2항의 규정은 후보자등의 방송연설에 이를 준용한다. 이 경우 "방송광고"는 "후보자등의 방송연설"로 본다.

제37조(방송시설주관 후보자연설의 방송) ① 방송시설을 경영 또는 관리하는 자가 법 제72조(방송시설주관 후보자연설의 방송)제1항의 규정에 의하여 후보자(비례대표국회의원선거 및 비례대표지방의회의원선 거에 있어서는 그 추천정당이 당해 선거의 후보자중에서 선임한 자를 말한다)의 연설을 방송하고자 하는 때에는 방송시설명·이용일시·시간대와 후보자 1인의 방송연설시간을 정하여 선거구단위로 모든 후보자(비례대표국회의원선거 및 비례대표지방의회의원선거에 있어서는 후보자를 추천한 정당을 말한 다)에게 통지하여야 한다. 〈개정 1997.11.14., 2000.2.16., 2002.3.21., 2004.3.12., 2005.8.4.〉

② 법 제72조제3항의 규정에 의한 방송시설주관 후보자연설의 방송의 실시통보는 별지 제23호서식에 의한다. 〈개정 2000.2.16.〉

③ 제35조(방송광고)제2항의 규정은 방송시설주관 후보자연설의 방송에 이를 준용한다. 이 경우 "방송 광고"는 "방송시설주관 후보자연설의 방송"으로 본다.

제38조(한국방송공사의 경력방송) ① 한국방송공사는 법 제73조(경력방송)제1항후단의 규정에 의하여 지역방송국을 이용한 경력방송을 하고자 하는 때에는 선거구단위로 경력방송을 행할 지역방송국을 지정하여 법 제71조(후보자등의 방송연설)제5항의 규정에 의하여 후보자 등의 연설을 위한 방송시설 명·이용일시·시간대등을 통보하는 때에 함께 별지 제24호서식의 (가)에 의하여 중앙위원회에 통보 하여야 한다. 〈개정 1998.4.30., 2000.2.16., 2004.3.12.〉

② 후보자는 경력방송의 원고를 후보자등록마감일까지(대통령선거에 있어서 추가등록의 경우에는 추가등록과 동시에) 별지 제24호서식의 (나)에 의하여 관할선거구 위원회에 제출하여야 하며, 관할선 거구 위원회는 후보자등록마감일 후 3일(대통령선거에 있어서 추가등록의 경우에는 추가등록 마감일 의 다음날)까지 한국방송공사(지역방송국을 이용하는 때에는 지역방송국을 말한다. 이하 이 조에서 같다)에 송부하여야 한다. 이 경우 후보자가 사진을 제출하지 아니한 때에는 그 후보자는 사진의 방영을

포기한 것으로 본다.

③ 후보자가 관할선거구 위원회에 제출하는 경력방송원고의 자수는 100자를 넘을 수 없으 며, 그 넘는 부분은 이를 방송하지 아니할 수 있다. 이 경우 구두점, 그 밖의 문장부호도 자 수로 산입한다. 〈개정 2004.3.12., 2015.12.24.〉

④ 후보자가 제2항의 규정에 의한 경력방송의 원고제출마감일까지 경력방송의 원고를 제출하지 아니한 때에는 관할선거구 위원회가 후보자등록신청서에 의하여 경력방송원고를 작성 하여 한국방송공사에 송부하여야 한다. 이 경우 후보자가 사진을 제출하지 아니한 때에는 그 후보자는 사진의 방영을 포기한 것으로 본다.

⑤ 한국방송공사가 후보자의 경력방송을 하는 때에는 선거구단위로 하되, 후보자의 기호순에 의하여야 한다.

⑥ 한국방송공사는 후보자의 경력방송의 일정을 결정한 때에는 이를 별지 제24호서식의 (다)에 의하여 관할선거구 위원회에 통보하여야 한다. 다만, 한국방송공사는 경력방송의 일정을 시·도 단위로 일괄 통보하는 때에는 시·도위원회에, 전국단위로 일괄통보하는 때에는 중앙위원회에 통보할 수 있다.

⑦ 관할선거구 위원회는 후보자가 사퇴·사망하거나 등록이 무효로 된 때에는 지체 없이 이를 한국방송공사에 통보하여야 한다.

⑧ 제35조(방송광고)제2항의 규정은 경력방송에 이를 준용한다. 이 경우 "방송광고"는 "경력방송"으로 본다.

제39조(방송시설주관 경력방송) ① 관할선거구 위원회는 한국방송공사 외의 방송시설을 경영 또는 관리하 는 자로부터 법 제74조(방송시설주관 경력방송)제1항의 규정에 의한 후보자의 경력방송을 위한 원고의 제공을 요청받은 때에는 지체 없이 제38조(한국방송공사의 경력방송)제2항 또는 제4항의 규정에 의한 경력방송의 원고를 당해 방송시설을 경영 또는 관리하는 자에게 제공하여야 한다.

② 법 제74조제2항(법 제72조(방송시설주관 후보자연설의 방송)제3항을 준용하는 경우를 말한다)의 규정에 의한 방송시설주관 경력방송실시의 통보는 별지 제24호서식의 (다)에 준 한다. 〈개정 2000.2.16.〉

③ 제35조(방송광고)제2항의 규정은 방송시설주관 경력방송에 이를 준용한다. 〈신설 2000.2.16.〉

제40조 삭제 〈2004.3.12.〉

제41조 삭제 〈2004.3.12.〉

제42조 삭제 〈2004.3.12.〉

제43조(공개장소에서의 연설·대담) ① 법 제79조제2항에서 그 밖에 다수인이 왕래하는 공개장소라

함은 "공원 · 운동장 · 주차장 · 선착장 · 방파제 · 대합실(검표원에게 개표하기 전의 대기장소를 말한다) 또는 경로당등 누구나 오갈 수 있는 공개된 장소"를 말한다. 〈개정 2007.11.22., 2010.1.25.〉

② 법 제79조제3항에 따른 자동차 · 확성장치 및 같은 조제10항에 따른 녹음기 · 녹화기에는 정당 또는 후보자의 홍보에 필요한 사항을 표시하거나 연설 · 대담을 위하여 필요한 설비를 할 수 있다. 이 경우 자동차, 확성장치, 녹음기 및 녹화기에는 별지 제19호의3양식에 따른 표지를 붙여야 하며, 그 표지는 별지 제18호서식에 따라 다음 각 호의 관할 위원회에 신청 하되, 교부받은 표지를 잃어버리거나 못쓰게 된 때에는 관할 위원회에 별지 제18호의2서식에 따라 표지를 다시 신청할 수 있다. 〈개정 2008.2.29., 2010.1.25., 2011.7.28., 2015.8.13.〉

1. 후보자용은 관할선거구 위원회

2. 대통령선거와 지역구국회의원선거 및 시 · 도지사선거의 선거연락소용은 그 선거연락소를 관할하는 시 · 도위원회 또는 구 · 시 · 군위원회

③ 삭제 〈2010.1.25.〉

④ 법 제64조제3항, 법 제65조제12항 및 법 제66조제8항에 따라 관할선거구 위원회가 선거 벽보 · 선거공보 및 선거공약서의 작성수량을 공고하는 때에는 이 규칙 제29조제3항 · 제30조제3항 및 법 제66조제4항에 따라 산출한 수에 법 제79조제6항에 따라 자동차와 확성장치에 붙일 수 있는 적정한 수량을 더하여야 한다. 〈개정 2008.2.29., 2010.1.25., 2014.1.17.〉

⑤ 삭제 〈2004.3.12.〉

⑥ 삭제 〈2004.3.12.〉

⑦ 법 제79조제3항 및 제10항에 따른 시 · 도 및 구 · 시 · 군선거연락소의 자동차, 확성장치, 녹음기 및 녹화기는 당해 시 · 도 및 구 · 시 · 군선거연락소의 관할구역 안에서 사용하여야 한다. 〈신설 1998.4.30., 2007.11.22., 2015.8.13.〉

⑧ 법 제79조제10항에 따라 후보자등이 공개장소에서의 연설 · 대담에서 사용할 수 있는 녹화기의 화면의 규격은 대통령선거에 있어서 후보자가 사용하는 녹화기 외에는 다음 각 호에 의한다. 〈신설 1997.11.14., 2000.2.16., 2005.8.4., 2010.1.25.〉

1. 대통령선거의 시 · 도선거연락소용 및 시 · 도지사선거의 후보자용
10제곱미터 이내

2. 대통령선거와 지역구국회의원선거 및 시 · 도지사선거의 구 · 시 · 군선거연락소용, 지역구국회의원선거 및 자치구 · 시 · 군의 장선거의 후보자용
5제곱미터이내

3. 지역구지방의회의원선거의 후보자용
3제곱미터 이내

제44조(단체의 후보자등 초청 대담 · 토론회) ① 법 제81조(단체의 후보자등 초청 대담 · 토론회) 제3항의

규정에 의한 후보자(비례대표국회의원선거 및 비례대표지방의회의원선거에 있어서는 그 추천정당이 당해 선거의 후보자중에서 선임한 자를 말한다. 이하 이 조에서 같다) 또는 대담·토론자(이하 이 조에서 "후보자등"이라 한다) 초청 대담·토론회의 개최신고와 후보자등의 참석승낙서는 별지 제30호서식의 (가)·(나)에 의한다. 〈개정 2000.2.16., 2002.3.21., 2004.3.12., 2005.8.4.〉

② 법 제81조제4항의 규정에 의한 대담·토론회임을 표시하는 표지는 2개 이내로 하되, 그 규격과 게재사항은 별지 제31호양식에 의한다.

③ 단체가 법 제81조제1항의 규정에 의한 후보자등 초청 대담·토론회를 개최하고자 하는 때에는 법 같은 조제5항의 규정에 따라 선거구단위로 모든 후보자등(비례대표국회의원선거 및 비례대표지방의회의원선거에 있어서는 그 추천정당을 포함한다)에게 미리 통지하여 참석 할 수 있는 기회를 주어야 하며, 대담·토론을 하는 때에는 질문과 답변의 횟수와 시간은 대담·토론에 참석한 모든 후보자등에게 공정하게 하여야 한다. 다만, 하나의 단체가 특정 후보자등만을 계속적으로 초청하여 대담·토론회를 개최하는 것은 후보자간의 형평을 잃은 것으로 본다. 〈개정 2004.3.12., 2005.8.4.〉

④ 단체가 법 제81조제1항의 규정에 의한 후보자등 초청 대담·토론회를 개최함에 있어서 선거구단위로 모든 후보자등을 초청하여 개최하지 아니하고 1인 또는 2인 이상의 후보자등을 먼저 초청하여 대담·토론을 실시한 다음에 나머지 후보자등을 초청하거나 1회에 1인 또는 2 인 이상의 후보자씩 순번에 따라 후보자등을 초청하여 대담·토론회를 개최하고자 하는 때에는 당해 단체의 후보자등 초청 대담·토론회 개최계획을 맨 먼저 개최할 후보자등 초청 대담·토론회의 개최신고시에 함께 제출하여야 한다.

⑤ 후보자등 초청 대담·토론회의 개최장소는 공개되어야 하며, 그 개최장소에는 특정 정당이나 후보자를 지지·추천하거나 반대하는 내용의 시설물·인쇄물 기타의 선전물을 설치·게시 또는 첩부할 수 없다.

⑥ 후보자등 초청 대담·토론회에서 사회자는 참가한 후보자등이 선량한 풍속 기타 사회질서를 해하는 발언을 하거나 법 제110조에 따라 금지된 허위사실의 공표, 사생활에 대한 비방, 특정 지역·지역인 또는 성별에 대한 비하·모욕을 하는 때에는 이를 제지하고 재발방지를 위한 경고를 하여야 한다. 〈개정 2015.12.24.〉

[제목개정 2000.2.16.]

제45조(언론기관의 후보자등 초청 대담·토론회) ① 언론기관은 법 제82조(언론기관의 후보자등 초청 대담·토론회)제1항 및 제2항의 규정에 의하여 개최하는 대담·토론회에 있어서 특정후보자 또는 그 대담·토론자 1인만을 계속적으로 초청하여서는 아니된다. 〈개정 2000.2.16.〉

② 언론기관은 법 제82조의 규정에 의한 대담·토론회를 개최하는 때에는 그 대담·토론회에 참가하는 후보자 또는 대담·토론자(이하 이 조에서 "토론자"라 한다)별로 주제발표시간(주제 발표를 하게 하는 경우에 한한다) 및 맺음말을 하는 시간(맺음말을 하게 하는 경우에 한한다), 질문과 답변 또는 보충질문과 보충답변의 시간, 질문 및 답변의 순서, 사회자의 선정 방법 기타 그 대담·토론회의 공정한 진행을

위한 절차와 방법을 토론자에게 알려야 한다.

③ 언론기관은 법 제82조제1항의 규정에 의하여 대담·토론회를 개최하고 이를 보도하는 때에는 신문 지면·화면 및 녹음구성이 토론자간에 형평이 유지되도록 하여야 한다.

④ 법 제82조제1항후단의 규정에 의하여 방송시설을 경영 또는 관리하는 자가 대담·토론회의 방송일 시와 진행방법 등을 통보하는 때에는 별지 제31호의2서식에 의하여 대담·토론회의 개최일 전일까지 관할선거구 위원회(대통령선거에 있어서 지역방송시설이 대담·토론회를 개최하는 때에는 관할시·도위원회를 포함한다)에 통보하여야 한다. 〈신설 1998.4.30., 2004.3.12.〉

⑤ 제35조(방송광고)제2항의 규정은 방송시설의 초청 대담·토론회에 이를 준용한다. 〈개정 2004.3.12.〉

[제목개정 2000.2.16.]

제45조의2 삭제 〈2004.3.12.〉

제45조의3(정보통신망을 이용한 선거운동) ① 각급위원회(읍·면·동위원회를 제외한다. 이하 이 조에 서 같다)가 법 제82조의4(정보통신망을 이용한 선거운동)제3항의 규정에 의하여 법에 위반되는 정보의 삭제 또는 그 정보의 취급의 거부·정지·제한을 요청하는 때에는 다음 각 호의 사항을 기재한 서면[「선 거관리위원회 사무관리규칙」 제3조(정의)제5호의 규정에 의한 전자문서를 포함한다]으로 한다. 〈개정 2005.8.4.〉

　　1. 법에 위반되는 정보가 게시된 인터넷홈페이지나 그 게시판·대화방 등의 주소 또는 전송 되는 전자우편의 주소

　　2. 법에 위반되는 정보의 내용

　　3. 요청근거 및 요청내용

　　4. 요청사항의 이행기간

　　5. 불응시 주치사항

　　6. 이의신청의 절차와 방법 등

② 후보자(후보자가 되려는 사람을 포함한다)가 법 제82조의4제3항에 따라 법에 위반되는 정보의 삭제 또는 취급의 거부·정지·제한을 요청하는 때에는 별지 제32호의3서식의 (가)에 따르고, 관할선 거구 위원회에 통보하는 때에는 별지 제32호의3서식의 (나)에 따른다. 〈개정 2012.3.2.〉

③ 법 제82조의4제5항에 따른 이의신청은 다음 각 호의 사항을 기재하여 기명하고 날인한 서면으로 하여야 한다. 〈개정 2012.3.2., 2015.8.13.〉

　　1. 이의신청인의 성명·주소·직업·생년월일

　　2. 이의신청내용

④ 각급위원회는 제3항의 이의신청이 법 제82조의4제5항의 이의신청기간을 지난 때에는 그 이의신청

을 각하하고, 이의신청서에 제3항에 따른 기재사항이나 기명 또는 날인이 누락되었거나 명확하지 아니하다고 인정되는 경우에는 해당 이의신청인에게 보정기간을 정하여 보정을 요구할 수 있으며, 이의신청이 이유 있다고 인정되는 때에는 해당 인터넷 홈페이지 관리·운영자 또는 정보통신서비스제공자에 대한 법 같은 조제3항의 요청을 철회하고 이의신청인 및 관계위원회에 그 처리결과를, 이유 없다고 인정되는 때에는 이를 기각하고 이의신청인 및 관계위원회에 그 뜻을 각각 통지하여야 한다. 〈개정 2012.3.2.〉

[전문개정 2004.3.12.]

제45조의4(선거운동정보의 전송제한) 법 제82조의5(선거운동정보의 전송제한)제2항의 규정에 의하여 선거운동정보를 전송하는 경우에는 그 제목이 시작되는 부분에 "선거운동정보"라고 표시하여야 한다.

[본조신설 2004.3.12.]

제45조의5(인터넷광고) 법 제82조의7제1항에 따른 인터넷광고에는 "선거광고"라고 표시하여야 한다.

[전문개정 2010.1.25.]

제46조(교통편의의 제공) ① 법 제83조(교통편의의 제공)제1항의 규정에 의한 전국용 무료승차권을 발급받고자 하는 대통령후보자는 중앙위원회의 인증을 받아 한국철도공사 사장에게 서면으로 신청하여야 한다. 〈개정 2012.1.17.〉

② 제1항의 규정에 의한 전국용 무료승차권의 발급신청과 중앙위원회의 인증은 별지 제32 호서식에 의한다.

③ 중앙위원회는 대통령후보자가 사퇴·사망하거나 등록이 무효로 된 때에는 한국철도공사 사장에게 이를 통지하여야 한다. 〈개정 2012.1.17.〉

제47조(공무원등의 선거에 영향을 미치는 행위금지의 예외) ① 삭제 〈2010.1.25.〉

② 법 제86조제2항제4호바목의 행위는 다음 각 호와 같다. 〈신설 1997.11.14., 2005.8.4.〉

1. 국가유공자의 위령제, 국경일의 기념식, 「각종기념일 등에 관한 규정」 제2조(기념일등)에 의하여 시행되는 기념행사를 개최·후원하는 행위

2. 법령·조례에 의하여 주민의 동의를 필요로 하는 사업의 시행을 위하여 사업설명회를 개최하는 행위

3. 읍·면·동 이상의 행정구역단위의 정기적인 종합주민체육대회나 전래적인 고유축제를 개 최·후원하는 행위

4. 정부가 주관하는 공공행사에 인력·시설·장비 등을 지원하는 행위

5. 그 밖에 위 각 호의 어느 하나에 준하는 행위로서 중앙위원회가 정하는 행위

③ 삭제 〈2005.8.4.〉

④ 법 제86조제5항제4호의 규정에 의하여 지방자치단체의 장이 발행·배부할 수 있는 홍보물은 다음 각 호와 같다. 〈신설 1998.4.30., 2002.3.21., 2004.3.12., 2005.8.4.〉

1. 소속직원의 직무교육이나 업무추진을 위한 홍보물

2. 각종 통계·정보 등을 알리기 위하여 정기적으로 발행하는 백서·연감 또는 총람 등의 홍보물

3. 지방자치단체가 개최하는 사업설명회·교양강좌·공청회·체육대회·기념일·고유축제 등 각종 행사를 안내하기 위한 홍보물(지방자치단체의 장의 성명·사진·활동상황·공약실천사항 기타 업적이 게재된 홍보물을 제외한다. 이하 이 항에서 같다)

4. 환경·의료·교통·조세·건축 등에 대한 민원안내서 또는 반상회보등 주민의 일상생활에 필요한 정보제공을 위한 홍보물

5. 역사·지리·문화·특산물·관광명소 등을 안내하기 위한 홍보물

6. 재난관리·안전사고의 예방을 위한 홍보물

7. 지방자치단체의 청사의 입구, 외벽면 또는 담장에 게시하는 홍보물(지방자치단체의 장의 직명이 게재된 홍보물을 제외한다)

8. 그 밖에 위 각 호의 어느 하나에 준하는 것으로 중앙위원회가 정하는 홍보물

⑤ 법 제86조제6항본문의 '공공기관'이란 다음 각 호의 어느 하나에 해당하는 기관을 말한다. 〈신설 2010.1.25.〉

1. 국가기관·지방자치단체

2. 「공공기관의 운영에 관한 법률」제4조에 따라 기획재정부장관이 지정한 공공기관

3. 「공공기관의 정보공개에 관한 법률」제2조 및 같은 법 시행령 제2조에 따른 기관

4. 한국은행

5. 「농업협동조합법」·「수산업협동조합법」·「산림조합법」·「엽연초생산협동조합법」에 따라 설립된 조합과 그 중앙회

6. 「지방공기업법」에 의한 지방공사 및 지방공단

7. 특별법에 의하여 설립된 국민운동단체로서 국가 또는 지방자치단체의 출연 또는 보조를 받는 단체(바르게살기운동협의회·새마을운동협의회·한국자유총연맹을 말하며, 시·도조직 및 구·시·군조직을 포함한다)

8. 법령·조례에 의하여 지방자치단체의 장이 당연직으로 대표자 또는 임원으로 되는 기관

9. 중앙행정기관의 장 또는 지방자치단체의 장이 임원을 선임하거나 선임의 승인을 하는 기관

10. 그 밖에 위 각 호의 어느 하나에 준하는 기관

제47조의2(선거에 영향을 미치는 시설물등의 예외) 다음 각 호의 어느 하나에 해당하는 행위는 법 제90조제2항제2호에 따라 선거에 영향을 미치게 하기 위한 것으로 보지 아니한다. 다만, 집회나 행사의 안내

등을 위하여 시설물 등을 설치 · 게시한 경우 동 집회나 행사의 종료 후 지체 없이 이를 철거하지 아니한 때에는 그러하지 아니하다.

〈개정 1997.11.14., 2000.2.16., 2002.3.21., 2004.3.12., 2005.8.4., 2010.1.25., 2017.3.9.〉

1. 통상적인 정당활동과 관련한 행위

가. 정당(창당준비위원회를 포함한다)이 정강 · 정책구호 기타 정당의 홍보에 필요한 사항과 당해 정당명 및 그 대표자 성명을 게재한 간판 · 현판 또는 현수막(이하 이 조에서 "간판등"이라 한다)을 중앙당과 시 · 도당의 당사의 건물이나 그 담장에 설치 · 게시하는 행위. 다만, 후보자(후 보자가 되고자 하는 자를 포함한다. 이하 이 조에서 같다)의 사진을 게재하거나 후보자를 지지 · 추 천하거나 반대하는 내용을 게재하는 행위를 제외한다. 이하 마목에서 같다.

나. 삭제 〈2002.3.21.〉

다. 정당이 민원상담을 행하는 당사에 민원상담에 관한 안내사항과 정당명을 게재한 간판 등을 게시하는 행위

라. 정당의 업무용 자동차에 정당명 · 전화번호 · 정책구호 등을 표시하여 운행하는 행위

마. 정당이 소속당원만을 대상으로 당원집회를 개최하는 때에 동 집회장소임을 알리는 현 수막을 주최 당부명의로 설치 · 게시하는 행위

바. 정당이 책임 있는 정치적 주장을 펴기 위하여 정강 · 정책의 설명회 · 토론회 · 강연회(선거기 간중에는 법에 규정된 방법에 한한다)를 개최하면서 현판 · 현수막을 주최 당부명의로 개최장소 에 설치 · 게시하는 행위

사. 정당이 자연보호활동 또는 대민봉사활동 등을 하면서 그 행사장소에 정당명과 행사명을 게재한 현수막을 설치 · 게시하는 행위

아. 정당의 당원이 소속정당의 배지(달고 다닐 수 있도록 배지형태로 제작된 소형의 상징 마크나 마스코트를 포함한다)를 달고 다니는 행위

2. 직무상 · 업무상 행위

가. 지방자치단체의 장이 선거일 전 60일(선거일 전 60일 후에 실시사유가 확정된 보궐선거등에 있어서는 그 선거의 실시사유가 확정된 날) 전에 법 제86조(공무원등의 선거에 영향을 미치는 행위금지)제2항제4호에 규정된 행사를 개최하면서 그 행사장소에 개최자의 직명을 표시한 현 판 · 현수막을 설치 · 게시하는 행위

나. 특정 정당이나 후보자를 지지 · 추천하거나 반대함이 없이 개최하는 학술 · 문화 · 체육 · 예 술 · 종교 기타 이에 준하는 각종 집회를 개최하면서 그 개최장소에 주관단체명 또는 그 단체대표 자의 직명을 표시한 간판등을 설치 · 게시하는 행위

다. 직업상의 사무소나 업소에 그 대표자의 성명이 표시된 간판을 게시하는 행위

라. 국회의원 및 지방의회의원이 자신의 직무 또는 업무를 수행하는 법 제112조제2항제4호사목 에 따른 사무소 또는 장소에 그 직명 · 성명과 업무 및 민원상담에 관한 안내사항이 게재된 간판등

을 게시하는 행위

　마. 삭제 〈2004.3.12.〉

　3. 의례적인 행위

　　가. 민속절·국경일 그 밖에 기념일, 사무소의 개소·이전 그 밖에 관계있는 행사나 사업의
　　축하 등을 위하여 정당·기관·단체·시설이 그 명의(정당의 경우 그 대표자의 성명을 포함한다)
　　를 표시한 간판등을 해당 사무소에 설치·게시하는 행위

　　나. 정당 또는 기관·단체·시설의 장의 이·취임식장이나 이들의 하급당부(정당선거사무소를
　　포함한다)나 기관·단체·시설방문시에 그 방문 행사장소에 직·성명을 표시한 현수막을 설
　　치·게시하는 행위

　4. 그 밖에 위 각 호의 어느 하나에 준하는 행위로서 중앙위원회가 정하는 행위

[본조신설 1995.12.30.]

제48조(확성장치와 자동차등의 사용제한) ① 법 제91조제4항에 따라 선거벽보·선거공보 및 선거공약서
(이하 이 조에서 "선거벽보등"이라 한다)를 부착하여 운행하는 자동차와 선박에는 별지 제19호의3양식에
의한 표지를 부착하여야 한다. 〈개정 1998.4.30., 2005.8.4., 2007.1.3., 2007.11.22., 2010.1.25.〉
② 정당·후보자·선거사무장 또는 선거연락소장은 법 제91조제4항에 따라 선거벽보등을 자동차와
선박에 부착하여 운행하고자 하는 때에는 관할 위원회에 별지 제18호서식에 따라 그 표지의 교부를
신청하여야 하며, 자동차와 선박에 부착할 수 있는 선거벽보등의 수량은 자 동차 1대마다 각 5매 이내와
선박 1척마다 각 10매 이내로 한다. 〈개정 1997.11.14., 2010.1.25., 2011.7.28.〉
③ 정당·후보자·선거사무장 또는 선거연락소장은 교부받은 표지를 잃어버리거나 못쓰게 된 때에는
관할 위원회에 별지 제18호의2서식에 따라 표지를 다시 신청할 수 있다. 〈신설 2011.7.28.〉

제48조의2 삭제 〈2010.1.25.〉

제48조의3 삭제 〈2010.1.25.〉

제48조의4(여론조사의 신고 등) ① 법 제108조제3항에 따른 여론조사신고에 대한 관할 선거여론조사심의
위원회는 다음 각 호와 같다. 〈신설 2014.2.13., 2017.2.24.〉
　1. 전국 또는 2 이상 시·도의 선거구민을 대상으로 하는 여론조사 : 중앙선거여론조사심의위원회
　2. 하나의 시·도의 선거구민을 대상으로 하는 여론조사 : 관할 시·도선거여론조사심의위원회
　3. 삭제 〈2017.2.24.〉
② 법 제108조제3항에 따른 여론조사신고는 별지 제33호서식에 따른다. 이 경우 신고 후 신고내용을
변경하려는 때에는 변경사항을 여론조사실시 전까지 다시 신고하여야 한다.

〈개정 2012.3.2., 2014.2.13.〉

③ 선거구위원회가 법 제108조제9항제1호에 따라 여론조사와 관련된 자료의 제출을 요구하는 때에는 요구근거, 제출할 자료 및 제출기한 등을 기재한 서면으로 한다. 〈신설 2012.3.2., 2014.2.13.〉

④ 선거에 관한 여론조사를 실시하는 자가 법 제108조제13항에 따라 전화요금 할인 혜택을 제공하는 경우 해당 여론조사에 관한 질문에 모두 응답한 사람에게 1회 응답시 1천원의 범위에서 전화요금 할인 혜택을 제공할 수 있다. 이 경우 피조사자에게 질문을 하기 전에 전화요금 할인 혜택을 제공받을 수 있다는 사실을 알려야 한다. 〈신설 2017.2.24.〉

⑤ 전화요금 할인 혜택 제공에 관한 구체적인 절차 및 그 밖에 필요한 사항은 선거에 관한 여론조사를 실시하는 자와 「전기통신사업법」 제2조제8호에 따른 전기통신사업자가 협의하여 정한다.
〈신설 2017.2.24.〉

[본조신설 2010.1.25.]

[제목개정 2012.3.2.]

제48조의5(선거여론조사를 위한 휴대전화 가상번호의 제공요청) ① 법 제108조의2제2항에 따른 휴대전화 가상번호 제공요청서는 별지 제15호의2서식의 (라)에 따른다.

② 법 제108조의2에 따른 관할 선거여론조사심의위원회는 다음 각 호와 같다.

  1. 전국 또는 2 이상 시·도의 선거구민을 대상으로 하는 여론조사 : 중앙선거여론조사심의위원회

  2. 하나의 시·도의 선거구민을 대상으로 하는 여론조사 : 관할 시·도선거여론조사심의위원회

③ 선거에 관한 여론조사를 위한 휴대전화 가상번호 제공에 관하여는 제25조의4(제1항·제2항을 제외한다)·제25조의5·제25조의6(제2항을 제외한다)·제25조의7(제3호마목을 제외한다)·제25조의8(제4항을 제외한다)·제25조의9를 준용한다.

[본조신설 2017.2.24.]

[종전 제48조의5는 제48조의6으로 이동 〈2017.2.24.〉]

제48조의6(허위사실 등에 대한 이의제기) 법 제110조의2제1항에 따른 이의제기서는 별지 제17호서식의 (마)를, 법 같은 조제3항에 따른 공고문은 별표 4의 서식표 중 9. (선거벽보)·선거공보)·(후보자정보 공개자료)의 내용에 관한 공고 서식을 각각 준용한다.

[본조신설 2015.12.24.]

[제48조의5에서 이동 〈2017.2.24.〉]

제49조(의정활동보고회의 고지등) ① 국회의원 또는 지방의회의원이 법 제111조제1항에 따라 의정활동보고회를 개최하는 때에는 다음 각 호에서 정하는 방법에 따라 보고자명과 개최일 시 및 장소를 알리는 벽보를 붙이거나 장소표지를 내걸 수 있다. 〈개정 2005.8.4., 2008.2.29.〉

1. 고지벽보

의정활동보고회의 개최단위가 구·시·군인 때에는 1회 100매 이내, 읍·면·동인 때에는 1회 20매 이내, 통·리·반 또는 자연마을 단위인 때에는 1회 3매 이내로 하되, 그 규격은 길이 53센티미터 너비 38센티미터 이내로 하고, 의정활동보고회 개최일 전 3일부터 보 고일까지 붙일 수 있다.

2. 장소표지

의정활동보고회 장소의 입구(의정보고회장을 벗어난 구역을 제외한다)에 1회 1매 이내에서 게시하여야 하고, 의정활동보고회 개최일에 한하여 그 의정활동보고회가 끝나는 때까지 게시할 수 있다.

② 법 제111조제3항에 따른 세대주명단의 작성 및 교부에 대하여는 그 성질에 반하지 아니하는 범위 안에서 제26조의2제13항부터 제16항까지의 규정을 준용한다. 〈신설 2005.8.4., 2006.3.2., 2010.1.25.〉

③ 구·시·군의 장은 매년 1월말까지 제2항의 규정에 따른 세대주명단의 작성비용을 별지 제32호의2 서식에 의하여 공시하여야 한다. 〈신설 2005.8.4.〉

[전문개정 2000.2.16.]

제50조(기부행위로 보지 아니하는 행위등) ① 삭제 〈1998.4.30.〉

② 법 제112조(기부행위의 정의 등)제2항제2호사목의 규정에 따라 후보자·예비후보자 및 국회의원과 함께 다니는 자의 범위는 선거사무관계자·정당의 간부 및 보좌관 등 수행원을 모 두 합하여 다음 각 호에 해당하는 수 이하로 한다. 이 경우 가족(가족의 범위는 법 제10조 (사회단체등의 공명선거추진활동)제1항제3호의 규정을 준용한다. 이하 이 조에서 같다)은 함께 다니는 자의 수에 산입하지 아니한다. 〈개정 2005.8.4.〉

1. 후보자·예비후보자

가. 대통령선거에 있어서는 30인

나. 시·도지사선거에 있어서는 15인

다. 지역구국회의원선거 및 자치구·시·군의 장선거에 있어서는 10인

라. 지역구지방의회의원선거에 있어서는 5인

2. 국회의원 : 10인. 다만, 예비후보자 또는 후보자가 된 경우에는 제1호에서 정한 수로 한다.

③ 법 제112조제2항제4호라목에서 "그 밖에 중앙선거관리위원회규칙으로 정하는 기관"에 관하여는 제47조제5항을 준용한다. 〈개정 2010.1.25.〉

④ 법 제112조제2항제4호마목의 "긴급한 현안"이란 국가·지방자치단체가 국민 또는 주민의 생명·신체의 안전보호, 재난 및 안전사고 수습을 위한 긴급지원, 중대한 재정·경제상의 위기와 관련된 현안을 해결하기 위하여 금품 그 밖에 재산상의 이익을 제공할 필요가 있고 법령이나 조례를 제정 또는 개정할 시간적 여유가 없는 경우를 말한다. 〈신설 2010.1.25.〉

⑤ 법 제112조제2항제4호사목에서 "중앙선거관리위원회규칙으로 정하는 장소"란 국회의원 또는 지방 의회의원이 자신의 직무 또는 업무를 수행하기 위하여 설치한 다음 각 호의 어느 하나에 해당하는 장소를 말한다. 이 경우 그 수는 상설사무소 또는 임시사무소를 두지 아니하는 구·시·군마다 모두 합하여 1개로 하며, 같은 날에는 이동하여 설치할 수 없다. 〈신설 2017.3.9.〉

   1. 천막

   2. 주차된 자동차

⑥ 법 제112조제3항에 따라 통상적인 범위에서 1명에게 제공할 수 있는 음식물 또는 음료의 금액범위는 식사류는 1만원 이하로, 다과류는 3천원 이하로, 음료는 1천원 이하로 한다. 〈개정 2010.1.25.〉

⑦ 각급위원회(읍·면·동위원회를 제외한다)는 법 제112조제5항의 규정에 따라 임기만료에 의한 선거에 있어서는 중앙위원회가, 보궐선거등에 있어서는 관할선거구 위원회가 정하는 바에 따라 기부행위제한의 주체·내용 및 허용되는 사항과 금지되는 사항에 관한 주요 사례등을 방송·신문·통신·잡지 등 언론매체를 이용한 광고 그 밖의 방법으로 홍보하여야 한다.

〈개정 1997.11.14., 2004.3.12., 2005.8.4.〉

제50조의2 삭제 〈2004.3.12.〉

제7장 선거비용

제50조의3(선거비용제한액 산정비율) ① 중앙위원회는 선거비용제한액 공고일이 속하는 달의 전달 15일까지 법 제121조(선거비용제한액의 산정)제2항의 규정에 따른 제한액산정비율의 결정에 필요한 전국소비자물가변동률을 조사하여 선거구위원회에 통보하여야 한다.

② 보궐선거등에서 선거비용제한액을 산정하는 경우에는 해당 선거의 직전에 실시한 임기만 료에 따른 선거의 제한액산정비율을 적용한다. 〈개정 2015.12.24.〉

[본조신설 2005.8.4.]

제51조(선거비용제한액의 공고) ① 관할선거구 위원회는 예비후보자등록신청개시일 전 10일 (예비후보자등록신청개시일 전 10일 후에 실시사유가 확정된 보궐선거등에 있어서는 그 선거의 실시사유가 확정된 때부터 10일)까지 선거비용제한액을 공고하여야 한다. 〈개정 2005.8.4.〉

② 관할선거구 위원회는 제1항의 규정에 따라 선거비용제한액을 공고한 때에는 이를 정당· 정당선거사무소·예비후보자 및 후보자에게 통지하여야 한다. 이 경우 통지는 공고문의 사본 교부로 갈음할 수 있다. 〈개정 2005.8.4.〉

③ 관할선거구 위원회는 제1항에 따라 선거비용제한액을 공고한 후 다음 각 호의 어느 하나에 해당하는

사유가 발생한 때에는 선거비용제한액을 변경할 수 있으며, 관할선거구위원회가 선거비용제한액을 변경한 때에는 지체 없이 그 내용과 사유를 공고하고 이를 제2항에 준하여 알려야 한다. 〈개정 2008.2.29.〉

1. 선거구역이 변경된 때

2. 법 제121조제1항에 따른 선거비용제한액 산정기준이 변경된 때

3. 법 제121조제2항에 따른 제한액산정비율이 변경된 때

4. 제2조제3항에 따른 인구수가 현저하게 변경되는 등 부득이한 사유가 있는 때. 이 경우 선거일 전 30일이 속하는 달의 전달 말일 후에는 선거비용제한액을 변경할 수 없다.

[전문개정 2004.3.12.]

제51조의2(선거비용 보전 및 부담비용 산정의 기준) ① 법 제122조의2제2항제6호에서 "적법한 영수증"이 란 「부가가치세법」 제32조에 따라 세금계산서를 교부하여야 하는 사업자, 「소득세법」 제163조에 따라 계산서 또는 영수증을 교부하여야 하는 사업자 또는 「법인세법」 제121조에 따라 계산서를 교부하여야 하는 사업자로부터 재화 또는 용역을 공급받고 그 대 가를 지출하는 경우 해당 사업자가 발급하여야 하는 세금계산서 · 계산서 또는 영수증을 말한다. 〈개정 2005.8.4., 2010.1.25., 2015.8.13.〉

② 법 제122조의2제2항제8호에 따른 통상적인 거래가격 또는 임차가격의 계산은 다음 각 호의 기준에 따른다. 다만, 제1호와 제2호에 따라 계산한 가격이 서로 다른 경우에는 그 평균한 가격을 기준으로 한다. 〈개정 2008.2.29., 2010.1.25., 2012.3.2., 2015.8.13.〉

1. 정부고시가격 또는 정부의 기준요금(「국가재정법」 제29조제1항에 따른 예산안편성지침의 기준 단가와 요금을 포함한다)

2. 「국가를 당사자로 하는 계약에 관한 법률 시행규칙」 제5조에 따른 전문가격조사기관이 조사하여 공표한 가격

3. 위 각 호의 어느 하나의 기준에 따라 계산할 수 없는 가격의 경우에는 「부가가치세법」 제8조에 따라 등록된 해당 업종 3이상의 사업자가 계산한 견적가격을 평균한 가격 또는 최근 실시한 임기만료에 따른 선거에서 산정한 가격에 「통계법」 제3조에 따라 통계 청장이 고시한 전국소비자 물가변동률을 감안하여 중앙위원회가 정한 가격

③ 법 제122조의2제2항제11호에서 "그 밖에 위 각 호의 어느 하나에 준하는 비용"이라 함은 다음 각 호의 어느 하나에 해당하는 비용을 말한다.

〈신설 2006.3.2., 2010.1.25., 2012.3.2., 2017.2.24.〉

1. 법 제59조제3호에 따른 인터넷 홈페이지 또는 그 게시판 · 대화방 등에 글이나 동영상 등을 게시하 는 방법의 선거운동에 소요된 비용과 선거운동기간이 아닌 때에 법 제59조제2호 · 제3호에 따른 문자메시지 · 전자우편 전송에 의한 선거운동에 소요된 비용

2. 법 제112조제2항제1호마목에 따른 선거사무소 또는 선거연락소를 방문하는 자에게 통 상적인 범위에서 다과류의 음식물을 제공하는 데 소요되는 비용

2의2. 법 제120조제10호단서에 따라 4회를 초과하여 실시한 선거에 관한 여론조사비용

3. 「정치자금법」 제36조제2항을 위반하여 예금계좌를 통하지 아니하고 지출한 비용

4. 그 밖에 위 각 호의 어느 하나에 준하는 비용으로서 중앙위원회가 정하는 비용

④ 법 제122조의2제3항에 따라 국가 또는 지방자치단체가 후보자를 위하여 부담하는 비용의 산정은 다음 각 호에서 정한 기준에 따른다.

〈개정 2002.12.7., 2004.3.12., 2005.8.4., 2005.8.4., 2006.3.2., 2007.1.3., 2008.2.29., 2010.1.25., 2014.1.17., 2015.8.13.〉

1. 점자형 선거공보등의 작성비용

점자형 선거공보 및 점자형 선거공약서의 지대(150g/㎡ 이내의 백상지를 기준으로 한다) · 인쇄 및 제본에 소요되는 비용. 이 경우 선거공보와 점자형 선거공보를 같은 종이에 통합하여 작성한 경우에는 점자 인쇄비용에 한한다.

1의2. 선거공보등의 발송비용

선거공보(점자형 선거공보를 포함한다) 및 후보자정보공개자료의 운반, 발송용 봉투의 제작 · 기재, 봉투에 투입 · 봉함 및 우체국에 넘겨주는 데 드는 모든 비용

1의3. 활동보조인의 수당과 실비

제59조제1항제5호에 따른 금액

2. 투표참관인 및 사전투표참관인의 수당

제90조(투표참관인의 수당 등)의 규정에 의한 금액

3. 개표참관인의 수당

제103조(개표참관인의 수당등)의 규정에 의한 금액

4. 투표참관인 · 사전투표참관인 및 개표참관인의 식비

정부예산의 급식비 단가

5. 선거방송토론위원회 주관 대담 · 토론회(합동방송연설회를 포함한다. 이하 이호에서 같다) 또는 정책토론회 개최비용

대담 · 토론회 또는 정책토론회의 준비 · 질문 선정 및 진행에 소요되는 비용

[본조신설 2000.2.16.]

[제목개정 2004.3.12.]

제51조의3(선거비용의 보전등) ① 정당 또는 후보자는 법 제122조의2(선거비용의 보전등)제1항 각 호의 규정에 따라 선거비용을 보전받고자 하는 때에는 선거비용을 지출한 영수증 · 계약서 · 비용청구서 기타 증빙서류(별표 1의2에 따른 자료를 포함한다)를 첨부하여 선거일 후 10일(대통령선거에 있어서는 20일)까지 서면으로 관할선거구 위원회에 청구하여야 한다. 이 경우 청구내역 중 누락된 사항에 대하여는 「정치자금법」 제40조(회계보고)제1항의 규정에 따라 회계보고서를 제출하는 때에 추가로 청구할

수 있다. 〈개정 2004.3.12., 2005.8.4., 2014.1.17.〉

② 관할선거구 위원회는 제1항의 청구를 받은 때에는 그 청구내역을 검산 및 조사하여 선거일 후 60일(대통령선거에 있어서는 70일)이내에 당해 정당 또는 후보자에게 보전하고 영수증을 받아야 한다. 이 경우 예금계좌를 통하여 지급한 때에는 그 입금표를 영수증으로 갈음할 수 있다.
〈개정 2002.3.21., 2004.3.12.〉

③ 법 제122조의2제3항제2호·제3호 및 제3호의2에 따른 점자형 선거공보와 점자형 선거공약서의 작성비용 및 활동보조인의 수당과 실비에 대한 청구 및 지급은 제1항 및 제2항의 절차에 따른다.
〈개정 2010.1.25.〉

④ 관할선거구 위원회는 정당 또는 후보자에게 선거비용을 보전한 후에 법 제122조의2제2항의 규정에 따라 보전하지 아니할 사유가 발견된 때에는 해당 정당 또는 후보자에게 그 사실을 통지하고, 보전비용액 중 해당하는 금액의 반환을 명하여야 한다. 이 경우 정당 또는 후보자는 그 반환명령을 받은 날부터 30일 이내에 관할선거구 위원회에 이를 반환하여야 한다. 〈신설 2005.8.4.〉

⑤ 관할선거구 위원회는 정당 또는 후보자가 제4항후단의 기한까지 해당 금액을 반환하지 아니한 때에는 대통령선거와 국회의원선거에 있어서는 관할세무서장에게 징수를 위탁하고 관할세무서장이 국세체납처분의 예에 따라 이를 징수하여 국가에 납입하여야 하며, 지방자치단체의 의회의원 및 장의 선거에 있어서는 당해 지방자치단체의 장에게 징수를 위탁하고 지방자치단체의 장이 지방세체납처분의 예에 따라 이를 징수하여 지방자치단체에 납입하여야 한다. 〈신설 2005.8.4.〉
[본조신설 2000.2.16.]

제52조 삭제 〈2005.8.4.〉

제53조 삭제 〈2005.8.4.〉

제54조 삭제 〈2005.8.4.〉

제55조 삭제 〈2005.8.4.〉

제56조 삭제 〈2005.8.4.〉

제57조 삭제 〈2005.8.4.〉

제58조 삭제 〈2005.8.4.〉

제59조(선거사무관계자에 대한 수당과 실비보상) ① 법 제135조제2항에 따른 선거사무장·선거연락소 장 및 선거사무원·활동보조인(이하 이 조에서 "선거사무장등"이라 한다)의 수당과 실비의 종류와 금액은 다음 각 호와 같이 하되, 회계책임자의 수당과 실비는 해당 회계책임자 가 소속된 선거사무소 또는 선거연락소의 선거사무장 또는 선거연락소장의 수당·실비와 같은 금액으로 하고, 같은 사람이 회계책임자·선거사무장·선거연락소장 또는 선거사무원·활동 보조인을 함께 맡은 때에는 다음 각 호의 금액 중 많은 금액으로 한다.
〈개정 1995.4.14., 1998.4.30., 2000.2.16., 2002.3.21., 2004.3.12., 2005.8.4., 2008.2.29., 2010.1.25.〉

1. 대통령선거 및 비례대표국회의원선거의 선거사무장은 7만원 이내의 수당과 「공무원여비 규정」 별표 2의 제1호에 해당하는 실비(숙박료를 제외한다. 이하 이 조에서 같다)

2. 비례대표시·도의원선거와 시·도지사선거의 선거사무장, 대통령선거의 시·도선거연락소장 은 7만원 이내의 수당과 「공무원여비규정」 별표 2의 제1호에 해당하는 실비

3. 지역구국회의원선거 및 자치구·시·군의 장선거의 선거사무장, 대통령선거 및 시·도지사 선거의 구·시·군선거연락소장은 5만원 이내의 수당과 「공무원여비규정」 별표 2의 제2호에 해당하는 실비

4. 지역구시·도의원선거 및 자치구·시·군의원선거의 선거사무장, 지역구국회의원선거 및 자치 구·시·군의 장선거의 선거연락소장은 5만원 이내의 수당과 「공무원여비규정」 별표 2의 제2호 에 해당하는 실비

5. 선거사무원·활동보조인은 3만원 이내의 수당과 「공무원여비규정」 별표 2의 제2호에 해당하는 실비

② 회계책임자는 선거사무장등에게 식사 또는 교통편의를 제공한 때에는 지급될 실비의 금액에서 그 금액을 공제하고 지급하여야 한다.

③ 법 제135조제1항의 규정에 따른 수당과 실비의 지급에 있어서 같은 정당의 추천을 받은 2인 이상의 후보자가 선거사무장등을 공동으로 선임한 경우에는 해당 후보자간의 약정에 따라 1후보자의 선거사무 장등에 대한 수당과 실비금액만을 지급하여야 한다. 〈개정 2005.8.4.〉

④ 삭제 〈2000.2.16.〉

제59조의2(선거비용보전의 제한) ① 법 제135조의2(선거비용보전의 제한)제2항의 규정에 의하여 보전하 지 아니할 비용의 산정은 다음 각 호에 의한다.

1. 적법한 행위에 위법행위가 부가된 때에는 그 부가된 일부의 위법행위에 소요된 비용의 2배에 상당하는 금액

2. 위법행위가 그 행위의 일부이더라도 당해 행위의 전부에 영향을 미치므로 인하여 그 행위의 전부가 위법행위에 이르렀다고 인정되는 때에는 그 모든 비용의 2배에 상당하는 금액

② 제1항의 규정에 의한 위법행위에 소요된 비용은 관련비용의 지급영수증 · 본인확인서등의 관련자료에 의하여 산정하되, 위법행위자등 관계자가 관련자료를 제출하지 아니하는 때에는 시중의 통상적인 소요비용을 계상하여 산정한다.

③ 법 제135조의2제4항에 따라 보전을 미룬 선거비용은 유죄의 판결 또는 결정의 통지가 있는 때에는 20일 이내에 대통령선거 및 국회의원선거에서는 중앙위원회의 수입징수관에게, 지방자치단체의 의회의원 및 장의 선거에서는 해당 지방자치단체의 징수관에게 내고, 무죄의 판결 또는 결정의 통지가 있는 때에는 20일 이내에 해당 정당 또는 후보자에게 지급하여야 한다. 〈개정 2008.2.29.〉

④ 제3항의 규정에 의하여 국가 또는 지방자치단체에 납입하거나 당해 정당 또는 후보자에게 지급하는 때에는 법원의 판결에 따라 정산하여야 한다. 〈개정 2002.3.21.〉

[본조신설 2000.2.16.]

제8장 선거와 관련 있는 정당활동의 규제

제60조(정강 · 정책의 신문광고등) ① 법 제137조제1항에 따른 광고기간의 기준은 당해 광고가 게재된 일간신문등이 발행되는 날을 기준으로 한다. 〈개정 2010.1.25.〉

② 제34조제1항 · 제2항 및 제4항은 정강 · 정책의 신문광고등에 이를 준용한다. 이 경우 "일간 신문"은 "일간신문등"으로, "정당 또는 후보자"는 "정당의 중앙당"으로, "관할선거구 위원회"는 "중앙위원회"로 본다. 〈개정 1998.4.30., 2010.1.25.〉

제60조의2(정강 · 정책의 방송연설의 신고) 법 제137조의2(정강 · 정책의 방송연설의 제한)제6항 {법 제71조(후보자등의 방송연설)제10항을 준용하는 경우를 말한다}의 규정에 의한 방송연설의 신고는 별지 제22호서식의 (라)에 의한다. 〈개정 2005.8.4.〉

[본조신설 2000.2.16.]

[제목개정 2005.8.4.]

제61조(정강 · 정책홍보물 등의 제출) ① 법 제138조(정강 · 정책홍보물의 배부제한등)제1항의 규정에 의한 정강 · 정책홍보물에는 작성근거, 제작정당명과 인쇄소의 명칭 · 주소 · 전화번호를 표시하여야 한다. 〈개정 2005.8.4.〉

② 법 제138조의2제1항의 규정에 따른 정책공약집의 앞면에는 "정책공약집"이라 표시하고, 정당명을 한글로 게재하여야 하며, 정책공약집의 뒷면에는 "이 정책공약집은 「공직선거법」 제138조의2의 규정에 따른 것입니다."라고 표시하고, 판매가격과 인쇄소의 명칭 · 주소 · 전화번호를 게재하여야 한다. 〈신설 2007.1.3.〉

③ 법 제138조제4항의 규정에 의한 정강·정책홍보물, 법 제138조의2제3항의 규정에 의한 정책공약집 및 법 제139조(정당기관지의 발행·배부제한)제3항의 규정에 의한 정당기관지의 관계위원회에의 제출은 별지 제38호서식에 의한다. 〈개정 2000.2.16., 2007.1.3.〉

제62조(창당대회등의 고지의 제한) ① 법 제140조(창당대회등의 개최와 고지의 제한)제1항의 규정에 의하여 정당의 창당대회·합당대회·개편대회 및 후보자선출대회(이하 이 조에서 "창당대회등"이라 한다)에 사회통념상 인정되는 범위 안에서 당원이 아닌 자를 초청하기 위하여 초청장을 발송하는 경우에는 창당대회등의 주최당부 명의로 하여야 한다. 〈개정 2004.3.12.〉

② 법 제140조제2항의 규정에 의한 창당대회등의 표지에는 대회명·개최일시·개최장소·주최 당부 명 그 밖에 정당의 홍보에 필요한 사항을 게재할 수 있다. 〈개정 2004.3.12., 2005.8.4.〉

제63조(당원집회의 제한) ① 정당은 다음 각 호의 어느 하나에 해당하는 집회를 제외하고는 법 제141조제2항에 따라 당원집회를 개최하는 때에는 해당 당원집회의 개최일 전일까지 그 개최지역을 관할하는 구·시·군위원회에 별지 제40호서식에 의하여 당원집회의 신고를 하여야 한다. 〈개정 2005.8.4., 2010.1.25.〉

　　1. 정당의 사무소 및 당원연수시설에서 개최하는 당원집회

　　2. 법 제112조제2항제1호바목에 따른 당직자회의

　　3. 삭제 〈2010.1.25.〉

② 법 제141조제6항에 따른 당원집회의 표지의 매수는 1매로 하고, 그 표지에는 집회명·일 시·장소·주최당부명·참석대상 외의 사항을 게재할 수 없다. 〈개정 2010.1.25.〉

③ 정당은 각 호의 어느 하나에 해당하는 당원집회를 개최하는 때에는 표지를 첩부 또는 게시하지 아니할 수 있다. 〈개정 2005.8.4.〉

[전문개정 2004.3.12.]

제64조 삭제 〈2004.3.12.〉

제65조 삭제 〈1997.11.14.〉

제66조(당사게시 선전물 등의 제한) ① 법 제145조제1항 및 제2항에 따른 간판·현판·현수막 (이하 이 조에서 "간판등"이라 한다)은 해당 정당의 사무소 또는 후원회의 사무소가 있는 건물이나 그 담장을 벗어난 장소에 설치·게시할 수 없으며, 애드벌룬을 이용하는 방법으로 설치·게시할 수 없다. 〈개정 2010.1.25., 2014.1.17.〉

② 간판등에는 법 및 이 규칙의 규정에 의하지 아니하고는 후보자(후보자가 되려는 사람을 포함한다)를 지지·추천하거나 반대하는 내용을 게재하여서는 아니 된다. 〈개정 2010.1.25.〉

제9장 투표

제67조(투표관리관 및 사전투표관리관) ① 구·시·군위원회는 선거가 있을 때마다 선거일 전 60 일(선거일 전 60일 후에 선거의 실시사유가 확정된 보궐선거등에 있어서는 그 선거의 실시 사유가 확정된 후 5일)부터 선거일 후 10일까지 투표관리관 및 사전투표관리관(이하 이 조에서 "투표관리관등"이라 한다)을 위촉·운영한다. 이 경우 사전투표관리관은 사전투표기간 중 일자별로 순번을 정하여 지정할 수 있다. 〈신설 2011.7.28., 2014.1.17.〉

② 투표관리관등은 법규를 준수하고 성실하게 직무를 수행하여야 하며, 관할구·시·군위원회 또는 읍·면·동위원회의 지시에 따라야 한다. 〈개정 2011.7.28., 2014.1.17.〉

③ 투표관리관등은 해당 투표구 또는 사전투표소의 투표사무원에 대하여 투표관리사무의 처리에 있어 필요한 지시·감독을 할 수 있다. 〈개정 2011.7.28., 2014.1.17.〉

④ 구·시·군위원회는 투표구 또는 사전투표소마다 투표사무원 중에서 1인을 미리 지정하여 투표관리관등이 유고 그 밖의 사유로 직무를 수행할 수 없게 된 때에는 그 직무를 행하게 할 수 있으며, 미리 지정한 투표사무원이 유고 그 밖의 사유로 직무를 수행할 수 없게 된 때에는 투표사무원 중 연장자순에 의하여 투표관리관등의 직무를 행하게 할 수 있다. 〈개정 2006.3.2., 2011.7.28., 2014.1.17.〉

⑤ 삭제 〈2014.2.13.〉

⑥ 투표관리관등이 되고자 하는 자는 별지 제40호의2서식에 따른 본인승낙서를 제출하여야 한다. 〈개정 2014.1.17.〉

⑦ 구·시·군위원회는 투표관리관등이 다음 각 호의 어느 하나에 해당하는 경우에는 해촉할 수 있다. 〈개정 2014.1.17.〉

  1. 법규에 위반되거나 불공정한 행위를 한 경우

  2. 정당한 사유 없이 관할 구·시·군위원회 또는 읍·면·동위원회의 지시·명령에 불응하거나 그 임무를 게을리 한 경우

  3. 건강 또는 그 밖의 사유로 임무를 수행하기 어렵다고 인정되는 경우

⑧ 구·시·군위원회가 투표관리관등을 위촉 또는 해촉한 때에는 지체 없이 이를 공고하고 그 가 소속된 국가기관·지방자치단체·학교의 장 및 관할 읍·면·동위원회에 통보하여야 한다. 〈개정 2014.1.17.〉

⑨ 구·시·군위원회는 투표관리관등이 제7항제1호 및 제2호에 해당하는 행위를 한 때에는 그 소속 국가기관·지방자치단체·학교의 장에게 그 사실을 통보하여야 한다. 〈개정 2014.1.17.〉

⑩ 삭제 〈2007.11.22.〉

⑪ 투표관리관등의 여비는 「선거관리위원회법 시행규칙」 별표 3의 읍·면·동위원회 위원과 같은

금액으로 하고, 수당은 같은 규칙 별표 4에 따른다. 〈개정 2014.1.17.〉

[본조신설 2005.8.4.]

[제목개정 2014.1.17.]

[종전 제67조는 제67조의2로 이동 〈2005.8.4.〉]

제67조의2(투표소의 설비) 읍·면·동위원회와 투표관리관은 법 제147조(투표소의 설치)제5항의 규정에 의하여 선거일 전일까지 투표소에 다음의 설비를 하여야 한다.

〈개정 2004.3.12., 2005.8.4., 2014.1.17.〉

　　1. 투표참관인의 좌석

　　2. 선거인명부의 대조와 투표용지의 교부에 필요한 시설

　　3. 투표함

　　4. 기표소

　　5. 기타 투표사무에 필요한 시설

[제67조에서 이동 〈2005.8.4.〉]

제68조(사전투표소의 설치) ① 삭제 〈2015.12.24.〉

② 삭제 〈2015.12.24.〉

③ 삭제 〈2014.1.17.〉

④ 구·시·군위원회는 선거일 전 6일까지 사전투표소에 각각 다음의 설비를 하여야 한다.

〈개정 2014.1.17., 2015.12.24.〉

　　1. 사전투표참관인의 좌석

　　2. 본인여부 확인 및 투표용지 발급에 필요한 전산설비 및 시설

　　3. 사전투표함

　　4. 기표소

　　5. 그 밖의 사전투표사무에 필요한 시설

⑤ 관할 구·시·군위원회는 법 제148조제2항에 따른 사전투표소 설치의 공고와 통지를 하는 때에는 관할구역 안에 설치한 사전투표소를 일괄하여 행한다. 이 경우 투표구마다 첩부하는 사전투표소 설치의 공고문에는 당해위원회의 청인의 날인을 생략할 수 있다. 〈개정 2014.1.17.〉

⑥ 사전투표사무원으로 위촉된 자가 사전투표사무를 처리하는 때에는 제67조에 따른 사전 투표관리관의 지시에 따라야 한다. 〈개정 2014.2.13.〉

[제목개정 2014.1.17.]

제69조 삭제 〈2014.1.17.〉

제70조(기관·시설 안의 기표소) ① 법 제149조제1항·제5항에 따른 10명 이상의 거소투표신고 인을 수용하고 있는 기관·시설 및 기표소 설치의 신고는 별지 제41호서식의 (다)에 따르고, 10명 미만의 거소투표신고인을 수용하고 있는 기관·시설 및 기표소 설치의 신고는 별지 제41호서식의 (라) 및 제41호서식의 (마)에 따른다.

② 법 제149조제1항에 따라 기관·시설의 명칭과 소재지 및 거소투표신고인수 등을 신고 받은 관할 구·시·군위원회는 그 신고만료일의 다음날까지 이를 공고하여야 한다.

③ 법 제149조제4항에 따른 정당·후보자·선거사무장 또는 선거연락소장(이하 이 조에서 "정당등"이 라 한다)의 기관·시설 안의 기표소 설치요청은 별지 제41호서식의 (바)에 따르며, 정당등이 10명 미만의 거소투표신고인을 수용하고 있는 기관·시설의 장에게 기표소 설치를 요청한 때에는 지체 없이 그 요청서 사본을 관할 구·시·군위원회에 제출하여야 한다.

④ 법 제149조제5항에 따라 기표소 설치·운영 일시 및 장소의 신고를 받은 관할 구·시·군위원회는 기관·시설 안의 기표소 설치일 전일까지 이를 공고하여야 한다.

⑤ 기관·시설의 장이 법 제149조제5항에 따라 기표소 설치신고를 한 때에는 기표소의 설치·운영 일시 및 장소를 해당 거소투표신고인에게 안내하여야 한다.

⑥ 기관·시설의 장은 법 제149조제7항에 따라 투표개시 전까지 기표소를 설치하는 장소에 다음의 설비를 하여야 한다.

　　1. 기표소

　　2. 투표참관에 필요한 좌석

　　3. 그 밖의 기표에 필요한 시설

[전문개정 2014.1.17.]

제70조의2 삭제 〈2014.1.17.〉

제71조(투표용지) ① 선거구위원회가 법 제150조(투표용지의 정당·후보자의 게재순위등)의 규정에 의하여 정당 또는 후보자의 투표용지 게재순위를 정한 때에는 제2항의 규정에 의한 투표용지의 인쇄원고 를 작성하여 지체 없이 구·시·군위원회에 송부하여야 한다. 〈개정 1997.11.14., 2002.3.21.〉

② 투표용지는 별지 제42호서식의 (가)에 의하여 작성한다. 이 경우 대통령선거에서 후보자 가 1인인 경우에는 해당 후보자란만을 작성하며, 법 제150조제4항에 따라 전국적으로 통일 된 기호를 부여받는 정당이 후보자를 추천하지 아니한 경우에는 투표용지에 그 기호, 정당 명, 후보자의 성명 및 기표란은 게재하지 아니한다. 〈개정 1998.4.30., 2000.2.16., 2002.3.21., 2005.8.4., 2010.1.25., 2015.8.13.〉

③ 지역구 자치구·시·군의원선거에서 법 제150조제7항에 따라 같은 정당추천후보자 사이의 투표용 지 게재순위를 해당 정당이 정한 때에는 별지 제12호서식의 (다)에 의한 후보자추천 서에 그 순위를

게재하여야 한다. 〈개정 2010.1.25.〉

④ 투표용지에 청인의 인영을 인쇄하지 아니하고 직접 날인하는 구·시·군위원회는 2개 이상의 청인을 사용할 수 있다. 〈개정 1995.4.14., 2002.3.21.〉

⑤ 제4항의 규정에 의한 청인의 인영은 별지 제43호서식의 (나)의 인영대장에 등록하고, 사용할 청인의 상부에는 인영대장에 등록된 일련번호를 표시하여야 하며, 투표용지에 날인하는 청인은 날인이 끝난 즉시 참여한 위원 전원이 봉인하여 보관하여야 한다. 〈개정 2005.8.4.〉

⑥ 후보자가 사퇴·사망하거나 등록이 무효(이하 이 항에서 "사퇴등"이라 한다)로 된 경우에 투표용지의 인쇄 및 안내는 다음 각 호에 따른다. 〈개정 2014.1.17., 2014.2.13.〉

　1. 인쇄소에서 작성하는 투표용지

　　가. 사퇴등의 시기가 후보자등록신청기간(대통령선거에서는 후보자추가등록신청기간을 말한다. 이하 이 항에서 같다)이 지난 후 투표용지 인쇄 전인 때 : 투표용지의 해당 정당 또는 후보자의 기표란에 "사퇴"·"사망" 또는 "등록무효"라고 인쇄한다.

　　나. 사퇴등의 시기가 투표용지를 인쇄한 후인 때 : 별지 제42호서식의 (나)에 따라 투표소에 잘 보이게 게시한다. 이 경우 법 제154조제5항에 따라 거소투표용지 발송시에 동 봉하는 선거에 관한 안내문을 인쇄하기 전인 때에는 별지 제42호서식의 (나)에 준하여 이를 게재하여야 한다.

　2. 투표용지 발급기로 인쇄하는 투표용지

　　가. 사퇴등의 시기가 후보자등록신청기간이 지난 후 사전투표개시일 전일까지인 때 : 제1 호가목과 같이 인쇄한다.

　　나. 사퇴등의 시기가 사전투표개시일 이후 사전투표종료 전인 때 : 사전투표소를 설치한 해당 읍·면·동을 선거구역에 포함하는 선거의 후보자에 한정하여 별지 제42호서식의 (나)에 따라 사전투표소에 잘 보이게 게시한다.

⑦ 국회의원선거에 있어서 투표용지는 색도 또는 지질 등을 달리하는 등 지역구국회의원선거와 비례대표국회의원선거가 구분이 되도록 작성하여야 하되, 그 작성방법은 중앙위원회가 정한다. 〈신설 2004.3.12.〉

⑧ 중앙위원회가 제7항의 규정에 의하여 투표용지의 작성방법을 정한 때에는 후보자등록신청개시일 전일까지 관할 구·시·군위원회에 통지하여야 하며, 관할 구·시·군위원회는 이를 정당과 후보자에게 통지하여야 한다. 〈신설 2004.3.12., 2005.8.4.〉

⑨ 법 제150조제5항제3호 또는 같은 조제7항에 따라 무소속후보자 또는 추천정당이 정하 지 아니한 지역구 자치구·시·군의원후보자 사이의 투표용지 게재순위를 결정하기 위하여 추첨하는 경우 그 추첨방법은 법 제150조제6항을 준용한다. 이 경우 "소속정당의 대표자나 후보자"는 "후보자"로 본다. 〈신설 2010.1.25.〉

제71조의2(투표용지 인쇄시기) 투표용지는 다음 각 호에서 정하는 날 후에 인쇄한다. 다만, 인쇄시설의 부족 등 선거관리에 지장이 있다고 인정되는 경우에는 해당 위원회의 의결로 그 날을 변경할 수 있다.

   1. 투표소에서 사용하는 투표용지

      가. 대통령선거 : 후보자등록마감일 후 13일

      나. 국회의원선거 : 후보자등록마감일 후 9일

      다. 지방의회의원 및 지방자치단체의 장의 선거 : 후보자등록마감일 후 2일

   2. 거소투표신고인명부에 올라 있는 선거인에게 발송하는 투표용지 : 후보자등록마감일 후 2일

[본조신설 2014.2.13.]

제72조(투표함의 규격 및 투표용지 발급기의 송부 등) ① 법 제151조에 따른 투표함의 규격은 별표 2에 따른다.

② 법 제151조제6항에 따른 투표용지 발급기는 구·시·군위원회가 사전투표기간 개시일 전일까지 읍·면·동위원회에 송부하며, 이를 송부받은 읍·면·동위원회 위원장은 투표용지 발급기를 봉함·봉인하여 보관하였다가 투표함과 함께 사전투표관리관에게 인계하여야 한다.

③ 구·시·군위원회는 투표용지 발급기의 읍·면·동위원회 송부과정에, 읍·면·동위원회는 투표용지 발급기의 수령·보관 및 사전투표관리관에게 인계하는 과정에 해당 위원회의 정당추천 위원이 각각 참여하여 입회할 수 있도록 하여야 한다. 이 경우 정당추천위원이 참여하지 아니한 때에는 입회를 포기한 것으로 본다.

④ 구·시·군위원회 정당추천위원의 다른 노선의 송부과정 입회, 신분증명서 착용에 관하여는 제73조 제1항 및 제2항을 준용한다.

[전문개정 2014.1.17.]

제73조(정당추천위원의 참여·입회) ① 법 제151조(투표용지와 투표함의 작성)제5항의 규정에 따라 구·시·군위원회가 투표용지를 관할 읍·면·동위원회에 송부하는 경우 해당 구·시·군위원회의 정당추천위원은 자신이 입회하지 아니하는 다른 노선의 송부과정에 해당 읍·면·동위원회의 같은 정당의 추천위원 중 1인을 입회하게 할 수 있다.

② 정당추천위원이 투표용지의 인쇄·납품 및 송부과정에 참여하여 입회하는 동안에는 신분증명서를 달아야 한다.

③ 구·시·군위원회는 별지 제43호서식의 (나)에 의한 투표용지작성·관리록을 비치하고 투표용지의 인쇄상황 및 정당추천위원의 참여·입회상황 그 밖의 투표용지의 작성에 관한 사항을 기재하여야 한다.

[전문개정 2005.8.4.]

제74조(시각장애선거인용 특수투표용지등) ① 구·시·군위원회가 법 제151조제8항에 따라 시각 장애로 인하여 자신이 기표를 할 수 없는 선거인(이하 이 조에서 "시각장애선거인"이라 한다)을 위한 특수투표용지를 작성하는 때에는 제71조(투표용지)제2항의 규정에 의한 투표용지 서식에 의하되, 점자로 작성한다. 이 경우 후보자의 성명은 법 제150조(투표용지의 정당·후보자의 게재순위등)제2항단서의 규정에 불구하고 한글점자로 표시한다. 〈개정 1995.4.14., 1997.11.14., 2002.3.21., 2015.8.13.〉

② 구·시·군위원회는 제1항의 규정에 의한 특수투표용지를 작성하지 아니하는 때에는 중앙 위원회가 정하는 바에 따라 투표보조용구를 작성하여 사전투표관리관 또는 투표관리관이 사전투표소 또는 투표소에서 시각장애선거인에게 제공하게 할 수 있다. 〈개정 2005.8.4., 2014.1.17.〉

③ 제2항의 규정에 의한 투표보조용구는 시각장애선거인이 투표용지의 기표란에 표를 하기 쉽도록 작성하여야 한다.

[제목개정 2005.8.4.]

제75조(투표용지모형의 공고) 법 제152조(투표용지모형등의 공고)제1항의 규정에 의한 투표용지모형공고문의 빈자리에는 중앙위원회가 정하는 바에 따라 투표절차에 관한 안내사항을 게재할 수 있다.

제76조(투표안내문의 작성·발송등) ① 법 제153조(투표안내문의 발송)제1항의 규정에 의한 투표안내문의 서식·규격 및 그 게재사항은 별지 제44호서식에 의하고, 투표안내문의 발송용 봉투의 규격 및 게재사항은 별지 제45호양식에 의하되, 투표안내문의 게재방법과 투표절차 기타 투표에 필요한 안내사항에 대하여는 선거가 있을 때마다 임기만료에 의한 선거에 있어서는 중앙위원회가, 보궐선거등에 있어서는 관할선거구 위원회가 이를 정한다.

② 구·시·군위원회는 투표안내문의 작성 및 발송을 위하여 필요하다고 인정하는 때에는 관할 읍·면·동의 장에게 자료의 제출·투표안내문 및 봉투의 기재 기타 필요한 사항의 협조를 요구할 수 있다.

③ 구·시·군위원회는 세대주의 주소·성명의 오기(誤記) 등 착오로 인하여 투표안내문이 반송 되어 온 때에는 이를 다시 발송하되, 다시 발송할 수 없는 경우에는 이를 따로 보관하여야 한다.

④ 「주민등록법」 제19조제3항 또는 같은 법 제20조제6항단서에 따라 읍·면사무소 또는 동주민센터의 주소가 행정상 관리주소인 사람에 대한 투표안내문(선거공보를 포함한다)의 발송은 해당 행정상 관리주소지인 읍·면사무소 또는 동주민센터에 보관하였다가 본인의 신청 이 있는 경우 교부하는 방법으로 한다. 〈신설 2011.7.28., 2015.8.13.〉

제77조(거소투표용지의 발송) ① 거소투표용지는 거소투표신고인명부에 따라 해당 구·시·군위원회의 관할구역을 관할하는 우체국을 통하여 발송하여야 한다. 이 경우 우체국장은 거소투표용지가 들어 있는 우편물의 발송과 회송을 다른 우편물보다 우선하여 취급하여야 한다. 〈개정 2014.1.17., 2017.1.23.〉

② 삭제 〈2005.8.4.〉

③ 구·시·군위원회가 거소투표신고인명부에 올라 있는 선거인(이하 "거소투표자"라 한다)에게 법 제65조제6항에 따라 거소투표용지와 선거공보를 동봉하여 발송하는 경우 정당·후보자 가 제출한 선거공보의 매수가 거소투표자수에 미달하는 때에는 투표구단위로 그 정당 또는 후보자가 지정한 거소투표자에게 발송하고, 이를 지정하지 아니하는 때에는 발송작업순에 따라 제출매수에 달하는 순위자까지 발송한다. 〈개정 2005.8.4., 2014.1.17.〉

[제목개정 2005.8.4., 2014.1.17.]

제78조(거소투표용지의 미발송 통지등) ① 구·시·군위원회는 거소투표용지의 발송전에 거소투표자 중 선거권이 없는 자나 사망자의 명단을 구·시·군의 장으로부터 통보받은 때에는 그 거소투표용지는 발송하지 아니한다. 〈개정 2009.2.19., 2014.1.17.〉

② 구·시·군위원회는 법 제154조제2항에 따라 거소투표자에게 거소투표용지를 발송하지 아니한 때에는 거소투표 등 발송·접수록에 그 사실을 기재하고 지체 없이 당해선거인에게 그 사유와 선거일에 주민등록지의 투표소에서 투표하여야 한다는 뜻을 통지하여야 한다.

〈개정 2009.2.19., 2014.1.17., 2015.8.13.〉

③ 법 제154조제3항에 따른 거소투표자의 명단은 별표 4의 20. 거소투표용지 미발송·반송 자 명단 통지의 서식에 의하여 작성하되, 그 비고란에 "미발송" 또는 "반송"이라고 표시하여야 한다.

〈개정 1995.4.14., 2014.1.17.〉

④ 법 제154조제5항의 규정에 의한 투표방법 기타 선거에 관한 안내문의 규격·게재사항 등은 선거가 있을 때마다 임기만료에 의한 선거에 있어서는 중앙위원회가, 보궐선거등에 있어서는 관할선거구위원회가 이를 정한다.

[제목개정 2014.1.17.]

제79조(거소투표용 봉투의 규격등) 법 제154조제1항에 따른 거소투표용지의 발송용과 회송용봉투의 규격과 그 세새사항은 별지 제46호양식의 (가)·(나)에 의한다. 〈개정 2004.3.12., 2005.8.4., 2014.1.17.〉

[제목개정 2014.1.17.]

제79조의2(선상투표자를 위한 후보자정보자료 작성·전송) 중앙위원회는 선상투표자에게 후보자에 대한 정보를 알리기 위하여 후보자등록신청서에 따라 후보자정보자료를 작성하여 제공 할 수 있다. 이 경우 후보자정보자료의 작성은 별표 4의 서식표 중 7. 후보자등록공고에 관한 서식을 준용한다.

[본조신설 2015.12.24.]

제80조(우편투표함의 비치) ① 관할 구·시·군위원회는 예상 사전투표자수 및 거소투표신고인 수·선상투표신고인수를 감안하여 해당 위원회 사무소 안에 우편투표함을 비치하되, 투표함 안팎의 이상

유무에 관하여 정당추천위원의 참여하에 검사한 후 투표함의 자물쇠를 잠그고 정당추천위원이 봉인하여야 한다. 다만, 정당추천위원이 지정된 시각까지 참석하지 아니한 때에는 참여를 포기한 것으로 본다. 〈개정 2005.8.4., 2014.1.17.〉

② 관할 구·시·군위원회는 관할구역 안에 2이상의 선거구가 있는 때에는 선거구별로 우편투표함을 비치하거나 우편투표함을 사전투표·거소투표 또는 선상투표의 접수용으로 각각 따로 비치할 수 있다. 〈개정 2005.8.4., 2014.1.17.〉

제81조(거소투표 등 발송·접수록) 구·시·군위원회는 거소투표용지를 발송하거나 거소투표를 접수한 때에는 별지 제47호서식에 의한 거소투표 등 발송·접수록을 비치하고, 거소투표용지의 발송 및 거소투표 등의 접수상황을 기재하여야 한다. 〈개정 2014.1.17.〉

[제목개정 2014.1.17.]

제82조(투표의 계속진행) ① 투표관리관은 법 제157조(투표용지수령 및 기표절차)제1항의 규정에 의한 본인여부의 확인을 함에 있어서 시간을 요하는 경우에는 이를 확인하는 동안에도 다른 선거인에 대하여는 계속하여 투표를 진행시켜야 한다. 〈개정 2005.8.4.〉

② 법 제157조제1항에서 "중앙선거관리위원회규칙이 정하는 신분증명서"라 함은 관공서 또는 공공기관이 발행한 증명서로서 사진이 첨부되어 본인임을 확인할 수 있는 국가유공자증·장애인등록증·외국인등록증·자격증 그 밖에 신분을 확인할 수 있는 증명서 또는 이들 기관이 기록·관리하는 것으로서 사진이 첨부되어 본인임을 확인할 수 있는 서류를 말한다.
〈신설 1998.4.30., 2002.10.28., 2004.3.12., 2005.8.4., 2009.2.19., 2015.8.13.〉

③ 제1항의 규정은 사전투표소에서의 투표진행에 이를 준용한다. 〈개정 2014.1.17.〉

제83조(투표용지의 봉인·보관 등) 읍·면·동위원회는 구·시·군위원회로부터 투표용지를 송부받은 때에는 투표관리관으로 하여금 투표용지의 매수·청인날인·일련번호 그 밖의 인쇄상태의 이상 유무 등을 확인한 후 이를 봉인하여 투표함 등 견고한 용기에 넣고 그 자물쇠를 봉쇄·봉인하게 한 다음 법 제151조(투표용지와 투표함의 작성)제1항의 규정에 따라 인계하는 때까지 이를 보관하여야 한다.

[전문개정 2005.8.4.]

제84조(투표용지에의 날인) ① 거소투표용지의 "투표관리관"칸에는 구·시·군위원회 위원장 자 신의 도장을 찍어야 한다. 이 경우 그 도장은 별지 제43호서식의 (나)의 인영대장에 등록된 도장으로 하되, 구·시·군위원회 위원장은 2개 이상의 도장을 조각하여 인영대장에 등록하고 날인할 수 있다.
〈개정 2005.8.4., 2014.1.17.〉

② 투표관리관 및 사전투표관리관은 법 제157조제2항 및 제158조제3항에 따라 투표용지에 날인하는

도장의 인영을 별지 제50호서식의 (가) 및 제53호서식의 인영대장에 등록하고, 그 도장에는 별지 제48호양식에 따라 등록된 도장임을 표시하는 고정된 표지를 하여야 한다. 〈개정 2005.8.4., 2014.1.17.〉

③ 구·시·군위원회 위원장이 거소투표용지에 자신의 도장을 찍거나 사전투표관리관이 투표용지에 자신의 도장을 찍는 경우 도장의 날인은 인쇄날인으로 갈음할 수 있다. 〈신설 2014.1.17.〉

④ 제2항의 도장과 인영대장은 날인이 끝날 때까지 해당 투표소 또는 사전투표소 밖으로 가지고 나갈 수 없다. 〈개정 2014.1.17.〉

제85조(선상투표용지의 작성·전송) ① 법 제154조의2제1항에 따른 선상투표용지는 별지 제42 호서식의 (다)에 따른다.

② 선상투표용지에는 일련번호를 표시하고, 관할 구·시·군위원회의 청인과 해당 구·시·군위원회 위원장 개인의 도장을 찍는다. 이 경우 일련번호는 바코드의 형태로 표시할 수 있다.

③ 선상투표용지의 작성, 일련번호의 표시 및 선상투표용지에의 날인은 전산조직을 이용한 인쇄의 방법으로 작성·표시·날인할 수 있으며, 같은 선상투표지의 2회 이상 접수 여부를 확 인할 수 있도록 하기 위하여 선상투표용지의 표지부분에 선상투표신고인명부에 올라 있는 선거인(이하 "선상투표자"라 한다) 식별번호를 표시할 수 있다. 〈개정 2012.9.24., 2014.1.17.〉

④ 구·시·군위원회는 법 제154조의2제1항에 따른 선상투표용지를 선상투표신고서에 기재된 해당 선박의 팩시밀리로 전송하는 방법으로 송부하되, 중앙위원회가 운영하는 전산조직을 경유하게 할 수 있다. 이 경우 선상투표자가 수신하는 선상투표용지에는 일련번호가 표시되 지 아니하도록 하여야 한다. 〈개정 2012.9.24., 2014.1.17.〉

⑤ 구·시·군위원회는 선상투표용지의 작성·송부 과정에 해당 구·시·군위원회의 정당추천위원이 입회할 수 있게 하여야 한다. 이 경우 정당추천위원이 입회하지 아니한 때에는 이를 포기한 것으로 본다.

⑥ 구·시·군위원회는 법 제154조의2제1항후단에 따라 선상투표용지를 전송하지 아니한 때에는 그 사실을 선상투표신고서에 기재된 해당 선박의 팩시밀리를 통해 해당 선상투표자에게 알려야 한다. 〈개정 2014.1.17.〉

⑦ 구·시·군위원회는 별지 제43호서식의 (나) 및 별지 제47호서식에 준하여 선상투표용지의 작성·관리 및 선상투표 발송·접수상황을 기록하여야 한다. 이 경우 선상투표용지의 팩시밀리 전송내역 기록을 첨부하여야 한다.

⑧ 제77조제1항후단 및 제78조제1항의 규정은 선상투표용지의 발송·회송에 준용한다. 이 경우 "거소투표용지"는 "선상투표용지" 또는 "선상투표지"로 본다. 〈개정 2014.1.17.〉

[본조신설 2012.6.25.]

제86조(사전투표) ① 사전투표소에서의 본인여부 확인을 위한 신분증명서에 관하여는 법 제157조제1항 및 이 규칙 제82조제2항의 규정을 준용한다.

② 법 제158조제2항후단에 따라 중앙위원회가 신분증명서의 일부를 전자적 이미지 형태로 저장할 때에는 성명, 생년월일 등을 통하여 해당 선거인의 신분증명서임을 확인할 수 있도록 하되, 저장된 전자적 이미지는 선거일 투표마감시각이 지난 후 지체 없이 삭제하여야 한다. 〈신설 2015.8.13.〉

③ 법 제158조제5항에 따라 회송용봉투를 교부하지 아니하는 구역은 해당 구·시·군위원회의 관할구역(하나의 구·시·군위원회 관할구역 안에서 2 이상의 지역구국회의원선거가 실시되는 경우에는 국회의원지역구를 말한다)으로 한다. 〈개정 2015.8.13., 2015.12.24.〉

④ 사전투표관리관은 전기통신장애, 그 밖의 부득이한 사유로 해당 사전투표소에서 통합선거인명부를 사용하여 투표를 할 수 없는 경우에는 투표하러 온 선거인이 다른 사전투표소에 서 투표할 수 있도록 하여야 한다. 〈개정 2015.8.13.〉

⑤ 제4항에도 불구하고 관할 구·시·군위원회는 전국단위의 통합선거인명부 통신망의 장애가 발생하였거나 다른 사전투표소로 이동 및 투표마감시각까지 도착할 시간적 여유가 없는 때에는 사전투표관리관으로 하여금 신분증명서로 본인여부를 확인하고, 그 명단(이하 이 조에서 "잠정투표자명부"라 한다)을 별도로 작성한 다음 선거인에게 투표용지 발급기를 이용하여 출력한 투표용지와 회송용봉투를 교부하여 투표(이하 이 조에서 "잠정투표"라 한다)하게 할 수 있다. 〈개정 2015.8.13.〉

⑥ 관할 구·시·군위원회는 잠정투표의 실시사유가 해소되면 지체 없이 잠정투표자명부를 통 합선거인명부 운용시스템에 전송하게 하고 그 기록을 보관하여야 한다. 이 경우 그 해소 시 기가 사전투표기간 중인 때에는 사전투표관리관이, 그 해소 시기가 사전투표기간 종료 후인 때에는 관할 읍·면·동위원회가 사전투표관리관으로부터 잠정투표자명부를 인계받아 전송하게 하여야 한다. 〈개정 2015.8.13.〉

⑦ 사전투표관리관은 선거인 자신이 기표한 투표지를 공개한 것을 발견한 때에는 사전투표 참관인의 참관하에 해당 선거인으로부터 그 투표지를 회수하여 앞면에 공개된 투표지라는 표시를 하고, 자신의 도장을 찍거나 서명한 다음 회송용봉투에 넣어 봉함하고 사전투표함에 투입하여야 한다. 이 경우 법 제158조제5항에 따라 회송용봉투를 교부하지 아니한 선거인인 때에는 회수한 투표지 앞면에 공개된 투표지라는 표시를 하고, 자신의 도장을 찍거나 서명한 다음 그 투표지를 사전투표함에 투입한다. 〈개정 2015.8.13., 2017.1.23.〉

⑧ 사전투표관리관은 법 제158조제6항제1호에 따라 사전투표를 발송하는 때에는 해당 사전 투표소 또는 관할 구·시·군위원회에서 관할 우체국장에게 이를 인계하여야 한다. 〈개정 2015.8.13., 2015.12.24.〉

⑨ 법 제158조제6항제2호에 따라 사전투표함을 직접 관할 구·시·군위원회에 인계하는 경우 사전투표함의 봉쇄·봉인 및 송부에 관하여는 제92조의2 및 제94조제2항을 준용한다. 〈개정 2014.2.13., 2015.8.13.〉

⑩ 법 제158조제6항에 따라 사전투표기간 종료 후에 투표지를 인계하는 때에는 사전투표기 간 첫째

날의 투표마감시각 후에 사전투표함의 투입구에 봉인지를 부착한 다음 사전투표관리관과 사전투표참관인이 봉인지에 서명 또는 날인하여 보관하고, 둘째 날 해당 사전투표함을 계속하여 사용하려는 경우에는 투표개시 전에 사전투표참관인의 참여하에 봉함·봉인상태의 이상 유무를 확인한 후 봉인지를 떼어내어 사용한다. 〈신설 2014.2.13., 2015.8.13.〉

⑪ 사전투표관리관은 별지 제50호서식의 (가)에 의한 사전투표소 투표관리록을 비치하고 매 일의 사전투표자수 등 사전투표관리에 관한 사항을 기재하여야 한다. 〈개정 2014.2.13., 2015.8.13.〉

⑫ 사전투표관리관은 해당 사전투표소의 투표가 모두 끝난 후 사전투표관리에 관한 모든 서류, 장비 등을 관할 구·시·군위원회에 인계하여야 한다. 〈개정 2014.2.13., 2015.8.13.〉

[전문개정 2014.1.17.]

제86조의2(선상투표) ① 법 제158조의3제1항에 따른 선상투표를 할 수 있는 기간은 대한민국 표준시를 기준으로 정해지는 날짜에 상응하는 날짜로 한다. 〈개정 2014.1.17.〉

② 선장은 기상악화, 통신장애, 그 밖에 부득이한 사유로 당초 정한 일시에 선상투표를 할 수 없거나 모두 마치지 못한 때에는 새로이 투표일시를 정하여 선상투표를 할 수 있다. 이 경우 해당 선박의 선상투표자에게 즉시 그 사실을 알려야 한다.

③ 선장은 선상투표소에 다음의 설비를 하여야 한다.

　1. 선장 및 입회인이 서명하는데 필요한 좌석

　2. 기표소(기표에 필요한 용구를 포함한다)

　3. 선상투표지 전송석(팩시밀리를 포함한다)

　4. 선상투표지 봉함석

　5. 그 밖에 선상투표에 필요한 시설

④ 제3항제3호에 따라 설비하는 팩시밀리의 번호는 선상투표자가 선상투표신고서에 기재한 팩시밀리 번호와 일치하여야 한다. 〈개정 2014.1.17.〉

⑤ 선장은 투표일 전일까지 입회인을 선성하고, 이를 선상투표자에게 알려야 한다. 이 경우 2명 이상의 입회인을 선정하는 때에는 선상투표용지에 서명할 입회인 1명을 미리 지정하여야 한다.

⑥ 법 제158조의3제3항단서에 따라 입회인을 두지 아니한 때에는 선장이 선상투표용지에 기재된 내용에 따라 그 표시를 하여야 한다. 〈개정 2014.1.17.〉

⑦ 선상투표자는 법 제158조의3제6항에 따라 선상투표지를 넣은 봉투의 겉면에 자신의 성명과 생년월일을 기재하여 선장에게 제출한다. 〈개정 2014.1.17.〉

⑧ 선장은 선상투표자가 선상투표소에서 투표하기 전에 선상투표용지에 미리 기표하여 오거나 선상투표자가 자신이 기표한 선상투표지를 공개한 것을 발견한 때에는 해당 선상투표용지 또는 선상투표지를 회수하여 앞면에 미리 기표된 투표용지 또는 공개된 투표지라는 표시를 하고 자신의 도장을 찍거나 서명한 다음 별도의 봉투에 넣고 봉함하여 보관한다. 이 경우 선상투표지를 전송한 후에 공개한 때에는

해당 시·도위원회에 그 사실을 지체 없이 알려야 한다. 〈개정 2017.1.23.〉

⑨ 법 제158조의3제8항에 따른 선상투표관리기록부는 별지 제50호서식의 (다)에 따른다. 〈개정 2014.1.17.〉

[본조신설 2012.6.25.]

제86조의3(선상투표의 접수) ① 중앙위원회는 선상투표자가 법 제158조의3제5항에 따른 선상 투표지를 편리하게 전송할 수 있도록 하기 위하여 중앙위원회가 운영하는 전산조직을 경유하여 시·도위원회로 전송하게 할 수 있다. 〈신설 2012.9.24., 2014.1.17.〉

② 중앙위원회 및 시·도위원회는 법 제158조의3제9항에 따른 팩시밀리에 투표의 비밀을 보장하기 위하여 다음 각 호의 기술적 장치를 하여야 한다. 〈개정 2012.9.24., 2014.1.17.〉

  1. 선상투표지의 표지부분에 선상투표지를 전송한 팩시밀리의 번호와 수신일시가 기재되도록 하는 장치

  2. 출력된 선상투표지의 투표부분을 볼 수 없도록 하는 장치

③ 시·도위원회는 선상투표지를 수신하는 기간 동안 수신된 선상투표지를 매일 1회 이상 등기우편으로 해당 구·시·군위원회에 보내야 한다. 〈개정 2012.9.24.〉

④ 시·도위원회는 제86조의2제8항후단에 따른 통지를 받은 때에는 해당 선상투표지를 넣은 봉투에 공개된 투표지라는 표시를 하고 구·시·군위원회에 보내야 한다. 〈개정 2012.9.24., 2017.1.23.〉

⑤ 시·도위원회는 선상투표지의 수신·발송 과정에 해당 시·도위원회의 정당추천위원이 입회할 수 있게 하여야 한다. 이 경우 정당추천위원이 입회하지 아니한 때에는 이를 포기한 것으로 본다. 〈개정 2012.9.24.〉

⑥ 구·시·군위원회는 제96조에 준하여 선상투표지를 접수하되, 표지부분에 표시된 팩시밀리 번호와 해당 선상투표자의 신고서에 기재된 팩시밀리 번호가 서로 다른 선상투표지가 발견된 때에는 그 사실을 기재한 붙임쪽지를 붙여 우편투표함에 투입한다. 〈개정 2012.9.24., 2014.1.17.〉

⑦ 구·시·군위원회는 같은 사람의 선상투표지가 2회 이상 접수된 경우에는 가장 먼저 접수된 선상투표지 외의 선상투표지는 우편투표함에 투입하지 아니하고 따로 보관하되, 그 사실을 제85조제7항에 따른 선상투표 발송·접수상황에 기록하여야 한다. 〈개정 2012.9.24.〉

⑧ 법 제158조의3제10항후단에 따른 표지는 별지 제50호서식의 (나)에 따라 작성하되, 법 제158조의3제10항후단과 제4항에 따른 선상투표지를 넣은 봉투에는 그 선상투표지를 수신한 공무원이 자신의 도장을 찍거나 서명한다. 〈개정 2012.9.24., 2014.1.17., 2017.1.23.〉

⑨ 법 제158조의3제10항에 따라 선상투표지를 구·시·군위원회에 보내는 데 사용하는 봉투는 별지 제46호양식의 (나)에 준하며, 같은 조제11항에 따른 선상투표지 관리록은 별지 제50호서식의 (라)에 따른다. 이 경우 선상투표지 관리록에는 선상투표지 팩시밀리 수신내역 기록을 첨부하여야 한다. 〈개정 2012.9.24., 2014.1.17.〉

[본조신설 2012.6.25.]

제86조의4(선상투표관련 비용의 보전) ① 선상투표신고를 한 선원이 승선한 선박의 선박회사는 선거일 후 40일까지 자신의 사무소 소재지를 관할하는 시·도위원회에 선상투표신고 또는 선상투표에 사용한 팩시밀리의 전송·수신기록과 통신요금 내역을 첨부하여 그 보전을 청구 할 수 있다. 이 경우 팩시밀리의 전송·수신기록과 통신요금 내역을 첨부할 수 없는 때에는 시·도위원회가 제공하는 팩시밀리 전송·수신 기록과 위성통신사별 통신요금의 평균액에 따라 보전을 청구할 수 있다. 〈개정 2014.1.17., 2015.12.24.〉
② 제1항에 따른 청구를 받은 시·도위원회는 청구내역을 심사하여 선상투표신고 또는 선상 투표에 사용한 것으로 인정되는 범위에서 통신요금을 보전한다. 〈개정 2014.1.17.〉
[본조신설 2012.6.25.]

제86조의5(국내에 도착한 선상투표자의 투표방법) ① 법 제158조의3제13항전단에 따른 신고 (이하 이 조에서 "선상귀국투표신고"라 한다)는 별지 제50호서식의 (마)에 따른다.
② 법 제158조의3제13항에 따른 "중앙선거관리위원회규칙으로 정하는 서류"란 「선원법」 제45조에 따른 선원수첩, 같은 법 제51조에 따른 승무경력증명서, 그 밖에 관공서 또는 공공 기관이 발행한 승선경력을 확인할 수 있는 서류를 말한다.
③ 관할 구·시·군위원회가 선상귀국투표신고를 받은 경우에는 해당 신고서의 신고사항을 확 인한 후 정당한 선상귀국투표신고인 때에는 접수하고, 해당 신고인에게 선거일에 주소지를 관할하는 투표구에 설치된 투표소에서 투표할 수 있다는 사실을 알려야 한다.
④ 관할 구·시·군위원회는 제3항에 따른 신고를 접수한 경우에는 해당 읍·면·동위원회에 통보하여야 한다. 이 경우 선거인명부의 수정 등에 관하여는 제16조의2제6항 및 제7항을 준용한다.
⑤ 선상투표자가 선거일에 투표소에서 투표하는 경우 투표관리관은 투표록에 그 사실을 적어야 한다.
[본조신설 2015.8.13.]

제87조 삭제 〈2014.1.17.〉

제88조(투표참관인등의 신고) ① 법 제161조제2항과 제162조제2항에 따른 투표참관인 또는 사전투표참관인(이하 이 장에서 "투표참관인등"이라 한다)의 신고는 별지 제51호서식의 (가)에 의하고, 법 제161조제3항단서와 제162조제3항에 따른 본인승낙은 별지 제51호서식의 (나)에 의한다.
〈개정 2007.11.22., 2014.1.17.〉
② 정당·후보자·선거사무장 또는 선거연락소장이 법 제161조제2항에 따른 투표참관인의 신고를 하는 때에는 그 신고서에 법 같은 조제4항에 따라 투표참관인을 지정하는 경우의 순 위를 기재하여야 한다. 〈개정 2007.11.22.〉

③ 삭제 〈2007.11.22.〉

[제목개정 2007.11.22.]

제89조(투표참관과 질서유지) ① 투표참관인등은 투표참관 도중에 선거인에 대하여 직접 질문 하거나 투표 또는 투표사무를 방해·간섭·지연시키거나 특정한 정당이나 후보자의 지지 또는 반대를 권유하거나 기타 어떠한 방법으로든지 선거에 영향을 주는 행위를 하여서는 아니된다.

② 투표참관인등은 투표참관 도중에 이의가 있을 경우에는 해당 투표관리관 또는 사전투표 관리관에게 그 시정을 요구할 수 있다. 〈개정 2005.8.4., 2010.1.25., 2014.1.17.〉

제90조(투표참관인의 수당등) 법 제122조의2제3항제6호에 따른 투표참관인과 사전투표참관인의 수당은 4만원으로 하고, 식비는 정부예산의 급식비단가 범위 이내로 하되, 수당은 6시간 이상 출석한 사람에게만 지급한다.

〈개정 1997.1.13., 1998.4.30., 2000.2.16., 2002.12.7., 2004.3.12., 2005.8.4., 2010.1.25., 2014.1.17., 2015.12.24.〉

[제목개정 2005.8.4.]

제91조(투표소에 출입하는 자의 표시) 법 제163조제2항과 제4항에 따라 투표소 또는 사전투표소(법 제149조제3항 및 제4항에 따른 기표소가 설치된 장소를 포함한다)에 출입하는 위원회 위원·직원·투표관리관·사전투표관리관·투표사무원·사전투표사무원·투표참관인·사전투표참관인의 표지는 늘 잘 보이도록 달아야 하며, 그 규격과 게재사항은 별지 제52호양식에 의한다. 이 경우 위원회 위원과 직원의 표지는 신분증명서 또는 공무원증으로 갈음할 수 있다.

〈개정 2000.2.16., 2004.3.12., 2005.8.4., 2007.11.22., 2010.1.25., 2014.1.17.〉

제92조(공개된 투표지의 처리) 투표관리관은 선거인이 자신이 기표한 투표지를 공개한 것을 발견한 때에는 투표참관인의 참관하에 해당 선거인으로부터 그 투표지를 회수하여 앞면에 공개된 투표지라는 표시를 한 후 자신의 도장을 찍거나 서명한 다음 투표함에 투입한다.

〈개정 2010.1.25., 2014.1.17., 2017.1.23.〉

[전문개정 2005.8.4.]

제92조의2(투표함등 봉쇄·봉인) ① 법 제168조제1항본문에 따른 투표함의 투입구와 그 자물쇠의 봉쇄·봉인은 다음 각 호에 따른다. 〈개정 2015.12.24.〉

　1. 투표함의 투입구

　　투표함의 투입구(투입구를 봉쇄하는 별도의 장치가 있는 경우에는 그 투입구를 막는 장치를 말한다)에 봉인지를 부착한 다음 투표관리관 및 투표참관인이 봉인지에 각각 본인의 도장을 찍거나 서명하여야 한다.

2. 자물쇠

투표함에 부착된 자물쇠(열쇠와 일체형으로 제작된 경우를 포함한다)마다 봉인지를 부착한다음 투표관리관 및 투표참관인이 봉인지에 각각 본인의 도장을 찍거나 서명하여야 한다. 이 경우 열쇠가 있는 때에는 별도의 봉투에 넣어 봉함한 후 투표함과 함께 구·시·군위원회에 인계하여야 한다.

② 투표관리관은 투표참관인 중에서 제1항 각 호에 따른 봉인지에 도장을 찍거나 서명할 사람을 후보자별로 1명씩 지정할 수 있다. 이 경우 법 제161조제3항단서에 따라 읍·면·동 위원회가 투표참관인을 선정한 때에는 해당 투표참관인 중에서 지정할 수 있다. 〈신설 2015.12.24.〉

③ 투표관리관이 제2항에 따라 지정한 투표참관인이 정당한 사유 없이 봉인지에 본인의 도장을 찍거나 서명하기를 거부한 때에는 그 권한을 포기한 것으로 보고, 투표록에 그 사유를 적는다. 〈신설 2015.12.24.〉

④ 투표함에는 중앙위원회가 정하는 바에 따라 전자적 보안장치를 할 수 있다.

〈개정 2015.12.24.〉

[본조신설 2012.6.25.]

제93조(투표록의 서식) 법 제169조(투표록의 작성)의 규정에 의한 투표록의 표준서식은 별지 제53호서식에 의한다.

제94조(투표관계서류 등의 인계) ① 투표관리관은 법 제170조제1항에 따라 투표가 끝난 후 투표함 및 그 열쇠, 투표록 및 잔여투표용지를 관할 구·시·군위원회에 송부할 때에는 선거인명부 및 투표용지의 절취된 일련번호지를 함께 송부하여야 한다.

② 투표관리관은 선거일의 투표마감시각까지 법 제170조제2항에 따른 투표함 송부과정에 동반할 투표참관인을 후보자별로 1인씩 지정할 수 있다. 이 경우 투표관리관이 지정한 투표 참관인이 정당한 사유 없이 동반을 거부한 때에는 그 권한을 포기한 것으로 보고, 투표록에 그 사유를 기재한다.

[전문개정 2012.6.25.]

제10장 개표

제95조(개표소의 설비) ① 구·시·군위원회는 선거일 전일까지 개표소에 투표함의 접수에 필요한 시설, 투표함의 개함과 투표지의 점검, 심사·집계 및 정리 등에 필요한 시설, 구·시·군위원회 위원과 개표참관인의 좌석 및 일반인의 개표관람시설 기타 개표사무에 필요한 시설의 설비를 하여야 한다.

② 구·시·군위원회가 법 제173조(개표소)제2항의 규정에 의하여 개표소를 2개소 이상 설치 하고자 하는 때에는 같은 법 같은 조제1항의 규정에 의하여 개표소를 공고하는 때에 개표소별로 개표할 선거명을 공고하고 선거사무장 또는 선거연락소장에게 통지하여야 한다. 〈신설 2000.2.16.〉

③ 구·시·군위원회가 법 제173조제2항 및 이 조제2항의 규정에 의하여 2개소 이상으로 나 누어 설치한 개표소의 명칭은 각각 당해 구·시·군위원회의 명칭 밑에 "제1개표소", "제2개표소" 등을 붙여 표시하며, 제1개표소는 당해 구·시·군위원회 위원장이, 제2개표소 이상의 개표소에는 당해 구·시·군위원회 부위원장 또는 위원장이 지명한 위원이 개표사무를 관장한다. 〈신설 2000.2.16.〉

제95조의2(개표개시) 개표는 개표소에 투표함이 도착되면 개시할 수 있다.

[본조신설 2004.3.12.]

제96조(사전투표·거소투표의 접수) ① 구·시·군위원회가 우편으로 송부된 사전투표 또는 거소투표를 접수한 때에는 통합선거인명부 또는 거소투표신고인명부에 그 접수일시를 기재(전산 조직으로 할 수 있다)한 후 정당추천위원의 참여하에 이를 우편투표함에 투입하여야 한다. 다만, 정당한 사유 없이 참여를 거부하는 정당추천위원이 있는 때에는 그 권한을 포기한 것으로 본다.
〈개정 2005.8.4., 2012.6.25., 2014.1.17.〉

② 구·시·군위원회는 사전투표 종료 후 사전투표를 접수할 때까지 또는 거소투표용지를 발 송한 후 거소투표를 접수할 때까지의 사이에 구·시·군의 장으로부터 선거권이 없는 자나 사 망자의 명단을 통보받은 때에는 붙임쪽지에 "선거권이 없는 자" 또는 "사망자"라고 기재한 후 이를 회송용봉투에 붙여 우편투표함에 투입하고 개표시에 이를 무효로 하며, 사전투표 또는 거소투표를 접수한 후에 통보를 받은 때에는 개표시에 해당 투표를 가려내어 무효로 처리한다. 이 경우 사전투표자 또는 거소투표자가 투표 후 사망한 것이 확인된 때에는 이를 유효로 처리한다.
〈개정 2000.2.16., 2005.8.4., 2009.2.19., 2014.1.17.〉

③ 법 제155조제5항에 따른 사전투표·거소투표 및 선상투표 접수마감시각 후 개표록 작성 완료시까지 도착된 사전투표·거소투표 및 선상투표는 우편투표함에 투입하지 아니하고 이를 따로 보관하되, 그 사실을 개표록에 기재하고 기권으로 처리한다. 〈개정 2010.1.25., 2014.1.17.〉

[제목개정 2014.1.17.]

제97조(우편투표함 등의 개표장 이송) 구·시·군위원회가 법 제176조제3항에 따라 우편투표함과 사전투표함을 개표장으로 옮길 때에 참관하는 개표참관인은 정당 또는 후보자마다 1인으로 한다. 다만, 우편투표함과 사전투표함을 옮기는 시각까지 참여하지 아니하거나 정당한 사유 없이 참관을 거부하는 개표참관인은 그 권한을 포기한 것으로 본다. 〈개정 2014.1.17.〉
[제목개정 2014.1.17.]

제98조(사전투표·거소투표 및 선상투표의 개표) ① 구·시·군위원회 위원장은 법 제176조제3항에 따라 우편투표함을 개함한 때에는 회송용봉투를 개봉하여 투표지를 꺼낸 다음, 사전투표 함을 개함한 때에는 투표지를 꺼낸 다음 각각 일반투표함과는 별도로 개표한다. 이 경우 회송용봉투에 투표지가 들어 있지 아니한 사전투표(우편투표함에 들어 있는 사전투표를 말한다)·거소투표 및 선상투표는 기권으로 처리하며, 개봉된 빈 회송용봉투는 포장하여 위원장이 봉인하여야 한다.
〈개정 2005.8.4., 2010.1.25., 2014.1.17.〉
② 삭제 〈2005.8.4.〉
③ 삭제 〈2005.8.4.〉
[제목개정 2014.1.17.]

제99조(개표의 진행등) ① 삭제 〈2002.3.21.〉
② 삭제 〈2005.8.4.〉
③ 삭제 〈2014.1.17.〉
④ 선거별 또는 선거구별로 투표함을 설치한 경우 잘못 투입된 투표지가 발견된 때에는 그 사실을 개표상황표에 기재하고 해당 선거의 투표수로 집계하여야 한다. 이 경우 그 투표지는 별도로 관리하여야 한다. 〈신설 2004.3.12.〉
⑤ 법 제178조제5항에 따른 개표상황표의 표준서식은 별지 제54호서식에 의한다.
〈개정 2005.8.4., 2014.1.17.〉

제100조(정규의 투표용지등) ① 법 제179조제1항제1호의 "정규의 투표용지"란 다음 각 호의 어느 하나에 해당하는 투표용지를 말한다. 〈개정 2014.1.17., 2014.2.13.〉
　　1. 관할 구·시·군위원회가 작성하고 청인을 찍은 후 관할 읍·면·동위원회에 송부하여 해당 투표관리관이 자신의 도장을 찍어 정당한 선거인에게 교부한 투표용지
　　2. 사전투표관리관이 투표용지 발급기로 시·도위원회 또는 구·시·군위원회의 청인이 날인된 투표용지를 인쇄하여 자신의 도장을 찍은 후 정당한 선거인에게 교부한 투표용지
　　3. 관할 시·도위원회 또는 구·시·군위원회가 작성하고 청인과 해당 구·시·군위원회 위원장

자신의 도장을 찍은 후 정당한 거소투표자 또는 선상투표자에게 발송 또는 전송한 투표용지

4. 동시선거에서 관할 시·도위원회가 작성하고 청인을 찍은 후 관할 구·시·군위원회를 거쳐 관할 읍·면·동위원회에 송부하여 해당 투표관리관이 자신의 도장을 찍어 정당한 선거인에게 교부한 시·도지사선거 및 비례대표시·도의원선거의 투표용지

② 제1항의 규정에 불구하고 투표관리관·사전투표관리관 또는 관할 위원회 위원장 도장의 날인이 누락되어 있으나 관할 위원회의 청인이 날인되어 있고 투표록등에 도장의 날인이 누락된 사유가 기재되어 있는 투표용지는 정규의 투표용지로 본다. 이 경우 투표관리관 또는 사전투표관리관 도장의 날인 누락사유가 투표록등에 기재되어 있지 아니하나 투표용지 교부매수와 투표수와의 대비, 투표록등에 따라 투표관리관 또는 사전투표관리관이 선거인에게 정당하게 교부한 투표용지로 판단되는 것은 정규의 투표용지로 본다. 〈개정 1998.4.30., 2005.8.4., 2014.1.17.〉

[전문개정 1995.12.30.]

제100조의2(무효투표) 다음 각 호의 어느 하나에 해당하는 제86조제5항에 따른 잠정투표는 무효로 한다. 〈개정 2015.8.13.〉

1. 같은 선거에서 한 사람이 2회 이상 투표를 한 경우 해당 선거에서 본인이 한 모든 투표

2. 선거인명부에 올라 있지 아니한 사람이 한 투표

[본조신설 2014.1.17.]

제101조(투표의 효력에 관한 이의에 대한 결정공표) 구·시·군위원회 위원장은 법 제180조(투표의 효력에 관한 이의에 대한 결정)제1항의 규정에 의하여 투표의 효력에 관한 이의에 대한 결정을 한 때에는 그때마다 그 내용을 공표하여야 한다.

제102조(개표참관인) ① 법 제173조제2항에 따라 개표소를 2개소 이상 설치하는 때에는 정당은 개표소마다 6인의 개표참관인을 선정·신고할 수 있으며, 국회의원선거에 있어서 2개 이상의 국회의원지역구를 관할하는 구·시·군위원회가 하나의 개표소를 설치하는 때에는 정당은 국회의원지역구마다 6인의 개표참관인을 선정·신고할 수 있다. 〈신설 2000.2.16., 2004.3.12., 2005.8.4., 2007.11.22.〉

② 법 제181조제5항에 따른 개표참관인이 되고자 하는 선거권자는 중앙위원회가 정하는 방법으로 자신의 주소지(선거인명부에 적힌 주소지를 말한다)를 관할하는 구·시·군위원회가 설치하는 개표소에 한정하여 신청하여야 한다. 〈신설 2015.8.13.〉

③ 개표참관인은 개표참관도중에 개표사무를 방해·지연시키거나 기타 어떠한 방법으로든지 법 및 이 규칙에 의하지 아니한 방법으로 개표의 진행에 지장을 주는 행위를 하여서는 아니 되며, 법 제181조제8항에 따라 개표에 관한 사항의 시정을 요구하는 경우에는 당해 구·시·군위원회를 통하여서 요구하여야 한다. 〈개정 2007.11.22., 2015.8.13.〉

④ 법 제181조제2항에 따른 개표참관인의 신고는 별지 제55호서식의 (가)에 의하고, 법 같은 조제3항에 따른 본인승낙은 별지 제55호서식의 (나)에 의한다. 〈개정 2007.11.22., 2015.8.13.〉

제103조(개표참관인의 수당등) 법 제122조의2제3항제7호에 따른 개표참관인의 수당은 4만원으로 하고, 식비는 정부예산의 급식비단가 범위 이내로 하되, 참관도중에 개표참관인을 교체하는 경우의 수당은 6시간 이상 출석한 자에 한하여 지급한다.

〈개정 1997.1.13., 1998.4.30., 2000.2.16., 2002.12.7., 2004.3.12., 2005.8.4., 2010.1.25.〉

제104조(개표관람증) 법 제182조(개표관람)제1항의 규정에 의한 개표관람증은 별지 제56호양식에 의한다.

제105조(개표소에 출입하는 자의 표지등) ① 법 제182조(개표관람)제1항의 규정에 의한 개표관람증과 법 제183조(개표소의 출입제한과 질서유지)제2항의 규정에 의한 개표소에 출입하는 위원회의 위원·직원, 개표사무원, 개표사무협조요원 및 개표참관인의 표지는 늘 잘 보이도록 달아야 하며, 표지의 규격 및 게재사항은 별지 제52호양식에 의한다. 이 경우 위원회 (읍·면·동위원회를 제외한다) 위원·직원의 표지는 신분증명서 또는 공무원증으로 갈음할 수 있다. 〈개정 2000.2.16., 2002.3.21., 2005.8.4.〉

② 삭제 〈2005.8.4.〉

③ 법 제183조제1항단서의 규정에 의하여 일반관람인석에 들어가는 취재·보도요원은 관할 구·시·군위원회가 발행하는 출입증을 늘 잘 보이도록 달아야 한다. 〈개정 2005.8.4.〉

제106조(개표록·집계록 및 선거록의 작성등) ① 법 제173조(개표소)제2항의 규정에 의하여 개표소를 2개소 이상 설치하여 개표하는 때의 개표록은 개표소마다 각각 작성하되, 구·시·군위원회 부위원장 또는 구·시·군위원회 위원장이 지명하는 위원은 자신이 관장하는 개표소에서 개표한 투표지·투표함·투표록 기타 선거에 관한 모든 서류를 관할 구·시·군위원회 위원장에게 인계하여야 한다.

〈신설 2000.2.16., 2015.8.13.〉

② 법 제185조(개표록·집계록 및 선거록의 작성등)의 규정에 의한 개표록·집계록 및 선거록의 작성과 상급위원회에의 보고 또는 송부는 전산조직에 의할 수 있으며, 그 표준서식은 별 지 제57호서식의 (가) 내지 (아)에 의한다. 〈개정 2004.3.12., 2005.8.4.〉

제107조(투표지등의 보존기간의 단축) 법 제186조단서에 따라 다음 각 호의 선거 관계서류는 법 제219조에 따른 선거소청이나 법 제222조 또는 법 제223조에 따른 선거에 관한 소송이 제기되지 아니한 때에는 그 제기기한 만료일부터 1월 이후에, 선거에 관한 쟁송이 종료된 때에는 그 확정판결 또는 결정의 통지를 받은 날부터 1월 이후에 해당 구·시·군위원회의 결정에 의하여 폐기할 수 있다.

〈개정 1995.4.14., 2000.2.16., 2004.3.12., 2005.8.4., 2010.1.25., 2011.7.28., 2012.6.25.,

2014.1.17., 2015.8.13., 2017.1.23.〉

1. 투표지

2. 잔여투표용지

3. 절취된 일련번호지

4. 법 제37조제4항에 따라 송부된 선거인명부 및 전산자료 복사본과 법 제38조제6항에 따라 송부된 거소·선상투표신고인명부 및 전산자료 복사본

5. 제16조제1항후단에 따라 송부된 전산자료 복사본, 같은 조제2항에 따라 송부된 거소·선상투표신고인명부 및 신고서

5의2. 제16조의2에 따른 통합선거인명부 및 선거인명부

6. 반송된 선거공보 및 투표안내문

7. 반송되거나 법 제156조제3항제3호에 따라 반납된 거소투표용지(그 봉투를 포함한다) 및 법 제158조의3제13항에 따라 반납된 선상투표용지

8. 접수마감시각 후 도착된 사전투표·거소투표 및 선상투표

9. 사전투표·거소투표 및 선상투표 회송용봉투

제11장 당선인

제108조(당선증의 서식) 당선인으로 결정된 자에게 교부하는 당선증은 별지 제58호서식에 의한다. 〈개정 2000.2.16.〉

[전문개정 2000.2.16.]

제109조(투표를 실시하지 아니할 때의 공고·통지) ① 구·시·군위원회는 법 제188조제2항·법 제190조제2항 및 법 제191조제3항에 따라 후보자등록마감시각에 지역구국회의원선거 또는 지 역구지방의회의원선거 및 지방자치단체의 장선거에서 후보자가 해당 선거구에서 선거할 정 수를 넘지 아니하게 된 때에는 그 사실을 별지 제59호서식의 (가)에 따라 선거일 전 10일까지 거소·선상투표신고인명부에 올라 있는 선거인에게 통지하여야 한다.

〈개정 1995.4.14., 2002.3.21., 2005.8.4., 2010.1.25., 2011.7.28., 2014.1.17.〉

② 읍·면·동위원회는 법 제188조제3항 또는 법 제190조제3항 및 법 제191조제3항(법 제188조제3항을 준용하는 경우를 말한다)에 따라 선거일의 투표개시시각부터 투표마감시각까지에 투표를 실시하지 아니할 사유가 발생된 때에는 별지 제59호서식의 (나)에 의하여 선거당일에 그 사실을 투표소의 입구에 게시하여야 한다. 〈개정 2005.8.4., 2010.1.25.〉

③ 법 제188조제4항, 법 제190조제3항 및 법 제191조제3항(법 제188조제4항을 준용하는 경우를 말한

다)에 따라 해당 선거구의 당선인이 없거나 그 의원정수에 미달하게 된 때에는 관할선거구 위원회는 그 사실을 공고하고, 상급위원회에 보고하여야 하며, 해당 선거구의 모든 후보자와 하급위원회에 통지하여야 한다. 〈개정 1995.4.14., 2005.8.4., 2010.1.25.〉

제109조의2(당선인의 사퇴신고) 법 제191조의2에 따른 당선인의 사퇴신고와 정당의 사퇴승인은 별지 제15호서식을 따르되, 관할선거구 위원회는 정당 추천 당선인의 사퇴신고를 접수한 때에는 지체 없이 해당 당선인의 추천 정당에 통보하여야 한다.
[본조신설 2011.7.28.]

제110조(피선거권상실등으로 인한 당선무효) 관할선거구 위원회는 당선인이 그 임기개시 전에 법 제192조(피선거권상실로 인한 당선무효등)제1항 내지 제3항에 해당되는 것이 확인된 때에는 지체 없이 그 당선을 무효로 결정하여야 한다.

제111조(당선인결정의 착오시정 · 재결정등의 공고 · 통지) 관할선거구 위원회는 법 제193조(당선인결정의 착오시정)의 규정에 의하여 당선인의 결정을 시정한 때와 법 제194조(당선인의 재결정과 비례대표국회의원의석 및 비례대표지방의회의원의석의 재배분)의 규정에 의하여 당선인을 다시 결정하거나 비례대표국회의원선거 및 비례대표지방의회의원선거의 당선인을 결정한 때에는 각각 이를 공고하고 당해 당선인과 그 소속정당에 통지하여야 한다. 〈개정 1995.4.14., 2000.2.16., 2002.3.21., 2005.8.4.〉

제12장 재선거와 보궐선거

제112조(재선거사유의 공고 · 통보) 선거구위원회는 법 제195조(재선거)의 규정에 의한 재선거의 사유가 생겼거나 재선기의 사유 외 통보를 받은 때에는 이를 공고하고, 대통령 및 지역구국회의원의 선거에 있어서는 대통령에게, 지방의회의원 및 지방자치단체의 장의 선거에 있어서는 당해 지방자치단체의 장에게 통보하여야 한다. 〈개정 1995.4.14., 2002.3.21.〉

제113조(보궐선거등의 선거일공고 · 통보) 법 제35조(보궐선거등의 선거일)제2항제2호 또는 법 제201조(보궐선거등에 관한 특례)제5항의 규정에 따라 선거일을 공고한 관할선거구 위원회 위원장은 지체 없이 이를 해당 지방자치단체의 장에게 통보하여야 한다.
[전문개정 2005.8.4.]

제114조(일부재선거 · 재투표시의 선거운동 범위와 선거비용제한액등) ① 관할선거구 위원회가 법 제197

조(선거의 일부무효로 인한 재선거)제9항 및 법 제198조(천재·지변등으로 인한 재투표)제5항의 규정에 의하여 일부재선거 또는 재투표에 있어서의 선거운동의 범위와 선거비용의 제한액을 결정하는 때에는 다음 각 호와 제2항의 기준에 의하되, 제9조(일부재선거등의 선거일등 공고)의 규정에 의한 일부재선거일공고일 또는 재투표일공고일에 이를 공시하여야 한다.

〈개정 1998.4.30., 2000.2.16., 2004.3.12., 2005.8.4., 2010.1.25., 2014.1.17., 2015.8.13.〉

1. 방송시설을 이용한 선거운동은 실시하지 아니하는 것으로 한다.

2. 선거운동을 할 수 있는 구역은 당해 선거를 실시하는 구역 안으로 한다. 다만, 법 제61 조(선거운동기구의 설치)제2항·법 제81조(단체의 후보자등 초청 대담·토론회) 및 법 제82조(언론기관의 후보자등 초청 대담·토론회)의 규정에 의한 대담·토론회의 경우와 이 항제6호(신문광고를 말한다)의 경우에는 구역제한을 받지 아니한다.

3. 법 및 이 규칙에서 그 시기가 "후보자등록신청개시일" 또는 "후보자등록마감일"로 되어 있는 것은 "일부재선거일공고일" 또는 "재투표일공고일"로 본다.

4. 선거사무소 및 선거연락소와 선거사무장·선거연락소장·선거사무원 및 회계책임자는 당초 선거에 있어서의 설치 또는 선임신고에 불구하고 이를 다시 설치 또는 선임신고하는 것으로 한다.

5. 법 제61조제1항의 규정에 의한 선거연락소의 설치 및 법 제62조(선거사무관계자의 선 임)제2항의 규정에 의한 선거사무원의 선임의 경우 일부재선거 또는 재투표를 실시하는 구역(이하 이 조에서 "일부재선거등 실시구역"이라 한다)이 그 설치 또는 선임단위 구역의 일부인 때에도 이를 그 설치 또는 선임단위 구역으로 본다.

6. 법 제69조(신문광고)의 규정에 의한 신문광고의 횟수는 일부재선거등 실시구역의 당초 선거시의 인구수를 해당 선거구의 인구수로 나누어 얻은 수에 당초 선거시의 광고횟수를 곱하여 얻은 수로 한다. 이 경우 단수는 1로 하고 신문에 의하는 경우에는 해당 일 부재선거 등 실시구역을 주된 배부대상으로 하는 일간신문에 의하여야 한다.

7. 선거벽보의 첩부매수, 선거공보의 발송매수의 산출은 일부재선거등 실시구역의 당초 선거시의 인구수와 세대수, 예상 거소투표신고인수 및 법 제65조제5항에 따른 예상 신청 자수로 한다.

② 법 제197조제9항 및 법 제198조제5항의 규정에 의한 일부재선거 또는 재투표를 실시하는 때의 선거비용제한액은 일부재선거등 실시구역의 당초 선거시의 인구수를 당해 선거구의 당초 선거시의 인구수로 나누어 얻은 수에 그 선거구의 당초 선거시의 후보자 1인의 선거비용제한액을 곱하여 얻은 금액에 중앙위원회가 일부재선거등 실시구역의 넓고 좁음·물가지수 및 제1항 각 호의 기준에 의한 선거운동방법등을 감안하여 정한 금액을 더하거나 뺀 금액으로 한다. 이 경우 10만원 미만의 단수는 10만원으로 한다. 〈개정 2004.3.12.〉

제115조(일부재선거·재투표시의 투표구공고) 관할 구·시·군위원회는 일부재선거일공고일 또는 재투

표일공고일의 다음날까지 일부재선거 또는 재투표가 실시되는 투표구를 공고하여야 한다.

제116조(일부재선거·재투표시의 투표소 공고) 읍·면·동위원회는 법 제147조(투표소의 설치)제8항의 규정에 의한 투표소의 명칭과 소재지를 일부재선거일 또는 재투표일이 공고된 날부터 3일 이내에 공고하여야 한다. 〈개정 2005.8.4.〉

제117조(비례대표국회의원등의 의석승계자 결정공고 및 통지) 선거구위원회는 법 제200조(보궐선거)제2항의 규정에 의하여 비례대표국회의원 또는 비례대표지방의회의원의 의석을 승계 할 자를 결정한 때에는 즉시 이를 공고하고 당해 정당 및 의석을 승계할 자에게 통지하여야 한다.
〈개정 1995.4.14., 2000.2.16., 2005.8.4.〉
[제목개정 1995.4.14., 2000.2.16.]

제13장 동시선거에 관한 특례

제118조(인구수등의 통보등에 관한 특례) ① 동시선거에 있어서 제2조제1항에 따른 인구의 기준일이 서로 다른 때에는 법 제60조의2제1항에 따른 예비후보자등록신청개시일이 빠른 선거의 예에 따른다. 〈개정 2010.1.25.〉
② 삭제 〈2011.7.28.〉
[본조신설 2005.8.4.]

제119조 삭제 〈2000.2.16.〉

제120조(명부작성) ① 법 제204조(선거인명부에 관한 특례)제3항의 규정에 의한 동시선거에 사용할 선거인명부 및 거소·선상투표신고인명부는 별지 제2호서식의 (가) 내시 (라)에 의한다.
〈개정 1995.4.14., 2014.1.17.〉
② 동시선거에 있어서 거소투표신고는 동시에 실시하는 선거의 수에 불구하고 하나의 거소투표신고로 한다. 〈개정 2014.1.17.〉
③ 동시선거에서 선거권자 중 일부의 선거에 대해서만 선거권을 가지는 사람이 있는 경우에는 해당 선거권자를 선거인명부의 맨 끝에 적는다. 이 경우 해당 선거권자를 선거인명부 및 거소·선상투표신고인명부의 비고란에 표시하는 방법에 관하여는 제10조제3항·제11조제8항의 규정을 준용하되, "비례대표 선거권자"는 "○○ 선거권자"로 한다. 〈신설 2011.11.30., 2014.1.17., 2015.8.13.〉

제121조(선거명등의 표시) 동시선거에 있어서 선거벽보·선거공보에는 선거인에게 잘 보이도록 선거명과 선거구명을 표시한다. 이 경우 보궐선거등을 임기만료에 의한 선거와 동시에 실시하는 때에는 보궐선거등에, 2이상의 보궐선거등을 동시에 실시하는 때에는 선거를 실시하는 구역이 작은 보궐선거등에 선거명과 선거구명을 표시한다. 〈개정 1995.12.30., 1998.4.30., 2005.8.4., 2010.1.25.〉

제122조(선거운동기구·선거사무관계자의 공동설치·선임의 신고등) ① 법 제205조제1항에 따라 선거사무소와 선거연락소를 공동으로 설치하거나 법 같은 조제2항에 따라 선거사무장·선거연락소장 또는 선거사무원을 공동으로 선임한 때의 설치·선임의 신고(변경신고를 포함한다)는 공동으로 설치·선임한 자가 공동명의로 하여야 하며, 그 설치·선임의 신고와 선거사무관계자의 표지는 별지 제16호서식의 (가)·(나)·(다)에 의한다. 이 경우 신고하는 관할위원회가 다른 때에는 해당위원회마다 각각 신고하여야 한다. 〈개정 2010.1.25.〉

② 법 제205조제1항에 따라 선거운동기구를 공동으로 설치한 경우 법 제61조제6항에 따라 첨부·게시하는 선전물은 공동설치한 후보자마다 각각 첨부·게시하는 것으로 한다. 이 경우 책자형 선거공보를 공동으로 작성한 경우에도 또한 같다. 〈개정 2005.8.4., 2010.1.25.〉

제123조(선거벽보의 첩부) 동시선거에 있어서 같은 장소에 2이상의 선거의 선거벽보를 첩부하는 때에는 선거별로 명확히 구분되도록 사이를 두어 첩부하여야 한다. 〈개정 2010.1.25.〉

[제목개정 2010.1.25.]

제124조(책자형 선거공보의 비용부담 등) 법 제207조(책자형 선거공보에 관한 특례)제3항의 규정에 따라 공동으로 책자형 선거공보를 작성한 때의 비용분담내역의 신고는 별지 제17호 서식의 (나)에 의한다.

[전문개정 2005.8.4.]

제125조 삭제 〈2004.3.12.〉

제126조(투표용지의 작성) ① 동시선거에 있어서 투표용지는 선거별로 구분이 되도록 작성하여야 하되, 그 작성방법은 법 제203조(동시선거의 범위와 선거일)제1항의 규정에 의한 동시 선거 및 임기만료에 의한 선거와 동시에 실시하는 보궐선거등에 있어서는 중앙위원회가, 그 외의 보궐선거등의 동시선거에 있어서는 관할선거구 위원회가 정한다. 〈개정 2000.2.16., 2002.3.21.〉

② 중앙위원회 또는 관할선거구 위원회가 제1항의 규정에 의하여 투표용지의 작성방법을 정한 때에는 이를 관할시·도위원회 및 구·시·군위원회에 통지하여야 하며, 관할시·도위원회 및 구·시·군위원회는 이를 정당과 후보자에게 통보하여야 한다. 〈개정 2005.8.4.〉

③ 법 제211조(투표용지·투표안내문등에 관한 특례)제3항의 규정에 따라 시·도지사선거 및 비례대표시·도의원선거의 투표용지를 시·도위원회가 작성하는 때에는 투표용지의 인쇄·납품 및 구·시·군위원회에 송부하는 과정에 해당 시·도위원회의 정당추천위원이 참여하여 입회할 수 있도록 하여야 한다. 이 경우 정당추천위원은 그 보조자를 두어 이를 입회하도록 할 수 있다. 〈신설 2005.8.4.〉

④ 삭제 〈2014.1.17.〉

⑤ 법 제211조제3항에 따라 시·도위원회가 투표용지를 작성하는 경우에는 제84조에도 불구하고 거소투표용지의 "투표관리관"칸에는 해당 시·도위원회 위원장 자신의 도장을 찍을 수 있다. 이 경우 도장의 날인은 인쇄날인으로 갈음할 수 있다. 〈신설 2010.1.25., 2014.1.17.〉

⑥ 삭제 〈1998.4.30.〉

⑦ 삭제 〈1998.4.30.〉

[제목개정 1998.4.30.]

제127조(투표안내문) 동시선거에 있어서 법 제153조(투표안내문의 발송)의 규정에 의한 투표 안내문은 하나로 하며, 동시에 실시하는 선거의 종류와 선거구명, 선거별 투표용지의 구분, 투표진행절차 등 동시선거의 투표에 필요한 사항을 게재하여야 한다.

제128조(투표소 및 사전투표소의 설비) ① 동시선거에 있어서 투표소에는 선거인명부 대조석, 선거별투표함 및 동시선거의 투표관리에 필요한 기표소, 투표참관인의 좌석, 투표용지교부에 필요한 시설등을 설비하여야 한다. 〈개정 2005.8.4., 2014.1.17.〉

② 동시선거에서 사전투표소에는 동시선거의 사전투표 관리에 필요한 기표소, 사전투표참관인의 좌석, 본인여부 확인 및 투표용지 발급에 필요한 시설 등을 설비하여야 한다. 〈신설 2014.1.17.〉

[제목개정 2014.1.17.]

제129조(투표절차등) ① 동시선거에서 법 제157조제2항 및 제158조제3항에 따라 선거인에게 투표용지를 교부하는 때에는 투표관리관 및 사전투표관리관은 동시에 실시하는 각 선거의 투표용지에 각각 자신의 도장을 날인하여 함께 선거인에게 교부하여야 하며, 투표용지를 교부받은 선거인은 각 투표용지에 각각 1인의 후보자(비례대표국회의원선거 및 비례대표지방의회의원선거에 있어서는 하나의 정당을 말한다)를 선택하는 표를 한 후 투표함에 투입하여야 한다.

〈개정 2002.3.21., 2004.3.12., 2005.8.4., 2006.3.2., 2014.1.17.〉

② 동시선거에서 사전투표관리관은 법 제158조제5항에 따라 회송용봉투를 교부하지 아니하는 때에는 100매 이내의 범위에서 투표용지를 미리 출력할 수 있다. 〈신설 2014.1.17.〉

③ 사전투표관리관이 제2항에 따라 투표용지를 미리 출력하는 때에는 사전투표참관인의 참관하에 출력하되, 사전투표개시시각까지 사전투표참관인이 출석하지 아니한 때에는 최초로 투표하러 온 선거

인으로 하여금 참관하게 하여야 한다. 〈신설 2014.1.17.〉

④ 사전투표관리관은 제2항에 따라 미리 출력한 투표용지가 선거인에게 교부하고 남은 때에는 사전투표기간 첫째 날에는 금고 등 안전한 곳에 보관하고, 사전투표기간 종료일에는 관할 구·시·군위원회에 인계하여야 한다. 이 경우 사전투표기간 첫째 날에 남은 투표용지는 사전투표기간 둘째 날에 계속하여 교부할 수 있다. 〈신설 2014.1.17.〉

제130조(사전투표의 공개된 투표지 처리) ① 동시선거에서 선거인이 사전투표소에서 일부의 투표지를 공개한 것을 발견한 때에는 사전투표관리관은 사전투표참관인의 참관하에 공개된 투표지는 회수하여 앞면에 "공개된 투표지"라는 표시를 하고, 자신의 도장을 찍거나 서명한 다음 정상적인 투표지와 함께 회송용봉투에 넣어 봉함하게 한 후 사전투표함에 투입하여야 한다. 이 경우 법 제158조제5항에 따라 회송용봉투를 교부하지 아니한 선거인인 때에는 회수한 투표지 앞면에 "공개된 투표지"라는 표시를 하고, 자신의 도장을 찍거나 서명한 다음 정상적인 투표지와 함께 사전투표함에 투입한다. 〈개정 2014.1.17., 2017.1.23.〉

② 삭제 〈2014.1.17.〉

[제목개정 2014.1.17.]

제131조 삭제 〈2005.8.4.〉

제132조(투표함의 개함등에 관한 특례) ① 삭제 〈2004.3.12.〉

② 동시선거에 있어서 투표함에 잘못 투입된 투표지가 발견된 때에는 그 사실을 개표상황표에 기재하고 해당선거의 투표수로 집계하여야 한다. 이 경우 그 투표지는 별도로 관리하여야 한다. 〈개정 1995.4.14.〉

[제목개정 1995.5.17.]

제133조(4개 이상 선거의 동시실시에 관한 특례) ① 임기만료에 의한 지방자치단체의 의회의원 및 장의 선거를 동시에 실시하는 경우 법 제157조제2항에 따라 선거인에게 투표용지를 교부하는 때에는 투표관리관은 투표사무원 중에서 지정한 1명에게 자치구·시·군의원 및 자치구·시·군의 장의 선거의 투표용지에 그 투표관리관의 사인을 각각 날인하여 함께 선거인에게 교부하게 하고, 시·도의원 및 시·도지사의 선거의 투표용지에는 투표관리관이 사인을 각각 날인하여 함께 선거인에게 교부하여야 하되, 선거인은 자치구·시·군의원 및 자치구·시·군의 장의 선거의 투표용지에 각각 1명의 후보자(비례대표자치구·시·군의원선거에서는 하나의 정당을 말한다)를 선택하는 표를 하여 투표함에 투입한 후 시·도의원 및 시·도지사의 선거의 투표용지를 교부받아 각각 1명의 후보자(비례대표 시·도의원선거에서는 하나의 정당을 말한다)를 선택하는 표를 하여 투표함에 투입한 다음 투표소에서 퇴소하여야 한다. 다만, 임기만료에 의한 지방자치단체의 의회의원 및 장의 선거와 다른 법률에 따른

선거를 동시 실시하는 경우에는 중앙위원회가 투표용지 교부방법을 달리 정할 수 있다.
〈신설 2010.1.25., 2015.8.13.〉

② 제1항의 경우를 제외하고 4개 이상의 선거를 동시에 실시하는 경우 투표용지의 교부는 선거구의 구역이 작은 선거부터 선거구의 구역이 큰 선거의 순(자치구·시·군의 장선거와 지역구국회의원선거의 구역이 같은 때에는 자치구·시·군의 장선거, 지역구국회의원선거순)으로 2회에 나누어 투표관리관이 투표사무원 중에서 지정한 1명이 먼저 교부하고, 나머지 투표용지는 투표관리관이 교부한다. 〈개정 2002.3.21., 2005.8.4., 2010.1.25.〉

③ 임기만료에 따른 지방자치단체의 의회의원 및 장의 선거를 동시에 실시하는 경우 법 제158조제5항에 따라 회송용봉투를 교부하지 아니하는 구역은 해당 읍·면·동위원회의 관할구역으로 한다.
〈신설 2014.1.17.〉

④ 4개 이상의 선거를 동시에 실시하는 경우에는 투표관리관은 투표용지에 날인할 사인을 2개 조각하여 별지 제53호서식의 인영대장에 등록하고 그 중 1개를 투표사무원 중에서 지정한 1인이 투표용지의 투표관리관 사인날인란에 날인하여 교부하게 하여야 한다. 〈개정 2005.8.4., 2010.1.25., 2014.1.17.〉

⑤ 4개 이상의 선거를 동시에 실시하는 경우 하나의 투표소에 설치하는 투표함의 수는 중앙위원회가 선거의 수, 투표소의 여건 등을 감안하여 정하되, 2개 이상으로 한다.
〈신설 2006.3.2., 2010.1.25., 2014.1.17.〉

⑥ 4개 이상의 선거를 동시에 실시하는 경우 무소속후보자가 선정한 개표참관인은 해당 무소속후보자가 참여한 선거의 개표상황만을 참관할 수 있다. 〈개정 2005.8.4., 2006.3.2., 2010.1.25., 2014.1.17.〉

⑦ 2개 이상의 선거를 한 장소에서 동시에 개표하는 경우 개표하는 도중에 어느 한 선거의 개표가 중단된 경우라도 다른 선거의 개표는 계속하여 진행하여야 한다.
〈개정 2006.3.2., 2010.1.25., 2014.1.17.〉

⑧ 법 제216조제2항에 따라 읍·면·동단위로 개표하는 경우 후보자별 득표수는 구·시·군위원회 위원장(법 제173조제2항에 따라 2개 이상의 개표소를 두는 경우에는 해당 선거의 개표 사무를 관장하는 부위원장 또는 위원장이 지명하는 위원을 말한다)이 읍·면·동별로 집계·작성된 개표상황표에 따라 공표한다. 〈신설 2002.3.21., 2005.8.4., 2010.1.25., 2011.7.28., 2014.1.17.〉
[제목개정 2002.3.21., 2011.7.28.]

제134조(투표록·개표록 및 선거록등 서식) 동시선거에 있어서 법 제217조(투표록·개표록등 작성에 관한 특례)의 규정에 의한 투표록·개표록 또는 선거록의 표준서식은 각각 별지 제53호 서식 및 별지 제57호서식의 (가) 내지 (다)에 의한다.

제135조(선거관리경비의 부담비율) 국가의 공직선거와 지방자치단체의 공직선거를 동시에 실시하는 경우의 선거관리경비의 부담은 법 제277조(선거관리경비)의 규정에 의하되, 국가의 공직선거에 관한

사무와 지방자치단체의 공직선거에 관한 사무가 겹치거나 공동으로 수행하게 되어 그 구분·분리가 명확하지 아니한 때에는 「지방자치단체 선거관리경비규칙」이 정하는 바에 따라 국가 또는 당해 지방자치단체가 부담하는 것으로 한다. 〈개정 2005.8.4.〉

제136조(투표를 실시하지 아니하는 때의 통지) 동시선거에 있어서 어느 한 선거의 투표를 실시하지 아니하게 된 경우 거소투표자에 대한 당해사실의 통지는 투표를 실시하는 선거의 거소투표용지를 발송하는 때에 별지 제59호서식의 (가)에 의하여 함께 통지한다. 〈개정 2014.1.17.〉

제13장의2 재외선거에 관한 특례 〈신설 2010.6.28.〉

제136조의2(재외선거관리위원회의 구성 및 운영) ① 국회에 교섭단체를 구성한 정당과 법 제218조제1항에 따라 재외선거관리위원회(이하 "재외위원회"라 한다)를 설치하는 공관(이하 이 장에서 "공관"이라 한다)의 장이 법 제218조제2항에 따라 재외위원회 위원을 추천하는 경우에는 별지 제59호의2서식에 따른다. 〈개정 2011.7.28.〉

② 재외위원회 위원으로 지명되거나 위촉되는 사람은 별지 제59호의3서식에 따른 본인승낙 및 비당원 확인서에 여권사본을 첨부하여 중앙위원회에 제출하여야 한다. 다만, 공관의 장과 그가 추천하는 공관원의 경우에는 여권사본의 제출을 생략할 수 있다.

③ 제1항 및 제2항을 제외하고 재외위원회 위원의 지명·위촉 및 해촉에 관하여는 「선거관리위원회법 시행규칙」 제5조제2항·제4항부터 제8항까지의 규정을 준용한다. 다만, 대한민국 공무원을 재외위원회의 위원으로 지명하거나 위촉하는 경우에는 신원조회를 통한 조사를 하지 아니한다.

④ 재외위원회의 위원·간사·서기 및 선거사무종사원에 대한 수당·여비 그 밖의 실비보상에 관하여는 「선거관리위원회법 시행규칙」 제12조를 준용한다. 이 경우 재외위원회 위원에 대하여는 시·도위원회 위원에 준하고, 선거사무종사원에 대하여는 간사·서기에 준한다.

⑤ 중앙위원회는 재외위원회가 설치된 때에는 그 명칭(약칭을 포함한다)과 관할구역 등을 인터넷 홈페이지 등에 공고하여야 한다. 〈개정 2011.7.28.〉

⑥ 재외위원회 관인의 종류 및 규격에 관하여는 「선거관리위원회 사무관리규칙」 제31조제1항·제2항 및 제33조의 시·도위원회에 관한 규정을, 관인의 등록 및 폐기에 관하여는 같은 규칙 제34조제1항·제2항 및 제35조제1항·제2항을, 관인의 공고에 관하여는 제36조의 읍·면·동위원회에 관한 규정을 준용한다. 다만, 재외위원회의 관인은 중앙위원회에서 새겨 이를 등록한 후 교부한다.

⑦ 재외위원회의 정·부위원장 선출공고 및 보고, 부위원장의 직무, 위원회의, 그 밖에 재외 위원회의 구성 및 운영에 관하여 이 규칙에서 정한 것을 제외하고는 그 성질에 반하지 아니하는 범위에서 「선거관리위원회법 시행규칙」을 준용한다.

제136조의3(재외선거사무의 대행 등) ① 공관의 장이 법 제218조의2제2항단서에 따라 총영사를 재외투표관리관으로 지정한 때에는 그 사실을 중앙위원회와 해당 재외위원회에 알려야 한다. 〈신설 2011.7.28.〉

② 외교부장관은 재외투표관리관이 유고 그 밖의 사유로 직무를 수행할 수 없게 된 때에는 지체 없이 해당 공관의 소속 직원 중에서 직무대행자를 정하여 중앙위원회에 알려야 한다. 이 경우 해당 공관의 소속 직원 중에서 1명을 재외투표관리관의 직무대행자로 미리 지정하여 둘 수 있다. 〈개정 2011.7.28., 2014.1.17.〉

③ 재외투표관리관은 법 제218조의3제2항에 따른 재외선거사무를 처리하기 위하여 필요한 경우 해당 공관의 소속 직원을 재외선거사무 담당공무원으로 지정하여 수행하게 할 수 있다. 이 경우 재외선거사무 담당공무원을 지정한 때에는 소속, 직위 또는 직급, 성명 등을 해당 재외위원회에 알려야 한다. 〈개정 2011.7.28.〉

④ 재외투표관리관의 직인의 인영은 해당 공관의 명칭에 "재외투표관리관인" 또는 "재외투표관리관의 인"을 붙여 표시하되 약칭을 사용할 수 있으며, 그 규격은 「선거관리위원회 사무관리규칙」 제33조의 시·도위원회 위원장에 관한 규정을 준용하고, 직인의 등록, 폐기 및 공고에 관하여는 제136조의2제6항에 따른다. 〈신설 2011.7.28.〉

제136조의4(국외부재자신고 및 재외선거인 등록신청 등) ① 법 제218조의4제2항에 따른 국외 부재자신고서는 별지 제59호의4서식에 따르고, 법 제218조의5제2항에 따른 재외선거인 등록신청서 및 재외선거인 변경등록신청서는 각각 별지 제59호의5서식 (가) 및 제59호의5서식 (나)에 따른다. 〈개정 2015.12.24.〉

② 법 제218조의4제2항제4호 및 법 제218조의5제2항제4호에 따른 거소는 해당 국가에서 주소를 적는 방법에 따라 로마자 또는 영문 대문자로 적되, 해당 국가의 언어를 함께 적을 수 있다. 이 경우 거소가 잘못 적힌 경우에는 중앙위원회와 구·시·군의 장(이하 이 장에서 "명부작성권자"라 한다), 재외투표관리관은 이를 직권으로 수정할 수 있다. 〈개정 2011.7.28.〉

③ 국외부재자신고·재외선거인 등록신청 또는 재외선거인 변경등록신청(이하 이 항에서 "국 외부재자신고등"이라 한다)을 하는 때에 거류국 우편제도 미비, 거소불확정 등의 부득이한 사유로 거소를 정할 수 없는 국외부재자신고인 및 재외선거인(이하 이 장에서 "재외선거인 등"이라 한다)은 공관을 거소로 하여 국외부재자신고등을 할 수 있다. 〈개정 2015.12.24.〉

④ 삭제 〈2011.9.30.〉

⑤ 삭제 〈2015.12.24.〉

[본조신설 2010.6.28.]

[제목개정 2015.12.24.]

[종전 제136조의4는 제150조로 이동 〈2010.6.28.〉]

제136조의5(공관부재자신고인명부등 작성) ① 법 제218조의6제1항에 따른 공관부재자신고인 명부와 재외선거인 등록신청자명부(이하 이 장에서 "공관부재자신고인명부등"이라 한다)는 별지 제59호의6 서식의 (가)·(나)·(다)에 따라 구·시·군별로 각각 1부를 작성하여야 한다.

② 재외투표관리관 또는 구·시·군의 장이 국외부재자신고를 받거나 재외투표관리관이 재외선거인 등록신청 또는 변경등록신청을 받은 때에는 별지 제59호의7서식에 따른 국외부재자 신고서 접수부(전산조직을 이용하여 작성할 수 있다. 이하 이 항에서 같다) 또는 별지 제59 호의8서식에 따른 재외선거인 등록신청서 접수부(전산조직을 이용하여 작성할 수 있다. 이하 이 항에서 같다)에 적은 후 기재사항의 적정 여부, 정당한 신고·신청 여부를 확인한 다음 공관부재자신고인명부등 또는 국외부재자신고인명부에 올려야 하며, 그 신고·신청 요건을 갖추지 못한 사람은 그 사유를 해당 접수부의 비고란에 각각 적고 본인에게 지체 없이 그 뜻을 알려야 한다. 〈개정 2011.7.28., 2011.9.30., 2015.12.24.〉

③ 재외위원회는 법 제218조의6제1항에 따른 공관부재자신고인명부등의 작성에 관하여 감 독하며, 재외투표관리관 또는 공관부재자신고인명부등의 작성에 종사하는 사람이 위법·부당한 행위를 하는 때에는 그 시정을 요구할 수 있다. 이 경우 그 시정을 요구받은 재외투표관리관 등은 정당한 사유가 없으면 이에 따라야 한다.

④ 법 제218조의6제2항에 따른 전산정보자료의 주소 또는 등록기준지와 국외부재자신고서에 적힌 주소 또는 재외선거인 등록신청서에 적힌 국내의 최종주소지(최종주소지가 없는 사람은 「가족관계의 등록 등에 관한 법률」에 따른 등록기준지를 말한다)가 서로 다른 경우에는 그 전산정보자료의 주소 또는 등록기준지에 따라 공관부재자신고인명부등을 작성한다. 〈개정 2015.8.13.〉

[본조신설 2010.6.28.]

[종전 제136조의5는 제151조로 이동 〈2010.6.28.〉]

제136조의6(공관부재자신고인명부등의 송부) ① 재외투표관리관이 법 제218조의7제1항 또는 제3항에 따라 공관부재자신고인명부등을 중앙위원회에 보내는 때에는 국외부재자신고서 접수부와 재외선거인 등록신청서 접수부 각 1부를 함께 보내야 한다. 이 경우 전산조직을 이용한 전산정보자료의 전송으로 갈음할 수 있다. 〈개정 2011.7.28.〉

② 재외투표관리관이 법 제218조의7제1항 또는 제3항에 따라 중앙위원회에 보내는 국외부재자신고서·재외선거인등록신청서 및 재외선거인변경등록신청서(이하 이 장에서 "국외부재자신고서등"이

라 한다)는 공관부재자신고인명부등에 올라 있는 순서에 따라 붙이고, 공관부재자신고인명부등에 올리지 아니한 사람의 국외부재자신고서등은 따로 구분되게 하여 보내 야 한다. 〈개정 2011.7.28., 2015.12.24.〉

③ 재외투표관리관이 법 제218조의7제3항전단 및 이 조제1항후단에 따라 중앙위원회에 공관부재자신고인명부등 및 국외부재자신고서등, 국외부재자신고서 접수부 및 재외선거인 등록신청서 접수부를 보내는 경우에는 외교부를 경유하지 아니할 수 있으며, 재외투표관리관은 그 서류의 원본을 해당 선거의 당선인의 임기 동안 공관에 보관하여야 한다. 〈신설 2011.7.28., 2014.1.17.〉

④ 중앙위원회가 법 제218조의7제3항전단에 따라 구·시·군의 장에게 공관부재자신고인명부 및 국외부재자신고서를 보내는 경우에는 행정자치부장관을 경유하여 보낼 수 있다. 〈신설 2011.7.28., 2014.1.17., 2015.8.13.〉

[본조신설 2010.6.28.]

[종전 제136조의6은 제152조로 이동 〈2010.6.28.〉]

제136조의7(선거권 관련 전산정보자료 조회시스템 구축·활용) ① 중앙위원회는 법 제218조의8 제4항에 따라 선거일 전 150일(대통령의 궐위로 인한 선거 및 재선거에서는 그 선거의 실시사유가 확정된 날을 말한다. 이하 이 조에서 같다)부터 선거일까지 재외국민의 선거권 조 회를 위한 전산정보자료 조회시스템(이하 이 조에서 "전산정보조회시스템"이라 한다)을 구 축(構築)·운영하여야 한다. 〈개정 2015.12.24.〉

② 법 제218조의4제2항·제218조의6제2항 및 제218조의8제4항과 이 규칙 제136조의20제4 항의 어느 하나에 해당하는 전산정보자료를 관리하는 기관의 장은 선거일 전 150일부터 선거일까지 중앙위원회가 제1항의 전산정보조회시스템을 이용하여 해당 전산정보자료를 조회할 수 있도록 필요한 조치를 하여야 한다. 〈개정 2011.7.28., 2011.9.30., 2015.12.24.〉

③ 재외투표관리관은 법 제218조의6제2항에 따라 같은 조제1항에 따른 정당한 신고·신청 여부의 확인을 위하여 전산정보조회시스템을 이용할 수 있다.

④ 중앙위원회는 선거권자가 해낭 선거 직전에 실시한 대통령선거 뜨는 임기만료에 따른 비례대표국회의원선거에서 확정된 재외선거인명부에 자신이 올라 있는지 여부를 중앙위원회가 개설·운영하는 홈페이지에서 확인할 수 있도록 하는 기술적 조치를 하여야 한다. 〈신설 2015.12.24.〉

[본조신설 2010.6.28.]

[종전 제136조의7은 제153조로 이동 〈2010.6.28.〉]

제136조의8(재외선거인명부의 작성·송부) ① 법 제218조의8제1항에 따른 재외선거인명부는 별 지 제59호의9서식의 (가)·(나)·(라)에 따라 작성한다. 〈개정 2015.12.24.〉

② 중앙위원회가 법 제218조의8제2항에 따라 재외선거인명부를 정비할 경우에는 선거권이 없는 것으로 확인되거나 재외선거인명부 기재사항 등의 변경이 있는 선거인을 직권으로 삭제하거나 수정하여야

한다. 〈신설 2015.12.24.〉

③ 중앙위원회는 법 제218조의8제1항에 따라 작성한 재외선거인명부의 전산자료 복사본을 지체 없이 행정자치부장관과 재외투표관리관에게 전송하여야 한다.
〈개정 2011.7.28., 2014.1.17., 2015.8.13.〉

④ 중앙위원회가 재외선거인명부 작성 후 그 작성상황을 관할 구·시·군위원회에 알리는 경우에는 별지 제59호의11서식의 (가)에 따른다.

[본조신설 2010.6.28.]

[제목개정 2011.7.28.]

[종전 제136조의8은 제154조로 이동 〈2010.6.28.〉]

제136조의9(국외부재자신고인명부의 작성·송부) ① 삭제 〈2011.7.28.〉

② 법 제218조의9제1항에 따른 국외부재자신고인명부는 별지 제59호의9서식의 (가)·(다)·(라)에 따라 2부를 작성하여야 한다.

③ 구·시·군의 장은 국외부재자신고를 한 사람의 주소가 국외부재자신고기간 만료일 전에 변경된 경우에는 그 사람의 국외부재자신고서를 변경된 주소를 관할하는 구·시·군의 장에게 보내야 한다.
〈개정 2011.7.28., 2015.8.13.〉

④ 삭제 〈2011.7.28.〉

⑤ 구·시·군의 장은 국외부재자신고인명부 작성 후 지체 없이 국외부재자신고인명부의 전산 자료 복사본을 행정자치부장관에게 전송하여야 하며, 그 전산자료 복사본과 함께 국외부재 자신고인명부 작성상황을 별지 제59호의11서식의 (나)에 따라 관할 구·시·군위원회에 알려야 한다.
〈개정 2011.7.28., 2014.1.17., 2015.8.13.〉

⑥ 관할 구·시·군위원회는 제5항에 따라 송부받은 국외부재자신고인명부의 전산자료 복사본을 지체 없이 중앙위원회에 전송하여야 하며, 중앙위원회는 각 구·시·군위원회로부터 전송받은 전산자료 복사본을 하나로 합하여 재외투표관리관에게 전송하여야 한다. 〈신설 2011.7.28.〉

[본조신설 2010.6.28.]

[제목개정 2011.7.28.]

[종전 제136조의9는 제155조로 이동 〈2010.6.28.〉]

제136조의10(재외선거인명부등의 열람 등) ① 재외투표관리관은 법 제218조의10제5항에 따라 선거권자가 재외선거인등이 재외선거인명부 및 국외부재자신고인명부(이하 이 장에서 "재외선거인명부등"이라 한다)에 올라 있는지 확인할 수 있도록 공관에 재외선거인명부등을 조회할 수 있는 컴퓨터 또는 해당 공관의 관할구역 안에 거소를 둔 재외선거인등만이 올라 있는 명부를 비치하여야 한다.

② 법 제218조의11제3항에 따른 재외선거인명부등에의 등재신청은 별지 제59호의10서식에 따른다.

③ 명부작성권자가 법 제218조의11제6항에 따라 나중에 접수된 재외선거인 등록신청서 또는 국외부재자신고서에 따라 재외선거인명부등에 올린 때에는 그 사실을 관계 명부작성권자에게 알려야 한다. 〈개정 2012.10.2.〉

[전문개정 2011.7.28.]

제136조의11(확정된 재외선거인명부등의 송부) ① 명부작성권자가 법 제218조의13제2항에 따라 확정된 재외선거인명부등 사본을 관할 구·시·군위원회에 보내는 경우에는 별지 제59호의11서식의 (다)·(라)에 따른다. 이 경우 함께 보내는 국외부재자신고서는 국외부재자신고인명부에 올라 있는 순서에 따라 정리·편철하여야 한다. 〈개정 2011.7.28.〉

② 관할 구·시·군위원회는 법 제218조의13제2항에 따라 송부받은 국외부재자신고인명부의 전산자료 복사본을 지체 없이 중앙위원회에 전송하여야 한다. 〈신설 2011.7.28.〉

③ 중앙위원회는 확정된 재외선거인명부와 제2항에 따라 전송받은 각 국외부재자신고인명부를 하나로 합하여 전산조직 등을 이용하여 재외투표관리관에게 보내야 한다. 〈신설 2011.7.28., 2015.8.13.〉

④ 재외투표관리관은 제3항에 따라 중앙위원회가 보낸 재외선거인명부등에 올라 있는 사람 중에서 해당 공관의 관할구역 안에 거소를 둔 재외선거인등만이 올라 있는 명부 1부를 출력하거나 보안이 되는 정보저장매체에 담아 공관의 금고 등 안전한 곳에 보관하여야 한다. 〈신설 2011.7.28.〉

[본조신설 2010.6.28.]

[제목개정 2011.7.28.]

[종전 제136조의11은 제157조로 이동 〈2010.6.28.〉]

제136조의12(선거인명부의 정확한 작성을 위한 조치) 중앙위원회와 행정자치부장관은 법 제37조제1항에 따른 선거인명부의 정확한 작성을 위하여 구·시·군의 장이 전산조직으로 재외선거인명부와 다른 구·시·군의 국외부재자신고인명부를 조회할 수 있도록 필요한 조치를 하여야 한다. 〈개정 2014.1.17., 2015.8.13.〉

[전문개정 2011.7.28.]

제136조의13(정당·후보자 정보자료 작성·송부) ① 대통령선거 및 임기만료에 따른 비례대표국회의원선거에서 후보자(대통령선거에서 정당추천후보자와 비례대표국회의원선거의 경우에는 그 추천정당을 말한다)는 후보자등록을 신청하는 때에 법 제218조의14제4항에 따른 정당·후보자 정보자료의 작성을 위한 원고를 길이 30센티미터 너비 21센티미터 이내, 2면의 규격으로 작성하여 별지 제59호의12서식의 (가)에 따라 중앙위원회에 제출하여야 한다. 이 경우 정당·후보자 정보자료 원고의 전자적 파일을 함께 제출하여야 한다. 〈개정 2011.9.30., 2012.6.25.〉

② 중앙위원회는 제1항에 따라 제출된 원고를 별지 제59호의12서식의 (나)에 따라 법 제150조에 따른

투표용지 게재순으로 정당 · 후보자 정보자료를 작성한다. 이 경우 원고를 제출하지 아니한 정당 · 후보자의 경우에는 해당 후보자등록신청서에 의하여 정당 · 후보자정보자료를 작성한다.

[본조신설 2010.6.28.]

[종전 제136조의13은 제159조로 이동 〈2010.6.28.〉]

제136조의14(귀국한 재외선거인등의 투표방법) ① 법 제218조의16제3항에 따른 신고(이하 이 조에서 "재외귀국투표신고"라 한다)는 별지 제59호의12서식의 (다)에 따른다. 이 경우 재외선거인은 법 제218조의5제4항에 따라 재외투표관리관이 공고한 서류의 원본을 함께 제시하여야 하되, 제시한 서류에 본인임을 확인할 수 있는 사진이 첨부되지 아니한 경우에는 법 제218조의19제1항에 따른 신분증명서를 함께 제시하여야 한다. 〈개정 2015.12.24.〉

② 법 제218조의16제3항에 따른 "재외투표기간 개시일 전에 귀국한 사실을 증명할 수 있는 서류"란 「출입국관리법」 제88조제1항에 따른 출입국에 관한 사실증명, 그 밖에 대한민국의 관공서 또는 공공기관이 발행한 출입국 사실을 확인할 수 있는 서류를 말한다.

③ 관할 구 · 시 · 군위원회가 재외귀국투표신고를 받은 경우에는 해당 신고서의 신고사항을 확인한 후 정당한 재외귀국투표신고인 때에는 접수하고, 해당 신고인에게 선거일에 다음 각 호에 따른 투표소에서 투표할 수 있다는 사실을 알려야 한다.

    1. 국외부재자

       주소지를 관할하는 투표구에 설치된 투표소

    2. 재외선거인

       관할 구 · 시 · 군위원회가 지정하는 투표소

④ 관할 구 · 시 · 군위원회는 제3항에 따른 신고를 접수한 경우에는 해당 읍 · 면 · 동위원회에 통보하여야 한다. 이 경우 선거인명부의 수정 등에 관하여는 제16조의2제6항 및 제7항을 준용하되, 재외선거인을 선거인명부에 적는 방법은 중앙위원회가 정한다.

⑤ 재외선거인등이 선거일에 투표소에서 투표하는 경우에는 투표관리관은 투표록에 그 사실을 적어야 한다.

[전문개정 2015.8.13.]

제136조의15(재외투표소의 설치 · 운영) ① 재외투표소의 명칭은 다음 각 호에 따르되, 약칭을 사용할 수 있다. 〈개정 2015.12.24., 2016.1.15.〉

    1. 법 제218조의17제1항에 따른 재외투표소

       해당 공관의 명칭 뒤에 "재외투표소"를 붙여 표시한다.

    2. 법 제218조의17제2항에 따른 재외투표소

       해당 공관의 명칭 뒤에 추가로 설치하는 지역명 또는 국군부대명을 붙이고, 그 뒤에 "재외투표소"

를 붙여 표시한다.

② 재외위원회가 법 제218조의17제5항에 따라 책임위원을 지정하는 때에는 재외투표소 설치·운영기간 중 일자별로 순번을 정하여 지정할 수 있으며, 책임위원이 재외투표관리 도중에 유고, 그 밖의 부득이한 사유로 직무를 수행할 수 없는 때에는 참여한 위원(정당추천위원을 제외한다) 중에서 연장자 순에 따라 그 직무를 행하게 할 수 있되, 참여한 위원이 없는 경우에는 미리 지정한 투표사무원이 그 직무를 행하게 할 수 있다. 〈개정 2012.1.17.〉

③ 재외위원회가 법 제218조의17제6항에 따라 지정한 재외투표소관리자가 재외투표관리 도중에 유고, 그 밖의 부득이한 사유로 직무를 수행할 수 없는 때에는 미리 지정한 투표사무 원이 그 직무를 행하게 할 수 있다. 〈신설 2015.12.24.〉

④ 재외투표소에서 재외투표 진행 중에 재외투표관리에 대하여 이의가 있는 때에는 책임위원 또는 재외투표소관리자(이하 "책임위원등"이라 한다)가 결정한다. 〈개정 2012.1.17., 2015.12.24.〉

⑤ 재외투표관리관은 재외투표기간개시일 전날까지 참관인의 좌석, 본인여부 확인에 필요한 시설, 투표함, 기표소, 그 밖에 재외투표사무에 필요한 시설을 설비하여야 한다. 다만, 법 제218조의17제2항에 따라 설치하는 재외투표소에는 그 운영기간개시일 전날까지 설비할 수 있다. 〈개정 2015.12.24.〉

⑥ 재외투표관리관은 제5항에 따른 설비 외에 투표용지 발급기에 법 제218조의18제2항에 따른 투표용지원고와 제136조의11제3항에 따라 보내온 재외선거인명부등을 내장하여 함께 설비하여야 한다. 〈신설 2011.7.28., 2014.1.17., 2015.8.13., 2015.12.24.〉

[본조신설 2010.6.28.]

제136조의16(재외투표소의 추가설치 결정 등) ① 법 제218조의17제2항제1호에 따른 재외국민수는 외교부장관이 발표한 최근 공관별 관할 재외국민수에 따른다. 다만, 외교부장관 발표에 포함되지 아니한 공관의 경우에는 해당 공관의 장이 선거일 전 90일(대통령의 궐위로 인한 선거 및 재선거에서는 그 선거의 실시사유가 확정된 날의 다음날을 말한다. 이하 이 조에서 같다)까지 그 관할구역에 거주하는 것으로 추정되는 재외국민수를 관할 재외위원회에 통보하여야 한다.

② 국방부장관은 선거일 전 90일까지 재외선거인등이 소속된 국군부대명, 해당 국군부대의 예상 재외선거인등의 수 및 재외투표소 설치 희망지역 등을 중앙위원회에 통보하여야 하고, 중앙위원회는 재외투표소를 설치·운영할 재외위원회를 지정하여 지체 없이 해당 재외위원회에 이를 통지하여야 한다.

③ 재외위원회는 법 제218조의17제2항 각 호의 어느 하나에 해당하는 사유가 있는 경우 재외투표관리관의 의견을 들어 재외국민수, 공관과의 거리 등을 고려하여 선거일 전 60일(대통령의 궐위로 인한 선거 및 재선거에서는 재외위원회가 설치된 날의 다음날을 말한다)까지 법 제218조의17제2항에 따른 재외투표소의 설치 여부를 결정하여야 한다.

④ 재외위원회가 제3항에 따라 재외투표소를 추가로 설치하기로 결정한 경우에는 설치장소 및 운영기간 등을 함께 정하고 이를 지체 없이 중앙위원회에 보고하여야 한다.

⑤ 재외위원회가 제218조의17제2항제2호에 따른 재외투표소의 투표사무원을 위촉할 때에는 군인이 아닌 사람을 우선하여 위촉하여야 한다.

⑥ 법 제218조의17제2항에 따라 병영이나 병영이 아닌 시설에 국군부대의 재외선거인등을 위하여 추가로 재외투표소를 설치하는 경우 해당 국군부대의 장은 설치장소 및 시설 제공 등 재외투표소 설치·운영에 필요한 사항을 협조하여야 한다.

⑦ 중앙위원회는 법 제218조의17제2항에 따른 재외투표소의 설치·운영과 관련하여 재외위원회가 재외투표관리에 필요한 인력의 지원 등을 요청하는 경우 필요한 조치를 하여야 한다.

[전문개정 2016.1.15.]

제136조의17(투표용지원고 보관) 재외투표관리관은 법 제218조의18제2항 및 제4항에 따라 송부받은 투표용지원고를 보안이 되는 정보저장매체에 담아 해당 공관의 금고 등 안전한 곳에 보관하여야 한다.

[전문개정 2015.8.13.]

제136조의18(투표용지 발급기를 이용할 수 없는 경우 투표용지의 작성) ① 중앙위원회는 법 제218조의18 제4항에 따른 투표용지원고를 다음 각 호에 따라 작성하여 재외투표기간 개시일 전 2일까지 전산조직을 이용하여 재외투표관리관에게 보내야 한다. 〈개정 2014.1.17., 2015.8.13.〉

　　1. 대통령선거

　　　　별지 제42호서식의 (가)에 따른 투표용지

　　2. 국회의원선거

　　　　별지 제59호의13서식에 따른 투표용지

② 재외투표소의 책임위원등은 투표용지 발급기의 장애 등으로 인하여 재외투표소에서 투표용지를 작성·교부할 수 없게 된 때에는 즉시 그 사실을 중앙위원회와 재외위원회에 보고하고, 재외투표관리관에게 알려야 한다. 〈개정 2014.1.17., 2015.8.13., 2015.12.24.〉

③ 재외투표관리관은 제2항에 따른 통지를 받은 때에는 제136조의11제4항에 따라 보관하고 있던 해당 공관의 명부(정보저장매체에 담아 보관한 경우에는 출력한 명부를 말한다. 이하 이 조에서 같다)와 함께 투표용지원고를 담은 정보저장매체를 즉시 재외투표소의 책임위원등에게 인계하여야 한다. 〈개정 2015.8.13., 2015.12.24.〉

④ 제3항에도 불구하고 법 제218조의17제2항에 따라 설치하는 재외투표소의 책임위원등에게는 그 재외투표소의 운영기간개시일 전일까지 해당 공관의 명부와 투표용지원고를 담은 정보저장매체를 인계할 수 있다. 〈신설 2015.12.24.〉

⑤ 재외투표소의 책임위원등은 제3항 또는 제4항에 따라 인계받은 정보저장매체에 담긴 투표용지원고를 이용하여 투표참관인이 참여한 가운데 인쇄·복사하는 방법으로 투표용지를 작성하되, 그 투표용지에는 중앙위원회의 청인을 찍고, 일련번호를 표시한다. 이 경우 청인의 날인은 인쇄·복사하는 방법으

로 갈음할 수 있다. 〈개정 2015.8.13., 2015.12.24.〉

⑥ 재외투표소의 책임위원등은 재외투표소 입구에 제1항에 따른 투표용지원고의 사용 사실과 그 투표용지의 사본을 게시하여 재외선거인등에게 알려야 한다. 〈개정 2015.8.13., 2015.12.24.〉

⑦ 중앙위원회는 제2항의 보고를 받은 때에는 그 사실을 정당·후보자 및 각급위원회(읍·면·동위원회를 제외한다)에 알려야 한다. 〈개정 2015.12.24.〉

[전문개정 2011.7.28.]

[제목개정 2014.1.17., 2015.8.13.]

제136조의19(재외선거안내문 등의 작성 등) ① 재외선거인등에 대한 재외선거 안내는 별지 제59호의14서식의 (나)에 따른 재외선거안내문을 중앙위원회 및 공관 홈페이지에 게시하는 방법으로 한다. 〈개정 2015.8.13.〉

② 법 제218조의19제3항에 따른 회송용봉투(법 제218조의18제4항에 따라 투표용지를 작성·교부하는 경우를 포함한다)의 양식은 별지 제46호양식의 (나)에 따른다. 〈개정 2011.7.28., 2015.8.13.〉

[본조신설 2010.6.28.]

[제목개정 2011.7.28.]

[제136조의17에서 이동, 종전 제136조의19는 제136조의20으로 이동 〈2011.7.28.〉]

제136조의20(재외투표 절차) ① 재외투표소의 책임위원등은 재외투표기간개시일의 투표개시 직전에 출석한 위원과 투표참관인이 참여한 가운데 투표용지에 날인하거나 서명할 자신의 도장의 인영이나 서명을 별지 제59호의16서식에 따른 재외투표소 투표록에 등록하여야 한다. 이 경우 투표참관인이 투표개시시각까지 참여하지 아니한 때에는 참여를 포기한 것으로 본다. 〈개정 2015.12.24.〉

② 재외투표소의 책임위원등은 매일의 투표마감 후에 출석한 위원과 투표참관인이 참여한 가운데 투표용지 사인날인에 사용한 자신의 도장을 별도의 봉투에 담아 그 봉투와 투표용지 발급기의 투표용지가 나오는 곳을 재외위원회 위원상의 직인 또는 자신의 서명으로 봉함·봉인하여야 한다. 〈개정 2015.12.24.〉

③ 재외투표소의 책임위원등은 매일의 투표개시 전에 출석한 위원과 투표참관인이 참여한 가운데 제2항에 따른 봉함·봉인상태의 이상 유무를 확인하여야 한다. 이 경우 투표참관인이 투표개시시각까지 참여하지 아니한 때에는 참여를 포기한 것으로 본다. 〈개정 2015.12.24.〉

④ 「국적법」 제11조의2에 따른 복수국적자로서 법 제218조의5제4항에 따라 공고한 서류를 갖출 수 있는 대상이 아닌 사람이 투표를 하려는 때에는 국적취득신고사실증명서, 국적보유 신고사실증명서, 국적선택신고사실증명서, 외국국적포기확인서, 외국국적불행사서약확인서, 병적증명서, 그 밖에 대한민국 국민임을 입증하는 서류 중 어느 하나에 해당하는 서류를 제시할 수 있다. 〈신설 2015.12.24.〉

⑤ 재외투표소의 책임위원등은 재외선거인등이 자신이 기표한 투표지를 공개한 것을 발견한 때에는

투표참관인의 참관하에 해당 재외선거인등으로부터 그 투표지를 회수하여 투표지 앞 면에 "공개된 투표지"라는 표시를 하고, 자신의 도장을 찍거나 서명한 다음 회송용봉투에 넣어 봉함하고 투표함에 투입하여야 한다. 〈개정 2015.12.24., 2017.1.23.〉

⑥ 재외투표소의 책임위원등은 별지 제59호의16서식에 따른 재외투표소 투표록을 비치하고 매일의 재외투표자수 등 재외투표관리에 관한 사항을 적어야 한다. 〈개정 2015.12.24.〉

[전문개정 2015.8.13.]

제136조의21(투표용지 발급기를 이용할 수 없는 경우 재외투표절차 등) ① 재외투표소의 책임위원등은 법 제218조의18제4항에 따라 투표용지를 작성·교부하는 경우 본인임이 확인된 재외선거인등에게 제136조의18제3항 또는 제4항에 따라 인계받은 재외선거인명부등에 서명이 나 날인 또는 무인하게 하고, 투표용지에 선거구명(지역구국회의원선거에 한정한다)과 일련번호를 적은 후 사인날인칸에 자신의 도장을 찍거나 서명하고, 회송용봉투에 관할 구·시·군 위원회의 주소와 선거인 정보(등재번호, 생년월일)를 적은 다음 재외선거인등이 보는 앞에서 투표용지의 일련번호지를 떼어낸 후 회송용봉투와 함께 교부한다. 〈개정 2015.12.24.〉

② 투표용지를 받은 재외선거인등은 기표소에 들어가 다음 각 호에 따라 투표하고, 이를 회 송용 봉투에 넣어 봉함한 후 투표함에 넣어야 한다.

　　1. 대통령선거

　　　1명의 후보자를 선택하여 투표용지의 해당 칸에 기표한다.

　　2. 국회의원선거

　　　지역구국회의원선거에서는 후보자의 성명이나 정당의 명칭 또는 기호를, 비례대표국회의원선거에서는 정당의 명칭 또는 기호를 한글 또는 아라비아숫자로 적는다.

③ 재외투표소 책임위원등의 도장·서명등록, 투표용지 발급기의 봉함·봉인, 공개된 투표지의 처리 및 재외투표소 투표록의 작성에 관하여는 제136조의20을 준용한다. 〈개정 2015.12.24.〉

[전문개정 2015.8.13.]

제136조의22(투표참관과 질서유지) ① 투표참관인은 참관도중에 재외선거인등에게 직접 질문 하거나 재외투표사무를 방해·간섭 또는 지연시키거나 특정한 정당이나 후보자에 대한 지지 또는 반대를 권유하거나 그 밖에 어떠한 방법으로든지 선거에 영향을 미치는 행위를 해서는 아니 된다.

② 투표참관인은 참관도중에 이의가 있으면 해당 재외투표소의 책임위원등에게 시정을 요구할 수 있다. 〈개정 2015.12.24.〉

[본조신설 2010.6.28.]

[제136조의20에서 이동, 종전 제136조의22는 제136조의24로 이동 〈2011.7.28.〉]

제136조의23(재외투표의 회송 등) ① 재외투표관리관은 법 제218조의21제1항에 따라 재외투표소의 책임위원등으로부터 재외투표를 인수한 때에는 중앙위원회에 보내기 전까지 해당 공관의 금고 등 안전한 곳에 이를 보관하여야 한다. 〈개정 2015.12.24.〉

② 책임위원등이 법 제218조의21제1항단서에 따라 재외투표를 일괄하여 인계하는 경우에는 매일의 재외투표 마감 후 투표참관인의 참관 아래 투표함을 열고 투표자수를 계산한 다음 재외투표를 포장하고 책임위원등과 투표참관인이 봉인지에 본인의 도장을 찍거나 서명하여 안전한 곳에 보관하여야 한다. 다만, 투표참관인이 정당한 사유 없이 봉인지에 본인의 도장을 찍거나 서명하기를 거부한 때에는 그 권한을 포기한 것으로 보고, 투표록에 그 사유를 적는다. 〈신설 2015.12.24.〉

③ 재외투표관리관이 법 제218조의21제2항 및 법 제218조의22제4항에 따라 재외투표 및 재외투표소 투표록을 중앙위원회에 보내는 경우에는 별지 제59호의17서식에 따른다. 〈개정 2015.12.24.〉

④ 법 제218조의22제1항의 재외투표소투표록은 별지 제59호의16서식에 따르고, 법 제218조의22제3항에 따른 재외선거관리록은 별지 제59호의18 서식에 따른다. 〈개정 2015.12.24.〉

⑤ 재외투표소의 책임위원등은 재외투표기간 종료 후 재외투표소에서 사용한 재외선거인명부등, 잔여 투표용지, 절취된 일련번호지(제136조의21제1항의 경우에 한정한다) 등을 재외투표관리관에게 인계하여야 하며, 재외투표관리관은 인계받은 서류 등을 법 제218조의21제2항전단에 따라 재외투표를 중앙위원회에 보내는 때에 함께 보내야 한다. 〈신설 2011.7.28., 2015.8.13., 2015.12.24.〉

⑥ 재외투표관리관은 법 제218조의21제2항에 따라 국내로 회송하는 재외투표를 외교행낭에 담아 보내야 한다. 이 경우 회송기간, 회송노선 등을 고려하여 공관 소속 직원이 직접 가지고 가게 하거나 외교행낭을 운반하는 교통편에 동승하게 하는 방법으로 보낼 수 있되, 필요한 경우에는 중앙위원회가 사람을 지정하여 공관 소속 직원을 대신하게 할 수 있다. 〈신설 2011.7.28., 2015.12.24.〉

⑦ 외교부장관은 제6항에 따라 회송된 외교행낭의 봉함·봉인상태를 확인한 후 중앙위원회에 인계하여야 하며, 중앙위원회는 국회에 교섭단체를 구성한 정당이 추천한 참관인이 참여한 가운데 회송용봉투의 수량을 확인한 후 관할 구·시·군위원회에 등기우편으로 보낸다. 이 경우 정당한 사유 없이 참관을 거부한 참관인은 그 권한을 포기한 것으로 본다. 〈신설 2011.7.28., 2014.1.17., 2015.12.24.〉

⑧ 국회에 교섭단체를 구성한 정당은 제7항에 따른 참관인 2명을 선정하여 선거일 전 14일까지 중앙위원회에 신고하여야 한다. 〈신설 2011.7.28., 2015.12.24.〉

[본조신설 2010.6.28.]

[제136조의21에서 이동, 종전 제136조의23은 제136조의26으로 이동 〈2011.7.28.〉]

제136조의24(재외투표의 접수) 구·시·군위원회가 재외투표를 접수한 때에는 재외투표발송·접수록에 그 사실을 적어야 한다.

[본조신설 2010.6.28.]

[제136조의22에서 이동, 종전 제136조의24는 제136조의27로 이동 〈2011.7.28.〉]

제136조의25(공관 개표) ① 재외투표관리관은 천재지변 또는 전쟁·폭동 그 밖에 부득이한 사유로 재외투표를 선거일 오후 6시(대통령의 궐위로 인한 선거 또는 재선거는 오후 8시를 말한다. 이하 이 장에서 같다)까지 관할 구·시·군위원회에 도착하게 할 수 없다고 인정되는 때에는 즉시 중앙위원회와 재외위원회에 그 사실을 보고하여야 한다.

② 중앙위원회는 제1항의 보고를 받은 때에는 해당 재외위원회가 공관에서 개표하도록 결정(개표일시를 포함한다)할 수 있으며, 그 결정을 한 때에는 지체 없이 정당, 관할 선거구위원회, 해당 재외위원회 및 재외투표관리관에게 통지하여야 한다.

③ 제2항의 통지를 받은 재외위원회와 재외투표관리관은 재외투표를 개표개시 전까지 해당 공관의 금고 등 안전한 곳에 보관하여야 한다.

④ 재외투표관리관은 개표일 전일까지 제95조제1항에 준하여 개표에 필요한 시설을 설비하여야 한다.

⑤ 재외위원회 위원장은 제2항에 따라 통지된 개표일시에 공관에서 개표참관인이 참여한 가운데 재외투표의 포장·봉인을 검사한 후 이를 열어 회송용봉투수를 계산하여 재외투표소투표록에 기재된 회송용봉투수와 대조하여야 한다. 이 경우 정당한 사유 없이 참관을 거부한 개표참관인은 그 권한을 포기한 것으로 보고, 개표록에 그 사유를 기재한다.

⑥ 재외투표의 개표는 선거구별로 개표하며, 별지 제54호서식을 준용하는 개표상황표와 별지 제57호서식의 (가)를 준용하는 개표록을 작성한다. 이 경우 정당한 사유 없이 개표사무를 지연시키는 위원이 있는 때에는 그 권한을 포기한 것으로 보고, 개표록에 그 사유를 기재한다.

⑦ 재외위원회 위원장은 개표상황표에 따라 선거구단위로 후보자별 득표수(비례대표국회의원선거에서는 정당별 득표수를 말한다)를 공표하고, 전산조직(모사전송을 포함한다)을 이용하여 지체 없이 중앙위원회에 개표상황표를 보고하며, 중앙위원회는 이를 즉시 관할 선거구 위원회에 통지하여야 한다.

⑧ 재외위원회 위원장은 개표 완료 후 투표지, 회송용봉투, 개표록을 중앙위원회를 경유하여 관할선거구 위원회에 송부하여야 한다. 이 경우 개표록은 전산조직을 이용하여 보낼 수 있다.

[본조신설 2011.7.28.]

[종전 제136조의25는 제136조의28로 이동 〈2011.7.28.〉]

제136조의26(정규의 투표용지) 법 제179조제1항제1호를 준용하는 법 제218조의25제1항의 "정규의 투표용지"란 다음 각 호의 어느 하나에 해당하는 투표용지를 말한다. 〈개정 2015.8.13., 2015.12.24.〉

　　1. 삭제 〈2015.8.13.〉

　　2. 재외투표소의 책임위원등이 투표용지 발급기로 구·시·군위원회의 청인이 날인된 투표용지를 인쇄하여 자신의 도장을 찍거나 서명(인쇄에 의한 날인·서명을 포함한다)하여 정당한 재외선거인등에게 교부한 투표용지

3. 제136조의18제5항 및 제136조의21제1항에 따라 재외투표소의 책임위원등이 작성하여 중앙위원회의 청인을 찍거나 인쇄 · 복사하고, 해당 재외투표소의 책임위원등 개인의 도장을 찍거나 서명하여 정당한 재외선거인등에게 교부한 투표용지

[전문개정 2011.7.28.]

[제136조의23에서 이동, 종전 제136조의26은 제136조의30으로 이동 〈2011.7.28.〉]

제136조의27(재외선거의 투표지 등 보존기간 단축) ① 법 제186조단서에 따라 재외선거에 관 한다음 각 호의 서류는 법 제222조 또는 법 제223조에 따른 선거에 관한 소송이 제기되지 아니한 때에는 그 제기기한 만료일부터 1개월 이후에, 선거에 관한 소송이 종료된 때에는 그 확정판결의 통지를 받은 날부터 1개월 이후에 해당 위원회의 결정에 따라 폐기할 수 있다.

〈개정 2011.7.28., 2015.8.13., 2015.12.24.〉

1. 투표지

2. 잔여투표용지

3. 절취된 일련번호지(제136조의21제1항의 경우에 한정한다)

4. 공관부재자신고인명부 및 국외부재자신고서(전산정보자료 및 전산자료 복사본을 포함한다. 이하 제5호 및 제6호에서 같다)

5. 법 제218조의13에 따라 확정 · 송부된 국외부재자신고인명부(사본을 포함한다)

6. 국외부재자신고서 접수부

7. 삭제 〈2015.8.13.〉

8. 선거일 오후 6시 후에 도착한 재외투표

9. 재외선거 회송용봉투

② 중앙위원회는 결정으로 제136조의6제3항에 따른 서류(재외선거인 등록신청서, 재외선거 인 등록신청서접수부 및 재외선거인등록신청자명부를 제외한다. 이하 이 항에서 같다)의 보존기간을 단축할 수 있으며, 그 결정을 한 때에는 재외투표관리관에게 이를 통시하고, 재 외투표권리관온 그 서류를 폐기하여야 한다. 〈신설 2011.7.28., 2015.12.24.〉

[본조신설 2010.6.28.]

[제목개정 2015.8.13.]

[제136조의24에서 이동, 종전 제136조의27은 제136조의31로 이동 〈2011.7.28.〉]

제136조의28(각종 안내 · 통지) ① 중앙위원회는 후보자등록마감 후 투표를 실시하지 아니하게 된 경우에는 별지 제59호의19서식의 (가)에 따른 안내문을, 후보자가 사퇴 · 사망 또는 등록 무효로 된 경우에는 별지 제59호의19서식의 (나)에 따른 안내문을 인터넷 홈페이지에 게시 하여야 한다. 〈개정 2015.8.13.〉

② 재외위원회는 후보자등록마감 후 투표를 실시하지 아니하게 된 경우에는 별지 제59호의 19서식의

(가)에 따른 안내문을 공관 게시판에 게시하여야 하고, 후보자가 사퇴·사망 또는 등록무효로 된 경우에는 별지 제59호의19서식의 (나)에 따른 안내문을 재외투표기간 중 재 외투표소 입구에 붙여야 한다. 〈신설 2015.8.13.〉

③ 이 규칙에서 따로 정하지 아니한 안내·통지사항은 중앙위원회 또는 공관의 인터넷 홈페이지에 게시하는 방법으로 할 수 있다. 〈개정 2015.8.13.〉

[본조신설 2010.6.28.]

[제136조의25에서 이동, 종전 제136조의28은 제136조의32로 이동 〈2011.7.28.〉]

제136조의29(천재지변 등의 발생시 재외선거사무의 처리) ① 중앙위원회가 법 제218조의29제1항 또는 제3항전단에 따른 결정을 하고자 하는 때에는 사전에 해당 공관의 장의 의견을 들어야 한다.

② 중앙위원회가 법 제218조의29제1항 또는 제3항에 따른 결정을 한 때에는 지체 없이 그 뜻을 공고하고, 정당·후보자 및 해당 재외위원회 또는 재외투표관리관에게 알려야 한다.

[본조신설 2011.7.28.]

제136조의30(여권발급등의 제한등 결정·통지) ① 중앙위원회에 다음 각 호의 사항을 심의·의 결하기 위한 심의위원회(이하 이 조에서 "심의위원회"라 한다)를 둔다.

　　1. 법 제218조의30제2항·제3항에 따른 중앙위원회의 여권발급등의 제한등 요청대상 및 제한·보 관기간

　　2. 법 제218조의31제2항에 따른 입국금지 통보대상

② 심의위원회는 위원장 1인을 포함한 7인의 위원으로 구성하며, 위원장과 위원은 중앙위원회 소속 일반직국가공무원 중에서 중앙위원회 사무총장이 임명한다.

③ 중앙위원회는 심의위원회가 여권발급등의 제한등을 요청하기로 결정한 때에는 그 사실을 당사자에게 통지하여야 한다. 이 경우 당사자의 소재를 알 수 없는 때에는 중앙위원회 홈페이지에 게시하는 것으로 갈음한다.

[본조신설 2012.3.2.]

[종전 제136조의30은 제136조의31로 이동 〈2012.3.2.〉]

제136조의31(재외선거에 관한 기간계산) 공관에서 재외선거와 관련하여 날짜로 정한 기간을 계산하는 경우에는 법 제218조의34제2항에 따라 대한민국 표준시를 기준으로 정해지는 날짜에 상응하는 해당 공관의 날짜에 따른다. 〈개정 2011.7.28., 2012.3.2.〉

[본조신설 2010.6.28.]

[제136조의30에서 이동 , 종전 제136조의31은 제136조의32로 이동 〈2012.3.2.〉]

제136조의32(재외위원회 위원 등의 질병·부상 또는 사망에 대한 보상) ① 재외위원회 위원이 재외위원회 설치·운영기간중에 선거업무로 인하여 질병·부상 또는 사망한 때의 재해보상금 지급 등에 관하여는 제146조의6의 시·도위원회 위원에 관한 규정을 준용한다. 〈개정 2011.7.28.〉

② 재외투표소관리자 및 투표사무원이 재외투표기간중에 선거업무로 인하여 질병·부상 또는 사망한 때의 재해보상금 지급 등에 관하여는 제146조의6의 사전투표관리관 및 사전투표 사무원에 관한 규정을 준용한다. 〈신설 2011.7.28., 2014.1.17., 2015.12.24.〉

[본조신설 2010.6.28.]

[제목개정 2011.7.28.]

[제136조의31에서 이동, 종전 제136조의32는 제136조의33으로 이동 〈2012.3.2.〉]

제136조의33(준용규정 등) ① 재외선거에 관하여 이 장에서 정한 것을 제외하고는 그 성질에 반하지 아니하는 범위에서 이 규칙의 다른 규정을 준용한다.

② 제1항에 따라 이 규칙의 다른 규정을 준용하는 경우 관련 별표 4의 서식표 또는 별지서식 중 재외선거에 적합하지 아니한 내용이 있을 때에는 중앙위원회 위원장이 그에 맞게 고쳐서 사용할 수 있다.

[본조신설 2010.6.28.]

[제136조의32에서 이동 〈2012.3.2.〉]

제14장 선거에 관한 쟁송

제137조(선거소청의 심의등) ① 법 제219조(선거소청)의 규정에 의한 선거소청의 심리와 결정을 위한 중앙위원회 또는 시·도위원회의 회의는 「선거관리위원회법」 및 같은 법 시행규칙의 규정에 의한다. 〈개정 2005.8.4.〉

② 중앙위원회 또는 시·도위원회는 선거소청의 사전심리와 증거조사를 위하여 필요하다고 인정하는 때에는 당해위원회 위원 3인 이상으로 부를 구성하여 행하게 할 수 있다.

③ 중앙위원회 또는 시·도위원회는 법 제221조에 따라 준용되는 「행정심판법」 제36조(증거 조사)에 따른 증거조사와 법 제228조제2항에 따른 검증을 위하여 필요하다고 인정하는 때에는 피소청인이 속한 위원회가 아닌 시·도위원회 또는 구·시·군위원회에 증거조사를 촉탁할 수 있다. 〈개정 2005.8.4., 2011.7.28.〉

제138조(간사장 및 간사) ① 선거소청에 관한 사무를 처리하기 위하여 중앙위원회 및 시·도위원회에 간사장 1인과 간사 약간인을 둔다.

② 제1항의 규정에 의한 간사장은 중앙위원회는 선거정책실장이, 시·도위원회는 사무처장이 되며,

간사는 중앙위원회 위원장 또는 시 · 도위원회 위원장이 소속공무원중에서 임명한다. 〈개정 2006.3.2., 2008.12.23., 2010.1.25., 2014.7.29.〉

③ 간사장은 위원장의 명을 받아 선거소청에 관한 사무를 처리하고, 간사는 간사장을 보좌 한다.

제139조(답변서 작성) 법 제219조(선거소청)제7항의 규정에 의한 답변서에는 선거소청의 취지와 이유에 대응하는 답변을 기재하여야 한다.

제140조(선거소청비용) ① 중앙위원회 위원장 또는 시 · 도위원회 위원장은 법 제221조(「행정심판법」의 준용)제1항의 규정에 따라 선거소청비용에 준용되는 「민사소송법」 제116조(비용의 예납)의 규정에 의하여 서류송달료 · 증거조사비용 기타 당사자에게 원인이 있는 선거소청비용을 당해 당사자에게 예납하게 할 수 있다. 〈개정 2004.3.12., 2005.8.4.〉

② 제1항의 규정에 의하여 당사자가 예납하여야 할 비용의 산정에 있어서 「민사소송비용 법」 제5조(법관 등의 일당 · 여비)의 "법관등의 일당 · 여비"는 선거관리위원회의 위원 · 직원에 대한 일당 · 여비 기타의 실비보상으로 보며, 당해 위원회의 위원 · 직원에 대한 일당 · 여비 기타 실비보상은 「선거관리위원회법」 제12조(위원의 대우)제3항과 「공무원여비규정」에 의한다. 〈개정 1998.4.30., 2005.8.4.〉

③ 법 제221조제1항의 규정에 의하여 선거소청비용에 관하여 「민사소송법」의 규정을 준용함에 있어서 "법원"은 "중앙위원회 또는 시 · 도위원회"로, "소송비용"은 "선거소청비용"으로, "법원사무관등"은 "간사장 또는 간사"로, "재판장"은 "위원장"으로 본다. 〈개정 2005.8.4.〉

제141조(소청에 대한 결정) 법 제220조(소청에 대한 결정)제2항제5호의 규정에 의하여 기재하는 이유에는 주문내용이 정당함을 인정할 수 있는 정도의 판단을 표시하여야 한다.

제142조(서식의 준용) 법 제221조(「행정심판법」의 준용)제1항의 규정에 따라 「행정심판법」을 준용함에 있어서 「행정심판법 시행규칙」의 각 별지서식 중 "기관명 또는 ○○행정심판위원회"는 "중앙위원회 또는 ○○시 · 도위원회"로, 근거법조의 "「행정심판법」 제○조"는 "「공직선거법」 제221조제1항(「행정심판법」 제○조 준용)"으로 하고, 동 서식의 내용 중 선거소청에 적합하지 아니한 내용이 있을 때에는 중앙위원회가 달리 정하여 사용할 수 있다. 〈개정 2005.8.4.〉

제15장 벌칙

제143조(과태료의 부과·징수등) ① 법 제261조제10항에 따라 각급위원회(읍·면·동위원회를 제외한다) 및 선거여론조사심의위원회(이하 이 조에서 "부과권자"라 한다)가 과태료를 부과할 때에는 당해 위반행위를 조사·확인한 후 위반사실·이의제기방법·이의제기기한 및 과태료 등을 명시하여 이를 납부할 것(기탁금에서 공제하는 경우에는 그 뜻)을 과태료처분대상자(기탁금에서 공제하는 때에는 정당 또는 후보자 및 예비후보자를 포함한다)에게 통지하여야 한다.
〈개정 2004.3.12., 2005.8.4., 2010.1.25., 2014.2.13., 2017.2.24.〉
② 법 제261조제1항부터 제8항까지의 위반행위에 대한 과태료 부과기준은 별표 3과 같다.
〈개정 2004.3.12., 2010.1.25., 2014.2.13.〉
③ 부과권자는 과태료의 처분을 함에 있어서는 해당 위반행위의 동기와 그 결과 및 선거에 미치는 영향, 위반기간 및 위반정도 등을 고려하여 제2항의 기준금액의 2분의 1의 범위 안에서 이를 경감하거나 가중할 수 있다. 이 경우 1회 부과액은 법 제261조제1항부터 제8항까지의 규정에 따른 과태료의 상한액을 넘을 수 없다. 〈개정 2004.3.12., 2010.1.25., 2014.2.13.〉
④ 부과권자는 법 제261조제9항에 따라 과태료를 부과할 때 과태료처분대상자가 제공받은 금액 또는 음식물·물품의 가액이 명확하지 아니한 경우에는 통상적인 거래가격 또는 시장가격을 기준으로 과태료를 부과한다. 〈신설 2004.3.12., 2010.1.25., 2014.2.13.〉
⑤ 법 제261조제9항 각 호 외의 부분 본문에 해당하는 사람에 대한 과태료의 부과기준은 별표 3의2와 같이 한다. 〈신설 2010.1.25., 2014.2.13.〉
⑥ 법 제261조제9항 각 호 외의 부분 단서에 해당하는 사람에 대한 과태료의 감경 또는 면제의 기준은 다음 각 호에 따른다. 〈신설 2008.2.29., 2008.3.24., 2010.1.25., 2014.2.13.〉
   1. 금품·음식물 등을 제공받은 경위, 자수의 동기와 시기, 금품·음식물 등을 제공한 사람에 대한 조사의 협조 여부와 그 밖의 사항을 고려하여 과태료 부과기준액과 감경기준 등은 별표 3의3과 같이 한다.
   2. 과태료의 면제
      가. 선거관리위원회와 수사기관이 금품·음식물 등의 제공사실을 알기 전에 선거관리위원회 또는 수사기관에 그 사실을 알려 선거범죄에 관한 조사 또는 수사단서를 제공한 사람
      나. 선거관리위원회와 수사기관이 금품·음식물 등의 제공사실을 알게 된 후에 자수한 사람으로서 금품·음식물 등을 제공한 사람과 제공받은 일시·장소·방법·상황 등을 선거관리위원회 또는 수사기관에 자세하게 알린 사람
⑦ 부과권자는 제6항에 해당하는 사람을 법 제262조의2제1항에 따라 보호하여야 하며, 이 규칙 제6항제2호가목에 해당하는 사람에게는 법 제262조의3에 따른 포상금을 지급할 수 있다.

〈신설 2008.2.29., 2010.1.25.〉

⑧ 법 제261조제9항에 따라 자수한 사람이 반환한 금품 등은 다음 각 호에 따라 처리한다.

〈개정 2008.3.24., 2010.1.25., 2014.1.17., 2014.2.13.〉

　　1. 위반행위자를 고발 또는 수사의뢰하는 경우에는 증거자료로 제출하고, 증거자료를 제출 할 수
　　　 없거나 경고 등 자체종결하는 경우에는 「국고금관리법시행규칙」 또는 지방자치단체의 지방세
　　　 부과징수에 관한 관계규정을 준용하여 국가 또는 지방자치단체에 납입 한다.

　　2. 제1호에 따라 국가 또는 지방자치단체에 납입할 때에는 물품·음식물은 입찰 또는 경매의 방법에
　　　 따라 공매하되, 공매가 적절하지 않다고 판단되는 경우에는 수의계약에 따라 매각할 수 있다.

　　3. 물품·음식물이 멸실·부패·변질되어 경제적 가치가 없는 경우에는 폐기처분하며, 멸실·부
　　　 패·변질될 우려가 있거나 공매 또는 수의계약에 따른 매각이 적절하지 않다고 판단되는 경우에
　　　 는 공익법인·사회복지시설·불우이웃돕기시설 등에 인계할 수 있다.

⑨ 법 제261조제10항에 따라 해당후보자(예비후보자를 포함한다)의 기탁금 중에서 공제하는 과태료처
분대상자가 아닌 사람이 과태료처분의 고지를 받은 때에는 그 고지를 받은 날부터 20일 안에 납부하여야
한다. 〈개정 2008.2.29., 2010.1.25., 2014.2.13.〉

⑩ 법 제261조제11항에 따른 이의제기는 별지 제60호서식에 의한다.

〈개정 2008.2.29., 2010.1.25., 2014.2.13.〉

⑪ 부과권자 또는 관할세무서장이 징수한 과태료의 국가 또는 지방자치단체에의 납입절차에 관하여는
「국고금관리법시행규칙」 또는 지방자치단체의 지방세 부과징수에 관한 관계규정을 준용한다.

〈개정 2008.2.29., 2017.2.24.〉

제143조의2(정기간행물의 미제출에 따른 과태료 부과) ① 법 제8조의3(선거기사심의위원회)제4항의
규정에 의하여 정기간행물을 제출하여야 할 의무가 있는 자가 이를 이행하지 아니하는 경우에는 선거기
사심의위원회는 제출의무자에게 서면으로 2회 이상 그 제출을 요구하여야 한다.

② 제1항의 규정에 의한 요구에 불구하고 이를 제출하지 아니한 경우 선거기사심의위원회는 과태료부과
대상임을 증명할 수 있는 자료를 「신문 등의 진흥에 관한 법률」 제9조와 「잡지 등 정기간행물의 진흥에
관한 법률」 제15조에 따라 등록된 해당 신문 및 정기간행물의 발행소 소재지를 관할하는 시·도위원회
에 통보하여야 한다. 〈개정 2005.8.4., 2010.1.25.〉

③ 제2항의 규정에 의한 통보를 받은 시·도위원회는 7일 이상의 기간을 정하여 과태료부과 대상자에게
해당 정기간행물을 제출하였다는 것을 증명할 수 있는 자료의 제출을 요구하여야 하고, 과태료부과대상
자가 그 기간 내에 증명자료를 제출하지 아니하거나 제출하였음을 증명하지 못하는 때에는 지체 없이
과태료를 부과하여야 한다.

④ 시·도위원회는 관할구역 안의 구·시·군위원회를 지정하여 당해 과태료를 부과하게 할 수 있다.

[본조신설 2002.3.21.]

제143조의3(선거범죄신고자등의 보호) ① 각급위원회(읍·면·동위원회를 제외한다. 이하 이 조에서 같다) 위원·직원(이하 이 조에서 "위원·직원"이라 한다)은 선거범죄신고와 관련하여 문답서·확인서 그 밖의 서류(이하 "문답서등"이라 한다)를 작성함에 있어서 선거범죄에 관한 신고·진술·증언 그 밖의 자료제출행위 등을 한 자(이하 이 조에서 "선거범죄신고자등"이라 한다)의 성명·연령·주소 및 직업 등 신원을 알 수 있는 사항(이하 이 조에서 "인적 사항"이라 한다)의 전부 또는 일부를 기재하지 아니할 수 있다. 〈개정 2005.8.4.〉

② 선거범죄신고자등은 문답서등을 작성함에 있어서 위원·직원의 승인을 얻어 인적 사항의 전부 또는 일부를 기재하지 아니할 수 있다.

③ 제1항 또는 제2항의 경우 위원·직원은 문답서등에 기재하지 아니한 인적 사항을 별지 제62호서식의 (다)에 의한 선거범죄신고자등 신원관리카드(이하 이 조에서 "신원관리카드"라 한다)에 등재하여야 한다.

④ 각급위원회가 수사의뢰 또는 고발을 하는 때에는 조사서류와 별도로 신원관리카드를 봉인하여 조사기록과 함께 관할검찰청에 이를 제출하여야 한다.

[본조신설 2004.3.12.]

제143조의4(포상금 지급기준 및 포상방법) ① 법 제262조의3(선거범죄신고자에 대한 포상금 지급)의 규정에 의한 선거범죄신고자에 대한 포상은 5억원의 범위 안에서 포상금심사위원회의 의결을 거쳐 각급위원회(읍·면·동위원회를 제외한다. 이하 이 조에서 같다) 위원장이 포상하되, 익명으로 할 수 있다. 다만, 선거범죄에 관한 신고로 인하여 당선인의 당선무효에 해당하는 형이 확정된 경우에는 그 신고자에게 추가로 포상할 수 있다. 〈개정 2005.8.4., 2006.3.2.〉

② 포상금의 지급기준과 세부절차는 중앙위원회 사무총장(이하 "사무총장"이라 한다)이 정한다.

③ 삭제 〈2006.3.2.〉

④ 가급위원회는 제1항의 규정에 의하여 포상금을 지급하고자 하는 때에는 다음 각 호의 사항을 기재하여 서면으로 상급위원회에 이를 추천하여야 한다.

  1. 포상대상자의 인적 사항(익명을 요구한 경우에는 익명으로 한다)

  2. 포상사유와 그 증명서류

  3. 포상금액에 관한 의견

  4. 기타 포상금 지급 결정에 필요한 사항

⑤ 제4항의 규정에 의한 추천을 받은 상급위원회는 지체 없이 그에 대응하는 제1항의 규정에 의한 포상금심사위원회(이하 "포상금심사위원회"라 한다)에 관계서류를 이송하여야 한다.

⑥ 하나의 사건에 대하여 선거범죄신고자가 2인 이상인 경우에는 제2항의 규정에 의한 지급기준의 범위 안에서 포상금심사위원회가 결정한 포상금을 그 공로를 참작하여 적절하게 배분·지급하여야

한다. 다만, 포상금을 지급받을 자가 배분방법에 관하여 미리 합의하여 포상금의 지급을 신청하는 경우에는 그 합의에 의하여 지급한다.

⑦ 제4항의 규정에 의한 포상금 지급 추천은 별지 제62호서식의 (라)에 의한다.

[본조신설 2004.3.12.]

제143조의5(포상금심사위원회의 설치 및 구성) ① 삭제 〈2013.8.13.〉

② 중앙위원회에 두는 포상금심사위원회는 위원장 1명과 6명의 위원으로 구성하며, 위원장은 중앙위원회 사무차장이 되고, 위원은 중앙위원회 소속 4급 이상 일반직국가공무원이 된 다. 〈개정 2015.8.13.〉

③ 시·도위원회에 두는 포상금심사위원회는 위원장 1명과 6명의 위원으로 구성하며, 위원장은 당해 시·도위원회 상임위원이 되고, 위원은 당해 시·도위원회 및 그 관할구역 안의 구·시·군위원회 소속 4급 이상 일반직국가공무원이 된다. 다만, 해당 시·도위원회 및 그 관할구역 안의 구·시·군위원회 소속 4급 이상 일반직 국가공무원의 정원이 6명 미만인 경우에는 그 부족한 인원만큼 소속 5급 일반직 국가공무원을 위원으로 한다. 〈개정 2015.8.13.〉

[본조신설 2004.3.12.]

제143조의6(포상금심사위원회의 심의사항) 포상금심사위원회는 다음 각 호의 사항을 심의·의결한다.

1. 포상대상자에 대한 포상여부

2. 포상금 지급여부와 그 지급금액

3. 기타 포상에 관한 사항

[본조신설 2004.3.12.]

제143조의7(포상금심사위원회의 회의) ① 포상금심사위원회의 위원장은 위원회의 회의를 소집하고 그 의장이 된다.

② 포상금심사위원회의 회의는 위원장을 포함한 재적위원 과반수의 출석으로 개의하고 출석 위원 과반수의 찬성으로 의결한다.

③ 포상금심사위원회의 위원장이 부득이한 사유로 그 직무를 수행하지 못하는 경우에는 위원장이 지명하는 위원이 그 직무를 대행한다.

④ 포상금심사위원회의 위원이 회의에 출석하지 못할 부득이한 사유가 있는 때에는 그 소속 공무원으로 하여금 회의에 출석하여 그 권한을 대행하게 할 수 있다.

⑤ 포상금심사위원회에는 간사 1인을 두되, 포상담당 행정사무관 또는 서기관으로 한다.

⑥ 포상금심사위원회의 위원장과 위원은 자신의 이해에 관한 회의에 참석하지 못한다.

[본조신설 2004.3.12.]

제143조의8(포상금심사위원회의 의견청취 등) 포상금심사위원회는 심의를 위하여 필요하다고 인정되는 때에는 포상금지급대상자 또는 참고인의 출석을 요청하여 그 의견을 들을 수 있으며, 관계기관에 대하여 필요한 자료의 제출을 요청할 수 있다.

[본조신설 2004.3.12.]

제143조의9(포상금의 반환사유) 법 제262조의3제3항제2호에 따라 포상금의 지급결정을 취소하는 불기소처분은 다음 각 호와 같다.

　　1. 혐의없음

　　2. 죄가안됨

[본조신설 2013.8.13.]

[종전 제143조의9는 제143조의10으로 이동 〈2013.8.13.〉]

제143조의10(포상금의 반환통지 등) ① 각급위원회(읍·면·동위원회는 제외한다. 이하 이 조에서 같다)는 법 제262조의3제3항에 따른 포상금의 지급결정을 취소한 날부터 20일 이내에 해당 신고자에게 별지 제62호서식의 (마)에 따라 반환하여야 할 금액을 알려야 한다. 이 경우 그 서면을 해당 신고자에게 직접 주거나 배달증명등기우편 등의 방법으로 알릴 수 있다. 〈개정 2013.8.13.〉

② 제1항에 따른 통지를 받은 해당 신고자는 통지를 받은 날부터 30일 이내에 반환하여야 할 금액을 해당 위원회가 지정한 예금계좌에 자신의 명의로 입금하는 방법으로 내야 한다.

③ 각급위원회는 제2항에 따라 납부된 금액을 그 날부터 20일 이내에 중앙위원회의 수입징수관에게 내야 한다.

④ 각급위원회는 해당 신고자가 제2항에서 정한 기한까지 제1항에 따라 통지한 금액을 내지 아니한 때에는 지체 없이 관할세무서장에게 징수를 맡긴다.

⑤ 제2항 또는 제4항에 따라 납부 또는 징수한 금액을 국가에 내는 절차는 「국고금관리법시행규칙」을 준용한다.

[본조신설 2008.2.29.]

[제143조의9에서 이동 〈2013.8.13.〉]

제16장 보칙

제144조(당선무효의 결정등) ① 관할선거구 위원회는 법 제267조(기소·판결에 관한 통지)제2항의 규정에 의하여 법 제263조(선거비용의 초과지출로 인한 당선무효) 및 법 제265조(선거사무장등의 선거범죄로 인한 당선무효)의 규정에 의한 당선무효사유에 해당하는 확정판결의 판결서등본을 송부받은 때에는

지체 없이 당해 당선인의 당선을 무효로 결정·공고하고 당해 당선인과 그 소속정당에 통지하여야 하며, 대통령 및 국회의원의 선거에 있어서는 대통령과 국회의장에게, 지방의회의원 및 지방자치단체의 장의 선거에 있어서는 당해 지방의회의장 또는 지방자치단체의 장에게 통보하여야 한다.

② 관할선거구 위원회는 법 제267조제2항의 규정에 의하여 당선인이 법 제264조(당선인의 선거범죄로 인한 당선무효)의 규정에 의한 당선무효의 사유에 해당하는 확정판결의 판결서 등본을 송부받은 때에는 대통령 및 국회의원의 선거에 있어서는 대통령과 국회의장에게, 지방의회의원 및 지방자치단체의 장의 선거에 있어서는 당해 지방의회의장 또는 지방자치단체의 장에게 통보하여야 한다.

제144조의2(당선무효된 자 등의 비용반환) ① 관할선거구 위원회는 법 제265조의2제2항에 따라 고지를 하는 경우에는 다음 각 호의 어느 하나에 해당하는 때에 서면으로 하여야 한다. 이 경우 관할선거구 위원회는 해당 서면을 직접 교부하거나 배달증명등기우편의 방법으로 고지하여야 한다. 〈개정 2005.8.4., 2010.1.25.〉

1. 법 제265조의2제1항에 해당하는 당선이 무효로 된 사람과 당선되지 아니한 사람

   확정판결의 판결서등본을 송부받은 때

2. 기소 후 확정판결 전에 사직한 자

   사직서사본을 송부받은 때

② 반환대상자는 반환하여야 할 금액을 제1항의 규정에 의한 고지를 받은 날부터 30일 이내에 관할선거구 위원회가 지정하는 예금계좌에 자신의 명의로 입금하는 방법으로 반환하여야 한다.

③ 관할선거구 위원회는 제2항의 규정에 의하여 반환된 금액을 반환일부터 15일 이내에 대 통령선거 및 국회의원선거에 있어서는 중앙위원회의 수입징수관에게, 지방의회의원 및 지방자치단체의 장의 선거에 있어서는 당해 지방자치단체의 징수관에게 납입하여야 한다.

④ 관할선거구 위원회는 당해 반환대상자가 반환기한까지 납부하지 아니한 때에는 지체 없 이 관할세무서장에게 징수를 위탁한다.

⑤ 제2항 또는 제4항의 규정에 의하여 반환된 금액을 국가 또는 지방자치단체에 납입하는 절차에 관하여는「국고금관리법시행규칙」 또는 지방자치단체의 지방세 부과징수에 관한 관계규정을 준용한다. 〈개정 2005.8.4.〉

⑥ 제1항의 규정에 의한 고지는 별지 제62호서식의 (마)에 의한다.

[본조신설 2004.3.12.]

제145조(불법시설물표시문 첩부등) ① 각급위원회는 법 제271조(불법시설물등에 대한 조치 및 대집행)제1항에 규정된 불법시설물등을 발견하고 철거·수거·폐쇄 등을 명하였으나 이에 불응 하는 때에는 별지 제61호서식에 의한 불법시설물표시문을 첩부할 수 있다. 이 경우 불법시설물등이 선거에 영향을 미칠 우려가 있다고 인정되는 때에는 그 철거·수거·폐쇄 등을 명하는 절차를 거치지 아니하고 불법시설물표시문을 첩부할 수 있다.

② 각급위원회가 법의 규정에 위반하여 제작·배포된 인쇄물을 수거한 때에는 관할 구·시·군 위원회 게시판에 이를 공고한다.

제146조(불법시설물등에 대한 대집행) ① 각급위원회가 법 제271조(불법시설물등에 대한 조치 및 대집행) 제1항의 규정에 의하여 불법시설물등의 첨부등의 중지 또는 철거·수거·폐쇄 등을 명하는 때에는 이행기한을 정하여 그 기한 안에 이행하지 아니할 때에는 계고절차를 거치지 아니하고 대집행을 한다는 뜻을 당해 의무자에게 통지하고, 당해 의무자가 동 이행기한 안에 이행하지 아니하는 때에는 「행정대집행법」 제3조(대집행의 절차)의 규정에 의한 절차를 거치지 아니하고 대집행을 할 수 있다. 〈개정 2005.8.4.〉

② 법 제56조제3항에 따라 기탁금에서 부담하는 대집행비용의 공제·납부와 관할세무서장에게 징수를 맡기는 절차와 방법 등은 법 제261조제10항과 이 규칙 제143조제11항의 과태료의 예에 따른다. 〈개정 2008.2.29., 2010.1.25., 2014.2.13.〉

제146조의2(선거범죄혐의에 대한 소명절차등) ① 법 제272조의2(선거범죄의 조사등)제1항의 규정에 의하여 후보자·예비후보자·선거사무장·선거연락소장 및 선거사무원이 이 법 또는 「국민투표법」 위반의 죄(이하 "선거범죄"라 한다)의 혐의를 제기하는 때에는 그 범죄혐의에 관한 소명자료를 첨부하여 별지 제62호서식의 (가)의 소명서를 각급위원회(읍·면·동위원회를 제외한다. 이하 이 조에서 같다)에 제출하여야 한다. 〈개정 2000.2.16., 2004.3.12., 2005.8.4.〉

② 각급위원회의 위원·직원은 제1항의 소명이 이유 있다고 인정되는 때에는 당해 범죄혐의 사실을 조사하여 그에 상응하는 처분을 하고 그 처분결과를, 이유 없다고 인정되는 때에는 그 뜻을 각 소명서를 제출한 자에게 통지하여야 한다.

[본조신설 1997.11.14.]

제146조의3(선거범죄혐의에 대한 조사등) ① 각급위원회의 위원·직원(이하 이 소에서 "위원·직원"이라 한다)이 법 제272조의2(선거범죄의 조사등)제1항의 규정에 의한 장소에 출입하여 관계인에 대하여 자료제출을 요구함에 있어서 정당한 사유 없이 출입을 방해하거나 자료의 제출요구에 불응하거나 허위의 자료를 제출하는 때에는 법 제256조제5항제12호에 따라 처벌받을 수 있음을 알려야 한다. 〈개정 2000.2.16., 2002.3.21., 2014.2.13.〉

② 위원·직원은 조사업무에 필요하다고 인정되는 때에는 법 제5조(선거사무협조)의 규정에 의하여 경찰공무원·경찰관서의 장이나 행정기관의 장에게 원조를 요구할 수 있다. 〈개정 2000.2.16.〉

③ 위원·직원은 조사업무 수행중 필요하다고 인정되는 때에는 질문답변내용의 기록, 녹음·녹화, 사진촬영, 선거범죄와 관련 있는 서류의 복사 또는 수집 기타 필요한 조치를 취할 수 있다. 〈개정 2000.2.16., 2002.3.21.〉

④ 위원·직원은 직접 방문하여 조사하는 경우 외에 필요하다고 인정되는 때에는 서면답변 또는 자료의 제출을 요구할 수 있다. 〈개정 2000.2.16.〉

⑤ 위원·직원은 법 제272조의2제2항의 규정에 의하여 선거범죄에 사용된 증거물품을 수거한 때에는 그 목록 2부를 작성하여 그중 1부를 당해물품을 소유·점유 또는 관리하는 자에게 교부하고, 나머지 1부는 당해위원회에 제출하여야 한다. 〈신설 2000.2.16.〉

⑥ 위원·직원이 법 제272조의2제4항에 따라 관계자에게 동행을 요구하는 때에는 구두로 할 수 있으며, 출석을 요구하는 때에는 별지 제62호서식의 (나)에 따른다. 이 경우 「형사소송 법」 제211조(현행범인과 준현행범인)에 규정된 현행범인 또는 준현행범인에 해당하는 관계자에게 동행요구를 함에 있어서 정당한 사유 없이 동행요구에 응하지 아니하는 때에는 법 제261조제6항제2호에 따라 과태료에 처할 수 있음을 알려야 한다. 〈개정 2004.3.12., 2005.8.4., 2011.7.28., 2014.2.13.〉

⑦ 각급위원회는 중앙위원회 위원장이 정하는 바에 따라 법 제272조의2제4항의 규정에 따른 선거범죄 조사와 관련하여 동행 또는 출석한 관계자에게 예산의 범위 안에서 여비·일당을 지급할 수 있다. 〈신설 2006.5.10.〉

⑧ 법 제272조의2제6항의 규정에 의한 위원·직원의 신분을 표시하는 증표는 별지 제63호양 식에 의하되 관할위원회가 발행하는 위원신분증 또는 공무원증으로 갈음할 수 있다. 〈개정 2000.2.16., 2004.3.12., 2006.5.10.〉

⑨ 법 제272조의2제8항에 따라 피조사자가 변호인의 조력을 받으려는 의사를 밝혔으나 변호인이 상당한 시간 안에 출석하지 아니하거나 출석할 수 없는 경우에는 피조사자의 의사를 확인한 후 변호인의 참여 없이 피조사자에 대하여 질문·조사할 수 있다. 〈신설 2013.8.13.〉

[본조신설 1997.11.14.]

제146조의4(통신관련 선거범죄의 조사등) ① 각급위원회(읍·면·동위원회를 제외한다. 이하 이 조에서 같다) 직원이 법 제272조의3(통신관련 선거범죄의 조사)제1항 또는 제2항의 규정에 의하여 고등법원(구·시·군위원회의 경우에는 지방법원을 말한다) 수석부장판사 또는 이에 상당하는 부장판사(이하 이 조에서 "승인권자"라 한다)의 승인을 얻고자 하는 때에는 요청사유, 해당 이용자와의 연관성, 필요한 자료의 범위 등을 기재한 서면으로 신청하여야 한다. 다만, 서면으로 요청할 수 없는 긴급한 사유가 있는 때에는 모사전송 등의 방법에 의할 수 있다. 〈개정 2005.8.4.〉

② 제1항의 규정에 의한 신청을 받은 승인권자는 요청사유 등을 심사한 후 그 결과를 신청한 직원에게 통지하여야 한다.

③ 각급위원회 직원이 법 제272조의3제1항 또는 제2항의 규정에 의하여 정보통신서비스제공자에게 통신자료 또는 전화자료의 제출을 요청하는 때에는 통신자료 또는 전화자료의 제출요청서와 함께 제2항의 규정에 의한 승인권자의 승인을 증명하는 서면을 제시하고 통신자료 또는 전화자료의 제출을 요청하는 자의 신분을 표시할 수 있는 증표를 제시하여야 한다. 다만, 승인권자의 승인을 얻을 수

없는 긴급한 사유가 있는 때에는 통신자료 또는 전화자료의 제출을 요청한 후 지체 없이 승인권자의 승인을 증명하는 서면을 제시하여야 한다.

④ 제1항의 규정에 의한 승인권자의 승인을 얻기 위한 신청은 별지 제62호서식의 (바)에 의 하고, 제3항의 규정에 의한 정보통신서비스제공자에 대한 통신자료 또는 전화자료의 제출요청은 별지 제62호서식의 (사)에 의한다.

⑤ 제146조의3(선거범죄혐의에 대한 조사등)제8항의 규정은 이 조의 증표에 준용한다. 〈개정 2006.5.10.〉

[본조신설 2004.3.12.]

[종전 제146조의4는 제146조의5로 이동 〈2004.3.12.〉]

제146조의5(선거에 관한 신고등) ① 법 제274조(선거에 관한 신고등)제2항의 규정에 따라 신고 · 신청 · 제출 및 보고 등을 관할위원회가 제공하는 서식에 따라 컴퓨터의 자기디스크 등에 기록하여 제출하거나 관할위원회가 정하는 인증방식에 따라 인증을 받은 후 관할위원회 가 지정하는 인터넷 홈페이지에 입력하는 방법으로 제출하는 경우에는 신청권자 등의 인영이 날인되어 있지 아니하더라도 정당한 인영이 날인된 신고 · 신청 · 제출 및 보고 등으로 본다.

② 제1항에 따른 방법으로 신고 · 신청 · 제출 및 보고 등을 하는 때에 그 첨부서류는 컴퓨터 · 스캐너 등 정보처리능력을 가진 장치를 이용하여 전자적인 이미지형태로 제출하게 할 수 있다. 〈개정 2010.1.25.〉

[본조신설 2005.8.4.]

[종전 제146조의5는 제146조의6으로 이동 〈2005.8.4.〉]

제146조의6(질병 · 부상 또는 사망에 대한 보상) ① 법 제277조의2제1항에 따라 각급위원회 위원 · 투표관리관 · 사전투표관리관 · 선거부정감시단원 · 사이버선거부정감시단원 · 사전투표사무원 · 투표사무원 및 개표사무원(이하 이 조에서 "선거사무종사자"라 한다)에게 지급하는 보상의 종류 및 금액은 다음 각 호와 같다. 〈개정 2005.8.4., 2008.2.29., 2010.1.25., 2014.1.17.〉

1. 요양보상

   선거사무종사자가 선거업무로 인하여 부상을 당하거나 질병에 걸려 요양할 경우에는 이에 필요한 진료, 치료, 수술, 약제, 입원비 등을 지급한다. 다만, 다음 각 목에 상당하는 금액의 5배를 초과할 수 없다.

   가. 중앙위원회 위원은 「공무원보수규정」 별표 32의 장관 및 장관급에 준하는 공무원 연 봉액의 55퍼센트에 해당하는 금액

   나. 시 · 도위원회 위원은 「공무원보수규정」 별표 33의 1급(상당)공무원 연봉액(연봉상한액을 기준으로 한다)의 55퍼센트에 해당하는 금액

   다. 구 · 시 · 군위원회 위원은 「공무원보수규정」 별표 3의 일반직 4급공무원 5호봉 봉급연액

라. 읍·면·동위원회 위원·투표관리관·사전투표관리관·선거부정감시단원·사이버선거
부정감시 단원·투표사무원·사전투표사무원 및 개표사무원은 「공무원보수규정」 별표 3의
일반직 9급공무원의 5호봉 봉급연액

2. 장애보상

선거사무종사자가 선거업무로 인하여 부상을 당하거나 질병에 걸려 완치된 후에 신체장애가
있는 경우 별표 5 및 별표 6에서 정한 신체장애등급표 및 신체장애등급별 장애보상표의 기준에
따라 산정한 보상금을 지급하되, 2가지 이상의 신체장애가 발병되었을 경우에는 그 중 중한
신체장애에 해당하는 등급에 의한다.

3. 장제보상

선거사무종사자가 선거업무로 인하여 사망한 때에는 그 유족 또는 장제를 행하는 자에게 제1호
각 목에서 정한 금액을 4로 나누어 산정한 금액을 지급한다.

4. 유족보상

선거사무종사자가 선거업무로 인하여 사망한 때에는 그 유족에게 제1호 각 목에서 정한 금액의
10년분 범위 안에서 각각 지급한다.

② 제1항에 규정된 유족의 범위와 우선순위에 대하여는 「공무원연금법」 제3조제1항제3호·제28조와
제29조를 준용한다. 〈개정 2005.8.4., 2008.2.29., 2010.1.25.〉

③ 제1항에 따른 보상의 청구는 별지 제64호서식의 (가)부터 (라)까지에 의하여 재해를 받은 날부터
180일(제1항제3호 및 제4호에 따른 장제보상과 유족보상은 90일) 이내에 해당 선거사무종사자를
위촉한 위원회(투표사무원은 관할 구·시·군위원회)를 경유하여 중앙위원회에 청구하여야 한다.
〈개정 2010.1.25.〉

④ 중앙위원회는 제3항의 규정에 의한 보상의 청구를 받은 때에는 청구를 받은 날부터 90 일 이내에
그에 대한 결정을 하고 보상금을 지급하여야 한다.

⑤ 법 제277조의2제1항에 따라 보상금을 지급받을 수 있는 사람에 대하여 다음 각 호에 따라 그 보상금의
지급을 제한할 수 있다. 〈신설 2010.1.25.〉

1. 고의로 질병·부상·장애 또는 재해를 발생하게 한 경우에는 해당 보상금을 지급하지 아니한다.

2. 다음 각 목의 어느 하나에 해당하는 경우에는 해당 보상금의 2분의 1을 감하고 나머지 금액을
지급한다.

가. 중대한 과실에 의하여 또는 정당한 사유 없이 요양하지 아니하여 질병·부상·장애를 발생하
게 하거나, 사망하거나 또는 그 질병·부상·장애의 정도를 악화하게 하거나, 그 회복을
방해한 경우

나. 고의로 질병·부상·장애의 정도를 악화하게 하거나, 회복을 방해한 경우

⑥ 다음 각 호의 어느 하나에 해당하는 경우에는 이를 법 제277조의2제5항의 "중대한 과실"로 본다.
〈신설 2010.1.25.〉

1. 선거업무수행중 불가피한 사유 없이 「교통사고처리특례법」 제3조제2항 각 호의 규정을 위반하여 사고가 발생한 경우

2. 선거업무수행중 불가피한 사유 없이 법령을 위반하거나 음주 또는 안전수칙·근무수칙의 현저한 위반으로 사고가 발생한 경우

⑦ 제1항에 따른 보상을 심사·결정하기 위하여 중앙위원회에 선거재해보상금심의위원회(이하 이 조에서 "심의위원회"라 한다)를 둔다. 〈신설 2010.1.25., 2011.7.28.〉

1. 심의위원회는 위원장을 포함한 9명 이내의 위원으로 구성하되, 위원장은 사무차장이 되고, 위원은 중앙위원회 소속 3급 이상 공무원이나 의사 또는 의료전문변호사 중에서 사무총장이 임명 또는 위촉하며, 위원의 임기는 3년으로 한다.

2. 심의위원회의 위원장은 위원회의를 소집하고 그 의장이 되며, 심의위원회의 회의는 재 적위원 과반수 출석으로 개의하고 출석위원 과반수의 찬성으로 의결한다.

3. 보상사무를 담당하기 위하여 간사 1명을 두며, 간사는 심의위원회의 위원장이 중앙위원회 소속 5급 이상 공무원 중에서 임명한다.

4. 공무원이 아닌 위원에게는 회의 참석시 중앙위원회 위원에 준하는 수당 그 밖의 실비를 지급할 수 있다.

5. 그 밖에 심의위원회의 운영에 필요한 사항은 사무총장이 정한다.

[본조신설 2002.3.21.]

[제146조의5에서 이동 〈2005.8.4.〉]

제147조(각종 공고·보고·통지·통보 서식) 법 및 이 규칙에 따라 각급위원회가 행하는 각종 공고·보고·통지·통보는 법 및 이 규칙에서 따로 정한 경우를 제외하고는 별표 4에 따르며, 문서의 작성절차와 형식은 「선거관리위원회 사무관리규칙」에 따른다.

[전문개정 2005.8.4.]

제16장의2 전자투표 및 개표에 관한 특례

제148조(전자투표 및 개표의 정의등) ① 이 규칙에서 "전자투표 및 개표"라 함은 전산조직에 의하여 투표(거소투표를 제외함)·개표를 실시하는 것을 말한다.

② 전자투표 및 개표에 관하여 이 장에 규정된 경우를 제외하고는 이 법[28]의 투표와 개표에 관한 규정을

---

28) 이 법 : 이 규칙 제148조제2항은 「공직선거법」 제278조제6항의 위임에 따른 규정이다. 위임입법은 모법(母法)이 위임한 내용의 범위를 벗어날 수 없으므로, 이 규칙 제148조제2항의 규정은 법이 위임한 취지에 맞지 않는다. 따라서 "전자투표 및 개표에 관하여 이 장에 규정된 경우를 제외하고는 이 법의 투표와 개표에 관한 규정을 준용한다."라는 부분이 유효한 규정이 되기 위해서는 "전자투표 및 개표에 관하여는 법 제278조에 규정된 경우를 제외하고는 이 장의 규정을 적용한다."로 개정할 필요가 있어 보인다.

준용한다.

③ 구·시·군위원회가 전자투표 및 개표를 하고자 하는 때에는 그 취지를 당해선거의 선거인명부작성 기준일 전일까지 이를 공고하여야 한다.

[본조신설 2000.2.16.]

[제136조의2에서 이동 〈2010.6.28.〉]

제149조(투표소설치등에 관한 특례) ① 구·시·군위원회는 전자투표를 위하여 화상에 의한 투표용지·기표방법·집계방법 기타 투표 및 개표의 전산처리방법이 장치된 전산조직(이하 "전자투표기"라 한다)을 읍·면·동위원회에 송부하여야 한다. 이 경우 투표용지와 투표함은 별도로 작성하지 아니한다. 〈개정 2005.8.4.〉

② 구·시·군위원회는 제1항의 규정에 의한 전자투표기의 송부에 있어서 법 제151조(투표용지와 투표함의 작성)제5항 및 이 규칙 제73조(정당추천위원의 참여·입회)의 규정에 따른 정당추천위원이 참여하게 하여야 한다. 〈개정 2005.8.4.〉

③ 전자투표기는 투표소마다 2 이상 설비할 수 있다.

[본조신설 2000.2.16.]

[제136조의3에서 이동 〈2010.6.28.〉]

제150조(투표용지모형의 공고·안내등에 관한 특례) ① 법 제152조(투표용지등의 공고)제1항의 규정에 의한 투표용지모형의 공고는 구·시·군위원회가 선거일 전 7일까지 당해 구·시·군위원회 게시판에 공고하는 것으로 하며, 구·시·군위원회는 전자투표기에 의한 투표절차안내도를 투표구마다 5매씩 첨부하여야 한다. 〈개정 2005.8.4.〉

② 구·시·군위원회는 법 제153조(투표안내문의 발송)제1항의 규정에 의한 투표안내문을 작성하는 때에는 전자투표기에 의한 투표절차 기타 안내가 필요한 사항을 포함하여 작성하여야 한다.

[본조신설 2000.2.16.]

[제136조의4에서 이동 〈2010.6.28.〉]

제151조(투표함의 확인등에 관한 특례) 법 제155조(투표시간)제3항의 규정은 전자투표기의 이상 유무에 대한 검사에 관하여 이를 준용한다. 이 경우 "투표함"은 "전자투표기"로 본다.

[본조신설 2000.2.16.]

[제136조의5에서 이동 〈2010.6.28.〉]

제152조(전자투표기 수령 및 기표절차에 관한 특례) ① 법 제151조(투표용지와 투표함의 작성)제1항 및 이 규칙 제83조(투표용지의 봉인·보관 등)의 규정은 전자투표기의 수령·보관 및 관리에 관하여

이를 준용한다. 〈개정 2006.3.2.〉

② 투표관리관은 본인임이 확인되어 선거인명부에 서명 또는 날인한 선거인에게 선거인명부 등재번호표를 교부하여 투표하게 할 수 있다. 〈개정 2005.8.4.〉

[본조신설 2000.2.16.]

[제136조의6에서 이동 〈2010.6.28.〉]

제153조(투표방법에 관한 특례) 선거인이 기표하는 때에는 법 제159조(기표방법)본문의 규정에 불구하고 전자투표기에 장치된 기표방법에 의하여야 한다.

[본조신설 2000.2.16.]

[제136조의7에서 이동 〈2010.6.28.〉]

제154조(전자투표기등의 봉쇄·봉인에 관한 특례) 법 제168조(투표함등의 봉쇄·봉인)제1항의 규정은 전자투표기 및 개표기의 봉쇄·봉인에 관하여 이를 준용한다. 이 경우 "투표함의 투입구와 그 자물쇠"를 "전자투표기안에 있는 투표집계저장디스켓과 기록지보관함 및 전자투표기"로 한다.

[본조신설 2000.2.16.]

[제136조의8에서 이동 〈2010.6.28.〉]

제155조(전자투표기등의 송부에 관한 특례) 투표관리관은 투표가 끝난 후 지체 없이 전자투표기와 투표집계저장디스켓 및 기록지보관함을 관할 구·시·군위원회에 송부하여야 한다.

〈개정 2005.8.4.〉

[본조신설 2000.2.16.]

[제136조의9에서 이동 〈2010.6.28.〉]

제156조(투표함등 개함에 관한 특례) ① 전산조직에 의한 개표에 있어서 기록지보관함을 개함 하고 일반투표소 투표집계저장디스켓을 개봉할 때에는 구·시·군위원회 위원장은 그 뜻을 선포하고, 출석한 위원 전원과 함께 전자투표기 및 투표집계저장디스켓과 기록지보관함의 봉쇄와 봉인을 검사한 후 이를 열어야 한다.

② 구·시·군위원회 위원장은 전산조직에 의하여 투표구별 투표집계저장디스켓에 저장된 투표수를 전산출력하여 투표록에 기재된 투표용지교부수와 대조하여야 한다.

[본조신설 2000.2.16.]

[제136조의10에서 이동 〈2010.6.28.〉]

제157조(개표진행에 관한 특례) 전산조직에 의한 개표에 있어서 투표집계저장디스켓의 불량으로 판독이

불가능할 경우에는 전자투표기에 저장된 자료에 의하고, 전자투표기의 불량으로 판독이 불가능할 경우에는 기록지보관함에 보관된 투표기록지에 의하여 개표한다.

[본조신설 2000.2.16.]

[제136조의11에서 이동 〈2010.6.28.〉]

제158조(투표지의 구분에 관한 특례) 전산조직에 의한 개표에 있어서 개표가 끝난 때에는 투표구별 투표집계저장디스켓은 별도 포장하여 구 · 시 · 군위원회 위원장과 출석한 위원 전원이 봉인하여야 한다.

[본조신설 2000.2.16.]

[제136조의12에서 이동 〈2010.6.28.〉]

제159조(전자투표 및 개표에 관한 안내 · 홍보) 선거구위원회는 전자투표 및 개표에 관하여 후보자등록마감 후 후보자 및 선거인에게 안내 · 홍보하여야 한다.

[본조신설 2000.2.16.]

[제136조의13에서 이동 〈2010.6.28.〉]

부   칙 〈중앙선거관리위원회규칙 제460호, 2017.3.9.〉

이 규칙은 공포한 날부터 시행한다.

저자 약력

법학박사　김 동 근

숭실대학교 법학과 졸업
숭실대학교 대학원 법학과 졸업(행정법박사)

현, 숭실대학교 초빙교수
　　중앙법률사무교육원 교수
　　공인행정사협회 기초실무교육 교수
　　공인행정사협회 법제이사
　　YMCA병설 월남시민문화연구소 연구위원
　　내외일보·내외경제 논설위원

저서, 사건유형별 행정소송 이론 및 실무(법률출판사)
　　사건유형별 행정심판 이론 및 실무(진원사)
　　한권으로 끝내는 운전면허정지·취소 구제 행정심판(법률출판사)
　　한권으로 끝내는 영업정지·취소 구제 행정심판(법률출판사)
　　한권으로 끝내는 비송사건처리절차법 이론 및 실무(법률출판사)
　　한권으로 끝내는 공무원·교원 소청심사청구(법률출판사)
　　핵심재개발·재건축분쟁실무(진원사)
　　건축법 이론 및 실무(진원사)
　　주택법 이론 및 실무(진원사)
　　국토계획법 이론 및 실무(진원사)
　　도시개발법 이론 및 실무(진원사)

공직선거법 해설

2018년 3월 15일 1판 1쇄 인쇄
2018년 3월 20일 1판 1쇄 발행

저 자	김 동 근
발 행 인	김 용 성
발 행 처	법률출판사
	서울시 동대문구 이문로 58 (휘경동) 오스카빌딩 4층
	☎ 02) 962-9154 팩스 02) 962-9156
등 록 번 호	제1-1982호
ISBN	978-89-5821-323-9 13360
e-mail :	lawnbook@hanmail.net